新世纪高等学校教材 ｜ 中国语言文学系列教材

U0646199

中国古代文论新编

第2版

ZhongGuo GuDai
WenLun XinBian

李春青　主编　　　姚爱斌　副主编

北京师范大学出版集团
BEIJING NORMAL UNIVERSITY PUBLISHING GROUP
北京师范大学出版社

图书在版编目（CIP）数据

中国古代文论新编/李春青主编. —2 版. —北京：北京师范大学出版社，2017.5（2023.7 重印）
ISBN 978-7-303-20279-9

Ⅰ.①中… Ⅱ.①李… Ⅲ.①中国文学－古代文论－高等学校－教材 Ⅳ.①I206.2

中国版本图书馆 CIP 数据核字（2016）第 080825 号

图书意见反馈：gaozhifk@bnupg.com　010-58805079
营销中心电话：010-58807651
北师大出版社高等教育分社微信公众号　新外大街拾玖号

出版发行：北京师范大学出版社　www.bnupg.com
　　　　　北京市西城区新街口外大街 12-3 号
　　　　　邮政编码：100088

印　　刷：天津旭非印刷有限公司
经　　销：全国新华书店
开　　本：730 mm×980 mm　1/16
印　　张：25.75
字　　数：436 千字
版　　次：2017 年 6 月第 2 版
印　　次：2023 年 7 月第 9 次印刷
定　　价：46.00 元

策划编辑：周劲含　　　　　　　责任编辑：郭　瑜
美术编辑：陈　涛　李向昕　　　装帧设计：陈　涛　李向昕
责任校对：陈　民　　　　　　　责任印制：马　洁

撰写名单

主　编：李春青（北京师范大学文学院）

副主编：姚爱斌（北京师范大学文学院）

各章撰写人：

第一章　先秦儒家和道家文论

　　　　李春青（北京师范大学文学院）

第二章　两汉文论

　　　　赵　新（北京师范大学文学院）

第三章　曹丕《典论·论文》与陆机《文赋》

　　　　应爱萍（北京师范大学文学院）

第四章　刘勰《文心雕龙》

　　　　姚爱斌（北京师范大学文学院）

第五章　钟嵘《诗品》

　　　　陶汝崇（临沧师专中文系）

第六章　韩愈与白居易的文论

　　　　郑　伟（山西大学文学院）

第七章　皎然与司空图的诗论

　　　　郑　伟（山西大学文学院）

第八章　北宋古文理论

　　　　彭民权（江西省社会科学院）

第九章　《沧浪诗话》与南宋文论

　　　　彭民权（江西省社会科学院）

第十章　明代诗歌辨体批评与文学风尚

　　　　汪群红（江西师范大学文学院）

第十一章　李贽与晚明文论

　　　　张晓丽（内蒙古科技大学中文系）

第十二章　明清小说评点与戏曲理论

　　　　张晓丽（内蒙古科技大学中文系）

目　录

第一章 先秦儒家和道家文论

第一节 经典文本阅读

【原典阅读】

一、《论语》（节选）

1. 兴于诗，立于礼，成于乐①。（《泰伯》）

2. 人而不为《周南》《召南》，其犹正墙面而立也与②？（《阳货》）

3. 诵《诗》三百，授之以政，不达；使于四方，不能专对③；虽多，亦奚以为？（《子路》）

4. 不学诗，无以言。（《季氏》）

5. 小子！何莫学夫诗？诗可以兴，可以观，可以群，可以怨④。迩之事父，远之事君，多识鸟兽草木之名。（《阳货》）

6. 子曰："师挚之始⑤，《关雎》之乱⑥，洋洋乎盈耳哉！"（《泰伯》）

7. 子在齐闻《韶》⑦，三月不知肉味，曰："不图为乐之至于斯也。"（《述而》）

8. 子谓《韶》，"尽美矣，又尽善也。"谓《武》⑧，"尽美矣，未尽善也。"（《八佾》）

9. 子曰："《关雎》，乐而不淫⑨，哀而不伤。"（《八佾》）

（选自［清］阮元校刻：《十三经注疏》，北京，中华书局，2009）

① 此言君子人格的形成过程：起始于诗歌的感发，挺立于礼的规范与约束，完成于音乐的滋润与熏陶。

②《周南》《召南》：《诗经》"十五国风"中的两种。为：这里指学习。全句的意思是：一个人如果不学习《周南》和《召南》，就将会寸步难行。

③ 专对：特殊的对答。这里指交接聘问之际的赋诗言志。

④ 兴：激起或启发、感发，这里指对个人修养的启发意义；观：观看，观察，这里指对民风民俗、社会状况的了解。群：众人相处，这里指诗歌联络感情、沟通思想的作用。怨：怨愤，这里指对执政者表达不满情绪。

⑤ 师挚：鲁国一位名字叫挚的乐师。始：乐曲之开端。

⑥ 乱：乐曲的卒章。

⑦《韶》：虞舜时的乐曲名。

⑧《武》：周武王时的乐曲名。

⑨ 淫：过分。

二、《孟子》（节选）

1. 咸丘蒙曰①："舜之不臣尧，则吾既得闻命矣。《诗》云：'普天之下，莫非王土；率土之滨，莫非王臣。'而舜既为天子矣，敢问瞽瞍之非臣②，如何？"孟子回答说："是诗也，非是之谓也；劳于王事而不得养父母也。曰：'此莫非王事。我独贤劳也。'故说诗者，不以文害辞，不以辞害志。以意逆志，是为得之③。如以辞而已矣④，《云汉》之诗曰：'周余黎民，靡有孑遗。'⑤信斯言也，是周无遗民也。"（《万章上》）

2. 一乡之善士斯友一乡之善士，一国之善士斯友一国之善士，天下之善士斯友天下之善士。以友天下之善士为未足，又尚论古之人。颂其诗，读其书，不知其人，可乎？是以论其事也。是尚友也⑥。（《万章下》）

（选自［清］阮元校刻：《十三经注疏》，北京，中华书局，2009）

① 咸丘蒙：孟子弟子。

② 瞽瞍：盲眼老头，这里指舜的父亲。

③ 文：个别文字之义；辞：文辞之字面义；志：作者作文之本意；意：说诗者的想法。

④ 以辞：根据文辞字面意思。

⑤ 靡有孑遗：没有剩下的了。

⑥ 尚友：与古人交朋友。

三、《荀子》（节选）

圣人也者，道之管也①。天下之道管是矣，百王之道一是矣，故《诗》《书》《礼》《乐》之归是矣。《诗》言是，其志也；《书》言是，其事也；《礼》言是，其行也；《乐》言是，其和也；《春秋》言是，其微也②。故《风》之所以为不逐者③，取是以节之也④；《小雅》之所以为《小雅》者，取是而文之也⑤；《大雅》之所以为《大雅》者，取是而光之也⑥；《颂》之所以为至者，取是而通之也⑦。（《儒效》）

夫乐者，乐也，人情之所必不免也，故人不能无乐。乐则必发于声音，形于动静；而人之道，声音动静，性术之变尽是矣。故人不能无乐，乐则不能无形⑧，形而不为道，则不能无乱。先王恶其乱也，故制《雅》《颂》之声以道之⑨，使其声足以乐而不流⑩，使其文足以辨而不諰⑪，使其曲直、繁省、廉肉、节奏足以感动人之善心⑫，使夫邪污之气无由得接焉；是先王立乐之方也⑬。……夫声乐之入人也深，其化人也速，故先王谨为之文。……乐者，圣人之所乐也，而可以善民心，其感人深，其移风易俗，故先王导之以礼乐而民和睦。（《乐论》）

（选自［清］王先谦：《荀子集解》，《诸子集成》本）

① 管：钥匙，这里指关键、根本之处。

② 微：深奥的意义。

③ 不逐：不流荡，即"乐而不淫"的意思。

④ 节：节制、约束。

⑤ 文：修饰。

⑥ 光：通"广"，扩充、扩展。

⑦ 通：贯通，这里指《颂》诗为"道"所贯通，故能至于"极"。

⑧ 形：显现出来。

⑨ 道：通"导"，引导。

⑩ 流：流荡，与上文之"逐"义近。

⑪ 偲：音洗，畏缩。

⑫ 曲直，声音的起伏；繁省，声音的复杂与简单；廉肉，声音的清浊。

⑬ 方：原则。

四、《庄子》（节选）

世之所贵道者，书也①。书不过语②，语有贵也；语之所贵者意也③，意有所随；意之所随者④，不可以言传也。而世因贵言传书，世虽贵之，我尤不足贵也。为其贵非其贵也。故视而可见者，形与色也；听而可闻者，名与声也。悲夫，世人以形色名声，为足以得彼之情⑤，夫形色名声，果不足以得彼之情，则知者不言，言者不知，而世岂识之哉！（《天道》）

"筌者所以在鱼，得鱼而忘筌⑥；蹄者所以在兔，得兔而忘蹄⑦；言者所以在意，得意而忘言。"（《外物》）

（选自［清］郭庆藩：《庄子集释》，北京，中华书局，2006）

① 书：文字书写下来的言语。

② 语：未被文字书写下来的言语。

③ 意：说话者所要表达的意义。

④ 意之所随者：决定言说者所欲表达的意义的那种因素，这里指"道"。

⑤ 情：情状，真实状态。

⑥ 筌：捕鱼之具。

⑦ 蹄：捕兔之网。

【作者简介】

孔子（公元前551—前479），春秋后期鲁国人，中国古代伟大的教育家、思想家、儒家学说创始人。孔子中年时开始授徒讲学，开私学之风，整理诗、书、礼、乐等古代典籍并加以改造，形成儒家思想。《论语》是对孔子及其弟子言行的记录，其中包含着丰富的哲学、伦理、教育、政治、文学、艺术思想，对后世影响至深。

孟子（约公元前 372—前 289），名轲，战国中期邹人，尝受业于孔子之孙子思的弟子，儒家主要代表人物之一，被后世尊为"亚圣"，常常孔孟并称。孟子在孔子的基础上发展了儒学，提出"仁政""王道"等政治思想，并设计了"制民之产""与民同乐"等具体措施。另外他还提出了一套"心性之学"，主张通过"养气""求放心""存心养性"等个体修养手段提升人格，这对后世儒学，特别是宋代道学产生了重大影响。《孟子》一书是孟子本人和他的弟子共同完成的，宋代以后被尊为儒家经典"十三经"之一。

荀子（约公元前 313—前 238），名况，战国后期赵国人，思想家、教育家，儒家重要代表人物之一，尝游学于"稷下学宫"。在荀子之时，儒学已经分化为多种派别，其面临的共同问题是如何获得实际的社会影响力。荀子吸收了道家、法家思想来改造儒学，试图使儒学成为一种具有可操作性的政治哲学。在人性方面，他强调后天修习的决定性作用，提出"性恶""化性起伪"等观点。

庄子（约公元前 369—前 286），名周，宋国蒙人，战国时期哲学家。庄子家境贫寒，曾以打草鞋为生，尝为漆园吏，后归隐不仕。庄子是道家学派主要代表人物之一，思想深邃博大，富有反思与批判精神。今存《庄子》一书共 33 篇，分为内篇 7、外篇 15、杂篇 11。学界一般认为内篇为庄子所作，外篇、杂篇为其弟子后学所作。

【文本解读】

一、《论语》文论思想解读

这里所列孔子言论之前五条是孔子对《诗》的功能的基本看法。稍稍进行一下比较就不难发现，这些功能实际上并不是处于同一层面的，它们并不是同一文化历史语境的产物，简单说，它们并不都是可以同时存在的。这种情形是如何形成的呢？要解决这个问题，就必须进一步追问：这些看法是怎样形成的呢？是孔子对诗歌在实际的政治文化生活中的作用的概括总结，还是他寄予诗歌的一种期望？是他个人对诗歌功能的理解，还是当时普遍的观念？

上引第 1、第 2 两条毫无疑问是讲修身的。对于"兴于诗"，朱熹注云："兴，起也。《诗》本性情，有邪有正。其为言既易知，而吟咏之间，抑扬反复，其感人又易入。故学者之初，所以兴起其好善恶恶之心，而不能自已者，必于此而得之。"① 朱熹的意思是，由于《诗》是人的本性的呈现，所以具有激发人们道德意识的功能。关于第 2 条，历代注家多以为"不为《周南》、《召南》"，即意味着不能自觉进行道德修养，因此就像面墙而立一样，寸步难行。然而考之史籍，修身实非诗歌的固有功能。据《周礼》《礼记》记载，诗歌的确是周人贵族教育的重要内容。但是在西周，诗与乐结合，同为祭祀、朝觐、聘问、宴享时仪式的组成部分，属于贵族身份性标志的重要方面。而在春秋之时，诗则演化为一种独特的外交辞令，更不具有修身的意义。所以孔子在这里所说的修身功能乃是他自己确定的教育纲领，当然也是他授徒讲学的实践活动所遵从的基本原则。因此孔子关于诗歌修身功能的言说可以说是他与弟子们构成的私学文化语境的产物，在当时是没有普遍性的。根据孔子的道德观念与人格理想，他的修身理论的主要目的是要将人改造成为能够自觉承担沟通上下、整合社会，使天下有序化的意识形态的人：在君主，要做到仁民爱物、博施济众；在士君子，要做到对上匡正君主，对下教化百姓；在百姓，则要做到安分守己、敬畏师长。总之，家庭和睦、天下安定、人民安居乐业乃是孔子修身的最终目的。后来儒家大讲特讲的"修、齐、治、平"，正是对孔子精神合乎逻辑的展开。孔子基于"修身"的道德目的来理解《诗》，就必然使他的"理解"成为一个价值赋予的过程。无论一首诗的本义如何，在孔子的阐释下都会具有道德的价值——这正是后来儒家《诗经》阐释学的基本准则。

　　第 3、第 4 条是讲诗歌的政治功能。看看《左传》《国语》就知道，这是春秋时普遍存在的"赋诗言志"现象的反映。《左传》一书记载的"赋诗"活动有三十余次，其中最晚的一次是定公四年（前 506）楚国的大夫申包胥到秦国求援，秦哀公赋《无衣》，这一年孔子已经 45 岁。这说明在孔子生活的时代，"赋诗言志"依然是贵族的一项受到尊重的并具有普遍性的才能。尽管在《论语》中没有孔子赋诗的记载，但可以想见，在他周游列国的漫长经历中，一定也像晋公子重耳那样，所到之处，与各国君主、大夫交接之时常常以赋诗来表情达意。这样，孔子对诗的"言"或"专对"功能的肯定就是彼时大的文化历史语境的产物，具有某种必然性。倘若在孟子或荀子那里依然强调诗歌的这一功能，那就显得莫名其妙了。对于这种对《诗》的工具主义的使用，按照孔子的思想逻辑，是不会予以太大的关注的，因为他历来主张"辞，达而已矣"，并认为"刚毅木讷，近仁""巧言令色，鲜矣仁"。但是由于在他生活的时代，利用诗歌来巧妙地表情达意乃是极为普遍的现象，而且在某种意义上还是贵族身份的标志，所以他也不能不对诗歌的这种功能予以一定程度的肯定。

---

　　① （南宋）朱熹：《四书集注·论语集注·泰伯》。

　　第5条是孔子关于诗歌功能的最重要的观点，其产生的文化语境也最为复杂。关于"兴"，孔安国说是"引譬连类"，朱熹注为"感发志意"。以理度之，朱说近是。此与"兴于诗"之"兴"同义，是讲修身（激发道德意识）的作用。关于"观"，郑玄注为"观风俗之盛衰"，朱熹注为"考见得失"，二说并无根本区别，只是侧重不同而已。这是一种纯粹的政治功能。关于"群"，孔安国注为"群居相切磋"，朱熹注为"和而不流"。二说亦无根本差异，只是朱注略有引申，而这种引申非常符合孔子本意。孔子尝云："君子矜而不争，群而不党"，朱熹注云："和以处众曰群。"① 可见这个"群"具有和睦人际关系之意。这是讲诗歌的沟通交往功能。关于"怨"，孔安国注为"怨刺上政"，朱熹注为"怨而不怒"，意近。这也是讲诗歌的政治功能。

　　如此看来，"兴、观、群、怨"涉及诗的三个方面的功能。关于修身功能已如前述，不赘。关于沟通、交往功能，《荀子·乐论》有一段关于音乐功能的言说堪为注脚。其云：

　　　　故乐在宗庙之中，君臣上下同听之，则莫不和敬；闺门之内，父子兄弟同听之，则莫不和亲；乡里族长之中，长少同听之，则莫不和顺。故乐者，审一以定和者也……（《荀子·乐论》）

　　这里所说的"乐"是包含着"诗"在内的。在荀子看来，"乐"的伟大功能是调节各种人际关系，使社会变得更加和睦、团结。这正是孔子"群"的本义。

　　关于政治功能，孔子是从两个角度说的：一是执政者的角度，即所谓"观"，也就是从各地的诗歌之中观察民风民俗以及人们对时政的态度。在《孔子诗论》中有"《邦风》，其内物也博，观人俗也"② 之说，可以看作是对"兴、观、群、怨"之"观"的展开。二是民的角度，即所谓"怨"，亦即人民对当政者有所不满，通过诗歌的形式来表达。《孔子诗论》云："贱民而怨之，其用心也将何如？《邦风》是也。民之有戚患也，上下之不和者，其用心也将何如？"③ 这是对"怨"的具体阐释。从这里可以看出，孔子对诗歌这种"怨"的功能十分重视，并且认为"怨"的产生乃是"上下不和"所致。而"怨"的目的正是欲使"上"知道"下"的不满，从而调整政策，最终达到"和"的理想状态。由此可见"兴、观、群、怨"说的内在联系。

这样看来，孔子对诗歌功能的确认共有四个方面：修身、言辞、交往、政治。这四种功能显然是不同文化历史语境的产物，是《诗经》在漫长的搜集、整理、传承、使用过程中渐次表现出的不同面目的概括总结。这种对诗歌功能的兼容并举态度，是与孔子本人的文化身份直接相关的。如前所述，孔子祖上是宋国贵族，他本人也曾在鲁国做过官，有着大夫的身份，他晚年也受到鲁国执政者的尊重，被尊为"国老"。这些都使他常常自觉不自觉地站在官方的立场上说话。但是，他毕竟又是春秋末年兴起的民间知识阶层（即士阶层）的代表，具有在野知识分子与生俱来的批判意识与自由精神，同时他作为传统文化典籍的传承者、整理者，作为最为博学的西周文化专家，对先在的文化遗产怀有无比虔诚的敬意。这三重身份就决定了孔子对诗歌功能的理解和主张是十分复杂的。作为现实的政治家，他不能不对在当时普遍存在于政治、外交，甚至日常交往场合的"赋诗"现象予以足够的重视，所以他强调诗的言说功能；作为新兴的在野士人阶层的思想家，他对于自身精神价值的提升十分重视，深知"士不可不弘毅，任重而道远"的道理，故而时时处处将道德修养放在首位。对于长期存在于贵族教育系统中的《诗》三百，孔子也就自然而然地要求它成为引导士人们修身的手段。而他的社会批判精神也必然使其对诗歌的"怨刺"功能予以充分的重视。最后，作为西周文化的专家和仰慕者，孔子对《诗》三百在西周政治文化生活中曾经发挥过的重要作用当然心向往之。而沟通君臣、父子、兄弟乃至贵族之间的关系，使人们可以和睦相处，使社会安定有序正是诗、乐曾经具有的最重要的社会功能，是周公"制礼作乐"的初衷①，因此对于诗歌沟通、交往功能的强调对孔子来说就具有了某种必然性。总之，孔子言说身份的复杂性使之对诗歌功能的理解与强调也具有复杂性，这种复杂性也表现在孔子思想的方方面面。

在"兴、观、群、怨"四项功能之中，后三者突出地表现了孔子对《诗》的意识形态功能的强调。"观"实际上是对统治者的要求，即要他们通过诗歌来了解民情，从而在施政中有所依据，也就是要求统治者充分尊重人民的意愿与利益；"怨"是对人民表达意愿的权利的肯定，是鼓励人民用合法的方式对执政者提出批评；"群"则更集中地体现了意识形态"中间人"的独特功能，是对于和睦、有序的人际关系的吁求。

孔子将《诗经》作品在不同文化历史语境中曾经有过或者可能具有的功能

---

① 对于诗歌的这种社会功能，后面的章节将有深入探讨，这里暂不展开。

熔于一炉，其目的主要是使之在当时价值秩序开始崩坏的历史情境中，承担起重新整合人们的思想、沟通上下关系、建构一体化的社会意识形态的历史使命。将社会实际问题的解决寄托于某些文化文本的重新获得有效性之上——这正是以孔子为代表的儒家思想家乌托邦精神的体现。所以对于《诗》《书》《礼》《乐》等文化典籍，孔子都是作为现实的政治手段来看待的。他说："先进于礼乐，野人也；后进于礼乐，君子也。如用之，则吾从先进。"（《论语·先进》）包咸注云："'先进'、'后进'，谓仕先后辈。礼乐因世损益，'后进'与礼乐，俱得时之中，斯君子矣。'先进'有古风，斯野人也。"① 朱熹注云："'先进'、'后进'，犹言前辈、后辈。野人，谓郊外之民。君子，谓贤士大夫也。程子曰：'先进于礼乐，文质得宜，今反谓之质朴，而以为野人。后进之于礼乐，文过其质，今反谓之彬彬，而以为君子。盖周末文胜，故时人之言如此，不自知其过于文也。'"根据这些注文可以知道，孔子之所以"从"被时人视为野人的"先进"，根本上是因为其奉行之礼乐质重于文，亦即重视实用而轻视形式。而"君子"的礼乐则相反，过于重视形式而忽视了实用。孔子感叹："礼云礼云，玉帛云乎哉？乐云乐云，钟鼓云乎哉？"（《论语·阳货》）正是强调了礼乐的实用功能。孔子天真地以为，只要西周的文化典籍得以真正传承，那么西周的政治制度也就自然而然地得到恢复。实际上，尽管这些典籍曾经就是现实的政治制度，可是到了孔子时代早已经成为纯粹的文化文本了。一定的经济、政治制度可以产生相应的文化文本，而流传下来的文化文本却不能反推出它当初赖以产生而现在已经崩坏的经济、政治制度。这是先秦的儒家思想家所无法意识到的，也是先秦儒家知识分子悲剧性命运的根本原因所在。

除了关于诗歌功能的主张，孔子关于诗歌审美特征的观点也是先秦诗学中至关重要的组成部分。在《论语》中涉及诗歌（包括音乐）审美特征的是上面所引原文中的后四条。

其中第 6、第 7 条是讲诗乐的审美感染力，可以证明孔子对诗乐有着很高的审美鉴赏能力，也可以证明诗乐在实现其意识形态功能的同时还具有审美方面的功能。第 8 条是孔子关于诗乐的最高评价标准，这是道德价值与审美价值相统一的准则。第 9 条是关于诗歌在表情达意方面的准则——适度，即有克制地表达情绪，这也是后世儒家最基本的文学价值观之一。"哀而不伤"之说，如果和前面谈到过的"怨"联系起来看，不难看出它实际上是对处于被支配地位的臣民们如何表现"怨"之情绪所规定的标准。按照孔子的这一标准，臣民

---

① （清）焦循：《论语正义·先进》，《诸子集成》本。

百姓有权向执政者表达自己对时政的不满，可以用诗的方式"怨刺上政"，这是对被统治者权利的维护。但是这种不满之情又不可以表现得过于强烈，一定要适度才行。为什么表情达意要受到这样的限制呢？这是孔子所追求的那种意识形态功能所决定的：这种意识形态的根本目的是沟通上下关系，使不同阶层的人和睦、有序地生活于一个共同体之中。要达到这样的目的，不同阶层之间的有效交流是最重要的。所谓有效交流，是说既要让下层民众有机会表达自己的意见、宣泄自己的不满情绪，又要使统治者能够接受批评，从而调整政策，这样才能使统治者与被统治者之间的矛盾得到缓解而不是激化。因此孔子要求双方都做出让步：统治者能够倾听意见，被统治者能够克制情绪。这便是汉儒所说的"上以风化下，下以风刺上，主文而谲谏。言之者无罪，闻之者足以戒，故曰风"①。孔子和后世儒者大讲所谓"中庸之道"与这种意识形态建构的目的直接相关，而儒家"中和之为美"的审美原则生成的深层原因也正在于此。在中国古代，特别是先秦时期，一种看上去纯粹的审美观念，实际上往往蕴含着深刻的意识形态内涵。

二、《孟子》文论思想解读

看《孟子》一书，引诗论诗之处很多。其论诗引诗都是为了证明自己的理论的合理性。孟子论诗最有名的有二处，这里分别予以考察。

在《孟子·万章上》所载孟子与其弟子咸丘蒙之间的著名问答中，孟子明确讲出了如何理解诗歌含义的方法，其要点是"以意逆志"。那么如何理解这个"以意逆志"呢？古代的注释，如汉儒赵岐、宋儒朱熹的注以及托名孙奭的疏、清儒焦循的正义基本上都认为"志"是指诗人所要表达的意旨；"意"则是说诗者自己的"心意"，所以，"以意逆志"的意思就是说诗者用自己的心意揣测诗人的意旨。至于"不以文害辞，不以辞害志"，是说不要胶柱于诗的文辞而偏离了诗人的意旨。古人还有另一种说法。清人吴淇认为："志者古人之心事，以意为舆，载志而游。……以古人之意求古人之志，乃就诗论诗，犹之以人制人也。"②他的意思是在诗歌的文辞上直接呈现的含义是"意"，诗人真正要表达的意思是"志"。文辞是承载"意"的工具，"意"又是承载"志"的工具。这种解释虽亦言之成理，但毕竟与孟子表达出来的意思隔了一层。本书以为要真正理解孟子的意思，将"以意逆志"之说与"知人论世"说联系起来考察是十分必要的，两种说法构成了孟子对古人文化遗留的一种完整的态度。如果说"知人论世"的核心是"尚友"，即在与古人平等对话中将古人开创的精神价值转换为现实的精神价值，那么"以意逆志"就是"尚友"或平等对话

---

① 《毛诗序》，见（唐）孔颖达：《毛诗正义》，卷一，《十三经注疏》本。
② 顾易生、蒋凡：《先秦两汉文学批评史》，117页，上海，上海古籍出版社，1990。

的具体方式。"志"即是"诗言志"之志，指诗人试图通过诗歌表达的东西；"意"本与"志"相通，《说文解字》中二者是互训的。这里可以理解为"见解"。《论语·子罕》有"子绝四：毋意、毋必、毋固、毋我"之谓。朱熹认为"意"指"私意"，即个人的见解，意思是说孔子为人不过分坚持自己的个人见解，即不自以为是。《周易·系辞上传》曰："书不尽言，言不尽意……圣人立像以尽意。"这里的"意"也可以理解为"见解"或"意思"。联系孟子的具体语境，"志"应指诗人所要表达的意旨；"意"则是说诗者自己的见解。用自己的见解去揣测诗人的意旨，这就是"以意逆志"的含义。依孟子的意思，并不是主张说诗者可以随意地解释诗人的意旨，而是强调解释的客观性，即符合诗人的本意。但是由于诗歌言说方式的特殊性，诗人的本意往往是隐含着的，说诗者并没有十足的证据证明自己的解释就是完全符合诗人本意，所以说诗者的"意"与诗人的"志"之间就难免出现不相吻合之处。也就是说，说诗者的"意"近于海德格尔所谓的"前理解"——在解释活动开始之前就已经存在于解释者意识和经验中的主观因素，它们必然进入解释过程并在很大程度上影响这一过程及其结果。这样的解释当然也就离不开主观性因素。实际上这正是任何两个主体之间的对话都必然存在的现象。古人说"诗无达诂"也正是就这种解释的主观性而言的。所以孟子的"以意逆志"之说真正强调的并不是解释的绝对客观性，而是对话的有效性：说诗者与诗人之间达成在"意"或"志"的层面上的沟通，而不被交流的媒介——文辞所阻隔。只有这样才符合"尚友"之义：平等对话。如果停留在对诗歌文辞固定含义的解读上，就丧失了说诗者的主体性，当然也就谈不上"尚友"了。

《孟子·万章下》的"知人论世"说，过去论者多从现代的认识论角度来解释"知人论世"的含义，认为是为了真正理解一首诗，就必须了解作者的情况，而要了解作者的情况又必须了解其所生活的时代的情况——总之是理解为一种诗歌解释学的方法。这种理解当然并不能算错，只是并没有揭示出孟子此说的深层内涵。这里孟子真正想要表达的意思是"交友之道"。在此章的前面孟子先是回答了万章"如何交友"的问题，说："不挟长，不挟贵，不挟兄弟而友。友也者，友其德也，不可以有挟也。"然后又讲到贤明君主也以有德之士为师为友的诸多例子，最后才讲到有德之士之间亦应结交为友的道理。古代的有德之士虽已逝去，但是他们的品德并没有消失，所以今天的有德之士也要与古代的有德之士交友。与古人交友看上去是很奇怪的说法：古人已经死了，如何与之交友呢？这恰恰是孟子的过人之处——试图以平等的态度与古人交流对话：既不仰视古人，对之亦步亦趋，也不鄙视古人，对之妄加褒贬。"尚友"的根本之处在于将古人看成与自己平等的精神主体。与古人交流对话的目的当然是向古人学习，以使自己的品德更加高尚。所以，"知人论世"之说实质上是向古人学习美好品德的方式，用今天的话来说就是将古人创造的精神价值转化为当下的精神价值。这绝不仅仅是一种解诗的方式。如果沿着孟子的思路进行进一步的阐释，就会得出这样一个结论：孟子的"知人论世"说可以理解为一种"对话解释学"——解释行为的根本目的不是要知道解释对象是怎样的（即对之做出某种判断或命名并以此来占有对象），而是要在其中寻求可以被自己认同的意义。这也就是后世儒者特别喜欢使用的"体认"一词的含义。"体认"不是现代汉语中的"认识"，而是"理解"加"认同"。对于古人，只有将他们视为朋友而不是认识对象，才能以体认的态度来与之对话。因为古人在其诗、其书之中所蕴含的绝不是什么冷冰冰的知识，而是他们的生命体验与生存智慧，是活生生的精神。故而后人就应该以交友的态度来对待之，就是说要把古人当作可以平等对话的活的主体，而不是死的知识。读古人的诗书就如同坐下来与老朋友谈话一样，其过程乃是两个主体间的深层交流与沟通。通过这种交流与沟通，古人创造的精神价值或意义空间就自然而然地在新的主体身上获得新生。由此可见，孟子的"知人论世"之说实际上包含着古人面对前人文化遗留的一种极为可贵的阐释态度。在当今实证主义、还原论的研究倾向在人文学科依然有很大市场的情况下，孟子的阐释态度尤其具有重要的现实意义。孟子这种"以意逆志"与"知人论世"的说诗方式确立了后世儒者，特别是汉儒说诗的基本原则。这里分析几个孟子说诗的具体例子来进一步探讨这种说诗方式的奥妙。《孟子·告子下》载：

> 公孙丑问曰："高子曰：《小弁》，小人之诗也。"孟子曰："何以言之？"曰："怨。"曰："固哉，高叟之为诗也！有人于此，越人关弓而射之，则己谈笑而道之；无他，疏之也。其兄关弓而射之，则己垂涕泣而道之；无他，戚之也。《小弁》之怨，亲亲也。亲亲，仁也。固矣夫，高叟之为诗也！"曰："《凯风》何以不怨？"曰："《凯风》，亲之过小者也；《小弁》，亲之过大者也。亲之过大而不怨，是愈疏也；亲之过小而怨，是不可矶也。愈疏，不孝也；不可矶，亦不孝也。孔子曰：舜其至孝矣，五十而慕。"

从这段对话中可以看出，孟子说诗完全是从自己的价值观念出发来判断诗歌的意义与价值的。如果说这就是"以意逆志"说诗方法的实际应用的话，那么孟子所谓的"意"并不是一般的主观意识或经验，而是一套完整的价值观念系统。诗人的"志"也就是与说诗者价值观念相吻合的阐释结果，它是否就是诗人的本意并不重要，因为这基本上是无法验证的。《小弁》是《诗经·小雅》中的一篇，从诗的内容看是一位受到不公正待遇的弱者的怨望之辞，充满了愤愤不平之情。古注多以为是周幽王的太子宜臼被逐之后所作，今人则一般判定为遭父亲冷落之人的怨望之作，然而孟子从中读出的却是"亲亲，仁也"。《凯风》是《诗经·邶风》中的一篇，看诗的意思，是儿子赞扬母亲的贤惠勤劳，并责备自己不能安慰母心。但是公孙丑为什么拿这样一者怨父、一者颂母的两首看上去并无可比性的诗来比较呢？孟子为什么又用"亲之过大"与"亲之过小"来解释两首诗的差异呢？《诗序》云："《凯风》，美孝子也。卫之淫风流行，虽有七子之母，犹不能安其室，故美七子能尽其孝道，以慰母心，而成其志尔。"① 就是说，"母"是有过的，但由于"过小"所以做子女的不应表现出"怨"来。汉儒的解释不知有何依据，但看公孙丑与孟子的对话，似乎当时对此诗已经有了这样的解释。如此说来，汉儒并不是凭空臆断。

由此观之，"以意逆志"的实质乃是说诗者从自己的价值观出发来对诗歌文本进行意义的重构，其结果就是所谓"志"——未必真的符合诗人作诗的本意。可见，孟子的说诗原则是自己已有的道德价值观念。这一点在他的"知言""养气"论中亦可得到印证。《孟子·公孙丑上》载，在回答公孙丑"敢问夫子恶乎长"的问题时，孟子回答说："我知言，我善养吾浩然之气。"其解释"浩然之气"云："其为气也，至大至刚，以直养而无害，则塞于天地之间。其为气也，配义与道；无是，馁也。是集义所生者，非义袭而取之也。行有不慊于心，则馁矣。我故曰，告子未尝知义，以其外之也。必有事焉，而勿正，心勿忘，勿助长也。"可知这种"浩然之气"是小心翼翼地培育起来的一种道德精神，或者说是一个道德的自我。那么什么是"知言"呢？孟子说："诐辞知其所蔽，淫辞知其所陷，邪辞知其所离，遁辞知其所穷。生于其心，害于其政，发于其政，害于其事。圣人复起，必从吾言矣。"可知所谓"知言"是指对别人言辞的一种判断力。

那么"知言"与"养气"有什么关系呢？为什么孟子将二者联系起来并且作为自己的特长所在呢？从孟子的言谈中可以看出，"养气"正是"知言"的前提条件。通过"养气"培育起一个不同于自然的"自我"的道德自我，这个道德自我具有一以贯之的、完整的价值评价系统。一切的言辞都可以在这个评价系统中得到检验。所以"以意逆志"的说诗方式恰恰是"知言"的具体表现。如果将"以意逆志"看作一种诗歌阐释学原则，则其主旨乃在于彰显阐释者的主体性，而不是阐释行为的客观性。

对于孔子那种在意识形态的建构中确定诗的意义的基本思路，孟子是深得个中奥妙的，其用诗、论诗处处贯穿了这一思路。试举例加以说明。

---

① （唐）孔颖达：《毛诗正义》，卷二，《十三经注疏》本。

仁则荣，不仁则辱；今恶辱而居不仁，是犹恶湿而居下也。如恶之，莫如贵德而尊士，贤者在位，能者在职；国家闲暇，及其时，明其政刑。虽大国，必畏之矣。《诗》云："迨天之未阴雨，彻彼桑土，绸缪牖户。今此下民，或敢侮予？"孔子曰："为此诗者，其知道乎！能治其国家，谁敢侮之！"今国家闲暇，及是时，般乐怠敖，是自求祸也。祸福不无自己求之者。《诗》云："永言配命，自求多福。"《太甲》曰："天作孽，犹可违，自作孽，不可活。"此之谓也。（《孟子·公孙丑上》）

这里孟子是讲统治者如何避免受到侮辱的办法。根本上只有一条，那就是"仁"，而"仁"对于统治者来说也就是"贵德而尊士"。"贵德"就是爱护百姓、与民同乐；"尊士"就是尊重人才、举贤任能。为了证明自己的观点，孟子两引《诗》，一引《书》。其所引之诗，一为《豳风·鸱鸮》，此诗据《周书·金縢》《史记·鲁世家》等史书记载，乃是周公平定管蔡之乱后写给成王的。目的是平息流言，向成王表示忠诚之意。孟子所引是该诗一节，大意是要未雨绸缪、预先防范可能的危机。孟子所引孔子语不见于《论语》，然观其意，符合孔子思想。孟子所引另一首诗为《大雅·文王》，二句诗意为：只有靠自觉的努力才能符合天命，多享福祉。同样是告诫统治者要自我警戒、多行仁义，方能永保太平。总之，孟子借助《诗》《书》来警告统治者应严于自律、小心谨慎地实行对人民的统治。这是将《诗》《书》当作迫使统治者对被统治者做出让步的有效工具了。孟子的这一做法在后来的两千余年间，成了儒家士人约束统治者的基本方法。他们大力推崇"四书五经"，推崇"圣人"，根本目的就是要建构一种高于现实君主权力的权威，以便对其进行有效的控制。儒家清醒地认识到，只有抑制君权的过分膨胀，方能实现上下一体、和睦相处的社会理想。

通过以上分析不难看出，孟子在孔子"克己复礼"的"立法"策略基础上，进一步在改造人的心灵、建构道德自我的方面进行了更为深入、系统的探索。如果说孔子重"礼"说明他在为人的心灵立法的同时更侧重于为社会立法，即重建社会价值秩序，那么孟子重"存心养性"或"养气"则说明他在试图为社会立法的同时更偏重于为人的心灵立法，即建构人格境界及其实现之途。这种转变实际上反映了士人阶层面对日益动荡的社会状况的忧虑与无奈。到了先秦儒家另一位代表人物——荀子那里，情形则又发生了重要变化。

三、《荀子》文论思想解读

荀子的诗学观念是与他的整个思想体系紧密相关的，其总体倾向也是实用主义的，具体言之主要涉及下列几个方面。

第一，对诗所言之"志"的新阐释。"诗言志"之说究竟何时提出，迄今并无人们普遍接受的结论，但是将"诗"与"志"相连而言之则是战国时期比较普遍的现象。《左传》襄公二十七年有"诗以言志"之说，昭公十六年有"二三君子请皆赋，起亦以知郑志"之说；《国语·楚语上》有"……教之诗而为之导广显德，以耀明其志"之说；《孟子·万章上》论说诗方法时有"以意逆志"之说；《庄子·天下篇》有"《诗》以道志"之说等。这说明"诗"是用来言"志"的，乃是彼时的共识。但是关键问题是如何理解这个"志"。看上述引文，"志"并不是一个具有确指的概念，而是泛指人的情感和意愿，是作诗或赋诗所要表达的意思，即使是孟子的"以意逆志"也只是指诗人作诗的本意。然而荀子却有了新的阐释。

> 圣人也者，道之管也。天下之道管是矣，百王之道一是矣，故《诗》《书》《礼》《乐》之归是矣。《诗》言是，其志也；《书》言是，其事也；《礼》言是，其行也；《乐》言是，其和也；《春秋》言是，其微也。故《风》之所以为不逐者，取是以节之也；《小雅》之所以为《小雅》者，取是而文之也；《大雅》之所以为《大雅》者，取是而光之也；《颂》之所以为至者，取是而通之也。（《荀子·儒效》）

对于这段论述应予以足够的注意，因为这是汉儒说诗的基本原则，标志着儒家诗学观念的最终完成。这里的要旨在于将"诗三百"一概视为圣人意旨的表达，从而将其规定为儒家经典。如前所述，荀子与孟子很重要的区别之一是对"圣人"的作用看法不同，与此相关的则是对"圣人之道"的理解的差异。在孟子看来，"圣人之道"实际上是"天之道"与"人之道"的统一。前者是最终的价值依据，具有本体的意味；后者是前者在人世间的具体显现，也就是仁、义、礼、智等伦理道德规范。圣人之所以为圣人，就在于能够自觉到"人之道"与"天之道"的内在相通性，并通过个人的努力使二者都得到彰显——仁、义、礼、智等道德规范也不是人为的东西，而是"天之道"的产物，所以即使是圣人在这里也不创造什么，而是使人人本自具足的东西得到显现。这就是所谓"尽其心者，知其性也。知其性，则知天矣。存其心，养其性，所以事天也"（《孟子·尽心上》）之义。思孟学派与宋儒在学术上的一个重要特点就是试图给他们所选择的人世间的价值系统寻找一个超越于人世间之上的本体依据。由于文化语境与历史语境的双重限制，他们只能吸收老庄之学的精神，将无限的自然界设定为这种本体依据。荀子却是反其道而行之：在他看来，人世间的价值都是人自己制定出来的，这就是所谓"伪"，根本与天地自然无涉。人之所以是人而不是其他的自然之物，正在于他能够制定人人遵守的礼仪规范；圣人之所以异于常人，在于他就是这礼仪规范的制定者；《诗》《书》《礼》

《乐》之所以可贵也正是因为它们是圣人思想情感的表现或立身行事的记录。所以《诗》所言之"志"不是一般人的思想情感，而是圣人的意旨。他在《赋》篇中说："天下不治，请陈佹诗。"这里"佹"通"诡"，"佹诗"即是言辞诡异之诗。荀子称自己的诗为"佹诗"，恰恰体现了他既以圣人自命，又不敢堂而皇之地自称圣人的矛盾心态。实际上荀子正是要像圣人那样为天下立法，一部《荀子》就是为社会各阶层制定的行为规范。

　　将《诗》理解为圣人之志的表达实际上也就提出了一种诗歌阐释学的基本原则：说诗的结果一定要归结为圣人的意旨。这不正是汉代经师们的做法吗？这种诗歌阐释学与孟子的"知人论世""以意逆志"已然大相径庭：在孟子，说诗者与诗人是处于平等地位的，二者是"友"的关系，说诗就是一种朋友间交流沟通的方式；在荀子，诗人就是圣人，说诗者只能是学圣之人，二者是不平等的。所以尽管孟子的"以意逆志"强调了说诗者的主体性，但是由于他毕竟还是将诗人视为曾经生活在具体历史环境中的活生生的人，故而在说诗时颇能顾及诗人的本意，至少不会相去太远。荀子开创的诗歌阐释学将诗规定为圣人之志，表面上是以极客观的、不敢有丝毫曲解的态度说诗，实际上处处体现了主观性与曲解。因为一定要将那些在不同文化空间中产生并具有不同功能的诗歌一概阐释为圣人之言，才符合这种阐释学原则。事实上，荀子本人正是如此说诗的，现举数例以明之。其一，《正名》篇论"期命"（命名）与"辨说"（辨明与解说）的道理云："期命也者，辨说之用也。辨说也者，心志向道也。心也者，道之工宰也。道也者，治之经理也。心合于道，说合于心，辞合于说，正名而期，质请（情）而喻。……说行则天下正，说不行则白道而冥穷，是圣人之辨说也。"接下来便引了《诗·大雅·卷阿》之句："颙颙卬卬，如珪如璋，令闻令望。凯弟君子，四方为纲。"并说"此之谓也"。实际上这些诗句本是赞扬君主品德之美的，与"期命""辨说"没有丝毫关系，荀子搬到这里来证明其正名之论的合理性，完全是一种为我所用的曲解。又如《礼论》云："天能生物，不能辨物也；地能载人，不能治人也；宇中万物，生人之属，待圣人然后分也。《诗》曰：'怀柔百神，及河乔岳。'此之谓也。"这里荀子是在讲天人相分的道理，是极有见地的，但是所引之诗殊为不类。盖此二句乃出于《周颂·时迈》，本义是说周武王遍祭高山大河，取悦山川之神。这恰恰是讲人与天地自然的相通而非相异。由此可见，荀子心目中的"圣人之志"实际上常常就是自己的观点，他将圣人当作最高的价值依据，这实际上是出于自己立法活动的需要。诗歌在他这里被当成了建构社会价值秩序的现成工具。

　　第二，诗与"性""伪"的关系问题。在荀子的思想系统中，凡人生而有之的东西即为"性"；凡人后天创造或习得的东西即为"伪"。按此逻辑，诗歌自然应属于"伪"的范畴，但是荀子却并不如此简单看问题。在他看来，诗歌与人之"性"和"伪"均有密切联系。试看《乐论》：

> 夫乐者，乐也，人情之所必不免也，故人不能无乐。乐则必发于声音，形于动静；而人之道，声音动静，性术之变尽是矣。故人不能无乐，乐则不能无形，形而不为道，则不能无乱。先王恶其乱也，故制《雅》、《颂》之声以道之，使其声足以乐而不流，使其文足以辨而不諰，使其曲直、繁省、廉肉、节奏足以感动人之善心，使夫邪污之气无由得接焉；是先王立乐之方也。……夫声乐之入人也深，其化人也速，故先王仅为之文。……乐者，圣人之所乐也，而可以善民心，其感人深，其移风易俗，故先王导之以礼乐而民和睦。（《荀子·乐论》）

这里虽是论乐，亦完全适用于诗，因为在荀子看来，《诗》正是用来承载这种圣人制作的中和之乐的，也就是所谓"《诗》者，中声之所止也"（《劝学》）。这里的逻辑是这样的：《诗》（包括诗与乐）产生的最终根源是人之性，因为人之性具体表现为喜、怒、哀、乐之情，而人的这些情感必然要有所表现，或为声音（言辞），或为动静（行为）。但是这种人性的自然流露有多种可能性：或者成为哀伤、淫靡之声，悖乱无法之行；或者成为中和之声，仁义之行。这里的关键在于是放任人性的自然流露，还是对其予以引导、规范。圣人正是在这个关键之点发挥作用的：创制出《雅》《颂》之声来引导人之性，使之沿着适当的途径来表现。所以，《诗》既是人之"性"的表现，又是圣人之"伪"的产物，是二者的结合。荀子这种极有见地的诗歌发生论很容易令人想起弗洛伊德的压抑理论。在弗氏看来，人的遵循"快乐原则"的本我与遵循"现实原则"的自我之间即存在着一种压抑与引导的复杂关系。本我是人生而有之的自然本性，主要是生理欲望，它以获得满足为唯一目标，近于荀子所谓"性"；自我则是人后天形成的，或者说是社会塑造的人格，它处处遵循社会规范行事，近于荀子的所谓"伪"。在弗洛伊德看来，一部人类文明史就是一部压抑史——文明是作为社会存在的人类用来压抑作为个体存在的本能欲望而产生的。在荀子看来，一个社会如果顺人性之自然就必然会出现混乱无序的局面，所以圣人才要创制出一整套礼仪法度来规范人性。如此说来，从功能的角度看荀子的"伪"基本上就是弗洛伊德的"现实原则"。从另一个角度看，无论是荀子的"伪"还是弗洛伊德的"现实原则"又都不仅仅是压抑的手段，或者甚至可以说它们的主要功能并不是压抑而是疏导：为人的本能欲望的满足提供现实的途径。人的本能欲望如果能够得到自然的满足当然是令人向往的事情，然而事实是，作为社会存在物的人类根本无法"自然地"满足自身的本能欲望。一旦人人都沿着自然的途径，即依据快乐原则来追求欲望的满足时社会就会混乱一片，人们就会在争斗中耗尽力气，结果是任何人的本能欲望都无法得到满足。这就意味着人们满足本能欲望的方式需要规范，这是人作为"类"的存在形态本身决定的。至于这种规范方式具体是怎样的则是一个历史的问题——在人类不同的发展阶段上总是存在着不同的满足欲望的合法性方式。如此说来，压抑和规范反而成了使本能欲望得到满足的有效手段。然而既然是以压抑的方式来获得欲望的满足，这种满足就必然是大打折扣的。所以后来法兰克福学派的思想家马尔库塞提出"非压抑性文明"的观点，实质上是主张通过社会的改造寻求一种将压抑的负面效应减到最低限度而使满足最大限度地得到实现的设想。

弗洛伊德正是用这样的观点来理解人类文学艺术和其他形式的精神创造的。他认为，在社会生活中人的本能欲望无法直接得到满足，但它又不能永远处于被压抑状态，所以只能寻求某种被社会认可的方式来得到满足。文学艺术的创造就是人的本能欲望改头换面的满足方式。这就是他那篇题为《作家与白日梦》的著名论文所表达的核心观点。有趣的是，荀子的诗学思想与弗氏颇有异曲同工之妙。看前面的引文，荀子认为"乐"（音 lè）是人不能无之的自然本性，它必然要有所表现：或"发于声音"，或"形于动静"。对这种自然本性的表现方式如果不加以引导就必然出现混乱，"先王恶其乱也，故制《雅》《颂》之声以道之"。这就是说，诗和乐是"先王"创制出来专门疏导人情的，其功能就在于使人的自然本性按照一个符合社会规范的途径得到实现。所以，人的自然本性为诗乐的产生提供了必不可少的能量或内驱力，"先王"创制的诗乐形式则为人的自然本性提供了实现的途径。诗乐因而就成为"性"与"伪"的完美融合，或者说诗乐是人的自然本性形式化的、合乎规范的、具有合法性（为社会所认可的）的显现。不难看出，在文学艺术具有实现人的本能欲望之功能这一点上，荀子与弗洛伊德是极为接近的。但是二者毕竟是在迥然不同的文化历史语境中的言说，故而差异也是十分明显的。大略而言，弗洛伊德是在讲精神文化的一般性的生成原因，是个体与社会之间矛盾的自然解决，这里丝毫没有人为的因素。荀子却是讲"先王"或"圣人"对人类社会的引导作用，其所言之《雅》《颂》是特指而非泛指（譬如所谓"郑卫之声"就肯定不包含在内）。而且荀子所强调的是"立法"行为的合理性与必要性，突出的是社会精英的社会作用，弗洛伊德所强调的则是个体与社会之间根深蒂固的矛盾以及这种矛盾在客观上的调和方式。一是价值的建构，一是认知性的解释，两者在言说的动机上是大相径庭的。

所以荀子的乐论或诗论最终是归结为社会功用的。在他的眼中，诗歌也罢，音乐也罢，都不过是圣人为社会立法的手段而已。观荀子所言，他是将诗乐作为"礼"的辅助手段来看的。按照他的逻辑，人类社会必须划分为不同的等级并规定出每个人的行为规范和所享受的权利，才会安定有序。这就是"礼"的功能所在。但是这样一来，人与人之间就难免因等级的差异而出现严重的隔阂，这也不符合儒家的那种亲密和睦的社会乌托邦精神了。所以应该有补救的措施，使不同阶层的人在差异的基础上建立亲密的人际关系，这就是诗乐的功能了。在《乐论》篇，荀子认为诗乐的功能关键在一个"和"字。《劝学》篇中所谓"诗者，中声之所止也"的"中声"就是指"中和之声"。既然诗乐可以将那么多种多样的声音、节奏整合为一种统一的旋律，它当然也可以将形形色色的人整合为一个和谐、亲密、温情脉脉的整体。"礼"的作用是晓之以理：人天生就有差别，要安分守己，承认贵贱之分。诗乐的作用是动之以情：君臣上下、父子之间，有如一体，要亲密无间。这样，诗乐就具有了无可替代的政治意义。

荀子对于诗乐功能的观点实际上是儒家乌托邦精神的深刻体现，关涉先秦儒家"立法"活动的基本策略，也关涉此后二千余年间中国官方意识形态的基本特征。就社会乌托邦的层面来看，荀子与孔孟一样，都是向往那种既有严格的等级差异，又充满温情、其乐融融的社会状态。君则仁君，臣则忠臣，父则慈父，子则孝子。人人都恪守着自己的职分，享受着自己应有的权利，承担着自己应尽的义务，同时在不同的阶层之间又被一种深挚动人的亲情所统合。这样，对于社会差异，人们就不是被迫地接受而是诚心诚意地认同，不仅认为必须如此，而且觉得理应如此。这种将严格的礼制法度与温柔敦厚的诗乐教化统一起来的政治策略，根本上乃是一种融合社会价值与个体价值、理智与情感、道德与法律的努力。与儒家这种社会乌托邦相比，墨家强调平等（"兼爱""尚同"）而反对差异的主张虽然对下层民众更具有吸引力，却显得更加不切实际；法家那种将人际关系完全置于强制性规定之下，以赏罚作为肯定或否定人的价值的主要的，甚至是唯一手段的策略虽然能够在短期内取得较大的成效，却不是长治久安之计；至于道家，试图取消一切人为的建构而以自然形态为最高追求，作为一种社会理想就更是玄远难达了。墨家只看到"群"而忽视了"分"；法家只看到"理"而忽视了"情"；道家只看到"性"而忽视了"伪"；唯有儒家能够统筹兼顾，具有先秦诸子无法比拟的全面性。由此观之，历史选择儒家学说作为雄霸两千余年的国家意识形态绝非偶然之事。尽管先秦儒家的社会理想具有乌托邦性质，但是由于它具有统筹兼顾的全面性，故而很容易被转换为一种总体性的国家意识形态。汉代帝王"王霸道杂之"的统治之术实际上是两汉以降历代统治者共同尊奉的政治策略，其理论的根据正是先秦儒家的社会乌托邦。

先秦儒家的诗学观念在孔子那里是兼顾个人的道德修养与社会政治功能的，在孟子那里则提出了一种旨在与古人交流、沟通的诗歌阐释学原则，到了荀子就被完全纳入到政治话语系统之中了。如果说圣人（或兼有圣人品质的君主）作为具有绝对权威性的社会立法者，其一切话语建构（"伪"）根本上都是政治行为，那么诗乐作为这种话语建构中的重要内容也就只能以政治目的为指归了。所以，如果说孔子的诗学观念开启了后世以诗歌作为陶冶个人情操的修身方式以及臣下对君主表达不满的形式之先河，孟子开启了诗学阐释学之先河，那么荀子则主要是在理论上突出了以诗歌作为社会政治教化之手段的功用。《毛诗序》中的诗歌功能论正是与荀子一脉相承的。

四、《庄子》文论思想解读

根据庄子的逻辑①，要彻底解决为了权力争夺而导致的社会动荡问题，就必须先行否定现行价值观念的合法性；为了否定现行价值观念的合法性，就必须颠覆通行的思维方式；为了颠覆通行的思维方式，就不能不涉及"言"与"意"的关系问题，因为任何价值观念与思维方式都是通过言说而显现出来的。于是其"说"与其"所说"之间的关系就成为一个值得追问的话题。对于庄子的追问可以从以下几个方面来考察。

第一，语言的局限性。语言是人类最重要的表现方式。当语言作为言说者日常生活中一般意愿的表达方式时，它是有效的，旁人可以通过它而明了言说者的意思。但当语言作为对世界复杂性的表现方式时，它却往往是无效的，因为它不可能穷尽这种复杂性。在呈现了事物的某种性质时，它总是同时遮蔽了另外一些性质。庄子意识到，文字所要表现的是人们的语言，语言所能表现的是人们的意念，尽管也有言不尽意的问题，但大体上三者之间是比较契合的。问题出在"意之所随"上。"意"并非凭空产生的东西，它具有指涉性质，总是相关于人的意识后面隐含的某种心理因素或者外在于人的某种存在物。此二者都是难以用语言呈现出来的，所以说"意之所随者，不可以言传也"。人们通常用眼睛可以看到的和用耳朵可以听到的都是事物的表象，根本不足以显现事物的真正状况，因此人们说出来的以及用文字表达出来的意思都是不值得相信的。语言只不过是人们为了交流的需要不得已而用之的工具而已，不应该将其神圣化。

> 筌者所以在鱼，得鱼而忘筌；蹄者所以在兔，得兔而忘蹄；言者所以在意，得意而忘言。（《庄子·外物》）

语言所能做的便是传达言说者的意愿，只要这意愿已经传达出去，语言就

---

① 这里所说的"庄子"指《天道》与《外物》两篇文字的作者。

完成了自己的使命，至于事物本身的复杂性则是语言根本无法传达的，因此语言和用语言组成的各种文本都是不值得重视的。真正知道的是不说的，因为语言无法表达他所知的东西；说出来的都是不知道的，因为能用语言传达出来的东西肯定不是事物的真正情状。根据《庄子》一书的逻辑，这里所说的那种"不可言传"的东西也就是天地之间无处不在的"道"。

第二，庄子语言观的现代意义。20世纪后半期，语言忽然成为西方哲学关注的焦点：语言被赋予了某种世界本体的性质。在一些后现代主义者看来，现实并不先于语言，相反，是语言塑造了现实，因为人们是借助于语言来建构他眼中的整个世界的。这样一来事情就发生了根本性变化，出现了一系列在传统眼光看来是匪夷所思的结论，诸如先有语言而后有被表现者，文学先于现实，语言是存在之家，历史即是文本，语言使世界成为世界，语言说人而非人说语言等。这些观点和提法都与后现代主义对近代以来形成的理性中心主义以及与之相关的主体性意识的颠覆性反思有着极为密切的联系。然而被许多西方的和中国的学者判定为具有后现代主义特征的庄子学说在这一点上似乎与上述观点刚好相反：在庄子看来，语言的意义是渺小的，它只能呈现事物最表层的即可以为感官把握的东西，而无法显现事物的真实性本身。那么应该如何看待庄子与后现代主义语言观的这种差异呢？

本书认为庄子的观点更加深刻一些。庄子的深刻性在于：世界上真正具有重要意义的东西是无法用语言传达的。标示着宇宙万物存在与演变的大道，是超越语言范围的。也就是说，人类借助语言建构起来的世界是虚假的、表层的、自欺欺人的，真正决定世界之命运的力量是人的智慧所无法言说的。譬如混沌，在庄子这里指世界存在的整体性，实际上是无法言说的。对于世界的不可言说性，人们无法准确表达，但可以体会，可以感受，因此也可以效法或顺应。语言是达"意"的，亦即表达人们的思想意愿，而那决定着"意"的东西则是无法言说的、神秘的、无意识的。西方人的特点在于认为语言可以传达一切，即使是无意识也可以透过语言来解读，最终语言取代外在于人的精神实体而获得本体地位。这里实际上是预设了世界的可认知性，这与西方传统的知识论模式有着深层的一致性。因此承认不承认世界本身的神秘性，是庄子思想与西方后现代主义的根本区别之一。

第二节　相关问题概说

据《史记·孔子世家》记载，孔子曾经将原有的三千多首诗作"去其重"，编订为后来《诗经》的规模，于是便有了历代相传的孔子"删诗"的说法。自清代以来，疑者蜂起。人们怀疑的理由很充分：据《左传》《国语》等史籍的记载，在孔子之前《诗经》基本上已经具备了后来的规模，而且孔子本人也有"诗三百"的说法。如此看来，孔子"删诗"之说是不能成立的。以理度之，由于孔子授徒讲学是以《诗》《书》等为基本教材的，所以他很可能对这些在传承中难免出现舛错、混淆以及多种传本的典籍进行过一定程度的整理校订。他尝自称"述而不作，信而好古"（《论语·述而》）。这个"述"字中除了传述、教授之意外，恐怕还包含着整理的含义，正如他在鲁国史书的基础上整理、加工出《春秋》一书一样。他自己也说："吾自卫返鲁，然后乐正，《雅》《颂》各得其所。"（《论语·子罕》）后世儒者的孔子"删诗"、孔子"作《春秋》"以及孔子为了"托古改制"而创制"六经"等种种说法，大约均系由此捕风捉影而来的。

不管孔子是否真的对《诗经》进行过整理加工，都丝毫不影响他在诗学观念上的伟大贡献。可以说，孔子是中国古代第一个对诗歌功能做出全面、深刻阐述的思想家。但是，孔子的诗学观念又是十分复杂的，以往人们对这种复杂性往往缺乏足够的认识，当然也就谈不上深入理解了。

孔子对诗歌功能的理解与诗歌在西周至春秋时期的实际功能已然相去甚远，如对诗歌的仪式化作用，主要是其沟通人神关系的功能，孔子基本上没有论及。本来颂诗和二雅的一部分原本是在各种祭祀仪式中用来"告于神明"的乐舞歌辞，这可以说是诗歌在西周官方意识形态中最早的，也是最基本的功能了。但是声称"周监于二代，郁郁乎文哉！吾从周"的孔子却对诗的这种重要功能视而不见。这是什么原因呢？其实很简单：在孔子的时代，诗歌原有的那种沟通人神关系的功能已经随着西周贵族制度的轰毁而荡然无存了。而孔子的言说立场也不再是处于统治地位的贵族立场，而是处于民间地位的士人立场。在西周的文化历史语境中，诗歌作为人神关系中的言说方式，实际上负载着强化既定社会秩序，使贵族等级制获得合法性的重要使命。而对于孔子所代表的儒家士人来说，重要的是建构一种新的社会乌托邦，而不是强化已有的社会秩序。

但是对于诗歌原有的沟通君臣关系的功能，孔子却十分重视，他说："诗可以兴，可以观，可以群，可以怨。迩之事父，远之事君；多识鸟兽草木之名。"（《论语·阳货》）诗何以"事君"呢？这里主要是靠其"怨"的功能。孔子将"怨"规定为诗歌的基本功能之一，是对西周之末、东周之初产生的那些以"怨刺"为主旨的"变风变雅"之作的肯定。"怨"不是一般地发牢骚，而是向君主表达对政事不满的方式，目的是引起当政者重视而有所改变。所以，孔安国认为"怨"是指"怨刺上政"，是比较合理的解释；朱熹将其释为"怨而不怒"就明显隔了一层。"怨刺上政"并不是单方面地发泄不满情绪，而是要通过"怨"来达到某种影响"上政"的目的，这样才符合"事君"的原则。在西周至春秋中叶之前，在贵族阶层之中，特别是君臣之间的确存在着以诗的方式规劝讽谏的风气。《毛诗序》所谓"上以风化下，下以风刺上，主文而谲谏，言之者无罪，闻之者足以戒，故曰风"，或许并不是想当然的说法，而是对古代贵族社会内部某种制度化的沟通方式的描述——诗歌被确定为一种合法的言说方式，用这种方式表达不满即使错了也不可以定罪。

所以，孔子对诗歌"怨"的功能的强调并不是赋予了诗歌新的功能，而是对诗歌原有功能的认同。孔子虽然是以在野布衣之士的身份言说，但是他的目的却是要重新建立一种理想的政治秩序，所以对于西周文明中某些方面还是要有选择地保留的。

诗歌在春秋时期政治生活中那种独特的作用——"赋诗明志"，大约是西周时期贵族内部那种以诗歌来进行沟通的言说方式的某种泛化。根据《左传》《国语》等史籍记载，在聘问交接之时通过赋诗来表达意愿并通过对方的赋诗来了解其意志甚至国情成了普遍的，甚至程式化的行为，赋诗的恰当与否有时竟成为决定外交、政治、军事行动能否成功的关键。尽管"赋诗明志"的文化现象与孔子的价值取向并无内在一致性，但是对于诗歌这种实际存在的特殊功能，孔子却不能视而不见。所以他教导自己的儿子说："不学诗，无以言。"（《论语·季氏》）又说："诵《诗》三百，授之以政，不达；使于四方，不能专对；虽多，亦奚以为？"（《论语·子路》）这里"无以言"的"言"，显然即是"专对"之义，指外交场合的"赋诗明志"。孔子这里提倡的是诗歌的实用功能，与儒家精神无涉。所以随着诗歌的这种实用功能的失去，孔子之后的儒家代表人物如子思、孟子、荀子等再也无人提及了。

孔子毕竟是新兴知识阶层的代表人物，他对诗歌的功能自然会有新的阐发。他之所以不肯放弃对诗的重视是因为儒家的基本文化策略是在原有文化资源的基础上进行建构而不是另起炉灶，而他之所以要赋予诗歌新的功能是因为他毕竟代表了一种新的文化价值取向。

孔子对诗歌功能的新阐发，或者说赋予诗歌新的功能主要表现在将诗歌当作修身的重要手段上。《为政》说："《诗三百》，一言以蔽之曰：思无邪。""思无邪"本是《鲁颂·駉》中的一句，是说鲁僖公养了很多肥壮的战马，这是很好的事情。这里并不带有任何道德评价的意味，但是在孔子这里却被理解为"无邪思"之义。朱熹说："'思无邪'，《鲁颂·駉》之辞。"凡诗之言，善者可以感发人之善心，恶者可以惩创人之逸志，其用归于使人得其情性之正而已。然其言委婉，且或各因一事而发，求其直指全体，则未有如此之名且尽者。故夫子言《诗》三百篇，而唯此一言以尽盖其义，其示人之意亦深切矣。程子曰："'思无邪'者，诚也。"① 这里当然有宋儒的主观倾向，但是大体上是符合孔子本意的，这可由其他关于诗的论述来印证。其云："兴于诗，立于礼，成于乐。"汉儒包咸注"兴于诗"云："兴，起也。言修身当先学诗。"② 朱熹注云："兴，起也。《诗》本性情，有邪有正。其为言既易知，而吟咏之间，抑扬反复，其感人又易入。故学者之初，所以兴起其好善恶恶之心，而不能自已者，必于此而得之。"可知汉儒、宋儒持论相近，都是孔子将诗歌作为修身的必要手段。孔子又说："人而不为《周南》《召南》，其犹正墙面而立也与？"（《论语·阳货》）意思是说一个人只有学习了《周南》《召南》才会懂得修身齐家的道理，才会做人，否则就会寸步难行。同样是将诗歌作为修身的手段。在孔子看来，西周时期的礼乐文明主要在于它是一种美善人性的表现，而不在于其外在形式。所以他说："礼云礼云，玉帛云乎哉？乐云乐云，钟鼓云乎哉？"（《论语·阳货》）按照孔子的逻辑也完全可以说："诗云诗云，文字云乎哉？"——诗歌的意义不在于文辞的美妙，而在于其所蕴含的道德价值。

由此可见，原本或是祭祀活动中仪式化的乐舞歌辞，或是君臣上下沟通方式，或是民间歌谣的诗歌，在孔子这里被阐发为修身的必要手段。诗歌原本具有的那些功能：贵族的身份性标志，使既定社会秩序合法化以及沟通上下关系，聘问交接场合的外交辞令等，在孔子的"立法活动"或价值重构工程中都让位于道德修养了。那么，孔子为什么要将修身视为诗歌的首要功能呢？这是一个极有追问价值的问题，因为它与孔子所代表的那个知识阶层的身份认同直接相关，同时也是一种"立法"的策略。对此这里略做探讨。

孔子所代表的这个被称为（亦自称为）"士"的知识阶层是很独特的一群人。依照社会地位来看，他们属于"民"的范畴，没有俸禄，没有职位，不像春秋以前的作为贵族的"士"那样有"世卿世禄"的特权。他们之所以能够成为一个独立社会阶层的唯一依据就是拥有文化知识，此外他们可以说一无所有。但是这个阶层却极为关心天下之事，都具有强烈的政治干预意识。这或许是他们秉承的文化资源即西周的王官文化所决定的。或许是因为他们生存在那样一个战乱不已、动荡不安的社会现实中，希望靠关心天下之事、解决社会问题来寻求安定的社会环境，从而解决自己的生存问题。不管什么原因，这个阶层的思想代表们——诸子百家都是以天下为己任的，都试图为这个濒于死亡的世界提供疗救的良药。

诸子百家之学本质上都是救世的药方。那么如何才能救世呢？

首先就是为这个混乱无序的世界制定法则。所以，诸子百家实际上人人都

① 《论语·为政》注，《四书集注》本，岳麓书社标点本。
② （清）刘宝楠撰：《论语正义》，卷九引，《诸子集成》本。

在扮演立法者的角色。如果说老庄之学的主旨是要将自然法则实现于人世间，即以自然为人世立法，那么儒家学说则是要在西周文化遗留的基础上改造原有的社会法则。在充当立法者这一点上，老庄孔孟以及其他诸家并无不同。那么，他们凭什么认为自己是立法者呢？或者说，他们是如何将自己塑造为立法者这样一种社会角色的？

儒家的策略是自我神圣化。儒家是在继承西周文化的基础上来建构自己的学说的。商人重鬼神，周人重德行，所以他们就抓住了一个"德"字来为自己的立法者角色确立合法性。看西周典籍如《周书》以及《周易》《周颂》《周官》等，周人的确处处讲"德"。如《洪范》讲"三德"、《康诰》讲"明德慎罚"、《酒诰》讲"德馨香祀"、《周礼》讲"六德"、《周颂·维天之命》讲"文王之德之纯"等。这都说明周人确实是将"德"当作一种最重要的、核心的价值观看待的。周人的所谓"德"是指人的美德，也就是在人际关系中表现出来的一种恭敬、正直、勤勉、勇毅、善良的品质。盖西周政治是以血亲为纽带的宗法制度，所以要维持贵族内部的和谐团结就必须有一种统一的、人人自觉遵守的伦理规范。"德"就是这种伦理规范的总体称谓。孔子对周人遵奉的伦理规范加以改造，使之更加细密、系统，从而建构起一种理想化的圣贤人格。仁义礼智、孝悌忠信是这种理想人格的基本素质。这八个字可以说是孔子教授弟子的最基本的内容，同时也是儒家士人自我神圣化的主要手段。例如，"君子"本来是对男性贵族的统称，而《诗经·魏风·伐檀》的"彼君子兮，不素餐兮"之谓就是针对贵族而言的。但是到了孔子这里，"君子"就成了一种道德人格：有修养、有操守的人称为君子，反之则是小人。例如，他说："君子之于天下也，无适也，无莫也，义之与比。"又说："君子怀德，小人怀土。君子怀刑，小人怀惠。"又说："君子喻于义，小人喻于利。"（《论语·里仁》）孔子要求他的弟子都要做君子，不要做小人。君子、小人之分暗含着对立法权的诉求：我是君子，所以我有权为天下制定法则。

因此，孔子对圣贤人格或君子人格的建构过程同时也就是证明自己立法活动之合法性的过程，而且这种君子人格所包含的价值内涵实际上也就是孔子所欲立之"法"的重要组成部分，这样立法活动与证明立法权之合理性的活动就统一起来了。这真是极为高明的文化建构策略。然而无论孔子的策略如何高明，在当时的文化历史语境中，他的立法活动都是无效的。因为除了儒家士人内部，他再也没有倾听者了。他的价值观念无法得到社会的认同，因此也就无法真正获得合法性。但是作为一种完整的话语系统，孔子的思想在后世得到了最为广泛、最为长久的认同，同时孔子本人也被后世儒者继续神圣化，直至成为人世间一切价值的最高权威。

孔子在为天下立法的过程中建构起的话语体系可以说是中国古代最早的精

英文化。孔子及其追随者为了维护这种精英文化的纯洁性，极力压制、贬低产生于民间的下层文化，因为只有在与下层文化的对比中方能彰显出精英文化的"精英"性来。这一点在孔子对"雅乐"的维护与对"郑声"即"新乐"的极力排斥上充分地表现出来。他说："恶紫之夺朱也，恶郑声之乱雅乐也，恶利口之覆邦家者。"（《论语·阳货》）这里所谓"雅乐"指西周流传下来的贵族乐舞，其歌辞便是《诗经》中的作品。这类诗乐的特点按孔子的说法是"乐而不淫，哀而不伤"的，是可以感发人的意志，引导人向善的。"郑声"则是产生于郑地的民间新乐，其特点是"淫"，即过分渲染感情。

孔子通过对"雅乐"与"郑声"的一扬一抑、一褒一贬确立了儒家关于诗歌评论的基本原则，体现了精英文化与民间文化的根本差异，并确立了精英文化的合法地位。实际上，如果"郑声"仅仅是一种自生自灭的民间文化，孔子恐怕也没有兴趣去理睬它。看当时的情形，"郑声"这种民间艺术似乎颇有向上层渗透的趋势，甚至有不少诸侯国的君主都明确表示自己喜欢"郑声"，而不喜欢"雅乐"。也就是说，"郑声"以其审美方面的新奇与刺激大有取代"雅乐"的趋势。孔子是精英文化的代表者，为了维护精英文化的合法性，必然会贬抑民间文化，这里并不完全是由于价值观上的差异。

孔子的时代是士人阶层形成的初期，同时也是士人自我意识开始觉醒的时期。因为这个阶层是最敏感并且善于思考的社会阶层，所以即使他们还不够成熟，但也已经有了清醒的自我意识。例如，孔子说的"士志于道，而耻恶衣恶食者，未足与议也"（《论语·里仁》）；"行己有耻，使于四方不辱君命，可谓士矣"（《子路》）；"切切偲偲，怡怡如也，可谓士矣"（《论语·子路》）；"士而怀居，不足以为士矣"（《论语·宪问》）以及曾子所说的"士不可不弘毅，任重而道远"（《论语·泰伯》）等，都是士人阶层的自我意识，是他们的角色认同。

到了孟子，这种士人阶层的自我意识又有了进一步发展。他说："无恒产而有恒心者，惟士为能；若民，则无恒产因无恒心。"（《孟子·梁惠王上》）又说："志士不忘在沟壑，勇士不忘丧其元""士之失位，犹诸侯之失国""士之仕也，犹农夫之耕也。"（《孟子·滕文公下》）又有"士不托于诸侯"及"一乡之士""一国之士""天下之士"（《孟子·万章上》）之说。这都说明孟子和孔子一样，都对"士"的社会角色与文化身份有着极为清醒的认同，这是士人阶层自我意识最为突出的表现。这种自我意识认为，士人阶层乃是社会的精英，肩负着拯救这个世界的伟大使命。在他们看来，除了士人阶层，世上再没有什么力量有能力完成这一伟大使命了。他们应该严格要求自己，自我砥砺，正是欲使自己的品德与才能足以适应肩负的使命。所以孟子十分自信地说："如欲平治天下，当今之世，舍我其谁也?"（《孟子·公孙丑下》）先秦士人思想家，无论哪家哪派，大都怀有这样一种豪迈的志向。总体言之，孟子对孔子的发展主要表现在下面几个方面。

第一，在政治理想方面，孟子较之孔子更具有乌托邦色彩。孔子当然也是一个乌托邦的建构者。他的"克己复礼"表面上是恢复西周的礼乐制度，实际上却是构建一种新的社会价值体系——"仁"，其体现为内在的道德意识，其作用为和睦人际关系。但是孔子毕竟较多地借助了西周的文化资源，其"正名"之说、"是可忍孰不可忍"之叹以及"君君、臣臣、父父、子子"之论都令人感到一种复古主义的浓烈味道。也就是说，孔子的乌托邦精神是隐含着的。孟子则不然，他虽然有时也不免流露出对所谓"三代之治"的向往，但是其对社会制度的想象性筹划却是纯粹的乌托邦："制民之产"（"五亩之宅、百亩之田"）的经济政策、"与民同乐"的君主政治、"老吾老以及人之老、幼吾幼以及人之幼"的人际关系、用"仁义"统一天下的"王道"策略，都是极为美好的设想，是士人乌托邦精神的集中体现。这是因为在孟子的时代，西周时期的政治制度较之孔子之时破坏得更加彻底，故而即使是儒家士人也已经失去了恢复周礼的信心，只能建构更加纯粹的乌托邦了。

第二，在人格理想方面，孟子同样与孔子有了很大的不同。孔子所描画的人格境界基本上是一种君子人格：彬彬有礼、谦恭平和、从容中道，能够做到"己所不欲，勿施于人"。至于圣人境界，在孔子看来，即使是尧舜这样的人也还有所不足，更遑论他人了。在孟子这里，成圣成贤的信心似乎远比孔子充足。他心中的理想人格主要有如下几个特征：如果说孔子追求的人格境界还主要是有良好道德修养的即遵循礼教的君子，那么，孟子所追求的则主要是特立独行的豪杰之士。所谓"志士不忘在沟壑，勇士不忘丧其元"，说的是一种无所畏惧的勇武精神；所谓"富贵不能淫，威武不能屈，贫贱不能移"的"大丈夫"，说的是一种不屈不挠的勇武精神。显然，孟子的人格理想少了一点"文质彬彬"，多了一点雄豪刚猛。

第三，在人格修养方面，孔子注重诗书礼乐与文行忠信的教育，强调由外而内的学习过程，也就是所谓"切问而近思"与"下学而上达"；孟子则强调存心养性的自我修习、自我提升过程，亦即"反身而诚，乐莫大焉"。如果说"礼"在孔子那里还是最主要的行为准则，那么到了孟子的价值观念系统中，"礼"已经不再处于核心的位置了。相反，倒是在孔子那里"不可得而闻"的"心"与"性"成了孟子学说中的核心范畴。在先秦诸子中，孟子是最关注心灵的自我锤炼、自我提升的思想家。在他看来，"心"不仅是能思之主体，而且是最终的决断者：一个人究竟能够成为怎样的人完全取决于"心"的自由选择。他说："耳目之官，不思而蔽于物，物交物，则引之而已矣。心之官则思，思则得之，不思则不得也。此天之所与我者，先立乎其大者，则其小者弗能夺也。此为大人而已矣。"(《孟子·告子上》) 用现代学术话语来表述，孟子的逻辑是这样的：人具有得之于天的先验道德理性，它构成心灵的潜意识。一个人如果自觉地发掘培育这种道德潜意识，他就可以成为一个高尚的人；反之，如果他一味为感官的欲望所牵引，其先验的道德理性就会被遮蔽，他就会沦为一个低级趣味的人。但是道德理性不会自己培育自己，它同样是被选择的对象。这就需要有一个选择的主体做出最终的决定，这就是"心"。"心"依据什么来进行最终的选择呢？这是孟子未能解决，也是后世历代儒家始终未能真正解决的问题。但是这并不意味着他们没有自己的解释。联系思孟学派以及宋儒的观点，儒家对这一问题的解释是：有一种特殊的人能够自觉到先验道德理性并予以培育，这样的人就是圣人。孟子说："诚者，天之道也；思诚者，人之道也。"(《孟子·离娄上》)《中庸》也说"自诚明，谓之性；自明诚，谓之教。"又说："诚者，天之道也；诚之者，人之道也。诚者不勉而中，不思而得，从容中道，圣人也。诚之者，择善而固执之者也。"这就是说，圣人不用选择就可以按照先验道德理性行事，常人则需要做出选择然后努力去做方可，也就是要"博学之，审问之，慎思之，明辨之，笃行之"。那么常人为什么能够做出这样的选择而避免物欲的遮蔽呢？当然是靠榜样的力量，也就是向圣人学习。这就是宋儒津津乐道的"作圣之功"。而圣人的意义也就在于主动地启发常人向着这个方向努力，即"以先觉觉后觉，以先知觉后知"。这样一来，由于设定了"圣人"这样一种特殊的人，儒家的难题就迎刃而解了。所以，如果说在孔子的话语系统中圣人是那种"博施于民而能济众"的伟大君主，那么，到了思孟学派这里圣人实际上就成了一个逻辑起点，即推动整个存心养性、完成人格过程的"第一推动者"。所以，从社会文化语境的角度来看，圣人实际上就是最高的"立法者"，也就是儒家士人思想家自我神圣化的产物，其本质上就是他们自己。所以，如果说"道"是士人阶层价值体系的最高体现，那么，"圣人"就是他们人格理想的最高体现。二者的共同点在于：都是士人阶层干预社会，实施权力运作的有效方式。

　　"性"是孔子不大关注而孟子极为重视的另一个重要范畴。在孔子那里只说过："性相近也，习相远也"(《论语·阳货》)，意指人们的本性本来差不多，只是后来的修习将人区分开来了。观孔子之意，似乎以为人的本性本来无所谓善恶，一切都是后天影响或自我选择的产物。孔子这样说显然是为了突出教育和学习的重要性。然而到了孟子那里，就大讲其"性善"之论了。孟子的逻辑是这样的：人的本性原是纯善无恶的，只是由于物欲的遮蔽与牵引，人们才误入歧途，滋生出恶的品行。善的本性植根于人"心"，即思考、辨别、反省的先验能力，这是"不学而知""不学而能"的"良知""良能"。能够导致恶的物欲则基于人的诸种感官，即人的肉体存在。孟子的意思是要通过强化前者来抑制后者，从而完成人的人格，最后落实为社会纷争的彻底解决。后来，宋儒提出"天命之性"与"气质之性"的二元论，在根本上是完全符合孟子的逻辑的。说到这里，很容易令人们想起被称为"20 世纪最伟大的人道主义者"的德裔美籍学者埃里希·弗洛姆关于人的潜能与善恶关系的论述。

　　如果说毁灭性确实是作为一种被禁锢的生产性能量而发展来的话，那么，把它称作人的本性中的一种潜能似乎也是对的。那么，这是否必然推出善与恶是人身上具有同等力量的潜能之结论呢？……一种潜在性的现实化依赖于现有的某种条件，比如说，就种子而言，就依赖于适宜的土壤、水分和阳光。事实上，潜在性的概念除了与它的现实化所需的特殊条件相联系之外，是毫无意义的。……如果一个动物缺乏食物，它就无法实现其潜在性的生长，而只会死去。那么，我们可以说，种子或动物具有两种潜能，从每一种潜在性中都可以推出某些在以后的发展阶段上产生的结果：一种是基本的潜能，只要适宜的条件出现，它就会实现；另一种是次要的潜能，如果条件与实存的需要相对，它就会实现。基本潜能与次要潜能两者都是一个机体之本性的组成部分。使用"基本的"和"次要的"这些语词是为了表示，所谓"基本的"潜能发展是在正常条件下发生的，而"次要的"潜能却只能是在不正常的病态条件下才能显示其存在。

　　……我们已经表明，人不是必然为恶的，而只是在缺乏他生长的适宜条件的情况下才为恶的。恶并没有它自己的独立存在，恶是善的缺乏，是实现生命之失败的结果。……在下面的篇幅里，我将努力表明，正常的个体在其本身就拥有去发展、去生长、去成为生产性的存在的倾向，而这种倾向瘫痪本身就是精神病态的征候。[①]

弗洛姆关于人性善恶的分析方式当然不同于孟子，但是他们都是旨在寻求一种人性正常发展的途径。如果用弗洛姆的两种潜能说来考察孟子的性善论，那么可以将其所谓的"性"理解为人的"基本潜能"，而将"蔽于物"的"耳目之官"理解为"次要潜能"。两种"潜能"都存在于人的身上，不同的条件导致它们或者实现出来，或者被压抑下去。至于"适宜的条件"则实际上是一个历史的范畴，在不同的具体时期应该有不同的表现，因为善与恶本身就是一对历史的范畴。

孟子为什么会如此重视对"性"的探讨呢？这是由其学说的基本价值取向

① ［美］埃里希·弗洛姆：《自为的人——伦理学的心理探究》，万俊人译，191 页、192 页，北京，国际文化出版公司，1988。

所决定的。在孔子的时代，由于西周礼乐文化在儒家士人心目中毕竟还是一种具有诱惑力的价值系统，所以他们就将这种文化当作建构新的价值体系的话语资源和模仿对象。尽管已经是"礼崩乐坏"了，但是礼乐文化的合理性依然是自明的，至少在儒家士人心中是如此，所以他们不必花力气去证明西周文化合理性的依据是什么。

在孟子的时代一切都不同了。由于"圣王不作，处士横议"的局面早已形成，士人思想家中普遍存在着一种怀疑主义的、批判的意识，任何一种学说都无法借助自明性的逻辑起点来获得认同了。所以，孟子就必须证明为什么只有实行"仁政"才能拯救世界，人们为什么有必要去"求放心"、去"存心养性"以及凭什么说每个人通过自己的自觉修养就能够成为君子甚至圣人。"人性本善"就是他整个思想体系的根基所在。孔子到西周文化中寻求话语建构的合法性依据，孟子则到人的心中去寻找这种依据——这是两位儒学大师的主要区别所在。

第四，在最终的价值本原问题上，孟子的追问深入到了人与天地自然的同一性上，孔子则仅限于人世的范围。毫无疑问，孔子和孟子的话语建构本质上都是对价值秩序的建构，而不是为外在世界命名、分类、编码的认知性活动。所以他们的话语建构都有一个价值本原的问题：人世间一切价值的最终根基何在？孔子将这种追问限定在人世间，所谓"子不语怪力乱神"（《论语·述而》）、"不知生，焉知死"（《论语·先进》）、"夫子之文章可得而闻也，夫子之言性与天道不可得而闻也"（《论语·公冶长》）等，都说明孔子的视野是集中在人世间的人伦日用与典章制度之上的。细观孔子之论，实际上是将"性"看作无善无恶的。孟子却不然。如前所述，孟子的学说是以"人性本善"为逻辑起点的。因为人心之中本来就有善根，故而可"存"可"养"、能"放"能"求"。但是这里还是存在着一个无法回避的问题：何以人竟会存在这种与生俱来的善之本性呢？孟子解决这个问题的办法是向天地自然寻求人世价值的最终本原。他说：

> 尽其心者，知其性也。知其性，则知天矣。存其心，养气性，所以事天也。夭寿不贰，终身以俟之，所以立命也。（《孟子·尽心上》）

朱熹释云：

> 心者，人之神明，所以具众理而应万事也。性则心之所具之理，而天又理之所从出者也。人有是心，莫非全体。然不穷理，则有所蔽而无以尽乎此心之量。故能极其心之全体而无不尽者，必其能穷夫理而无不知者

也。既知其理，则其所从出亦不外是矣。

又释"立命"云：

> 谓全其天之所付，不以人为害之。

二程云：

> 心也，性也，天也，一理也。自理而言谓之天，自禀受而言谓之性，自存诸人而言谓之心。

横渠云：

> 由太虚有天之名，由气化有道之名，合虚与气有性之名，合性与知觉有心之名。①

看孟子的原文与朱、程、张三人的解释，大体可以明白孟子于天地自然之中寻求最终价值本原的理路：天地自然的存在本身就是纯善无恶的，这是一个前提。人之性即是天地自然之固有特性在人身上的显现，但是人由于常常受到物欲的牵引而不能自然而然地依照禀之于天的"性"行事，所以需要人自觉地存养修习。人寻求自己的本性并充分发挥它的各种潜能的过程也就是"知天"——了解天地自然的固有特性和"事天"——依据天地自然的特性行事的过程。简言之，人要按照天地自然的固有法则立身处世，并且在这个前提下尽最大可能来实现自己的潜能，这就是孟子的主旨所在。这样一来，孟子所理解的"天"，即天地自然的法则究竟是什么就至关重要了。如果这个法则指万事万物的自在本然性或无为而无不为的特性，那么孟子就与老庄没有什么区别了。因此，要了解孟子对于"天"的理解，就必须在儒学的语境中进行。考之儒家思想，"天"或"天地"最明显的特性乃是"生"。《周易·系辞下传》云："天地细缊，万物化醇。男女构精，万物化生。"又云："天地之大德曰生。"《周易·序卦》云："有天地，然后万物生焉。"《周易·彖传》云："天地感而万物化生。"在《易传》看来，天地化生万物的过程表现为阴阳的相互作用，所以《周易·系辞上传》说："一阴一阳之谓道，继之者善也，成之者性也。"

---

① （南宋）朱熹：《四书集注·孟子集注》，499 页，长沙，岳麓书社，1988。

由此可知，儒家之所以将天地作为人世价值的最高本原，是因为天地具有化生万物的特性。儒家认为人们自觉地继承天地的这种特性，就是最大的善。这种继承不是道家主张的消极地顺应，而是积极地参与。与孟子思想关系最为密切的《中庸》说：

> 唯天下至诚，为能尽其性；能尽其性，则能尽人之性；能尽人之性，则能尽物之性；能尽物之性，则可以赞天地之化育；可以赞天地之化育，则可以与天地参矣。

这些观点都可以看作孟子谈及"天"时的具体语境。《孟子·公孙丑上》说："夫仁，天之尊爵也，人之安宅也。"朱熹注云：

> 仁、义、礼、智，皆天所与之良贵。而仁者，天地生物之心得之最先而兼统四者，所谓"元者善之长也"，故曰尊爵。在人则为本心全体之德，有天理自然之安，无人欲陷溺之危。人当常在其中，而不可须臾离者也，故曰安宅。①

这就是说，人的先验道德理性，即仁义礼智等，是得之于天的，是天地的"生物之心"在人身上的表现。所以在孟子看来，这种得之于天的"天爵"较之得之于君主的"人爵"（公卿大夫）要尊贵得多。依据孟子的逻辑，人是天地生长化育的产物，所以人之性与天地万物之性就具有根本上的同一性，人们通过对内心的反省追问就可以觉知万事万物的道理。这就是所谓："万物皆备于我矣。反身而诚，乐莫大焉。"（《孟子·尽心上》）总之，人的一切价值都是得之于天的，是人与天的相通之处。天具有化生万物的伟大品性，人要效法天，就必须做到"亲亲而仁民，仁民而爱物"（《孟子·尽心上》），"仁民而爱物"就是孟子仁政学说的核心。而人与人、人与社会、人与自然矛盾的彻底解决正是人类迄今为止最为伟大、高远的共同理想。

从以上分析可知，孟子的话语建构是在努力寻求人之所以为人以及人之所以能够成为仁义之人的最终依据，也就是价值本原。这无疑是对孔子学说的深化。孔子主要还是着眼于整理人世间的伦理规范，还没有来得及对这种主要参照于周礼的伦理规范的合理性问题在学理上予以充分的关注。孔孟二人都是以立法者的姿态言说的，不同之处在于：孔子的立法活动主要以先前的思想资料

---

① （南宋）朱熹：《四书集注·孟子集注》，343页，长沙，岳麓书社，1988。

为合法性依据，而孟子则以人与天地万物的内在一致性为最终依据。那么是什么原因造成孟子和孔子之间的这种差异呢？本书以为，主要是由于文化空间的变化。在孔子的时代，原来那种一体化的官方意识形态尽管已经支离破碎，私学已经兴起，但是比较系统并且有较大影响、能够与儒学分庭抗礼的学说却还没有产生。① 在这样的文化空间之中，所弥散的还是宗周礼乐文化的碎片。孔子作为第一个试图将这些碎片重新组合为一个整体的士人思想家，其言说方式就必然充分显示一个"立法者"的特点：单向度的、传教式的或自言自语式的。他最为关注的只是各种各样的社会现象，而不是别人的言说。

在孟子的时代，情况就大不相同了："圣王不作，诸侯放恣，处士横议。杨朱、墨翟之言盈天下。"（《孟子·滕文公下》）实际上除了杨朱、墨翟之外，其他诸子之学也都形成气候，大家各执一说，互不相服。② 由于出现了众多的"立法者"，不同的"法"之间就必然会有冲突、抵牾，以致彼此消解。在这种情况下，孟子要为世间立法就成为极为困难的一件事：除了说明应该如何之外，还必须说明为什么，就是说除了有"法律条文"本身，还要有"法的理论"相辅助，否则其言说就不会获得他人的认同。这样的文化空间迫使孟子必须以论辩者的姿态来扫荡各种"异端邪说"，并且要建立自己话语系统的逻辑起点与最终价值依据。用孟子自己的话来说就是：

> 昔者禹抑洪水而天下平，周公兼夷狄、驱猛兽而百姓宁，孔子成《春秋》而乱臣贼子惧。……我亦欲正人心，息邪说，距诐行，放淫辞，以承三圣者。岂好辩哉？予不得已也。（《孟子·滕文公下》）

孔子言说面对的主要是"乱臣贼子"——那些为了一己之欲而破坏原有社会价值秩序的诸侯大夫们。到了孟子之时，如果按照孔子的标准，天下诸侯卿大夫没有哪个不是"乱臣贼子"了，因为他们早已不再遵奉宗周的礼乐制度了。所以孟子除了猛烈抨击那些为了满足贪欲而"争城以战，杀人盈城；争地以战，杀人盈野""率野兽以食人"的诸侯君主之外，大量的力气都用在批判

---

① 那些被认为与孔子同时或早于孔子的思想家们，如管仲、子产、晏子、老子、少正卯等人或者根本就没有出现在孔子的视野之中，或者并不是作为思想家而是作为政治家的身份出现的。这说明托名为他们的那些著作或学说都是孔子之后才出现的，他并没有看到。很难想象，如孔子曾经读到过老子的《道德经》，会在自己的言谈中丝毫也不涉及它。

② 孟子之时老庄之学、名辩之学、阴阳之学、农家之学、法家之学都渐渐成熟，并形成很大的影响，杨、墨之学只是相对而言影响更大而已。孟子"天下之言，不归于杨，则归于墨"之说乃是夸张的说法。

"异端邪说"和论证自己学说的合理性上了。这样一来，孟子的学说在学理上也就必然较之孔子更加细密、系统、深入。

荀子生活的时代较之孟子又晚了六十年左右，其时已是战国后期。比较而言，孔子的时代是旧有的体制虽已崩坏，但原有的意识形态依然具有很大的影响力，对这种意识形态熟谙于心的儒家思想家还有理由试图通过宣传教育来将其还原为一种现实的价值秩序。孟子的时代是不仅旧有的体制已然荡然无存，原来的意识形态也早已失去了普遍的影响力，包括儒家在内的士人思想家纷纷提出解决现实问题的新设想，出现了真正的"处士横议""百家争鸣"的局面，九流十家彼此对立，各是其所是。到了荀子的时代，则百家之学渐渐走向相互渗透、交融并开始进行新的整合。社会的发展完全不理睬思想家们的摇唇鼓舌、喋喋不休，按照自己的逻辑趋于天下一统。荀子进行言说的文化空间究竟发生了哪些变化？所谓的"文化空间"主要是由言说者、倾听者以及环绕着他们的文化氛围构成的。下面先来看言说者的情况。

孔子建构自己的学说时，尚没有足够强大的"异端邪说"，他所面对的主要是"礼崩乐坏"的社会现实。所以他凭借丰富的文化资源就可以以"立法者"的姿态言说。孟子之时各派学说均已成熟，而且其中有些学说还得到了诸侯们的采纳，如秦国用商鞅之法，楚国用吴起之术，齐国用孙膑之学。所以孟子的"立法"活动就比较困难，必须与各种学说进行辩论，这样孟子就同时充当辩者与"立法者"的双重角色。孔子的"立法"只要讲应该如何就可以了，孟子则要不厌其烦地讲为什么要如此。这也就是孟子的学说在学理上远比孔子细密深刻的原因。到了荀子的时代，则不仅百家之学众声喧哗，而且儒学本身的发展也出现了不同的流派，故而他不仅要充当"辩者"与"立法者"的双重角色，而且还要对儒学本身进行反思——思考如何超越儒学不为世所用的困境并寻求使之成为真正的经世之学的可能途径。因此，对儒学本身的反思和在坚持儒学基本精神的前提下吸收其他学说的合理因素，将儒学建构成一种既有超越的乌托邦精神又具有现实有效性的社会意识形态，就成了荀子学说的主旨所在。

从言说立场来看，尽管孔、孟、荀三人都是儒家思想家，都是站在士人阶层的立场上言说的，但具体观之则又各有不同。我们知道，士人阶层是一个处于"中间"地位的社会阶层——作为所谓"四民之首"，其上是以君权为核心的统治阶层，其下是由"农、工、商"三民构成的被统治阶层，他们则游离于上下之间。由于社会状况和个体士人自身的具体情况不尽相同，他们的言说立场也就出现差异：或倾向于统治阶层，或倾向于被统治阶层。就"九流十家"的整体情况言之，道家、墨家、农家倾向于被统治阶层；儒家、法家、纵横家则倾向于统治阶层。具体到儒家内部，则孔子倾向于统治阶层，孟子更接近民间的立场，到了荀子则又倾向于统治阶层。但是孔子所同情的主要是已然没落的贵族统治者，现实统治者则基本上是他批判的对象；荀子却是试图为现实的统治者谋划切实可行的治国之策。就对于现实统治者的批判来说，荀子既没有孔子对僭越者那种"是可忍，孰不可忍"的愤慨，更没有孟子对穷兵黩武者那种"率野兽而食人"的痛斥。他基本上是在冷静地为统治者出谋划策，如其所撰《王制》《富国》《王霸》《君道》《臣道》《致士》《议兵》《强国》《解蔽》《正名》《成相》《大略》等篇都是直接向统治者陈述的治国兴邦之道。总体上看，诸子百家基本上都是救世之术，但是像荀子这样具体、系统的政治策略还只有法家可以比肩，其他诸家学说则不免鼓荡着过多的不切实际的乌托邦精神。如果说孔、孟的学说都是以伦理道德思想为主，那么荀子的学说则毫无疑问是以政治思想为主的。后世历代统治者奉行的所谓"杂王霸而糅之"的治国之道，其实并不像是孔孟申韩之学的结合，而是更近于荀子的学说。

从文化语境的角度看，荀子这种言说立场的形成主要有两个原因：一是文化语境的作用，即诸子之学走向综合交融的必然趋势。荀子曾长期游学于齐，是著名的"稷下学宫"① 后期的领袖人物，曾"三为祭酒"，即学宫之长。这个"稷下学宫"是诸子百家聚会之所，形成了各种学说交流、融会、综合的独特文化空间。这个文化空间是齐国君主如齐宣王等确立的。虽然学士们"不治而议论"，不能算是纯粹的政治人物，但是毕竟受到官方的豢养，所以至少具有半官方的性质。因此"稷下之学"固然是真正的"百家争鸣"，却亦有其共同的特点。这主要有两点：一是对现实政治的关怀；二是兼取诸家的综合性。例如，作为稷下之学主流的黄老刑名之学就是结合法家与道家并吸收儒家某些思想因素的综合性的政治学说。荀子在这样的文化环境中浸润既久，自然会受其影响。

决定荀子言说立场形成的另一个原因是历史语境的作用，即渐近统一的社会呼唤统一的意识形态。战国后期的社会现实已经证明，无论是孔子的"克己复礼"还是孟子的"仁政""王道"，抑或是墨家的"兼爱""尚同"与老庄的顺应自然，都无法解决实际的社会问题。法家学说虽然在个别诸侯国得到实施并产生效果，但是作为儒家的荀子又不可能完全认同这种基本上放弃士人批判立场的思想，所以他唯一可行之途就是兼取各家之学来改造孔孟之学，也就是弱化儒学原有的乌托邦色彩而加强其政治层面的可操作性。可以说，在政治伦理方面，荀子之学主要是融合儒法两大入世的思想系统而成的。鉴于历史的经验与现实的需求，如何将儒学改造成具有现实有效性的国家意识形态就成为荀

---

① 《太平寰宇记》卷十八引刘向《别录》云："齐有稷门，齐之城西门也。外有学堂，即齐宣王立学所也，故称为稷下之学。"

子关注的焦点。这样一来，荀子就不能不在反思儒家原有学说的基础上来建构自己的思想体系。

从某种意义上说，荀子的学说正是在反思儒家学说中最有影响的思孟学派的基础上建构起来的。荀子批评思孟之学云："略法先王而不知其统，犹然而才剧志大，闻见杂博。案往旧造说，谓之五行，甚僻违而无类，幽隐而无说，闭约而无解。"（《荀子·非十二子》）观荀子之意，是说思孟之学看上去很博大深邃，实则玄虚不实、难以索解，更谈不上实际的应用了。所以，荀子之学基本上是在儒学的范围内沿着与思孟之学相反的路子走的。这主要表现在下列几个方面。

第一，以"性恶"说代替"性善"说——改变价值系统建构的逻辑前提。

孟子倡"性善说"有一个潜在的逻辑轨迹，即充分启发人的道德自觉性，靠人的道德自律来解决自身的问题，然后再解决社会问题。这是典型的"内圣外王"的思路。其说的长处是很明显的：可以激发人们的自尊意识，有助于培养人们对道德修养的信心。但是，其缺点也同样很明显：不能充分提供"礼"与"法"等外在规范的合理性。既然人性是善的，那么还要那些强制性的规范何用？只要想办法发掘、培育这与生俱来的善性就够了。然而"争于气力"的现实社会中的人均为情欲利益所牵引，谁愿意自觉地恪守那些显然于己不利的道德原则呢？对于那些不肯自觉进行道德修养的人来说又该如何呢？荀子大约正是看到了孟子学说的这一不足之处才提倡"性恶"之说的。对于孟子和荀子而言，"性善"与"性恶"之说虽然不排除经验主义的认知性归纳，但主要并不是对人之本质的客观认识，而是出于言说——"立法"的需要而设定的逻辑前提。从这两个不同的前提出发，就可以建构起不同的理论体系。言性善，孟子才有充分的理由号召人们"存心养性""推己及人"，从启发人们自觉培育人人皆有的"恻隐之心""羞恶之心"等所谓"四端"入手，去实现成圣成贤的人格理想。人人都成为圣贤君子并通过"老吾老以及人之老，幼吾幼以及人之幼"的"推恩"行为使天下亲如一家，使一切纷争都可以得到彻底的解决。荀子就不像孟子那样天真了。他清楚地认识到孟子的学说是无法实现的空想，所以他要建立一套强调外在约束之重要性的学说。他的逻辑是这样的：人之性就是生而有之的本能，主要是肉体的欲望，这些欲望都以满足为唯一的目标，没有丝毫的自我约束，所以人性是恶的。一个社会如果任由人性自由泛滥，就必然是混乱无序的，所以圣人才制定"礼法"来约束人们。这就是所谓"化性起伪"。"化性"就是改变人生而有之的天性，使之符合社会规范；"起伪"就是根据社会需求来制定可以约束并引导人性的社会规范。前者是目的；后者是手段。荀子说：

今人之性，生而有好利焉，顺是，故争夺生而辞让亡焉；生而有疾恶焉，顺是，故残贼生而忠信亡焉；生而有耳目之欲，有好声色焉，顺是，故淫乱生而礼义文理亡焉。然则从人之性，顺人之情，必出于争夺，合于犯分乱理而归于暴。故必有师法之化，礼义之道，然后出辞让，合于文理，而归于治。用此观之，然则人之性恶明矣，其善者伪也。……故圣人化性起伪，伪起而生礼义，礼义生而制法度。然则礼义法度者，是圣人之所生也。故圣人之所以同于众而不异于众者，性也；所以异而过众者，伪也。（《荀子·性恶》）

由此可见，"性恶说"与"性善说"之根本不同，盖后者将人世间的一切价值之最终依据归于人性，圣人的意义仅在于为"存心养性"的榜样；前者则将价值依据归之为"伪"，即人为，圣人则是"伪"的主体。对于孟子来说，人人都是潜在的圣人，关键看你能不能自觉进行"存养"了；而在荀子的学说中，圣人只是少数的先知先觉，是天生的立法者。简言之，能够根据社会的需求而为之制定规则的人就是圣人。由此可知，在孟子的观念中，圣人与凡人的区别主要是其能否对自身固有本性进行自觉培育；而在荀子看来，圣凡之别主要看其能否为社会立法。一是着眼于内在品性；一是着眼于外在功用。

第二，以"学"取代"思"——在修身的方式上采取不同路向。

先秦儒家都讲修身，荀子也不例外，但是他的修身理论似乎是专门反孟子之道而行的。在修身的方式上，孔子强调"思"与"学"并重，认为"学而不思则罔，思而不学则殆"。（《论语·为政》）孟子基于其"性善"之说，强调"思"在修身过程中的首要地位，认为一个人是成为圣贤君子还是成为小人关键在于是否去"思"，即所谓"思则得之，不思则不得"。"思"可以使人"先立乎其大者"，即做出成圣成贤的根本性选择。孟子还认为"诚之者，天之道也；思诚者，人之道也。"（《孟子·离娄上》）这就将"思"看作了人立身行事的根本所在。可见在孟子的思想体系中，"思"是至关重要的，可以说是修身过程中最重要的一环。然而荀子却十分轻视"思"的意义。在孟子，既然人性本善，故而要向内发掘，所以重"思"；在荀子，既然人性本恶，故而只能向外寻求改造人性的途径，所以重"学"。《荀子》一书，首篇就是《劝学》，并明确指出："吾尝终日而思矣，不如须臾之所学也。"突出了"学"的重要性而否定了"思"的价值。那么对于修身者来说应该学什么、如何学呢？荀子认为应该"始乎诵经，终乎读礼"，因为"《礼》之敬文也，《乐》之中和也，《诗》《书》之博也，《春秋》之微也，在天地之间者毕矣"。就是说，从自然宇宙到人世间，一切道理都包括在这些儒家的经典之中了。至于学的方法则是长期的积累，所谓"学不可以已""积善成德""真积力久则入"等，都是讲日积月累的学习方法。

在修身过程中，荀子也强调"养心"的作用，但是他的"养心"与孟子的"存心""尽心"大不相同。约而言之，荀子的"养心"乃是清除心中的各种杂念，以便为"学"提供必要的条件。在《解蔽》中荀子指出：

> 故治之要在于知道。人何以知道？曰：心。心何以知？曰：虚壹而静：心未尝不臧也，然而有所谓虚；心未尝不满也，然而有所谓一；心未尝不动也，然而有所谓静。人生而有知，知而有志，志也者，臧也；然而有所谓虚，不以所已臧害所将受谓之虚。心生而有知，知而有异，异也者，同时兼知之；同时兼知之，两也；然而有所谓一；不以夫一害此一谓之壹。心卧则梦，偷则自行，使之则谋；故心未尝不动也，然而有所谓静；不以梦剧乱知谓之静。未得道而求道者，谓之虚壹而静。作之，则将须道者之虚，则入；将事道者之壹，则尽；将思道者静，则察。知道察，知道行，体道者也。虚壹而静，谓之大清明。万物莫形而不见，莫见而不论，莫论而失位。……明参日月，大满八极，夫是之谓大人。夫恶有蔽哉！（《荀子·解蔽》）

从这段引文不难看出，荀子的"心"与孟子大有不同。盖孟子所谓心，既是人之善性的寄居之所，又是一道德自我，能够识别善恶并"择善而固执之"。因此其自身即含有善的价值，所以人们可以由"尽心"而"知性"，由"知性"而"知天"，从而达到"合外内之道"的"至善"之境。而在荀子，心则只是认识的主体，在其"虚壹而静"的情况下可以接受关于"道"的知识，它自身则像一面镜子一样是中性的。所以借用《中庸》的话来说，孟子侧重于"尊德性"；荀子则侧重于"道问学"。后者开出两汉儒者治学的基本路径，前者则为两宋儒者所服膺。

第三，以"礼""法"并重代替"仁政"——在重建社会秩序之方式上的不同选择。

先秦儒家，无论是孔孟还是荀子，其学说的最终目的无疑都是重建社会秩序。可以说，是他们对人性的不同看法决定了其对重建社会秩序的不同方式的选择，也可以反过来说，他们对重建社会秩序不同方式的选择导致了其对人性的不同理解。在这里，原因和结果是可以置换的。荀子的治国方略可由三个字来概括，这就是"礼""乐"和"法"。"礼"和"法"是带有强制性的外在规范；"乐"则是文教方式。他之所以强调"学"，目的也就是使人们通过学习而自觉地认同作为外在规范的"礼"和"法"，并接受"乐"的熏陶。这与孟子将固有的人性理解为外在规范的内在依据，因而主张由向内的自我觉察、自我发掘而自然而然地导出外在规范的理路是根本不同的。

那么，荀子是不是就走上了法家一路呢？也不能下如此断语。荀子与法家也存在着根本区别。荀子学说的独特性主要表现在他对"礼"与"法"的关系的理解上。与荀子一样，法家也认为人性是恶的，所以他们主张制定严刑峻法来约束人的行为。然而荀子一方面强调人性恶；一方面又强调"礼"的作用，这与法家是不同的。这就难免有人可能提出这样的问题了："人之性恶，则礼义恶生？"（《荀子·性恶》）"礼义"是道德规范，具有善的价值，既然人性本恶，那么"礼义"这样善的价值由何而生呢？荀子的回答是"生于圣人之伪"。在荀子看来，人类的生活必然是社会性的，用他的话说就是"人之生，不能无群"。（《荀子·富国》）但是由于人性本恶，有无穷无尽的欲望需要满足，故而难免出现争斗，人类社会也就混乱一片，不成其为"群"了。所以人类社会就必须有"分"，也就是建立在差异基础上的秩序：人们在社会上的地位不同，享受的权利和承担的义务也不同。但是这个"分"又不是自然产生的，而是人为地创造的，这就有一个合理性的问题：根据什么来规定这种差异？这种合理性的原则便是"礼义"。所以荀子说：

> 人生而有欲，欲而不得，则不能无求，求而无度量分界，则不能无争。争则乱，乱则穷。先王恶其乱也，故制礼义以分之，以养人之欲，给人之求。使欲必不穷乎物，物必不屈于欲，两者相持而长，是礼之所起也。（《荀子·礼论》）

这样看来，荀子的逻辑是很清晰的：人类生存的需要决定了"群"的生活方式；"群"又必然要求着差异与秩序；"礼义"在根本上来说就是关于这种差异与秩序的合理化原则。那么，"法"在荀子的学说中又有怎样的意义呢？先看看荀子的提法。

> 古之圣王以人之性恶，以为偏险而不正，悖乱而不治；是以为之起礼义、制法度，以矫饰人之情性而导之也。使皆出于治，合于道者也。若夫目好色，耳好声，口好味，心好利，骨体肤理好愉佚，是皆生于人之情性者也。感而自然，不待事而后生者也。夫感而不能然，必且待事而后然者谓之生于伪。是性伪之所生，其不同之征也。故圣人化性而起伪，伪起而生礼义，礼义生而制法度；然则礼义法度者，是圣人之所生也。（《荀子·性恶》）
>
> 礼者，法之大分，类之纲纪也。（《荀子·劝学》）
>
> 有法者以法行，无法者以类举。（《荀子·王制》）

从这些论述中可以看出，首先，法与礼义有着密切联系，二者互为补充①，都是对人的行为的强制性规范措施。其次，法与礼又有所不同。大体言之，礼是比法更带有根本性，是制定法度的依据。换言之，在荀子的思想中，礼更加重要，法是作为礼的补充才获得意义的。最后，联系《王制》篇关于司寇与冢宰之职责的论述②，可以确定，法实际上是为了维护礼的实施而进行的赏罚措施。礼是要靠自觉遵守的，如果出现悖礼之行怎么办呢？恐怕就要依法来惩罚了。由此不难看出，荀子的政治学说是基于社会的需要而不是美好的理想提出的，因此较之孟子的观点具有明显的可操作性。对于那些虚幻玄妙、没有实际用处的言说，荀子一概表示轻视。他说："言必当理，事必当务，是然后君子之所长也。……若夫充虚之相施易也，'坚白'、'同异'之分隔也，是聪耳之所不能听也，明目之所不能见也，辩士之所不能言也，虽有圣人之知，未能偻指也。不知，无害为君子；知之，无损为小人。工匠不知，无害为巧；君子不知，无害为治。"（《荀子·儒效》）由此可知，荀子学说是以致用为目的的，凡无益于修身治国的言说都是无效的，所以可以说荀子是儒家中的实用主义者。

第四，用"人之道"取代"天之道"——否定了形而上玄思的意义。

对于"天"或"天道"，孔子是存而不论的，所以子贡说："夫子之言性与天道，不可得而闻。"（《论语·公冶长》）到了子思和孟子则主张"合外内之道"——以"命"与"性"为中介沟通天人关系，将"人之道"与"天之道"统一起来，根本目的是为儒家所宣扬的社会伦理价值寻求最高的价值依据，在运思的层次上则达到了形而上的思辨高度。孟子说："万物皆备于我矣。反身而诚，乐莫大焉。"（《孟子·尽心上》）又说："是故诚者，天之道也；思诚者，人之道也。"（《孟子·离娄上》）《中庸》也说："诚者，天道也，诚之者，人之道也。"这都是说"人之道"与"天之道"具有内在的相通性，人通过自己的努力就可以使自己的行为符合"天之道"（也就是天地化生万物的品性）。这是儒家式的"天人合一"的真正含义。然而荀子却将"人之道"与"天之道"严格区别开来。他说："先王之道，仁之隆也，比中而行之。曷谓中？曰：礼义是也。道者，非天之道，非地之道，人之所以道也，君子之所道也。"（《荀子·

---

① 这里还有个"类"的概念，似近于后世法学中所谓"例"，即根据前人之成例来行使刑罚。因法的制定即使再详尽，也难免有不到之处，故可引先王之成例为准则。

② 《王制》云："折愿禁悍，防淫除邪，戮之以五刑，使暴悍以变，奸邪不作，司寇之事也。本政教，正法则，兼听而时稽之，度其功劳，论其庆赏，以时顺修，使百吏免尽，而众庶不偷，冢宰之事也。"

儒效》）在荀子看来，人与天之间在价值观念的层面上并无任何联系，人世间的价值本原只能在人世间寻找。这样一来，荀子就将在思孟学派那里已经把意义的空间拓展到形而上之超验领域的儒学又拉回到人世间，使之回到孔子学说那样的纯粹政治、伦理哲学层面。

通观孔子、孟子、荀子等先秦儒家的三大代表人物的思想，他们的共同特征是将个人的道德修养同重建合理的社会秩序统一起来，借用《庄子》的说法就是"内圣外王之道"。他们的区别在于：孔子基本上是"内圣"与"外王"并重。一部《论语》讲论个人道德修养的内容与探讨治国之道的内容不相上下，"克己复礼"四字恰能说明这种情况。到了孟子，则强调"内圣"超过"外王"。在"外王"方面，他只是提出了一个"仁政""王道"的社会构想以及"置民之产""与民同乐"的实施办法。这些与当时七国争雄的社会现实相去甚远，完全是一厢情愿的乌托邦。但在"内圣"方面，孟子却提出了一系列新范畴、新设想，对于后世儒学的完善、发展产生了极为重大的影响，如"知言""养气""存心""养性""四端""自得""诚""思""推恩"等，构成了一个完备的个体人格修养的道德价值体系。所以大讲"心性之学"的宋儒将孟子视为儒家道统的真正传承者并沿着他的理路建构自己的思想系统，绝非偶然之事。荀子则又反孟子之道行之，将关注的重点从心性义理、成圣成贤转移到寻求切实可行的治国之道。就孔、孟、荀的言说指向而言，孔子对弟子（士人）的言说与对诸侯君主的言说并重——一方面教育士人如何成为君子；一方面劝告君主如何实现道德的自律。孟子则对士人的言说多于对君主的告诫——《孟子》一书充满了士人的自我意识。如何成圣成贤、做"大丈夫"、做"君子"毫无疑问是其主旨。而荀子的言说主要指向现实的当政者。他不仅教导君主们如何做人，而且为他们提供了一套完备的政治策略。这与孟子对君主的言说主要是从道德的角度匡正、引导其行为是根本不同的。在《荀子》一书中，道德修养明显地从属于治国之道。

造成先秦儒学代表人物言说价值取向差异的原因主要是历史语境与文化空间的不同。在孔子的时代，西周文明的遗留还在政治生活与文化生活中居于重要地位，孔子有充分的理由试图通过人们的自觉努力而使这些遗留重新成为社会的主导，所以他必然将"克己"与"复礼"置于同等重要的位置。在他看来，"克己"是"复礼"的唯一方式，而"复礼"则是"克己"的主要目的，二者实在不可以偏废。在孟子之时，纵横家已然大行于世，在诸侯国的礼遇之下，士人纷纷投靠，为了功名利禄而放弃自己的乌托邦精神。所以，作为最具有独立精神的士人思想家孟子，首先需要做的事情就是重新唤起士人阶层那种自尊自贵的主体精神与"格君心之非"的帝师意识。他的言说主要是指向士人阶层的，他的目的是使士人阶层意识到自己的历史使命，成为社会的主导力量，承担起为社会立法的伟大责任，而不要堕落为当政者的工具。孟子的思想之所以在后世的士人阶层中获得广泛的认同也正是由于这个原因。荀子时代的情况又有所不同：事实已然证明了孔孟思想的不切实际，天下统一于兼并战争的趋势依然不可逆转，而且这种趋势也已经证明了法家思想的实际价值。在这种情况下，作为一代儒家思想大师的荀子当然不能盲目地恪守孔孟的传统。他有责任在保持儒家基本精神的基础上融会百家之学，将儒学改造成一种既含有伟大的理想，又具有实际效应的经世致用之学。所以为即将一统天下的君主提供治国之道，为士人阶层在新的政治形势下确定自己的身份提供依据，恐怕才是荀子学说的主旨所在。在《荀子》一书中有《君道》《臣道》的专篇，这正体现了他试图建立一种君主与士人阶层分工合作的新型政治模式的设想。这可以说是对春秋战国数百年间诸侯君主与士人阶层之关系的理论总结。

庄子思想可谓博大精深，在中外古代思想家中罕有其匹。这里只能择其要而言之。

其一，破除通行价值观之权威性。

先看庄子的说法：

> 故夫知效一官，行比一乡，德合一君而征一国者，其自视也亦若此（指安于一隅者）矣。而宋荣子犹然笑之。且举世而誉之而不加劝，举世而非之而不加沮，定乎内外之分，辩乎荣辱之境，斯已矣。（《庄子·逍遥游》）
>
> 自我观之，仁义之端，是非之途，樊然淆乱，吾恶能知其辩！（《庄子·齐物论》）
>
> 吾恶乎知夫死者不悔其始之蕲生乎！（《庄子·齐物论》）
>
> 为善无近名，为恶无近刑。（《庄子·养生主》）

从这些引文中可以看出，庄子对于当时通行的价值评价标准是不屑一顾的，这正是他的伟大之处。通常人们总是不知不觉地从时代和生存环境所给定的评价系统出发来衡量一切，唯有具有超凡精神的人物才会对这种弥漫于生活方方面面的价值观提出质疑，只有极为伟大的人物才能自己提出一套独特的评价系统。在西方历史上，马克思和尼采堪称这样的人物；在中国历史上则以老庄为代表。

《庄子》又云：

> 圣人不死，大盗不止。虽重圣人而治天下，则是重利盗跖也。为之斗斛以量之，则并与斗斛而窃之；为之权衡以称之，则并与权衡而窃之；为

之符玺以信之，则并与符玺而窃之；为之仁义以矫之，则并与仁义而窃之。何以知其然也？彼窃钩者诛，窃国者为诸侯，诸侯之门而仁义存焉，则是非窃仁义圣知耶？（《庄子·胠箧》）

这是对现实价值观念的虚伪性的深入剖析。这里隐含着极为深刻的思想：包括道德价值在内的一切话语建构无非都是现实权力的实现方式。"斗斛""权衡"等是指评价标准而言；"符玺"是指信誉而言；"仁义"则是价值观念。庄子深刻地认识到在政治权力集中在少数人的情况下，一切看上去很严格的道德准则与很美好的价值观念都是统治者控制大多数人的手段。值得注意的是，这里用了一个"窃"字，深意存焉。既然是"窃"，就说明这些东西并不是当权者创造的。那是从何处来的呢？联系战国时期的历史语境不难知道，这些只能是当时的知识阶层，即在野的士人思想家们创造的。那时，百家争鸣，各家各派都为整饬社会秩序、重建价值体系而著书立说。其中有许多看上去极为美妙的构想，如墨家的兼爱、儒家的仁政就是如此。但是任何一个现实的统治者都不会完全接受这些士人思想家的观念，而是将它们改造为符合自己利益的官方意识形态。这样一来，再美好的乌托邦精神，都会被改造成为维护统治者利益的工具。这里隐含着一种看破世情之后的悲观情绪，在极度的冷静之中浸透着无奈。如果说老子反对积极的话语建构主要是因为这样做的结果只能是离自然素朴之道更加遥远，那么庄子主张废弃一切礼仪文化与价值观念则是看到了这些东西最终都会被统治者用来欺骗人们、压迫人们。所以庄子又说：

故纯朴不残，孰为牺樽！白玉不毁，孰为圭璋！道德不废，安取仁义！性情不离，安用礼乐！五色不乱，孰为文采！五声不乱，安用六律！夫残朴以为器，工匠之罪也；毁道德以为仁义，圣人之过也。（《庄子·马蹄》）

这里就直接指斥那些积极进行话语建构并试图以此为救世之术的圣贤之士。他们的著书立说、戛戛独造正是对淳朴道德的破坏！因此他不再为世人确立法则，而是采取遗世而独立的超然态度："独与天地精神往来，而不敖倪于万物。不遣是非，以与世俗处……上与造物者游，而下与外死生、无终始者为友。"（《庄子·天下》）既然是非善恶的评价标准总是为权力所控制、所利用，那么就只好远远地离开它了。

其二，超越通行的思维方式。

一定的思维方式总是与一定的价值观念相联系的。为了彻底否定现行的价值观念，就必须同时抛弃现行的思维方式。他说：

　　物无非彼，物无非是。自彼则不见，自是则见之。故曰彼出于是，是
亦因彼。彼是方生（并生也，言彼与是相依而生也）之说也，虽然，方生
方死，方死方生；方可方不可，方不可方可。……是亦彼也，彼亦是也。
（《庄子·齐物论》）

　　天下莫大于秋毫之末，而太山为小；莫寿于殇子，而彭祖为夭。天地
与我并生，而万物与我为一。（《庄子·齐物论》）

　　所谓"齐物"者，物物相齐也，我与物相齐也，本质上是不以通行的分类
准则看待世界。在这种思维方式看来，人类文明是呈现退化趋势的。

　　古之人，其知有所至矣。恶乎至？有以为未始有物者，至矣，尽矣，
不可以加矣。其次，以为有物矣，而未始有封也。其次，以为有封焉，而
未始有是非也。是非之彰也，道之所以亏也。（《庄子·齐物论》）

　　夫道未始有封，言未始有常，为是（言"封"与"常"也）而有畛
也。轻言其畛：有左，有右，有伦，有义，有分，有辩，有竞，有争，此
谓之八德。六合之外，圣人存而不论；六合之内，圣人论而不议。春秋经
世先王之志，圣人议而不辩。故分也者，有不分也；辩也者，有不辩也。
曰：何也？圣人怀之，众人辩之以相示也。故曰辩也者，有不见也。（《庄
子·齐物论》）

　　人类利用智慧将原本浑然一体的世界划分为各种不同的类，并为之命名，
为之区别远近高下。然而无论这种分类多么细微，事物总有其浑然不可分的一
致性存在。平凡之人往往被这种表面的分类所蒙蔽，看不到其内在的一致性，
唯有大智大慧之人方有见于此。因此，"齐物"就是透过事物表面的差异把握
其深层之一致性的意思。
　　其三，心灵的绝对自由无碍。
　　庄子破除通行之价值观与思维方式，根本目的在于寻求使心灵达于绝对自
由之境的途径，庄子思想的美学价值即由此而见。他说：

　　夫列子御风而行，泠然（飘然）善也，旬有五日而后返。……此虽免
乎行，犹有所待者也。若夫乘天地之正，而御六气（阴阳风雨晦明）之
辩，以游于无穷者，彼且恶乎待哉！（《庄子·逍遥游》）

　　独与天地精神往来而不敖倪（即傲睨也）于万物，不遣（不遣于是
非，即不拘泥于是非也）是非以与世俗处。（《庄子·天下》）

正因为没有任何凭借，故能不受任何限制，这才是真正的自由之境。毫无疑问，庄子所向往的不是什么神仙境界，而是心灵的绝对自由无碍之境。超越了通行的价值观念、摒弃了世俗的思维方式，个体心灵就摆脱了重重束缚，而进入纯然自由无碍的境界。

其四，向往神妙境界。

庄子说：

> 以神遇而不以目视。（《庄子·养生主》）
> 用志不分，乃凝于神。（《庄子·达生》）

这是一种通过反复练习、达到熟能生巧之后的"自得"境界，在运思方式上接近于孔子的"从心所欲不逾矩"，本质上这同样是一种自由之境。如果说放弃现实的价值观念与思维方式所获得的是一种心灵的自由，那么通过艰苦的努力、技艺的精熟而获得的则是一种行为方式的自由。

以孔孟为代表的儒家文论思想以伦理教化为旨归，对后世影响巨大，在汉代表现为"美刺讽谏"的说诗标准，在唐宋之后则形成了"文以载道"的文学观。相对儒家而言，以老庄为代表的先秦道家并没有直接提出什么建设性的文学思想，因为道家主张自然无为，反对一切文化建构。但是老庄对"道"的诸种特性的描述、对体道方式的探索，为后世开创了一个超越世俗、微妙玄远、自由自适的精神空间。在魏晋之后，这一精神空间渐渐转化为诗词歌赋、琴棋书画中的审美境界，并在文论话语中得到充分显现。庄子关于"言意关系"的见解是魏晋玄学"言意之辨"的主要思想资源，而"言意之辨"对于六朝文论思想又具有重要影响。因此，就对后世的影响而言，儒道两家各胜擅场，难分轩轾，开创了两种迥然相异却又相互补充的文论传统。

【思考题】

1. 孔子为什么特别关注诗歌的社会政治伦理功能？
2. 试论"兴、观、群、怨"说的现实意义。
3. 孟子"知人论世""以意逆志"说的解释学意义何在？
4. 孟子思想与孔子的主要差异是什么？
5. 荀子文学思想的核心是什么？
6. 在整体价值取向上，荀子与孔子、孟子有何异同？
7. 庄子言意关系论的现代意义何在？

第二章 两汉文论

第一节 经典文本阅读

【原典阅读】

一、毛诗序

《关雎》，后妃之德也[1]，风之始也[2]，所以风天下而正夫妇也[3]。故用之乡人焉，用之邦国焉[4]。风，风也，教也；风以动之，教以化之[5]。

诗者，志之所之也[6]，在心为志，发言为诗。情动于中，而形于言[7]。言之不足，故嗟叹之，嗟叹之不足，故永歌之[8]，永歌之不足，不知手之舞之、足之蹈之也。

情发于声，声成文谓之音[9]。治世之音安以乐，其政和。乱世之音怨以怒，其政乖。亡国之音哀以思，其民困[10]。故正得失[11]，动天地，感鬼神，莫近于诗。先王以是经夫妇，成孝敬，厚人伦，美教化，移风俗[12]。

故诗有六义焉[13]：一曰风，二曰赋，三曰比，四曰兴，五曰雅，六曰颂[14]。上以风化下，下以风刺上，主文而谲谏[15]，言之者无罪，闻之者足以戒，故曰风。至于王道衰，礼义废，政教失，国异政，家殊俗[16]，而变风变雅[17]作矣。国史明乎得失之迹[18]，伤人伦之废，哀刑政之苛，吟咏情性，以风其上，达于事变而怀其旧俗者也。故变风发乎情，止乎礼义。发乎情，民之性也；止乎礼义，先王之泽也。是以一国之事，系一人之本，谓之风[19]；言天下之事，形四方之风，谓之雅[20]。雅者，正也，言王政之所由废兴也。政有小大，故有小雅焉，有大雅焉[21]。颂者，美盛德之形容[22]，以其成功，告于神明者也。是谓四始[23]，诗之至也。

然则《关雎》《麟趾》之化，王者之风，故系之周公[24]。南，言化自北而南也。《鹊巢》《驺虞》之德，诸侯之风也，先王之所以教，故系之召公[25]。《周南》《召南》，正始之道，王化之基[26]。是以《关雎》乐得淑女以配君子，忧在进贤，不淫其色。哀窈窕，思贤才，而无伤善之心焉，是《关雎》之义也。

（选自［清］阮元校刻：《十三经注疏》，北京，中华书局，1980）

①《关雎》，后妃之德也：《毛诗》认为《诗经·国风·关雎》是赞颂王妃贤淑宽厚的美德的，而鲁诗、齐诗、韩诗均认为是刺诗，并且美、刺的对象说法不一。尽管四家诗旨有异，但其立足政治教化之心一致。后妃，旧说指周文王妃太姒，可备一说。另外《关雎》的本义，据新出土的先秦文献《孔子诗论》和帛书《五行》都用"礼色兼美"的思想解读此诗，并且《诗论》与《五行》说《诗》的立足点都在君子修身的层面上，说明君子要用钟鼓、琴瑟之礼乐文明所带来的快乐，来制御自己好色的贪心和情欲。这种解释与《毛诗序》立足点在"后妃之德"不同。

② 风之始也：《关雎》为《诗经》的国风之首。

③ 风：教化。正：规范。

④ 乡人：谓一乡之人。相传古代一万二千五百家为一乡，设乡大夫掌政令。邦国：诸侯国。

⑤风：讽喻、教化。

⑥诗者，志之所之也：之，《说文》释为"出也"。志之所之，是说诗乃由志而产生。另一解为：志向所适或志意所往，如《毛诗正义》："诗者，人志意之所之适也。"

⑦在心为志，发言为诗，情动于中而形于言：感情萌动于心中而表现为言语。这是在"言志"的前提下进而指出情感的作用。强调情感是诗人作诗的直接驱动力。

⑧永：长。永歌：放声长歌。

⑨声：指宫、商、角、徵、羽；文：由五声形成和谐的曲调；将五声合成为调，即为"音"。

⑩"治世之音安以乐"六句：全文又见《礼记·乐记》。乖，乖离、悖常。其政乖，言其政治违背民心，背离正道。

⑪故正得失：指通过观诗使人知道得失，因而校正之。

⑫经夫妇：规范夫妻的伦理关系，使之保持正常。厚人伦：使伦理关系稳定、亲情淳厚。移风俗：移风易俗。

⑬故诗有六义焉：《周礼·春官·大师》："大师掌六律、六同，以合阴阳之声。……教六诗：曰风，曰赋，曰比，曰兴，曰雅，曰颂。"考《周礼·春官·大师》对"六诗"确指何物，语焉不详，所以后人众说纷纭。《毛诗序》始用"六义"之说概之。对于"六义"说，历来是言人人殊，至今仍无定论。郑玄注《周礼·大师》"六诗"曰："赋之言铺，直铺陈今之政教善恶。比，见今之类，不敢斥言，取比类以言之。兴，见今之美，嫌于媚谀，取善事以喻劝之。"孔颖达在《毛诗正义》中提出了新的解释："然则风、雅、颂者，诗篇之异体；赋、比、兴者，诗文之异辞耳。大小不同而得并为六义者，赋、比、兴是诗之所用，风、雅、颂是诗之成形，用彼三事，成此三事，是故同称为义，非别有篇卷也。"他将"六义"一分为二，解释为"诗篇之异体"与"诗文之异辞"，即所谓"三体""三用"，指出风、雅、颂是诗歌的体制，赋、比、兴是诗歌的表现手法。近代学者章太炎《六诗说》认为六诗都是诗体，且有入乐不入乐之分。由于赋、比、兴三体"不被管弦""不入声乐"，因此在孔子录诗时被删掉了，可备一说。

⑭"一曰风"六句：赋、比、兴为一组范畴，确切含义为何，历来更是言人人殊。现代学者一般认为三者是指《诗经》的表现手法。郑玄从汉儒重政治教化的观点加以阐释，其

《周礼注疏》注云："赋之言铺，直铺陈今之政教善恶。比，见今之失，不敢斥言，取比类以言之。兴，见今之美，嫌于媚谀，取善事以喻劝之。"又引郑司农云："比者，比方于物也。兴者，托事于物。"后来刘勰《文心雕龙·比兴》、钟嵘《诗品序》、皎然《诗式》均有所论及，宋代李仲蒙则纯从情、物关系立论，云："叙事以言情谓之赋，情物尽也；索物以托情谓之比，情附物者也；触物以起情谓之兴，物动情者也。"朱熹《诗经集传》则就表现方式直释"三义"："兴者，先言他物以引起所咏之辞也；赋者，敷陈其事而直言之者也；比者，以彼物比此物也。"

⑮ 主文而谲谏：此言当其"刺"时，合于宫商相应之文，并以婉约的言辞进行谏劝，而不直言君王之过失。主文，主于文采，即合乎抑扬顿挫、声律和谐的乐曲曲调。谲谏，委婉含蓄地进行规劝。

⑯ 家殊俗：百姓之家风俗迥异。

⑰ 变风，变雅：指周王朝政治衰败时代产生的以怨刺为主调（或兼有美刺）的风诗、雅诗，相当于上文的所说"乱世之音""亡国之音"。

⑱ 国史：周王朝的史官。

⑲ "是以一国之事"三句：指作诗者一人所言乃系一国之事，行风化于一诸侯国内，因而称为"风"。

⑳ "言天下之事"三句：指诗人所言系周王朝统治的天下之事，行王政之教于四方各地，因而称为"雅"。

㉑ "政有大小"三句：指诗中所言国家政事有大事、小事之分，记述大事的称为大雅，记述小事的叫作小雅。

㉒颂者，美盛德之形容：此谓颂乃用以赞美帝王功德盛大之状貌。形容，形状容貌。

㉓四始：关于四始的含义，历代学者也颇有争议。孔颖达《毛诗正义》引郑玄言："风也，小雅也，大雅也，颂也，此四者，人君行之则为兴，废之则为衰。"司马迁《史记·孔子世家》认为："《关雎》之乱，以为风始；《鹿鸣》为小雅始；《文王》为大雅始；《清庙》为颂始。"

㉔ "然则《关雎》《麟趾》之化"三句：《关雎》与《麟趾》分别是《诗经·国风·周南》的首篇和末篇。此言《国风·周南》之诗体现了王者教化之风，那是周公在其封邑地施行先王仁政德教的结果。

㉕ "《鹊巢》《驺虞》之德"四句：《鹊巢》与《驺虞》分别是《诗经·国风·召南》的首篇和末篇。此言《国风·召南》之诗体现了诸侯之风，是召公在其封地进行教化所致。

㉖ "《周南》《召南》"三句：《周南》《召南》这两组诗歌体现了周室正道初行、王基始奠的气象。

二、报任少卿书（节选）（司马迁）

且夫臧获婢妾，犹能引决①，况仆之不得已乎？所以隐忍苟活，幽于粪土之中而不辞者，恨私心有所不尽，鄙陋没世，而文彩不表于后世也②。古者富贵而名摩灭③，不可胜记，唯倜傥非常之人称焉④。盖文王拘而演《周易》；仲尼厄而作《春秋》；屈原放逐，乃赋《离骚》；左丘失明，厥有《国语》；孙子膑脚，《兵法》修列；不韦迁蜀，世传《吕览》；韩非囚秦，《说难》《孤愤》；《诗》三百篇，大底圣贤发愤之所为作也⑤。此人皆意有所郁结，不得通其道，故述往事，思来者。乃如左丘无目，孙子断足，终不可用，退而论书策，以舒其愤⑥，思垂空文以自见⑦。

仆窃不逊⑧，近自托于无能之辞，网罗天下放失旧闻，略考其行事，综其终始，稽其成败兴坏之纪，上计轩辕，下至于兹，为十表，本纪十二，书八章，世家三十，列传七十，凡百三十篇，亦欲以究天人之际⑨，通古今之变，成一家之言。草创未就，会遭此祸⑩，惜其不成，已就极刑而无愠色。仆诚以著此书藏诸名山，传之其人，通邑大都⑪，则仆偿前辱之责，虽万被戮，岂有悔哉？然此可为智者道，难为俗人言也。

（选自《文选》第四十一卷，上海，上海古籍出版社，1986）

① 臧获：古代对奴婢的贱称。引决：自杀。

② "所以隐忍苟活"四句：此句意谓耻于死后文辞才华不能见表于后世。隐忍，克制忍耐。粪土，代指牢狱。鄙，鄙陋，鄙薄。没世，去世。

③ 摩：通"磨"；摩灭，指磨灭。

④ 倜傥：文采高华，卓异不凡。称：著称、闻名。

⑤ 大底：大概。发愤：抒发愤懑。

⑥ 舒：抒发，发泄。

⑦空文：不能为当世所用之文。自见：自我表白，即表现自己的心志。

⑧ 不逊：自谦之辞，犹言不自量。

⑨ 天人之际：指宇宙与人生、天道与人事的关系。

⑩ 会遭此祸：指为李陵辩护而招致下狱受腐刑之祸。

⑪ "藏诸名山"三句：指将其著作收藏于著名的书府，传于后世之人，流行于全国各地。

三、楚辞章句叙（王逸）

叙曰：昔者孔子叡圣明喆①，天生不群（原本注：群，一作王）②，定经术，删诗书，正礼乐，制作春秋，以为后王法。门人三千，罔不昭达。临终之日，则大义乖而微言绝③。其后周室衰微，战国并争，道德陵迟④，谲诈萌生。于是杨、墨、邹、孟、孙、韩之徒⑤，各以所知著造传记，或以述古，或以明世（原本注：八字一作咸以名世）⑥。而屈原履忠被谮，忧悲愁思，独依诗人之义而作《离骚》⑦，上以讽谏，下以自慰。遭时暗乱，不见省纳，不胜愤懑，遂复作《九歌》以下凡二十五篇⑧。楚人高其行义，玮其文采⑨，以相教传（原本注：或作传教）。至于孝武帝，恢廓道训，使淮南王安作《离骚经章句》⑩，则大义粲然。后世雄俊，莫不瞻慕（原本注：一作仰），舒肆妙虑（原本注：一云摅舒妙思），缵述其词。逮至刘向，典校经书，分为十六卷⑪。孝章即位，深弘道艺，而班固、贾逵复以所见改易前疑，各作《离骚经章句》⑫。其余十五卷（原本注：一作篇），阙而不说。又以壮为状（原本注：一作扶），义多乖异，事不要括（原本注：一作撮）⑬。今臣复以所识所知，稽之旧章，合之经传（原本注：八字一云稽之经传），作十六卷章句。虽未能究其微妙，然大指之趣⑭，略可见矣。

　　且人臣之义，以忠正为高，以伏节为贤⑮。故有危言以存国，杀身以成仁。是以伍子胥不恨于浮江，比干不悔于剖心，然后忠立而行成（原本注：忠，一作德），荣显而名著（原本注：著，一作称）。若夫怀道以迷国，详愚而不言（原本注：详与佯同，诈也）⑯，颠则不能扶，危则不能安⑰，婉娩以顺上（原本注：婉娩，一作娩娩，一作倮娩），逡巡以避患，虽保黄耇⑱，终寿百年，盖志士之所耻，愚夫之所贱也。今若屈原，膺忠贞之质，体清洁之性，直若砥矢，言若丹青，进不隐其谋，退不顾其命，此诚绝世之行，俊彦之英也。而班固谓之"露才扬己"（原本注：一作班、贾），"竞于群小之中，怨恨怀王，讥刺椒、兰，苟欲求进，强非其人，不见容纳，忿恚自沈"⑲，是亏其高明，而损其清洁者也。昔伯夷、叔齐让国守分（原本注：作志），不食周粟，遂饿而死，岂可复谓有求于世而怨望哉（原本注：一作恨怨）。且诗人怨主刺（原本注：一作谏）上曰："呜呼！小子，未知臧否，匪面命之，言提其耳！"⑳风谏之语，于斯为切。然仲尼论之，以为大雅㉑。引此比彼，屈原之词，优游婉顺，宁以其君（原本注：一有为字）不智之故，欲提携其耳乎！而论者以为"露才扬己"、"怨刺其上"、"强非其人"，殆失厥中矣㉒。夫《离骚》之文，依托《五经》以立义焉："帝高阳之苗裔"㉓，则"厥初生民，时惟姜嫄"也㉔；"纫秋兰以为佩"㉕，则"将翱将翔，佩玉琼琚"也㉖；"夕揽洲之宿莽"㉗，则《易》"潜龙勿用"也㉘；"驷玉虬而乘鹥"㉙，则"时乘六龙以御天"也㉚；"就重华而陈词"㉛，则《尚书》咎繇之谋谟也㉜；"登昆仑而涉流沙"㉝，则《禹贡》之敷土也㉞。故智弥盛者其言博，才益多者其识远（原本注：多，一作劭）。屈原之词，诚博远矣。自（原本注：一有"孔丘"字）终没以来，名儒博达之士著造词赋，莫不拟则其仪表，祖式其模范，取其要妙，窃其华藻，所谓金相玉质㉟，百世无匹（世，一作岁），名垂罔极，永不刊灭者矣。

　　（选自 ［宋］洪兴祖撰：《楚辞补注·离骚经章句第一》，北京，中华书局，1983）

① 喆：同"哲"。
② 不群：超群出众，天纵之才。
③ 大义乖而微言绝：《汉书·艺文志》："昔仲尼没而微言绝，七十子丧而大义乖。"颜师古注："微言，精微要妙之言。"
④ 陵迟：逐渐衰颓。

⑤ 于是杨、墨、邹、孟、孙、韩之徒：分别指杨朱、墨翟、邹衍、孟子、荀子、韩非。

⑥ 明世：明世与"述古"对观，谓明辨当世、寻求救世之道。

⑦ 独依诗人之义而作《离骚》：《汉书·艺文志》："春秋之后，周道浸坏，聘问歌咏不行于列国，学诗之士逸在布衣，而贤人失志之赋作矣。大儒孙卿及楚臣屈原离谗忧国，皆作赋以讽，咸有恻隐古诗之义。"

⑧ 遂复作《九歌》以下凡二十五篇：按，《汉书·艺文志》"诗赋类"著录有"《屈原赋》二十五篇"，不另录《离骚》，可见《离骚》在二十五篇之内。这里王逸说屈原除《离骚》之外"复作《九歌》以下凡二十五篇"，是因为他把被人认为是景差所作的《大招》也算成是屈原的作品（见《楚辞章句》）。

⑨ 玮：奇美。这里用作动词，为珍爱之义。

⑩ 使淮南王安作《离骚经章句》：《汉书·淮南王传》："时武帝方好艺文，以安属为诸父。……安入朝，献所作《内篇》，新出，上爱秘之。使为《离骚传》。旦受诏，日食时上。"按古时称对经典的注释为"传"，汉时亦名为"章句"。

⑪ "逮至刘向"三句：《四库提要》"《楚辞章句》"目下云："初，刘向裒集《离骚》《九歌》《天问》《九章》《远游》《卜居》《渔父》，宋玉《九辨》《招魂》，景差《大招》，而以贾谊《惜誓》，淮南小山《招隐士》，东方朔《七谏》，严忌《哀时命》，王褒《九怀》及（刘）向所作《九叹》，共为《楚辞》十六篇。是为总集之祖。"

⑫ "班固、贾逵"二句：班固所作《离骚章句》已佚。贾逵，东汉著名经学家，汉章帝、和帝时在世，曾官侍中。有经传训诂及论难百余万言及诗颂等，大多数已亡佚，所作《离骚章句》亦佚。

⑬ 事不要括：谓注释中所举事典不赅要、不概括。

⑭ 指：通"旨"。

⑮ 伏节：死于操守道德。

⑯ "怀道以迷国"二句：虽怀道术而任其国乱，佯装愚騃而不谏言。迷：乱也。详：通"佯"。

⑰ "颠则不能扶"二句：《论语·季氏》："危而不持，颠而不扶，则将焉用彼相矣。"

⑱ 黄耇：老年长寿者。

⑲ "班固谓之'露才扬己'"八句：班固《离骚序》："今若屈原，露才扬己，竞乎危国群小之间，以离残贼。然责数怀王，怨恶椒兰，愁神苦思，强非其人，忿怼不容，沉江而死，亦贬洁狂狷景行之士。"强非其人，勉强去做自己能力以外的事。忿怼，愤恨。

⑳ "呜呼！小子"四句：《诗·大雅·抑》："於乎小子，未知臧否。匪手携之，言示之事。匪面命之，言提其耳。"按旧说此诗为东周大臣刺幽王而作。"小子"：指幽王。诗中批评幽王不知好歹，表示对他不但要把着手教，而且需要当面拎着耳朵来提醒。口吻之严厉溢于言表。

㉑ 仲尼论之，以为大雅：论通"伦"，编次也。按汉人以为《诗经》为孔子所编。二句谓孔子将激烈刺上的诗编入大雅，说明他提倡痛切的讽谏。

㉒ 殆失厥中：有失公允。中：取折中、允当之意。

㉓ 帝高阳之苗裔：见《离骚》。此屈原自道其始祖。高阳为古帝颛顼之号。苗裔：后

裔、子孙。

㉔ 厥初生民，时惟姜嫄：见《诗经·大雅·生民》。此诗为周族史诗。二句谓：初生周人之始祖为姜嫄。按姜嫄为周族的始祖后稷的母亲。

㉕ 纫秋兰以为佩：见《离骚》。纫，连缀。连缀香兰以为佩饰，象征品德之芳洁。

㉖ 将翱将翔，佩玉琼琚：见《诗经·郑风·有女同车》。谓美女乘车轻盈如飞，身佩宝玉。琼、琚皆美玉名。

㉗ 夕揽洲之宿莽：见《离骚》。"朝搴阰之木兰兮，夕揽洲之宿莽。"宿莽：冬不枯之草。揽不枯之草，是比喻遭遇逆境而心不渝。

㉘ 潜龙勿用：见《易·乾卦》："初九，潜龙勿用。"《文言》："初九曰潜龙勿用，何谓也？子曰：龙，德而隐者也，不易乎世，不成乎名，遁世无闷，不见是而无闷，乐则行之，忧则违之，确乎其不可拔，潜龙也。"

㉙ 驷玉虬而乘鹥：见《离骚》："驷玉虬而乘鹥兮，溘埃风余上征。"虬：无角之龙。鹥，凤凰之别名。句谓乘凤驾龙绝尘而升天，比喻超世俗而远群小。

㉚ 时乘六龙以御天：见《易·乾卦》："大明始终，六位时成，时乘六龙以御天。"意谓乾卦之精神，贯穿宇宙之始终。其所包含的六爻，犹如六龙，可乘之驾御天体之运行。

㉛ 就重华而陈词：见《离骚》："济沅湘以南征兮，就重华而陈词。"重华：舜之名。按舜死后葬于沅湘之南的九嶷山。句谓欲南行诣舜之魂，向他陈说心曲。

㉜《尚书》咎繇之谟谟：《尚书·虞书》有《皋陶谟》，为舜时大臣皋陶向帝舜所陈述的谋略。皋陶又作咎繇，古同音相通假也。

㉝ 登昆仑而涉流沙：《离骚》："邅吾道夫昆仑兮"，是登昆仑之说；"忽吾行此流沙兮"，是涉流沙之说。

㉞《禹贡》之敷土：《尚书·夏书》有《禹贡》篇，谓禹治水之后，分布九州之土，并随各地之所产来规定其贡赋。其中举九州四裔之地，即提到西域的昆仑和流沙。

㉟ 金相玉质：谓其质美如金玉。《诗经·大雅·棫朴》："追琢其章，金玉其相"。《毛传》：相，质也。

【作者简介】

汉代传"诗"的名家主要有齐、鲁、韩、毛四家①，"四家诗"传授的详细情形，班固在《汉书·艺文志》里有具体描述，认为鲁人申培所传为《鲁诗》，齐人辕固生所传为《齐诗》，燕人韩婴所传为《韩诗》，鲁人毛亨、赵人毛苌所传为《毛诗》。其中齐、鲁、韩在西汉已经被立于学官，设博士。但三家所传之"诗"，据《隋书·经籍志》记载："齐诗魏代已亡，鲁诗亡于西晋。韩诗虽存，无传者。"到南宋竟完全亡佚了，仅有一本叫《韩诗外传》的书

① 《诗经》的原始名称应该是"诗"或"诗三百"，先秦诸子把"诗"作为"经"，亦未曾将二字合并使用，据屈万里考证，《诗经》作为书的签题，是以南宋初年廖刚的《诗经讲义》为最早。见屈万里：《诗经诠释》，3 页，台北，联经出版事业公司，1983。

存世。而《毛诗》（全称《毛诗故训传》）相对晚出，在西汉未立于学官，直到东汉时期才被立于学官，后经郑玄作笺和历代诸儒的推阐，从而流传至今，一枝独秀。《毛诗》在每首诗的原文前都有一些序言性质的文字，世称"诗序"。而《关雎》原文前的这篇序言因为篇幅最长，一般称为"诗大序"，其他诗序则称为"小序"。又因"诗大序"看起来像一篇总序，故又称《毛诗序》。

关于《毛诗序》的作者问题，古来说法甚多。《四库全书总目提要》列举诸说十一种，今人胡朴安《诗经学》概括为十三家，张西堂《诗经六论》总结为十六种之多。郑玄最早在《诗谱》中提出《毛诗序》为孔子的弟子子夏所作。其后陆玑（东吴）在《毛诗草木鸟兽虫鱼疏》，范晔（南朝宋）在《后汉书·儒林传》中记载为东汉学者卫宏所作。《隋书·经籍志》认为是"子夏所创、毛公及敬仲（卫宏）又加润益"。至宋代，程颐以为大序是孔子所作；王安石主张是诗人所自制；郑樵认为是村野妄人所作。现在学界关于《毛诗序》作者的研究仍无定论。当代学者把《毛诗序》的作者定为西汉至东汉时期的儒家经师还是较为合理的。同时，学者发现《毛诗序》中多掺有前人的见解，如"情动于中而形于言""治世之音安以乐"等句，显然是受到了《荀子·乐论》和《礼记·乐记》的影响，可能与《史记·乐书》也有学术上的关联。《毛诗序》中也明显掺杂汉人典型的学术话语，如"变风""变雅""吟咏情性"的说法也只是汉儒才有的。这些情况都证明《毛诗序》是在流传过程中采纳诸说、前后相承、增益润饰而成的。

司马迁（约公元前145～?），字子长，夏阳（今陕西韩城南）人，西汉著名历史学家、文学家。司马迁的一生和汉武帝的统治相终始。其父为太史令司马谈。元封三年司马迁继任父职，着手撰写《史记》。天汉二年司马迁因替投降匈奴的李陵辩护，被处腐刑，武帝太始元年被赦出狱后任中书令，发愤续撰《史记》，征和二年基本完成。《史记》是我国第一部纪传体通史，记载了上自黄帝、下至武帝3 000余年的史实。该书文史并茂，被鲁迅誉为"史家之绝唱，无韵之《离骚》"。其生平事迹见《汉书·司马迁传》。

王逸，字叔师，东汉南郡宜城（今湖北宜城）人，中国古代著名的楚辞学家，生卒年不详，东汉安帝和顺帝时，在朝中任过校书郎、侍中等职，约活动于公元2世纪前半期，《后汉书·文苑传》有传。其著作后人辑有《王叔师集》。王逸所著《楚辞章句》是现存最早的《楚辞》注本，除注释字句外，还对作品思想和艺术特色进行了评价，提高了"楚辞"在儒家文艺思想系统中的地位。由于王逸注本过于简略，南宋洪兴祖继起，作《楚辞补注》，以申王说，宋以后，注家不断，经历代楚辞研究者努力，"楚辞学"大兴。

【文本解读】

一、《毛诗序》解读

先秦论"诗"多是片言只语，而两汉文学事业颇盛，对具体作品的文学评鉴活动也开始出现，如汉代"四家诗"虽都不是专门探讨文学的论著，但是已经比较全面地关注和探讨"诗"的整体内容和时代精神，从而形成了影响深远的"诗教"体系。在传世文献中，《毛诗序》是汉代诗经学的代表篇章。今人欲求汉人论"诗"之情况，不能不从《毛诗序》开始。

汉代诸家有关"诗"的注疏和阐发形成了一个独特的诗学理论体系，其中"诗言志""诗教""发乎情，止乎礼义""思无邪"等儒家诗学观念在《毛诗序》中都有反映。《毛诗序》也开启了后世诸儒研究"诗"的一系列新命题，如诗之本事、诗之六义、诗之四始、诗之功用、诗与政教关系等，这些命题在此后的两千多年里一直是儒家诗学的中心话题。从现代文论的角度看，《毛诗序》已经论及诗歌的本质、创作规范、写作手法和社会作用等问题，不仅属于"诗经学"这一专门之学，还以对诗歌美学的初步把握而在古典诗学体系中占有重要地位，影响到后世中国文艺创作及理论建构的众多方面。具体说来，《毛诗序》诗学理论主要涉及以下几个方面。

其一，抒情言志的诗歌本质。把"言志"和"缘情"当作中国文论中两个不同的观念系统和理论话语，是由朱自清首先提出来的。他在《诗言志辨》中说，"'言志'跟'缘情'到底两样，是不能混为一谈的"[1]，明显地把"言志"和"缘情"区别开来，并分别以两汉的儒家诗教观和魏晋六朝"文的自觉"后的诗学观作为代表。但是，这种提法不一定符合整体诗歌史之实际，至少在《毛诗序》的时代，"言志"说和"缘情"说并无大的矛盾或分野。首先，《毛诗序》中所谓"诗者，志之所之也"的"志"和"情动于中而行于言"的"情"，是二合一的东西，只是在实际表现上有所侧重而已。其次，从字源意义上来说，在先秦时期的传世文献中，"情"字的意涵绝大多数并不是情感的"情"，而是情实、质实、情理的意思，如"鲁有名而无情，伐之必得志焉"（《左传·哀公八年》）；"与人交，多伪诈，无情实，偷取一切，谓之乌集之交"（《管子·形势解》）；"尺寸寻丈者，所以得长短之情也"（《管子·立政》）；"礼乐之情同，故明王以相沿也"（《礼记·乐记》）等。这里的"情"字与"性情"的"情"（情感）有一定的距离，是一种自然而然的"真""实"，表现出古人的一种淳厚性情：耿介、忠诚、真实、不虚伪做作。因此，若将"个体情感"

---

① 朱自清：《诗言志辨》，29 页，上海，开明书店，1947。

的内涵强加到秦汉时代"情"字的头上是不太符合实际的。① 最后，六朝所谓"诗缘情"说也并非完全脱离儒家的思想观念，仍要以政教伦理为旨归，如提出"诗缘情而绮靡"的《文赋》也强调"伊兹事之可乐，故圣贤之所钦""伊兹文之为用，固众理之所因""济文武之将坠，宣风声于不泯"。总之，根据秦汉文学思想发展的实际情况和《毛诗序》的观点和思路，很难得出"言志"和"缘情"两分的结论，把它们视为二合一的东西更为合理。

"诗言志"说产生于先秦，在《尚书·尧典》《庄子·天下》和《荀子·儒效》中都有记载，对其内涵作具体阐述则以《诗大序》为始。《毛诗序》赋予"志"明确的政治伦理内涵，从而奠定了儒家以政治教化为核心的文学观，开启了中国文论注重政教伦理的传统，对汉以后的中国诗学影响巨大。《毛诗序》提出的诗歌言志抒情说，是最具有民族特征的中国诗学话语，对中国古典诗歌抒情传统的形成有很大促进作用。中国古典文学中诗、骚、乐府、民歌、词、曲等抒情文体高度发达，与西方文学以戏剧、小说等叙事性体裁为主形成了鲜明的对比。

其二，发乎情止乎礼的情感规范。"风发乎情，止乎礼义"说首先是针对"变风"而言的。《毛诗序》云："故变风发乎情，止乎礼义。发乎情，民之性也；止乎礼义，先王之泽也。"说明"发乎情"是出自民众自然而然的天性，而"止乎礼义"是"先王之泽"，即主张以儒家礼乐文化来改善或扭转后世的衰风弊俗，所以即使"变风"诗中的内容也寄托着儒者的淑世情怀。当然"风发乎情，止乎礼义"说也不仅是针对"变风"或者"变雅"而言，而是作为儒家整个诗教体系的一项重要的写作规范。这与《毛诗序》中所表达的"主文而谲谏"，与《礼记·经解》中提出的"温柔敦厚"等一同构成了汉儒的意识形态诗学。可以说经学话语是一种典型的权力话语，涉及文学与政治、权力与知识等一系列思想命题。"思无邪""变风变雅""比兴讽谏""发乎情，止乎礼"等儒家诗学话语，貌似零散而毫无头绪，实际上都是奠基在儒家意识形态的深层根基上的，有着深层的文化逻辑和内在发展理路。

其三，诗与政教关联的文学价值论。周秦人引诗说诗论诗，不外乎涵养德行（修身）、练达政务（从政）、丰美辞令（应对）三端，而《毛诗序》则将诗提升到国家社会的政治层面，明确表述了诗教与政教可以密切对应的思想：一方面政治状况决定诗歌的特征；另一方面从诗歌的风貌也可以了解政治状况。正如《毛诗序》所云"治世之音安以乐，其政和；乱世之音怨以怒，其政乖；亡国之音哀以思，其民困"，"至于王道衰，礼义废，政教失，国异政，家殊

---

① "情"字的考索见欧阳祯人：《先秦儒家性情思想研究》，81～94页，武汉，武汉大学出版社，2005。

俗，而变风，变雅作矣"等，从而将"变风""变雅"与所谓"治世""乱世"联系起来。东汉郑玄的《诗谱序》更详尽地罗列了一个互相对应的严整谱系，特别是《诗小序》的作者力求将每一首诗进行准确的时空定位，以确切解释每一首诗的本事和作诗意旨。这种牵强附会的做法，为后世许多诗经研究者所诟病。中国的文艺创作与批评特别重视政治教化内容，特别关注作者作品存在与发生的政治、伦理、文化背景（如"知人论世"），提倡德行重于文章、人品大于文品，这些显然都是受了儒家诗教观的影响。当然，《毛诗序》作者密切关注时代治乱与作品的关系，突出诗歌与社会现实的密切联系，提倡自然淳厚的文学风格，表现出中国儒家文论立足天下、系心家国、陶铸性情、直面人生的思想境界，对中国文学和文论的发展贡献很大。

其四，"六义"说。《毛诗序》提出的"风、赋、比、兴、雅、颂"的"六义"说，源自《周礼·春官·大师》。关于"诗"与"兴"的关系，《论语·阳货》云"诗可以兴"，《论语·泰伯》云"兴于诗"。何晏引包咸说："兴，起也。言修身当先学诗。"① 朱熹云："兴，起也。《诗》本性情，有邪有正，其为言既易知，而吟咏之间，抑扬反复，其感人又易入，故学者之初，所以兴起其好善恶恶之心，而不能自已者，必于此而得之。"② 都强调了艺术作品对人的精神产生一种感发、激励、净化、升华的作用。若从字源来看，"兴"字表示舞者狂欢或环绕神器狂蹈之状可能性较大。③ "兴"字在《诗经》凡18见，《论语》凡9见，《尚书》凡13见。"兴"字在"诗""书"等经典中体现了大致相同的具体动作和行为方式，如《周礼·春官·大司乐》云："以乐语教国子：兴、道、讽、诵、言语。"此处的"兴"是大司乐传授"乐语"时具体传授给国子的训练方法之一，强调"兴"的动作意义，接近于孔子所说的"兴、观、群、怨"中的"兴"的角色作用，强调其"感发志意"的功能。这一点又完全反映在《毛诗序》里："《关雎》，后妃之德也，风之始也，所以风天下而正夫妇也。故用之乡人焉，用之邦国焉。风，风也，教也；风以动之，教以化之。诗者，志之所之也，在心为志，发言为诗，情动于中而形于言。言之不足，故嗟叹之；嗟叹之不足，故永歌之；永歌之不足，不知手之舞之、足之蹈之也。"其中的"动""化""发""形"都含带着气之鼓荡感发的意思。当然，如果说先秦原儒讲"兴"更侧重其主体"感发意志"的一面，汉儒则强调"兴"里所蕴含的"比"的意味，如汉朝刘安《淮南子·泰族训》说："《关雎》

---

① 邢昺疏、李学勤主编：《十三经注疏》标点本，104页，北京，北京大学出版社，1999。

② （南宋）朱熹：《四书章句集注》，178页，北京，中华书局，1983。

③ 叶舒宪：《诗可以兴：孔子诗学的人类学阐释》，载《中国文化》，1993（8）。

兴于鸟，而君子美之，为其雌雄之不乖也；《鹿鸣》兴于兽，君子大之，取其见食而相呼也。"其中"兴于鸟""兴于兽"即"喻于鸟""喻于兽"之意。王符《潜夫论·务本》云："诗赋者，故温雅以广文，兴喻以尽意。"这里"兴"与"喻"也并列同义。王逸《离骚经序》云："《离骚》之文，依《诗》取兴，引类譬喻，故善鸟香草，以配忠贞……"这里"引类譬喻"就是对"兴"的解释。郑玄注《周礼·春宫·大司乐》也称："兴者，以善物喻善事。"上述材料充分表明汉儒已将"兴"作为艺术手法看待并且视与"比喻"同等了。

二、《报任少卿书》解读

《报任少卿书》是我国古代的散文名篇。本文原选自班固《汉书·司马迁传》，《昭明文选》《古文观止》《古文辞类纂》皆录入此文。司马迁在文中以至情至性、千回百转之笔，抒写了自己的光明磊落之志、愤激不平之气和回肠九曲之情，辞气沉雄、情怀慷慨、语言流畅，具有强烈的艺术感染力。后人甚至将此文作为理解《史记》的一个关键："史迁一腔抑郁，发之《史记》；作《史记》一腔抑郁，发之此书。识得此书，便识得一部《史记》，盖一生心事，尽泄于此也。纵横排宕，真是绝代大文章。"① 《古文观止》的编撰者吴楚材也赞叹道："此书反复曲折，首尾相续，叙事明白，豪气逼人。其感慨啸歌，大有燕赵烈士之风。忧愁幽思，则又直与《离骚》对垒。文情至此极矣。"② 概而言之，这篇文章主要包含以下几个方面的思想。

第一，在这段文字中，司马迁表示自己要从身心受辱的状态中超越出来，遵循先人"立言"的古训，以著述事业来化解和转移人生的悲痛，追求实现人生价值和文化理想。他还以史学家的宏博知识和历史的眼光，总结了商周以来最有代表性的历史人物从事著述的事例，指出那些流传不朽的著作如《周易》《春秋》《离骚》《国语》《孙子兵法》《吕览》《韩非子》《诗经》等，大多是"圣贤发愤之所为作也"，如周文王、孔子、屈原、左丘明、孙膑、吕不韦、韩非等人因为遭受挫折和不幸，"皆意有所郁结，不得通其道，故述往事，思来者"。他尤其两次提到"失明"的左丘明和"膑脚"的孙膑，这是由于他们与司马迁身体致残的情形极为相似，因而引为自我激励的榜样。司马迁在写作《史记》草创未就之时而遭受"李陵之祸"，这一突变和沉重打击，使他面临着生死抉择。他反思人生的价值，领悟到只有自强不息从事著述才能得到自我实现。这种生命价值的理性升华成为他继续从事《史记》创作的动力，终于使他的人生放射出熠熠光辉。

第二，司马迁还明确提出了他之《史记》的编撰方法和写作宗旨。司马迁

---

① （清）于光华辑：《重订文选集评》引孙执升语。
② （清）吴楚材、吴调侯：《古文观止》，卷五，228 页，北京，中华书局，1959。

自己总结其审视、研究历史的方法是"原始察终，见盛观衰"（《太史公自序》），把握历史演变的全过程，追溯其始，察其所终，找出历史事实的因果关系；注意历史的盛衰转变，注重历史发展的规律，即所谓"稽其成败兴衰之理"。司马迁自述其写作《史记》的宗旨是要"究天人之际，通古今之变，成一家之言"，即探讨天道和人事的关系，以及古今历史的发展变化、治乱兴衰的规律，并表达出能自成一家的思想主张，以启迪后人，影响社会。从另一个方面来说，司马迁的撰述理想也带有明显的时代特征和个性色彩："首先作为一个命定的史官，司马迁要承担起原史传统的神圣使命，使其免于坠折；其次，因为泛览百家，司马迁实际上又具有了士的身份，希望以言立身，建功于当世。"① 这种撰述宗旨也使全书一方面具有独到的历史哲学观，具有伟大作品所特有的形而上品格，充满深层的哲理意蕴和人生境界；另一方面，当他以此来统领《史记》创作时，也使得这部作品因了作者的高尚人格和理想追求，展现出司马迁崇高的人格和深厚的学养，使其成为万人之言、万世之言。

第三，与这种进步文学思想相联系的是，司马迁的《史记》写作还坚持了"不虚美，不隐恶"的"实录"精神，敢于表明自己的见解和主张，流露出超越前人、超越时代的批判精神和激励奋迅的生命情调。这对后来的史传文学产生了深远的影响。司马迁的文学观念具有伟大品格和高远境界，但他"激于义理"而"发愤著书"的行为不尽为时人理解。东汉史学家班固就曾囿于经学意识形态，指责他："是非颇谬于圣人，论大道则先黄老而后六经，序游侠则退处士而进奸雄，述货殖则崇势利而羞贱贫。"（《汉书·司马迁传》）但这丝毫也不能掩盖《史记》一书对后世文学思想、文学创作的深刻影响。

三、《楚辞章句叙》解读

《楚辞章句叙》是王逸为自己的《楚辞章句》所写的序。这篇序言主要谈了两个方面的问题：一是自述其编撰《楚辞章句》的缘起与经过；二是发表对屈原其人其作的评价。

王逸说，自孔子删述六经的文化活动之后，"大义乖而微言绝"。而到战国时期，百家著述"或以述古，或以明世"，唯独屈原能够"独依诗人之义而作离骚"。汉代开始后对屈原作品很重视，他也希望在刘安、刘向、班固、贾逵等前人的基础上，对屈原作品重新展开整理和评价工作，以求"究其微妙"。王逸谈屈赋而追溯、祖述孔子和六经，是有意将屈原之作纳入当时经学体制下的诗学中。他认为《离骚》"独依诗人之义"，也就是说《离骚》并没有逸出以《诗经》为依托的儒家诗学传统。

---

① 过常宝：《原史文化及文献研究》，345 页，北京，北京大学出版社，2008。

王逸评价屈原的品格是"膺忠贞之质，体清洁之性"，而屈原的所作所为，是"诚绝世之作，俊彦之英也"，高度颂扬了屈原正道直行、尽忠国家、洁身自持的品格。王逸甚至举伍子胥、比干类比，说明屈原和他们的人格行为一样都体现了"忠正为高、伏节为贤"的"人臣之义"。这显然是和班固唱反调，因为班固曾经在《离骚序》中批评屈原"露才扬己，怨刺其上"，不符合礼教纲常。尽管王逸和班固对屈原评价差异很大，但都是从经学意识形态观念出发的。

关于屈原作品，王逸认为"《离骚》之文，依托五经以立义焉"。为了证明这一看法，他甚至将《离骚》中的有些内容或意象，与儒家经典中的文字作牵强的附会，如谓"'帝高阳之苗裔'，则'厥初生民，时惟姜嫄'也""'夕揽洲之宿莽'，则《易》'潜龙勿用也'"等，无非是为了说明《楚辞》的思想内容符合儒家思想，没有越出"礼义"规范。对于屈原作品的文体风格，王逸在序中以"博远"来形容，肯定了其艺术意蕴的深远幽微，而这倒是符合屈原作品的实际。

汉代文化受楚文化影响巨大，其主导文体汉赋就是受楚辞影响发展而来的，因此汉代的文学思想，集中表现于对屈原及楚辞的研究评价上。

（一）贾谊对屈原和《离骚》的评价

最早对屈原及其创作展开评价的是汉初政论家、青年才俊贾谊。在政治道路上同样遭遇坎坷的贾谊，对屈原其人其事寄予了极大同情："嗟苦先生，独离此咎兮。"（《吊屈原赋》）但同是在这篇名赋的结尾，他还说："历九州而其君兮，何必怀此都也？凤凰翔于千仞兮，览德辉而下之；见细德之险徵兮，遥曾击而去之"。对于个体的政治理想、人格理想的受挫，贾谊似乎存另一种清醒与旷达，不如屈子那样深沉执着。毕竟他主要还是出于对自身遭际的结怨而借对屈原的观照顾影自怜，还未能自觉从人格追求和文学发展等方面来看待屈原及其作品的可贵价值和深厚内涵。

（二）刘安对《离骚》的评价

西汉前期，"雅爱辞章"的淮南王刘安，第一个对屈原及其作品做出全面评价和高度赞扬。班固在《离骚序》里转载了刘安的话：

> 淮南王刘安叙《离骚传》，以国风好色而不淫，小雅怨悱而不乱，若《离骚》者，可以兼之。蝉蜕浊秽之中，浮游尘埃之外，皭然泥而不滓。推此志，虽与日月争光可也。

从这段话可以看出，刘安一方面肯定了屈原作品乃是对《诗经》"风""雅"创作传统的继承和发展；另一方面，对屈原作品所展现的人格美、理想美给予了极高评价。这种对屈原人格和对屈赋文学品格的高度评价，对后世影响极大，司马迁后来就在《屈原列传》中引用了刘安的这段原话。

（三）司马迁对屈原及《离骚》的认识

在现实人生遭际、社会政治理想、生命价值观念等方面，司马迁和先于他不远的屈原有着强烈的心灵共鸣，当他在《屈原列传》中饱蘸激情、文采飞扬地记叙着屈原的人生，叙说着屈原的理想，抒发着屈原的哀叹时，其实也是在借他人酒杯浇自己胸中块垒，此时的司马迁，"直然就是第二个屈原"。① 无怪乎《屈原列传》成为《史记》中写得最精彩的篇章之一，而整部《史记》，也正是因为这种得之于楚骚的"发愤抒情"（《九章·惜诵》）、"道思作诵"（《九章·抽思》）的精神品格才被鲁迅目为"无韵之离骚"的（《汉文学史纲要》）。司马迁对屈原其人所表现出的难以遏制的激动和深切的同情，对其精神人格表现出的无比敬仰，都在《屈原列传》中清晰地表露了出来。在这篇传记中，司马迁在叙说屈子生平的时候，将叙述与议论、抒情相结合，时不时情不自禁地宕开笔墨，饱含热情、精美绝伦、辞情并茂，宛如颂赞，宛如歌哭，宛如夫子自道："屈平疾王听之不聪也，谗谄之蔽明也，邪曲之害公也，方正之不容也，故忧愁幽思而作《离骚》。离骚者，犹离忧也。……虽与日月争光可也。"以至后人在读《屈原贾生列传》时意识到：

> 以抑郁难遏之气，写怀才不遇之感，岂独屈贾二人合传，直作屈、贾、司马三人合传读可也。②

正是在这样的心理背景下，司马迁关于屈原和楚辞的评价活动，在屈赋评论史、楚辞接受史、楚辞学史上达到了的一个值得瞩目的高峰。在司马迁之后，屈原及其作品得到了人们广泛的同情和重视，模拟屈原之作不断，楚辞研究开始繁荣，而司马迁对屈原及其作品的评价，更是对后世持久地发生着深刻影响，《屈原列传》被视为楚辞学的重要基石。

司马迁在《屈原列传》中对屈原其人其作的评价，主要集中在三个方面。第一，他认为，"屈平之作《离骚》，盖自怨生也"，他在《报任少卿书》中提出的影响深远的"发愤著书"之说，就是与此紧相联系的；第二，他对屈原"信而见疑、忠而被谤"但仍然"九死其犹未悔"的人格选择和人生道路，表示深刻理解、深切同情、高度钦慕、热烈赞扬——"其志洁，故其称物芳；其

① 李长之：《司马迁之人格与风格》，18 页，北京，生活·读书·新知三联书店，1984。
② 杨燕起、陈长青、赖长扬编：《历代名家评史记》，616 页、617 页，北京，北京师范大学出版社，1986。

行廉，故死而不容自疏""推此志也，虽与日月争光可也"；第三，他对"楚辞"的文体特征、写作手法做出了初步概括——"其称文小而指极大，举类迩而见义远"，实际上涉及了"楚辞"写作手法是对《诗经》"比兴"传统的继承和发展这个问题。这三点都对后世的屈原研究、屈原接受史研究产生了深刻持久的影响。

（四）扬雄对屈原及《离骚》的批评

西汉后期的扬雄是汉代思想开阔的大儒，是个具有哲学家气质的学者。关于屈原其作，《汉书·扬雄传》记载，他"悲其文，读之未尝不流涕也"。可见他非常喜爱屈原作品并深受感动，事实上，他还写了《反离骚》《广骚》《畔牢愁》等作品和屈赋相应和。在其名著《法言》中，他以"诗人之赋丽以则，辞人之赋丽以淫"把屈原之作和景差、唐勒之徒区分开来，承认屈赋是真正的诗。关于屈原其人，他在《法言》中赞叹他的品德高洁道："如玉如莹，爰变丹青"，但又批评屈原在人生选择上不够变通和明智："君子得时则大行，不得时则龙蛇，遇不遇命也，何必湛身哉"（《汉书·扬雄传》）。体现了儒家文艺思想在具体操作过程中的矛盾。

（五）班固对屈原和《离骚》的评价

东汉班固在《离骚序》中从保守狭隘的正统儒家立场出发，认为屈原的行为和创作"皆非法度之正、经义所载"，认为他"露才扬己，竞乎危国群小之间""责数怀王，怨恶椒兰""忿怼不容，沉江而死"是不明智的，也是不符合封建纲常礼教的，超出了儒家诗学"哀而不伤"的要求，因此刘安和司马迁对屈原人格形象和作品艺术价值的高度评价是言过其实的、不恰当的。班固在屈原评价问题上和司马迁迥然不同，说明了经学独尊并日益巩固的时代特征。最终，因为意识形态的影响，班固没有认识到屈原个体人格的地位及其作品的浪漫主义特征。

但班固对屈原及其作品也表示了肯定的一面："虽非明智之器，可谓妙才也。"尤其值得注意的是，他在《两都赋序》中提出："赋者，古诗之流也"，认为骚赋是对《诗经》抒情言志传统的继承，并且还明确认定："楚臣屈原，离谗忧国，作赋以风，咸有恻隐古诗之义。"（《汉书·艺文志·诗赋略论》）从《诗经》到《楚辞》的发展，体现了文学史自然演变的规律。在这一演变过程中，因为浪漫主义创作手法的加入，因为作家主体情感和意志进一步加强和突出，中国古典文学的抒情传统得到了更进一步的发扬。班固肯定赋乃是诗之流派，这种说法是符合中国文学史的发展规律的。

（六）王逸的《楚辞章句》

东汉中后期，王逸对屈原和《楚辞》的评价，在综合前人的基础上又有了一个新的广度和角度。如前所述，王逸在《楚辞章句》中否定了扬雄、班固等人对屈原的贬斥，对之进行"反批评"，力图寻找证据将屈原及以屈原创作为主的楚辞的风格纳入到汉代经学文艺思想所能够允许和涵盖的范围之内，并首次称《离骚》为"经"。证据之一是，他认为屈原忠君爱国、忧愤自沉的行为，不属于班固所批判的那种过火的不明智行为，不是对君主的不敬，而是真正的"忠"，是封建统治者所倡导的"忠正为高、伏节为贤"的"人臣之义"。证据之二，他在《离骚经序》中指出："《离骚》之文，依《诗》取兴，引类譬喻"，也就是肯定了《离骚》是对《诗经》"比兴"手法的继承。王逸正式以儒家政治伦理观和文艺观来解读屈原及其作品。这一方面提高了屈原和屈赋的地位，启发了后人的研究和思考；另一方面，这种解读又部分掩盖了屈原及其作品的独特性和丰富性。总体上看，王逸在这个问题上的评价并没有超过西汉司马迁。王逸之后，屈原作品在中国文学中的经典地位终于确立，这也是南北文化和文学传统达到整合的标志。自此，《楚辞》成为《诗经》之外第二个文学创作的资源，后世产生的许多浪漫主义作品，无不受其沾溉。

综观两汉时期围绕屈原和《楚辞》展开的文学评价，众说纷纭，时相抵牾，间有升降。综观其形势，当以西汉中期为界，贾谊、刘安、司马迁为一大阶段；扬雄、班固、王逸为另一大阶段。前一阶段多是赞扬激赏，后一阶段多批评，并力图以意识形态为藩篱。这种差异的产生与武帝前后思想界风气转变有关。朱东润《中国文学批评史大纲》中说："武帝时代，实为古今断限，不可不知也。"诚哉斯言。

第二节 相关问题概说

汉代是经学的时代，汉代诗学是经学语境中的诗学。儒学变为经学，这意味着先秦儒家从民间话语上升为官方话语，也可以说由在野知识阶层乌托邦转变为建立在君权与士人阶层合作、"共谋"基础上的主流意识形态。而汉代的诗学始终是作为儒家意识形态建构工程的一部分而存在的。后人（如宋儒及现代"古史辨"派诸家乃至今日许多论者）不理解汉儒的良苦用心，极力从求真求实的立场对汉儒大加贬损，这并不是一种可取的态度。对于前人的学术，应该抱着平实客观的态度来看待，首先要追问他们何以如此这般地言说，然后再看其言说是否可取。现代的阐释者应该做的主要不在于指出古人的谬误之处，而是要揭示古人不得不如此言说的原因以及言说背后隐含的价值指向。

一

汉代诗学作为一种解释系统可以说源远流长。在关于"周礼"——西周时期的政治制度和礼仪形式——的种种记载中，从来就没有诗歌单独实现其功能的例子。这至少说明诗歌最初是为了一种综合性的礼仪形式而被收集或专门创作的。例如，史籍说周公"制礼作乐"，这其中就包含着创作诗歌。现存《诗经》中的不少作品就是周公本人或按照他的指示创作的，诗歌就是礼仪的一部分。礼仪是西周政治生活的主要组成方面，故而《诗经》中那些最早的作品肯定是与"志"，即个人的思想感情无关的，它们是政治的产物，是某种集体意识的表现。即使后来那些采集来的诗歌许多原本是个人情绪的产物，但是一旦纳入到官方礼仪文化系统就必然得到完全不同的阐释，从而成为官方话语。所以当时诗歌的主要功能就是政治或意识形态的功能。汉儒所做的事情不过是在先秦儒家的基础上进一步强化《诗经》的政治或意识形态的功能。

汉儒从实际的政治目的出发看待学术问题，按照所谓"通经致用"的原则理解先秦儒家典籍。皮锡瑞的《经学历史》说汉儒"以《禹贡》治河，以《春秋》决狱，以三百篇当谏书"，这是有史实根据的。《汉书·儒林传》载昌邑王的老师王式有"以三百篇当谏书"的说法，其"谏书"之说反映了当时《诗经》在士大夫心目中的功能与意义。这种观念一方面使汉儒在向君主谏言时大量引用诗句，或者像王式那样在给帝王们讲解《诗经》时极力贯穿讽谏之意，使诗在实际上起到"谏书"的作用；另一方面则是在说诗时处处扣住"美刺"二字，使那些即使在文本意义上根本看不出"谏"之意味的作品也被解释成谏书。那么，汉儒为什么如此强调诗的讽谏作用呢？这大约有两个方面的原因：一个来自历时性的文化传统，一个来自当下的文化历史语境。从文化传统来看，《诗经》在产生和传承过程中的确曾经充当过"谏书"的角色，如"家父作诵，以究王凶。式讹尔心，以畜万邦"（《小雅·节南山》），"维是偏心，是以为刺"（《魏风·葛屦》）等，这些诗的作者自己就明确表达了这种动机。另外，先秦典籍，如《左传》《国语》《周礼》等中也有不少关于诗歌讽谏作用的记载。这说明在先秦时期，诗讽谏乃是一种普遍的意识，至少人们认为讽谏是诗歌的诸功能之一。这种意识对于汉儒理解诗歌功能当然会产生很大的影响。实际上，不仅是关于《诗经》的阐释，汉儒的一切文化话语的建构与对古代典籍的解读无不贯穿这种讽谏意识。司马相如、东方朔等人的辞赋创作是如此，司马迁、班固的历史叙事是如此，经学家的解经更是如此。从汉儒所处具体文化历史语境来看，他们将《诗经》当作谏书来看待也具有某种必然性。毫无疑问，汉儒所遭遇的是一个很特殊的历史情境——大一统的政治局面与推崇儒学的文化氛围。大一统的政治局面激发了汉儒建功立业、一展宏图的进取精神，他们在战国时期被功利主义时代需求所压制的乌托邦精神得以伸展。尽管汉初的统治者们对儒学并不十分青睐，但是儒生们还是觉得自己找到了一个施展抱负的难得机会。到了武帝之后，他们的政治热情就更加高涨了。但是汉儒却身处于一个十分矛盾的现实条件之中——大一统政治局面的最突出表现就是君权的空前集中与膨胀。先秦士人那种择主而事的自由彻底失去了。所以统治者虽然在理论上认可了儒学在国家意识形态中的主导地位，但是由于政治的统一与权力的集中，士人在君主面前再也不像春秋战国时期那样受到礼遇了。汉武帝一方面推崇儒学；另一方面又实行高压政策。士大夫动辄得咎，常常惨遭屠戮。他在位时期的那些士大夫出身的丞相很少有得到善终的。在这样的情况下，儒家士人如何坚持自己的政治立场、实现自己远大的理想呢？这就需要采取迂回的策略了。郑玄尝言：

> 诗者，弦歌讽喻之声也。自书契之兴，朴略尚质。面称不为谄，目谏不为谤，君臣之接，如朋友然，在于恳诚而已。斯道稍衰，奸伪以生，上下相犯。及其制礼，尊君卑臣。君道刚严，臣道柔顺。于是箴谏者稀，情志不通。故作诗者以诵其美而讥其过。(《六艺论》)

这表面上是说作诗之由，指西周时的事情，实际上却是针对汉代的政治状况来说的。根据这种观点，诗是臣下专门针对君主而写的。这大约是汉儒的普遍看法。《毛诗序》云：

> 上以风化下……国史明乎得失之迹，伤人伦之废，哀刑政之苛，吟咏情性，以风其上，达于事变而怀其旧俗者也。

可见，汉儒将《诗经》当作谏书来看完全是出于不得已的政治考虑。经生们通过对《诗》《书》《礼》《易》《春秋》的传注来讽谏，史家们用《史记》《汉书》来讽谏，辞赋家们用《上林赋》《长门赋》来讽谏都是借助迂回的方式以达到限制君权，迫使君权为实现儒家理想而服务的目的。这实际上是一场士人阶层与君权系统的权力争夺战。先秦遗留下来的儒家文化文本都被当作这场战争的有效武器来使用了。在这样的历史语境中，《诗经》就理所当然地成为一部谏书了。

汉儒对于先秦儒学的一切改造都是基于当时历史语境（政治上的专制与权力的高度集中）与文化语境（儒家典籍获得空前推崇）的深刻冲突而发生的。这种冲突实际上使君主与儒生都处于一种目的与手段之中。对君主而言，推崇儒学的根本目的本来是希望获得士人阶层的支持与合作，使之成为专制统治的工具并因此巩固专制统治，立五经博士、置弟子员等弘扬儒学的举措不过是手段而已。但是儒学的精髓却恰恰是用自己的价值规范改造君主，为之立法。① 对君权进行限制，是要建立君主与士人之间近乎平等的亲密关系，② 是要君主将权力交给士人阶层。③ 这样，汉代君主要想得到士人阶层的支持与合作，就必须让步：接受儒学的规范。事实上，包括汉武帝在内的汉代君主，都处于行使"乾纲独断"式的绝对专制与接受儒学信条，向"尧舜"看齐的两难选择之中。对于士人阶层而言，弘扬儒学本来是希望为社会确立一套合理的价值秩序，从而建立理想的社会形态，然而统治者接受儒学的前提条件却是士人阶层进入君权系统，成为其统治的工具。因此，儒家士人就被迫让步：认可君权的至高无上并心甘情愿地做"循吏"，部分地放弃自己的乌托邦精神，为确立专制统治的合法性而努力。儒学成为汉代居于主导地位的国家意识形态的过程就是这样在君权与士人阶层的艰苦磨合中完成的。一部《诗经》被作为谏书来使用和阐释也是在这一过程中才得以形成的。所以，汉代诗学实在具有某种象征的意义——象征着士人阶层在大一统的君主专制政体下的艰难处境，也象征着成为官方意识形态之后的儒学所具有的种种策略性的特征。从先秦儒家直接以道德观念说诗，到汉儒的比附史实说诗，正如从先秦儒家直接以帝王师的姿态教导君主到汉儒的借助阴阳五行、天人感应来警告君主一样，都是儒家调整政治策略的直接产物。孔孟生于汉代也会成为董仲舒或司马迁，反之亦然。特定的文化历史语境规定着言说的方式。汉代政体是先秦诸侯君主政体，特别是秦朝政体在儒学的羁绊渗透之下的变形，同样，汉代儒学也是先秦儒学在专制君权压迫之下的异体。此后，这种变形和异体就渐渐成为古代政治结构与意识形态的基本形态。

因此，以《诗序》为代表的汉儒的诗学，绝不是用简单的认识迷误或知识浅薄可以定论的，其中蕴含了他们伟大的抱负与艰难的境遇之间的矛盾，蕴含了极为丰富的意识形态和政治内容。后世论者，离开了具体的历史语境与文化语境对汉儒妄加贬损，是有失公允的。其实，宋儒、清儒乃至"古史辨派"之类的现代阐释者们，又何尝不是受了自己的言说语境的限制与召唤来提出各自

---

① 儒学的主要任务之一就是教导君主如何先做一个道德完善的人，然后做一个仁义明达的统治者。儒家塑造了尧、舜、禹、汤、文、武、周公等一大批圣哲帝王形象，就是要为现实的君主树立典范，为之确立行为准则。"出为帝王师，处为万世师"乃是儒者最高的人生理想。

② 在儒家看来，从现实的政治地位来看，君主高于自己；从道德人格来看，自己高于君主，故而实际上是平等的关系。这就是孟子所说的："君之视臣如手足，则臣视君如腹心；君之视臣如犬马，则臣视君如国人；君之视臣如土芥，则臣视君如寇仇。"（《孟子·离娄下》）

③ 儒家是提倡积极进取的、有为的，但是历代儒家又都坚持君主无为的思想。

不同的观点呢？没有人可以超越自己的语境来言说。

二

《左传·襄公二十四年》云："太上有立德，其次有立功，其次有立言。虽久不废，此之谓不朽。"这就是中国文化传统中著名的"三不朽"说。"三不朽"之一的"立言"，指从事文学创作、学术著述，将生命力转移和升华，真正实现人生价值，弥补物理时间意义上的有限生命的缺憾，也就是说，可以不朽。司马迁虽遭凌辱，但"隐忍苟活"，因为考虑到"古者富贵而名摩灭，不可胜记"。他要超拔出来，继承父亲遗志和孔子的文化理想，① 做立言以不朽的"倜傥非常之人"。"立言以不朽"，属于关于文学的价值与功用的思想，这一思想在我国古代有着持久而深远的影响。汉末的曹丕就说："盖文章，经国之大业，不朽之盛事。年寿有时而尽，荣乐止于其身，二者必至之常期，未若文章之无穷。是以古之作者寄身于翰墨，见意于篇籍，不假良史之辞，不托飞驰之势，而声名自传于后。"文章的价值，对群体而言可以经时济世，对个体而言可以杜朽留名。曹丕此论是有感于"日月逝于上，体貌衰于下"（《典论·论文》）的那种魏晋人特有的"忧生之嗟"而发，但俨然已把文学之事提到了"经国之大业，不朽之盛事"的高度。"立言"传统深刻塑造了古代文人士大夫的文化性格和人生价值观。他们进可以教化人民，辅弼君主，退可以从事著述，致力于"名山事业"，流芳百世。即使是帝王，也要于在位之时大搞文化学术活动，编书、写书忙得不亦乐乎，并且认为这才是"雄才大略""文治武功"。司马迁"鄙陋没世而文采不表于后也"的"立言"传统的文学价值论内涵非常丰富，也极有价值。

司马迁所提出的"发愤著书"说，在中国文艺创作史上影响深远，也有着深厚的民族文化根基的支撑。中华民族历来生存艰难，中华民族的忧患意识更是由来已久："《易》之兴也，其于中古乎？作《易》者其有忧患乎！"② 并且中国文学也的确自来就有一种"好音以悲哀为主"③ 的现象。认为写诗作赋能使人们的忧怨愤懑情绪得到抒发，这种普遍思想也不是自司马迁始。孟子所谓"困于心，衡于虑，而后作"（《孟子·告子》）、"孤臣孽子，其操心也危，其虑患也深，故达"（《孟子·尽心》），已发其端。在诗学思想方面，《诗经》"心之忧矣，我歌且谣"（《魏风·园有桃》），"君子作歌，维以告哀"（《小雅·四

---

① 李长之：《司马迁人格与风格》，38～68 页，北京，读书·生活·新知三联书店，1984；徐复观：《两汉思想史》，195～198 页，上海，华东师范大学出版社，2001。
② 徐复观：《中国人性论史》，13～16 页，上海，华东师范大学出版社，2005。
③ 钱锺书：《管锥编》，三册，946～951 页，北京，中华书局，1979。

月》）；屈原"惜诵以致愍兮，发愤以抒情"（《楚辞·九章·惜诵》），"心郁郁之忧思兮，独永叹乎增伤"（《九章·抽思》），"道思作诵，聊以自救兮"（《楚辞·九章·抽思》），都是"发愤著书"说的先导，尤其是屈原，他自道其创作是为了"发愤以抒情"。司马迁与屈原心灵相契，很自然地发挥了这种思想，把"发愤以抒情"与"立言以不朽"结合起来，提出了"发愤著书"说。司马迁的"发愤著书"说揭示了我国古代社会一种普遍存在的文化心理现象：由于人们在现实中遭受痛苦或不幸，心垒郁积，因而激发起从事著述的雄心壮志和坚韧毅力，最终创作出不朽的作品。司马迁以此论说文学创作，对后世影响巨大，自汉至清，响应者不断。① 韩愈提出的"不平则鸣"说、欧阳修提出的"诗穷而后工"说、李贽的"不愤不作"说等，都与之有一定的渊源关系。

从中国诗学的谱系来看，司马迁的"发愤著书"说与孔子诗学"兴、观、群、怨"中的"诗可以怨"，是一脉相承的。通过文学这个渠道，来抒发有志之人心中的愤懑，表达他们高尚的节操，这是中国抒情文学的一个特征。从《诗经》的"小雅怨诽而不怒"、《楚辞》"盖自怨生也"（《屈原列传》）、汉魏乐府的"离情托诗以怨"（钟嵘《诗品序》），"怨"影响深远，成为中国古典文学一个优秀传统。

从文艺心理学的角度看，"发愤著书"说所关注的是创作主体的心理结构和创作动力问题。奥地利著名心理学家阿德勒的"个体心理学"指出，人人都潜在地有某种自卑感，这种自卑感会在器质性缺陷或来自社会创伤的激化下，演变为"自卑情结"。这样的个体意识到自己的劣势，反而会产生一种巨大的内驱力和强烈意志来改变处境争取优势加以补偿，这就是他所谓由自卑到超越的个体人格的心理之路。司马迁骤陷囹圄，忽遭宫刑，正是这一来自社会突然强加的巨大压迫，使他产生了深刻的创伤性体验，从而激发出无限的心理能量。这种心理能量在个体当时的具体的现实条件下，有可能向创作动力转化。这个过程可以这样来描述：

创伤性体验指某人在生命某一阶段，突然受到心灵无法承受的某种刺激，引起极度失衡，并留下伤痕，这伤痕作为残余物和沉淀物将藏在心灵深处。如果他是艺术家，这伤痕便对其创作发挥潜在动力作用，迫使他不断地创造。②

---

① 钱锺书：《管锥编》，三册，936～938页，北京，中华书局，1979。
② 童庆炳、程正民：《文艺心理学教程》，144页，北京，高等教育出版社，2001。

　　因此，当司马迁把他因自卑性体验、创伤性体验所引发的意志力和心理能量全部投入到《史记》的撰写即"发愤著述"的时候，他埋藏在心灵深处的愤激之情、对弱势群体或弱小个体的同情、对人类苦难命运的关注、对人生价值的理性思考，都渗透到了自己的笔下，因此他会对屈原、项羽、李广这些和他命运遭际相似的历史人物感同身受，甚或对游侠商贾群体也表示理解，而不受世俗或主流意识形态的牵制。由此也就不难理解《史记》中写得最好、流传最广的为什么是《屈原列传》《项羽本纪》《李将军列传》《游侠列传》《刺客列传》诸篇，因为这些文章集中灌注了创伤性体验所激发的强烈心理能量，是真正的诗性的作品。

　　从美学角度看，对个人遭际的悲慨、对史官职责的高度自觉、对往圣先贤的仰慕、对不合理现实的极度愤懑，使他处于某种激情创作状态，当他将这种"生气"灌注到人心、社会、历史、宇宙组合而成的这样一个宏大微茫的时空里的时候，就发生了对"日常生活状态"的间离或超越，获得了一种艺术创作和情感体验的心境。这种心境，其本质就是审美心境。当然，这个审美心境所承载的是雄浑壮阔的内容，是激越高蹈的悲而美的世界。这个时候的司马迁，就不仅仅是一位学者，还是一位诗人。因此，从这个角度来看，正是因为这样的"发愤著书"，司马迁才得以在学者之外另外确立了一个作家身份，笔下的《史记》也会成为具备诗之性质的"无韵之《离骚》"。相反，如果不是带有强烈主体心灵投射意味的"发愤著书"，那中国历史上只会多了一位严谨的历史学家，却少了一位激情澎湃的"诗人"，更不会有《史记》这种以史书形式出现的伟大抒情篇章。

　　《史记》中存在着大量的激情和理智因素，对社会生活和历史发展过程进行了描绘和分析。这说明司马迁在将他所提出的"发愤著书"思想付诸实施时，其创作心境是感情和理智的因素并在的。司马迁在提出"发愤著书"的思想时，虽然没有明确地提出他的主张包含着感情和理智两种因素，但从他提到的那些"发愤著书"的例子来看，实际上是包含着这两种因素的。"长歌当哭是必须在痛定之后的。"（鲁迅《华盖集续编·记念刘和珍君》）司马迁显然并没有仅仅停留在愤怒上。文艺创作必须达到感性和理性的高度统一，这是文艺学与美学已经揭示了的普遍规律。

　　波兰现象学美学家英伽登，将文学作品的意蕴分为语音现象层、语义单位层、再现客体层、图式化层四个基本层次之后，特别指出，伟大作品还具有一种"形而上质"。他认为，伟大作品所特有的形而上质，是指崇高、悲怆、恐惧、震惊、神圣、哀怜、怪诞、妩媚等性质，这是作品整体综合表现出来的一种气氛，笼罩着、照亮着作品中的人和物。[①] 若论《史记》这部伟大作品的形而上质，无疑是那种悲怆雄浑的壮美气质。读《史记》，感觉到这种气质无处不在，被压抑的激情，苦闷而执着，或潜流，或冲决，或奔涌，而心又向着高远和无限。司马迁的著述宗旨是"究天人之际，通古今之变，成一家之言"，使这一伟大作品有着伟大的品格。与《史记》这种风格气质相似的是汉赋。司马相如自道："赋家之心，包括宇宙，总揽人物。"（《西京杂记》卷二引）极言汉赋的瑰丽宏富气魄。汉赋与《史记》共同体现了汉代文学艺术的雄浑阔大之美。

伟大的作家是与他的时代同声相应的，伟大作品是由伟大的时代催生的。《史记》的产生显然也是时代际遇的成果。西汉的武帝时代，是个变革的时代，是个文治武功的时代，是个对中国历史影响深远的时代。武帝与司马迁，同属时代的英雄。"汉武帝征服天下的雄心，司马迁表现在学术上""武帝是亚历山大，司马迁就是亚里士多德"，[②] 同样是神驰古今、吞吐八荒、气贯长虹。所以，司马迁的文学和学术活动，就是武帝时代的精神在文化创造领域的再现。

任何伟大作品的产生，既得之于时代际遇，也依赖于创作主体的整体品格和素质。《史记》的成就，无疑和司马迁个人的创作储备，尤其和他的著述宗旨有很大关系。徐复观从历史哲学的高度对司马迁"究天人之际，通古今之变，成一家之言"的著述宗旨和史学精神作了深刻诠释。他认为，司马迁心中的"天"，其实是"一个理智清明的人所不能不迷惘的类似原始森林样的幽暗世界""人类理性照射所不及的幽暗面"，他之"究天人之际"，是要"把历史中的理性的与非理性的，必然与偶然的，划分一个大界限，他自己由此而从历史现象的混乱中突破出来，看出了历史中'应然'的方向"。他之"通古今之变""是要在古今之变中找出人类前进的大方向，人类行为的大准则"。他之所谓"成一家之言"，是要将史料注入史家的人格和学养、注入"人的因素"，这样才能"由史料走向史学"，成就一部真正的史学著作。总之，司马迁的"究天人之际，通古今之变，成一家之言"，表现了一种"知识的睿智"，[③] 其实就是知识者、思想者对宇宙历史规律的真诚探求，对人类命运的严肃思考，司马迁作为一位伟大的作家有着广阔的视界和心胸，独有一种强烈的人文关怀，唯其如此，才能产生《史记》这样的伟大作品。

---

① 朱立元编：《现代西方美学史》，588页，上海，上海文艺出版社，1993。

② 李长之：《司马迁之人格与风格》，18页、19页，北京，生活·读书·新知三联书店，1984。

③ 徐复观：《两汉思想史》，196～204页，上海，华东师范大学出版社，2001。

三

一个时代的诗学，也是这个时代的政治意识形态、社会文化风尚综合而成的文化内容的反映，两汉诗学（包括楚辞学）概莫能外。根据历代"楚辞学"学者的共识，汉代辞赋创作的鼎盛得益于帝制政府的提倡及南北地域风情的交融。具体来说，汉初奉行黄老，重道轻儒。开国之君刘邦为沛县人，沛处于南方的楚文化圈，在文艺取向上尚楚。其后的几代当政者，皆沿其习，在思想上亦重黄老而不喜儒学。这种文化背景，也就决定了那时的统治者对屈骚的推重。武帝英年即位，锐意革新，谋兴礼乐，在意识形态上是处于黄老之学向儒学转换的时期，在社会文化风尚上则仍是楚风大行。在某种意义上说，汉初的思想文化领域，还留有着先秦纵横捭阖的精神气质。虽然统治者以黄老为治国思想，但经学尚未定于一统，社会上实际还活跃着儒家、道家，还有齐国稷下学派的遗绪，具有一定程度的开放性和包容性。汉初社会承袭楚国的语言和风俗习惯，流行楚地的歌舞和艺术。李长之说："汉代——特别是西汉的时代精神，就是浪漫情调，而楚文化者恰与这切合。"① 这种审美文化特征又被李泽厚称为"楚汉浪漫主义"。"楚汉浪漫主义"来自南方自成体系的楚文化，与周秦文化礼乐制度发达、谨严有序的古典理性不同，它所展现的是"一个想象混沌而丰富、情感热烈而粗豪的浪漫世界"②。认识到这样一种开放的思想环境和浪漫的文化背景，就不难理解刘安和司马迁对屈原和《楚辞》的评价为何鼓荡着时代激情，洋溢着生命意志，张扬着悲壮而自觉的人格精神。

古代中国，因地理环境、自然条件和生产方式的不同，形成了地域文化的差异。东部与西部在文化上的融合较早，大抵在周时即已完成。而南北文化的整合，是在战国至汉代完成的。汉人围绕着屈原和《离骚》，发生过一场旷日持久的争议。争议的最后定论是南北文化整合过程完成的标志。产生于长江文化圈的文学作品《离骚》，与产生于黄河文化圈的《诗经》，在思想情调和文学风格上都有明显的区别。《诗经》重现实、重理性，情感蕴藉深沉而文风质朴；《离骚》则重想象、重感性，情感热烈奔放而文风瑰丽。可以说，前者倾向于现实主义，后者倾向于浪漫主义。商周以来的文化是以黄河流域的文化为正统的，故代表这一地区风格的《诗经》，连同产生于这个区域的《书》《易》《礼》《春秋》等文本，很早就取得了经典的地位。而秦汉以后，随着南北在政治上的统一，如何看待体现着南方文化精神的屈骚，是当时人们必须面对的一个重要课题。

---

① 李长之：《司马迁之人格与风格》，18 页，北京，生活·读书·新知三联书店，1984。
② 李泽厚：《美学三书·美的历程》，75 页、76 页，合肥，安徽文艺出版社，1999。

考察汉儒"楚辞"诠释的特色，应该把问题放到汉代具体的文化语境和历史语境中去考察。汉儒作为"中间人"身份角色的确立和汉儒意识形态的建构，对辞赋的评价系统和创作实践影响很大。西汉初年去战国未远，在武帝采纳主父偃建议行推恩令之前，当时的才智之士以客卿的身份寄食于各诸侯王，社会身份相当于"游士"，多习纵横家之术，其典型者如叔孙通带了一百多个学生，在天下未定之时，到处兜售治世策略。他们的政治诉求与文学作品也往往延续着先秦士人积极入世的精神。自武帝"罢黜百家、独尊儒术"之后，逐渐形成士人参政的新局面，士人也从此不再是无根的"游士"，而是具有深厚社会基础的"士大夫"，士的数量因此激增，形成了士人与君权"共谋"的新格局。当然，汉代士人的处境与战国时期大不相同。这些不同，在东方朔《答客难》、扬雄《解嘲》、班固《答宾戏》诸文中，都有深刻的揭示。

儒家思想之所以在汉代能够成为大一统社会中的主流意识形态，实际上并不仅仅是统治者的选择，更是士人阶层的选择，特别是儒学本身符合士人阶层的社会身份和利益才是最重要的内在原因。士人阶层之所以选择儒学，是因为儒学最充分地代表了这个社会阶层的根本利益。士人阶层的根本利益首先是存在，其次是发挥自己干预社会的作用，即部分地获得社会控制的权力。所谓存在并不是指个体生命的存在，而是指作为一个具有独立性的社会阶层的存在。老庄、杨、墨之学本质上都具有一种自我解构的性质——在消解了现实政治与价值系统合理性的同时也消解了自身存在的合理性。所以它们实际上并不能代表士人阶层的利益，因为它们会导致这个阶层的解体。法家、纵横家之学同样不能代表士人阶层的利益，因为它们完全认同了统治者的利益与价值观，其结果是彻底消泯了士人阶层思想上的独立性而沦为纯粹的工具。唯有儒家学说贯穿了一种极为自觉、极为清醒的文化身份的自我认同意识。他们时刻提醒自己：我们是士人，我们有自己独立的价值观念系统，我们既不属于君权范畴，又不属于庶民范畴，我们是承担着巨大社会责任的独立的一群。① 士人阶层虽然是处于君权系统与庶民阶级之间的社会阶层，却没有任何组织形式，因此并不能成为一种足以与君权相抗衡的政治力量。这个阶层的形成是由文化的传承所决定的，他们作为一个社会阶层的共同属性是学习、传承、创造知识话语系统。②

首先，从辞赋的创作源头上来说，作为辞赋鼻祖的"楚辞"即具有强烈的现实关怀和批判精神。《史记·屈原列传》称："信而见疑，忠而被谤，能无怨

① 李春青：《诗与意识形态》，168 页、169 页，北京，北京大学出版社，2005。
② 李春青：《诗与意识形态》，171 页，北京，北京大学出版社，2005。

乎？屈平之作《离骚》，盖自怨生也。"钱穆曾说："至于就文学立场论诗，其事更远起在后。即如屈原之创为《离骚》，其动机也起于政治。屈原之有作，乃一本于其忠君爱国之心之诚之有所不得已，犹不失小雅怨刺遗风。"① 徐复观曾批评今人写文学史动辄承袭"汉代文学为宫廷文学"的旧说，"实未窥见汉代文学之精神面貌"②。他认为，西汉辞赋从内容上说可以分为体物之赋和抒情之赋。两者最大的分别是前者多按人主或贵族的要求而作；后者是出自感情的内在要求，也可以说前者是"出于由生存的欲望而来的适应环境的作品"；而后者是"出于由生活理想所写的批评性的文学"。在汉代，即使是供奉性的辞赋也有个人人格的影子。屈原系统的赋在汉代占绝对优势，贾谊、扬雄、司马相如之赋均以批评性为主。这是因为"西汉去战国未远，一人之专制对心灵之毒害未深，所以西汉文学家，常想突破政治的网罗，举头天外，由此而对政治、社会人生的感愤特深、涵融特富、气象特宏"。③

其次，就汉代诗学话语的建构来说，武帝之后直至汉末，经学一统天下，以经师们对"五经"的解释作为认识历史的方法、指导统治的方针、评判思想文化的准绳。因此，扬雄、班固等人批判屈原耿直孤傲的人格选择是一种偏执，而他的作品中上天入地、瑰丽奇幻的想象则属于"子不语"的荒诞不经、怪力乱神。到了汉末的王逸，他发觉，经学的狭隘之见不足以掩盖屈原人格的光辉及其作品的无穷魅力，于是就设法努力将这一风格形态融入儒家文艺思想体系之内。王逸与扬雄、班固，尽管在表面上看来对屈原及其作品的评价差异很大，但他们无论是褒是贬，或褒贬兼有，都是以儒家经典为标尺，也就是以"经"辨"骚"。汉儒以《诗经》的精神作为标尺去丈量其他文学作品，如对前代的楚辞与当代的赋体文学的反思，就是要求做到所谓"宗经以辨骚"（刘勰《文心雕龙·宗经》与《辨骚》篇目的说法）。汉代辞赋，特别是抒情小赋的创作是"诗"的"经"之精神的一次全面的贯彻，也是汉代诗学理论的一次精神实现。

以武帝为界，两汉文论家围绕屈原和《楚辞》的评价活动，彰显出汉代社会向经学时代过渡的特征。同时，人们在他们的文学评论活动中也看到，经学笼罩下的诗学思想施之于《楚辞》这种与中原文化迥然有别而又充满艺术个性的文体，往往难以自圆其说，时时显得自相矛盾、捉襟见肘。这至少说明，在汉代，儒家的文艺思想还不是中国儒家诗学最完备的形态，而儒家诗学思想进一步成熟并走向精致化、体系化，则是宋明儒学发生发展之后的事情了。

① 钱穆：《中国学术思想史论丛》，卷一，130 页，合肥，安徽教育出版社，2004。
② 徐复观：《中国文学精神》，355 页，上海，上海书店出版社，2004。
③ 同上书，254～374 页。

　　屈原的作品以其高洁的人格追求、强烈的主体意识、自觉而迷惘的形上追问、深厚炽热的感情、奇诡丰富的想象、幽约绚烂的文笔，受到中国历代作家的同情、仰慕和模仿。中国古代受屈原创作影响较大的著名作家有曹植、李白、柳宗元、李贺、李商隐、秦观、姜夔、蒲松龄等，由此形成了中国古典文学《风》《骚》并称的传统。《诗经》和楚骚共同构成了沾溉中国文学几千年的两大源头。概言之，屈原和楚辞在中国文学史上的影响可以从四个方面来理解。

　　第一，忠贞的节操与卓绝的人格。明末遗民王夫之遭亡国之痛，不愿仕清，"窜身瑶洞"隐居著述而终。楚湘文化孕育出的这位杰出思想家对屈原"眷恋怀王""握瑾怀玉"节操有着切身体会。他盛赞屈原之忠："蔽屈子以一言曰'忠'。或以诬《骚经》《九章》弥天亘地之忧，为患失尤人之恨，何其陋也！"①"斯以为千古独绝之忠。而往复图维于去留之际，非不审于全身之善术。"② 王夫之指出，屈原之忠，千古独绝，非为杞人忧天，不是自怨自艾，也不是不懂全身之术，这对东汉扬雄、班固认为屈原此行"非明智之器"的浅陋之见作了有力回应。屈子对国家的眷恋、对人格理想的坚守触动着封建社会一代代知识分子的心弦，鼓励他们关怀国家，砥砺节操，批判现实。历代作家学者，往往借读骚、学骚、注骚抒发胸襟，别寄幽曲，如朱熹编撰《楚辞集注》，即隐喻着他在南宋偏安江南的时代里对故国的怀念。所以四库馆臣说："是书大旨，在以灵均放逐，寓宗臣之贬，以宋玉招魂，抒故旧之悲耳。"③

　　第二，屈原在其作品中所展现出来的那种低回往复的深情眷恋、杜鹃啼血的凄楚伤感、无可奈何的落寞心境，浸润到了古代诗人的心理结构深处，塑造了一种"辞客骚人"的性灵世界。中国古代作品普遍表现出的对国家、亲朋、自然、艺术的一片深情和执着，尤其是宋词、元散曲和明清文人传奇（昆曲剧本）中俯拾即是的对时间流逝、生离死别等人生遭际绵绵不绝的伤感，在一次次亲近屈原和楚骚的心灵碰撞过程中逐渐积淀、稳固下来，成为中国"辞客骚人"的基本创作心理特征。

　　第三，想象与象征的艺术手法。在先秦时代，与同样有着楚文化背景的《庄子》相似，《楚辞》以其奇幻伟丽的艺术想象和"香草美人"式的譬喻象征手法，成为中国文学取之不尽的源泉。王国维在《屈子文学之精神》中说："大诗歌之出，必须俟北方人之感情，与南方之想象合而为一，即必通南北之

---

① （清）王夫之：《船山全书》，14 册，208 页，长沙，岳麓书社，1996。

② 同上书，212 页。

③ （清）纪昀等编：《钦定四库全书总目》，下册，1975 页，北京，中华书局，1997。

骑驿而后可，斯即屈子其人也。"这里的"北方人之感情"，指中原礼乐文化背景下，创作主体对人生与世界"入乎其内"而生的深情执着和深厚体验。所谓的"南方之想象"，指在楚文化背景下，那种能够"出乎其外"的超拔的激情、丰富的想象。而屈原作品具有这二美兼具的品格。

《楚辞》"香草美人"式的象征表现手法，和《诗经》的"比兴"似近而实异。《诗经》的"比兴"，始终是比中兼兴，兴中有比，"比"是离不开"兴"的，往往就当下事物起兴发端以抒情。《楚辞》的象征，却是依托神话、民俗等资源，驰骋方外，营构心中种种意象，更具有取譬的广阔性、夸张性、丰富性。在推崇"实践理性"的中国文化中，这种想象力对文学创作尤其显得可贵。古代著名诗人中以想象丰富、奇特著称的李贺，自道其诗歌创作是"斫取青光写楚辞"（《昌谷北园新笋四首》其二），可见受楚骚影响之巨。

第四，奇丽、烂漫、唯美的语言艺术。屈原开创了由群众创作向个人独立创作的新阶段，被视为"千古骚人第一"。《楚辞》的杂言体较之《诗经》整饬的四言更富于变化，更善于变现幽约、婉曲、复杂的感情。这种诗歌语言更趋向形式美、情态美、情韵美、朦胧美。并且，楚辞词汇丰富绚丽，长于渲染点缀情绪意境，情景融合，含蓄幽雅。尽管六朝以后，文人创作以格律谨严的近体诗为主，骚体诗赋不常见，但作家们学到的更多的不是语词，而是造境的手法和语言的风格，如李商隐、秦观、姜夔等。

楚辞的性格向中国人的深层次心理结构流溢，形成了一种精神原型——屈子精神。一部《离骚》是一颗伟大而脆弱的心灵的袒露，一部楚辞学史、楚辞接受史就是众多心灵向一个历史形象的投射。屈大夫的形象，影影绰绰地映射到两千多年心灵史的册页上，成了一种情结，一种集体无意识。当六朝的钟嵘在解释诗歌发生机制的时候用"楚臣去境"与"汉妾辞宫""塞客衣单、孀闺泪尽"等并列来描述多种可以"感荡性灵"的情况（《诗品序》），当北宋的范仲淹在中国"贬谪文学"的代表作《岳阳楼记》中用"去国怀乡、忧谗畏讥"来指称"登斯楼也，极目而悲"这种情形，当明末遗民王夫之内心深处以屈原遭际相映照、以屈原人格力量相砥砺，他们心中都有一个相同的"楚臣"原型。

楚辞的性格向中国古代诗学理论流溢，形成了一种文化诗学——楚辞诗学。楚辞是长江文明和楚文化长期发展孕育的一个精魂，楚辞代表了一种雄奇瑰丽、精彩绝艳的文化现象，楚辞是一种充满生命骚动和形上追思的文化艺术形式。而历代读者和楚辞学家对楚辞的丰富感受和阐释评论，更是为中国诗学提供了一份丰厚的学术资源。

楚辞的性格向中国古典美学中流溢，演化为一种美学传统——屈骚传统。李泽厚在《美学三书》中以"美在深情"为屈骚传统的主要特征，并将屈骚美学定位为中国古典美学体系中与儒家美学、道家美学、禅宗美学并列的四大传统之一。

楚辞的性格向中国艺术的广阔领域流溢，形成了一种艺术风格，其特点是自怜、悱恻、清幽、孤峭、芳菲、唯美、凄丽、冷艳、高洁、迷蒙等。中国文艺史上存在着大量楚湘题材的诗歌、楚湘题材的绘画（如北宋著名的《潇湘八景图》、明代陈洪绶的人物画）和楚湘题材的音乐（如南宋郭楚望的大型古琴曲《潇湘水云》）。一个近似的题材被持续地重复表现，足见《楚辞》的艺术和文化魅力。

【思考题】

1. 试分析《毛诗序》的主要内容和思想价值。

2. 试分析汉儒诗学理论体系的建构与汉儒意识形态建构活动的内在联系。

3. 谈谈司马迁《报任少卿书》所提出的"发愤著书"说的文化（文学）渊源和思想价值。

4. 试从文艺心理学的角度，分析司马迁《报任少卿书》"发愤著书"说的理论价值。

5. 汉代"六大家"是如何评述屈原及其作品的？各自的立论根据是什么？

6. 试分析汉儒对辞赋创作的评价与其时代的文化语境和历史语境的内在联系。

第三章　曹丕《典论·论文》与陆机《文赋》

第一节　经典文本阅读

【原典阅读】

一、典论·论文（曹丕）

文人相轻，自古而然。傅毅①之于班固，伯仲之间耳②，而固小之③，与弟超书曰："武仲以能属文，为兰台令史④，下笔不能自休⑤。"夫人善于自见⑥，而文非一体，鲜能备善，是以各以所长，相轻所短。里语曰："家有敝帚，享之千金。"⑦斯不自见之患也。

今之文人，鲁国孔融文举，广陵陈琳孔璋，山阳王粲仲宣，北海徐干伟长，陈留阮瑀元瑜，汝南应玚德琏，东平刘桢公干。斯七子者，于学无所遗，于辞无所假⑧，咸以自骋骥𫘧于千里，仰齐足而并驰，以此相服，亦良难矣。盖君子审己以度人，故能免于斯累，而作《论文》。

王粲长于辞赋，徐干时有齐气⑨，然粲之匹也。如粲之《初征》《登楼》《槐赋》《征思》⑩，干之《玄猿》《漏卮》《圆扇》《橘赋》⑪，虽张、蔡不过也⑫。然于他文，未能称是。琳、瑀之章表书记⑬，今之隽也。应玚和而不壮⑭；刘桢壮而不密⑮。孔融体气高妙⑯，有过人者，然不能持论，理不胜词，以至乎杂以嘲戏⑰，及其所善，扬、班俦也⑱。

常人贵远贱近，向声背实，又患暗于自见，谓己为贤。

夫文本同而末异⑲，盖奏议宜雅⑳，书论宜理㉑，铭诔尚实㉒，诗赋欲丽㉓。此四科不同，故能之者偏也；唯通才能备其体㉔。

文以气为主，气之清浊有体，不可力强而致。譬诸音乐，曲度虽均，节奏同检㉕，至于引气不齐㉖，巧拙有素，虽在父兄，不能以移子弟。

盖文章经国之大业，不朽之盛事。年寿有时而尽，荣乐止乎其身。二者必至之常期，未若文章之无穷。是以古之作者，寄身于翰墨，见意于篇籍，不假良史之辞，不托飞驰之势㉗，而声名自传于后。故西伯幽而演《易》㉘，周旦显而制《礼》㉙，不以隐约而弗务，不以康乐而加思㉚。夫然，则古人贱尺璧而重寸阴，惧乎时之过已㉛。而人多不强力㉜，贫贱则慑㉝于饥寒，富贵则流于逸乐，遂营目前之务，而遗千载之功。日月逝于上，体貌衰于下，忽然与万物迁化㉞，斯志士之大痛也！

融等已逝，唯幹著论㉟，成一家言㊱。

（选自《文选》第五十二卷，北京，中华书局，1977）

①傅毅：（？—89）字武仲，扶风茂陵人，东汉文学家。少博学，以文闻名于世，曾任兰台令史等职。

②伯仲之间：指班固、傅毅二人在文才上不相上下。

③小之：轻视、藐视他（指傅毅）。

④武仲以能属文为兰台令史，《后汉书·傅毅传》："建初中，肃宗博召文学之士，以毅为兰台令史，拜郎中，与班固、贾逵共典较书。"傅毅因为能够写文章而被任命为兰台令史。能属文，能为文。兰台，即汉代宫中藏书之处。兰台令史：《后汉书》李贤注引《汉官仪》云："兰台令史六人，秩百石，掌书劾奏。"即兰台令史 6 人，俸禄为百石，专做一些典校图籍、管理劾奏等文书档案的工作。

⑤下笔不能自休：班固认为傅毅为文冗赘啰嗦。休：止。

⑥善于自见：李壮鹰主编《中华古文论选注》（上）（23 页，百花文艺出版社，1991）中认为文中"善于自见"为"暗于自见"之误，因为"'善于自见'与后文'斯不自见之患也'相矛盾。'自见'，犹言自知，下句的'各以所长，相轻所短'，'家有敝帚，享之千金'，都是无自知之明的表现，故这里似不可说'善于自见'。检后文有'又患暗于自见'的句子。疑此处的'善'字乃'暗'之误。暗：暗昧也；所谓'暗于自见'，是不能正确地观照自己，缺乏自知之明的意思"。另，（梁）萧统编、（唐）李善注《文选》，对此句未提出异议，今从李说。

⑦家有敝帚，享之千金：即言敝帚可当千金之值。此处犹言没有自知之明。

⑧于学无所遗，于辞无所假：对于学习，无所遗漏，指治学涉猎广博，无所不学。对于写作中选用的辞藻，自创新意、化其所学，而无所假借。遗，遗漏。假，借，引申为凭借义。

⑨徐幹时有齐气：徐幹作文有舒缓之气。齐气，因古齐地之人性格多舒缓，影响到文章创作，使文章行文四平八稳、舒缓，但缺乏遒劲气势。《文选》（唐）李善注："言齐俗文体舒缓，而徐幹亦有斯累。"《三国志·魏书·王粲传》注引《典论》说："粲长于辞赋，幹时有逸气，然非粲匹也。"《初学记》卷二十一"文章"条引曹丕《典论》："王粲长于辞赋，徐幹时有逸气，然粲匹也。"《艺文类聚》卷五十六曹丕《典论》曰："王粲长于词赋，徐幹时有逸气，然粲之匹也。"现存日本天理图书馆古抄本《文选》残第二十六卷（即观智院本），此处亦为"逸气"。但现据《文选》通行本而作"齐气"。

⑩《征思》：已佚。其他各篇可见严可均辑《全后汉文》卷九十。

⑪《玄猿》《漏卮》《橘赋》：已佚。《圆扇》：可见严可均辑《全后汉文》卷九十三。

⑫虽张、蔡不过也：即使张衡、蔡邕也不能超过（他们）。

⑬章表书记：皆为文体名。章、表是臣下上书之文；《文心雕龙·章表》："章以谢恩……表以陈情。"书、记是书信及笔札简牍，《文心雕龙·书记》："夫书记广大，衣被事体；笔札杂名，古今多品。"陈琳与阮瑀因为善于写作章表书记而被欣赏。曹丕《与吴质书》曾如此评价："孔璋（按：陈琳）章表殊健，微为繁复""元瑜（按阮瑀）书记翩翩，致足乐也。"

⑭和而不壮：平和而不雄壮。

⑮壮而不密：雄壮而不周密。

⑯体气高妙：《文心雕龙·风骨》刘勰引刘桢评价孔融之语："孔氏卓卓，信含异气；笔墨之性，殆不可胜。"意思是：孔融很杰出，的确有不同寻常之处；他创作中的优点，别人很难超过。此处谈论的就是孔融之体气高妙，常人很难超越。

⑰杂以嘲戏：在文章的创作中常出现嘲戏之作。如孔融在《与曹公书》言"武王伐纣，以妲己赐周公"，用杜撰的"典故"嘲笑曹军攻下邺城后，曹丕私纳袁熙妻甄氏。

⑱扬、班：扬雄、班固。扬雄《解嘲》、班固《答宾戏》，是"解嘲"之作中的上品。俦：同辈、等类。

⑲本同而末异：不同文体的文章本质相同，但有不同的具体特点。本：一切文章的共同性。末：不同文体的特殊性。

⑳奏议宜雅：奏、议为文应当典雅而不鄙俗。

㉑书论宜理：书、论为文时应当有条理，分析论理精微。

㉒铭诔尚实：铭、诔的写作应当实事求是。铭、诔：为过世者所作的碑铭和诔文。

㉓诗赋欲丽：从诗、赋的体裁特点来看，诗、赋的创作应当追求"丽"。

㉔能之者偏也；唯通才能备其体：一般作家才能只偏于一体，只有通才能把握所有体裁进行创作。

㉕节奏同检：音调缓急的度数为节。检：法度。

㉖引气不齐：吹奏时的引气不一致，不整齐。引：犹言运行。齐：整齐、一致。

㉗飞驰之势：比喻显赫权势。

㉘西伯幽而演《易》：西伯即周文王，传说他曾被商王拘禁在羑里，却把《周易》之八卦推演至六十四卦。幽：拘禁。

㉙周旦显而制《礼》：周旦即周公旦，旧说《周礼》为周公所作。显：显贵，此处谓周公旦处在康乐的生活中。

㉚不以隐约而弗务，不以康乐而加思：不因为穷困和康乐而转移著述之念。隐约：穷困。加思：转移著述之念。加：转移。

㉛古人贱尺璧而重寸阴，惧乎时之过已：古人轻视璧玉，但是重视光阴，惧怕时间流逝。

㉜强力：努力。

㉝惧：恐惧。

㉞迁化：指死亡。

㉟唯幹著论：指徐幹著《中论》20篇。

㊱《艺文类聚》（卷五十六《杂文部·二·赋》）收录的《典论·论文》无此句。

二、文赋（并序）（陆机）

余每观才士之所作，窃有以得其用心。夫放言遣辞，良多变矣，妍蚩好恶，可得而言。每自属文，尤见其情。恒患意不称物，文不逮意，盖非知之难，能之难也。故作文赋，以述先士之盛藻，因论作文之利害所由，他日殆可谓曲尽其妙。至于操斧伐柯，虽取则不远，若夫随手之变，良难以辞逮。盖所能言者，具于此云。

伫中区以玄览，颐情志于典坟①。遵四时以叹逝，瞻万物而思纷。悲落叶于劲秋，喜柔条于芳春。心懔懔以怀霜，志眇眇而临云。咏世德之骏烈，诵先人之清芬。游文章之林府，嘉丽藻之彬彬。慨投篇而援笔，聊宣之乎斯文。

其始也，皆收视反听，耽思傍讯，精骛八极，心游万仞。其致也，情曈昽而弥鲜，物昭晰而互进。倾群言之沥液，漱六艺之芳润。浮天渊以安流，濯下泉而潜浸。于是沈辞怫悦，若游鱼衔钩而出重渊之深；浮藻联翩，若翰鸟缨缴而坠曾云之峻。收百世之阙文，采千载之遗韵。谢朝华于已披，启夕秀于未振。观古今于须臾，抚四海于一瞬。

然后选义按部，考辞就班。抱景者咸叩，怀响者毕弹②。或因枝以振叶，或沿波而讨源，或本隐以之显，或求易而得难，或虎变而兽扰，或龙见而鸟澜③，或妥帖而易施，或岨峿而不安④。罄澄心以凝思，眇众虑而为言。笼天地于形内，挫万物于笔端。始踯躅于燥吻，终流离于濡翰⑤。理扶质以立干，文垂条而结繁。信情貌之不差，故每变而在颜。思涉乐其必笑，方言哀而已叹。或操觚以率尔，或含毫而邈然⑥。

伊兹事之可乐，固圣贤之所钦⑦。课虚无以责有，叩寂寞而求音。函绵邈于尺素，吐滂沛乎寸心。言恢之而弥广，思按之而逾深。播芳蕤之馥馥，发青条之森森。粲风飞而猋竖，郁云起乎翰林。

体有万殊，物无一量。纷纭挥霍，形难为状。辞程才以效伎，意司契而为匠。在有无而僶俛，当浅深而不让。虽离方而遁员，期穷形而尽相。故夫夸目者尚奢，惬心者贵当⑧。言穷者无隘，论达者唯旷。诗缘情而绮靡，赋体物而浏亮。碑披文以相质，诔缠绵而凄怆⑨。铭博约而温润，箴顿挫而清壮。颂优游以彬蔚，论精微而朗畅。奏平彻以闲雅，说炜晔而谲诳。虽区分之在兹，亦禁邪而制放。要辞达而理举，故无取乎冗长。

其为物也多姿，其为体也屡迁。其会意也尚巧，其遣言也贵妍。暨音声之迭代，若五色之相宣。虽逝止之无常，固崎锜而难便。苟达变而识次，犹开流以纳泉。如失机而后会，恒操末以续颠。谬玄黄之秩序，故淟涊而不鲜。

或仰逼于先条，或俯侵于后章⑩。或辞害而理比，或言顺而义妨⑪。离之则双美，合之则两伤。考殿最于锱铢，定去留于毫芒⑫。苟铨衡之所裁，固应绳其必当⑬。

或文繁理富，而意不指适。极无两致，尽不可益。立片言而居要，乃一篇之警策。虽众辞之有条，必待兹而效绩。亮功多而累寡，故取足而不易。

或藻思绮合，清丽千眠。炳若缛绣，凄若繁弦。必所拟之不殊，乃暗合乎曩篇⑭。虽杼轴于予怀，怵他人之我先⑮。苟伤廉而愆义，亦虽爱而必捐⑯。

或苕发颖竖，离众绝致⑰。形不可逐，响难为系。块孤立而特峙，非常音之所纬⑱。心牢落而无偶，意徘徊而不能揥⑲。石韫玉而山辉，水怀珠而川媚。彼榛楛之勿翦，亦蒙荣于集翠⑳。缀《下里》于《白雪》，吾亦济夫所伟㉑。

或托言于短韵，对穷迹而孤兴。俯寂寞而无友，仰寥廓而莫承㉒。譬偏弦之独张，含清唱而靡应。

或寄辞于瘁音，徒靡言而弗华。混妍媸而成体，累良质而为瑕。象下管之偏疾，故虽应而不和。

或遗理以存异，徒寻虚以逐微。言寡情而鲜爱，辞浮漂而不归。犹弦么而徽急㉓，故虽和而不悲。

或奔放以谐合，务嘈囋而妖冶㉔。徒悦目而偶俗，固声高而曲下。寤《防露》与《桑间》，又虽悲而不雅㉕。

或清虚以婉约，每除烦而去滥。阙大羹之遗味，同朱弦之清汜㉖。虽一唱而三叹，固既雅而不艳。

若夫丰约之裁，俯仰之形，因宜适变，曲有微情。或言拙而喻巧，或理朴而辞轻。或袭故而弥新，或沿浊而更清。或览之而必察，或研之而后精。譬犹舞者赴节以投袂，歌者应弦而遣声㉗。是盖轮扁所不得言，故亦非华说之所能精。

普辞条与文律，良余膺之所服。㉘练世情之常尤，识前修之所淑。虽浚发于巧心，或受蚩于拙目㉙。彼琼敷与玉藻，若中原之有菽。同橐龠之罔穷，与天地乎并育㉚。虽纷蔼于此世，嗟不盈于予掬。患挈瓶之屡空，病昌言之难属㉛。故踸踔于短垣，放庸音以足曲㉜。恒遗恨以终篇，岂怀盈而自足。惧蒙尘于叩缶，顾取笑乎鸣玉。

若夫应感之会，通塞之纪，来不可遏，去不可止。藏若景灭，行犹响起。方天机之骏利，夫何纷而不理。思风发于胸臆，言泉流于唇齿。纷葳蕤以馺遝，唯毫素之所拟㉝。文徽徽以溢目，音泠泠而盈耳。及其六情底滞，志往神留。兀若枯木，豁若涸流。揽营魂以探赜，顿精爽于自求㉞。理翳翳而愈伏，思乙乙其若抽。是以或竭情而多悔，或率意而寡尤。虽兹物之在我，非余力之所戮㉟。故时抚空怀而自惋，吾未识夫开塞之所由㊱。

伊兹文之为用，固众理之所因㊲。恢万里而无阂，通亿载而为津㊳。俯贻则于来叶，仰观象乎古人㊴。济文武于将坠，宣风声于不泯㊵。涂无远而不弥，理无微而弗纶[41]。配沾润于云雨，象变化乎鬼神。被金石而德广，流管弦而日新。

（选自《文选》第十七卷，北京，中华书局，1977）

①伫中区以玄览，颐情志于典坟：伫立于天地间，洞察万物的奥妙；沉浸在古籍之中，陶冶性情志趣。伫：长时间站立。中区：即区中，指天地间。玄览：深刻细致地观察。颐：犹言陶冶。典坟、《五典》和《三坟》：泛指经典古籍。《五典》指少昊、颛顼、高辛、唐尧、虞舜五帝之书。《三坟》指伏羲、神农、黄帝三皇之书。

②抱景者咸叩，怀响者毕弹：对事物的形影和声响仔细描摹。景：同"影"，指物象。李善注本为"暑"，今依张少康校勘视"暑"为传写之误，改为"景"。（张少康集释《文赋集释》，61 页，北京，人民文学出版社，2002）

③变：发怒。扰：驯服。见：同"现"。澜：散。此处的虎和龙喻作文之根本，兽和鸟喻文的文辞结构。

④或妥帖而易施，或岨峿（jǔ yǔ）而不安：造词遣句和结构安排，有时很容易就安排妥帖，有时却前后抵触，无法顺畅。

⑤始踟蹰（zhí zhú）于燥吻，终流离于濡翰：开始时踌躇不定，难以表达；最终酣畅流利，倾泻而出。燥吻：干燥的嘴唇。古人写作多用吟咏之法，故而口干舌燥。流离：同"流利"。濡翰：饱蘸墨汁的笔。

⑥或操觚（gū）以率尔，或含毫而邈然：有时下笔成文，毫不费力；有时文思迟钝，含着笔思绪茫然。操觚：写文章。觚：古代写字用的木板。率尔：引申为不假思索。邈然：杳远的样子，引申为文思迟钝。

⑦伊兹事之可乐，固圣贤之所钦：创作这事使人快乐，圣贤本来都非常钦佩。

⑧故夫夸目者尚奢，惬心者贵当：因此炫耀辞藻的人崇尚文辞的浮华，重视文章内容的人看重内容的精当。

⑨碑披文以相质，诔缠绵而凄怆：碑要求文质相符，诔要求感情缠绵，文辞凄切。

⑩或仰逼于先条，或俯侵于后章：创作中有时会出现文意前后抵触的现象。仰逼：后文抵触前文文意。俯侵：前文侵犯后文文意。

⑪或辞害而理比，或言顺而义妨：有时文辞粗劣但内容合适，有时文辞通顺而内容不当。比：合。义妨：文意不妥。

⑫考殿最于锱铢，定去留于毫芒：写文章要在细微之处考虑，决定取舍。考：考核。殿最：高低。古代考核政绩或军功，上等为"最"，下等为"殿"。

⑬苟铨衡之所裁，固应绳其必当：如仔细衡量文章的剪裁，就会符合"准绳"而显得精当。铨衡：衡量。

⑭必所拟之不殊，乃暗合乎曩（nǎng）篇：思路有时相同，会暗合前人之作。拟：考虑，此指思路。不殊：没有不同。曩：从前。

⑮虽杼轴于予怀，怵他人之我先：虽出自内心的构思，但也恐怕他人已先于我说过同样的话。杼轴：古代织布机上管经线和纬线的两个部件，喻文章的组织构思。怵：恐怕。

⑯苟伤廉而愆义，亦虽爱而必捐：如出现了这种可耻不义的情况（即与前人作品雷同），也要忍痛割爱。

⑰或苕（tiáo）发颖竖，离众绝致：有时文章中有不同凡响的绝妙文辞显露出来。苕：芦苇花。

⑱块孤立而特峙，非常音之所纬：（那样绝妙的文句）凸显于一般文辞之中，不是一般文辞所能相称的。块孤立：特别突出状。特峙：意同"块立"。常音：平常的音调，喻一般的文句。

⑲心牢落而无偶，意徘徊而不能揥（dì）：心中觉得它孤立无依，没有与之相配的文辞，但仍在犹豫是否丢弃之。牢落：孤寂。无偶：没有相配的。揥：捐弃。

⑳彼榛楛（zhēn hù）之勿翦，亦蒙荣于集翠：那些如榛楛一样的平凡文辞不需删除，当有了翠鸟般佳句就可使榛楛之辞显得生动。榛楛：似荆棘类植物，喻文中平庸的文辞。

㉑缀《下里》于《白雪》，吾亦济夫所伟：用平常的音乐掺杂在高雅的音乐中，会使佳音更加奇伟，喻普通文句可反衬出佳句之美。

㉒俯寂寞而无友，仰寥廓而莫承：下文没有相配的文辞，上文没有相配的佳句，即言上下文不相配。俯：指下文。仰：指上文。

㉓么：小。於遥切。

㉔或奔放以谐合，务嘈囋而妖冶：有的文章如放荡的音乐，只求声音的嘈杂浮艳。谐和：迎合时俗。嘈囋：同"嘈杂"。

㉕寤《防露》与《桑间》，又虽悲而不雅：认识到《桑间》《防露》虽然动人，却并不雅正。寤：同"悟"，认识。《防露》《桑间》：古代情歌。

㉖阙大羹之遗味，同朱弦之清汜：（质朴之文）缺少大羹的余味，如同古乐的清散平淡。阙：同"缺"。大羹：不加五味的肉汁。朱弦：此指古代质朴的乐调。汜：散。古乐质朴，清散而不繁密。

㉗譬犹舞者赴节以投袂，歌者应弦而遣声：（文章的种种变化）有如舞者按照一定节拍扬袖起舞，又如歌者和着不同的音乐唱出不同的歌声。投：挥舞。

㉘普辞条与文律，良余膺之所服：所有写文章的规律，确实是我应牢牢记住。辞条：运用文辞的规律。文律：写文章的规律。

㉙虽浚（jùn）发于巧心，或受蚩于拙目：虽出自内心深处的精心之作，有时也为平庸的人所讥笑。浚：深。

㉚同橐籥（tuó yuè）之罔穷，与天地乎并育：美妙的文章与天地一样永世长存。橐籥：本为古代冶铁时鼓风的风箱，此喻天地。《老子》："天地之间，其犹橐籥乎？"

㉛患挈（qiè）瓶之屡空，病昌言之难属：担心才智狭小使文思枯竭，又苦于佳辞难觅。挈瓶：吸水。挈：提。昌言：当言，即适当的文辞。

㉜故踸踔（chěn chuō）于短垣，放庸音以足曲：因此犹如一只脚行走，连短墙也难以翻越，只得用平庸之音凑足一支曲子。踸踔：一只脚行走的样子，此喻写作吃力。足曲：凑足一曲。

㉝纷葳蕤（wēi ruí）以驳遝，唯毫素之所拟：文思纷至沓来，应接不暇，只有用纸笔尽情撰写。驳遝（sà tà）：众多貌。

㉞揽营魂以探赜，顿精爽于自求：集中心力去探求深奥的道理，振作精神去自求文思。揽：收，持。营魂：灵魂。营：魂。探赜：探求深奥的道理。顿：意同"揽"。精爽：人的神智，心神。

㉟虽兹物之在我，非余力之所戮：虽然是我在写文章，但灵感非我所能控制。兹物：所写的文章。戮：通"勠"。

㊱故时抚空怀而自愧，吾未识夫开塞之所由：所以常安抚着空虚的情怀而自怨自惜，但我始终不了解文思通畅和阻塞的原因所在。

㊲伊兹文之为用，固众理之所因：文章的功用是万物之理由此得以表达。

㊳恢万里而无阂，通亿载而为津：达万里而不受阻碍，通亿年而为时间之桥梁。阂：界限。

㊴俯贻则于来叶，仰观象乎古人：往下可将法则留传后世，向上可取法古人。贻：留给。来叶：后世。

㊵济文武于将坠，宣风声于不泯：挽救快要坠落的圣人之道，传播教化而不使之灭亡。济：挽救。文武：指周文王和周武王的道统。风声：风教。

㊶涂无远而不弥，理无微而弗纶：无论道理多么远大、细微，文章都可涵括包容。涂：通"途"，指道。弥、纶：缠裹，包容。

【作者简介】

曹丕（187—226），字子桓，沛国谯（今安徽亳州）人，曹操次子（其兄曹昂于征讨张绣时遇难），与曹植为同母兄弟，汉献帝建安十六年为五官中郎将、副丞相，建安二十二年立为魏太子。建安二十五年，曹操卒，曹丕袭位为魏王及丞相，改建安二十五年为延康元年，同年，代汉称帝，国号魏，改年号延康为黄初，在位七年（220—226），谥文帝，故亦称魏文帝。

曹丕幼时习骑、射、击剑等术，常跟随其父曹操征战各方。曹丕少时"诵《诗》《论》，及长而备历五经、四部，《史》《汉》，诸子百家之言，靡不毕览"[①]，及长依旧好学。曹丕是一位颇有才华的诗人，擅长作乐府诗歌，所作《燕歌行》二首在七言诗发展史上占有重要地位。在文学史上，曹丕与其父曹操、其弟曹植并称为"三曹"，是建安时期举足轻重的诗人。

建安九年，曹操攻取邺城；建安十八年，曹操封为魏王，定都于邺城。由于曹操博大宽宏的气度，著名文士纷纷投奔，聚集于邺城。这些文士不仅是曹操的重要谋士，而且是文学家，善作诗文。曹丕、曹植为贵公子，与邺下文人常宴饮游乐，诗赋唱和。曹氏周围形成了对当时及后世较有影响力的文学团体。

在《典论·论文》中，曹丕第一次提出了"建安七子"的说法，并对文人

---

① （明）张溥辑评：《三曹集》，174 页，长沙，岳麓书社，1992。

创作优劣进行了较为公正客观的评价。陈琳等人卒后，曹丕曾编撰他们的遗文，为之作序。孔融虽因忤逆曹操被杀，但曹丕还是深好其文，曾以重金悬赏上交孔融文章者。刘桢因为平视曹丕甄夫人，失礼而获罪，但曹丕仍赞赏其文章。可见曹丕对文章十分爱好，对才士也相当宽容和重视。明张溥曾这样评论曹丕："《典论·自序》善述生平，《论文》一篇，直自言所得，《与王朗书》务立不朽于著述间，不肯以七尺一棺毕其生死。雅慕汉文，没而得谥，良云厚幸。"①

《隋书·经籍志》著录有《魏文帝集》十卷，后散佚。明人张溥辑为《魏文帝集》二卷，收入《汉魏六朝百三名家集》。

陆机（261—303），字士衡，吴郡吴县华亭（今上海市松江人）人，生于魏元帝曹奂景元二年，卒于晋惠帝司马衷太安二年。其祖父陆逊官至丞相，父亲陆抗官至大司马，仲伯父陆绩是汉末著名的经学大师。《晋书·陆机传论》载其家世"文武奕叶，将相连华"。陆机自幼聪颖好学，13 岁（一说 14 岁）时，其父去世，陆机袭父职为牙门将。陆机 20 岁时，晋武帝灭孙吴，与弟陆云退居家乡，闭门苦读 10 年，写出《辩亡论》上下篇，论述东吴兴亡的缘由以及其祖父功业。

晋武帝太康（280—289）末，陆机、陆云到晋都洛阳拜谒当时文坛领袖张华。陆机入洛之前以文学名世，与陆云享有重名，世称"二陆"。此次拜谒，二人受到张华推重，称"伐吴之役，利获二俊"，他俩屡获重用。太傅杨骏举荐陆机为祭酒。惠帝即位后，陆机任太子洗马、著作郎、尚书中兵郎、殿中郎等职。永康元年，赵王伦辅政，以陆机为相国参军，封关中侯，又升为中书郎。后赵王伦图谋篡位未遂被杀，陆机受牵连下狱。在成都王颖和吴王晏的救助下，陆机得以免死，并在将充军时遇赦。"八王之乱"时，朋友、同乡劝其返吴避祸，陆机不肯听从。晋惠帝太安初，陆机投靠成都王司马颖，任幕僚长。司马颖曾上表推荐陆机为平原内史，故号称"陆平原"。成都王司马颖与河间王司马颙起兵讨伐长沙王司马乂，陆机任后将军、河北大都督，兵败被诬，为成都王司马颖所杀，时年 43 岁。其弟陆云、其子陆蔚和陆夏同时被害。

陆机是西晋的代表作家，存世作品有《陆士衡集》10 卷。其创作情感强烈，辞藻富丽，注重提升诗文的艺术感染力，开六朝绮靡文风之先河，在晋代和南北朝，诗赋文章极负盛名，宋之后，却微词颇多，现存诗 100 余首，多拟古之作，赋 20 余篇，较其诗成就更高。陆机的文学理论主要存于《文赋》。

---

① （明）张溥辑评：《三曹集》，118 页，长沙，岳麓书社，1992。

【文本解读】

一、《典论·论文》解读

《典论》是曹丕表达其政治文化及文学观点的著作，大致成书于建安时期。全书亡佚于宋代，严可均辑其佚文为一卷。曹丕十分重视这部著作，曾与众儒讲论《典论》要义。黄初中，孙权遣使进贡，曹丕曾将所著《典论》绢书及诗赋赠予孙权，同时又将纸写《典论》一书赠予东吴张昭。后，魏明帝下诏将《典论》刻于石上，立于宗庙之外，以示后人。

《论文》是《典论》中的一篇，是中国古代文论史上第一篇文章专论。关于此文的创作年代，较为流行的看法有三种：一是成于黄初初年说，即在曹丕称帝后所作，主要根据是文中对孔融的提及；二是成于太子时期说（建安二十二年至建安二十四年），主要根据是魏国重臣卞兰所作《赞述太子赋》称赞曹丕所作《典论》以及《论文》中提及"融等已逝"来进行推断；三是成于贵公子时期说（建安十六年前后），主要根据是建安十六年曹丕被任命为五官中郎将，置官署，为副丞相，只有此时曹丕才有较多闲暇时间和众多文人接触、宴饮赋诗，并进行《典论》创作。

曹丕的写作初衷主要有两点：一是反对"文人相轻"的文坛劣习，说明文士为文各有长短的道理及原因；二是晓谕文章于国于己的重要价值，勉励身边的文士致力于文章事业，通俗点说，即希望曹魏集团中的一班文人搞好团结，安心工作。为了批评"文人相轻"，《论文》从客、主两方面说明理由。以客观言，因为"文非一体，鲜能备善""文本同而末异"，而"能之者偏"，如王粲、徐幹擅长辞赋，陈琳、阮瑀精于章表书记，孔融却拙于作论等；以主观言，因为"文以气为主"，而"气之清浊有体，不可力强而致"，徐幹有"齐气"，孔融有"高妙"之气等。为了激发文士们对文章事业的热情，《论文》把文章的意义提到"经国之大业，不朽之盛事"的高度，将文章之无穷与生命之短促对比，劝导文士们轻功名而惜寸阴，通过文章成就身前身后之名。

《论文》无论是批评"文人相轻"的劣习，还是强调文章事业的价值，都贯穿着一个基本观念，即对个体差异的尊重和对个体价值的肯定。这 观念构成了《论文》整篇的立论基础。具体说来，"文本同而末异"，体现的是对不同类型文章特征的自觉；"文非一体，鲜能备善"，表达的是对文士于不同文体各有所偏的尊重；"气之清浊有体"，反映的是对文士不同气质特征的认识；强调文章乃"不朽之盛事"，突出的则是文章对于个体生命的意义。

从文学史的角度看，尤需注意的是《论文》中有关"文体"的观念。"文体"观是《论文》整体上所体现的对个体差异、特征及价值的自觉与肯定在文论层面的集中表现，通过"文体"这一概念，曹丕将其对不同类型文章特征和不同文士文章特征的认识鲜明地表达了出来。而且《论文》所蕴含的文体观是汉末魏晋文学史的一个重要标志，这一意义可由与此前后两个阶段文学史的比较看出。

先秦与两汉的大部分时期，主流文学观可称为"文用论"，论文的基本出发点是文章之于社会人心的政治治理功能和道德教化作用，或者是文章之于作者的言志抒情价值（其情志也多具有鲜明的社会政治伦理内涵）。《诗》三百、楚骚、汉赋等经典文章都曾以社会功用为标准得到认识和评价。孔门论诗，曰"兴观群怨"，曰"思无邪"；汉儒注诗，曰"经夫妇，成孝敬，厚人伦，美教化，移风俗"，曰"主文谲谏"；王逸序骚，曰"上以讽谏，下以自慰"；班固论赋，曰"或以抒下情而通讽谕，或以宣上德而尽忠孝"，曰"润色鸿业"……到了汉末魏晋后的南朝，文学观与先秦两汉相比发生了一个明显的逆转，抒情之美、声律之美和辞藻之美等所谓"审美特征"为论文者所尚。在"文用论"向"审美"论的转变过程中，汉末魏晋时期发展起来的"文体"观是一个重要环节，是南朝文学"审美"论产生的观念和理论基础。

在以"文体"论文之前的先秦两汉时期，虽然关于各种文类的理论已较为完整、系统，但论者对各种文类的描述仍然着眼于用。《周礼·春官·大祝》述大祝之职："作六辞，以通上下、亲疏、远近：一曰祠，二曰命，三曰诰，四曰会，五曰祷，六曰诔。"将六类文辞统归于"通上下、亲疏、远近"之用。汉末刘熙的《释名》在《释书契》与《释典艺》两部分解释了奏、檄、谒、符、传、券、契、策书、册、启、书、告、表、敕、纪、令、诏书、论、赞、叙、铭、诔、碑、词24种文章类型，也同样以文类的功用释义，如"檄，激也。下官所以激迎其上之书文也。""传，转也。转移所在，执以为信也。""称人之美曰赞。赞，纂也，纂集其美而叙之也。""铭，名也，述其功美，使可称名也。"①

汉代文章类型论虽已蕴含着较为自觉的文类文体的区分和辨析意识，但其区分和辨析还停留于文类的社会功用层面。这种情形具有明显的从"文用论"向"文体"论过渡的特点。汉末蔡邕《独断》对文章类型的说明也还具有这种过渡性质，但明显不同的是，该书不仅论及各文类功用，而且详述各文类体例，如谓"策书"："策者，简也。礼曰：'不满百丈，不书于策。'其制长二尺，短者半之，其次一长一短，两编下附篆书，起年月日，称'皇帝曰'，以命诸侯王三公。其诸侯王三公之薨于位者，亦以策书谥其行而赐之，如诸侯之

① （东汉）刘熙：《释名》，文渊阁四库全书本。

策。三公以罪免，亦赐策，文体如上策，而隶书以尺一木两行，唯此为异者也。"① 对策书的用纸、格式、称谓等作了详细规定。尤值一提的是，行文中已出现"文体"一词。

与上引诸论相比，曹丕的《典论·论文》可称为中国古代第一篇完整的名实相副的文体论。该文作为中国古代第一篇文章专论的意义，很大程度上是由其作为第一篇文体论显示出来的。首先，《论文》在言及奏议、书论、铭诔、诗赋等文章类型时，已明确以"体"为中心，从"文体"角度认识和定位各类文章。其次，文中之"体"已直接用来指称奏、议、书、论等各类文章，如所谓"文非一体"，意即文章已分诗、赋、铭、诔等各种类型；"惟通才能备其体"，意为通才方可兼擅从奏议至诗赋等各类文章。"体"的这种用意，表明"文体"意识与"文章"意识已融为一体，而且文体观已成为当时评论文章的一个新的观念平台，论文者的目光也更多地集中于各类文章自身的特征。

文体论所包含的回到文章自身的意识，体现为《论文》对各类文体特征的概括与区分："夫文，本同而末异。盖奏议宜雅，书论宜理，铭诔尚实，诗赋欲丽。此四科不同，故能之者偏也，惟通才能备其体。"此处之"体"即指奏、议、书、论、铭、诔、诗、赋八种类型的文章；所谓"唯通才能备其体"，也是指对八种类型文章的掌握。

以《典论·论文》为标志，中国古代的文章分类论发展到了"辨体"论阶段。自此，文章类别和文类特征的辨析获得了更大的理论空间，分类更加精细、完备，特征描述更加准确、精练，如《文赋》称文章"体有万殊"，称诗体特征为"缘情而绮靡"，赋体特征为"体物而浏亮"，碑体特征为"披文以相质"，诔体特征为"缠绵而凄怆"，铭体特征为"博约而温润"，箴体特征为"顿挫而清壮"，颂体特征为"优游以彬蔚"，论体特征为"精微而朗畅"，奏体特征为"平彻以闲雅"，说体特征为"炜晔而谲诳"。刘勰《文心雕龙》"论文叙笔"二十篇对几十种文体的特征既有凝练的概括，又有细致的分析，如以"雅润"许四言，以"清丽"许五言，要求赋有"丽词雅义"，颂能"典懿""清铄"等。

不过，《典论·论文》所蕴含的回到文章自身的意识仍然是对各类文章特征的自觉，而非特别倾向于"审美特征"，更加突出的文章类型如诗赋等的自觉。正是有了《论文》四科之末的"诗赋欲丽"，才会有陆机《文赋》论述十类文体时置"诗缘情而绮靡，赋体物而浏亮"于首。南朝宋齐时代文学"审美"意识的增强和"审美"文体的突出，是以各类文章特征的自觉为理论前提的。

---

① （明）张溥：《蔡中郎集外集》。

《典论·论文》中的文体自觉意识是与个体生命的自觉意识密切相关、互为表里的。《论文》云："文以气为主；气之清浊有体，不可力强而致。譬诸音乐，曲度虽均，节奏同检至于引气不齐，巧拙有素，虽在父兄，不能以移子弟。"这段话的意思主要有两层：一是提出"文以气为主"，指出"气"在文章写作中的重要作用；二是具体说明"气之清浊有体"，强调不同作家文气的先天差异。在这段关于"文气"的论述中，"文以气为主"是理论前提，"气之清浊有体"才是论述的重点。后面几句都是围绕这一观点展开，强调气各有"体"，有"清""浊"之分，各人所秉不同，无法遗传，更不可传授。在《论文》和《与吴质书一首》中，曹丕分别指出了王粲等作家之气的不同，如徐幹"时有齐气"、刘桢有"逸气"、孔融"体气高妙"等。文体论是对尚显笼统的文章论的进一步分化、细化和深化，文章的诸多性质和特征正是在"文体论"中得到了更充分、更清楚的揭示。同理，"气之清浊有体"也是对"文气论"的进一步规定和描述，文气的具体特征和表现也恰在"气之清浊有体"的论述中得到更清晰的说明。文体观的产生反应的是人们对不同类型文章自身特征的自觉与重视，而曹丕关于"气之清浊有体"的论述表明了他对不同作家自身秉性的关注和理解。在汉末魏晋这个较为特殊的时代，人们从外发现了文章类型的多样性和差异性，对每种类型文章的特征自觉进行分析和归纳，并在创作中充分尊重不同文类的特征和要求。几乎是同时，人们又自内认识到文章作者气质秉性的多样性与差异性，开始对不同作家的气质特征进行描述和评价，并特别指出作家气质的差异不能成为文人相轻的理由。

这样，曹丕就把文章的特征、价值和个体生命的特征与价值联系起来了，如《典论·论文》所论："粲长于辞赋；徐幹时有齐气，然粲之匹也。如粲之《初征》、《登楼》、《槐赋》、《征思》，幹之《玄猿》、《漏卮》、《圆扇》、《橘赋》，虽张、蔡不过也。然于他文，未能称是。琳、瑀之章表书记，今之隽也。应场和而不壮，刘桢壮而不密。孔融体气高妙，有过人者，然不能持论，理不胜词，以至乎杂以嘲戏，及其所善，杨、班俦也。"这段话主要为了说明文士与文体各有所长，难以备善，但已间或论及作家气质与文体的关系。结合曹丕的《与吴质书》，这一观点更加明显，如此段称"粲长于辞赋"，《与吴质书》则云"仲宣独自善于辞赋，惜其体弱，不足起其文"；又称"刘桢壮而不密"，《与吴质书》则云"公干有逸气，但未遒尔"，道出了刘桢文体"壮而不密"的主观原因。时至南朝，出现了关于个体独特情性与文体特征关系的专论，这就是《文心雕龙·体性》篇（详见第四章）。

文章价值的指向也由政治教化转向个体生命。《典论·论文》云："盖文章经国之大业，不朽之盛事。年寿有时而尽，荣乐止乎其身。二者必至之常期，未若文章之无穷。是以古之作者，寄身于翰墨，见意于篇籍，不假良史之辞，不托飞驰之势，而声名自传于后。故西伯幽而演《易》，周旦显而制《礼》，不以隐约而弗务，不以康乐而加思。夫然，则古人贱尺璧而重寸阴，惧乎时之过已。而人多不强力，贫贱则慑于饥寒，富贵则流于逸乐，遂营目前之务，而遗千载之功。日月逝于上，体貌衰于下，忽然与万物迁化，斯志士之大痛也。"有学者围绕"经国之大业"大做文章，以此说明曹丕对文章地位的推崇，但正如"文以气为主"乃是"气之清浊有体"的"导入语""经国之大业"也不过是"不朽之盛事"的门面语。在曹丕的心目中，文章乃是个体生命超越死生、贫贱、富贵、权势以至肉体存在的重要手段。曹丕不仅颠倒了传统的"立德、立功、立言"的先后次序，将"立言"置于首位，而且改变了"立言不朽"的社会伦理内涵，易之以个体生命的永恒。

二、《文赋》解读

陆机的《文赋》是中国文论史上第一篇系统完整的文学理论作品，全文用骈文写就，辞藻丰赡，描述生动，对后世文论和创作均有深远影响。以下主要探讨文学的创作过程以及有关文学创作的几个重要问题，这些并非形而上文学理论的探讨，而均为陆机自身的创作与鉴赏经验的总结。

（一）论文学的创作过程

陆机在《文赋》中用华美而富有韵律与色彩的语言详细论述了创作的具体过程，这包括准备阶段和创作过程两部分。

第一，论创作的准备阶段。陆机认为，作者进行创作需要三个条件：其一，"颐情志于典坟"和"游文章之林府，嘉丽藻之彬彬。"即要通过对古代优秀典籍的阅读，陶冶和培养感悟能力、思想情操以及文辞运用的能力。其二，"遵四时以叹逝，瞻万物而思纷。悲落叶于劲秋，喜柔条于芳春。"作者需观察、感悟万物，在自然中触摸生命的脉动，培养触景生情的感受力。其三，"心凛凛以怀霜，志眇眇而临云。"强调作者要有远大而崇高的人生追求和志向。只有拥有了必要的知识、感触自然的能力和高洁的志向，作者才能"情因物感，文因情生"，从而顺利进入文学构思和表述阶段。

第二，论创作的具体过程。陆机把其分为两步：构思和表达。

其始也，皆收视反听，耽思傍讯，精骛八极，心游万仞。其致也，情曈昽而弥鲜，物昭晰而互进。倾群言之沥液，漱六艺之芳润。浮天渊以安流，濯下泉而潜浸。于是沈辞怫悦，若游鱼衔钩而出重渊之深；浮藻联翩，若翰鸟缨缴而坠曾云之峻。收百世之阙文，采千载之遗韵。谢朝华于已披，启夕秀于未振。观古今于须臾，抚四海于一瞬。

在构思阶段，作者需"收视反听，耽思傍讯，精骛八极，心游万仞"，即要先让内心平静，排除杂念，处于虚静状态。在穿越时空的艺术想象的引领下，"笼天地于形内，挫万物于笔端"，上下古今不受限制，任作者思想自由驰骋。由此，逐渐使得心中朦胧的情感和所感之物象变得明确和清晰起来，"情曈昽而弥鲜，物昭晰而互进"。值得注意的是，此时心中意象是完全浸染了作家的主观情感。而后，才能用文辞把心中构思的形象和情感表达出来，即"倾群言之沥液，漱六艺之芳润"。

表达阶段是创作的关键步骤，这直接关系到作品的优劣。如何把心中的构思比较完美地表述出来呢？陆机认为：

> 或仰逼于先条，或俯侵于后章。或辞害而理比，或言顺而义妨。离之则双美，合之则两伤。考殿最于锱铢，定去留于毫芒。苟铨衡之所裁，固应绳其必当。

> 或藻思绮合，清丽千眠。炳若缛绣，凄若繁弦。必所拟之不殊，乃暗合乎曩篇。虽杼轴于予怀，怵他人之我先。苟伤廉而愆义，亦虽爱而必捐。

要理性地分析和思考用何种文辞、体裁、结构来配合情感、心中意象的表述。上引两条显示出陆机已经清晰地认识到文学创作不仅需要感性想象，更需要理性分析。只有运用精练的文辞，文章前后照应而不相悖，才能使作品富有光彩。在此，需要提的一点是：陆机曾要求作者在平时要学习和继承古代优秀的文学典籍，那是在培养作者的感悟和文辞的运用能力以及希望其拥有深厚的文化底蕴，但是在具体的创作过程中，陆机认为应该"谢朝华于已披，启夕秀于未振"，希望大胆创新、匠心独运，而不是吟咏和默写古人的陈旧文辞，拾人牙慧。

要在文章中安排画龙点睛之警句。

> 或文繁理富，而意不指适。极无两致，尽不可益。立片言而居要，乃一篇之警策。虽众辞之有条，必待兹而效绩。亮功多而累寡，故取足而不易。

因为当文藻繁复和所表述的道理、情感众多之时，就往往出现表达的中心不明确、文情平庸的弊病，所以一篇文章有一中心或明确的中心语，这样就能统领众多的辞藻，使之围绕文章中心进行修饰和描绘，而不让优美的辞藻流于散乱。在上引此条中，明确可见陆机对如何避免出现"文繁理富……意不指适"的现象，给出了比较清晰与理性的可操作方案。此点若与年代稍后的《文心雕龙·神思》比较，可见刘勰只是要求全文要"贯一"，但如何实现"贯一"、避免散乱，却未提及。显然，陆机对文学创作的具体过程中可能所遇的问题考虑得更为细致与周全。

要辞藻华丽、美艳。"其会意也尚巧，其遣言也贵妍"，注重语言声律的优美、色彩的艳丽。对于那些辞藻较为质朴的作品，陆机也是颇有微词，认为"阙大羹之遗味，同朱弦之清氾。虽一唱而三叹，固既雅而不艳"。语言质朴就会因简练而显得清淡，缺少色彩。同时"雅"也是衡量美艳与华丽的一项重要标准，即追求辞藻的华丽并不代表辞藻可以浮艳。"或奔放以谐合，务嘈囋而妖冶，徒悦目而偶俗，固高声而曲下"，陆机在此明确申明，妖艳文辞涂抹出的带有情色倾向的文学作品，虽辞藻讲究，但终究品格不高。

（二）论有关文学创作的重要问题

第一，论灵感问题。陆机提出了文学创作中可能会遭遇"应感之会"的问题，这种现象相当于西方文论中所说的"灵感"。当灵感到来时，"思风发于胸臆，言泉流于唇齿"，思如泉涌，信手写就无可挑剔；灵感未现时，则"六情底滞，志往神留，杌若枯木，豁若固流"，即使尽全力却事倍功半。①

第二，论文学创作易出现的五种弊病。

　　或托言于短韵，对穷迹而孤兴。俯寂寞而无友，仰寥廓而莫承。譬偏弦之独张，含清唱而靡应。

批评文学作品篇章短小，内容单薄，即如"偏弦""独弦"不能形成优美的曲子一般。唐李善曾注此句曰："言累句以成文，犹众弦之成曲。今短韵孤起，譬偏弦之独张。弦之独张，含清唱而无应；韵之孤起，蕴丽则而莫承也。"

　　或寄辞于瘁音，徒靡言而弗华。混妍媸而成体，累良质而为瑕。象下管之偏疾，故虽应而不和。

批评文辞虽广博，若用语妍媸混杂，必然使得全文不和谐。

　　或遗理以存异，徒寻虚以逐微。言寡情而鲜爱，辞浮漂而不归。犹弦

① 徐复观在《陆机〈文赋〉疏释》中提出：刘勰《文心雕龙·神思》中"疏瀹五脏，藻雪精神"（从生理与心理上解决）以及"积学以储宝"（从学力积累上解决）是对陆机《文赋》中提出的"六情底滞，志往神留"问题的根本解决。见徐复观：《中国文学精神》，298页，上海，上海书店出版社，2006。

么而徽急，故虽和而不悲。

批评文学作品缺少真情实感；文辞飘忽不定而无所指。此点主要针对当时玄言诗出现的弊病而言。

> 或奔放以谐合，务嘈囋而妖冶。徒悦目而偶俗，固声高而曲下。寤《防露》与《桑间》，又虽悲而不雅。

批评那些只是为了悦人耳目、媚俗的文学作品，品格低下，淫侈庸俗，虽声调奔放、前后呼应、言辞动人，但不是雅正之作。

> 或清虚以婉约，每除烦而去滥。阙大羹之遗味，同朱弦之清汜。虽一唱而三叹，固既雅而不艳。

批评文辞过于质朴、清淡的文学作品。因为陆机认为文辞一定要"妍"，艳丽，如不是，即便是雅正之作，但不是美文。

陆机在批评五种弊病的同时，也提出了五项审美标准，即"应""和""悲""雅""艳"，这也体现了魏晋文人的审美趣味和艺术追求。

第三，论文体特征。曹丕《典论·论文》已提及文体分类和不同文体的特征，即"奏议宜雅，书论宜理，铭诔尚实，诗赋欲丽"。陆机在曹丕提出"四科八体"的基础上，进一步把文体分成十类，依次是诗、赋、碑、诔、铭、箴、颂、论、奏、说，并概述了每种文体的特征。他认为诗因情而发，所以文辞要精细微妙，赋主要是写物而要求文辞清朗，碑则要注重事实而文辞应该简要，诔感情要缠绵而文辞要凄怆，铭内容要博约结合而文辞则要含蓄，箴言要说理委婉顿挫而文辞要清晰有力，颂要求从容而繁盛，奏文要平和而典雅，辩说文要道理明白而文辞奇诡。其中"诗缘情而绮靡"的观点在文论史上影响最大，争议也不少。

"缘情"之"情"指作者通过在自然中"应感神会"而产生的情感。这种"情"淡化了先秦儒家倡导的道德伦理色彩，是真正属于审美、艺术范畴的"情"。它是对儒家诗学理论"诗言志"的一次重要突破，对南朝文学思想以及唐代诗学理论都有深刻影响。所谓"绮靡"，即提倡诗歌文辞华丽，包括文辞声律的优美和色彩的艳丽。这是极富审美理想的提倡，对文学作品审美特性的发展有着极大的帮助。

但陆机却因此遭到后世责难。明清诸儒将"诗缘情而绮靡"等同于纯粹儿女情长的私欲私情，这是对陆机原意的误解。陆机的"诗缘情而绮靡"，意指诗歌应是感物而生之"情"诉诸精美的文辞，同时他坚决反对"徒靡而弗华""妖冶"和"徒悦目而偶俗"的弊病以及没有高洁志向、媚俗和仅为悦人耳目的作品。

第四，论言意关系。《文赋》产生于西晋，深受魏晋玄学"言不尽意"说的影响。陆机在《文赋》开篇引言中提出"意不称物，文不逮意"的困惑，虽然其全篇都在努力探讨如何通过准备、构思、表述来使言辞完美地表述"意"，但他依然认识到"随手之变""良难以辞逮"，语言对心中变化的"意"很难进行准确表述。同时他又认为文章写作的精妙之处是"轮扁所不得言，故亦非华说之所能精"。显然，陆机已意识到有限的语言很难准确表述出心中之"意"。刘勰在《文心雕龙·神思》中也同样认识到言意之间的这种复杂关系。出现言意不契合的现象的原因，除了个人自身修养因素外，这还是语言本身存在的客观问题。因为语言是具体的媒介，若用一种具体的媒介把主体内心中的那种"翻空""易奇"、穿梭古往今来的精神性东西转述出来，这就肯定会导致语言表述心中之"意"的尴尬现象的出现。但刘勰在这一点上思考得比陆机缜密的是，他不仅认识到这个问题的存在，而且提出了解决方案，即运用"隐""秀"的技巧，达到言外之意的效果。"隐也者，文外之重旨也；秀也者，篇中之独拔者也。夫隐以复意为工，秀以卓绝为巧……"（《文心雕龙·隐秀》）文学作品应是"状溢目前"和"文外曲致"的合理运用，这样才可能实现不可能实现的表述。同时刘勰也很清晰地呈现出他对待"文外之重旨"和"状溢目前"的态度："隐"的使用绝不能造成文章"晦涩"、艰"奥""秀"的使用不能过分"雕琢"而造成文辞的繁复。只有"隐""秀"适时适地运用，形成言外之意，才能实现"言""意"的契合。

陆机《文赋》是魏晋时期文学创作和理论的总结，对两晋南北朝创作理论影响颇大，之后的挚虞、李充等的文体论、沈约的声律论、萧统等人的文学观，都是对陆机《文赋》中的有关理论的发展。特别是刘勰的《文心雕龙》，更是在《文赋》的基础上前进了一大步。

第二节　相关问题概说

魏晋南北朝时期是文学创作、文学批评走向自觉和繁盛的时代。此时诗歌已经成为独立的文学门类，并拥有了不同于其他文学文体的特征。

一、从文用论到文体论

先秦时期的"文章"一词，其含义比较宽泛，"文"与"文章"意义基本一致。比如《论语·泰伯》："巍巍乎其有成功也，焕乎其有文章。"宋代理学家朱熹认为此处"文章"就是"礼乐法度"①。《论语·公冶长》:"夫子之文章,可得而闻也;夫子之言性与天道,不可得而闻也。"此"文章"指孔子言辞、典籍、礼乐等方面的文化修养。《庄子·胠箧》:"灭文章,散五采,胶离朱之目,而天下始人含其明矣。"《论语·八佾》:"郁郁乎文哉,吾从周。"此处"文章"或"文",指文采。可见,在先秦时期,"文章"有文采和文化等义。

先秦儒家对文章的认识主要基于其社会功用。孔子曾语"述而不作,信而好古"(《论语·述而》),明确提出他不会进行创作,只阐发、推广远古优秀的文化遗产和政治道德伦理精神。作为中国的第一部诗歌总集《诗经》,孔子十分推崇,但是他认为学习和诵读《诗经》的目的是"可以兴,可以观,可以群,可以怨。迩之事父,远之事君;多识于鸟兽草木之名"(《论语·阳货》)。显然,孔子的"兴观群怨"说是他的政治伦理理想的重要组成部分。孔子甚至认为"不学诗,无以言"(《论语·季氏》),学诗才拥有了从事外交活动的可能,因为当时诸侯国之间的外交用语以及人与人之间的交际语言很多来自《诗经》,借《诗经》中的诗句表达心中所想,即"赋诗言志"。

汉代在思想文化上"罢黜百家,独尊儒术",但是汉赋却逐渐兴盛和繁荣起来,并使汉代文学渐渐走出经学的笼罩,取得相对独立的地位。这与当时帝王、诸侯王的兴趣和支持是分不开的。在汉代,帝王和诸侯王的周围一般都有一批文学侍臣,他们的主要任务是写作文章,试图以佳作闻名于世。枚乘、司马相如、王褒、刘向等都是当时著名的文学侍臣和辞赋作者。据班固《两都赋序》载:"故言语侍从之臣,若司马相如、虞丘寿王、东方朔、枚皋、王褒、刘向之属,朝夕论思,日月献纳。而公卿大臣御史大夫倪宽、太常孔藏、太中大夫董仲舒、宗正刘德、太子太傅萧望之等,时时间作。或以抒下情而通讽喻,或以宣上德而尽忠孝,雍容揄扬,著于后嗣,抑亦雅颂之亚也。故之世,论而录之,盖奏御者千有余篇,而后大汉之文章,炳焉与三代同风。"虽然这些文学侍从社会地位不高,但他们对汉赋的兴盛功不可没。

当汉赋已经成为独立的文学门类,"文章"观念也逐渐自觉。东汉王充曾在《论衡·书解篇》中这样评论创作辞赋的作者即"文儒":"著作者为文儒,说经者为世儒。……文儒之业,卓绝不循,人寡其书,业虽不讲,门虽无人,书文奇伟,世人亦传。……汉世文章之徒,陆贾、司马迁、刘子政、扬子云,其材能若奇,其称不由人。"作为辞赋作者独立创作的"文章",应该具有"书文奇伟"的特征,且"于事无补",即这些辞赋不是为政治教化而作,主要以

---

① (南宋)朱熹:《四书章句集注》,107 页,北京,中华书局,1988。

其艳丽的文藻让人赏心悦目。因为汉赋的发展和独立，"文章"一词越来越多地专指作家独立创作的辞赋。这样，辞赋和经学著作也就基本区分开来了。西汉时期的刘歆在《七略》（中国最早的图书目录）中把《诗赋略》与《诸子略》《六艺略》等并列，第一次把文学作品和经学著作自觉地进行了区分。

魏晋南北朝是一个艺术自觉的时代。文体除了辞赋外，五言诗也逐渐成熟起来。建安时期以"三曹"和"建安七子"为代表的一大批杰出的诗人，创作了以五言诗为主的"风骨遒劲"的建安文学，如曹丕的《燕歌行》、王粲的《七哀诗》、陈琳的《饮马长城窟行》等都是影响后世的优秀之作。此后玄言诗、山水诗兴盛，出现了"古今隐逸诗人之宗"（钟嵘《诗品》）的陶渊明。文学理论也繁盛，有曹丕的《典论·论文》、陆机的《文赋》、刘勰的《文心雕龙》、钟嵘的《诗品》等。

曹丕于《典论·论文》中提出了"四科八体"，并总结了每种文类文体自身的特征，其着眼点已经从文章的外部功用转向了文章的内在性质，在古代文学史和文论史上具有重要意义。特别是"诗赋欲丽"的提出，撇开了传统的"讽谕""教化"说，突出了文体的审美特性，成为南朝文学审美论的先声。此后陆机在曹丕文体分类的基础上，提出了更为细致的分类，同样也给出了文体的特征描述。其中"诗缘情而绮靡"说对诗的审美特征作了进一步规定，在中国古代文论史上举足轻重。

随着文体论的进一步发展，其外延迅速扩大，在文类文体论之外，又产生了作者文体论、时代文体论、流派文体论等，昭示着作者文章特征、时代文章特征、流派文章特征的更高自觉。作者文体论在《典论·论文》中已露端倪，如谓"应玚和而不壮，刘桢壮而不密"，即是对应、刘文章整体特征的评述。《典论》佚文也有"优游按衍，屈原之尚也；浮沉漂淫，穷侈极妙，相如之长也"，这是对屈原和司马相如辞赋特征的比较与说明。作者文体论多就同一文类的不同文章进行比较，如傅玄《连珠序》："其文体辞丽而言约，不指说事情，必假喻以达其旨，而贤者微悟，合于古诗劝兴之义。欲使历历如贯珠，易睹而可悦，故谓之连珠也。班固喻美辞壮，文章弘丽，最得其体。蔡邕似论，言质而辞碎，然旨笃矣。贾逵儒而不艳，傅毅有文而不典。"其中谓班固之连珠"喻美辞壮"、蔡邕之连珠"言质而辞碎"、贾逵之连珠"儒而不艳"、傅毅之连珠"文而不典"等，都是对各家（连珠）文体特征的简洁品评。再如《文心雕龙·诸子》："研夫孟荀所述，理懿而辞雅；管、晏属篇，事核而言练；列御寇之书，气伟而采奇；邹子之说，心奢而辞壮；墨翟、随巢，意显而语质；尸佼尉缭，术通而文钝；鹖冠绵绵，亟发深言；鬼谷眇眇，每环奥义；情辨以泽，文子擅其能；辞约而精，尹文得其要；慎到析密理之巧，韩非著博喻之富；吕氏鉴远而体周，淮南泛采而文丽：斯则得百氏之华采，而辞气之大略也。"纵论战国至西汉的诸子文体，洋洋大观，对各家文体特征的点评则要言不烦，体现了论者对各家文体特征的准确认识和完整把握。钟嵘《诗品》专论各家五言诗体，乃是作者文体论高度成熟的产物，可谓集作者文体论之大成，如评曹植"骨气奇高，词采华茂，情兼雅怨，体被文质"，王粲"文秀而质羸"，陆机"才高词赡，举体华美"，张协"文体华净"，左思"文典以怨"，张华"其体华艳"，郭璞"文体相辉，彪炳可玩"，袁宏"鲜明紧健"，陶潜"文体省净"，颜延之"体裁绮密，情喻渊深"等。

有关时代文体特征的论述也已经出现。沈约《宋书·谢灵运传论》概述自汉至魏四百多年间的文体变化规律："甫乃以情纬文，以文被质。自汉至魏四百余年，辞人才子，文体三变：相如工为形似之言，二班长于情理之说，子建仲宣以气质为体，并标能擅美，独映当时。降及元康，潘陆特秀，律异班贾，体变曹王，缛旨星稠，繁文绮合，……灵运之兴会标举，延年之体裁明密，并方轨前秀，垂范后昆。"论者以相如的形似之体为西汉文体的典型，以班彪、班固的情理之体为后汉文体的范例，以曹植和王粲的气质之体为三国魏文体的代表。另如刘勰《文心雕龙·通变》篇所谓"黄唐淳而质，虞夏质而辨，商周丽而雅，楚汉侈而艳，魏晋浅而绮，宋初讹而新"，也可视为对上古至南朝宋的历代文体特征演变的简要概括。

人们又尝试对同时代的文体进行整体划分，标识出不同文体流派。如萧子显《南齐书·文学传论》："今之文章，作者虽众，总而为论，略有三体。一则启心闲绎，托辞华旷，虽存巧绮，终至迂回，宜登公宴，本非准的。而疏慢阐缓，膏肓之病；典正可采，酷不入情。此体之源，出灵运而成也。次则缉事比类，非对不发，博物可嘉，职成拘制。或全借古语，用申今情，崎岖牵引，直为偶说。唯睹事例，顿失清采。此则傅咸五经，应璩指事，虽不全似，可以类从。次则发唱惊挺，操调险急，雕藻淫艳，倾炫心魂。亦犹五色之有红紫，八音之有郑卫，斯鲍照之遗烈也。"论中把当时文体分为三类，各有其特征、渊源，又各有其代表作家。

若说文体论的发展标志着文论重心转移到了文章自身，那么作者文体论、时代文体论、流派文体论等的产生，则进而表明人们对文章自身特征的全面自觉。因为回到了文章自身，人们不仅发现并总结出了各种文类文体的特征，而且发现并总结出了作者文体的特征、时代文体的特征、流派文体的特征等。文体的自觉打开了极其丰富的认识文章的视角，先秦两汉时期文用论的单一视角被文体论的全方位视角所替代，或小或大，或内或外，或远或近，或纵或横，在各种关系中感受文章的千姿百态，评价文章的雅俗优劣，认识文章的源流通变。

文体观的发展首先催生了"文""笔"二体的区分，文章的声韵之美得到特别关注。如《宋书·颜竣传》："太祖（宋文帝）问延之：'卿诸子谁有卿风？'对曰：'竣得臣笔，测得臣文……'"《文心雕龙·总术》以"无韵者笔也，有韵者文也"作为总结。因为诗为有韵之文之首，所以又有以"诗""笔"对举。如《南齐书·萧子懋传》："及文章诗笔，乃是佳事。"《梁书·刘潜传》："潜字孝仪，秘书监孝绰弟也。兄弟相励勤学，并工属文。孝绰常曰：'三笔六诗。'三即孝仪，六即孝威也。"钟嵘《诗品》："彦升少年为诗不工，故世称'沈诗任笔'。"萧纲《与湘东王书》："至如近世谢朓、沈约之诗，任昉、陆倕之笔，斯实文章之冠冕，述作之楷模。"

不过，声韵之美还只是"文""笔"分体现象最直观的一层文学内涵。在此基础上，文章的情思之美与辞藻之美又得以彰显。如梁萧统《文选序》将选文标准归结为"事出于深思，义归乎翰藻"，并以此排除了"姬公之籍，孔父之书"等儒家经典、"以立意为宗，不以能文为本"的诸子著作、纪录"贤人之美辞，忠臣之抗直，谋夫之话，辨士之端"的策士之书以及"褒贬是非，纪别异同"的"记事之史，系年之书"。萧绎《金楼子·立言》对"文""笔"特征的规定，较有韵无韵更为丰富："至如不便为诗如阎纂，善为章奏如伯松，若此之流，泛谓之笔。吟咏风谣，流连哀思者，谓之文。……笔退则非谓成篇，进则不云取义，神其巧惠，笔端而已。至如文者，惟须绮縠纷披，宫徵靡曼，唇吻遒会，情灵摇荡。"萧绎将"文"的特征归之于抒情之美（所谓"吟咏风谣，流连哀思"）、辞采之美（"绮縠纷披"）、声韵之美（"宫徵靡曼，唇吻遒会"）和强烈的感发效果（"情灵摇荡"）。黄侃《文心雕龙札记》评："案文笔之别，以此条为最详明。其于声律以外，又增情采二者，合而定之，则曰有情采韵者为文，无情采韵者为笔。"① 声言这是对文章审美特征最全面、鲜明的阐述和主张，也最能反映中国古代审美文学的自觉。

总之，中国文学史从先秦时期的"文用论"发展到南朝时期的"审美"论，汉末魏晋之际的文体自觉起到了关键作用。

二、从"诗言志"到"诗缘情"

在中国古代文论发展中，"诗言志"是对诗歌等文学作品本质的最早描述，反映了从先秦至汉代对文学作品社会道德功能的认识。在古代文论上，曾出现过"赋诗言志""以意逆志""作诗言志"等多种形式的"诗言志"。

"诗言志"语出《尚书·尧典》，但其成书年代被学者们怀疑，如顾颉刚在《从地理上证今本〈尧典〉为汉人作》中认为其为西汉时期的作品，朱自清在《经典常谈》中提到此书为战国末年的托古之作，"诗言志"何时产生较难确

---

① 黄侃：《文心雕龙札记》，214 页，北京，中华书局，1962。

定。但可以肯定的是在春秋战国时期已经出现"诗以言志"的说法。如《左传·襄公二十七年》中记载七子赋诗。

> 郑伯享赵孟于垂陇，子展、伯有、子西、子产、子大叔、二子石从。赵孟曰："七子从君，以宠武也。请皆赋，以卒君贶，武亦以观七子之志。"子展赋《草虫》。赵孟曰："善哉！民之主也！抑武也不足以当之。"伯有赋《鹑之贲贲》。赵孟曰："床第之言不逾阈，况在野乎？非使人之所得闻也。"子西赋《黍苗》之四章，赵孟曰："寡君在，武何能焉！"子产赋《隰桑》。赵孟曰："武请受其卒章。"子大叔赋《野有蔓草》。赵孟曰："吾子之惠也。"印段赋《蟋蟀》。赵孟曰："善哉！保家之主也。吾有望矣。"孙段赋《桑扈》。赵孟曰："匪交匪敖，福将焉往？若保是言也，欲辞福禄，得乎？"卒享。文子告叔向曰："伯有将为戮矣！诗以言志，志诬其上，而公怨之，以为宾荣，其能久乎？幸而后亡。"

此处的"诗以言志"，就是赋诗以言志，即引用《诗经》诗句表达赋诗者心中所想、所感或所愿。《汉书·艺文志》云："古者诸侯卿大夫交接邻国，以微言相感；当揖让之时，必称诗以喻其志。"所谓"赋诗"，不是自己临时进行创作诗歌，而是诵读《诗经》中的篇章和诗句。从上述引文可看出，赋诗表达的不是诗歌作者个人之志，而是"赋诗者"之志，引用诗歌表达自己之志时，并不需要完全按照《诗经》中诗句的原意来表达，可以"断章取义"来使之适合表达自己之志。在政治外交场合，援引《诗经》中的诗句或典故，在享宴典礼上宾主互相称美、祝颂，或借古讽今、怨刺嘲讽，或者委婉含蓄地解决政治、外交上的重大问题等。

与赋诗言志"断章取义"的做法不同，孟子要求"故说诗者，不以文害辞，不以辞害志；以意逆志，是为得之"，提出了"以意逆志"说。"以意逆志"说肯定了作者在写作时将自己的思想感情寓于文中，此"志"是诗人之"志"。孟子认为"说诗者"不能拘于文字而误解诗句意思，也不要拘泥于词句误解原意，要以自己切身体会来推测作者本意。孟子已经认识到诗歌是诗人的作品，诗人可以在诗歌中表述自己的思想感情。因而，孟子在此基础上又提出"知人论世"说，要求读古人的著作需了解古人如何立身行事，这样才能学习到经典之精髓。顾颉刚把"以意逆志"称为"诗学的发端"，是很有道理的。

战国末期的荀子同样十分重视《诗经》。《荀子·儒效》提出了"诗言是，其志也"的观点。

> 圣人者，道之管也。天下之道管是矣，百王之道一是矣，故《诗》

《书》《礼》《乐》之道归是矣。《诗》言是，其志也，《书》言是，其事也；《礼》言是，其行也；《乐》言是，其和也；《春秋》言是，其微也。故《风》之所以为不逐者，取是以节之也；《小雅》之所以为《小雅》者，取是而文之也；《大雅》之所以为《大雅》者，取是而光之也；《颂》之所以为至者，取是而通之也。天下之道毕是矣。

荀子认为《诗经》反映了"天下之道"。荀子对"志"的内涵作了明确规定，认为《诗经》所言的"志"不是诗人自己思想情感的抒发和表达，而是在《诗经》中蕴含着儒家治理天下之"道"，并且认为《诗经》和《书》《礼》《乐》《春秋》等都是"天下之道"的显现，都是人们进行学习和探寻的经典。荀子虽然继承了儒家重视《诗经》社会功能的思想，但是已明确地意识到《诗经》与其他经典文献的区别，将其从经学范畴向文学范畴推进了一步。荀子在《荀子·赋篇》还提出了"天下不治，请陈佹诗"的观点，在个人创作中谈论天下不治的问题，反映了荀子对当时文学创作的认识。

汉代《毛诗序》提出："诗者，志之所之也。在心为志，发言为诗。情动于中而形于言，言之不足，故嗟叹之；嗟叹之不足，故永歌之；永歌之不足，不知手之舞之，足之蹈之也。"发展了从先秦以来的"诗言志"论，不仅将"志"与"情"相连，而且已经认识到诗歌文学的独立创作的重要，即把"诗"与"言"相联系起来。

"诗者，志之所之也"，明确提出了"诗"的内容是"志"，与先秦时代的"诗言志"论一脉相承，并使"赋诗言志"走向了"作诗言志"，成为对中国古代文学和文论影响深远的"诗言志"论。它同时认为诗歌表述的内容是"志"与"情"相连。"志"为志向和抱负之义，其间的情感意义不甚明确。但是"情动于中而行于言""吟咏情性"，把"情""志"并列，强调了由内心的情感萌发为语言而形成诗歌的文学创作过程，为"言志"到"缘情"的过渡创造了条件。不过，《毛诗序》对"情"进行了严格约束，要求"发乎情，止乎礼义"，这显然是对孔子"思无邪"思想的进一步引申和发挥。从总体看，《毛诗序》仍然是诗歌的社会功能说的大力支持者，认为"诗"是"经夫妇，成孝敬，厚人伦，美教化，移风俗"，具有协调稳定人际关系和改善社会风俗的重要的政治教化作用，强调"诗"的"美""刺"作用。

汉末至魏晋，社会动荡使得儒学的统治地位逐渐动摇，走向衰微。汉末建安时期，"魏武好法术，而天下贵刑名；魏文慕通达，而天下贱守节"，对士人思想影响颇大。正始期间，魏晋易代之际政治斗争十分残酷，士人们的生命朝不保夕，逐渐把视野从建功立业转向了玄学思考，潜入远离社会生活的玄远之道，导致玄学大盛。玄学家们提出了"言意之辩""有无之辩""圣人有情无情之辩"等命题，表面上尊儒，实际上是"尊道卑儒"，用道家思想阐释儒家经典。社会思想和士人思想的变化，促成了魏晋时期的个性解放和艺术自觉。如宗白华所说："汉末魏晋六朝是中国政治上最混乱、社会上最苦痛的时代，然而却是精神上极自由、极解放，最富于智慧、最浓于热情的一个时代，因此也就是最富有艺术精神的一个时代。……曹植、阮籍、陶潜、谢灵运、鲍照、谢朓的诗，郦道元的写景文……无不是光芒万丈，前无古人，奠定了后代文学艺术的根基和趋向。"① 曹丕的"诗赋欲丽"说和陆机的"诗缘情而绮靡"说正是在这种背景下出现的。

用"丽"来标示文学作品的审美特性是在文章观自觉的情况下产生的。汉赋具有华美靡丽的特性，赋家喜好堆砌华丽的辞藻，好用奇字僻字、偶句，讲求声韵的优美。《史记·太史公自序》评价司马相如赋"《子虚》之事，《大人》赋说，靡丽多夸"，扬雄也认为赋应是"极丽靡之事"（《汉书·扬雄传》），王充等认为赋的特征就是"文丽而务巨，言眇而趋深"（《论衡·定贤》）。扬雄又进一步区分了诗人之赋和辞人之赋，《法言·吾子》称"诗人之赋丽以则，辞人之赋丽以淫"，他清楚地认识到辞赋的特性是"丽"，但是反对过分追求文辞之丽而淹没了赋的讽谏作用。曹丕提出"诗赋欲丽"，独标"丽"作为诗赋的文体特征，这是中国古代审美文学观一次重要发展。

陆机则进一步认识到诗歌和赋的审美特征的区别，即"诗缘情而绮靡，赋体物而浏亮"。唐李善注《文选》之《文赋》云："绮靡，精妙之言。""绮"本指一种素白色织纹的缯，扬雄《方言》云："东齐言布帛之细者曰'绫'，秦晋曰'靡'。"因此，"绮靡"实为同义反复，意为细好。陆机用"绮靡"乃是借织物的细好来比喻诗歌抒情修辞的精妙。"绮靡"也通"猗靡"，有优美动人之意。在《文赋》中陆机提出"其会意也尚巧，其遣言也贵妍。暨音声之迭代，若五色之相宣"，可以说是对"绮靡"的具体描述，即要求文辞语言的优美、有韵律。

陆机"诗缘情而绮靡"的诗歌主张显示了其对诗歌审美特性的深刻认识，突破了从先秦至汉代的"诗言志"的社会伦理要求和"礼"的规范，并与后者一起构成了中国古典诗论史上强调为政教服务和强调自由抒发情感这两种并行的诗学主张，对后世影响甚深。如明代杨慎《升菴诗话》认为："此'诗缘情而绮靡'，渐入唐调，李太白、王少伯、崔国辅诸家皆效法之。"胡应麟在《诗薮》中也肯定了陆机在文论史上的重要地位："'诗缘情而绮靡'，六朝之诗所自出也，汉以前无有也；'赋体物而浏亮'，六朝之赋所自出也，汉以前无

---

① 宗白华：《美学散步》，177 页，上海，上海人民出版社，1981。

有也。”

　　陆机的观点也招致了后世的批评。明代徐祯卿在《谈艺录》中认为："'诗缘情而绮靡'则陆生之所知，固魏诗之渣秽耳！"谢榛在《四溟诗话》中重申了徐祯卿的观点，并认为："'绮靡'重六朝之弊，'浏亮'非两汉之旨"。清代的沈德潜说："《文赋》云'诗缘情而绮靡'，言志章教，惟资涂泽，先失诗人之旨。"纪昀《云林诗钞序》更认为："'发乎情，止乎礼义'二语，实探风雅之大原，后人各明一义，渐失其宗。自陆平原'缘情'一语，引入歧途，其究乃至于绘画横陈，不诚已甚乎？"如果将"诗缘情而绮靡"等同于"闺房儿女之思"、"绘画横陈"这显然是一种误解。因为陆机提倡的"情"与明代汤显祖等人提倡的"儿女私情"是不同的。但从这些指责中可以看到，陆机"诗缘情而绮靡"的确突破了儒家"诗言志"说，对后世产生了极大影响。

【思考题】

　　1. 试分析曹丕提出的"文非一体"与"气之清浊有体"，有什么内在联系？

　　2. 试分析"诗赋欲丽"对古代文论的影响。

　　3. 如何理解《文赋》中提出的"意不称物，文不逮意"？

　　4. 试分析陆机是怎样论述艺术想象的。

　　5. 试分析"诗缘情而绮靡"的诗学内涵和意义。

第四章　刘勰《文心雕龙》

第一节　经典文本阅读

【原典阅读】

一、文心雕龙·宗经（刘勰）

三极彝训①，其书言经。经也者，恒久之至道②，不刊之鸿教也③。故象天地，效鬼神，参物序，制人纪④，洞性灵之奥区⑤，极文章之骨髓者也⑥。皇世三坟⑦，帝代五典⑧，重以八索⑨，申以九丘⑩。岁历绵暖⑪，条流纷糅，自夫子删述⑫，而大宝咸耀。于是易张十翼⑬，书标七观⑭。诗列四始，礼正五经⑮，春秋五例⑯。义既埏乎性情⑰，辞亦匠于文理⑱，故能开学养正⑲，昭明有融⑳。然而道心惟微㉑，圣谟卓绝㉒，墙宇重峻㉓，而吐纳自深㉔。譬万钧之洪钟㉕，无铮铮之细响矣。

夫易惟谈天，入神致用㉖。故系称旨远辞文，言中事隐㉗。韦编三绝，固哲人之骊渊也㉘。书实记言㉙，而训诂茫昧㉚，通乎尔雅㉛，则文意晓然。故子夏叹书，昭昭若日月之明，离离如星辰之行㉜，言照灼也。诗主言志，诂训同书，摘风裁兴㉝，藻辞谲喻㉞，温柔在诵㉟，故最附深衷矣㊱。礼以立体㊲，据事制范㊳，章条纤曲㊴，执而后显㊵，采掇片言，莫非宝也。春秋辨理，一字见义㊶，五石六鹢㊷，以详略成文；雉门两观㊸，以先后显旨；其婉章志晦㊹，谅以邃㊺矣。尚书则览文如诡，而寻理即畅；春秋则观辞立晓，而访义方隐。此圣文之殊致，表里之异体者也。

至根柢槃深㊻，枝叶峻茂，辞约而旨丰，事近而喻远，是以往者虽旧，余味日新。后进追取而非晚，前修文用而未先㊼，可谓太山遍雨，河润千里者也㊽。

故论说辞序，则易统其首㊾；诏策章奏，则书发其源；赋颂歌赞，则诗立其本；铭诔箴祝，则礼总其端；记传铭檄，则春秋为根；并穷高以树表，极远以启疆，所以百家腾跃，终入环内者也㊿。若禀经以制式，酌雅以富言㉛，是即山而铸铜，煮海而为盐也。故文能宗经，体有六义：一则情深而不诡，二则风清而不杂，三则事信而不诞，四则义贞而不回，五则体约而不芜，六则文丽而不淫，扬子比雕玉以作器[52]，谓五经之含文也。夫文以行立，行以文传，四教所先[53]，符采相济，励德树声[54]，莫不师圣，而建言修辞，鲜克宗经。是以楚艳汉侈[55]，流弊不还，正末归本，不其懿欤[56]！

赞曰：三极彝道，训深稽古。致化归一，分教斯五[57]。性灵镕匠，文章奥府[58]。渊哉铄乎[59]，群言之祖。

（选自范文澜：《文心雕龙注》，北京，人民文学出版社，1962）

① 三极彝训：三极，天地人三才。彝训：常训，指法典。
② 至道：推究到极点的普遍、深刻的道理。
③ 不刊之鸿教：不能更改、磨灭的教规。
④ 象天地，效鬼神，参物序，制人纪：效法于天地，征验于鬼神，参究万物之理，制定人世伦理。
⑤ 洞性灵之奥区：洞察性灵的奥秘。
⑥ 极文章之骨髓者：穷尽文学礼乐等各种文化的精髓。
⑦ 皇世三坟：伏羲、神农、黄帝三皇之书。坟：喻大道。
⑧ 帝代五典：少昊、颛顼、高辛、唐尧、虞舜五帝之书。典：喻常道。
⑨ 重以八索：八卦之说谓八索，意为求解其义。
⑩ 申以九丘：九州之志。丘：聚。孔安国《尚书序》："丘，聚也，言九州所有，土地所生，风气所宜，皆聚此书也。"
⑪ 绵暧：因年代久远而变得不明。
⑫ 夫子删述：传说孔子周游列国回鲁后删诗、删书、修订鲁史记，编订《诗》三百及《尚书》《春秋》。
⑬ 十翼：《易传》有释彖辞的《上彖》《下彖》、释象辞的《上象》《下象》、总释经文的《系辞上》《系辞下》、申说乾坤二卦的《文言》、讲卦的《说卦》《序卦》《杂卦》，合称"十翼"。翼：辅佐。"十翼"为孔子后儒家所作，被汉儒放在孔子名下。
⑭ 七观：从《尚书》中可以发现的七种意义和价值。《尚书大传》："孔子曰：六誓可以观义，五诰可以观仁，《甫刑》可以观诫，《洪范》可以观度，《禹贡》可以观事，《皋陶》可以观治，《尧典》可以观美。"
⑮ 五经：《礼记·祭统》："礼有五经。"郑注："谓吉礼、凶礼、宾礼、军礼、嘉礼也。"
⑯ 五例：杜预《春秋左氏传序》："为例之情有五·一曰微而显，二曰志而晦，三曰婉而成章，四曰尽而不污，五曰惩恶而劝善。"
⑰ 埏乎性情：陶冶性情。
⑱ 匠于文理：着意经营文章之理。
⑲ 开学养正：启发学子，培养正道。《易·蒙卦》"彖辞"："蒙以养正，圣功也。"
⑳ 昭明有融：《诗·大雅·既醉》："昭明有融。"意为使其发扬光大，不断传承。
㉑ 道心惟微：《尚书·伪大禹谟》："道心惟微。"意为大道微妙隐蔽，需圣人阐述发明。
㉒ 圣谟：圣人经典。

㉓ 墙宇重峻：喻经书意蕴丰富高深。《论语·子张》："譬之宫墙，……夫子之墙数仞，不得其门而入。"

㉔ 吐纳自深：言辞自然深刻。

㉕ 万钧之洪钟：大钟之声。

㉖ 易惟谈天，入神致用：《易》以自然象人事，八卦分别对应天、地、水、火、风、雷、山、泽，故曰"谈天"。《易·系辞下》："精义入神，以致用也。"意为《易》因合于天道而可用于人事。

㉗ 系称旨远辞文，言中事隐：《易·系辞下》："其旨远，其辞文，其言曲而中，其事肆而隐。"意为《易》旨意深远，其辞文饰，言辞婉曲而中的，事象显明而理隐。

㉘ 骊渊：《庄子·列御寇》："夫千金之珠，必在九重之渊而骊龙颔下。"喻圣哲探求真理至道之处。

㉙ 书实记言：《汉书·艺文志》："左史记言，……言为《尚书》。"《尚书》所记为上古帝王之言。

㉚ 训诂茫昧：语义不明。

㉛ 通乎尔雅：了解通行的语言。尔雅：近正。周时以周王畿的语言为正。

㉜ 子夏叹书，昭昭若日月之明，离离如星辰之行：事见《尚书大传》："子夏读《书》毕，见于夫子。夫子问焉：'子何为于书？'子夏对曰：'《书》之论事也，昭昭如日月之代明，离离若参辰之错行。'"子夏：卜商字，孔子弟子，通诗书。

㉝ 摛风裁兴：运用赋比兴各种方法作诗。风，诗之三体风雅颂之一，代指诗。兴：代指赋比兴等作诗手法。

㉞ 藻辞谲喻：修饰的文辞，婉曲的讽谕。《毛诗序》："主文而谲谏。"

㉟ 温柔在诵：《礼记·经解》："温柔敦厚，诗教也。"

㊱ 最附深衷：最能贴近深厚的情怀。

㊲ 礼以立体：礼是立身行事的准则。

㊳ 据事制范：根据具体事宜制定规范。

㊴ 章条纤曲：章程条理细密详尽，曲尽人情事理。

㊵ 执而后显：在具体实行出显示出来。

㊶ 一字见义：《春秋》于一字之中寓褒贬之义。

㊷ 鹢：一种水鸟，形似鹭鸶。

㊸ 雉门两观，以先后显旨：《春秋公羊传·定公二年》："夏五月壬辰，雉门及两观灾。其言雉门及两观灾何？两观微也。然则曷为不言雉门灾及两观，主灾者两观也。时灾者两观，则曷为后言之？不以微及大也。何以书？记灾也。"雉门：鲁宫的南门。两观：雉门前的两座望台。

㊹ 婉章志晦：以婉曲之词载隐晦之义。

㊺ 谅以邃：信实而深奥。

㊻ 縩深：深广。

㊼ 后进追取而非晚，前修文用而未先：因为经义精妙深隐，前贤虽久但并未穷尽，后学精进也并不迟。

⑱ 太山遍雨，河润千里：《春秋公羊传·僖公三十一年》："（云气）触石而出，肤寸而合，不崇朝而遍雨乎天下，唯泰山尔。河海润于千里。"喻经典影响广泛而深远。

⑲ 论说辞序，则易统其首：意为《易》之《系辞》《说卦》《序卦》等篇是论说辞序等文体之源。下文同理。

⑳ 百家腾跃，终入环内：后代各家的文章创作都不出经书范围。

㉑ 禀经以制式，酌雅以富言：遵循经典创作文章体式，丰富文章言辞。

㉒ 扬子比雕玉以作器：扬雄《法言·寡见》："或曰：'良玉不雕，美言不文，何谓也？'曰：'玉不雕，玙璠不作器；言不文，典谟不作经。'"

㉓ 四教：《论语·学而》："子以四教：文、行、忠、信。"

㉔ 励德树声：《尚书·伪大禹谟》："皋陶迈种德。"意为力行广播恩德，树立美名。

㉕ 楚艳汉侈：《楚辞》艳丽，汉赋夸侈。

㉖ 不其懿欤：岂不很美。

㉗ 致化归一，分教斯五：达到教化的唯一途径是宗经，具体施行分为《易》《书》《诗》《礼》《春秋》五教。

㉘ 性灵镕匠，文章奥府：意为经典是陶冶性灵的重要凭借，是写好文章的奥秘所在。

㉙ 渊哉铄乎：深远而美好。

二、文心雕龙·体性（刘勰）

夫情动而言形，理发而文见，盖沿隐以至显，因内而符外者也。然才有庸俊，气有刚柔，学有浅深，习有雅郑，并情性所铄，陶染所凝，是以笔区云谲，文苑波诡者矣。故辞理庸俊，莫能翻其才；风趣刚柔，宁或改其气；事义浅深，未闻乖其学；体式雅郑，鲜有反其习：各师成心，其异如面。若总其归途，则数穷八体：一曰典雅，二曰远奥，三曰精约，四曰显附，五曰繁缛，六曰壮丽，七曰新奇，八曰轻靡。典雅者，熔式经诰，方轨儒门者也①；远奥者，馥采典文，经理玄宗者也②；精约者，核字省句，剖析毫厘者也；显附者，辞直义畅，切理厌心者也③；繁缛者，博喻酿采，炜烨枝派者也④；壮丽者，高论宏裁，卓烁异采者也⑤；新奇者，摈古竞今，危侧趣诡者也⑥；轻靡者，浮文弱植，缥缈附俗者也⑦。故雅与奇反，奥与显殊，繁与约舛，壮与轻乖，文辞根叶，苑囿其中矣⑧。

若夫八体屡迁，功以学成，才力居中，肇自血气；气以实志，志以定言，吐纳英华，莫非情性。是以贾生俊发，故文洁而体清⑨；长卿傲诞，故理侈而辞溢⑩；子云沈寂，故志隐而味深⑪；子政简易，故趣昭而事博⑫；孟坚雅懿，故裁密而思靡⑬；平子淹通，故虑周而藻密⑭；仲宣躁锐，故颖出而才果⑮；公干气褊，故言壮而情骇⑯；嗣宗俶傥，故响逸而调远⑰；叔夜俊侠，故兴高而采烈⑱；安仁轻敏，故锋发而韵流⑲；士衡矜重，故情繁而辞隐⑳；触类以推，表里必符㉑，岂非自然之恒资，才气之大略哉！

夫才由天资，学慎始习㉒，斫梓染丝，功在初化㉓，器成采定，难可翻移。

故童子雕琢，必先雅制㉔，沿根讨叶，思转自圆㉕。八体虽殊，会通合数㉖，得其环中，则辐辏相成㉗。故宜摹体以定习，因性以练才㉘，文之司南㉙，用此道也。

赞曰：才性异区，文体繁诡㉚。辞为肤根，志实骨髓。雅丽黼黻，淫巧朱紫㉛。习亦凝真，功沿渐靡㉜。

（选自范文澜：《文心雕龙注》，北京，人民文学出版社，1962）

① 熔式经诰，方轨儒门：以经书文体为范式，以儒家经典为准则。

② 馥采典文，经理玄宗：为深义之文多重修饰，据道家玄理经营运思。

③ 辞直义畅，切理厌心：文辞直截故意义畅达，切合事理易满足人心。

④ 博喻酿采，炜烨枝派：譬喻广博而有文采，光彩华艳而又繁复。

⑤ 高论宏裁，卓烁异采：立论高远且体质宏大，壮丽非凡而辞采惊人。

⑥ 摈古竞今，危侧趣诡：摈弃古制，竞创新体，取径危险偏僻趋向怪异。

⑦ 浮文弱植，缥缈附俗：文字浮浅，根底无力；虚而不实，附会流俗。

⑧ 文辞根叶，苑囿其中：文章的根干枝叶（意为所有文章），都在"八体"范围之内。

⑨ 贾生俊发，故文洁而体清：《史记·屈原贾生列传》："是时贾生年二十余，最为少，每诏令议下，诸老先生不能言，贾生尽为之对。"意为贾谊才思俊利过人，因此文章有清洁之体。

⑩ 长卿傲诞，故理侈而辞溢：司马相如自负夸诞，因此文章理富词繁。

⑪ 子云沈寂，故志隐而味深：扬雄性情沉静，因此文义深隐。

⑫ 子政简易，故趣昭而事博：刘向为人平易不苟，所以文章多引事例，志趣明晰。

⑬ 孟坚雅懿，故裁密而思靡：班固雅正美好，所以文章构思绵密细致。《后汉书·班固传》："及长，遂博贯载籍，九流百家之言无不穷究。性宽和容众，不以才能高人。"

⑭ 平子淹通，故虑周而藻密：张衡学问博洽融通，所以文章思虑周详，措辞缜密。《后汉书·张衡传》："通五经，贯六艺，虽才高于世，而无骄尚之情。"传论云："故智思引渊微。"

⑮ 仲宣躁锐，故颖出而才果：王粲性急好胜，所以锋芒显露才思果决。《魏志·杜袭传》："粲性躁竞。"《文心雕龙·程器》："仲宣轻脆以躁竞。"此处"锐"疑是"竞"字之误。

⑯ 公干气褊，故言壮而情骇：刘桢气度褊狭，所以言辞壮厉，情调惊人。谢灵运《拟邺中集诗序》："桢卓荦偏人。"

⑰ 嗣宗倜傥，故响逸而调远：阮籍不拘礼法，所以文章格调高而托意远。《魏志·王粲传》："籍才藻艳逸，而倜傥放荡，行己寡欲，以庄周为模。"

⑱ 叔夜俊侠，故兴高而采烈：嵇康才高任侠，因此文章旨趣高迈，辞采峻烈。《晋书·嵇康传》："（孙）登曰：'君性烈而才隽，其能免乎？'……康善谈理，又能属文，其高情远趣，率然玄远。"

⑲ 安仁轻敏，故锋发而韵流：潘岳轻薄敏惠，锋芒发露，情韵流溢。《晋书·潘岳传》："岳性轻躁趋世利，与石崇等诌事贾谧，每候其出，辄望尘而拜，构愍怀之文，岳之辞也。"《文选·籍田赋注》引臧荣绪《晋书》曰："岳总角辩慧，摛藻清艳。"

⑳ 士衡矜重，故情繁而辞隐：陆机庄重守礼，因此文章情思繁富，文辞含蓄。《晋书·陆机传》："机服膺儒术，非礼不动。"又："张华尝谓之曰：'人之为文，常恨才少，而子更患其多。'"

㉑ 表里必符：文体特征与作者情性必然相互统一。

㉒ 学慎始习：学习写文章要重视开始阶段的文体摹习。

㉓ 斫梓染丝，功在初化：（学习文章写作）如同砍木为器，染丝着色，功夫就在开始形成的阶段。

㉔ 童子雕琢，必先雅制：学童练习文章，一定要先学写雅正之体。

㉕ 沿根讨叶，思转自圆：根据自己的情性研习合适的文体，文思自然圆转。

㉖ 八体虽殊，会通合数：八种文体虽然特征不同，但可以融会贯通，各有合适的方法。

㉗ 得其环中，则辐辏相成：就像掌握了车轮的中心之毂，轮辐就能相互构成（完整的车轮）。

㉘ 摹体以定习，因性以练才：摹仿（雅正）的文体以养成（良好的）写作习惯，根据情性的特征去练习文才。

㉙ 文之司南：学习文章的指导。

㉚ 才性异区，文体繁诡：作者才性各不相同，文体也变化多样。

㉛ 雅丽黼黻，淫巧朱紫：有雅丽文采之文，也有雕琢过分的乖异之体。

㉜ 习亦凝真，功沿渐靡：通过摹习雅制即可形成真正的文体，写作之功要逐渐磨炼。靡：通磨。

三、文心雕龙·风骨 （刘勰）

诗总六义，风冠其首，斯乃化感之本源，志气之符契也①。是以怊怅述情，必始乎风②；沈吟铺辞，莫先于骨。故辞之待骨，如体之树骸；情之含风，犹形之包气。结言端直，则文骨成焉；意气骏爽，则文风清焉。若丰藻克赡，风骨不飞③，则振采失鲜，负声无力④。是以缀虑裁篇，务盈守气⑤，刚健既实，辉光乃新⑥，其为文用，譬征鸟之使翼也。故练于骨者，析辞必精；深乎风者，述情必显。捶字坚而难移，结响凝而不滞，此风骨之力也。若瘠义肥辞，繁杂失统⑦，则无骨之征也。思不环周，索莫乏气⑧，则无风之验也。昔潘勖锡魏，思摹经典，群才韬笔，乃其骨髓峻也⑨；相如赋仙，气号凌云，蔚为辞宗，乃其风力遒也⑩。能鉴斯要，可以定文；兹术或违，无务繁采。

故魏文称文以气为主，气之清浊有体，不可力强而致；⑪故其论孔融，则云幹体气高妙⑫；论徐幹，则云时有齐气⑬；论刘桢，则云有逸气⑭。公幹亦云，孔氏卓卓，信含异气；笔墨之性，殆不可胜，⑮并重气之旨也。夫翚翟备色，而翾翥百步，肌丰而力沈也⑯；鹰隼乏采，而翰飞戾天⑰，骨劲而气猛也；文章才力，有似于此。若风骨乏采，则鸷集翰林⑱，采乏风骨，则雉窜文囿⑲，唯藻耀而高翔，固文笔之鸣凤也⑳。

若夫熔铸经典之范㉑，翔集子史之术㉒，洞晓情变，曲昭文体㉓，然后能孚甲新意，雕画奇辞㉔。昭体，故意新而不乱，晓变故辞奇而不黩㉕。若骨采未圆，风辞未练㉖，而跨略旧规，驰骛新作㉗，虽获巧意，危败亦多，岂空结奇字，纰缪而成经矣。周书云，辞尚体要，弗惟好异㉘。盖防文滥也。然文术多门，各适所好，明者弗授，学者弗师。于是习华随侈，流遁忘反㉙。若能确乎正式㉚，使文明以健㉛，则风清骨峻，篇体光华㉜。能研诸虑，何远之有哉㉝！

赞曰：情与气偕，辞共体并㉞。文明以健，珪璋乃骋㉟。蔚彼风力，严此骨鲠㊱。才锋峻立，符采克炳㊲。

（选自范文澜：《文心雕龙注》，北京，人民文学出版社，1962）

① 化感之本源，志气之符契：《诗》是教化的根本，情志的符号。"风"既可指《诗》中"国风"之诗，又有"教化"之义。

② 怊怅述情，必始乎风：惆怅之际抒发情感，要有动人之风。怊怅：惆怅。

③ 丰藻克赡，风骨不飞：辞藻过于丰富，缺乏风骨。

④ 振采失鲜，负声无力：辞采不够鲜明，声情缺乏气力。

⑤ 缀虑裁篇，务盈守气：运思谋篇，务必充实内在之气。

⑥ 刚健既实，辉光乃新：既有充实刚健的风骨，又有新鲜光华的文采。《易·大畜》："刚健笃实，辉光日新。"

⑦ 瘠义肥辞，繁杂失统：文义贫乏，辞藻累赘，繁多杂乱，毫无章法。

⑧ 思不环周，索莫乏气：思虑不周，勉强做作，缺乏文气。

⑨ 昔潘勖锡魏，思摹经典，群才韬笔，乃其骨髓峻也：魏潘勖有《册魏公九锡文》。范晔：《后汉书·献帝纪》："曹操自为魏公，加九锡。"《韩诗外传》八："诸侯之有德，天子锡之：一锡车马，再锡衣服，三锡虎贲，四锡乐器，五锡拿陛，六锡朱户，七锡弓矢，八锡铁钺，九锡秬鬯，谓之九锡也。"潘勖此文据引经典，结构整饬，文字典雅，显得刚健有骨。韬笔：藏笔。

⑩ 相如赋仙，气号凌云，蔚为辞宗，乃其风力遒也：《汉书·司马相如传》："相如以为列仙之儒，居山泽间，形容甚臞，此非帝王之仙意也。乃遂奏大人赋。相如既奏大人赋，天子大说，飘飘有陵云气游天地之间意。"蔚：蔚然。遒：遒劲有力。

⑪ "故魏文称"句：曹丕《典论·论文》语。详见第三章。

⑫ 故其论孔融，则云体气高妙：语见《典论·论文》。孔融高明，故云体气高妙。

⑬ 论徐幹，则云时有齐气：语见《典论·论文》。李善注曰："言齐俗文体舒缓，而徐干亦有斯累。"

⑭ 论刘桢，则云"有逸气"：语见曹丕《与吴质书》："公幹有逸气，但未遒尔。"

⑮ "公幹亦云"句：刘桢语已散佚。意为孔融卓然出众，确实含有特异之气，笔墨几乎不能充分表达。

⑯ 夫翚翟备色，而翾翥百步，肌丰而力沈也：山鸡虽然毛色艳丽多样，但只能小飞百步之远，是因为肌肉丰厚，而骨力不足。翚翟，《说文》："雉五采备曰翚。""翟，山雉尾长者。"翾翥：小飞。

⑰ 翰飞戾天：高飞至天。语出《诗·小雅·小宛》。

⑱ 若风骨乏采，则鸷集翰林：文章有风骨而缺文采，就像文学之林中栖集着毛羽粗陋的鸷鸟。

⑲ 采乏风骨，则雉窜文囿：文章有文采而无风骨，就像文学园地中乱窜的山鸡。

⑳ 唯藻耀而高翔，固文笔之鸣凤也：只有那些文采光耀又能奋翅高飞的，才是文章中善于鸣叫的凤凰。

㉑ 熔铸经典之范：以五经为典范创作文章。

㉒ 翔集子史之术：广采诸子史传的为文技巧。翔集：鸟飞翔后停下，喻审察选择。

㉓ 洞晓情变，曲昭文体：通晓情感变化的规律，详尽了解各种文体的要求。

㉔ 孚甲新意，雕画奇辞：萌生新鲜之意，修饰新奇之辞。孚：通莩。莩甲：萌芽。

㉕ 黩：滥。

㉖ 骨采未圆，风辞未练：风骨没有圆熟，辞采尚未精练。

㉗ 跨略旧规，驰骛新作：忽视既有的规范，追求新奇之作。

㉘ 辞尚体要，弗惟好异：语见《尚书·周书·毕命》。意为文辞以体现要义为高，不在于求新好异。

㉙ 习华随侈，流遁忘反：摹习奢华不实的文体，随波逐流以致忘记返回根本。

㉚ 确乎正式：确定雅正的文章体式。

㉛ 文明以健：文章爽朗劲健。

㉜ 风清骨峻，篇体光华：既有清爽之风和峻拔之骨，又有华美的辞采。

㉝ 何远之有哉：《论语·子罕》："未之思也，夫何远之有！"

㉞ 情与气偕，辞共体并：情与气结合（才能有风），文辞合体（才能有骨）。

㉟ 珪璋乃骋：美好的文才于是得以驰骋、发挥。珪璋：美玉，喻美好的文才。

㊱ 蔚彼风力，严此骨鲠：使文章风力更盛，骨力更坚。

㊲ 符采克炳：文采焕发。

【作者简介】

今人了解刘勰生平的主要文献是《梁书·刘勰传》和《文心雕龙·序志》。刘勰，字彦和，祖籍莒县东莞（今山东日照），南迁后世居京口（今江苏镇江）。约生于刘宋泰始（465—471）初年，约卒于梁武帝普通二年前后，历宋、齐、梁三朝。早孤家贫，父名尚，刘宋时任越骑校尉。

刘勰笃志好学，一生未曾婚娶，25 岁左右（齐永明五年至十年间）入定林寺，依沙门僧祐达 10 年，助其整理佛经，编撰经目（如《出三藏记集》），撰写碑铭，并著有《灭惑论》，驳斥当时道教徒攻击佛教的《三破论》一文。居寺期间，刘勰精研佛理，博通经论，佛经的思辨性对他后来撰写《文心雕龙》有很大影响。定林寺所藏"内经"和"外籍"非常丰富，为刘勰写作《文心雕龙》提供了极为便利的条件。《文心雕龙》即结撰于居定林寺的 10 年间。

刘勰的人生理想是"穷则独善以垂文，达则奉时以骋绩"，认为士人应该

"贵器用而兼文采","学文"的目的在"达于政事"(《文心雕龙·程器》)。但因出身庶族,遭逢齐末乱世,其奉时之志很难实现。当时贵族士人崇佛成风,刘勰入定林寺依托僧祐,可能也有通过高僧结交权贵的想法。在政事不达的情况下,刘勰转而追求立言不朽。他在《文心雕龙·序志》中说:"岁月飘忽,性灵不居,腾声飞实,制作而已。"又说:"形同草木之脆,名逾金石之坚。是以君子处世,树德建言,岂好辩哉?不得已也!"一再感叹生年短促,忧患功名不显,可见刘勰视《文心雕龙》为生命和心灵的重要寄托。

写作《文心雕龙》也是刘勰追踪圣人、弘扬圣教的重要方式。他在《序志》篇回忆了自己的两个梦:"予生七龄,乃梦彩云若锦,则攀而采之。齿在逾立,则尝夜梦执丹漆之礼器,随仲尼而南行。"前一个梦表明自己禀有文才,会在文章事业上有所成就;后一个梦则暗示自己肩负弘扬圣人之教的重任。刘勰认为前人注经已经达到很高水平,难以超越,而文章是"经典枝条",因此著书论文也有助于光大圣教。这是刘勰撰述《文心雕龙》的动机,也是他论文的基本立场。《文心雕龙》撰成之后,为取得名流赏识,刘勰负书沈约车前。沈约读后,非常看重,称其深得文理。

入梁后,刘勰多少实现了"奉时骋绩"的愿望。他担任过临川王萧宏的记室和车骑将军王茂的仓曹参军,又出任太末县令,史称"政有清绩",其后又任南康王萧绩记室,兼任东宫通事舍人,深受太子萧统喜爱。萧统主编《文选》所体现的文学观念与《文心雕龙》颇为相近。天监十年,刘勰上表建议郊祀天地宜与宗庙祭祀同例,由牺牲改为蔬果,被崇佛的梁武帝萧衍采纳,升步兵校尉。不久,萧衍敕刘勰与沙门慧震于定林寺修撰经藏。事成后,刘勰上表请求出家,并先燔烧鬓发,以明心志,敕许后,便在定林寺易服为僧,法名慧地,未及一年去世。

刘勰现存著作除《文心雕龙》外,另有《灭惑论》一篇,见于《弘明集》,所撰碑铭大多未传。《文心雕龙跋》认为,今传僧祐《法集总目录序》《释迦谱序》《世界记序》等文,很可能出自刘勰之手。清人严可均也认为,"僧祐诸记序,或杂有勰作,无从分别"。

【文本解读】

一、《宗经》篇解读

《文心雕龙》前三篇(《原道》《征圣》《宗经》)的整体思路是"道沿圣而垂文,圣因文而明道"。分言之,《原道》篇是文章本源论,将文章的本体和起源归于天地万物所循之"道",认为文章是人心参化天地之道的产物,是人之性灵的表现。《征圣》篇名为述圣,而"推到究极,仍是宗经"(纪昀评),先于

《宗经》篇评述了五经作为圣人文章的特点。《宗经》篇更为详细地辨析了五经各自的文体特征，建立了五经与后世各体文章的源流关系，从中提炼出为文的理想标准，将《原道》篇和《征圣》篇的观念落实到文章层面，具体化为一系列文章典范和文体规则。

《宗经》篇可视为《文心雕龙》的理想文体论。不过，《文心雕龙》中的"文体"既不是"风格"意义上的文体，也不仅是"体裁"意义上的文体，而是指"文章整体存在"这一基本事实。《文心雕龙》论述经典文体及其他各种文体，都是就整体而言，而非仅指某种特征（即所谓"风格"）。突出五经的文体特征与《宗经》篇着重从文章写作的角度评述五经密切相关。在传统经学中，人们看重的是《易》《书》《诗》《礼》《春秋》等儒家经典的观念内容和政教功能。如孔子认为学《诗》目的是修身和从政，荀子认为圣人是"道之管"，而《易》《书》《诗》《礼》等则是道的不同体现①；在汉儒经注中，《诗》归于"美刺讽谕"（郑玄《六艺论》），《春秋》旨在臧否褒贬（范宁《春秋榖梁传序》），为"治世之要务"（何休《春秋公羊经传解诂序》）。东汉以下，文章之士渐多，人们看待经书也逐渐转向对其文体特征的关注，如扬雄《法言·问神》称："虞夏之《书》浑浑尔，《商书》灏灏尔，《周书》噩噩尔。"从阅读角度简括了《尚书》中各书之体的特征差异。范宁《春秋榖梁传序》中也注意到《春秋》三传的文体特征及其得失，谓："《左氏》艳而富，其失也巫。《榖梁》清而婉，其失也短。《公羊》辩而裁，其失也俗。若能富而不巫，清而不短，裁而不俗，则深於其道者也。"六朝文士对五经文体辨析更精，如西晋傅玄《傅子·补遗》称："《诗》之《雅》《颂》，《书》之《典》《谟》，文质足以相副。玩之若近，寻之若远，陈之若肆，研之若隐，浩浩乎其文章之渊府也。"《文心雕龙·宗经》篇称五经为"性灵熔匠，文章奥府"，可能即原自《傅子》"文章之渊府"的说法。而且，刘勰在《征圣》《宗经》篇屡称五经"精义曲隐""言中事隐""辞约旨丰""事近喻远"等，也与傅玄所评神似。

《宗经》篇在肯定五经的思想内容和政教功能的同时，更多地着眼于其文体的典范特征和意义。刘勰在篇首称："经也者，恒久之至道，不刊之鸿教也。故象天地，效鬼神，参物序，制人纪，洞性灵之奥区，极文章之骨髓者也。"其中"恒久之至道，不刊之鸿教"及"象天地，效鬼神，参物序，制人纪"等，还是沿袭陈说，极力称美五经的内容精深和教化之功；"洞性灵之奥区，极文章之骨髓者"两句则已转到论文立场，指出五经可以洞悉性情和智慧的奥

---

① 《荀子·儒效》："圣人也者，道之管也。天下之道管是矣，百王之道一是矣。故《诗》《书》《礼》《乐》之归是矣。《诗》言是，其志也；《书》言是，其事也；《礼》言是，其行也；《乐》言是，其和也；《春秋》言是，其微也。"

妙，能够体现文章艺术的精髓。这句话与"赞"中的"性灵熔匠，文章奥府"
一句呼应，都是《宗经》篇关于五经与文章关系的集中表述。刘勰进而认为，
《易》《书》《诗》《礼》《春秋》等"义既埏乎性情，辞亦匠于文理，故能开学
养正，昭明有融"，对其观点稍作展开，指出五经之义可以陶冶性情，五经之
辞精于文理，因此有助于初学者步入正道，养成正确的文风。刘勰从性灵和文
章两个层面确立了经典的重要地位，赋予其塑造主体心灵和规定文章本体的功
能；再结合《原道》篇所述，刘勰就将五经与天地、人和文章的根本联系了
起来。

　　五经既有上述共同性质，也有各自不同的文体，这就是刘勰所说的"圣文
之殊致，表里之异体"。五经的文体差异是由其各自的不同内容和功能决定的：
"易惟谈天，入神致用。故系称旨远辞文，言中事隐。"《周易》以自然天地之
象隐喻人事之理，寓意深远、幽微，无法确指，但又能与很多人事形成象征关
系，对认识具体人事有暗示和启发作用，因此形成了"旨远辞文，言中事隐"
的文体特征。这与《征圣》篇所说的"精义以曲隐"是一致的。"《书》实记
言，而训诂茫昧，通乎尔雅，则文意晓然。"《尚书》是上古及夏商周三代帝王
之言的记录，因为年代久远，所以文辞古奥，文意难晓。但若懂得周代京畿通
行之语，理解起来就不会困难。看似"茫昧"，实为"照灼"，这就是《尚书》
的文体特点。"《诗》主言志，诂训同《书》，摛风裁兴，藻辞谲喻，温柔在诵，
故最附深衷矣。"三百篇主要是抒情言志之作，有风、雅、颂三体，用赋、比、
兴三义，因此其文体具有辞采丰富、情志含蓄、温柔敦厚等特点。不过，三百
篇的"藻辞谲喻"与《周易》的"旨远辞文"不同，前者重章叠句，吟咏情
性，一唱三叹，情韵悠远；后者远近取譬，以示义理，其文不求韵律声情，其
义不在情志咏叹。"《礼》以立体，据事制范，章条纤曲，执而后显，采掇片
言，莫非宝也。""三礼"（《周礼》《礼记》《仪礼》）目的在于使人行事处世合
宜得体，根据具体的事宜制定程式规范，因此其特点是条目详尽，规定具体，
具有鲜明的实用性和可操作性。"《春秋》辨理，一字见义，五石六鹢，以详备
成文；雉门两观，以先后显旨；其婉章志晦，谅以邃矣。"《春秋》旨在辨明事
理。杜预《春秋左氏传序》将其文体特征概括为五点："一曰微而显，二曰志
而晦，三曰婉而成章，四曰尽而不污，五曰惩恶而劝善。"刘勰论《春秋》即
取义于此。在刘勰看来，五经各有文体，但往往异中有同，同中有异，如
《易》《诗》《春秋》三者都有文意深隐的特点，但《易》以象征，《诗》用比
兴，《春秋》则重在措辞，又如《尚书》与《春秋》，前者"览文如诡，而寻理
即畅"，后者"观辞立晓，而访义方隐"。也就是说，《尚书》虽文辞古奥，但
思理其实很明白畅达；《春秋》则相反，字面意思很明白，用意却隐晦曲折，
需要仔细寻绎。

　　根据五经文体的不同特点，刘勰描述了一个以五经为本源的各体文章源流系统，具体说即以《易》为论、说、辞、序等文体之首，以《书》为诏、策、章、奏之源，以《诗》为赋、颂、歌、赞之本，以《礼》为铭、诔、箴、祝之端，以《春秋》为纪、传、盟、檄之根。刘勰所述的五经与后世各体文章的源流关系，不一定都有确切的史实，主要根据是五经与有关文体在内容和形式上的某些相似之处。例如，《易》中的"说卦""序卦""系辞"等多为解说论理之辞，故与论、说、辞、序等议论说理的文体有相通之处；《书》中多为帝王向臣民所作的典、谟、训、诰、誓、命等言辞，多为论事之文，故与后世朝廷公文如诏、策、章、奏等固然有可比之处；《诗》是有韵律的写物、抒情、言志兼颂美之辞，的确含有后来的赋、颂、歌、赞等文体的某些特征；铭、诔、箴、祝等文体多用于伦常礼数之中，因此与《礼》的关系更加密切；《春秋》本为史书，《春秋左氏传》又多载诸侯外交辞令，其中不乏纪、传、盟、檄等文体的雏形。

　　《宗经》篇的"文源五经说"既非首创，也非绝响。东汉班固《两都赋序》就认为："赋者，古诗之流也。"其后西晋左思《三都赋序》和挚虞《文章流别论》都沿用这一说法。魏时桓范《世要论·赞像》把"赞"这一文体归源于《诗》之颂，称："夫赞像之所作，所以昭述勋德，思咏政惠，此盖诗颂之末流矣。"北朝颜之推《颜氏家训·文章》也有比较系统的文章源出五经之论，"夫文章者，原出五经：诏命策檄，生于《书》者也；序述论议，生于《易》者也；歌咏赋颂，生于《诗》者也；祭祀哀诔，生于礼者也；奏议箴铭，生于《春秋》者也。"在五经与一些具体文章的关系上，颜之推与刘勰所论稍有不同（如刘勰认为箴铭源于《礼》，而颜氏认为箴铭源于《春秋》），但整体看法颇为一致。南北朝两位学者的同一观点，反映了时人针砭浮靡，倡导宗经，使文章返本归正的愿望。五经大多产生于华夏文明的肇端时期，相对于后世文章的踵事增华，其文体显得更质实，更朴素，更简洁，也更古雅。《通变》篇云："黄唐淳而质，虞夏质而辨，商周丽而雅，楚汉侈而艳，魏晋浅而绮，宋初讹而新。"这是就从古至今（刘勰当世）而言的，故把规模已具的商周二代文章树为雅丽兼备的典范，此前偏于质，此后则渐趋绮艳以至讹滥。但相对齐梁文章而言，刘勰又经常以汉魏文章尤其是建安文章为风力之制。可见刘勰的基本思路是以质济浮，以雅济艳，以正济讹，以约济滥。这样，规模已具而又未染浮华的商周时代的五经之文正好可以作为纠正华艳文风的平衡因素。针对文章写作中的很多具体问题，刘勰也屡屡以宗经为救弊的良方，如《定势》篇称："模经为式者，自入典雅之懿。"《风骨》篇称："昔潘勖锡魏，思摹经典，群才韬笔，乃其骨髓峻也。"

　　至此，刘勰对五经作为文章典范的文体特征作了明确的总结："故文能宗经，体有六义：一则情深而不诡，二则风清而不杂，三则事信而不诞，四则义贞而不回，五则体约而不芜，六则文丽而不淫。"此处之"体"，经常作"风格"解，但确实有悖其义。下文所论的"情""风""事""义""体""文"等因素，虽然角度、大小不一，但合起来看，涵括了文章整体的一些基本要素。刘勰称宗经之文"体有六义"，是要说明符合这一标准的文章在整体上具有上述六个特征。从整体着眼，这是刘勰论文的一贯立场。无论是批评当时文章"文体解散"（《序志》），还是要求文章"首尾周密，表里一体"（《附会》），都是其文章整体观的体现；而以"体"（"文体"）论文，正是刘勰重文章整体品质在概念上的体现。

具体说，"情深而不诡"指文章情志深厚而不邪诡，要符合儒家教化原则，"乐而不淫，哀而不伤""怨而不怒""发乎情，止乎礼义"。《情采》篇提倡要"为情而造文"，其特点是"志思蓄愤，而吟咏情性"，即写作诗歌应该是真情实感，蓄积已久，不得不发。"风清而不杂"是就情感的力量和感染效果而言的。《风骨》篇云"以怊怅述情，必始乎风"，又说"情之含风，犹形之包气"，可见"风"是真实深厚的情感自然表现出来一种感化力量。"清而不杂"，即要纯正、爽朗，这与要求情感"深而不诡"是一致的。"清"是刘勰一再肯定的一种文体特征，这种特征也可以与很多种文章因素结合，形成"清峻""清丽""清铄""清采""清风""清词""清要""清美""体清""辞清""文清"等概念。"事信而不诞"是刘勰从五经出发对文章引典用事提出的要求。真实而不虚诞是《书》《春秋》《礼》等经书记事的特点，后世很多实用性文章如史传、章表、奏议、铭赞、诔碑等，也有这一要求。这与中国古代重史实而轻虚构的文章观念有关。在汉儒经注中，即使像《诗经·国风》这种较为纯粹的诗歌作品，也被注解为一部周王朝的政治兴衰史（如郑玄《诗谱序》）。清代学者章学诚更提出了"六经皆史"的观点。刘勰本人对虚构的态度并不如他对真实的要求那么鲜明。在《正纬》篇，他称纬书"羲农轩皞之源，山渎钟律之要，白鱼赤乌之符，黄金紫玉之瑞，事丰奇伟，辞富膏腴，无益经典而有助文章"，对纬书中的神话传说有所肯定。而在《辨骚》篇，他又批评《楚辞》道："托云龙，说迂怪，丰隆求宓妃，鸩鸟媒娀女，诡异之辞也；康回倾地，夷羿弊日，木夫九首，土伯三目，谲怪之谈也。"当然，这种不同的态度也与具体论述语境有关：《正纬》篇强调的是纬书对文章的帮助，《辨骚》篇强调的则是《楚辞》与经书的背离。第四个特点"义贞而不回"，与"情深而不诡"互为补充，从义理层面要求文章合乎儒家之道。接下来的"体约而不芜"，又从整体上要求文章要约而不芜杂。后面的《熔裁》篇即是对这一问题的专门论述："规范本体谓之熔，剪截浮词谓之裁。裁则芜秽不生，熔则纲领昭畅。"熔裁的作用就是使文章合乎此类文体的规范，删除赘语和浮词。但熔裁并非一味简约，而是繁简得体，敷删适度，所谓"思赡者善敷，才核者善删。善删者字去而意留，善敷者辞殊而义显。字删而意缺，则短乏而非核；辞敷而言重，则芜秽而非赡"，达到"情周而不繁，辞运而不滥"的效果。文能宗经的第六个特征是"文丽而不淫"，即要求文辞华美而不浮靡。五经中能称得上"丽"的只有《诗经》，但《明诗》篇云四言诗以"雅润为本"，五言诗则以"清丽居宗"。这是因为相对于以《诗经》为代表的四言诗，五言诗"丽"的特征更突出。刘勰将"丽"立为经典文体的一个特征，是对《楚辞》以来的汉代辞赋、汉末魏晋五言诗等后起文体特征的吸收和接纳，反映了他在论文中新旧兼取、调和古今的折中、稳妥的立场。

实际上，刘勰在《征圣》篇就已对五经的文体特征有过说明，即"圣文之雅丽，固衔华而佩实"。这是刘勰对五经文体特征的最高度的提炼，而《宗经》篇的"六义"说则是对这一"雅丽""华实"说的诠释和展开。雅丽相胜，华实结合，这既是刘勰对五经文体基本特征的总结，更是他在"观千剑""操千曲"之后对历代优秀文章的两种相反相成的文体品质的会心与综合。这一文体特征成为刘勰论文的基准，贯穿于《文心雕龙》全书。另外，书中论述的质与文、正与奇、风骨与光华等的结合，其实质也与"雅丽""华实"说的内涵一致。

虽然刘勰认为五经已经是雅与丽的统一，但相对而言，五经文体更偏于雅，楚辞文体则更偏于丽。因此，刘勰在《宗经》之后又安排了《正纬》和《辨骚》两篇。其中《辨骚》篇更体现了刘勰对"丽""奇""华""艳"的肯定。这就使雅—丽、华—实、正—奇等相反相成的文体品质都有相应的典范作品作为依据，使后文的"论文叙笔""剖情析采"等有典可据，也使后世文章之士有范可学，有本可依。

二、《体性》篇解读

在《文心雕龙》中，论述主体因素对文体生成发生影响的主要是《体性》《风骨》《才略》等篇。《体性》篇着重谈情性与文体生成的关系，《风骨》篇着重谈气与文体生成的关系，《才略》篇着重谈才识与文体生成的关系。

《体性》篇是《文心雕龙》创作论（"剖情析采"）的第二篇，论述的是文体与作家性情的适应性、协调性问题。刘勰在《神思》篇讨论完文章构思问题后，即开始把话题转向文体与性情的关系，可见这一问题在文章写作过程中的重要性。

严格地说，"体性"不是一个词，而是"体"与"性"两个并列的单音节词的组合，如同"通变""情采""熔裁""隐秀""比兴"等篇目名称一样，因此不能把"体性"理解为"文章的个性"或"文章的风格"。"体性"在古代典籍中也经常作复合词使用，如《国语·楚语》："且夫制城邑，若体性焉。有首领股肱，至于手拇毛脉。"《商子·错法篇》："圣人之存体性，不可以易人。"这两处的"体性"都用作一个词，意思指人体的特征、性质。但《体性》篇的"体性"不能作此理解。

将"体性"理解为文章"风格""体貌"与作家才性的关系也不确切。黄侃《文心雕龙札记》称："体斥文章形状，性谓人性气有殊，缘性气之殊而所为之文异状。"将"体"释为"文章形状"，而更多的中外学者则是把"体"解释为"风格""风貌""体貌"等。这种理解的主要根据是《体性》篇的这段话，"若总其归途，则数穷八体：一曰典雅，二曰远奥，三曰精约，四曰显附，五曰繁缛，六曰壮丽，七曰新奇，八曰轻靡。"从字面看，很容易认为"八体"即指"典雅""远奥""精约""显附""繁缛""壮丽""新奇""轻靡"八种文章特征，又因为这八种文章特征后世也可称为"风格"，于是便将"八体"之"体"理解为"风格""风貌"等。

理解"体"一词的含义，需要注意《体性》篇特殊的表述形式。从文类层面看，《文心雕龙》用的是骈文。为了适应骈文句式整齐的要求，其表述经常会有省略、合并、补充等变化。《体性》篇这段话，相对完整的表述应该是"一曰典雅体"，"二曰远奥体"……为了骈语的整齐，便省略了"体"字。也就是说，文中的"典雅""远奥"等词，并非就是文体本身，而是文体的八种基本特征；而所谓"八体"，也并非指"典雅""远奥"等文章特征，而是指具有这八种基本特征的文章整体。稍早于刘勰的沈约在《宋书·谢灵运传论》中称，"自汉至魏四百余年，辞人才子，文体三变：相如工为形似之言，二班长于情理之说，子建仲宣以气质为体，并标能擅美，独映当时。"其中的"文体"对应的应是"形似之言""情理之说"等，即具有"形似"和"情理"等特征的文章，而非仅指"形式""清丽""气质"等文章特征。《文镜秘府论》"地卷"的"论体势"引唐代崔氏《新定诗体》即有"形似体""质气体""情理体""直置体""雕藻体""映带体""飞动体""婉转体""清切体""菁华体"等完整的文体类型名称，可作为理解《体性》篇"八体"的旁证。

文章是一个完整体，一篇文章如此，一类文章也是如此。而且，每篇文章或每类文章还是一个有其自身特征的完整体。古人称某篇或某类文章为"某某体"，正是为了突出这篇文章或这类文章乃是一个独特的整体存在。曹丕《典论·论文》称"文非一体，鲜能备善"，显然已有这种用意；陆机《文赋》称"体有万殊，物无一量"，也是为了强调各类文章的区别。经过挚虞《文章流别论》、李充《翰林论》等辨体著作的发展，至刘勰《文心雕龙》和钟嵘《诗品》，文章家和文论家对不同类型、作者、时代、流派文章的整体特征已经有了充分的经验和认识，这些经验和认识，集中凝聚在"文体"一词中。"文体"一词在魏晋南北朝文论中使用非常广泛，成为仅次于"文"或"文章"的重要文论概念，主要原因在于"文体"一词能够更贴切、鲜明地表现出人们对各种文章作为一个个独特的整体存在的体会和观念。魏晋时期成熟的文体论与东汉时期发展起来的才性论一起，分别标志着对不同类型的文和人作为独特存在的自觉。

《文心雕龙·体性》篇可以看作才性论与文体论的合论，主要探讨不同作家的情性与不同特征文体的统一性问题。文章写作是作者将其所历、所感、所悟通过言辞由隐至显地表达出来的过程。为了使文章表达过程"因内符外"，达到人与文、情性与文体的协调和统一，就需要了解作家的不同情性和文体的不同特征。

刘勰把与文章写作有关的主观因素分为"才""气""学""习"四种，其特点因人而异，从不同层面影响着文体的特征。具体说，"才"关乎文辞义理的平庸或秀杰，"气"决定文风的阳刚或阴柔，"学"影响事义的浮浅或深厚，"习"左右文体的雅正或浮靡。其中"才"与"气"为先天禀赋，受到"情性"的塑造，即所谓"情性所铄"；"学"与"习"指后天对文体的摹习，由陶冶熏染而成，即所谓"陶染所凝"。

《体性》篇对才性与文体关系的论述包含两个层次：一是"才性异区，文体繁诡"，侧重论才性的差异性与文体的多样性；二是"摹体以定习，因性以练才"，侧重论文体与才性在写作中的结合。

现实中的外在文体与内在情性都是千差万别的，因此，在文体与作家情性之间就有个能否适应、协调的问题。在刘勰当世，文体的区分已经相当精细，除诗、赋、论等文类文体的辨析外，作者文体（如傅玄《连珠序》所论）、时代文体（如沈约《宋书·谢灵运传论》所论）等其他类型文体的差异也开始引起注意。但与此前各种文体论明显不同的是，《文心雕龙·体性》篇对文体的划分不再局限于文类、作者、时代、流派等具体角度，而是从总体上把所有文体概括为八种基本类型，即典雅体、远奥体、精约体、显附体、繁缛体、壮丽体、新奇体和轻靡体。这种概括是刘勰运用他所擅长的思辨式思维对文体经验进行自觉整合的结果，将中国古代文体辨析发展到了一个更高的程度。这八种文体的划分和命名，显然经过了精心提炼和安排。其一，"八体"与《征圣》《宗经》两篇所确立的雅丽兼备的论文标准大体一致，其中典雅、远奥、精约、显附四体偏于"雅"，繁缛、壮丽、新奇、轻靡四体偏于"丽"。而且，"八体"将"雅"与"丽"二体的两极区分细化为更加具体的文体谱系。其二，刘勰对"八体"的态度也与其对"雅""丽"二体的态度形成呼应：对"雅"体范畴的四体全部肯定，而对"丽"体范畴的四体则有褒有贬，如称"繁缛"体"炜烨枝派"，称"新奇"体"摈古竞今，危侧趣诡"，称"轻靡"体"浮文弱植，缥缈附俗"等。其三，在偏"雅"偏"丽"两组相对之外，"八体"之间还构成了另一种对照，即文中所说的"故雅与奇反，奥与显殊，繁与约舛，壮与轻乖"。其四，"八体"虽较"雅""丽"二体更加详具，但仍不过举其大概。除了刘勰所说的四组两相对立的文体外，其他各体之间还可以相互结合，衍生出其他特征的文体，如典雅体可以和远奥体、繁缛体、壮丽体等结合，壮丽体也可以和显附体、繁缛体、新奇体等互融。加之各体特征又有隐显、强弱、多少等程度的变化，因此八种基本文体实际上可以衍生出无数种文体。

唐人刘善经《四声指归·论体》受刘勰"八体"说影响，提出了"六体"说，"凡制作之士，祖述多门，人心不同，文体各异。较而言之：有博雅焉，有清典焉，有绮艳焉，有宏壮焉，有要约焉，有切至焉。夫模范经诰，褒述功业，渊乎不测，洋哉有闲，博雅之裁也；敷演情志，宣照德音，植义必明，结言唯正，清典之致也；体其淑姿，因其壮观，文章交映，光彩傍发，绮艳之则也；魁张奇伟，阐耀威灵，纵气凌人，扬声骇物，宏壮之道也；指事述心，断辞趣理，微而能显，少而斯洽，要约之旨也；舒陈哀愤，献纳约戒，言唯折中，情必曲尽，切至之功也。"其论述思路与《体性》篇也颇为相似，都是先举其大概，再逐一诠释。不过比较起来，"六体"说还是不及"八体"说严密、周全，如刘勰《体性》篇的"典雅"体被刘善经分为"博雅"和"清典"二体，"精约"体也被分为"要约"和"切至"二体，而与"精约"相对的"繁缛"体则付之阙如，"远奥"与"显附"这相对的一组则未被收入。

文体的多样性固然与一些相对客观的因素有关，如文类规范、时代风气等，但最关键的因素还是作者情性的差异。刘勰说："若夫八体屡迁，功以学成，才力居中，肇自血气；气以实志，志以定言，吐纳英华，莫非情性。"因为"学习"要凭借"才力"，而"才力"又源自"血气"，所以"血气"会通过"志"影响语言的表达，这样写出来的作品必然是"情性"之作，会带有作家的个性色彩，形成具有作家个人特征的文体。这段话前一部分由文体的多变溯源到作家的才力和血气，中间部分又论作家的血气对文章写作的内在决定作用，最后一言以概之曰"吐纳英华，莫非情性"，明确作家的情性才是文章产生的主体根源。情性是文体形成过程中更为主动、活跃，也更具创造性和差异性的力量，而"八体"说到底不过是对不同情性生成的多样文体的抽象和概括。即使是文类文体的规范性和时代风气等客观因素，也必须通过作家的主体情性才能对文体产生影响。刘勰进而以贾谊、司马相如、扬雄、刘向、班固、张衡、王粲、刘桢、阮籍、潘岳、陆机等作家为例，具体说明才性、气质对文体特征的直接影响，如谓"贾生俊发，故文洁而体清；长卿傲诞，故理侈而辞溢"等。

面对文体的多样和作家情性的差异，刘勰提出"摹体以定习，因性以练才"的方法，以实现先天才性与后天学习的统一和协调。刘勰认为，文体学习的初始阶段非常重要，如同染丝制器，一旦着色成形，就很难改变。因此虽然文体、性情各异，但在"始习"与"初化"阶段都应遵循一个基本原则，即"童子雕琢，必先雅制"。按照刘勰的说法，"典雅者，熔式经诰，方轨儒门者也"。典雅之体善于融合儒家经典的体例，符合儒家的思想观念，切合儒家的审美趣味，具有深厚、纯正、充实、中和、精致等特点，概言之即"温柔敦厚"。刘善经《四声指归·论体》的解释与刘勰大致相同。刘勰认为"雅制"（即"典雅体"）是文体的根本和关键（即所谓"环中"），只有先掌握了"雅制"，才能融会贯通地学习和把握其他各体。学文、学书、学弈、学射等，内容不同，其理相通，入门须周正、稳健，不宜追新猎奇，道入旁门，剑走偏锋。

"摹体以定习"与"因性以练才"有所区别。"摹体以定习"是一种自外而内的练习，即通过长期摹习典雅之体，熟悉雅体的各种特征，养成对雅体的鉴别能力，内化为对雅正文体的敏感和观念，培植扎实的基础和纯正的文风。这种对文体的摹仿有生熟、浅深之分。初学者可能多摹仿其言辞、事类、结构等较为外在的特征。摹习既久，体会渐深，技艺日精，学习者就会在内心形成有关"雅体"的整体范式，以之作为文章写作的标准。"因性以练才"是一种自内而外的训练，即根据作家个人性情的特点练习文章写作才能。文才虽然得自先天，但离不开后天的培养和练习。所谓"江山易改，本性难移"，性情较文才更加稳定、深固。顺乎性情，文才的练习就会合乎自然，事半功倍；倘若逆乎性情，则可能邯郸学步，迷失自我。"摹体以定习"与"因性以练才"看似矛盾，但在文章学习和写作实践中，总是能够找到"体"与"性"的契合点。这是因为"体"非一定之体，"性"也非一偏之性，即以"雅体"而言，又有典雅、古雅、雅丽、清雅、淡雅、明雅等区分，不同作家总能找到合乎其性情的一类。当作家在写作中实现性情与文体合一，使文体与才性表里相符时，属于他自己的独特文体便形成了。

三、《风骨》篇解读

《体性》篇提到了性情、才、气、学、习等先天和后天因素与文体的关系，但讨论的主要是情性和学习对文体写作的影响，才、气两个因素与文体的关系则未作充分展开。因此，后面又有《才略》篇专论才与文体大小优劣的关联，有《风骨》篇专论气在文体创造中的作用。

关于"风骨"的内涵，学界的解释不下十数种：有人认为"风"就是文意，"骨"就是文辞；有人认为"风"是情志，"骨"是事义；有人认为"风骨"是一种刚健有力的风格；有人认为"风"是情感的力量，"骨"是语言的力量；也有人认为"风"是文章情感的动态美，"骨"是文章结构的静态美……这些解释之间的差异或大或小，但总的来看，都能以《风骨》篇和《文心雕龙》其他各篇对风、骨的说法为根据，并注意联系当时六朝人物品藻、书论、画论等文献中有关"风骨"的论述。

"风骨"这个文论范畴源于人物品藻，如《宋书·武帝纪》称武帝"风骨奇特"，称刘裕"风骨不恒，盖人杰也"；《世说新语·赏誉门》刘孝标注引《晋安帝纪》称"羲之风骨清举也"；《南史·蔡撙传》称蔡撙"风骨鲠正"等。在这些人物品评中，"风骨"是受到赞赏的正面品质，具有"清举""鲠正"等特点。"风骨"又被用来论书、论画，如晋卫夫人《笔阵图》云："善笔力者多骨，不善笔力者多肉。多骨微肉者谓之筋书，多肉微骨者谓之墨猪。多力丰筋者圣，无力无筋者病。"南齐谢赫《古画品录》评一品画家曹不兴："不兴之迹，殆莫复传，唯秘阁之内一龙而已。观其风骨，名岂虚哉！"也都是褒扬之辞。刘勰则首先以"风骨"论文，并对其根源、载体、特征、意义、形成等作了充分阐述。

从词源和使用看，"风骨"与论人关系密切。这种用法与"文体"一词非常相似，注意二者之间的联系，有助于历史地把握"风骨"的文论内涵和价值。"文体"与"风骨"用于论文，都发生在汉末以后个体意识高涨的思想背景下，表明人们由发现人的个体特征和价值，进而认识到人所创造的文章、书法、绘画等的不同特征和价值。而且，以"风骨"论文在以"体"论文之后，也正好符合"文体"与"风骨"用义上的关联和差异："文体"是一个在整体上标志文章特征的概念；而"风骨"则是对"文体"的进一步描述和规定，从一个更具体的层面揭示文体的某种特质和特征。

《风骨》篇是理解"风骨"概念最直接也是最重要的依据。根据刘勰的论述，可以对"风骨"形成这样几点认识。

第一，情感和文辞分别是"风"和"骨"的载体。黄侃《文心雕龙札记》认为"风即文意，骨即文辞"，直接将二者等同，多少有点简单化。风骨与情感、文辞有关，但并不等于情感、文辞本身。《风骨》篇云："《诗》总六义，风冠其首，斯乃化感之本源，志气之符契也。是以怊怅述情，必始乎风。"又云："情之含风，犹形之包气""深乎风者，述情必显"。说明"风"与情感关系非常密切，但"风"与情显然不是一回事。从"怊怅述情，必始乎风"以及"情之含风，犹形之包气"等句看，情是文体中的一种较为确实、具体的内容因素，而"风"是情所体现出来的一种性质和特征，也是对情的一种评价标准。或者说，在文体中，情是"风"的载体，"风"是情的属性，情为体，"风"为用。关于"骨"，《风骨》篇云："沈吟铺辞，莫先于骨。"又云："故辞之待骨，如体之树骸""结言端直，则文骨成焉"。说明"骨"是对言辞的一项要求，是好的言辞的一种内在品质。辞为体，"骨"为用。在文体中，言辞是具体的、直观的，"骨"则是在阅读中感受到的言辞的一种性质。

第二，"风清骨峻"是"风骨"的基本特征。"风"是文章情感的一种性质，但并非所有的情感都能含"风"。刘勰在《宗经》篇把"风清而不杂"作为宗经文体的一种特征，《风骨》篇论"风"也以"清"为基本特点。所谓"深乎风者，述情必显"，有"风"的文章其情感应该是纯正、明朗的，而非幽暗、隐晦的。这种情感会给人"意气骏爽"的感觉，具有感化人心的力量。反之，无"风"文体的特征则是"思不环周，索莫乏气"，情思零乱，文气不通。"骨"是言辞的一种属性，但也并非所有的言辞都能有"骨"。有"骨"的言辞应该是"结言端直""析辞必精""捶字坚而难移，结响凝而不滞"，即言辞典雅庄重，合乎规范，准确精练，音调流畅。无"骨"的特征则是"瘠义肥辞，繁杂失统"，意义单薄、贫乏，文辞堆砌、臃肿，给人芜杂混乱、毫无章法之感。

第三，"气"是"风骨"的根本。有"风骨"的文章给人刚健有力之感。明代黄学伣评"气是风骨之本"，堪称得意之言；清代纪昀再评"气即风骨，更无本末"，却稍嫌言过。"气是风骨之本"，意为主体之"气"是"风骨"形成的根本。《风骨》篇言之甚明，如称"缀虑裁篇，务盈守气，刚健既实，辉光乃新。其为文用，譬征鸟之使翼也"。这是从正面说"气"是"风骨"形成的内在根据；"若瘠义肥辞，繁杂失统，则无骨之征也。思不环周，索莫乏气，则无风之验也"，这是从反面说明少"气"即无"风骨"。无气之文，就像毛色鲜丽的雉鸡，只能盘旋百步之远，是因为肌丰力沉；气足之文，虽缺乏文采，却能振翅高翔，是由于气猛骨劲。当然，"气"作为一种主体的精神与生理综合表现出的力量，在文体的生成中不可能孤立地发挥作用。它一方面通过情感，在文中表现为一种感情的气势；一方面通过理智，在文中表现为语言的严整。也因此，有"风骨"的文章会给人刚健有力之感。刘勰说："昔潘勖锡魏，思摹经典，群才韬笔，乃其骨髓峻也；相如赋仙，气号凌云，蔚为辞宗，乃其风力遒也。"潘勖的《册魏公九锡文》语言整饬，语调庄重，屡引经典，褒扬曹氏匡汉之功，全文排比而下，显得骨力雄健，气势慑人。司马相如的《大人赋》描写仙人高蹈自由的居处行止，极想象之能事，流露出对"餐朝霞""咀英华""乘虚亡而上遐，超无友而独存"的神仙生活的欣羡之情，极易激起人的向往之心。

第四，"风清骨峻，篇体光华"是刘勰理想的文体。刘勰很推崇有"风骨"的文章，但"风骨"并不就是他心目中的理想文体特征。他在"文之枢纽"部分已经讲得很明确，他所理想的文体是雅与丽、质与文、实与华、正与奇等的结合。而从《风骨》篇具体论述看，"风骨"的形成主要来自对经典的摹仿和学习，其特征偏于雅、正、质、实，而于丽、奇、文、华则未能包含。因此，刘勰在《风骨》篇的后半部分又将"风骨"与"采"对举，并提出"骨采"这一概念。刘勰将"风骨"之体置入其理想文体的生成机制中进行审视，指出"采乏风骨"固然不可，但是"风骨"乏采也非理想。要使文体达到"风骨"与"采"兼备，就既要"熔铸经典之范"，又要"翔集子史之术"。"熔铸经典"的目的是"曲昭文体"，即能把握具有典雅特征的经典文体的生成奥妙；"翔集子史"的用意在"洞晓情变"，即能吸收诸子文体的辞采之丽。在这番补充论述之后，刘勰在"风清骨峻"之上又加上了"篇体光华"，又称"刚健既实，辉光乃新"，这就是"雅"与"丽"的合璧。由前文的"结言端直"和"意气骏爽"到后文的"风清骨峻"和"篇体光华"，这是从"风骨"之体向"雅丽"之体的提升。

第二节　相关问题概说

一、《文心雕龙》概述：性质、要旨、方法和结构

刘勰的《文心雕龙》是中国古代一部重要而独特的文论著作。清代学者章学诚在《文史通义·诗话》中称其"体大虑周""笼罩群言"；鲁迅在《论诗题记》中称"东则有刘彦和之《文心》，西则有亚里士多德之《诗学》，解析神质，包举弘纤，开源发流，为世楷式"。《文心雕龙》内容丰富，立论周详，思理深入，体系完整，结构宏大，语言精丽，在中国古代文论著作中罕有匹敌。

学界对《文心雕龙》的性质看法不一，持"文学理论""文章理论""文章写作论""杂文学论"等大有人在。《序志》篇云："夫'文心'者，言为文之用心也。"实际上已大体说出了该书的用意和内容。所谓"言为文之用心"，意即谈论写作文章应该明白的道理和需要掌握的方法。这里的"为文之用心"，不单指具体的文章写作技巧，而且包含着对文章的基本性质、经典范本、发展规律以及与文章有关的传统、作者、时代、自然等各种内外因素的认识，其内涵大大超越了对具体写作方法的探讨，具有很强的理论性。正如《序志》篇所言："铨序一文为易，弥纶群言为难。"《文心雕龙》是在严格审视又自觉吸收前代各家文论著作的基础上写成的。刘勰认为，前代诸家文论的普遍问题是"各照隅隙，鲜观衢路"，局限在臧否人物、铨品文章、泛举雅俗等具体层面，未能阐明文章写作的根本规律。《文心雕龙》通过"弥纶群言""精研一理""贯一拯乱"的方式运思行文，克服了曹丕《典论·论文》、陆机《文赋》、挚虞《文章流别论》、李充《翰林论》等的"不周""巧碎""疏略""寡要"等弊病，对文章写作中的根本与枝节、渊源与流变等问题都作了全面阐述。根据《序志》篇的直接说明和全书的具体内容可以看出，《文心雕龙》是一部以文章

写作为中心，从整体上论述文章源流、理想标准、文体规范、写作方法、内外关系、作家修养、文章鉴赏等各个层面问题的文论著作。其中包含了相当于现在所说的狭义文学理论的内容，而且这部分内容在书中比例较大。但就整体而言，《文心雕龙》的研究对象涵盖了当时注重文采之"文"和偏重实用之"笔"这两大类所有文体的文章。

《文心雕龙》论文有很高的标准，也有很强的现实针对性。刘勰最直接的目的是要纠正南朝盛行的浮艳文风。《序志》篇云："去圣久远，文体解散，辞人爱奇，言贵浮诡，饰羽尚画，文绣鞶帨，离本弥甚，将遂讹滥。盖《周书》论辞，贵乎体要，尼父陈训，恶乎异端，辞训之奥，宜体于要。于是搦笔和墨，乃始论文。"刘勰认为齐梁时代的文坛一味追新猎奇，言辞雕琢，内容肤浅，文风浮靡，文体乖异，已经背离了儒家经典这一根本。对齐梁浮艳文风的批评是《文心雕龙》一以贯之的立场，只要有机会，刘勰就不吝笔墨，再三指陈。例如，《诠赋》篇称西汉之后的赋作"繁华损枝，膏腴害骨，无贵风轨，莫益劝戒"；《定势》篇指出"自近代辞人，率好诡巧，原其为体，讹势所变，厌黩旧式，故穿凿取新"；《情采》篇不满"后之作者，采滥忽真，远弃风雅，近师辞赋，故体情之制日疏，逐文之篇愈盛"。

为纠正讹滥文风，刘勰主张学习《易》《书》《诗》《春秋》《礼记》等儒家文章经典，但刘勰的文章观并不属于复古派。在经典与创新、规范与变异之间，刘勰所取的是一种"唯务折中"的立场，体现在具体论文中即要求雅与丽、实与华、正与奇、质与文、情与采、常与变等对立品质的统一。例如，《辨骚》篇称"酌奇而不失其贞，玩华而不坠其实"，《诠赋》篇称"丽词雅义，符采相胜"，《通变》篇称"斟酌乎质文之间，而隐括乎雅俗之际"，都是对这一文章观的不同说明。这种"唯务折中"的论文标准，深受《论语》等儒家经典所倡导的"乐而不淫""哀而不伤""文质彬彬"等中庸之德的影响，也使得《文心雕龙》在观点、结构、修辞等方面都呈现出一种兼容、辩证、稳妥的特色，具有长久的生命力和影响力。

根据《序志》篇的说明，《文心雕龙》全书由三个基本部分构成，即"文之枢纽""上篇"和"下篇"。现代学者习惯上按照文学概论的模式，把全书分为"总论""文体论""创作论""文学史论"和"鉴赏批评论"等几个部分。在具体篇目的分类归属上，学界争议也很多，难以尽述。这里主要根据刘勰本人所述和全书思路，对《文心雕龙》的整体结构略作说明。

第一部分为"文之枢纽"。"盖《文心》之作也，本乎道，师乎圣，体乎经，酌乎纬，变乎骚：文之枢纽，亦云极矣。"含《原道》《征圣》《宗经》《正纬》《辨骚》五篇。其中《原道》《征圣》《宗经》三篇为"正"，描述了一个"道沿圣以垂文，圣因文以明道"的文章起源、创作和功用的基本图示，将儒家经典树立为作文和论文的最高典范。《正纬》《辨骚》两篇为"变",提出文章写作在学习儒家经典的雅正之外,还应酌取纬书尤其是《楚辞》的奇丽之体,形成执正驭奇、衔华佩实的理想文体。在"文之枢纽"中,《宗经》和《辨骚》两篇正奇互补,集中反映了刘勰关于理想文体特征的观点。

第二部分为"论文叙笔"。"若乃论文叙笔,则囿别区分,原始以表末,释名以章义,选文以定篇,敷理以举统:上篇以上,纲领明矣。""文"和"笔"是对所有文体的统称。当时的流行做法是称有韵者为"文",无韵者为"笔"(《总术》),"论文叙笔""囿别区分"即是对各种文体进行区分和说明。"释名以章义"是对每种文体性质、功能等作扼要的解释和界定,相当于给每种文体下定义,如《诠赋》篇释"赋":"赋者,铺也,铺采摛文,体物写志也。"《颂赞》篇释"颂":"颂者,容也,所以美盛德而述形容也。""原始以表末"是概述文体的起源和发展,"选文以定篇"通过列举名家名篇对文体源流和特征进行说明,为作者提供文体写作的范本。这两部分内容往往合在一起,相当于分体的文章史。"敷理以举统"是在概述源流和列举名篇的基础上,对文体特征和规范再作阐释,明确文体的写作要求,如《诠赋》对"赋体"的总结是:"情以物兴,故义必明雅;物以情观,故词必巧丽。丽词雅义,符采相胜,如组织之品朱紫,画绘之著玄黄。文虽新而有质,色虽糅而有本,此立赋之大体也。"从词、义两个要素及其关系规定了"立赋之大体"即作赋的基本原则。"论文叙笔"含《明诗》到《书记》共 20 篇,实际论述的文体有 80 多种,可谓详备。

刘勰所说的"下篇"25 篇的内容和性质比较多样,不像"文之枢纽"5 篇和"论文叙笔"的 20 篇那样统一,用"创作论"很难概括,即使加上"鉴赏论"也仍然不够周全。根据具体篇目和内容,下篇的 25 篇实际上是以创作方法论为主体,同时又论及文章写作与环境、作家才能、鉴赏批评、作家人格修养等问题。大致说来,《神思》至《总术》19 篇可以比较明确地归为创作方法论,论述文章写作的各个环节、各种方法和要求。其中《总术》一篇是对文章写作方法的总结,说明各种创作方法应相互协调、统一。以下 4 篇,分别论及文章与环境、作者和读者三个因素的关系。这些问题前文或未曾论及,或未立专论,但又是文章写作过程中必然涉及的三个基本关系,所以刘勰在集中论述写作方法后又一一补足。具体说来,《物色》《时序》两篇分别论述文章写作与自然景物、社会政治文化的关系,按历史发展过程揭示自然和社会两大因素对文章写作和文风变化的影响。《才略》篇着重说明历代作者的文才迟速和见识大小对文章成就及风格的影响,也是对《体性》提到的"才"与文体关系这一问题的落实。《知音》篇谈的是文章鉴赏和批评,从文章与读者的关系立论。至于《程器》篇,这是除《序志》篇外《文心雕龙》正文的最后一篇,虽然谈的也是作者问题，但已经从"立言"过渡到了"立德"和"立功"层面，将文章和文士与刘勰心目中更宏大的治世经国事业联系起来，既是对正文的收结，也是对全文命意的提升。《序志》篇为全书之序，是相对独立的一篇，所以刘勰在篇中说："其为文用，四十九篇而已。"

《文心雕龙》下篇综论文章写作中各种带有普遍性的问题，因此较上篇分述各类文体具有更强的理论性，也更受现代研究者的关注。

二、《文心雕龙》产生的文学背景：南朝文坛概况及古今之争

南朝是一个文章和文论都很繁荣的时代，这也是《文心雕龙》得以产生的文学土壤。

两晋易都，大批文士随政权南下，在承续中原文化思想与文学艺术的同时，又与当地的文士和文化结合，形成了有别于魏晋，也有别于北朝的文风和文学观。促成南朝文学繁荣与新变的因素很多，其中有以下几点不能忽略。

第一，汉末魏晋以降所形成的文学传统的延续和发展。经过汉末魏晋的创作和积累，五言诗已经取代四言诗成为最流行的诗歌文体。五言诗的这段发展史，《文心雕龙》"明诗"和"时序"二篇都有集中概括和评述。例如，称《古诗十九首》"婉转附物，怊怅切情"，又称建安诗歌"慷慨以任气，磊落以使才；造怀指事，不求纤密之巧，驱辞逐貌，唯取昭晰之能"；批评正始诗人"诗杂仙心""率多浮浅"；评西晋五言"结藻清英，流韵绮靡"，但已流入"轻绮"，"采缛于正始，力柔于建安"，"或析文以为妙，或流靡以自妍"；指陈东晋玄言诗之弊是"嗤笑徇务之志，崇盛忘机之谈"，"诗必柱下之旨归，赋乃漆园之义疏"（与钟嵘《诗品》批评玄言诗的"理过其辞，淡乎寡味"同调）。宋齐诗坛则是"宋初文咏，体有因革。庄老告退，而山水方滋；俪采百字之偶，争价一句之奇，情必极貌以写物，辞必穷力而追新，此近世之所竞也"，语含批评的同时也反映了宋齐两代五言诗创作之盛。同时代的钟嵘《诗品》则通过比较四言与五言的文体差异，说明五言诗取代四言成为流行诗体的原因："夫四言，文约意广，取效《风》《骚》，便可多得。每苦文繁而意少，故世罕习焉。五言居文词之要，是众作之有滋味者也，故云会于流俗。岂不以指事造形，穷情写物，最为详切者耶？"与四言诗相比，五言诗表情达意更为贴切、充分，效率更高，也因此有更丰富的审美意蕴。与此同时，人们对五言诗体特征的认识也更加清晰，如曹丕《典论·论文》总结的"诗赋欲丽"、陆机《文赋》提出的"诗缘情而绮靡"等。五言诗体的辨析也渐趋全面和精细，既有不同诗人五言体之辨，集其大成者有钟嵘《诗品》，也有不同时代五言体之辨，如《文心雕龙·明诗》对历代五言诗体的概括与评价。

第二，统治者和上层文士的提倡与亲为。宋、齐、梁三代帝王中都不乏诗

歌爱好者。宋文帝时，在儒学馆、玄学馆和史学馆之外，特立文学馆，广延文章之士，写诗作赋不再以"小道"视之。《文心雕龙·时序》称："宋武爱文，文帝彬雅，秉文之德，孝武多才，英采云构。自明帝以下，文理替矣。"宋明帝甚至亲自编撰《晋江左文章志》。影响所至，"缙绅之林，霞蔚而飙起"，出现了以王弘、袁淑、颜延之、谢晦为代表的文才辈出的多个家族以及何逊、范云、张邵、沈约等杰出文士。有齐一代，帝王对文学的重视不减。到了梁代，武帝萧衍、昭明太子萧统、简文帝萧纲、元帝萧绎等，多能文善诗，并有论文之作。

第三，三教并立的文化思想形成了相对宽松自由的文学环境。由于易代频繁，南北分治，玄学思想的长期浸淫，佛教思想在统治阶层的隆盛，因此没有出现像两汉那样由儒家政教思想高度统一的意识形态局面。文学自身的审美特性与文学外部的功用关系被自觉区分开来，这种区分最鲜明地反映在"文"与"笔"、"诗"与"笔"的辨析里。一方面，让章表、奏议、书论等实用性较强的文章（笔）承载经国治世、道德教化的思想；另一方面，在诗（尤其是五言诗）、赋（尤其是抒情小赋）等文体中追求文章的声韵美、语言美、形象美和抒情美等审美特征，如钟嵘《诗品序》云："若乃经国文符，应资博古；据德驳奏，宜穷往烈。至于吟咏情性，亦何贵于用事？"萧纲《与湘东王书》对两类文体的区分意识更加强烈。

上述因素既促成了宋齐文坛的繁荣，也形成了宋齐文风的主要特点。第一，山水诗兴起，出现了"情必极貌以写物"的倾向。东晋玄言诗是玄学浸入文学的结果，也是哲学思想直接影响艺术的一个显例，但文学的最后根基还是在自然和社会，因此"庄老告退，而山水方滋"，在抽象的玄学和江南的明山秀水之间，南朝诗人自然选择了后者。宋齐五言中成就最大的是山水诗，宋齐最著名的诗人也是山水诗人，谢灵运、谢朓、何逊等都是状写山水的名家。在这些山水知音的笔下，南朝山水尽态极妍，灵妙尽泄，涌现出很多脍炙人口的诗句，如"池塘生春草，园柳变鸣禽"（谢灵运《登池上楼》），"余霞散成绮，澄江静如练"（谢朓《晚登三山还望京邑》），"夜雨滴空阶，晓灯暗离室"（何逊《临行与故游夜别》），"昔去雪如花，今来花似雪"（范云《别诗》）等。不过在这些名章秀句之外，也有大量模山范水、有形无神的山水诗作，虽有刻镂之细，却失情性之真。

第二，齐永明间成熟的声律论，助长了"辞必穷力而追新""俪采百字之偶，争价一句之奇"的追求文采之美的倾向。古代早期诗作多可合乐歌唱，亦诗亦歌，诗歌声韵但求协畅入耳，对声调并没有严格的规定。一如《诗品序》所言："古曰诗颂，皆被之金竹，故非调五音，无以谐会。若'置酒高堂上'、'明月照高楼'，为韵之首。故三祖之词，文或不工，而韵入歌唱，此重音韵之义也，与世之言宫商异矣。"这一情况尚属于朱光潜《诗论》所说的诗乐未分的阶段，如两汉乐府及魏武曹操等人所作的乐府诗，当时多可合乐歌唱。随着诗歌写作的文人化和专业化，诗歌数量大增，形式内容日趋多样，合乐在大多数时候不再是诗人写作的要求。但是，音乐性本来是诗歌的一种内在品质，当外在合乐的要求降低时，对内在音乐性的要求却逐渐自觉，诗歌写作进入了"在文词本身见出音乐"的阶段（朱光潜《诗论》），永明声律论正是这一发展趋向在文论中的反映。声律论的特点在于不仅保留了传统的"重音韵之义"，而且对汉语的四声（即"宫商"）规律作了一番自觉的探索、总结和规定，无疑丰富了对古代汉语诗歌音乐性的体会和认识。《诗品序》认为"今既不被管弦，亦何取于声律邪"，这种批评多少还局限在诗歌合乐的阶段，未能意识到诗歌音乐性正在经历由外到内的历史转变。

相对于音韵的协调和伴奏的音乐，四声的组合变化属于汉语语音规律中更加细微的层面，其所蕴含的音乐性需要更细致的吟味和体会。《文心雕龙·声律》指出过这种差异："今操琴不调，必知改张，摛文乖张，而不识所调。响在彼弦，乃得克谐，声萌我心，更失和律，其故何哉？良由外听易为察，内听难为聪也。故外听之易，弦以手定，内听之难，声与心纷；可以数求，难以辞逐。"音乐的不调很容易听出，而文章声调不协却很难识别，原因正在于"外听易为察，内听难为聪"，也即四声的组合变化较音乐更为精细，需要更细心地聆听和体察。因此，诗歌语言自身的声律特征和意义只有在文人诗歌写作发展到相当成熟的阶段时才有可能为人自觉。《诗品序》载："齐有王元长者，尝谓余云：'宫商与二仪俱生，自古词人不知之。唯颜宪子乃云律吕音调，而其实大谬。唯见范晔、谢庄颇识之耳。尝欲进《知音论》，未就而卒。'王元长创其首，谢朓、沈约扬其波。"依王融之见，东汉范晔对声律已有一定的认识，南朝宋谢庄甚至写过《知音论》。至齐永明间，王融、谢朓、沈约等系统、明确地提出并倡导"四声八病"之说，要求写诗"宫羽相变，低昂舛节。若前有浮声，则后须切响。一简之内，音韵尽殊；两句之中，轻重悉异"，同时概括出八种应该避免的声律之弊，即所谓平头、上尾、蜂腰、鹤膝、大韵、小韵、旁纽、正纽。声律论的提出客观上顺应了诗歌创作从诗乐合一向诗乐分离转变的发展趋势，因此一时影从响应，蔚为风气："三贤咸贵公子孙，幼有文辩，于是士流景慕，务为精密。"（《诗品序》）但烦琐的规定和过多的拘忌，也带来了"襞积细微，专相凌架。故使文多拘忌，伤其真美"的弊端。

第三，诗中"用事"的泛滥也是宋齐诗歌雕章琢句、追新竞奇的一个重要表现。一方面在语言上对声律要求愈加细密；另一方面在表情达意上越来越多地借助用典。刘宋时的颜延之、谢庄，南齐任昉、王融等的诗文，都以用典为能事。《诗品》对此严加批评："颜延、谢庄，尤为繁密，于时化之。故大明、泰始中，文章殆同书抄，近任昉、王元长等，词不贵奇，竞须新事，尔来作者，浸以成俗。遂乃句无虚语，语无虚字，拘挛补衲，蠹文已甚。……词既失高，则宜加事义。虽谢天才，且表学问，亦一理乎！"文字雕琢到极端，就将文章和诗歌变成了事义的堆积和典故的补缀，天才让位于学问，真情和想象的空间完全被故实挤占。

面对文坛流行的这种新潮，文士们的态度不尽相同。学者裴子野从维护政治教化的立场出发对宋齐文风深致不满。唐杜佑《通典》载裴子野《宋略》语（《文苑英华》加题为《雕虫论》）云："古者四始六义，总而为诗，既行四方之风，且彰君子之志，劝善惩恶，王化本焉。而后之作者，思存枝叶，繁华蕴藻，用以自通。若夫悱恻芬芳，《楚骚》为之祖；靡漫容与，相如扣其音。由是随声逐响之俦，弃指归而无执。赋诗歌颂，百帙五车。蔡邕等之俳优，扬雄悔为童子。圣人不作，雅郑谁分？其五言为诗家，则苏、李自出，曹、刘伟其风力，潘、陆固其枝柯。爰及江左，称彼颜、谢，箴绣鞶帨，无取庙堂。宋初迄于元嘉，多为经史。大明之代，实好斯文，高才逸韵，颇谢前哲，波流同尚，滋有笃焉，自是闾阎少年，贵游总角，罔不摈落六艺，吟咏情性。学者以博依为急务，谓章句为专鲁。淫文破典，斐尔为功，无被于管弦，非止乎礼义。深心主卉木，远致极风云，其兴浮，其志弱，巧而不要，隐而不深。讨其宗途，亦有宋之遗风也。若季子聆音，则非兴国；鲤也趋庭，必有不敦。荀卿有言：乱代之征，文章匮采。斯其近之乎！"裴子野以《诗经》能行王政教化、劝善惩恶为标准，认为后世历代诗歌总体上都有"思存枝叶，繁华蕴藻"的缺点，把这一风气的肇始者归于屈原《离骚》和相如辞赋。论及五言诗，对开始阶段的苏、李、曹、刘等，他还能给以肯定，而对东晋以降的诗歌，时代愈近，则批评愈力。颜谢之诗，固以如同"箴绣鞶帨"，徒有雕琢之工，无关政教之用。齐明帝后，愈骛愈远，出现了"闾阎少年，贵游总角，罔不摈落六艺，吟咏情性"的情形，以至治学之士也"以博依为急务，谓章句为专鲁"，不屑于注经治史，而急于学习"博依"之类的写诗技巧。从批评中也可看出，裴子野最关心的是儒家传统的"六艺"之学，认为文章之作不应有损经典，而应该与礼乐教化统一。因此，他对东汉学者扬雄视诗赋写作为"童子雕虫，壮夫不为"的观点非常认同。《梁书·裴子野传》载："子野为文典而速，不尚丽靡之词，其制作多法古，与今文体异。当时或有诋诃者，及其末皆翕然重之。"可见裴子野以古为法的文章观，还是影响了一批人，形成了当时文坛的"崇古派"。

萧纲的文章观与裴子野恰相对立。他对受裴子野等人影响形成的所谓"京师文体"痛加批评："比见京师文体，懦钝殊常，竞学浮疏，争为阐缓。玄冬修夜，思所不得。既殊比兴，正背《风》《骚》。若夫六典三礼，所施则有地；吉凶嘉宾，用之则有所。未闻吟咏情性，反拟《内则》之篇；操笔写志，更摹

《酒诰》之作；迟迟春日，翻学《归藏》；湛湛江水，遂同《大传》（《尚书大传》）。吾既拙于为文，不敢轻有掎摭。但以当世之作，历方古人之才，远则扬、马、曹、王，近则潘、陆、颜、谢，而观其遣辞用心，了不相似。若以今文为是，则古文为非；若昔贤可称，则今体宜弃。俱为盍各，则未之敢许。"（《与湘东王书》）批评的核心是此派文体违背了《风》《骚》所奠定的抒情审美文学的规律，将本当"吟咏情性"的诗作与儒家的"六典三礼"混为一谈，以注经之笔撰比兴之篇，用经传的文体拘囿生气流动的自然。裴子野本人的作品也被萧纲批评为"乃是良史之才，了无篇什之美"。其《诫当阳公大心书》云："立身之道与文章异。立身先须谨重，文章且须放荡。"直接主张将道德教化与诗文创作分为两途，让诗文成为自由抒发情感、生动描写景致和试验新奇文字的文体，以华艳、绮靡著称的"宫体诗"即是其诗文观的真实写照。湘东王（后来的梁元帝）萧绎与萧纲的诗文观基本一致，其《金楼子·立言》篇也主张："吟咏风谣，流连哀思者，谓之文。……至如文者，惟须绮縠纷披，宫徵靡曼，唇吻遒会，情灵摇荡。"萧绎将"文"的特征归之于抒情之美（"吟咏风谣，流连哀思"）、辞采之美（"绮縠纷披"）、声韵之美（"宫徵靡曼，唇吻遒会"）和强烈的感发效果（"情灵摇荡"）。黄侃《文心雕龙札记》评："案文笔之别，以此条为最详明。其于声律以外，又增情采二者，合而定之，则曰有情采韵者为文，无情采韵者为笔。"认为萧绎对声律、情感、辞采这三个文章审美要素作了最全面、明确的阐述。

与上述古、今两派相比，《文心雕龙》属于更为谨慎、稳妥的折中派。从《文心雕龙》对宋齐文风的批评以及以征圣、宗经救治其偏失来看，其立场似乎与裴子野很接近。但从整体来看，二者文章观的区别又非常明显。对于儒家经典，刘勰虽然从文章写作的角度给予极高评价，但其目的是要以六经文体的雅正和质实，济宋齐诗文的浮靡之病，而不主张像裴氏那样过多地摹仿经典。因此，《宗经》等篇所总结的经典文体的六个特征，都是从一般写作层面着眼，而不局限于对六经的具体题材、手法和语言等因素的摹拟和引用。对于宋齐文风，刘勰虽然在整体上批评较多，但在论述具体写作问题时，又能辩证地肯定其声韵之谐、文采之丽和以情感人的特点。这种"唯务折中"的论文立场，使刘勰在面对宋齐文坛流风时能够保持一定的距离和清醒的认识，而在主张征圣、宗经时，又不至于流入拟古和复古。

三、作为文体论的《文心雕龙》

《梁书·刘勰传》云："勰撰《文心雕龙》五十篇，论古今文体，引而次之。"其中"论古今文体"，既可理解为是对《文心雕龙》全书内容的概述，也可理解为是以上篇 20 篇文类文体论代指全书内容。无论作哪种理解，都客观反映了文体论在《文心雕龙》中的重要位置。

　　《文心雕龙》是广义的文章论，但在很大程度上也是文体论。甚至可以说，《文心雕龙》实际上是一部中国古代文体论成熟时期产生的以文体观为核心的文论著作。从文体论入手，可以更准确地把握《文心雕龙》关于文章本质、文类特征、文章创作、发展流变、鉴赏批评等一系列问题的论述，也有助于纠正《文心雕龙》研究中长期存在的一些理论偏差。

　　人们习惯上根据文体概念的使用情况，分别将其解释为"体裁"和"风格"两种含义。这种解释的问题一是没有真正领会中国古代"文体"概念的使用特点；二是依据西方文论中文类与语体的二分模式对中国古代"文体"概念的内涵作了不恰当地分解。

　　"文体"是中国古代文论中的一个重要概念，虽然与一些西方文论概念有比较的可能和意义，但其基本内涵应该从中国古代文体论自身的传统中得到说明，以中国古代文体论的原始文献为据，融会贯通地理解"文体"的用法和用义。以"体"论文，渊源甚早。《尚书·毕命》已有"政贵有恒，辞尚体要，不惟好异"之说。扬雄《法言·问神》云"惟圣人得言之解，得书之体"，此处"书"即著于文字的书籍文献。东汉班固《汉书·地理志》："临甾名营丘，故《齐诗》曰，'子之营兮，遭我乎猃之间兮。'又曰：'俟我于著乎而。'此亦其舒缓之体也。"王充《论衡·正说》："文字有意以立句，句有数以连章，章有体以成篇，篇则章句之大者也。"汉末卢植《郦文胜诔》言："自毗末成童，著书十余箱，文体思奥，烂有文章，篾缕百家。"蔡邕《独断》以"文体"言"策"："三公以罪免，亦赐策，文体如上策。"时至魏晋，以"体"论文蔚成风气。曹丕《典论·论文》明确用"文体"称奏、议、书、论、铭、诔、诗、赋等各种类型文章，西晋挚虞《文章流别论》专论诗、赋、颂、铭等各类文体，陆机《文赋》称诗、赋、碑、诔、铭、箴、颂、论、奏、说等"体有万殊"。到了南朝，"文体"又广泛用于论不同作者、不同时代、不同流派的文章，并出现了如刘勰《文心雕龙》、钟嵘《诗品》这类集文体论大成或专论某类文体的著作。

　　在文体论产生之前，人们已经在"文"的观念内对有关文章的诸多问题有了比较深刻、丰富的认识。"文体"范畴和文体论的出现，是对"文"观念的进一步发展，突出并丰富了"文"的内在规定性，并因此确立了文体论在中国古代文论中的重要地位。

　　根据众多有关文献，"文体"最基本的内涵应该是指文章的整体存在。《文心雕龙》的多处论述把这层含义说得很明确。

　　若夫注释为词，解散论体，杂文虽异，总会是同。（《论说》）

　　据事似闲，在用实切。巧者回运，弥缝文体，将令数句之外，得一字之助矣。（《章句》）

　　若统绪失宗，辞味必乱；义脉不流，则偏枯文体。（《附会》）

　　况文体多术，共相弥纶，一物携贰，莫不解体。（《总术》）

　　而去圣久远，文体解散，辞人爱奇，言贵浮诡，饰羽尚画，文绣鞶悦，离本弥甚，将遂讹滥。（《序志》）

　　这几处论述或专论某种类型的文体，或泛论所有文体，但都以不同方式表达了刘勰关于文体的一个基本观念，即把文体作为一个整体来看，如《论说》篇所说的"解散论体"、《总术》篇所说的"莫不解体"以及《序志》篇所说的"文体解散"，都是从反面说明文体应该是一个有机统一的整体；《章句》篇称"弥缝文体"，是具体讲通过虚字的恰当运用使文体成为一个更加紧密的整体；《附会》篇所说的"义脉不流，则偏枯文体"，则是直接以人体喻文体，说明文体应该是如同一个脉络畅通、健康完整的生命整体。

　　刘勰在《文心雕龙》中反复用"文体"（或简称"体"）一词来表达他的文章整体观并以人体譬喻文体，是一件很自然的事，根据早已蕴含在"体"一词的本义中。《说文解字》称："体，总十二属也。"段玉裁注："十二属，许未详言。今以人体及许书核之。首之属有三：曰顶，曰面，曰颐；身之属有三：曰肩，曰脊，曰尻；手之属有三：曰肱，曰臂，曰手；足之属有三：曰股，曰胫，曰足。"说明"体"的本义即是指由"十二属"构成的人的整体。如果以"体"之本义与上述《文心雕龙》"文体"一词的用意相互参照，可以看出"文体"应该指的是文章的整体存在。其他古代文论典籍也提供了这方面的文献根据，如《文镜秘府论》"南卷""定位"称："义不相接，则文体中绝。"又称："自于首句，迄于终篇，科位虽分，文体终合。"① 其中的"文体终合"和"文体中绝"分别从正反两面暗示了文体应该是一个文意贯通、首尾圆合的完整篇章。

　　那些被理解为"风格"的古代"文体"概念，实际上同样在"文章整体存在"的意义上被古人使用。钟嵘《诗品》中有很多关于作家文体特征的描述，如称张协"文体华净"，称郭璞"文体相辉"，称陶潜"文体省净"，称袁宏"虽文体未遒，而鲜明劲健"等。研究者一般也是把这些"文体"范畴解释为"风格"，但钟嵘在"晋平原相陆机"条称："源出于陈思。才高词赡，举体华美。"其中"举体华美"一语，明确了《诗品》中使用的"文体"也应该是指

---

　　① 遍照金刚编撰：《文镜秘府论校注》，王利器校注，340～341 页，北京，中国社会科学出版社，1983。

诗歌的"举体",即诗歌的整体。

人们习惯上理解为"风格"的皎然《诗式·辨体有一十九字》中"体"的用义也是如此,"评曰:夫诗人之思初发,取境偏高,则一首举体便高;取境偏逸,则一首举体便逸。才性等字亦然。体有所长,故各归功一字。偏高偏逸之例,直于诗体;篇目风貌,不妨一字之下,风律外彰,体德内蕴,如车之有毂,众美归焉。"皎然本人说得非常明白,所谓"一首举体便高""一首举体便逸",表明这里所辨之"体"乃是指一首诗歌的整体。而且,皎然还说明了"体"与"一十九字"之间的关系,所谓"体有所长,故各归功一字",表明这"一十九字"(如"高""逸""贞""忠""节""志""气"等)所概括的是诗歌"举体"之"所长",也即诗歌整体的某种最突出的特征。把"体"理解为"风格"或"体貌",是因为没注意到皎然所说的"举体"一词,未将"体"与"体有所长"区别开来,即未把一首诗的整体与其最突出的特征区别开来。

任何一篇文章或一类文章都是一个整体存在,"文体"范畴的出现和文体观念的产生,标志着古人文章整体观的高度自觉。"文体"范畴在"文"范畴之后出现,其重要意义之一就在于突出了文章的整体性这一特征,将此前隐含的文章整体观彰显出来。正是在文体论产生之后,古文论中有关文章整体性的论述才开始丰富起来,并发展成了系统的古代文章整体观。这种文章整体观并不是一个偶然存在,而是中国传统文化中的生命整体观在文论中的具体体现。

结合古代文体论的有关论述,对"文体"内涵的理解还可以进一步丰富。"文体"概念不仅突出了文章的整体性,而且表明各种文章是具有各种特征和构成的整体存在,如中国古代文体论中的各种"辨体"论(文类文体辨析如诗体、赋体、词体、颂体、论体等,时代文体辨析如建安体、永明体、齐梁体、盛唐体、元和体、晚唐体等,作者文体辨析如陶体、谢体、少陵体、太白体、韩昌黎体、李商隐体、东坡体、山谷体等,流派文体的辨析如竟陵体、公安体、元白体、西昆体、江西宗派体等,地域文体辨析如南朝体、北朝体等),又在"文体"概念所突出的文章整体性的基础上,进一步表现了各类文章的特征性和差异性,标志着古人对各种文章的特征性和差异性的高度自觉。文章分类论发展到辨体论阶段后,文章类别和文章特征的辨析获得了一个更大的理论空间。一方面其分类更加精细、完备。另一方面,人们对文体特征的描述也越来越精练,如曹丕《典论·论文》称"文非一体",将奏议二体的特征概括为"雅",将书论二体的特征概括为"理",将铭诔二体的特征概括为"实",而将诗赋二体的特征概括为"丽";陆机《文赋》称"体有万殊",对每种文体的特征逐一描述,以"缘情而绮靡"为诗体的特征,以"体物而浏亮"为赋体的特征,以"披文以相质"为碑体的特征,以"缠绵而凄怆"为诔体的特征,以"博约而温润"为铭体的特征等。描述的精练反映的是人们对文体特征认识的深化和对文体特征概括程度的提高，也使得各种文体的特征被表现得更加鲜明。到了刘勰的《文心雕龙》，在传统的约定俗成的文类文体辨析的基础上，又从另一个角度将文体概括为八类，即分别以"典雅""远奥""精约""显附""繁缛""壮丽""新奇""轻靡"为特征的八种文体。这是一种以更加抽象的特征为根据的文体分类形式，也是此前未曾有过的。

在文体论中，人们还相应地深化了对文章整体构成的认识。关于文章的构成，在文体论产生之前，人们多在文与质、言与意、意与象、辞与理、情与物等关系内谈论；而在文体论产生后，描述文章构成的名词术语迅速增多。人们一方面以"体"为基础，衍生出大量双音节词，如体裁、体制、体式、体统、体势、体要、体略、大体、体料、体律、体格、体骨、体度、体气、体意、体理、体趣、体韵、体调、体致等；另一方面通过与人的生命体类比，借用或创造出了很多表示文体构成要素的概念，如风格、风貌、风骨、神韵、气韵、气力、气格、气魄、气脉、骨力、骨鲠、骨髓、骨劲、骨韵、格调、肌理等。这些概念涉及文体的内容和形式层面的各种构成因素，形成了古代文体的构成论，在更加具体地描述文体构成的同时，也进一步证明了文体论所蕴含的文章的生命整体观。《文心雕龙·体性》篇称，"夫才童学文，宜正体制：必以情志为神明，事义为骨髓，辞采为肌肤，宫商为声气。"这里的"体制"即表示文章整体的基本构成，这种对文章整体构成的认识直接源于刘勰的"文体"观。

综上所论，古代"文体"概念不仅表明所有文章都是一种整体存在，而且表明所有文章都是各具特征和构成的整体存在。

从文体论角度看《文心雕龙》，"文之枢纽"部分可称为"理想文体论"，旨在通过对经典及纬、骚等文体的相互辨正，建立一种雅丽相符、衔华佩实、文质统一的理想文体的范型；"论文叙笔"为文类文体论，目的是通过历史梳理和理论概括，总结各种文类文体的规范特征，为各类文体的写作提供范本和准则；"割情析采"则侧重论文体的创作规律、过程和方法，包括文体构思、文体与性情、文体与气、文体的常与变等。倘若不囿于传统的体裁-风格二分论模式，而以上述关于文体内涵的理解为基础，下篇的很多篇目理解起来会更为顺畅。《体性》《风骨》二篇已分析如前，这里再补充分析一下《定势》和《通变》两篇。

《定势》篇云，"夫情致异区，文变殊术，莫不因情立体，即体成势也。势者，乘利而为制也。如机发矢直，涧曲湍回，自然之趣也。圆者规体，其势也自转；方者矩形，其势也自安：文章体势，如斯而已。"很多人把"势"理解为"风格"，所谓"定势"也就成了确定文章的"风格"。本篇实际上讲的是在具体写作中如何体现文类文体的规范和要求，关键在"即体成势"一句。这里的"势"应理解为根据文类文体的内在要求创作具体文章的自然规律。该篇用多个譬喻反复说明这个意思，"势者，乘利而为制也。如机发矢直，涧曲湍回，自然之趣也。圆者规体，其势也自转；方者矩形，其势也自安：文章体势，如斯而已。"水流以山涧的曲折这一内在规定性为根据，自然会形成回环的特性；物体以规的圆或矩的方这一内在规定性为根据，自然会形成圆转或安稳的内在特性。文章写作按照各种文类文体自身的规律，根据文类文体的内在要求，才能呈现出相应文类文体的特征，实现不同的写作目的。刘勰对此作了更具体的说明，"是以括囊杂体，功在铨别，宫商朱紫，随势各配。章表奏议，则准的乎典雅；赋颂歌诗，则羽仪乎清丽；符檄书移，则楷式于明断；史论序注，则师范于核要；箴铭碑诔，则体制于宏深；连珠七辞，则从事于巧艳：此循体而成势，随变而立功者也。"这段话主要是围绕"循体而成势"一句来说的，至于"随变而立功"则是《通变》篇的主要内容。

关于"通变"，学界也有很多理解。如果将《通变》篇与《定势》篇对照就会发现，两篇内容形成了一种巧妙的互补：《定势》篇强调的是文类文体的规范性和统一性；《通变》篇强调的是不同时代具体文体的特殊性和差异性。刘勰说："凡诗赋书记，名理相因，此有常之体也；文辞气力，通变则久，此无方之数也。名理有常，体必资于故实；通变无方，数必酌于新声；故能骋无穷之路，饮不竭之源。""有常之体"即《定势》篇"即体成势"的"体"，指的是文类文体；所谓"通"，意在说明应在具体文体的写作过程中体现"有常之体"；所谓"变"，是指文体写作中"文辞气力"等主客观因素的变化，会使同一文类文体在不同时代的不同作家那里呈现出不同特征。这也就是所谓"无方之数"："暨楚之骚文，矩式周人；汉之赋颂，影写楚世；魏之策制，顾慕汉风；晋之辞章，瞻望魏采。榷而论之，则黄唐淳而质，虞夏质而辨，商周丽而雅，楚汉侈而艳，魏晋浅而绮，宋初讹而新。"前部分是说明后代对前代有常之体（如骚、赋颂、策制、辞章等）的"通"；后一句说明由"通变"形成的历代文体的具体特征。这样理解《通变》篇的文意，显然比按照"继承和创新"的思路理解更为融通。

【思考题】

1. 谈谈对"文能宗经，体有六义"的理解。

2. 刘勰在《宗经》篇认为五经是"性灵熔匠，文章奥府"，而在《物色》篇又提出"山林皋壤，文思奥府"。请分析这两种说法的关系。

3. 《文心雕龙·体性》篇主张"摹体以定习，因性以练才"，你赞同这种观点吗？试联系写作实际说说理由。

4. 结合当时的文坛状况，谈谈刘勰专设《风骨》篇的目的和意义。

第五章　钟嵘《诗品》

第一节　经典文本阅读

【原典阅读】

一、《诗品序》

序曰：气之动物，物之感人，故摇荡性情，形诸舞咏①。欲以照烛三才，晖丽万有②，灵祇待之以致飨，幽微藉之以昭告。动天地，感鬼神，莫近于诗③。昔《南风》之词④，《卿云》之颂⑤，厥义夐⑥矣。夏歌曰："郁陶乎予心。"⑦楚谣曰："名余曰正则。"⑧虽诗体未全，然略是五言之滥觞也⑨。逮汉李陵，始著五言之目矣⑩。古诗眇邈，人世难详。推其文体，固是炎汉之制⑪，非衰周之倡也。自王、扬、枚、马之徒⑫，词赋竞爽⑬，而吟咏靡闻。从李都尉⑭迄班婕妤⑮，将百年间，有妇人焉，一人而已⑯。诗人之风，顿已缺丧。东京⑰二百载中。惟有班固《咏史》，质木无文⑱。降及建安，曹公父子，笃好斯文；平原兄弟，郁为文栋⑲；刘桢、王粲，为其羽翼。次有攀龙托凤⑳，自致于属车㉑者，盖将百计。彬彬之盛，大备于时矣。尔后陵迟衰微㉒，迄于有晋。太康中㉓，三张㉔、二陆㉕、两潘㉖、一左㉗，勃尔复兴，踵武前王㉘，风流未沫㉙，亦文章之中兴也。永嘉时㉚，贵黄、老，稍尚虚谈。于时篇什，理过其辞㉛，淡乎寡味。爰及江表㉜，微波尚传：孙绰、许询、桓、庾诸公诗㉝，皆平典似《道德论》㉞。建安风力尽矣。先是郭景纯用隽上之才，变创其体；刘越石仗清刚之气，赞成厥美㉟。然彼众我寡，未能动俗。逮义熙中㊱，谢益寿斐然继作㊲。元嘉中㊳，有谢灵运，才高词盛，富艳难踪，固已含跨㊴刘、郭，凌轹㊵潘、左。故知陈思㊶为建安之杰，公幹、仲宣为辅㊷；陆机为太康之英，安仁、景阳为辅；谢客㊸为元嘉之雄，颜延年㊹为辅。斯皆五言之冠冕㊺，文词之命世也㊻。夫四言文约意广，取效《风》《骚》，便可多得。每苦文繁而意少，故世罕习焉。五言居文词之要，是众作之有滋味者也，故云会于流俗㊼。岂不以指事造形，穷情写物，最为详切者邪！故诗有六义焉：一曰兴，二曰比，三曰赋。文已尽而意有余，兴也；因物喻志，比也；直书其事，寓言写物，赋也；宏斯三义，酌而用之，干之以风力，润之以丹彩，使味之者无极，闻之者动心，是诗之至也。若专用比兴，患在意深，意深则词踬⁴⁹。若但用赋体，患在意浮，意浮则文散，嬉成流移，文无止泊⁵⁰，有芜漫之累矣。若乃春风春鸟，秋月秋蝉，夏云暑雨，冬月祁寒，斯四候之感诸诗者也。嘉会寄诗以亲，离群托诗以怨。至于楚臣去境⁵¹，汉妾辞宫⁵²，或骨横朔野，或魂逐飞蓬。或负戈外戍，杀气雄边，塞客衣单，孀闺泪尽；又士有解佩出朝，一去忘返；女有扬蛾入宠，再盼倾国⁵³。凡斯种种，感荡心灵，非陈诗何以展其义，非长歌何以骋其情？故曰："诗可以群，可以怨。"使穷贱易安，幽居靡闷，莫尚于诗矣。故词人作者，罔不爱好。今之士俗，斯风炽矣。才能胜衣⁵⁴，甫就小学⁵⁵，必甘心而驰骛焉⁵⁶。于是庸音杂体，各各为容。至使膏腴子弟，耻文不逮，终朝点缀，分夜呻吟。独观谓为警策，众睹终沦平钝。次有轻薄之徒，笑曹、刘为古拙，谓鲍照羲皇上人，谢朓今古独步。而师鲍照，终不及"日中市朝满"⁵⁷；学谢朓，劣得"黄鸟度青枝"⁵⁸。徒自弃于高听，无涉于文流矣。观王公缙绅之士，每博论之余，何尝不以诗为口实。随其嗜欲，商榷不同。淄渑并泛⁵⁹，朱紫相夺，喧议竞起，准的无依⁶⁰。近彭城刘士章⁶¹，俊赏之士，疾其淆乱，欲为当世诗品，口陈标榜，其文未遂。嵘感而作焉。昔九品论人⁶²，七略裁士⁶³，校以宾实⁶⁴，诚多未值⁶⁵。至若诗之为技，较尔可知⁶⁶，以类推之，殆均博弈⁶⁷。方今皇帝⁶⁸，资生知之上才，体沈郁之幽思⁶⁹。文丽日月，赏究天人⁷⁰。昔在贵游，已为称首⁷¹。况八纮既奄，风靡云蒸。抱玉者联肩，握珠者踵武⁷²。固以瞰汉、魏而不顾，吞晋、宋于胸中。谅非农歌辕议⁷³，敢致流别。嵘之今录，庶周旋于闾里，均之于谈笑耳。一品之中，略以世代为先后，不以优劣为诠次⁷⁴。又其人既往，其文克定，今所寓言，不录存者。夫属词比事，乃为通谈⁷⁵。若乃经国文符，应资博古⁷⁶；撰德驳奏，宜穷往烈⁷⁷。至乎吟咏情性，亦何贵于用事？"思君如流水"⁷⁸，既是即目；"高台多悲风"⁷⁹，亦唯所见；"清晨登陇首"⁸⁰，羌无故实；"明月照积雪"⁸¹，讵出经史。观古今胜语，多非补假，皆由直寻⁸²。颜延、谢庄，尤为繁密，于时化之。故大明⁸³、泰始中⁸⁴，文章殆同书抄。近任昉⁸⁵、王元长⁸⁶等，词不贵奇，竞须新事，尔来作者，寝以成俗⁸⁷。遂乃句无虚语，语无虚字，拘挛补衲⁸⁸，蠹文已甚。但自然英旨，罕值其人⁸⁹。词既失高，则宜加事义。虽谢天才，且表学问，亦一理乎⁹⁰！陆机《文赋》，通而无贬；李充《翰林》，疏而不切⁹¹；王微《鸿宝》，密而无裁⁹²；颜延论文⁹³，精而难晓，挚虞《文志》⁹⁴，详而博赡，颇曰知言；观斯数家，皆就谈文体，而不显优劣。至于谢客集诗⁹⁵，逢诗辄取；张隐《文士》⁹⁶，逢文即书。诸英志录，并义在文，曾无品第。嵘今所录，止乎五言。虽然，网罗今古，词人殆集。轻欲辨彰清浊，掎摭病利⁹⁷，凡百二十人。预此宗流者⁹⁸，便称才子。至斯三品升降，差非定制，方申变裁，请寄知者尔⑨。昔曹、刘殆文章之圣，陆、谢为体贰之才⑩。锐精研思，千百年中，而不闻宫商之辨⑩，四声之论⑩。或谓前达偶然不见，岂其然乎⑩？尝试言之，古曰诗颂，皆被之金竹，故非调五音，无以谐会。若"置酒高殿上"⑩，"明月照高楼"⑩，为韵之首。故三祖之词⑩，文或不工，而韵入歌唱，此重音韵之义也，与世之言宫商异矣。今既不备于管弦，亦何取于声律耶？齐有王元长者，尝谓余云："宫商与二仪俱生，自古词人不知用之。唯颜宪子⑩论又乃云'律吕音调'，而其实大谬。唯见范晔、谢庄，颇识之耳⑩。"尝欲造《知音论》，未就而卒。王元长创其首，谢朓、沈约扬其波⑩。三贤咸贵公子孙，幼有文辨。于是士流景慕，务为精密。襞积细微⑩，专相凌架⑩。故使文多拘忌，伤其真美。余谓文制，本须讽读，不可蹇碍。但令清浊通流，口吻调利，斯为足矣⑩。至如平上去入，则余病未能；蜂腰、鹤膝，闾里已具⑩。陈思赠弟⑩，仲宣《七哀》⑩，公幹思友⑩，阮籍《咏怀》，子卿"双凫"⑩，叔夜"双鸾"⑩，茂先寒夕⑩，平叔衣单⑩，安仁倦暑⑩，景阳苦雨⑩，灵运《邺中》⑩，士衡《拟古》⑩，越石感乱⑩，景纯咏仙⑩，王微风月⑩，谢客山泉⑩，叔源离宴⑩，鲍照戍边⑩，太冲《咏史》⑩，颜延入洛⑩，陶公咏贫之制⑩，惠连《捣衣》之作⑩：斯皆五言之警策者也。所以谓篇章之珠泽⑩，文彩之邓林⑩。

（选自曹旭集注：《诗品集注》，上海，上海古籍出版社，1994）

①气之动物四句：气，节气。外物感动人心，人将此种受到激荡的情绪表现于舞咏。

②欲以照烛三才二句：烛，照。三才，指天、地、人。晖丽，光彩照耀。万有，万物。

③灵祇待之以致飨五句：指诗的作用幽显皆达。动天地云云，语出《毛诗序》："故正得失，动天地，感鬼神，莫近于诗。"

④《南风》：歌名。《礼记·礼乐》："昔者舜作五弦之琴，以歌《南风》。"

⑤《卿云》：歌名，《尚书大传》谓为舜时作品。

⑥敻：深长。

⑦郁陶乎予心：见伪古文《尚书·夏书·五子之歌》。

⑧名余曰正则：见屈原《离骚》。

⑨滥觞：比喻事物的开始。

⑩逮汉李陵句：《文选》载李陵作《与苏武诗》三首，或疑系后人拟托。日，指诗休之一目。

⑪炎汉：依五行说法，汉代以火德兴起，故称炎汉。

⑫王、扬、枚、马：王褒、扬雄、枚乘、司马相如。

⑬竞爽：争胜。

⑭李都尉：即李陵，官骑都尉。

⑮班婕妤：班固祖姑，汉成帝时被选入宫，立为婕妤。

⑯一人而已：指除了班婕妤，仅李陵一人而已。

⑰东京：东汉。

⑱班固《咏史》二句：诗载《全汉诗》卷二。内容议论提索救父事。质木无文：指枯燥无文采。

⑲平原兄弟二句：指陈思王曹植及其兄曹丕。曹植在建安十六年曾被封为平原侯。文栋，文坛领袖。

⑳攀龙托凤：龙凤，喻君王。指依附曹氏。

㉑属车：侍从之车。

㉒凌迟：衰颓。

㉓太康：晋武帝司马炎年号。

㉔三张：张载、张协、张亢。

㉕二陆：陆机、陆云。

㉖两潘：潘岳、潘尼。

㉗一左：左思。

㉘踵武前王：屈原《离骚》："及前王之踵武。"指复兴建安之盛。

㉙沫：已，尽。《离骚》："芳菲菲而难亏兮，芬至今犹未沫。"

㉚永嘉：晋怀帝司马炽年号。

㉛理过其辞：玄理思辨胜过形象生动的描写。相反，曹丕《典论论文》称孔融"理不胜辞"。

㉜江表：即江外，指长江以南的地方。

㉝孙绰、许询、桓、庾：孙绰、许询以及桓伟、庾友、庾蕴和庾阐，都属诗之玄言一派。

㉞《道德论》：指何晏、夏侯玄、阮籍等所著阐发老庄思想的玄学著作，今已不存。

㉟先是郭景纯用隽上之才四句：景纯，郭璞字。越石：刘琨字。赞美郭璞《游仙诗》用挺拔诗风、刘琨用清刚之气，一并矫玄言诗之疲弱。

㊱义熙：东晋安帝司马德宗年号。

㊲谢益寿斐然继作：益寿：谢混小字。斐然，文采烨烨的样子。

㊳元嘉：宋文帝刘义隆年号。

㊴含跨：超越。杨修《答临菑侯书》："含王超陈，度越数子。"

㊵凌轹：压倒。

㊶陈思：曹植封陈王，卒谥思。

㊷公幹、仲宣：分别是刘桢、王粲字。

㊸安仁、景阳：分别是潘岳、张协字。

㊹谢客：谢灵运幼名客儿。

㊺颜延年：颜延之字延年。

㊻冠冕：首要人物。

㊼命世：名世，闻名于世。

㊽故云会于流俗：云，语助词。会，合。适合一般人的口味。

㊾踬：艰涩，不顺畅。

㊿文无止泊：指文无所指归。

51楚臣：指屈原。

52汉妾：指汉文帝宫人王嫱。王嫱和亲匈奴事见《汉书·元帝纪》。

53女有扬蛾入宠二句：指汉武帝李夫人入宫得宠事，见《汉书·外戚传》。李延年《李夫人歌》："北方有佳人，绝世而独立，一顾倾人城，再顾倾人国。宁不知倾城与倾国，佳人难再得。"

54胜衣：谓能承受成人衣服的重量，言年幼。

55甫就小学：甫，始。《汉书·食货式》："八岁，入小学。"

56驰骛：奔走，指致力于写作诗歌。

57日中市朝满：见鲍照《代结客少年常行》。

58劣得"黄鸟度青枝"：劣得，仅得。黄鸟度青枝，出虞炎《玉阶怨》。

59淄渑并泛：淄渑，二水名，都在山东，二水味异，合则难辨。并泛，浑乱。

60准的：标准。

61刘士章：刘绘，字士章，齐中庶子，列钟嵘《诗品》之下品。

62九品论人：班固《汉书·古今人表》分九等，魏晋以后，又有九品官人法。

63七略裁士：刘韵《七略》分七类评论文献及作者。

64宾实：循名责实。《庄子·逍遥游》："名者，实之宾也。"

65未值：名实不副。

66较：明显貌。

67殆均博弈：《汉书·王褒传》载，汉宣帝所幸公馆，令刘向、王褒等为之颂，并赐帛，议者以为淫靡不急，宣帝引《论语·阳货》："不有博弈者乎？为之犹贤乎已。"此是抬高诗歌的社会地位。

68方今皇帝：指梁武帝萧衍。

69沈郁之幽思：文思深幽丰富。

70赏究天人：赏应改为学，学究天人之际。

71昔在贵游二句：指萧衍为帝以前和一些文士的交游。《梁书·武帝纪》云："（齐）竟陵王（萧）子良开西邸，招文学，高祖与沈约、谢朓、王融、萧琛、范云、任昉、陆倕等并游焉，号曰八游。"

72况八纮既奄四句：参见曹植《与杨德祖书》。

73农歌辕议：农民的歌谣，赶车人发的议论。

74诠次：按照次序解释。

75属词比事二句：《礼记·经解》："属词比事，《春秋》教也。"通谈，指齐梁是作文用典已成老生常谈之事了。

76若乃经国文符二句：指有关治国大略的文书，应凭借博引古事以见其典雅庄重。

77撰德驳奏二句：叙述德行和驳议奏疏等文章，应尽量称引古人的功业，以见其厚实雄辩。

78思君如流水：徐幹《室思》句。

79高台多悲风：曹植《杂诗》句。

⑧清晨登陇首：张华诗句，失题。见《北堂书钞》卷一五七（陇篇八）引："清晨登陇首，坎壈行山难"（俞本作何难）。

⑧明月照积雪：谢灵运《岁暮》句。

⑧直寻：直接写物抒情。

⑧大明：南朝宋孝武帝刘骏年号。

⑧泰始：南朝宋明帝刘彧年号。

⑧任昉：梁人。列《诗品》中品，《南史·王僧孺传》称任昉："其文丽逸，多用新事，人所未见者，时重其富博。"

⑧王元长：王融。

⑧寖：渐。

⑧拘挛补衲：拘挛，拘束。补衲，补缀拼合。

⑧自然英旨二句：天然去雕饰般美好的，极为少见。

⑨词既失高五句：指不能自铸伟词，则饾饤典故，缺乏诗才，则以学文炫耀。

⑨李充《翰林》二句：李充，字弘度，江夏（今湖北安陆）人，晋明帝（司马绍）时在官。他的《翰林论》是一部辨析文体的著作，早亡佚。疏而不切，指它疏漏不切实。

⑨王微《鸿宝》二句：王微，字景弦，列名《诗品》中品，琅琊林（今山东临人）。曾为宋时兴王刘浚后军功曹纪室参军、太子中舍人。《隋书·经籍志》载《鸿宝》十卷，不著撰人，《文镜秘府论·四声论》有王微著《鸿宝》的记载。密而无裁，细致但有失芜蔓，缺乏著者自己的判断、抉择能力。

⑨颜延论文：这句指颜延之《庭诰》中的论文之语。

⑨挚虞《文志》：《隋书·经籍志》载："《文章志》四卷，挚虞撰。"已佚。

⑨谢客集诗：指谢灵运的《诗集》五十卷、《诗集钞》十卷、《诗英》九卷，都著录于《隋书·经籍志》。已佚。

⑨《文士》：《隋书·经籍志》载："《文士传》五十卷，张隐撰。"隐和隲，不知何者为是。

⑨掎摭：指摘。

⑨预此宗流者：预，通于，列入。宗流，流派。

⑨三品升降四句：三品论士，并非不刊之论。将来提出变置，还要请真懂诗学者重新整理。

⑩体贰之才：《文选》李康《运命论》云："虽仲尼至圣，颜、冉大贤，揖让于规矩之内，閻閻于洙泗之上，不能遏其端。孟轲、孙卿体二希圣，从容正道，不能维其末。"六臣注引张铣曰："孟、孙二子体法颜、冉，故云体二。志望孔子之道，故云希圣。"

⑩宫商：指四声。

⑩四声之论：四声指平上去入。声律派讲四声八病。

⑩或谓前达偶然不见二句：这是针对沈约《宋书·谢灵运转》"自骚人以来，此秘未睹"等语而言。

⑩置酒高殿上：阮瑀《杂诗》句。

⑩明月照高楼：曹植《七哀诗》句。

(106)三祖：指魏武帝操，太祖；文帝丕，高祖；明帝叡，烈祖。

(107)颜宪子：即颜延之，宪子是谥号。

(108)唯见范晔、谢庄，颇识之耳：指范晔、谢庄能认识音律的问题。

(109)王元长创其首二句：王融、谢朓、沈约三人是声律派主要人物。

(110)襞积：原指群上褶子，这里指刻意讲究声律。

(111)凌架：攀比相夸。

(112)余谓文制本须讽读以下六句：这是钟嵘关于自然声律的主张，诗歌应读之条畅、反对滞碍。

(113)蜂腰鹤膝二句：蜂腰鹤膝见《宋书·谢灵运传论》注。闾里已具，黄侃《文心雕龙札记》(《声律》)："记室云：'蜂腰、鹤膝，闾里已具。'盖谓虽寻常歌谣亦自然不犯之，可毋严设科禁也。"

(114)陈思赠弟：指曹植《赠白马王彪诗》。

(115)仲宣《七哀》：王粲有《七哀诗》。

(116)公幹思友：指刘祯《赠徐幹诗》，中有："思子沈心曲，长叹不能言"二句。

(117)子卿"双凫"：苏武，字子卿。《古文苑》载苏武《别李陵诗》云："双凫俱北飞，一凫独南翔。"可能系后人委托。

(118)叔夜"双鸾"：嵇康，字叔夜。嵇康有《赠秀才入军》，中有"双鸾匿景曜"句。

(119)茂先寒夕：张华，字茂先，《杂诗》有"繁霜降当夕"句。

(120)平叔衣单：何晏，字平叔，《衣单》诗已佚。

(121)安仁倦暑：潘岳，字安仁，有《在县作》二首，中有"隆暑方赫曦"、"时暑忽隆炽"等句。《悼亡》诗有"溽暑随节阑"句。

(122)景阳苦雨：张协有《杂诗》十首，中有"飞雨洒朝兰"、"密雨如散丝"等句。

(123)灵运《邺中》：谢灵运有《拟魏太子邺中诗集》八首。

(124)士衡《拟古》：陆机有《拟古诗》十二首。

(125)越石感乱：刘琨有《扶风歌》、《重赠录卢谌》等诗，皆"感乱"而作。

(126)景纯咏仙：郭璞有《游仙诗》十四首。

(127)王微风月：江淹《杂体诗》中的《王征君微养疾》一首诗："清阴往来运，月华散前墀"，知王微原有咏"风月"诗，今已佚。

(128)谢客山泉：谢灵运是山水诗派的代表人物。

(129)叔源离宴：谢混有《送二王在领军府集诗》，结句云："乐酒辍今辰，离端起来日。"

(130)鲍照戍边：鲍照有《代出自蓟北门行》，咏戍边。

(131)太冲《咏史》：左思有《咏史诗》八首。

(132)颜延入洛：颜延之有《北使洛》诗。

(133)陶公咏贫之制：陶渊明有《咏贫士诗》七首。

(134)惠连捣衣之作：谢惠连有《捣衣诗》。

(135)珠泽：《穆天子传》："天子北征，舍于珠泽。"

(136)邓林：《山海经·海外北经》："夸父与日逐走，入日……弃其杖，化为邓林。"这里珠泽、邓林都是借来比喻文采之所荟萃。

二、《诗品》（评语）节录

（卷上）魏陈思王植

其源出于《国风》①。骨气奇高②，词彩华茂，情兼雅怨，体被文质③。粲溢古今，卓尔不群④。嗟乎！陈思之于文章也，譬人伦之有周、孔，鳞羽之有龙凤，音乐之有琴笙，女工之有黼黻⑤。俾尔怀铅吮墨者⑥，抱篇章而景慕，映余晖以自烛。故孔氏之门如用诗，则公幹升堂，思王入室，景阳、潘、陆，自可坐于廊庑之间矣⑦。

（卷中）宋征士陶潜⑧

其源出于英璩⑨，又协左思风力⑩。文体省静，殆无长语⑪。笃意真古，辞兴婉惬。每观其文，想其人德⑫。世叹其质直⑬。至如"欢言酌春酒"⑭、"日暮天无云"⑮，风华清靡⑯，岂直为田家语耶？古今隐逸诗人之宗也。

（选自曹旭集注：《诗品集注》，上海，上海古籍出版社，1994）

①其源出于《国风》：在《诗品》中，《国风》一系被视为诗的正宗。钟嵘认为在《国风》一系中，曹植成就最高。

②骨气奇高：骨气，即风骨，属于诗的"质"的方面。建安风骨是钟嵘最推许的五言诗楷模，曹植是其代表。

③情兼雅怨二句：情兼雅怨，《史记·屈原列传》："《国风》好色而不淫，《小雅》怨诽而不乱。若《离骚》者，可谓兼之矣。"钟嵘认为曹植诗也兼有《国风》和《小雅》的特点。体被文质，文，近乎"润之以丹彩"，质，近乎"干之以风力"，两者达到完美的结合。

④粲溢古今二句：粲，美好。赞美曹植诗擅美今古，卓尔不群，优异卓越，超越凡俗。语出《汉书·景十三王传赞》："夫唯大雅，卓尔不群。"

⑤陈思之于文章也五句：极言曹植诗歌古今独步，鳞羽，水族和禽类。黼黻：古时礼服上所绣的花纹。曹植《薤露行》："鳞介尊神龙，走兽宗麒麟。"嵇康《琴赋序》："众器之中，琴德最优。"潘岳《笙赋》："惟笙也，能总众清之林。"

⑥怀铅吮墨者：指文人。铅、墨都是书写用的工具。

⑦故孔氏之门如用诗五句：比喻个人文学成就境界有别。先入门，次升堂，最后入室。坐于廊庑之间：廊庑，厢房，指尚未升堂。

⑧陶潜：原名陶渊明，字元亮，后更名潜，号靖节先生，浔阳紫桑（今江西九江）人。曾为彭泽令，因不愿为五斗米折腰，辞官不复出仕。作为隐逸诗人，其诗多描写田园生活，质朴率真，清新自然，是中国文学史上最伟大的诗人之一。

⑨其源出于英璩：关于陶潜诗与英璩的关系，由于英璩诗已不复可读全貌，因此两者的继承关系也难知其详。但对钟嵘"源出"一词，理解不必过于坐实，许多时候是指风格相近而已，陶潜未必就学英璩，钟嵘这里意指质直古朴是两者共同风格特点。仅就英璩今存《百一诗》看，除却其"多诗人刺激之指"外，如"醉酒巾帻落，秃顶赤如壶"等句，昭示着魏晋以降诗从庙堂转向世俗田园的新趋势，在这点上，应、陶却是十分相通的。

⑩又协左思风力：钟嵘评左思曰"文典已怨"，风力，盖喻左思诗中感情激切者，颇具情感的力度。而陶诗之并非"静穆"的另一方面，可与左思风力相对应。

⑪文体省静二句：《文心雕龙·才略篇》评陆云"故能布采鲜净"，省静与鲜净，都有简洁之意。

⑫每观其文二句：萧统《陶渊明集序》称自己爱好陶渊明文，几乎爱不释手，想象其高洁的品德，恨不能与陶渊明同时。

⑬质直：苏辙《子瞻和陶渊明诗集引》对陶诗的"质直"作新的解释："陶渊明作诗不多，然其诗质而实绮，癯而实腴，自曹、刘、鲍、谢、李、杜诸人，皆莫及也。"

⑭欢言酌春酒：陶潜《读山海经十三首》之一。

⑮日暮天无云：陶潜《拟古九首》之一。

⑯清靡：清新美好。

【作者简介】

钟嵘（约 466—518）①，字仲伟，颍川长社（今河南长葛）人。颍川长社钟氏从东汉末年就是郡的"著姓"（《后汉书·钟皓传》）。钟嵘的七世祖钟雅是东晋时"避乱东渡"的士族，官尚书右丞、御史中丞、侍中，死于苏峻之难，追赠光禄勋。父亲钟蹈，为南齐中军参军。齐永明三年（485），与兄钟岏同入国子学为国子生，因其精通《周易》，"卫将军王俭领祭酒，颇赏接之"。齐建武初，起家为南康王萧子琳侍郎，迁抚军行参军，出为安国令。入梁，先后为临川王萧宏参军，衡阳王萧元简宁朔记室，最后为西中郎晋安王萧纲记室，死于任上，世称"钟记室"。《南史》本传说钟嵘"辞甚典丽"，《四库全书总目》（卷 195）也称他"学通《周易》，词藻兼长"。

《诗品》，《梁书·钟嵘传》称为《诗评》，是我国最早的一部诗论专著。与《文心雕龙》就文章立论不同，《诗品》专就五言诗立论，钟嵘认为五言诗"指事造形，穷情写物，最为详切"，是"众作之有滋味者也"。钟嵘在《诗品序》中谈到自己品诗的来由时曾说："昔九品论人，七略裁士，校以宾实，诚多未值。至若诗之为技，较尔可知"。可见"品"可以追溯到人物品评，因为在对人的品评中常用到自然喻象，所以到魏晋时期，品藻人物就开始由对人物的品评推及到自然美和艺术美的鉴赏。同时，因为齐梁时期的文艺创作也出现"准的无依""不显优劣""曾无品第"的局面，钟嵘写作《诗品》的直接目的就是"辨彰清浊，掎摭利病"，显优劣、列品第。钟嵘的"品"可作动词和名词两种方式来理解。作为动词的"品"为品尝、品味之意，它是个体的感觉，与个人

---

① 关于钟嵘的生年，根据王达津、张伯伟、曹旭等人的考证，大约在 466—471 年之间。

的具体经验有关；"品"又是对感觉的进一步感觉，即是对具体经验去进行品味和回味。它是美感产生的开始，又意味着分辨或区分，在其中择优取善从美，于是才有三品九品之分。作为分辨区分的结果，就是名词意义上的"品"了。钟嵘总体上把五言诗的诗人划分为三品，一品即为一类，各类中再以风格的不同分细类，所以其理论文本的结构就是"三品论诗"。"每品之首，各冠以序"，清何文焕《历代诗话》将其合而为一，置于书前，统称《诗品序》。《诗品序》作为总论，论述了诗的缘起、本质，五言诗的发展、品诗的标准及方法等，并提出了一些重要的理论概念。《诗品》正文以"品"为经，以风格类别为"纬"，形成了一个较完善的理论构架。它一共品评了从汉至南朝共 122 位五言诗人和无名氏的《古诗》一组，其中上品 11 人，中品 39 人，下品 72 人。

【文本解读】

《诗品》产生的时代正是中国文学艺术理论批评空前活跃的时期。作为专门的诗歌论著，《诗品》提出了不少精到的见解，清代章学诚《文史通义·诗话》言其"思深而意远"，对当时创作以及后世文论都有着积极而又深远的影响，从而奠定了它在中国文学批评史上的崇高地位。钟嵘的《诗品》与刘勰的《文心雕龙》一起，代表了齐梁时期文学批评的最高成就。其诗学思想主要包括以下几个方面。

其一，诗歌的缘起。对诗歌的发生，《诗大序》说："诗者，志之所之也。在心为志，发言为诗。情动于中而形于言，言之不足，故嗟叹之；嗟叹之不足，故永歌之；永歌之不足，不知手之舞之，足之蹈之也。"略早于钟嵘的刘勰也说："在心为志，发言为诗"。认为"诗"是在"志"的外化。而志之所发，源于心之感物而动。《礼记·乐记》论音乐发生说："凡音之起，由人心生也。人心之动，物使之然也。"物感于心，心里才会产生音乐。但是这个"物"是什么？"物"如何发动？《乐记》并没有做明确说明。钟嵘把"气"引进诗歌理论，将其作为物所以动者，认为"气"动"物"，"物"感"人"，于是才有诗、歌。他说："气之动物，物之感人；故摇荡性情，形诸舞咏。"关于"物"的内容，陆机《文赋》"遵四时以叹逝，瞻万物而思纷；悲落叶于劲秋，喜柔条于芳春"所说的物主要指自然事物；刘勰《文心雕龙》把物扩展到了社会事物，《时序》篇中说："文变染乎世情，而兴废系乎时序。"这里的"世情"即社会生活，但是显得笼统。钟嵘在《诗品序》中对物的内容作了更加明确的分析：

若乃春风春鸟，秋月秋蝉，夏云暑雨，冬月祁寒，斯四候之感诸诗者也。嘉会寄诗以亲，离群托诗以怨。至于楚臣去境，汉妾辞宫，或骨横朔野，或魂逐飞蓬；或负戈外戍，杀气雄边；塞客衣单，孀闺泪尽；或士有解佩出朝，一去忘反；女有扬蛾入宠，再盼倾国。凡是种种，感荡心灵，非陈诗何以展其义？非长歌何以骋其情？

　　显然，感动人心的除了四季的更替变化、万物的阴阳盛衰而外；还有社会的动荡不宁、人际的悲欢离合这些社会事件。正是这些自然的和社会的动荡使人内心激荡，充满情感，才有了发泄和倾诉的渴望。钟嵘把自然和社会作为诗歌发生的两大根源，这是从诗的内容方面进行讨论。这种诗歌缘起论，导致钟嵘在其后具体的诗歌品评中更看重诗歌质的方面（内容）。

　　其二，诗歌的本质属性。钟嵘诗学思想的核心，在于他对诗歌本质的独到认识。对诗歌本质属性的确定，是《诗品》品诗、论诗的出发点，也是钟嵘整个诗学理想的基石。钟嵘之前，对于诗歌本质属性的认识和描述，先秦至两汉皆言"诗言志"，所不同者只在"志"之具体内涵。不管是社会理想之志，还是情志，"诗言志"侧重的是诗的政治教化功能。及至西晋，陆机在《文赋中》提出"缘情说"，形成了一种新的思潮，对传统的言志诗论形成冲击。钟嵘在此基础上提出"吟咏情性"说。

　　尽管诗歌所反映的内容各式各样，所能写的东西也无穷无尽，但诗歌最根本的是要写出诗人的情性，这是钟嵘一再强调的问题。要创作出有"滋味"的作品，必须表达出作者的情感，他说："夫属词比事，乃为通谈。若乃经国文符，应资博古，撰德驳奏。宜穷往烈。至乎吟咏情性，亦何贵于用事？"情性成为钟嵘诗歌理论中关乎诗歌本质的重要对象，在钟嵘看来，诗歌创作即是表现作者之本真情性，只有真正反应作者情性的作品才能称得上是优秀的诗歌作品，"情性"是为诗之本质属性。诗歌的性质也关系到对诗歌作用的认识，《诗品序》曰："动天地，感鬼神，莫近于诗。"诗歌可以反作于人的感情，吟咏情性的诗具有"动天地，感鬼神"的精神力量。这句话原出于《毛诗序》，但《毛诗序》中还有"正得失"一句，钟嵘删去不用，是对其诗论中政治教化色彩的偏离和反驳，而特别强调诗人自身的情感世界和个性品质对诗歌创作的重要性。同时，正因为对自然情性的强调，所以他反对"理过其辞"的玄言诗，反对在诗中用过多的典故。滥用典故是六朝诗坛的一种不良风气，当时诗人"辞不贵奇，竞须新事"，即轻视辞采内容，而竞相使用典故，以至"句无虚语，语无虚字"，每句话都要有典故。对此，钟嵘坚决予以反对："至乎吟咏情性，亦何贵于用事？观古今胜语，多非补假，皆由直寻。"诗应以吟咏情性为主，有什么感情就直接抒发，何必要使用典故？他认为，滥用典故破坏了诗的"自然英旨"，最终使作品"殆同书抄"，成为"拘挛补衲"的拼合体。

从诗歌的情性本质出发，钟嵘取《诗大序》"诗有六义"说中的"赋、比、兴"三义，从创作和欣赏的角度，而不是政治教化的角度，对其作了新的解释。他说："文已尽而意有余，兴也；因物喻志，比也；直书其事，寓言写物，赋也。"这里，他改变了三者惯常的顺序，先言"兴"，以突出其地位。钟嵘的"兴"，要求诗歌要有言外之意，韵外之旨，它已经超出了将"兴"仅仅看作一种写作手法的传统观点，而上升到了一个新的理论高度，即对诗意境界的整体把握和品评。这一新解释对中国诗学有着极其深远而重大的影响，钟嵘之后，唐代司空图"不著一字，尽得风流"，严羽"羚羊挂角，无迹可求"，王士禛的神韵说、王国维的境界说等都是从此而来，都强调对那种只可感悟不可言传的韵外之致的追求，并最终形成了独具特色的意境理论。另外，钟嵘还强调要综合运用这"三义"，要"宏斯三义，酌而用之，干之以风力，润之以丹彩，使味之者无极，闻之者动心"，才是"诗之至也"。如果仅仅用比兴，会妨碍诗人对情感的抒发，妨碍欣赏者对诗意的把握；而如果仅用赋体，诗作又会显得杂乱散漫，欣赏着同样无法感受诗情。

"吟咏情性"作为钟嵘对诗歌本质属性的认识，贯穿了《诗品》诗歌发生、创作、欣赏等所有方面。

其三，诗学理想。钟嵘评诗，其缘起一方面源于对六朝诗坛"庸音杂体，人各为容"诗歌创作状况以及"四声八病"之说的不满；另一方面，是对"轻薄之徒，笑曹、刘为古拙，谓鲍照羲皇上人，谢朓今古独步"，"淄渑并泛，朱紫相夺，喧议竞起，准的无依"这种混乱的诗歌品评现象的纠正，意欲为诗坛提供"准的"，建立一套诗歌品评标准和理想。

钟嵘明确提出有滋味的诗才是好诗。"滋味"是衡量作品优劣的重要尺度，也是钟嵘诗学标准的集中概括。诗歌有滋味，就要"直寻"诗人内心对自然、社会动荡的深刻感受，综合运用兴、比、赋的表现手法，最后做到风力与丹采完美结合，文质并重、情兼雅怨。最能体现钟嵘诗学理想的诗人是曹植，《诗品》上品评曹植说："其源出于《国风》，骨气奇高，词采华茂；情兼雅怨，体被文质，粲溢今古，卓尔不群。"这一品评中，"骨气奇高，词采华茂；情兼雅怨，体被文质"一句，是"对曹植艺术特征的理想化表述，不但体现着对诗歌传统的批判继承，对汉魏以来以悲为美思想的合理吸收，而且包含着针砭轻艳柔弱的齐梁诗风的意义①"，正是钟嵘诗学理想的核心。具体而言，这一理想包括以下两个方面。

一是"体被文质"。即骨气与词采的结合，或风力与丹采的结合。先秦至

① 参见李壮鹰、李春青主编，《中国古代文论教程》，162页，北京，高等教育出版社，2007，第162页。

汉代的儒家诗论多从诗歌的社会功能角度论诗，强调诗歌的思想内容。《论语·卫灵公》言："辞达而已矣"，诗文重在言志，无须词采的华美。到魏晋南北朝时期，曹丕的《典论·论文》提出"诗赋欲丽"，陆机的《文赋》提出"诗缘情而绮靡"，始注重诗歌的文采。刘勰的《文心雕龙》提倡风骨与词采并重，强调文质兼备。钟嵘进一步将这一观念上升到诗歌批评标准的高度，他要求诗歌创作要"干之以风力，润之以丹采"，文质并重是诗歌有滋味的重要条件。在古今诗人中，只有曹植符合这一标准，其他诗人要么是文胜质，要么是质胜文。如刘桢"气过其文，雕润恨少"；张华"其体华艳，兴托不奇……儿女情多，风云气少"；王粲"文秀而质赢"，均不够完美。在文与质不能兼美的情况下，钟嵘继承重视诗文思想内容的传统诗论，反对齐梁时期的浮艳文风，更看重代表诗歌精神的"质"，因而将质胜于文的刘桢、王粲列入上品，而把文胜于质的张华列入中品。

　　二是"情兼雅怨"。钟嵘的"吟咏情性"极力强调怨情的抒发，诗歌本质是抒情的，尤重感伤之情。《诗品序》中所列举激荡人心的生活事件均属悲情场景："楚臣去境，汉妾辞宫，或骨横朔野，或魂逐飞蓬；或负戈外戍，杀气雄边；塞客衣单，孀闺泪尽"。在具体的品评中更是将怨作为批评标准。如评李陵"文多凄怆，怨者之流"；评《古诗》"意悲而远""多哀怨"；评班姬"怨深文绮"；评曹植"情兼雅怨"；评左思"文典以怨"等，以"悲""哀怨""愀怆""感慨""凄怨""激刺""凄戾""感恨""孤怨""清怨""愤""苦""悲凉""惆怅"等极具悲情色彩的审美范畴，来评价及肯定诗人作品的审美价值。这一方面是六朝动荡不安的社会现实的反应，同时也是汉代以来以悲为美传统的延续。根本上说，是由于生命的有限性带来的生命之悲的感慨，"怨"更贴近于生命的本真状态。人在忧患之中，心灵感觉特别灵敏，更容易陷入对生死、宇宙、历史、人生等根本性问题的思考。因而其情感的抒发也更具骨气和风力，更能激动人心、感人肺腑。《诗经》和《楚辞》是我国最早的两部诗歌总集，汉代以来备受推崇，逐渐被视为诗赋之祖。钟嵘《诗品》将五言诗之说分为国风、小雅和楚辞三类。他对怨情的推崇，即源于楚骚"发愤抒情"的传统。但钟嵘并没有一悲到底，而是同时注重雅。如评阮籍"洋洋乎会于风雅"；评嵇康"伤渊雅之致"；评颜延之"经纶文雅"；评曹操"有悲凉之句"；评曹彪、徐干"亦能闲雅"等。雅源于《诗经》传统，主张抒发怨愤，但以不违背"雅"为原则，坚守儒家怨而不怒的传统观念。在其所评诗人中，要么雅，要么怨，二者仅得其一，唯有曹植能将雅正与悲怨完美结合，做到"情兼雅怨"。

　　钟嵘"情兼雅怨"的诗学理想，是对风、骚两大诗歌源头的继承，《诗品》推源寻流，将百余五言诗人一一纳入《诗经》和《楚辞》两大系统，进行纵向分析和横向对比，见出各自的成就和特点。同时他试图将两个系统融合，为五言诗"居文词之要"的地位寻求传统的依据。

第二节 相关问题概说

一、从生理之"味"到诗学之"味"

中国古代诗学的很多概念范畴都来自于人的生理感受和生理状态，如体、气、心、性、神、意、味等，以直觉的生理感受比喻抽象的心理感受。"味"的概念源于饮食，直接与生命相关。关于"味"字的起源，李壮鹰认为，"查中古韵书，'美'与'味'各自有两个读音：美，《广韵》注为'无鄙切'（读若味），《集韵》注为'母鄙切'（读如美）；味，《广韵》《集韵》《韵会》皆注'无沸切'（读若未），而《集韵》又标为'莫佩切'（读若昧）。而这两对读音正好互相对应。这显然是因为，美、味在上古读音本来为一，只是到了后来，它的声母才分化为轻唇〔v〕与重唇〔m〕两种"；并且他还进一步考证"美""肥""旨"等在上古均为同义，皆指味道之甘美可口。① 《说文》言：味，滋味也。注为"滋，言多也"。因此"味"的最早含义应是酸甜苦辣等多种味觉及其给人带来的生理感受。《吕氏春秋·适音》言："口之情欲滋味。"高诱注："欲美味也。"味通常与声、色并举，同为人的生理感受，强调五声、五色、五味给人带来的生理愉悦。如"天有六气，降生五味，发为五色，征为五声，淫生六疾"（《左传·昭公元年》）；"目好之五色，耳好之五声，口好之五味"（《荀子·劝学》）；"口之于味也，有同嗜焉；耳之于声也，有同听焉；目之于色也，有同美焉"（《孟子·告子》）。虽然这些言论都是在生理快感的基础上来谈味的，但是人们对于五味有着共同的心理趋向，这为味从生理向心理的过渡提供了基础。

《论语·述而》记："子在齐闻《韶》，三月不知肉味，曰：'不图为乐之至于斯也。'"用"肉味"来比喻音乐之韵味。孔子初步意识到音乐、诗歌能够带来某种快感，类似于甚至超过肉的美味给人的生理感受。在这里，孔子虽然只是在比较的层面上来谈两者，但其贡献是首次将味与音乐的审美感受联系了起来。《礼记·乐记》言："清庙之瑟，朱弦而疏越，一唱而三叹，有遗音者也；大飨之礼，尚玄酒而俎腥鱼，大羹不和，有遗味者也。""遗音"与"遗味"已不是听弦瑟、品玄酒之时的当下感受，而是过后的回味，具有了心理感受的意味。

老子提出"无味"的概念："为无为，事无事，味无味"。（《老子》六十三

---

① 李壮鹰：《滋味说探源》，《北京师范大学学报》，1997（2）。

章）能被感觉到的，诉诸口鼻的，只是普通的味，是"小味"；而真正的味，"至味""大味"，是不能直接感觉到的。"大味无呈"，"呈"即品尝，真正的味是品尝不到的，只有靠"悟"，才能体会到，即是诉诸心理的。至味无味，"味"与"无味"之关系，有如万物与"道"之关系。道既在万物之中又在万物之外，源于万物又超越万物；"无味"是超越五味之味，看似平淡无味，实际上却调和众味，有着无穷无尽的意味。魏源《老子本义》论三十五章说道："故无味之味，是为至味，终身甘之而不厌；希声之声，是为大音，终身听之而不烦；无象之象，是为大象，终身执之而无害。推之蛮貊而可行，放乎四海而皆准，所谓天下可往者，此之谓也。"无味同无色、无声一样，都是形而上的，强调的是精神上的淡泊无为。这一概念的提出，使味获得了形而上的哲学内涵。

王充首次将味引入文学，《论衡·自纪》曰："文必丽以好，言必辩以巧，言了于耳，则事味于心"；"衍传书之意，出膏腴之辞"。（《论衡·超奇》）对于所述之事要求文词华丽、语言巧辩，这样才能使读者在内心深处得到深刻的体味。《汉书》卷五十《郑当时传》亦云："诚有味其言也"，颜师古注曰："有味者，言甚美也。""有味"在这里指语言之美。魏晋时期，山水画兴起，味扩展到对自然山水的品位、把玩。宗炳《画山水序》云："圣人含道应物，贤者澄怀味象"。随着诗、文的勃兴，味进一步指向诗词文章的审美内涵。《晋书·文苑传》记"袁宏作《北征赋》，王跕诵味久之"；陆云《与兄平原书》："兄前表甚有高情远旨，可耽味，高文也"。"高文"的评价乃因其"可耽味"，即可堪体味。陆机的《文赋》援引《乐记》，用肉味比喻诗文，他说："或清虚以婉约，每除烦以去滥。阙大羹之遗味，同朱弦之清泛，虽一唱而三叹，固既雅而不艳。"雅而不艳的诗文，如同大羹给人以遗味一样，能让人一唱三叹，余味无穷。刘勰的《文心雕龙》也多次以味论文。如《明诗》篇："张衡《怨》篇，清典可味"；《体性》篇："子云沈寂，故志隐而味深"；《隐秀》篇："深文隐蔚，余味曲包"；《声律》篇："滋味流于下句，气力穷于和韵"。然而，从陆机到刘勰，都只是泛泛而谈文学作品给人那种余音绕梁般的审美感受，其所谈论的对象也并非单纯的诗，而是广义的文章。而且，对于他们来说，味也还不是一个有着普遍意义的审美范畴和批评标准。

在钟嵘的《诗品》中，"味"才真正成为一个诗学范畴。钟嵘以"滋味"论诗，在根本上把"滋味"与诗之美联系起来，将"滋味"作为诗歌创作的要求和鉴赏批评的标准。从诗歌本体论的高度赋予"味"丰富的内涵。

魏晋时期，五言诗得到大力发展，作家、作品众多，逐渐取代了四言诗，成为诗坛主流。但直至齐梁时期，诗论仍重四言而轻无言，挚虞的《文章流别论》认为"古诗率以四言为体"；刘勰《文心雕龙》亦认为"四言正体"而

"五言流调"。钟嵘则充分肯定五言诗的在诗歌发展史上的地位，积极倡导五言诗创作。他认为五言比之四言，更有滋味。四言诗"文约意广"，"每苦文繁而意少"；而五言诗"居文词之要，是众作之有滋味者也"。五言诗之所以有滋味，乃因其"指事造形，穷情写物，最为详切"。这里，钟嵘从形象刻画和情感抒写两方面概括了五言诗的优势和特征。"指事"与"穷情"是诗之滋味产生的基础；没有了详切的"事"与"情"，便没有了感人的艺术形象，而如玄言诗般"理过其辞，淡乎寡味"了。

"滋味"是诗歌创作之关键，要使诗歌有滋味，就要求创作者处理好情与物之间的关系。钟嵘总结了《诗经》以来诗歌创作的经验，提出要综合运用兴、比、赋三种手法，将"兴"融入"赋"和"比"中。要求赋的手法不仅要"直书其事"，还要"寓言写物"，在写物中寄寓作者的情感；比的手法也要"因物喻志"，不是简单的比附。这样，情融于物，物见出情，情与物浑然一体，才能创作出让人回味再三的作品。另外，钟嵘强调诗歌创作必须以"风力"为主干，同时"润之以丹彩"。钟嵘极力推崇建安诗歌："降及建安，曹公父子，笃好斯文，平原兄弟，郁为文栋；刘桢、王粲，为其羽翼。次有攀龙托凤，自至于属车者，盖将百计。彬彬之盛，大备于时矣！"刘勰《文心雕龙·明诗》曾说建安诗人的特点是"慷慨以任气，磊落以使才"，"风力"即建安诗歌中的慷慨悲凉之情，是诗歌的情感因素。在具体品评中，钟嵘又用"骨气""仗气""真骨""清拔之气""风云气""骨节"等词汇进一步丰富这种情感。"丹采"主要针对诗歌的语言而言，要求诗歌语言要富丽、华美，如上品评古诗"文温以丽"；评王粲"文秀而质羸"；评曹植"词采华茂"；评谢灵运"丽典新声，络绎奔会"，中品评沈约"文虽不至，其工丽亦一时之选也"；下品评殷仲文"为华绮之冠"。只有将"风力"与"丹采"两者结合起来，才能使诗歌作品达到"诗之至"的境界。

钟嵘还从接受的角度对"滋味"予以说明，认为好的诗能"使味之者无极，闻之者动心"。诗歌之"滋味"，不仅体现为文本层面的写物与抒情和谐、内容与形式统一；还要能激发起接受者的感悟和想象。既不因"意深"而让读者无法理解，也不因"意浮"而让人一览无余；而是"文有尽而意有余"，既让人感同身受，又含蓄有味，给人留下丰富的想象的空间。"滋味"既是创作者之感物抒情；又是诗作的审美属性；还是接受者的审美效果和鉴赏者的品评标准。因此，《诗品》中的"滋味"是一个兼具本体论、方法论和功能论的核心术语。这样，在钟嵘这里，"味"完成了从日常话语到诗学话语的转变，成为中国诗学的一个重要范畴。

二、钟嵘《诗品》对后世诗学的影响

钟嵘的《诗品》系统、深入地评价了五言诗的作家和作品，并初步建立起了我国古代诗歌理论的批评体系。章学诚《文史通义》给予其高度评价："《诗品》之于论诗，视《文心雕龙》之于论文，皆专门名家勒为成书之初祖也。《文心》体大而虑周，《诗品》思深而意远。盖《文心》笼罩群言，而《诗品》深从六艺溯流别也。"他称《诗品》为"成书之初祖"，正是看到了《诗品》对后世诗学不可估量的影响。

诗品作为诗话之祖，除提出了怨情、风骨、滋味等一系列诗学范畴之外，还开创了后世得以效仿的诗歌批评方法——在历时的探源寻流和共时的分析对比基础上，知人论世，以意象评点的方法，得出诗人或诗作的整体印象和最突出的特征。这种品诗方法的重点之一是探源寻流。钟嵘从纵、横两个方面，考察作家之间风格源流的前后继承、影响关系。他认为五言诗有三个源头：《国风》《小雅》和《楚辞》，其后诗人各有其源。这种批评方式源于中国文化尊经重史的传统，钟嵘第一次将这一历时研究方法运用到诗歌评论中，深刻影响了传统的诗歌品评方式，此后作为研究诗歌发展规律的重要方法在被后世诗话评论家所接受、继承。如皎然《诗式》："子昂《感遇》三十首，出自阮公《咏怀》"；姜夔《白石道人诗说》："诗有出于《风》者，出于《雅》者，出于《颂》者"；刘熙载《艺概》："太白诗以《庄》《骚》为大源"等等。《诗品》品诗的另一重要方法是进行意象评点，以把握诗人的整体风格，张伯伟称其为"形象喻示法"。即在诗歌鉴赏中主要不是运用概念化的语言进行总结概括，而是采取比喻和联想的方式，以描绘性的语言展示诗人或诗作给人的整体印象。此前，这一方法广泛用于人物品藻和书法鉴赏中，钟嵘将其引入诗论，运用各种优美的自然意象做比喻，使所品诗人和诗歌的整体风貌形象地呈现在读者面前。这样的诗歌理论，不是刻板的理性总结，而是充满诗意的感性体验。这种感性品评方式在后世得到大量运用，最突出的莫过于司空图的《二十四诗品》，通篇都是形象的比喻。不仅是诗歌批评，在后来的曲论（如明人朱权《太和正音谱》）、画论（如李开先《中麓画品》）、词论（如清人张德瀛《词徵》）中也都广泛使用此法。这种批评可称为"创造的批评"，它用具体可感的形象表示抽象的概念，乃是一个"具体—抽象—具体"的过程。① 这样就使得中国诗学，甚至整个中国的艺术批评总体上都显得极具具象的感性体验气息而少抽象的理性思辨色彩。

其次，《诗品》中提倡诗歌的自然之美，自然论是魏晋玄学中声势浩大的思想潮流，在此影响下，钟嵘把自然作为诗歌创作的最高美学原则。他认为，"古今胜句"都不是出于学问和雕琢，而是"多非补假，皆由直寻"。以天才直

---

① 参见张伯伟：《钟嵘〈诗品〉的批评方法论》，《中国社会科学》，1986 (3)。

觉反对六朝滥用典故的创作倾向，指出颜、谢等诗人"虽谢天才，且表学问，亦一理乎"，好的诗歌应用具体可感的形象来描绘诗人被自然社会现象激荡而生的情感，是诗人天赋才情的自然流露。运用"直寻"的思维方式，才能使诗歌具有天才的独创性，才是"自然英指"之作。这种重视直觉的创作方法契合了中国传统诗学思维的本质特征，因而被后世诗论家所继承，而成为中国诗学的基本理论。唐代皎然的"中道"说、宋代严羽的"妙悟"说、明代王夫之的"即景会心"论以及近代王国维的"不隔"论都是受到"直寻"说启发的产物。钟嵘的"真美"即是自然之美，其实质为"妙造自然"，虽由人作，宛如天成。在追求浮华文风的时代风气之下，钟嵘也强调丹采之润，并未明确标举自然平淡为诗歌之最高境界。故《诗品》将陶渊明列于中品，而将谢灵运列入上品。但他的自然思想启发皎然为诗歌树立了"自然"的审美准则。自唐代之后，追求自然的艺术原则贯穿了中国传统诗学。

【思考题】

1. 如何理解"自然英旨"？
2. 谈谈"直寻"说的现代意义。
3. 钟嵘为什么特别重视"五言诗"？

第六章　韩愈与白居易的文论

第一节　经典文本阅读

【原典阅读】

一、答李翊书（韩愈）

六月二十六日，愈白：李生足下：

生之书辞甚高，而其问何下而恭也！能如是，谁不欲告生以其道①。道德之归也有日矣，况其外之文乎？抑愈所谓望孔子之门墙而不入于其宫者②，焉足以知是且非邪？虽然，不可不为生言之。

生所谓立言者是也；生所为者与所期者甚似而几矣。抑不知生之志蕲③胜于人而取于人邪？将蕲至于古之立言者邪？蕲胜于人而取于人，则固胜于人而可取于人矣；将蕲至于古之立言者，则无望其速成，无诱于势利，养其根而俟其实，加其膏而希其光。根之茂者其实遂④，膏之沃者其光晔⑤；仁义之人，其言蔼如⑥也。

抑又有难者：愈之所为，不自知其至犹未也，虽然，学之二十余年矣。始者非三代两汉之书不敢观，非圣人之志不敢存，处若忘，行若遗，俨乎其若思，茫乎其若迷⑦。当其取于心而注于手也，惟陈言之务去，戛戛乎⑧其难哉。其观于人，不知其非笑之为非笑也。如是者亦有年，犹不改，然后识古书之正伪，与虽正而不至焉者，昭昭然白黑分矣，而务去之，乃徐有得也。当其取于心而注于手也，汩汩然⑨来矣。其观于人也，笑之则以为喜，誉之则以为忧，以其犹有人之说者存也，如是者亦有年，然后浩乎其沛然⑩矣。吾又惧其杂也，迎而距之⑪，平心而察之，其皆醇也，然后肆⑫焉。虽然，不可以不养也。行之乎仁义之途，游之乎诗书之源，无迷其途，无绝其源，终吾身而已矣。

气，水也；言，浮物也。水大而物之浮者大小毕浮，气之与言犹是也，气盛则言之短长与声之高下者皆宜⑬。虽如是，其敢自谓几于成乎？虽几于成，其用于人也奚取焉⑭？虽然，待用于人者，其肖于器邪？用与舍属诸人⑮。君子则不然：处心有道，行己有方；用则施诸人，舍则传诸其徒，垂诸文而为后世法⑯：如是者，其亦足乐乎？其无足乐也？

有志乎古者希矣！志乎古必遗乎今⑰，吾诚乐而悲之。亟称其人⑱，所以劝之，非敢褒其可褒而贬其可贬也。问于愈者多矣，念生之言不志乎利，聊相为言之。愈白。

（选自马其昶校注、马茂元整理：《韩昌黎文集笺注》第三卷，上海，上海古籍出版社，1986）

① 韩愈所谓的道，主要指儒家的仁义道德。

② "望孔子之门墙"句：作者皆用宫墙之论以自谦。意思是我韩愈就是所谓望见孔子的门墙而又没有进到他室内的人。

③ 蕲：求。

④ 遂：成长。

⑤ 膏之沃者其光晔：沃：肥美。晔：火光明亮。

⑥ 蔼如：和美的样子。

⑦ "处若忘"四句：形容他专注用功，进入了忘我境界。

⑧ 戛戛乎：困难、费力的样子。

⑨ 汩汩然：水急流的样子，比喻文思泉涌，不可遏止。

⑩ 浩乎其沛然：水充满的样子，比喻文思充沛阔大。

⑪ 迎而距之：迎，迎上去，主动寻找的意思。距：通"拒"。之：文章中不纯的东西。

⑫ 肆：放纵，这里指放开手去写做文章。

⑬ "气盛"句：只要文气纯正充沛，遣词造句就会得心应手，合适又自然。

⑭ "虽如是"四句：意谓虽然如此，难道就敢自称已接近成功了么？即使可以说已接近成功，对别人来说又有什么可取之处呢？

⑮ "待用于人"三句：等待被人采用的，难道就像一般器具一样吗？用与不用，都取决于别人。

⑯ 垂诸文而为后世法：写成文章流传下来，要求能为后世所效法。

⑰ 遗乎今：不为当时所看重。

⑱ 亟称其人：一再称赞这种人，指"志于古"的人。

二、答刘正夫书（韩愈）

愈白进士刘君足下：辱笺①教以所不及，既荷厚赐，且愧其诚然。幸甚，幸甚！

凡举进士者，于先进之门何所不往，先进之于后辈，苟见其至，宁可以不答其意耶？来者则接之，举城士大夫莫不皆然，而愈不幸独有接后辈名：名之所存，谤之所归也。

有来问者，不敢不以诚答。或问：为文宜何师？必谨对曰：宜师古圣贤人。曰：古圣贤人所为书具存，辞皆不同，宜何师？必谨对曰：师其意，不师其辞。又问曰：文宜易宜难？必谨对曰：无难易，惟其是尔②。如是而已，非固开其为此，而禁其为彼也。

夫百物朝夕所见者，人皆不注视也；及睹其异者，则共观而言之：夫文岂异于是乎？汉朝人莫不能为文，独司马相如太史公刘向扬雄为之最。然则用功深者，其收名也远；若皆与世沉浮，不自树立，虽不为当时所怪，亦必无后世之传也。足下家中百物皆赖而用也，然其所珍爱者，必非常物；夫君子之于文，岂异于是乎？今后进之为文，能深探而力取之以古圣贤人为法者，虽未必皆是；要若有司马相如太史公刘向扬雄之徒出，必自于此，不自于循常之徒也。若圣人之道不用文则已，用则必尚其能者；能者非他，能自树立，不因循者是也。有文字来，谁不为文，然其存于今者，必其能者也。顾常以此为说耳。

愈于足下忝同道而先进者，又常从游于贤尊给事，既辱厚赐，又安得不进其所有以为答也。足下以为何如？愈白。

（选自马其昶校注、马茂元整理：《韩昌黎文集笺注》第三卷，上海，上海古籍出版社，1986）

① 辱笺：承蒙您的来信。辱：谦词，犹言承蒙。

② 无难易，惟其是尔：写作古文时所用的文辞、句法没有难易程度上的要求，一切根据表达内容的需要选择其最适宜者，当难则难，当易则易。

三、送孟东野序 （韩愈）

大凡物不得其平则鸣：草木之无声，风挠之鸣；水之无声，风荡之鸣。其跃也或激之，其趋也或梗之，其沸也或炙之；金石之无声，或击之鸣。人之于言也亦然：有不得已者而后言，其歌也有思，其哭也有怀，凡出乎口而为声者，其皆有弗平者乎！乐也者，郁于中而泄于外也；择其善鸣者而假之鸣：金石丝竹匏土革木八者，物之善鸣者也。维天之于时也亦然，择其善鸣者而假之鸣；是故以鸟鸣春，以雷鸣夏，以虫鸣秋，以风鸣冬。四时之相推夺，其必有不得其平者乎！

其于人也亦然：人声之精者为言，文辞之于言，又其精也，尤择其善鸣者而假之鸣。其在唐虞、咎陶①禹其善鸣者也，而假以鸣；夔②弗能以文辞鸣，又自假于《韶》③以鸣；夏之时，五子④以其歌鸣；伊尹鸣殷；周公鸣周：凡载于《诗》《书》六艺，皆鸣之善者也。周之衰，孔子之徒鸣之，其声大而远。《传》曰："天将以夫子为木铎。"⑤其弗信矣乎！其末也，庄周以其荒唐之辞鸣。楚大国也，其亡也，以屈原鸣。臧孙辰孟轲荀卿以道鸣者也，杨朱墨翟管夷吾晏婴老聃申不害韩非慎到田骈邹衍尸佼孙武张仪苏秦之属，皆以其术鸣。秦之兴，李斯鸣之。汉之时，司马迁相如扬雄最其善鸣者也。其下魏晋氏，鸣者不及于古，然亦未尝绝也；就其善者，其声清以浮，其节数以急，其辞淫以哀，其志弛以肆，其为言也，乱杂而无章。将天丑其德莫之顾邪？何为乎不鸣其善鸣者也？

唐之有天下，陈子昂苏源明元结李白杜甫李观皆以其所能鸣。其存而在下者，孟郊东野始以其诗鸣；其高出魏晋，不懈而及于古，其他浸淫乎汉氏矣。从吾游者，李翱张籍其尤也，三子者之鸣信善矣，抑不知天将和其声，而使鸣国家之盛邪？抑将穷饿其身，思愁其心肠，而使自鸣其不幸邪？三子者之命，则悬乎天矣。其在上也奚以喜，其在下也奚以悲！

东野之役于江南⑥也，有若不释然者，故吾道其命于天者以解之。

（选自马其昶校注、马茂元整理：《韩昌黎文集笺注》第四卷，上海，上海古籍出版社，1986）

① 咎陶：即皋陶。《尚书》中有《皋陶谟》，所以韩愈认为皋陶善鸣。

② 夔：人名，相传为尧舜之时掌管音乐的人。

③《韶》：相传是虞舜时代的古乐。

④ 五子：传统夏朝的统治者太康无道，失掉了权位，他的五个兄弟在洛水边等候他不来，于是作歌以表示心中的怨愤。伪古文《尚书》中有《五子之歌》。

⑤ 天将以夫子为木铎：语出《论语·八佾》："二三子何患于丧乎天下之无道也久矣，天将以夫子为木铎。"孔安国注曰："木铎，施政教时所振也，言天将命孔子制作法度，以号令于天下也。"

⑥ 东野之役于江南：贞元十七年，孟郊任溧阳尉，溧阳在江南。

四、与元九书 （白居易）

夫文尚①矣！三才各有文，天之文，三光首之；地之文，五材②首之；人之文，六经首之。就六经言，《诗》又首之。何者？圣人感人心而天下和平。感人心者，莫先乎情，莫始乎言，莫切乎声，莫深乎义。诗者，根情、苗言、华声、实义。上自圣贤，下至愚骏③，微及豚鱼，幽及鬼神；群分而气同，形异而情一；未有声入而不应，情交而不感者。圣人知其然，因其言，经之以六义；缘其声，纬之以五音④。音有韵，义有类；韵协则言顺，言顺则声易入。类举则情见，情见则感易交。于是乎孕大含深，贯微洞密，上下通而一气泰，忧乐合而百志熙。五帝三皇所以直道而行，垂拱而理者，揭此以为大柄，决此以为大窦⑤也。故闻元首明、股肱良⑥之歌，则知虞道昌矣。闻五子洛汭之歌⑦，则知夏政荒矣。言者无罪，闻者足戒。言者闻者，莫不两尽其心焉。洎周衰秦兴，采诗官废，上不以诗补察时政，下不以歌泄导人情：乃至于谄成之风动，救失之道缺，于时，六义始刓⑧矣。国风变为骚辞，五言始于苏、李。苏、李，骚人，皆不遇者，各系其志，发而为文。故河梁之句⑨，止于伤别；泽畔之吟⑩，归于怨思：彷徨抑郁，不暇及他耳。然去诗未远，梗概尚存：故兴离别，则引双凫一雁⑪为喻；讽君子小人，则引香草恶鸟为比；虽义类不具，犹得风人之什二三焉。于时、六义始缺矣。晋、宋已还，得者盖寡。以康乐⑫之奥博，多溺于山水；以渊明之高古，偏放于田园。江鲍⑬之流，又狭于此。如梁鸿《五噫》之例者，百无一二焉。于时、六义浸微矣。陵夷至于梁陈间，率不过嘲风雪，弄花草而已。噫！风雪花草之物，三百篇中，岂舍之乎？顾所用何如耳。设如"北风其凉"，假风以刺威虐也。"雨雪霏霏"，以愍征役也。"棠棣之华"，感华以讽兄弟也。"采采芣苢"，美草以乐有子也。皆兴发于此，而义归于彼；反是者可乎哉？然则"余霞散成绮，澄江净如练"；"离花先委露，别叶乍辞风"之什，丽则丽矣，吾不知其所讽焉。故仆所谓嘲风雪，弄花草而已。于时，六义尽去矣。唐兴二百年，其间诗人，不可胜数。所可举者，陈子昂有《感遇》诗二十首，鲍防有《感兴》诗十五首。又诗之豪者，世称李、杜。之作才矣，奇矣，人不逮矣；索其风雅比兴，十无一焉。杜诗最多，可传者千余首，至于贯穿今古，觇缕格律，尽工尽善，又过于李。然撮其《新安》《石壕》《潼关吏》《芦子》《花门》之章，"朱门酒肉臭，路有冻死骨"之句，亦不过三四十。杜尚如此，况不逮杜者乎？……

家贫多故，二十七，方从乡试；既第之后，虽专于科试，亦不废诗。及授校书郎时，已盈三四百首。或出示交友，如足下辈，见皆谓之工；其实未窥作者之域耳。自登朝来，年齿渐长，阅事渐多，每与人言，多询时务；每读书史，多求理道⑭：始知文章合为时而著，歌诗合为事而作。是时，皇帝初即位，宰府有正人，屡降玺书，访人急病。仆当此日，擢在翰林，身是谏官，手请谏纸，启奏之外，有可以救济人病，裨补时阙，⑮而难于指言者，辄咏歌之，欲稍稍递进闻于上，上以广宸聪⑯，副忧勤⑰；次以酬恩奖，塞言责；下以复吾平生之志。岂图志未就而悔已生，言未闻而谤已成矣！又请为左右终言之。凡闻仆《贺雨》诗，而众口籍籍，已谓非宜矣。闻仆《哭孔戡》诗，众面脉脉，尽不悦矣。闻《秦中吟》，则权豪贵近者相目而变色矣。闻《乐游园》寄足下诗，则执政柄者扼腕矣。闻《宿紫阁村》诗，则握军要者切齿矣。大率如此，不可遍举。不相与者，号为沽名，号为诋讦，号为讪谤。苟相与者，则如牛僧孺之戒⑱焉。乃至骨肉妻孥，皆以我为非也。其不我非者，举不过三两人。有邓鲂者，见仆诗而喜；无何，而鲂死。有唐衢者，见仆诗而泣；未几，而衢死。其余则足下。足下又十年来，困踬⑲若此。呜呼！岂六义四始之风，天将破坏，不可支持耶？抑又不知天之意，不欲使下人之病苦闻于上耶？不然，何有志于诗者，不利若此之甚也！然仆又自思：关东一男子耳，除读书属文外，其他懵然无知。乃至书画棋博可以接群居之欢者，一无通晓，即其愚拙可知矣。初应进士时，中朝无缌麻⑳之亲，达官无半面之旧；策蹇步于利足之途㉑，张空拳于战文之场，十年之间，三登科第；名入众耳，迹升清贯，出交贤俊，入侍冕旒㉒：始得名于文章，终得罪于文章，亦其宜也。……

仆数月来，检讨囊箧中，得新旧诗，各以类分，分为卷目。自拾遗来，凡所适、所感，关于美刺兴比者；又自武德讫元和，因事立题，题为新乐府者，共一百五十首，谓之"讽谕诗"。又或退公独处，或移病闲居，知足保和，吟玩情性者一百首，谓之"闲适诗"。又有事务牵于外，情性动于内，随感遇而形于叹咏者一百首，谓之"感伤诗"。又有五言、七言、长句、短句，自一百韵至两韵者四百余首，谓之"杂律诗"。凡为十五卷，约八百首。异时相见，当尽致于执事。微之！古人云：穷则独善其身，达则兼济天下。仆虽不肖，常师此语。大丈夫所守者道，所待者时。时之来也，为云龙，为风鹏，勃然突然，陈力以出；时之不来也，为雾豹，为冥鸿，寂兮寥兮，奉身而退。进退出处，何往而不自得哉？故仆志在兼济，行在独善；奉而始终之则为道，言而发明之则为诗。谓之"讽谕诗"，兼济之志也。谓之"闲适诗"，独善之义也。故览仆诗，知仆之道焉。其余"杂律诗"，或诱于一时一物，发于一笑一吟，率然成章，非平生所尚；但以亲朋合散之际，取其释恨佐欢。今铨次之间，未能删去；他时有为我编集斯文者，略之可也。微之！夫贵耳贱目，荣古陋今，人之大情也。仆不能远征古旧，如近岁韦苏州㉓歌行，才丽之外，颇近兴讽；其五言诗，又高雅闲澹，自成一家之体：今之秉笔者，谁能及之？然当苏州在时，人亦未甚爱重；必待身后，然人贵。今仆之诗，人所爱者，悉不过"杂律诗"与《长恨歌》已下耳。时之所重，仆之所轻。至于"讽谕"者意激而言质㉔；"闲适"者，思澹而词迂㉕：以质合迂，宜人之不爱也。今所爱者，并世而生，独足下耳。然千百年后，安知复无足下者出而知爱我诗哉？故自八九年来，与足下小通则以诗相戒，小穷则以诗相勉，索居则以诗相慰，同处则以诗相娱，知吾罪吾，率以诗也。如今年春，游城南时，与足下马上相戏，因各诵新艳小律，不杂他篇。自皇子陂归昭国里，迭吟递唱，不绝声者二十里余。樊、李㉖在傍，无所措口。知我者以为诗仙，不知我者以为诗魔。何则？劳心灵，役声气，连朝接夕，不自知其苦，非魔而何？偶同人，当美景，或花时宴罢，或月夜酒酣，一咏一吟，不知老之将至，虽骖鸾鹤，游蓬瀛者之适，无以加于此焉，又非仙而何？微之微之！此吾所以与足下外形骸，脱踪迹，傲轩鼎，轻人寰者，又以此也。当此之时，足下兴有余力，且与仆悉索还往中诗，取其尤长者，如张十八㉗古乐府，李二十㉘新歌行，卢、杨㉙二秘书律诗，窦七、元八㉚绝句，博搜精掇，编而次之，号《元白往还诗集》。众君子得拟议于此者，莫不踊跃欣喜，以为盛事。嗟乎！言未终而足下左转㉛，不数月，而仆又继行。心期索然，何日成就？又可为之叹息矣！

（选自顾学颉校点：《白居易集》卷四十五，北京，中华书局，1979）

① 尚：久远，古远。

② 五材：金、木、水、火、土。

③ 愚骇（ái）：呆笨的人。愚，愚笨。骇，呆子。

④ 五音：中国古代五声音阶上的五个级，也称作宫、商、角、徵（zhǐ）、羽。

⑤ 大窦：法宝。这句话的意思是说三皇五帝所以按正确的道理去办事，垂衣拱手就把国家治理很好，原因就在于掌握了诗的义和音，把这作为主要的权衡；也辨明了诗的义和言，把这作为主要的法宝。

⑥ 元首明、股肱良：相传虞舜在位时，天下大治，他和臣子皋陶一唱一和作歌。其中有三句是："元首明哉。股肱良哉。庶事康哉。"见《尚书·皋陶谟》。

⑦ 五子洛汭之歌：传统夏朝的统治者太康无道，失掉了权位，他的五个兄弟在洛水边等候他不来，于是作歌以表示心中的怨愤。伪古文《尚书》中有《五子之歌》。

⑧ 刉：损害。

⑨ 河梁之句：汉代民歌，相传为苏武和李陵相赠答的五言诗。

⑩ 泽畔之吟：语见《楚辞·渔父》"屈原既放，游于江潭，行吟泽畔，颜色憔悴，形容枯槁。"

⑪ 双凫一雁：相传苏武归国时，作诗赠别李陵，其中有一句"双凫俱北飞，一凫独南翔"。见徐坚《初学记》卷十八。

⑫ 康乐：即谢灵运，封康乐公。

⑬ 江鲍：江淹和鲍照。

⑭ 理道：治理国家的道理。

⑮ 裨补时阙：弥补时政的缺失。

⑯ 宸聪：皇帝的听闻。宸，北极星所在，后借指帝王所居，又引申为王位、帝王。

⑰ 忧勤：多指帝王或朝廷为国事而忧虑勤劳。

⑱ 牛僧孺之戒：808年，唐宪宗策试贤良方正直言极谏举人，牛僧孺等人在这场策试中指陈时弊，言辞激烈，得罪了权贵和宦官，因而受到处分。

⑲ 困踬：困顿阻厄，受挫折。

⑳ 缌麻：古代丧服名。五服中之最轻者，孝服用细麻布制成，服期三月。凡本宗为高祖父母，曾伯叔祖父母，族伯叔父母，族兄弟及未嫁族姊妹，外姓中为表兄弟，岳父母等，均服之。

㉑ 策蹇步于利足之途：意谓不善于趋炎附势，争夺功名。蹇步：谓步履艰难。利足：即"快腿"。

㉒ 冕旒：古代帝王的礼冠和礼冠前后的玉串，也用作皇帝的代称。

㉓ 韦苏州：韦应物于贞元二年任苏州刺史。

㉔ 意激而言质：意思激切而言语质直。

㉕ 思澹而词迂：思虑恬静，文辞迂缓。

㉖ 樊、李：即樊宗宪与李景信。

㉗ 张十八：即张籍。

㉘ 李二十：即李绅。

㉙ 卢、杨：即卢拱与杨巨源。

㉚ 窦七、元八：即窦巩、元宗简。

㉛ 左转：即降职。

五、新乐府序（白居易）

序曰：凡九千二百五十二言，断为五十篇。篇无定句，句无定字，系于意，不系于文。首句标其目，卒章显其志①，《诗》三百之义也。其辞质而径②，欲见之者易谕也。其言直而切③，欲闻之者深诫也。其事核而实④，使采之者传信也。其体顺而肆⑤，可以播于乐章歌曲也。总而言之，为君、为臣、为民、为物、为事而作，不为文而作也。

元和四年，为左拾遗时作。

（选自顾学劼校点：《白居易集》卷三，北京，中华书局，1979）

① 首句标其目，卒章显其志：这是以经过汉儒作序后的《诗经》作为标准格式。"首句标其目"是在每首诗的题目之下表明美刺之义，"卒章显其志"是在最后用议论的句子表明作者的态度。

② 辞质而径：文辞质朴无华、通俗易懂。

③ 言直而切：直歌其事，指事痛切，毫无隐讳。

④ 事核而实：内容真实可靠，足可为凭。

⑤ 体顺而肆：句式流畅，格律解放。

【作者简介】

韩愈（768—824），字退之，郡望昌黎人，世称韩昌黎。晚年任吏部侍郎，又称韩吏部。谥号"文"，又称韩文公。德宗贞元八年中进士。贞元十二年，任宣武军节度使观察推官。贞元十九年，韩愈晋升为监察御史，因遭权臣谗害，贬官连州阳山令。元和元年六月，韩愈奉召回长安，官授权知国子博士。元和十二年，从裴度征讨淮西吴元济叛乱有功，升任刑部侍郎。元和十四年，宪宗迎佛骨入大内，他上书《论佛骨表》，痛斥佛之不可信，为此被贬为潮州刺史。不久回朝，历官国子祭酒、吏部侍郎等显职。卒于长安，终年五十七岁。传见《旧唐书》卷一百六十、《新唐书》卷一百七十六。

韩愈不仅是位杰出的文学家，还是颇有建树的思想家。苏轼说他"文起八代之衰而道济天下之溺"（《潮州韩文公庙碑》），准确道出了韩愈在中国文学史与思想史上的重要地位。在思想上，韩愈力排佛老，以孔孟道统的继承者自居，开启了儒学由汉学到宋学转变的先河。在文学上，韩愈和柳宗元共同领导了声势浩大的古文运动。他提倡"文以载道""气盛言宜"，坚持"词必己出""陈言务去"，并在抒写范式、语言风格、美学理想等方面做出了一系列开创性的努力，结束了六朝以来骈文的统治地位，开创了散文的新传统。韩愈诗文兼长，其文雄奇奔放，汪洋恣肆，"如长江大河，浑浩流转"（苏洵《上欧阳内翰书》），代表作有《原道》《师说》《进学解》《送孟东野序》《杂说》《祭十二郎文》《张中丞传后叙》等。其诗亦别开生面、气势雄浑、才力充沛、想象奇特，形成奇绝宏伟的独特风格。代表作有《山石》《八月十五夜赠张功曹》等。七律《左迁蓝关示侄孙湘》、七绝《早春呈水部张十八助教》，是脍炙人口的名篇。但他过于追求新奇，不免流于险怪，强调"以文为诗"，又不免使诗变成"押韵之文"，对宋代以后的诗歌产生了不良影响。

白居易（772—846），字乐天，自号香山居士、醉吟先生，世称白傅、白文公。祖籍太原，后迁居下邽（今陕西渭南东北）。唐德宗贞元十六年中进士，先后任秘书省校书郎、盩至尉、翰林学士，元和年间任左拾遗。元和十年，宰相武元衡被人暗杀，白居易因上表急请严缉凶手，触怒权贵，被贬为江州司马，后移忠州刺史。唐穆宗长庆初年任杭州刺史。在此期间，白居易积极兴修水利，开凿水井，筑堤防洪，蓄水灌田，政绩卓著。唐敬宗宝历元年，改任苏州刺史，后官至太子少傅、刑部尚书。唐武宗会昌六年卒，终年 75 岁，谥号"文"。有《白氏长庆集》传世。传见《旧唐书》卷一百六十六、《新唐书》卷一百一十九。

白居易的一生以他四十四岁谪贬江州为界，大致可以分为前后两个时期。前期，白居易胸怀"兼济天下"的人生抱负，关注时事，同情民生疾苦。此间，"启奏之外，有可以救济人病，裨补时阙，而难于指言者，辄咏歌之，欲稍稍递进闻于上"（《与元九书》）。白居易不仅写了减免租税、绝进奉、禁掠夺良人等大量革除弊端的奏章，还写了不少"救济人病，裨补时阙"的讽喻诗。但在贬为江州司马以后，白居易"面上灭除忧喜色，胸中消尽是非心"（《咏怀》），由前期的积极用世转变为一种独善其身的人生态度："月俸百千官二品，朝廷雇我作闲人。"（同州刺史改授太子少傅分司）此期的白居易醉心佛道，耽于诗酒，创作了大量的闲适诗与杂律诗。白居易在中国文学史上占有非常重要的地位，他的讽喻诗如《秦中吟》《新乐府》，广泛而深刻地反映了时政的弊端和百姓的疾苦，在文学史上闪烁着不可磨灭的光辉。他的长篇叙事诗如《长恨歌》《琵琶行》也具有很高的艺术造诣。特别是他和元稹共同领导的新乐府运动，在继承儒家美刺比兴的诗论传统基础上，提出了一种系统的、激进的、富有批判性的诗歌理论，对当时和后世都产生了很大的影响。

【文本解读】

一、韩愈文论思想

本章所选的韩愈的文章，是唐代古文运动的纲领性文献。众所周知，安史之乱以后，唐代社会的各种矛盾迅速激化，藩镇割据严重削弱了中央集权，而佛道势力愈加炽盛，大有取代儒家思想占据思想界主导地位的趋势。在这种情况之下，有识之士主张通过复兴儒学来维护唐王朝的统一，进而在文学领域内催生了古文写作的浪潮。因此，可以说，唐代古文运动是作为儒学复兴的一翼而展开的。

什么是"古文"呢？韩愈在《答刘正夫书》中做了解答。

> 或问：为文宜何师？必谨对曰：宜师古圣贤人。曰：古圣贤人所为书具存，辞皆不同，宜何师？必谨对曰：师其意，不师其辞。又问曰：文宜易宜难？必谨对曰：无难易，惟其是尔。如是而已，非固开其为此，而禁其为彼也。

这里，韩愈指出了学习古文的两重含义：首先，古文"无难易，惟其是尔"。就是说写作古文时所用的文辞、句法没有难易程度上的要求，一切根据表达内容的需要选择其最适宜者，当难则难，当易则易。韩愈提倡的是一种比较接近口语的散体文。其次，古文"师其意，不师其辞"。也就是要学习圣贤文章中所载之"道"——古人的思想精髓——而不必在文辞、句法上亦步亦趋地模仿古人，受古人所采取的技巧形式的限制。综合起来看，韩愈心目中的古文应当是体现古代圣贤思想精髓，具有创新精神，表达方式自由灵活的散体文。

古文运动的理论核心是"文以明道"。韩愈说："君子居其位，则思死其官；未得位，则思修其辞以明其道。我将以明道也，非以为直而加人也。"（《争臣论》）又说："愈之所志于古道，不惟其辞之好，好其道焉尔。"（《答李秀才书》）那么，韩愈所谓的"道"具有什么样的内涵呢？他在《原道》中说："吾所谓道也，非向所谓老与佛之道也。尧以是传之舜，舜以是传之禹，禹以是传之汤，汤以是传之文、武、周公，文、武、周公传之孔子，孔子传之孟轲，轲之死，不得其传焉。"又说："仁与义为定名，道与德为虚位。"可见韩愈所谓的"道"就是正统的儒家思想体系，就是儒家的仁义道德。

理解了古文的明道本质，也就不难理解韩愈在《答李翊书》中一再强调的养气说了。古文是用来"明道"的，这就需要首先解决创作主体自身的道德修养问题，也就是要养气。关于"养气"，韩愈首先要求"气醇"。他在《答李翊书》中自述经过长时间的"行之乎仁义之途"，最后达到了"其皆醇也"的境地。另外，韩愈在《读荀》中也称圣人之道"其存而醇者孟轲氏"，在《欧阳生哀辞》中称赞欧阳詹"气醇以方，容貌巍巍然。"由此可知，"气醇"就是思想的醇正，要求用正统的儒家思想来涵养人的心性。其次，韩愈要求"气盛"，这是一种养气到达极致后，一种蓬勃欲出的心理状态。这里的气，是经由道德涵养而来的人的主体精神状态，它能够突破文辞、声调等形式的拘限，在无意识中自然流露为文，就像水能载物一样，用气来驾驭文辞，也能做到"言之短长与声之高下者皆宜"。

韩愈还提出了"不平则鸣"的著名观点。"大凡物不得其平则鸣，人之于言也亦然。"这里所说的"不平"指的是由外物感发而来的内心的不平静，举凡喜怒哀乐之情都可以涵盖在内。因此，韩愈说诗人"不平则鸣"，既可以"歌"，也可以"哭"，既可以"鸣国家之盛"，也可以"自鸣其不幸"。不过韩愈显然更加重视哀怨不满之情的抒发，如"周之衰，孔子之徒鸣之""楚大国也，其亡也，以屈原鸣"，而魏晋的善鸣者具有"其节数以急，其辞淫以哀"的特点，唐代的善鸣者如孟郊、李翱、张籍等人，显然都是"穷饿其身，思愁其心肠，而使自鸣其不幸"的。韩愈在《荆潭唱和诗序》中也认为："和平之音淡薄，而愁思之音要妙；欢愉之辞难工，而穷苦之言易好也。"总的说来，韩愈认为善鸣者大多生于乱世，诗人哀国家之衰，伤自身之穷苦，因此字里行间流露出哀怨愤怒之情。因此韩愈的"不平则鸣"说就其实质来说，是对屈原"发愤以抒情"、司马迁"发愤著书"说的继承。

二、白居易文论思想

白居易是唐代新乐府运动的主要代表。"新乐府"一词，指的是因事立题、干预时政的新题乐府，其中也包括虽用旧题而写时事的乐府诗和用一般古题写成的讽喻诗。

《与元九书》是白居易创作政治讽喻诗的经验总结。白居易明确提出了"文章合为时而著，歌诗合为事而作"的观点。"时"也好，"事"也好，都是社会生活的现实，特别是政教的得失、国家的兴衰、人民的疾苦等重大的社会政治问题。所谓"为时""为事"，就是强调诗歌创作应当为社会政治服务，积极干预生活，特别是要"救济人病，裨补时阙"，即揭露社会黑暗，同情民生疾苦，发扬诗歌匡正时弊的批判作用。白居易在《新乐府序》中又进一步提出诗歌应"为君、为臣、为民、为物、为事而作，不为文而作"。在为时、为事的前提下，白居易反复阐明诗歌应该发挥"补察时政""泄导人情"的作用，这是与"诌成之风动，救失之道缺"倾向针锋相对的"意激而言质"的"讽喻诗"的诗风，要求诗人对当时的弊端作如实的揭发、批判。

《与元九书》是白居易"痛诗道崩坏，忽忽愤发"而作。这里的"诗道"是什么呢？就是诗歌的"救失之道"。"诗道"体现在"六义"之中，他说："圣人知其然，因其言经之以六义，缘其声纬之以五音。"又说："为诗意如何？六义互铺陈。风雅比兴外，未尝著空文。"（《读张籍古乐府》）"六义"的精神就是"风雅比兴"或"美刺比兴"，它具有鲜明的政治批判性。当白居易以"六义"为标准来评判文学史变迁的时候，展现在他面前的就是一幅"诗道崩坏"的文学史图景，即"六义"始刬于周衰秦兴，"始缺"于骚辞与五言，"陵夷"于晋宋，"尽去"于梁、陈。白居易对"诗道"的崩坏痛心疾首，"或食辍哺，夜辍寝"。他不仅坚决批判了六朝以来"嘲风雪、弄花草"的绮靡颓废的文风，而且对于以李白、杜甫为代表的盛唐之音，在总体上也持一种不满的态度。白居易认为在盛唐之音中，李白以"才""奇"称胜，然"索其风雅比兴，十无一焉"，只有杜甫等少数诗人稍得诗歌的"六义"。白居易推崇的是像杜甫《新安吏》《石壕吏》《潼关吏》那样"即事名篇，无复依傍"的诗章，并将之作为新乐府创作的范例。

为了更好地发挥新乐府"救时""补阙"的社会作用，实现"为时""为事"的创作宗旨，白居易在《新乐府序》中提出了"首句标其目，卒章显其志"的创作方式，即以经过汉儒作序后的《诗经》作为标准格式：在每首诗的题目之下表明美刺之义，在最后用议论的句子表明作者的态度。白居易还对新乐府提出了"辞质""言直""事实""体顺"的具体要求。"其辞质而径，欲见之者易谕"，要求语言质朴浅俗，明了易懂，甚至"老妪能解"；"其言直而切，欲闻之者深诫"，要求风格刚直激切，无所隐讳，使权贵深以为诫；"其事核而实，使采之者传信"，要求内容准确真实，使人信服；"其体顺而肆，可以播于乐章歌曲"，要求句式自由流畅，可以入歌，便于传诵。

中国古代历来有一个"以三百篇当谏书"的传统，白居易也坦言诗歌与谏书具有同一个目的，即"补察时政""泄导人情"，不同的是，诗歌是"根情，苗言，华声，实义"的。白居易以"情""义"为根实，准确地把握了诗歌抒情言志的本质。没有根，植物就不会长叶开花，同样，没有痛切深沉的情怀志意，诗歌的言辞音律也将无所依着。"大凡人之感于事，则必动于情，发于叹，兴于咏，然后形于歌诗焉"（《进士策问》），诗歌的创作是"情动于中而形于言"的过程，言辞、声律的运用是以情感的自由抒发为目的的。进一步说，诗歌虽然具有一般谏书的"救时""补阙"的社会功能，但是这种功能是通过情感这个中介来实现的。白居易说世间万物"未有声入而不应，情交而不感者。……类举则情见，情见则感易交"，又说："凡直奏密启外，有合于方便闻于上者，稍以歌诗导之，意者欲其易入而深诫也。"（《与杨虞卿书》）诗歌能够反映谏书"难于指言"，即难以直说的事情，而且更能感动人心，起到谏书所起不到的作用。所以白居易在创作《新乐府》五十首的时候，也要以诗为谏，发挥诗歌的"怨""刺"功能，如《杜陵叟》，"伤农夫之困也"；《缭绫》，"念女工之劳也"；《红线毯》，"忧蚕桑之费也"；《卖炭翁》，"苦宫市也"；《宫牛》，"讽执政也"；《黑潭龙》，"疾贪吏也"；《秦吉了》，"哀冤民也"；《新丰折臂翁》，"戒边功也"。总之，《新乐府》五十首都是针砭时弊，关心民生之作，诗里面既有对"人病"的"伤""忧""哀"又有对"时政"的"讽""疾""戒"。

白居易《新乐府》反映出来的都是有关国计民生的种种带普遍性的社会问题，在唐代乃至整个封建社会都具有极大的典型意义。

第二节　相关问题概说

韩、白二人都主张文学的社会政治属性及其功能的实现，并在文学范式、审美风格等方面做出了一系列开创性的努力，对此，还可结合历史文化语境进一步展开。

一、中唐诗文革新运动的发展经过

韩愈与白居易是同时代人，但他们在政治与文学上并没有多少交往，然而他们都极力倡导文学的社会政治属性及其功能，并在语言风格、抒写模式上都进行了新的尝试。难道这只是一种历史的巧合吗？当然不是。任何一种文学思潮的产生，都是对当下的社会政治与文化状况的回应，中唐的古文运动和新乐府运动也不例外。总的来说，安史之乱以来的中唐社会政治与文化状况给文学家提供了两个崭新的课题：首先是面对中唐社会的各种政治矛盾和危机，文学及文学家到底应当扮演什么样的角色；其次，面对"从古至今，沿用一律"（韩愈《南阳樊绍述墓志铭》）的文学范式以及"盛唐之音"这一不可逾越的文学高峰，当今的文学家到底应当如何去超越它。针对第一个问题，一部分具有忧患意识的文人，主张改革政治，复兴儒学，以达到巩固唐王朝统治的目的。反映到文学上来，就是要自觉地批判诗文领域内存在的各式各样的形式主义和唯美主义的倾向，要求文以载道，诗关风雅，即提倡诗文创作为政治改革服务，为恢复儒家道统服务。针对第二个问题，他们主张以破为立，通过对既定文学范式的拆解与新的美学风格的树立来确立他们在文学史上的地位。因此，可以说，古文运动和新乐府运动之所以不约而同地发生，乃是士人对中唐社会政治文化状态的一种积极回应，是历史的必然。

但是，诗文革新运动并不是在中唐突然出现的，在韩、白之前它经历了一个长时期的酝酿过程。从南北朝以迄隋代，不断有人出来反对专事雕琢及风格淫艳绮靡的骈文和近体诗风，如梁朝的裴子野、北齐的颜之推、南齐的刘勰、西魏的苏绰、隋朝的李鄂等。特别是苏绰和李鄂，甚至主张通过行政权力来推行文风改革。到了隋末，大儒王通主张全面恢复儒家传统的文学观念。他说："学者，博诵云乎哉？必也贯乎道；文者，苟作云乎哉？必也济乎义。"（《中说·天地》）从文以贯道说出发，王通论述了文学创作与道德修养的关系，与社会生活特别是政治兴衰的关系，这种观点可以说是开了中唐诗文革新运动的先河。

初唐以降，诗文革新的呼声渐趋高涨。在诗歌领域，陈子昂极力标举"汉魏风骨"，他说："文章道弊五百年矣。汉魏风骨，晋宋莫传，然而文献有可征者。仆尝暇时观齐梁间诗，彩丽竞繁，而兴寄都绝，每以永叹。思古人常恐逶迤颓靡，风雅不作，以耿耿也。"（《与东方左史虬修竹篇序》）也就是要恢复古诗的兴寄传统，反对内容空疏、不关痛痒的齐梁诗。陈子昂之后，又有李白以倡复"古道"自任，他说："兴寄深微，五言不如四言，七言又其靡也，况使束于声调俳优哉？"（王琦《李太白集注》卷三十六）李白主张恢复风雅正声，推崇"兴寄深微"的四言诗，就是肯定了美刺比兴的诗经传统。在李白稍后，杜甫创作了"三吏""三别"这样针砭时弊的现实主义诗歌，这种"即事名篇，无复倚旁"（元稹《乐府古题序》）的歌行体为后来的新乐府运动提供了理想的范本。杜甫之外，又有元结、顾况、戎昱、戴叔伦等诗人创作出了大量的讽喻诗。到了贞元、元和年间，张籍、王建、李绅、元稹、白居易等人，互相声援，掀起了一个创作乐府诗与讽喻诗的高潮，这就是新乐府运动。

在古文领域，早在初唐的王勃、杨炯、陈子昂那里，就已经萌生了复兴古文的要求。萧颖士、李华、贾至、梁肃、柳冕等人相继而起，提倡儒学道统和文章复古，被视为古文运动的先驱。萧颖士、李华、贾至提出了有益教化和尚简、尚质的文学主张。柳冕则反复强调文章与教化、儒道的统一。梁肃提出了"文气"的问题，他说："道能兼气，气能兼辞。"（《补阙李君前集序》）要求加强道德修养，充实文气，然后发气为文，这对韩愈的"气盛言宜""闳中肆外"说有直接的影响。梁肃还说："道德仁义非文不明，礼仪刑政非文不立。"（《常州刺史独孤及集后序》）古文与道德、政治的关系也是后来古文运动所要澄清的核心问题。上述先驱者为中唐古文运动奠定了坚实的理论基础。至贞元、元和年间，韩愈、柳宗元在前人的基础上提出了系统而明确的古文理论，他们主张"文以明道"，发挥文学的载道功能，重视道德修养与文章写作的关系，师古而不拘泥于古，"师其意，不师其辞"，要求创新，不能"与世沉浮，不自树立"。韩愈和柳宗元凭借其丰富的创作活动，践行了他们的古文理念。由于韩愈、柳宗元等人的理论倡导与创作实践，加上朋友门生彼此呼应，大历、贞元年间形成了一个古文运动的高潮。

和先驱们相比，中唐时期的文学革新运动至少有两个鲜明的特点。首先，他们对于文学有一种迫切的功利性要求，要求文学成为政治改革和兴复儒学的载体。他们中间有不少人如韩愈、柳宗元、刘禹锡，就是当时政治改革的中坚人物，而白居易、元稹等人则更加强调诗歌创作的现实政治意义，要"为君、为臣、为民、为物、为事而作，不为文而作"，柳宗元也认为"辅时及物之谓道"，这些都显示了鲜明的为政治服务的倾向。其次，中唐诗文革新运动是以颠覆文学传统的姿态进行的，他们特别讲求创新，要"不因循""自树立"，这种创新绝不是对文学传统的枝枝叶叶的完善，而在很大程度上是对既定文学范式、审美风格的拆解，是中唐以来文学解构思潮的一部分，这一点下面还要谈到。

韩、白之后，由于多方面的原因，诗文革新运动逐渐消歇下来。韩门弟子李翱、樊宗师、皇甫湜、孙樵、刘蜕，虽然还在不断地提倡和创作古文，但是在文、道关系上往往偏执一端，或像李翱那样将文学作为"性命之道"的载体，取消了文学的自足性，或如皇甫湜、孙樵走上了一条怪怪奇奇的古文创作之路。在晚唐士大夫消极颓废、追求享乐的文化氛围中，骈文再次兴起风潮，古文的生存空间日益遭受挤压，它的复兴只能等到宋代欧阳修的出现了。在诗歌方面，晚唐诗人皮日休、聂夷中、杜荀鹤等人创作了一些揭露黑暗，反映民生疾苦的诗歌，它们可以看成新乐府运动在晚唐的回响。虽然新乐府创作的高潮已经过去，但是这种批判现实主义创作精神一直影响着后世。

二、诗文革新运动与中唐文学解构思潮

中国古代的诗文创作在唐代开元、天宝年间达到了全盛时期。就诗歌而言，由李白、杜甫、王维等伟大诗人创造的"盛唐之音"似乎成为后来诗人难以企及的高峰。当时的诗歌创作诸体皆备，风格多种多样，艺术技巧的运用与诗歌意境的创造都达到了炉火纯青的地步。就散文创作而言，正如韩愈所指出的"从汉迄今用一律"，在文章的表现方式、行文体格以及审美风格等方面形成了一种稳定的深层结构和范式。总之，盛唐文学表现出来的高超造诣与既已形成的文学传统，对继踵其后的中唐诗人们来说无疑是一个难以逾越的困境。

为了缓解甚至是清除这种"影响的焦虑"，中唐文人特别讲求创新。韩愈自叙其创作时的情况是"当其取于心而注于手也，惟陈言之务去，戛戛乎其难哉"，又说"若皆与世沉浮，不自树立，虽不为当时所怪，亦必无后世之传也"（《答李翊书》）。所谓"务去陈言"就是摒弃一切陈词滥调，"我手写我口"，用新颖的语言去表达自己的感情思想，只有这样才能"自树立"，并留名于世。以创新为标准，韩愈给予孟郊以极高的评价。他在《贞曜先生墓志铭》中说："及其为诗，刿目鉥心，刃迎缕解，钩章棘句，掐擢胃肾，神施鬼设，闲见层出。"韩愈欣赏的正是孟郊的那种师于古而不拘于古、呕心沥血以求有所开拓创新的精神气质。创新也是白居易文艺思想中重要的一方面。他曾自豪地说："诗到元和体变新。"（《余思未尽加为六韵重寄微之》）事实上正是如此，以"即事名篇，无复依傍"为创作范式的新乐府运动本来就是对既定的乐府诗传统和已臻完备的近体诗创作体制的一次大胆的突破。正是由于中唐诗人们在理论和创作实践中都十分自觉地追求新变，所以中唐才迎来了继盛唐之后的又一个文学高峰。

中唐文人对文学所进行的一系列创新，是在颠覆艺术成规的基础上实现

的。面对"从古至今，沿用一律"的文学范式以及"盛唐之音"这一不可逾越的文学高峰，中唐文人遵循"反者道之动"的逻辑，以破为立，通过新的书写，确立了他们在文学史上的重要地位。而在中唐的解构潮流中，韩愈和白居易是代表性人物，他们各自从不同的角度展开了对既定文学范式的解构工作。

先看韩愈。为了实现"能自树立不因循"的目的，韩愈不仅要革除"编字不只，锤句皆双"的骈体风习，而且还要拆解"从汉迄今用一律"的文章写作范式，甚至不为儒家经典的话语模式所局限。

韩愈把学习的对象从儒家尊崇的六经推广到一切圣贤文章，并且指出圣贤文章之最可贵处，就在于它的创新精神。关于这一点，古文运动另一位代表人物柳宗元也说："本之《书》以求其质，本之《诗》以求其恒，本之《礼》以求其宜，本之《春秋》以求其断，本之《易》以求其动。此吾所以取道之原也。参之《谷梁传》以厉其气，参之《孟》《荀》以畅其支，参之《庄》《老》以肆其端，参之《国语》以博其趣，参之《离骚》以致其幽，参之《太史公》以着其洁。此吾所以旁推交通而以为之文也。"（《答韦中立论师道书》）柳宗元在肯定先秦古文的同时，也特别注意到以先秦古文为渊源的两汉古文，尤其是司马迁的古文。这就把五经子史都纳入文学的范畴，破除了以儒家书籍作为经典的成见。在写作实践中，韩愈最充分地表现了他的解构倾向。"他直接向千百年来已形成的话语模式进行冲击，用辞用意常常超出常规，避熟滑而趋陌生，破整齐而求错落，在奇崛的表述之中求得全新的艺术效果。或者以文为戏，打破了千百年来儒者所恪守的一本正经的议论方式，尝试用小说的文法来说理，寄深意于调侃之中。他的文风时而险怪，时而平易，而不论是险怪还是平易，都是对传统文章'雅正'之体格的解构。"[①]

另外我们必须看到，韩愈的古文理论是与其复兴儒学思想是密切相关的，他的根本目的是通过文章体式与风格变化来适应传统的儒家精神，把文章作为儒家之道的表现形式。因此以韩愈为代表的儒学复兴运动与古文运动是相互关联的整体。佛学的蓬勃发展与朝廷政治的暗弱荒诞乃是儒学复兴运动的动因，而六朝以来注重形式华美工稳的骈体文的长盛不衰则直接刺激了古文运动的产生。在韩愈等人看来，只有朴实厚重的古文方可作为儒学之载体，因此儒学复兴也就必然伴随着古文运动了。

以白居易为代表的新乐府运动可以说是中唐文学解构思潮在诗歌领域内的表现。元稹在《乐府古题序》中写道：

---

① 李壮鹰、李春青：《中国古代文论教程》，177页，北京，高等教育出版社，2005。

自风雅至于乐流，莫非讽兴当时之事，以贻后世之人，沿袭古题，唱和重复。于文或有短长，于义咸为赘剩，尚不如寓意古题，刺美见事，犹有诗人引古以讽之义焉。曹、刘、沈、鲍之徒，时得如此，亦复稀少。近代惟诗人杜甫《悲陈陶》《哀江头》《兵车》《丽人》等，凡所歌行，率皆即事名篇，无有倚旁。……昨南梁州见进士刘猛、李余，各赋《古乐府诗》数十首。其中一二十章咸有新意，予因选而和之。其有虽用古题全无古义者，若《出门行》不言离别，《将进酒》特书列女之类是也。其或颇同古义全创新词者，则《田家》止述军输，《捉捕词》先蝼蚁之类是也。

按照乐府诗已经形成的惯例，每一诗题都有固定的句法、乐调和现实内容与之相适应。但新乐府运动打破了这个惯例，认为"沿袭古题，唱和重复"不如"寓意古题，刺美见事"，又不如"即事名篇，无有倚旁"。也就是说，要大胆地突破乐府旧题的限制，沿用古题而写时事，题古而意新，甚至要像杜甫那样因事立题，题意俱新。这篇序言是为开始致力于写作乐府诗的刘猛、李余而写的。在元稹看来，二人能够突破乐府诗的抒写传统，做到"虽用古题全无古义""或颇同古义全创新词"，是真正的新乐府。

在语言与体制等方面，白居易认为新乐府"其辞质而径""其言直而切""其体顺而肆"。所谓"质而径"，是要求语言质朴浅俗，明了易懂，这显然是对传统文人诗"雅正"文体的一次反动。所谓"直而切"是直歌其事，指事痛切的意思。儒家有一个"温柔敦厚"的诗教传统，要求诗歌具有"中和"的艺术风格与含蓄委婉的抒情方式。虽然这一诗教并不否认诗歌的怨刺与批判功能，但是这种怨刺应当是"怨而不怒""发乎情，止乎礼义"的，而对社会政治的批判也要"主文而谲谏"，要"依违讽谏，不切指事情"。因此白居易"直而切"的诗学思想是对传统诗教的一次大胆的颠覆。所谓"体顺而肆"，指句式流畅，破除格律的严格束缚。到初盛唐时，近体诗已经成熟，在当时讲究声病、对偶的风气非常严重。而白居易反对用僵固的格律限制诗歌内容，主张格律要因宜适变，这是关于解放诗歌格律最明确的表述。

三、中唐诗文革新运动与工具主义文论观的完备

古文运动与新乐府运动拆解了自古以来逐渐形成的稳定的文学书写模式和审美风格，但也继承了古典文学传统中最优秀的东西，即工具主义的文学理念，并通过自己的阐发使之达到了成熟的理论形态。所谓工具主义文论不能简单地看成就是政教中心论，其实是在强调文学为社会、为政治服务的同时，还要求文学成为儒家仁义道德学说和士人阶层超验价值的载体，即文以载道。中国古代工具主义文学观念发源于西周时期的诗歌功能观。当时的诗歌被用于祭

祀、朝会等场合，目的是为了宣扬周代贵族统治天下的合理性，并为臣下进谏提供一个迂回的通道，但不管是哪种场合，都着眼于诗歌的政治内涵及其功能的实现。到了春秋时期，孔子也很重视诗歌的政治功能，他说："诵诗三百，授之于政；使于四方，不能专对，虽多，亦奚以为?"（《论语·子路》）孔子认为学诗的目的就是要在政治外交场合发挥它的作用。孔子又说诗歌具有"观"和"怨"的功能。其中"观"，郑玄注为"观风俗之盛衰"，也就是说要从诗歌之中去体察各地的民风民情以及他们对目前政治的态度。所谓"怨"，孔安国注为"怨，刺上政也"，即人民对政治有所不满，通过诗歌这种形式来表达他们的怨愤情绪。在春秋时期，工具主义文论观念还具有另外一种价值取向，即文以明道。《荀子·儒效》说："圣人也者，道之管也。天下之道管是矣，百王之道一是矣，故《诗》《书》《礼》《乐》之归是矣。《诗》言是，其志也；《书》言是，其事也；《礼》言是，其行也；《乐》言是，其和也；《春秋》言是，其微也。故《风》之所以为不逐者，取是以节之也；《小雅》之所以为《小雅》者，取是而文之也；《大雅》之所以为《大雅》者，取是而光之也；《颂》之所以为至者，取是而通之也。"在荀子看来，儒家所奉行的几种基本经典都是"道"的载体，只不过它们所"载"的是"道"的不同形态而已。诗歌所表现的"道"乃是以圣人之志的形式存在的，这就是说，诗歌是由于有了"道"才获得价值的。换言之，"道"是诗文价值之本原。

工具主义文论观在汉代达到了顶峰。汉儒言诗，不过美刺两端，美就是歌功颂德，刺就是发泄不满和怨怒情绪，它们都是汉代士人对政治状况的反映。汉代工具主义文论的理论代表就是《诗大序》，它详细阐述了诗歌的社会政治属性和政治功能。汉代以后，由于社会政治及文化状况的变化和文学史发展的自身规律的原因，工具主义的文学观念呈现出断断续续的发展态势，倒是一种审美主义的文论观点时而占据文学发展的主流。真正将工具主义文论观推向高潮的正是韩愈、白居易领导的中唐诗文革新运动。韩愈说："吾所谓道也，非向所谓老与佛之道也。尧以是传之舜，舜以是传之禹，禹以是传之汤，汤以是传之文、武、周公，文、武、周公传之孔子，孔子传之孟轲，轲之死，不得其传焉。"可见韩愈所谓"道"，就是正统的儒家思想体系。而白居易则继承了《诗经》的风雅比兴的传统，强调文学要"为君、为臣、为民、为物、为事而作"。无论是韩愈把文学作为载道之具，还是白居易把文学作为政治教化的手段，都体现出了鲜明的工具主义文论的思想倾向。

不过也不能认为中唐的诗文革新的文学观念就是对以往工具主义文论观的简单继承，实际上它在很多地方超越了后者。

首先，它们都突破了关于美刺的传统诗教。中国古代文人历来强调文学应当为政教服务，这就是"美"和"刺"的传统。所谓"美"，就是对统治者歌功颂德，粉饰太平，即所谓"论功颂德，所以将顺其美"（郑玄《诗谱序》）；所谓"刺"，就是对统治者进行讽谕批评，也就是"刺过讥失，所以匡救其恶"（郑玄《诗谱序》）。儒家虽然强调诗歌对现实政治的揭露与批判，但是这种批判应当限制在一个合理的范围之内。就言说的方式而言，要"主文而谲谏"，也就是说作者在批判现实，表达不满之情的时候要委婉含蓄，不可痛切直露，要"依违讽谏，不切指事情"；就刺诗的内容以及风格上言，要"怨而不怒"，即要求作家对自己的哀怨不满之情要加以控制，不能过于激烈，应使情感合乎儒家的礼义规范，"发乎情，止乎礼义"。古文运动与新乐府运动在很大程度上已经突破了这种局限。如前所述，韩愈的"不平则鸣"偏重于"刺"，所抒者重在哀怨不满之情。白居易的新乐府理论更是如此，他说："凡闻仆《贺雨诗》，而众口籍籍，已谓非宜矣；闻仆《哭孔戡》诗，众面脉脉，尽不悦矣；闻《秦中吟》，则权豪贵近者相目而变色矣；闻《乐游园寄足下》诗，则执政柄者扼腕矣；闻《宿紫阁村》诗，则握军要者切齿矣。"白居易的讽喻诗之所以让执政者扼腕切齿，是与他对当朝政治直言不讳的批判联系在一起的。另外，他强调诗歌要"辞质而径""言直而切"，即要求诗歌指事痛切，直歌其事。这种主张完全打破了怨而不怒的儒家诗论传统，无疑是对儒家保守诗论的反叛。

其次，深化了对文学抒情性特征的认识。传统文论特别是工具主义文论，对于文学的抒情特征的认识，还停留在比较粗浅的水平上，对诗歌的抒情机制以及诗情与诗美之间的关系，还缺乏必要的认识。韩、白二人的文论弥补了这个不足。白居易在《与元九书》中说："感人心者，莫先乎情，莫始乎言，莫切乎声，莫深乎义。诗者，根情、苗言、华声、实义。上自贤圣，下至愚骏，微及鱼豚，幽及鬼神；群分而气同，形异而情一；未有声入而不应，情交而不感者。"在白居易看来，尽管诗歌是缘事而发的，但是"大凡人之感于事，则必动于情"（《进士策问》），诗歌的本质是以"情"为根的；尽管诗歌具有"救济人病，裨补时阙"的功能，但这种功能是通过情感这个中介来实现的。白居易对诗歌的抒情本质进行了非常详明的论述，比起儒家诗论泛言"诗言志"来说无疑是一个发展。古文运动的代表人物韩愈则援引自然界的普遍规律，论证了诗歌的缘情本质。他在《送孟东野序》中说："大凡物不得其平则鸣：草木之无声，风挠之鸣；水之无声，风荡之鸣……人之丁言也亦然：有不得已而后言，其歌也有思，其哭也有怀，凡出乎口而为声者，其皆有弗平者乎！"这里的"不平"指的是内心的"不平静"，大凡人的喜怒哀乐之情都可以包含之内。因此，"不平则鸣"的情况是既可以"歌"，也可以"哭"，既可以"鸣国家之盛"，也可以"自鸣其不幸"。不过韩愈显然更加重视哀怨不满之情的抒发，如"周之衰，孔子之徒鸣之""楚大国也，其亡也以屈原鸣"。唐代的善鸣者如孟郊、李翱、张籍等人，显然也是"穷饿其身，思愁其心肠，而使自鸣其不幸"

的。为什么历史上的善鸣者往往都是那些困穷之人呢，为什么只有他们才能创造出感动人心的诗歌呢？韩愈在《荆潭唱和诗序》解释道："夫和平之音淡薄，而愁思之声要妙；欢愉之辞难工，而穷苦之言易好也。是故文章之作，恒发于羁旅草野。至若王公贵人，气满志得，非性能而好之，则不暇以为。"韩愈指出那些"气满志得"的"王公贵人"并非情有所激，发而为诗，他们写诗仅仅是为了附庸风雅，这样当然写不出动人的诗歌。而"羁旅草野"之人"穷饿其身，思愁其心肠"，具有痛切深沉的现实感受与满腔愤懑不平之气，发于诗文就呈现为最真切情感的自然流露，所以能够产生回肠荡气的情感效果和动人心魄的艺术感染力。

　　最后，在继承传统的基础上，各自形成了完整和系统的文论系统，从而将儒家文学思想发展到了一个新的阶段。新乐府运动的理论核心就是"文章合为时而著，歌诗合为事而作"，由此出发要求"辞质而径""言直而切""事核而实"及"体顺而肆"，这就建立了一个融创作宗旨、思想内容、表现方式、语言风格等多方面为一体的完整的理论体系。在这个体系中，明显能够看出白居易、元稹等人对《诗经》、汉乐府及杜甫歌行体的精神、风格、写法的继承和发展。例如，韩愈、柳宗元领导的古文运动，他们的思想基础与理论核心就是"文以明道"。这本是儒家的传统文艺观点，荀子、扬雄、刘勰等人都有非常清楚的阐发。韩愈的贡献在于他从文学的载道本质出发，将儒家重视道德修养的观点、先质后文的观点以及发愤著书的观点都吸收进来，并将它们熔铸为一套完整的文艺思想体系。

四、唐代诗文革新运动的影响

　　最后简要地谈谈唐代的诗文革新运动，特别是古文运动对后世的影响。

　　就其在文学史上的意义而言，古文运动最直接、最重要的贡献是结束了六朝以来骈文的统治地位，开创了散文的新传统。古文具有"载道"与"救世"的社会文化功能、"系于义不系于辞"的抒写模式和"惟陈言之务去"的美学追求，比起华美空虚的骈文来说，无疑是中国古代散文史上的一个重大进步。虽然古文运动在韩、柳之后逐渐消歇、衰落下来，但是它所开创的古文传统却一直被后代继承，并支配中国文坛达千年之久。北宋初期，柳开、王禹偁、姚铉、穆修等人都标榜韩、柳古文，反对晚唐五代的浮靡文风。其后，欧阳修凭借其"天下宗师"的地位大力提倡古文，"三苏"、王安石、曾巩以及苏门弟子都是古文创作能手，从而使宋代古文运动达到波澜壮阔的地步。中国文学史上以唐宋八大家为代表的古文传统，有力地打击了风靡三百年的绮丽柔弱的文风，其对散文的影响远及清代。明代宋濂、唐顺之、王慎中、归有光等人以及清代桐城派、阳湖派古文之所以取得一定成就，追根溯源，无一不是受到唐宋古文运动的启发或影响。唐代古文运动在文学史上的另一个重要影响，就是推动了其他文学体裁的发展。诗人元稹、白居易都参与了古文运动，并且他们的新乐府理论也直接或间接地受到古文运动的影响，所作之诗，反映现实，不作无病之呻吟。古文运动也间接地促进传奇小说之发展。韩、柳等人把五经子史都纳入到文学的范畴，破除了以儒家书籍作为经典的成见，从而解放了文体，使着意好奇的传奇家得到更自由的表现形式，因而促进了传奇小说的发展。

在社会文化层面上，中唐的诗文革新运动极大地激发了士人以道自任的主体精神。唐代社会自安史之乱后，无可避免地走向了衰落，而当时的文人尚沉浸在一片诗意的陶醉之中。针对这种情况，韩愈、白居易提出了载道和救世的文学主张，从根本上来说正是为了唤醒士人以天下为己任的社会责任感和历史使命感，使其成为重建社会秩序的中坚力量。受韩愈的影响，宋代古文运动的领袖欧阳修也论道，他说："君子之于学也，务为道。为道必求知古，知古明道，而后履之以身，施之于事，而又见于文章而发之，以信后世。其道，周公、孔子、孟轲之徒常履而行之者是也。……及诞者言之，乃以浑蒙虚无为道，洪荒广略为古，其道难法，其言难行。"（《与张秀才棐第二书》）欧阳修所谓的道绝不玄虚缥缈，它始终与士人的主体精神和人格境界联系在一起，其目的就是为了唤醒他们的历史使命感和社会责任感，这一点是和韩愈相同的。欧阳修论道也常常和尊韩联系在一起。《记旧本韩文后》说："呜呼，韩氏之文、之道，万世所共尊，天下所共传而有也。"而他自己也被当时和后来的士人称作宋代的韩愈。苏轼在《居士集序》中这样评价："其学推韩愈、孟子以达于孔氏，著礼乐仁义之实以合于大道……故天下翕然尊之。……士无贤不肖，不谋而同曰：欧阳子，今之韩愈也。"苏轼将欧阳修置于孔、孟、韩的道统系列之中，也就是把他放到了士人阶层的精神命脉之上，给予了欧阳修很高的评价。

【思考题】

1. 如何评价白居易提出的新乐府理论？

2. 韩愈说写作古文要"自树立"，请结合文本谈谈韩愈是如何突破陈规，独树一帜的？

3. 中唐诗文革新运动与文学传统之间具有什么关系？

4. 古文运动对后世有什么样的重大影响？

第七章　皎然与司空图的诗论

第一节　经典文本阅读

【原典阅读】

一、诗式（节选）（皎然）

夫诗者，众妙之华实，六经之菁英，虽非圣功，妙均于圣。彼天地日月，玄化之渊奥，鬼神之微冥，精思一搜，万象不能藏其巧。其作用①也，放意须险，定句须难，虽取由我衷，而得若神授。至如天真挺拔之句，与造化争衡，可以意冥②，难以言状，非作者不能知也。泊西汉以来，文体四变③。将恐风雅寖泯，辄欲商较以正其源。今从两汉以降，至于我唐，名篇丽句，凡若干人，命曰《诗式》，使无天机者坐致天机。若君子见之，庶几有益于诗教矣。

明势

高手述作，如登荆、巫，觌三湘④、鄂、郢⑤山川之盛，萦回盘礴，千变万态；或极天高峙，崒焉不群，气腾势飞，合沓相属；或修江耿耿，万里无波，欻出高深重复之状。古今逸格，皆造其极妙矣。

明作用

作者措意，虽有声律，不妨作用，如壶公⑥瓢中自有天地日月。时时抛针掷线，似断而复续，此为诗中之仙。拘忌之徒，非可企及矣。

明四声

乐章有宫商五音之说，不闻四声。近自周颙、刘绘流出，宫商畅于诗体，轻重低昂之节⑦，韵合情高，此未损文格。沈休文酷裁八病、碎用四声，故风雅殆尽。后之才子，天机不高，为沈生弊法所媚，懵然随流，溺而不返。

诗有四不

气高而不怒，怒则失于风流；力劲而不露，露则伤于斤斧；情多而不暗，暗则蹶于拙钝；才赡而不疏，疏则损于筋脉。

诗有四深

气象氤氲，由深于体势；意度盘礴，由深于作用；用律不滞，由深于声对⑧；用事不直，由深于义类⑨。

诗有四离

虽有道情，而离深僻；虽用经史，而离书生；虽尚高逸，而离迂远；虽欲飞动，而离轻浮。

诗有六迷

以虚诞而为高古；以缓缦而为澹泞⑩；以错用意而为独善；以诡怪而为新奇；以烂熟而为稳约；以气劣弱而为容易。

诗有六至

至险而不僻；至奇而不差；至丽而自然；至苦而无迹；至近而意远；至放而不迂。

诗有五格

不用事第一；作用事第二；直用事第三；有事无事第四；有事无事，情格俱下第五。

文章宗旨

评曰：康乐公早岁能文，性颖神彻，及通内典⑪，心地更精，故所作诗，发皆造极，得非空王之道助邪⑫？夫文章，天下之公器，安敢私焉。曩者尝与诸公论康乐，为文真于情性，尚于作用，不顾词彩而风流自然。彼清景当中，天地秋色，诗之量也；庆云从风，舒卷万状，诗之变也。不然，何以得其格高、其气正、其体贞、其貌古、其词深、其才婉、其德宏、其调逸、其声谐哉。至如《述祖德》一章、《拟邺中》八首、《经庐陵王墓》《临池上楼》，识度高明，盖诗中之日月也，安可扳援哉？惠休所评"谢诗如芙蓉出水"，斯言颇近矣。故能上蹑风骚，下超魏晋，建安制作，其椎轮⑬乎？

取境

评曰：或云，诗不假修饰，任其丑朴，但风韵正、天真全，即名上等。予曰：不然。无盐阙容而有德，曷若文王太姒有容而有德乎⑭？又云，不要苦思，苦思则丧自然之质。此亦不然。夫不入虎穴，焉得虎子？取境之时，须至难至险，始见奇句。成篇之后，观其气貌，有似等闲，不思而得，此高手也。有时意静神王，佳句纵横，若不可遏，宛若神助。不然。盖由先积精思，因神王而得乎！

重意诗例

评曰：两重意已上，皆文外之旨，若遇高手如康乐公览而察之，但见情性，不睹文字，盖诣道之极也。向使此道尊之于儒，则冠六经之首；贵之于道，则居众妙之门⑮；精之于释，则彻空王之奥。但恐徒挥其斤而无其质，故伯牙所以叹息也。畴昔国朝协律郎元兢与越僧玄鉴集秀句，二子天机素少，选又不精，多采浮浅之言以诱蒙俗，特与瞀夫偷语之便，何异借贼兵而资盗粮⑯？无益于诗教矣。

辨体有一十九字

评曰：夫诗人之思初发，取境偏高，则一首举体便高；取境偏逸，则一首举体便逸。才性等字亦然。体有所长，故各功归一字。偏高偏逸之例，直于诗体；篇目风貌，不妨一字之下，风律外彰，体德内蕴⑰，如车之有毂，众辐归焉。其一十九字，括文章德体风味尽矣，如《易》之有象辞焉，今但注于前卷中，后卷不复备举。其比、兴等六义，本乎情思，亦蕴乎十九字中，无复别出矣。

高，风韵朗畅曰高。逸，体格闲放曰逸。贞，放词正直曰贞。忠，临危不变曰忠。节，持操不改曰节。志，立性不改曰志。气，风情耿介曰气。情，缘境不尽曰情。思，气多含蓄曰思。德，词温而正曰德。诚，检束防闲曰诚。闲，情性疏野曰闲。达，心迹旷诞曰达。悲，伤甚曰悲。怨，词调凄切曰怨。意，立言盘泊曰意。力，体裁劲健曰力。静，非如松风不动、林狖未鸣，乃谓意中之静。远，非如渺渺望水、杳杳看山，乃谓意中之远。

（选自李壮鹰校注：《诗式校注》，北京，人民文学出版社，2003）

① 作用：艺术构思。

② 冥：谓契和于无形。

③ 文体四变：文体，即诗体。按照《诗式》所论，以苏、李的自然天成，《十九首》的始见作用，魏晋六朝的雕绘偶丽，唐人的律诗为四变。

④ 三湘：湘水发源与漓水合流后称漓湘，中游与潇水合流后称潇湘，下游与蒸水合流后称蒸湘，总称"三湘"。

⑤ 鄢、郢：春秋时楚国都名。鄢：在今湖北省宜城县。郢：在今湖北省江陵县。

⑥ 壶公：《后汉书·方术传》载，汝南市中有老翁卖药，悬一壶于市，市罢则跳入壶中。又《云笈七籤》载，施存为云台治官，夜宿壶中，壶中自有日月。自号壶天，人称为壶公。

⑦ 轻重低昂之节：轻是轻音，即平声；重是重音，即仄声。

⑧ 声对：声律对偶。

⑨ 义类：事类、典故。

⑩ 澹泞：水流清深貌。

⑪ 内典：佛教徒称佛经为内典。

⑫ 得非空王之道助：皎然认为谢诗的高超造诣是得到了佛学之助。空王：即佛。

⑬ 椎轮：即椎车，是一种最原始的车，用圆形的大木推着向滚动，没有辐，形状如椎，当作车轮之用，所以也称椎轮。

⑭ 无盐、太姒两句：无盐氏为齐宣王之后，太姒为周文王之后。二女俱有德行，但无盐氏容貌甚丑，不如太姒之美。在这里，皎然以之为喻，反对"不假修饰，任其丑朴"的

文风，强调了苦思对创造自然之意境的重要作用。

⑮ 众妙之门：《老子》："玄而又玄，众妙之门。"皎然认为"但见情性，不睹文字"的艺术风貌是诗的精妙之所在。

⑯ 借贼兵而资盗粮：语出荀况《荀子·大略》："非其人而教之，赍盗粮，借贼兵。"赍：以物送人；兵：兵器，武器。送给盗贼粮食，借给盗贼武器。比喻帮助敌人或坏人。

⑰ 风律外彰，体德内蕴：意谓诗歌的声律等形式彰显于外，而审美特征与思想情调则蕴含于内。

二、与李生论诗书（司空图）

文之难而诗尤难。古今之喻多矣，愚以为辨于味①而后可以言诗也。江岭之南，凡足资于适口者，若醯②，非不酸也，止于酸而已；若鹾③，非不咸也，止于咸而已。中华之人④所以充饥而遽辍者，知其咸酸之外，醇美者有所乏耳。彼江岭之人，习之而不辨也宜哉。诗贯六义，则讽谕、抑扬、渟蓄、温雅，皆在其中矣。然直致所得，以格自奇⑤。前辈诸集，亦不专工于此，矧其下者耶！王右丞韦苏州，澄澹精致，格在其中，岂妨于遒举⑥哉？贾浪仙⑦诚有警句，然视其全篇，意思殊馁⑧。大抵附于蹇涩，方可致才⑨。亦为体之不备也，矧其下者哉？噫！近而不浮，远而不尽⑩，然后可以言韵外之致⑪耳。愚窃尝自负，既久而愈觉缺然。然得于早春则有"草嫩侵沙长，冰轻著雨销"；又"人家寒食月，花影午时天"；又"雨微吟足思，花落梦无憀"；又"夜短猿悲减，风和鹊喜灵"。得于山中，则有"坡暖冬生笋，松凉夏健人"；又"川明虹照雨，树密鸟冲人"。得于江南，则有"日带潮声晚，烟和楚色秋"；又"曲塘春尽雨，方响夜深船"。得于塞上则有"马色经寒惨，雕声带晚饥"。得于丧乱，则有"骅骝思故第，鹦鹉失佳人"；又"鲸鲵人海涸，魑魅棘林幽"。得于道宫，则有"棋声花院闭，幡影石坛像，山风响木鱼"；又"解吟僧亦俗，爱舞鹤终卑"。得于郊园，有"暖景鸡声美，微风蝶影繁"，又"远陂春草渗，犹有水禽飞"。得于乐府，则有"晚妆留拜月，春睡更生香"。得于寂寥，则有"孤萤出荒池，落叶穿破屋"。得于惬适，则有"客来当意惬，花发遇歌成"。虽庶几不滨于浅涸，亦未废作者之讥诃也。七言云："逃难人多分隙地，放生鹿大出寒林"；又"得剑乍如添健仆，亡书久似忆良朋"；又"孤屿池痕春涨满，小栏花韵午晴初"。五言绝句云："甲子今重数，生涯只自怜；殷勤九旦月，敧午又明午又明年"。七言绝句云："故国春归未有涯，小楼栏槛别人家"；"五更惆怅回孤枕，犹自残灯照落花"。皆不拘于一概也。此外千变万状，不知所以神而自神，岂容易哉？足下之诗，时辈固有难色，倘复以全美⑫为上，即知味外之旨⑬矣。勉旃！司空表圣再拜。

（选自郭绍虞集解：《诗品集解》，北京，人民文学出版社，1963）

① 辨于味：辨别诗歌的韵味。司空图认为有两种诗味：一种是兼蓄多重意趣的"醇美"之味；一种是时下流行的单薄、偏颇的诗味，如贾岛之"寒涩"，欣赏这种诗歌就如光吃盐，干喝醋一般，止于咸酸而已，而"咸酸之外，醇美者有所乏耳"。司空图认为只有具备了辨别这样两种诗味的能力，才有资格谈论诗歌。

② 醝：醋。

③ 鹾：盐。

④ 华之人：中原地区的人。

⑤ 直致所得，以格自奇：意谓前辈诗人即境会心，不加模拟，自然写出浑然天成的优美诗句，并以这种风格确立自己的地位。

⑥ 王右丞三句：王维官至尚书右丞，韦应物官至苏州刺史。澄澹：指风格的清深淡远。精致：语言的精工。遒举：指笔力的挺拔。作者在文中对王、韦二人赞赏有加，是因为他们能够兼蓄"澄澹精致"与"遒举"两种风格。

⑦ 贾浪仙：贾岛，字浪仙，中唐后期诗人。

⑧ 馁：饿，这里指贾岛诗内容空疏，了无韵味。

⑨ 附于寒涩，方可致才：附：依附、凭借。寒涩：艰深不流畅。这里指贾岛才力不足，他的大部分诗歌依靠锻炼片言只语，艰深僻涩，才能显出他偏执的诗才。

⑩ 近而不浮，远而不尽：写景状物近在眼前，却不流于肤浅，意境深远，有"言已尽而意无穷"的韵味。

⑪ 韵外之致：韵：诗歌的语言。这句话是说在语言文字之外，别有余味。

⑫ 全美：外形精美的诗句，包孕无尽的韵味，才是诗歌的全美。

⑬ 味外之旨：即上文所说的"咸酸之外"的一种醇美的诗味。

三、与极浦书（司空图）

戴容州云："诗家之景，如蓝田日暖，良玉生烟，可望而不可置于眉睫之前也。"①象外之象，景外之景②，岂容易可谈哉？然题纪之作，目击可图，体势自别，不可废也。愚近作《虞乡县楼》及《柏梯》二篇，诚非平生所得者。然"官路好禽声，轩车驻晚程"，即虞乡入境可见也。又"南楼山最秀，北路邑偏清"，假令作者复生，亦当以著题见许。其《柏梯》之作，大抵亦然。浦公试为我一过县城，少留寺阁，足知其不诈也。岂徒雪月之间哉？伫归山后，"看花满眼泪""回首汉公卿"、"人意共春风""哀多如更闻"，下至于"塞广雪无穷"之句，可得而评也。郑杂事不罪章指亦望呈达，知非子狂笔。

（选自郭绍虞集解：《诗品集解》，北京，人民文学出版社，1963）

① 戴容州句：戴容州即戴叔伦，中唐诗人。蓝田，在今陕西，盛产美玉。太阳升起，阳光与美玉交相辉映，远远望去蓝田仿佛升起了缕缕轻烟，但走到跟前一看，才发现这一切只是幻想。按作者之意，是说诗歌中的意象具有亦真亦幻，亦虚亦实的美学特征。

② 象外之象，景外之景：第一个象、景是诗歌中具体实在的形象，第二个象、景是经

由读者想象而来的虚像。诗人塑造具体的形象，触发读者展开丰富的艺术想象，由实入虚，韵味无穷。

四、廿四诗品（节选）（司空图）

雄浑

大用外腓，真体内充①。返虚入浑②，积健为雄③。具备万物，横绝太空。荒荒油云，寥寥长风。超以象外，得其环中④。持之非强，来之无穷。

冲淡

素处以默，妙机其微⑤。饮之太和⑥，独鹤与飞。犹之惠风，荏苒在衣。阅音修篁，美曰载归。遇之匪深，即之愈稀⑦。脱有形似，握手已违。

纤秾

采采流水，蓬蓬远春。窈窕深谷，时见美人。碧桃满树，风日水滨。柳阴路曲，流莺比邻。乘之愈往，识之愈真。如将不尽，与古为新。

典雅

玉壶买春，赏雨茆屋。坐中佳士，左右修竹。白云初晴，幽鸟相逐。眠琴绿阴，上有飞瀑。落花无言，人淡如菊。书之岁华，其曰可读。

劲健

行神如空，行气如虹。巫峡千寻，走云连风，饮真茹强，蓄素守中⑧，喻彼行健，是谓存雄⑨。天地与立，神化攸同。期之以实，御之以终。

绮丽

神存富贵，始轻黄金。浓尽必枯，淡者屡深⑩。雾余水畔，红杏在林。月明华屋，画桥碧阴。金樽酒满，伴客弹琴。取之自足，良殚美襟。

自然

俯拾即是，不取诸邻⑪。俱道适往，着手成春。如逢花开，如瞻岁新。真与不夺，强得易贫。幽人空山，过雨采苹。薄言情悟，悠悠天钧⑫。

含蓄

不著一字，尽得风流。语不涉己，若不堪忧⑬。是有真宰，与之沉浮。如渌满酒，花时返秋。悠悠空尘，忽忽海沤⑭。浅深聚散，万取一收⑮。

豪放

观花匪禁，吞吐大荒⑯。由道返气，处得以狂。天风浪浪，海山苍苍。真力弥满，万象在旁。前招三辰，后引凤凰。晓策六鳌，濯足扶桑。

精神

欲返不尽，相期与来⑰。明漪绝底，奇花初胎。青春鹦鹉，杨柳楼台。碧山人来，清酒满杯。生气远出，不著死灰⑱。妙造自然，伊谁与裁⑲。

飘逸

落落欲往，矫矫不群。缑山之鹤，华顶之云。高人惠中，令色絪缊。御风蓬叶，泛彼无垠。如不可执，如将有闻⑳。识者期之，欲得愈分㉑。

流动

若纳水輨，如转丸珠㉒。夫岂可道，假体如愚。荒荒坤轴，悠悠天枢㉓。载要其端，载闻其符。超超神明，返返冥无㉔。来往千载，是之谓乎㉕。

（选自郭绍虞集解：《诗品集解》，北京，人民文学出版社，1963）

① 大用外腓，真体内充：腓，原是指小腿肚，善于屈伸变化，此指宇宙本体所呈现的变化无穷之姿态。两句是说，浩大的运用变化于外，是由于真实的体质充满于内的结果。这就是体精用宏的意思，做到这样，自然达到雄浑的境界。

② 返虚入浑：郭绍虞《诗品集解》："何谓'浑'？全也，浑成自然也。所谓真体内充，又堆砌不得，填实不得，板滞不得，所以必须复还空虚，才得入于浑然之境。这是'浑'，然而正所以助其'雄'。"

③ 积健为雄：郭绍虞《诗品集解》："何谓'雄'？雄，刚也，大也，至大至刚之谓。这不是可以一朝袭取的，必积强健之气才成为雄。"

④ 超以象外，得其环中：郭绍虞《诗品集解》："一方面超出迹象之外，纯以空运，一方面适得环中之妙，仍不失乎其中，者即是所谓'返虚入浑'。返虚入浑，也就自然成'雄'。所以不能虚也就不能浑，不能浑也就不能雄。"

⑤ 素处以默，妙机其微：郭绍虞《诗品集解》："平居澹素，以默为守，涵养既深，天机自合，故云妙机其微。微也者，幽微也，亦微妙也，言莫之求而自至也。"

⑥ 太和：阴阳回合冲和之气。

⑦ 遇之匪深，即之愈稀：意谓冲淡之诗境，实乃自然相契而得，绝非人力之所能致。

⑧ 饮真茹强，蓄素守中：饮真茹强就是"真体内充"，指内心充满了阴阳和合之元气。蓄素守中就是"素处以默"，指没有任何杂念、欲求，能以虚静之心胸容纳太和之真气。

⑨ 存雄：源出《庄子·天下》篇，其云："天地其壮乎！施存雄而无术。"是说惠施欲存天地之雄而无术，此"雄"即"天地之壮"也，而天地之壮则为自然之景观，而非人力之所能为也。"存雄"实为保持自然的雄强。

⑩ 浓尽必枯，淡者屡深：人为雕琢的绮丽往往是一种外在的浓艳色彩，而内中其实是很空虚的，故云"浓尽必枯"；而外表看来淡泊自然，其内里深处则常常是丰富而绮丽的，故云"淡者屡深"。

⑪ 俯拾即是，不取诸邻：真正美的诗境是任其自然而得，不必着意去搜寻。

⑫ 薄言情悟，悠悠天钧：薄言：语助词。情：情性，本性，即指自然天性。悠悠天钧，指天道之自在运行，流转不息。这二句是说以自然之本性去领悟万物之自在变化。

⑬ 语不涉己，若不堪忧：杨廷芝《诗品浅解》："语不涉己，言其语义不露迹象，有与己不相涉者。若不堪忧，是本无可忧，而心中之蕴结，则常若不胜其忧然。"

⑭ 沤：水泡。

⑮ 浅深聚散，万取一收：郭绍虞《诗品集解》："尘与沤之浅深聚散，形形色色，博之虽有万途，约之只是一理，要均归于含蓄而已。含蓄则写难状之景，仍含不尽之情，也正因为一驭万，约观博取，不必罗陈。"

⑯ 观花匪禁，吞吐大荒：郭绍虞《诗品集解》："观花匪禁，即'看竹何须问主人'之意，自见其放。吞吐大荒，即'吞若云梦者八九，于其胸中不蒂芥'之意，自见其豪。"

⑰ 欲返不尽，相期与来：郭绍虞《诗品集解》："精由于聚，人欲返而求之，则有不尽之藏，神得所养，而心之相期者遂与之以俱来。"

⑱ 生气远出，不著死灰：生气充沛，精神迸露，远出纸上。

⑲ 妙造自然，伊谁与裁：郭绍虞《诗品集解》："精神又不是矫揉造作得来的。妙造自然之境，又谁可以裁度之乎？"

⑳ 如不可执，如将有闻：好像能够听见它的声响，但又不能实实在在地触及它。

㉑ 识者期之，欲得愈分：郭绍虞《诗品集解》："言识其境者已为之心领，若有意求之，则又觉其相离而不可即，总言飘逸之状难以形迹求也。"

㉒ 若纳水輨，如转丸珠：像水车那样不停转动，像珠那样圆转如丸。

㉓ 荒荒坤轴，悠悠天枢：地轴与天枢的运行都是空阔不尽，而没有停息之时的。坤轴：地轴。天枢：北斗第一星名。

㉔ 超超神明，返返冥无：它如神明般变化莫测，周流无滞，返归于空无寂寞。

㉕ 来往千载，是之谓乎：郭绍虞《诗品集解》："流动既不可以迹象求，所以只有一任自然，如坤轴天枢之循环往复，千载不停，差为近似。"

【作者简介】

皎然，中唐诗僧，姓谢，字清昼，湖州长城（今浙江长兴）人，自称南朝诗人谢灵运的十世孙，约生于天宝年间，主要活动于大历、贞元时代。皎然早年学儒，既而学道，中年后又专意于禅，这也决定了他的诗学中不乏儒、道、佛三家的影响。皎然在当时是江南著名的诗僧。赞宁《高僧传》称赞他"文章隽丽，当时号为释门伟器"，于頔《杼山集序》也盛赞皎然："得诗人之奥旨，传乃祖之精华，江南词人，莫不楷范。"皎然的诗，清机逸响，闲雅自如，具有深厚的艺术境界，在当时就产生了广泛的影响。贞元八年，唐德宗曾敕令编辑皎然的文集入于迷阁，"天下荣之"，可见他在当时的诗名之高。皎然的文学活动主要在安史之乱以后，他与当时著名的文士颜真卿、刘长卿、韦应物、顾况等人过往甚密，并互相唱酬，时号"江东名僧"。除《诗式》外，皎然还有《诗议》，今已散失，《文镜秘府论》等书中录有片段。皎然的《诗式》对诗歌创作和品评的理论作了比较系统的研究，有许多真知灼见，所以深得后人的好评，如元辛文房的《皎然上人传》就说皎然的《诗式》《试评》"皆议论精当，取舍从公，整顿狂澜，出色骚雅"（《唐才子传》卷四）。明人胡震亨在对比诸种诗话以后也认为"以上诗话，惟皎师《诗式》《诗议》二撰，时有妙解"

（《唐音癸签》卷三十二）。

司空图（837—908），字表圣，晚号耐辱居士、知非子，河东虞乡（今山西永济）人，主要活动于晚唐风雨飘摇的最后半个世纪，唐末咸通十年进士，懿宗朝曾被召为殿中侍御史，僖宗时又被召为礼部员外郎、中书舍人。光启二年，黄巢军入长安后，司空图"退还河中"，隐居于河东中条山王官谷，日与名僧高士游咏以自遣。这期间，他曾经三次召拜，均称病不赴。司空图两度经历战乱，看到"朝廷微弱，纪纲大坏"，李唐王朝颓势已成，不可挽回，于是只好隐居避祸，以诗酒自娱，后闻朱温代唐，哀帝被杀，绝食而死，著有《司空表圣文集》十卷、《诗集》三卷。

司空图的思想杂糅儒道。在朝为官期间，他主张以儒家的社会政治思想来挽救唐帝国江河日下的倾颓之势。针对现实问题，他写下了《将儒》《说燕》《辩楚刑》《移雨神》《议华夷》《上谯公书》等文章，从多方面阐述了以儒治国的政治主张。退隐后，司空图过着"一局棋，一炉药，天意时情可料度，白日偏催快活人，黄金难买堪骑鹤"（《休休亭》）的生活。面对无可挽回的时势，司空图试图从冲淡恬静的道家人生观和佛教的空寂中寻求人生的解脱："名应不朽轻仙骨，理到忘机近佛心。"（《山中》）"从此当歌唯痛饮，不须经世为闲人。"（《有感》）尤其到了晚年，日与名僧高士咏游，于"泉石林亭"中与野老同席，"曾无傲色"。佛道思想也从他的诗歌创作与评论活动中表现出来。司空图是晚唐著名诗人，他说："侬家自有麟麟阁，第一功名只赏诗。"（《力疾山下吴村看杏花十九首》）苏轼曾说："唐末司空图崎岖兵乱之间，而诗文高雅，犹有承平之遗风。"（《书黄子思诗集后》）又说："司空表圣自论其诗，以为得味外之味。'绿树连村暗，黄花入麦稀'，此句最善。又'棋声花院闭，幡影石坛高'。吾尝独游五老峰，入白鹤观，松阴满地，不见一人，唯闻棋声，然后知此句之工也。"（《东坡志林卷十》）后人于此亦多有激赏之词。

【文本解读】

一、皎然诗论解读

《诗式》全书分五卷：第一卷总论诗歌原理及五格中的第一格；第二卷至末卷，分别论述第二格至第五格，各摘录两汉至唐代的名篇丽句为例。这里选录的是全书最有理论价值的部分。

诗式，即诗的法式。皎然要为诗歌创作确立一个最高的艺术准则，"使无天机者坐致天机"。这个法式是什么呢？通观《诗式》全篇，就是"真于情性，尚于作用，不顾词彩，而风流自然"这个美学原则。皎然论诗，首推谢灵运，后者正是遵守了这个法式，才能够"上蹑风骚，下超魏晋"，得"诗道之极也"。所谓"真于性情"，就是"吟咏情性"（钟嵘语）、"为情而造文"（刘勰语）。皎然重视"性情"在诗歌创作中的作用，反对立意空疏，格调不高，而专门讲求声病、用事、堆砌辞藻的形式主义诗风。在他看来，那些呆板的套路只会限制情性的自由抒发，所以他才说"沈休文酷裁八病，碎用四声，故风雅殆尽"，并将用事的四种类型按照具体情况列为五格中的下四格。也正是立足于"为情而造文"的诗学观念，皎然又将"但见情性，不睹文字"的谢诗尊为"诗道之极"，将"语与兴驱，势逐情起"的曹植诗从"邺中七子"拔为最高，将"不傍经史，直率胸臆"的王粲《七哀诗》名为"上上逸品"。诗歌是抒情的，那么诗人主观的思想情意也会决定诗歌总体上的美学风貌，如在辨诗体十九字中，就有诸如"高""逸""贞""忠""节""志""气""德""诚""达""悲""怨""静""远"等十五字属于主体的思想情志性质。"放词正直曰贞""风情耿介曰气""情性疏野曰闲"，皆以人的品性、德行描述诗歌的风格。释福琳的《唐湖州杼山皎然传》称皎然："特别留心于篇什中，吟咏情性，所谓造其微矣。"以皎然的《诗式》和《诗议》看来，"性情"既是诗歌创作的出发点，也是诗歌创作的旨归。

皎然论诗标举"风流自然"，但他所谓的自然并不是对客观事物的直接照搬与主观心境的直接宣泄，而是经过了人工思虑的安排而达到的浑然天成的艺术境界。皎然说："不要苦思，苦思则丧自然之质，此亦不然。夫不入虎穴，焉得虎子。取境之时，须至难至险，始见奇句。成篇之后，观其气貌，有似等闲，不思而得，此高手也。"皎然借用这个比喻形象地说明了苦思在创作中的重要作用。优秀的诗歌虽用心锤炼却毫无斧凿之痕，诗人精思搜索仿佛是顺手拈来，"不思而得"，这就是"自然"之境。这种至难至险的艺术构思就是皎然所说的"尚于作用"："其作用也，放意须险，定句须难，虽取由我衷，而得若神表。""放意"就是诗人的构思立意，"定句"则是字句的锤炼，而"作用"的最终艺术表现就是虽经用心锤炼而工巧无痕迹，所谓"至苦而无迹"就是这个意思。具体来说，在"定句"方面要做到在有法与无法之间。《文镜秘府论》引有皎然的一段话："夫诗工创心，以情为地，以兴为经，然后清音韵其风律，丽句增其文采。"皎然论诗并不废声律、丽辞，只不过这些法度的运用要以不妨碍诗情的自由抒发为限度，否则只是一些死法，如声律，他批评沈约等人"酷裁八病，碎用四声"的做法桎梏了诗人的情感，使风雅殆尽，但是合乎自然的声律规范则是必须遵从的。他说："作者措意，虽有声律，不妨作用。"关键是要"以情为地，以兴为经"，做到"轻重低昂之节，韵合情高"，创造出一种既适合情感的抒发，又具有美的形式的自然之声律，才显得诗人之"作用"所在。又如丽藻，他提出诗应"至丽而自然"，"丽"从狭义方面看就是指言辞文采。他在论取境时也说："或云：'诗不假修饰，任其丑朴，但风韵正，天真全，即名上等。'予曰：'不然，无盐阙容而有德，曷若文王太姒有容而有德乎？'"诗以情感人，内在的情性应外现为辞藻之美，华辞丽藻乃是自然的表现。因此他反复强调言辞之美，诸如律诗以"情多，兴远，语丽为上"（《诗式·律诗》），"虽欲废言尚意，而典丽不得遗"（《诗式·诗有二废》）皆是。推而广之，对偶、事典的运用应当配合情感的自由抒发。皎然说："夫对者，如天尊地卑，君臣父子，盖天地自然之数，若斤斧迹存，不合自然，则非作者之意。"从自然的美学标准出发，皎然把不用事的诗奉为第一格，在用事的诗中，他所称道的也是那些从作者的情感出发，经过构思而使事典"成我诗意"的"作用事"。否则，事典的运用如钟嵘所说的那样"文章殆同书抄"，就不自然了。

皎然论"作用"，从"放意"的方面来看要善于取"势"与取"境"。他说："气象氤氲，由深于体势；意度盘礴，由深于作用。"《明势》条也说："高手述作，如登衡巫，觌三湘、鄢、郢山川之盛，萦回盘礴，千变万态。"要创作出像山川风云一般纵横捭阖、灵活多变的自然之体势，离不开诗人的"苦思"和"意度"。皎然还重点论述了"取境"这一作用。他说："夫诗人之思初发，取境偏高，则一首举体便高；取境偏逸，则一首举体便逸。"诗人通过艺术的构思，使得形象化的艺术境界在自己的心中先行呈现出来，皎然明确意识到了诗歌的意境美对于诗歌整体品格的决定作用。如何取境呢？他特别强调诗人的苦思："取境之时，须至难至险，始见奇句。成篇之后，观其气貌，有似等闲，不思而得。"但这种神思并不神秘："有时意静神王，佳句纵横，若不可遏，宛若神助。不然，盖由先积精思，因神王而得乎？"神思是诗人长期思想酝酿的结果，是诗人"先积精思"而来的。关于意境的审美特征，皎然认为它是诗人的情思与客观景象的交融。他说："情，缘境不尽曰情。"这里的情不是诗人主观心境的赤裸裸地宣泄，而是通过形象化的物象得以表达的；这里的境也不再是客观的生冷的现实，而是始终蕴含着诗人绵绵不尽的情韵。总之，境中含情，情由境发，两者是相互生发、水乳交融的关系。情文并茂，意境交融才是诗家的极致。所以皎然一再强调要"假象见意"，要"采奇于象外""情在言外""旨冥句中"。诗人要消除掉文字技巧的痕迹，把一个完整鲜明、含蓄空灵的形象呈现在读者面前。而从读者欣赏的角度来说，则要突破文字与形象的限制，展开丰富的艺术想象，去体会意象背后表现出来的情味，获得一种"言有尽而意无穷"的审美体验。比如"静，非如松风不动，林狖未鸣，乃谓意中之静。远，非如渺渺望水，杳杳看山，乃谓意中之远"。这里的"松风不动，林狖未鸣"云云是诗歌中的具体物象，是实的东西，但是它却能触发读者的想象，体会到"意中之静""意中之远"那样美妙的意境。文字和形象是实的，想象是虚的，这虚的想象的部分，《诗式》称之为"文外之旨"："两重意以上，皆文外之旨。"他从这一角度出发，对传统的比兴手法，做出了新解释："取象曰比，取义曰兴，义即象下之意。""象下之意"，就是由想象把握到的形象之无形部分，和"文外之旨"意思差近。皎然进一步指出，"文外之旨"或者"象下之意"的主要成分是情性。他这样说明"文外之旨"："但见情性，不睹文字"。这应该是后来司空图"不著一字，尽得风流"、严羽"羚羊挂角，无迹可求"说法的直接源头。

二、司空图诗论解读

长期以来，学界多把司空图看成论诗主"味"的诗论家，此论大体不错，但稍嫌肤廓。体察司空图的本意，并不是一般性地提倡"味外之味"，而是要强调"味外"之"醇美"。司空图借用味觉上的例子说明了这个道理。江岭之南的人常日里吃盐喝醋，但司空图却说他们"习之而不辨"味，显然并非指他们不知盐之咸、醋之酸，而是说他们不懂得调和咸酸，做成"醇美"的汤羹。什么是"醇美"呢？譬如饮食离不开醋盐，但调味的结果并非单纯或酸或咸的一种滋味，而是调和咸酸而来的令人回味无穷的厚味。苏轼在《送参寥师》说："咸酸杂众好，中有至味永。"和司空图一样，苏轼欣赏的也是一种兼蓄多种意趣，具有丰厚含蕴的"醇美"之味。

中唐以来，诗歌创作渐渐转入偏途，如韩愈之怪奇、孟郊之矫激、白居易之浅切、元稹之淫靡等，这种以偏取胜的作风显然不能与浑灏深厚的盛唐气象同日而语。于是司空图力倡中和之美，以"醇美"作为诗歌创作的最高美学追求。司空图并不否认偏颇的风格也有自己的味道，但那只是一种"单调的美感"，如同只吃盐，干喝醋一样，止于咸酸而已。司空图把"醇美"（或"全美"）作为"味外之旨"来加以提倡，其目的是纠正中唐以后以偏取胜的诗道，以儒家的"中和"观念为指导，追求一种调和众味的醇厚之美。由此出发，司空图批评了"附于蹇涩"的贾岛，而对王维、韦应物赞赏有加，就是因为后二人能够兼蓄"澄澹精致"与"遒举"两种诗味，而贾岛只能写出"蹇涩"的东西，"亦为体之不备也"。

这种醇美的诗味是一种意蕴丰厚而令人回味的审美空间，显然它比起那些单调而偏颇的诗风来更加契合意境的审美本质。司空图在《与李生论诗书》说："近而不浮，远而不尽，然后可以言韵外之致耳。"《与极浦书》也说，"戴容州云：'诗家之景，如蓝田日暖，良玉生烟，可望而不可置于眉睫之前也。象外之象，景外之景，岂容易可谈哉？"司空图认为诗味的醇美，不在于诗歌语言所构造的表层的形象和志趣，而在"咸酸之外"，即超越这些意象之外的更为深厚隽永的艺术韵味。显然，司空图对于"韵外之致""象外之象，景外之景"的表述是就诗歌创作的虚实关系而言的，他明确认识到了意境审美的层次性特点。可以说司空图提倡的"醇美"，就是一种虚实相生、韵味无穷的意境美（详见引申阅读部分）。相比较而言，时下流行的单薄、偏颇的诗味实在太过于粗浅，如贾岛之"寒涩"，了无余韵。这样，司空图所说的"辨味"就是要把醇美（意境美）同一种单薄的诗味区别开来，要求诗人在艺术意象中包孕丰厚的情趣意味，使人欣赏过后犹觉余香，要求读者摆脱低水平的诗歌欣赏，以"醇美"为标准提升自己的批评能力。司空图对于两种诗味的区分，表明他是在自觉地标举意境美的诗歌创作方向，这对于"郊寒岛瘦""元轻白俗"的创作局面无疑具有一种"纠偏"的作用，同时在理论上将诗"味"与诗"境"联系起来，对于意境论的生成做出了重要的贡献。

那么，如何创造出醇美的意境呢？司空图在《与王驾评诗书》中说："五言所得，长于思与境偕，乃诗家之所尚者。"就意境的形象特征而言，司空图要求诗人塑造的艺术形象必须饱含着自己的思想感情，使情与景高度融合，情景交融。要"近而不浮，远而不尽"，也即"状难写之景如在眼前，含不尽之意见于言外"（欧阳修《六一诗话》）。形象逼真生动，近在眼前，而又包含无穷的意味，使人浮想联翩，这是就意境的虚实关系来说的。还要处理好言与意的关系，要"不著一字，尽得风流""超于象外，得其环中"。诗人在有限文字和语象之外建构一个艺术的空间，新的意义不断生发，从而产生一种以少总多、余意无穷的艺术效果。

司空图的影响是深远的，其"味外之旨""象外之象"及"不著一字，尽得风流"等诗歌理论，深受后世文学理论家的注意，如宋代苏轼的传神论、严羽的"妙悟说"及清代王士祯的"神韵说"，都可以说是司空图诗论的承继和发展。严羽《沧浪诗话》说："盛唐诗人惟在兴趣，羚羊挂角，无迹可寻。故其妙处莹彻玲珑，不可凑泊，如空中之音，相中之色，水中之月，镜中之象，言有尽而意无穷。"很明显，这与司空图的"味外之旨""象外之象"的诗论是一脉相承的。

第二节　相关问题概说

意境是中国古典抒情艺术审美理想的集中体现，它高度凝结了古代中国人的生活智慧与艺术经验，因而也是最富有民族特色的一个美学范畴。尽管意境说的理论背景可以一直追溯到先秦，但是它的正式形成却是在唐代。以上通过对皎然、司空图相关论说的学习，已经了解了意境说的基本美学特征，但这还不够，还要更进一步来了解相关问题，比如古人对意境本质的界说，意境与禅玄的关系，意境与人生的关系等。

一、中国古代对意境本质的三种界说

（一）"情景交融"说

中国人很早就认识到诗歌创作过程中心与物、情与景谐和无间的关系。魏晋南北朝时期的文论就要求"神与物游"。到了唐代，皎然和司空图更进一步提出"诗情缘境发""思与境偕"的说法，认为境中含情，情由境发，情与景相互生发、水乳交融才能写出有意境的诗歌。"情景交融"的首次提出是在南宋范晞文的《对床夜语》一书中。他认为杜甫的诗句"感时花溅泪，恨别鸟惊心"是"情景相融而莫分也"。宋代人也讲"意"与"景"的结合，姜夔说："意中有景，景中有意。"（《白石道人诗说》）吴渭说："意与景融，辞与意会。"（《月泉诗社·诗评》）到了明清时期，"情景交融"论广泛出现于诗论、词论、画论、戏曲论中，明代的谢榛、清初的王夫之和其后的李渔将这个问题阐发得非常详尽。客观地说，古代情景论主要是解说诗歌形象特别是意象的构成要素。但后来也有不少文论家把它移来解说"意境"，把"情景交融"看成意境的本质规定，如明人江进之在《雷涛小书》中说："白香山诗，不求工，只是好做。然香山自有香山之工，前不照古人样，后不照来者议。意到笔随，景到意随，世间一切都着并包囊括入我诗内。诗之境界，到白公不知开拓多少。"这里认为境界主要是"意"与"景"的相随相伴。清初画家布颜图在《画学心法问答》中更明确提出意境即情景交融，他说："山水不出笔墨情景，情景者境界也。"晚清王国维在《宋元戏曲考》中，明确提出"意境"概念，并认为"写情则沁人心脾，写景则豁人耳目，述事则如其口出"那就是"意境"。王国维也是把情与景的结合当成意境的本质规定的，在他看来，情景交融就是有意境。

（二）"境生象外"说

"境生象外"说，最早出自刘禹锡的《董氏武陵集记》。他说："诗者，其文章之蕴邪！义得而言丧，故微而难能；境生于象外，故精而寡和。"刘禹锡将"境"和"象"明确分别开来，指出意境虽由形象而来，但又在形象之外。这一点皎然有生动的说明，《诗式·辨体有一十九字》说："静，非如松风不动，林狖未鸣，乃谓意中之静。远，非如渺渺望水，杳杳看山，乃谓意中之远。"这里所说的"松风不动，林狖未鸣"是具体物色之静，它能够为读者直接感觉到；而"意中之静"乃是诗歌呈现的整体的意境之静，需要读者"采奇于象外"，展开丰富的想象与联想才能体会到。

晚唐司空图在《与极浦书》中说："戴容州云：'诗家之景，如蓝田日暖，良玉生烟，可望而不可置于眉睫之前也。'象外之象，景外之景，岂容易可谈哉？"美玉的色泽和太阳的光辉交相辉映，仿佛在蓝田上升起了淡淡的烟霭，给人一种若有若无的"景象"，这就是"诗家之景"。这种生于象外的"诗家之景"就是诗"境"，司空图管它叫作"象外之象""景外之景"。在这里，"象"和"景"是呈现于诗歌表层的、具体可感的形象，而"象外之象""景外之景"则是审美主体经由表层形象的触发，通过想象和联想而呈现在心中的"可望而不可置于眉睫之前"的虚境。后来严羽在《沧浪诗话》中也说："故其妙处莹彻玲珑，不可凑泊，如空中之音，相中之色，水中之月，镜中之象，言有尽而意无穷。"严羽以禅论诗，故话头很玄虚，他用"音""色"去比喻发生在审美活动中超乎形象之外的不尽之意，和司空图的"景外之景，象外之象"一样，强调的都是象外。这里的"象外"，或是迷漫着的某种情感氛围，或是扩散着的某种哲理，或是整个宇宙大生命的机趣。

"境生象外"说往往是和诗歌"虚实相生"的结构特征联系在一起的。司空图说："近而不浮，远而不尽，然后可以言韵外之致耳。"形象逼真生动，近在眼前，而又包含无穷的意味，使人浮想联翩，回味无穷。宋人梅尧臣说："必能状难写之景，如在目前，含不尽之意，见于言外，然后为至矣。"（欧阳修《六一诗话》）"如在目前"的是诗歌中较为直接和实在的形象；"见于言外"则是超越形象而来的诗"境"。一方面，意境由意象而来，再好的虚境，也离不开实象的象征、暗示、烘托等作用，"实者逼肖，虚者自出"（邹一桂《小山画谱》卷下）；另一方面，"虚境"又存在于不断超越形象而来的想象性的审美空间中，审美主体只有超于象外，由有限到无限，意境才能产生。

（三）"气韵生动"说

这种说法和"境生象外"说有联系也有区别：后者主要是从"象"与"境"虚实相生的关系上谈论意境审美的层次性特征；而"气韵生动"说则将意境审美同对宇宙大生命的感悟联系在一起，认为意境表现的是全宇宙的气韵、生命、生机。叶朗说："意境不是表现孤立的物象，而是表现虚实结合的'境'，也就是表现造化自然的气韵生动的图景，表现作为宇宙的本体生命的道（气）。"① "气韵生动"说最早出现在南朝画论中。谢赫在《古画品录》一书的序中提到了绘画的六法，而将"气韵生动"列为首位，这是一种充满生机与活力的宇宙生命本身的美。根据《宋书·隐逸传》记载："（宗炳）以疾还江陵，叹曰：'老病俱至，名山不可再登，唯澄怀观道，卧以游之'。凡所游履，悉图之于室，谓人曰：'抚琴动操，欲令众山皆响'。"宗炳认为在元气流动的造化自然中，万事万物都是有生命的，并且能够与人相交感，所以他"抚琴动操"而来的音乐节奏能够与山川风物的生命律动相共鸣。后来，这一说法也被用来

① 叶朗：《中国美学史大纲》，276 页，上海，上海人民出版社，1985。

形容诗歌意境。司空图在《诗品·精神》中说："生气远出，不着死灰，妙造自然，伊谁与裁？"郭绍虞在《诗品集解》中说："生气，活气也，活泼泼地、生气充沛，则精神进露纸上……有生气而无死气，则自然精神。""生气远出"就是"气韵生动"的意思。

"气韵生动"说和中国古代的宇宙观和哲学思想有紧密的联系。宗白华说："古代中国人扶爱万物，与万物同其节奏，静而与阴同德，动而与阳同波。我们的宇宙是一阴一阳、一虚一实的生命节奏，所以它在根本上是虚灵的时空统一体，是流动着的生命气韵。哲人、诗人、画家对于这生命是体尽无穷而游无朕。体尽无穷是已经证入生命的节奏。画而表面一片无尽的律动，如空中的节奏。而游无朕即是在中国画的底间的空白表达着本体的道。"① "体尽无穷而游无朕"一语，出自《庄子·应帝王》。"体尽无穷"用今天的话说是诗人对生命气韵的体验；而意境便是这种生命气韵的表现。"游无朕"，原意是对"道"的审美把握，这里指意境追求的最高审美效果；"无朕"兼有无我、无形、无迹之意，即在一种"超以象外"的生命律动（如阴阳、虚实）中，体味生命节奏——道的本真状态。古人认为宇宙是一个有生命的世界，一阴一阳、一虚一实就是它的生命节奏与韵律，艺术的主题就在于表现宇宙的生机与活力，因而生命律动或气韵生动就是艺术意境的本质规定。

二、意境说的历史生成

作为中国古代诗文领域内的一个重要范畴，意境说的产生和发展经过了一个漫长的过程。大致说来，意境说的理论背景可以追溯到先秦时人关于言、象、意关系的表述中；在魏晋南北朝时期，文论家对"意象"的美学把握中已经能够看出意境说的影子；在唐代，王昌龄、皎然、刘禹锡和司空图等人对意境的美学特征作了详细的论述，标志着意境说的正式形成。

（一）意境说的历史生成及唐人的重要贡献

先秦时人对言、象、意关系的表述是形成意境理论的一个直接源头。先秦时人认识到了语言表达的有限性，于是主张"立象以尽意"，通过对语言、形象的逐渐超越而达到对"道"的体认。《周易·系辞》云，"子曰：圣人立象以尽意，设卦以尽情伪，系辞焉以尽其言。"对此魏王弼在《周易略例·明象》中作了进一步阐述："夫象者出意者也，言者明象者也。尽意莫若象，尽象莫若言。"又说："故言者所以明象，得象而忘言；象者所以存意，得意而忘象。"在言、象、意这一关系系列中，意的传达需要言和象作为工具，但意的领会只有超越了言和象才能实现。尽管这些表述是就哲学问题而提出来的，但是它所

---

① 宗白华：《宗白华全集》，2册，441页，合肥，安徽教育出版社，1994。

确立的"得之象外"的体道模式无疑直接启发了文学领域内意象说的产生。

在魏晋六朝时期，"言不尽意"的哲学思考反映到文学创作中来，就是"文不逮意"，如陆机在《文赋》的一开篇就说："恒患意不称物，文不逮意。"刘勰在《文心雕龙·神思》中也承认："言征实而难巧，意翻空而易奇。"审美创造中的思想情感凌空翻飞、奇想变幻，而语言文字则是着迹之物，难于生巧。那么，该如何弥合语言的"征实"性与审美体验的丰富性之间的距离，从而走出文学创作中"言不尽意"的困境呢？他们受了《周易》"立象尽意"说的启发，主张超越语言，寄意于象，即塑造情景交融的意象，所以刘勰在《文心雕龙·神思》篇中将"窥意象而运斤"视为"驭文之首术"。意象具有什么样的特征呢？刘勰说："情在词外曰隐，状溢目前曰秀。"（《文心雕龙·隐秀》）钟嵘《诗品》也说："言在耳目之内，情寄八荒之表。"秀，是艺术形象的鲜明秀出、直接可感的性质；隐，是诗人情思的存在状态，它隐于言、象之内，又超乎言、象之外，需要人全身心去感受、去体味。这样，意象就提供了一个令人回味无穷的艺术空间。在这个空间里，意义不断地生发开去，从而超越了语言的有限性，产生了一种"文已尽而意有余"的审美感受。

但意象毕竟不是意境。"意境"一词最早出现在王昌龄的《诗格》中。他说，"诗有三境：一曰物境。欲为山水诗，则张泉石云峰之境，极丽极秀者，神之于心，处身于境，莹然掌中，然后用思，了然境象，故得形似。二曰情境。娱乐愁怨，皆张于意而处于身，然后用思，故得其情。三曰意境。亦张之于意而思之于心，则得其真矣。"在这里，诗歌的"三境"分别指写景状物、抒发情感、表达志意的境界和现在所说的意境的含义还是有很大分别的。不过，王昌龄把审"境"作为艺术创作的中心问题来加以认识，显然比魏晋六朝时期的审"象"更进了一层。王昌龄之后，皎然提出了"取境"的问题。他在《诗式·辨体有一十九字》中说："取境偏高，则一首举体便高；取境偏逸，则一首举体偏逸。"皎然将意境作为衡量一首诗歌优劣的标准，而且也以之划分不同的诗歌风格。在《诗式·辨体有一十九字》中，皎然着眼于意境的不同，将诗歌分为十九种风格类型。和皎然同时，中唐的刘禹锡给诗"境"下了一个明确的规定，即"境生象外"。之后，这一主张在晚唐的司空图那里发展成为著名的"四外"说，即"韵外之致""味外之旨""象外之象"与"景外之景"。

以上对唐代意境说的发展作了一个粗线条的描述。从中不难看出唐人是把"意境"作为艺术美的本质特征来加以认识的，并且他们对意境的美学内涵也作了详尽和深入的论述。

唐人充分认识到了意境具有的"情景交融"的形象特征。王昌龄提出的"三境"说，其中一个重要的特点就是强调了主客观因素在意境构成中互相交融、契合无间的关系。他在《诗格》中说："处身于境，视境于心，莹然掌中，然后用思，了然境象。"又说："三曰取思。搜求于象，心入于境，神会于物，因心而得。"即意境的创造要依赖在"目击其物"基础上心与境、情与物的契合。诗人"处身于境"，而又"神之于心"，以心观物，故境象了然，但这境象却是超越了眼前物象的象外之象、境外之境。皎然始终将诗歌创作主体的抒情与"境"关联起来。他说"缘境不尽曰情"（《辨体有一十九字》），"诗情缘境发"（《秋日遥和卢使君游何山寺宿敡上人房论涅槃经义》）。再后来，权德舆和司空图分别提出了"意与境会""思与境偕"的说法。他们都认为诗歌中的"情"不是诗人主观心境的赤裸裸的宣泄，而是通过形象化的物象得以表达的，而境也不再是客观的生冷的现实，而是始终含蕴着诗人绵绵不尽的情韵。总之，境中含情，情由境发，两者是相互生发、水乳交融的关系。

对于意境的"虚实相生"的结构特征，唐人也有清晰的认识。皎然说："静，非如松风不动、林狖未鸣，乃谓意中之静。远，非如渺渺望水、杳杳看山，乃谓意中之远。"这里的"松风不动、林狖未鸣"是诗歌中的具体物象，是实的东西，但是它却能触发读者的想象，体会到"意中之静""意中之远"那样美妙的意境。文字和形象是实，想象是虚。这虚的想象的部分，《诗式》称之为"文外之旨"："两重意以上，皆文外之旨。""取象曰比，取义曰兴，义即象下之意。""象下之意"，就是由想象把握到的形象之无形部分和"文外之旨"意思差近。司空图也强调诗歌意境创造要虚实结合，善于以实写虚，充分发挥"虚"的作用。他要求诗歌要有"象外之象，景外之景"。这里的第一个"象""景"是实写的形象，第二个"象""景"则是审美想象的产物，由实生虚，就有了"味外之旨"，这样的诗歌可称为"不著一字，尽得风流""超以象外，得其环中"。诗歌意境创造关键在于超越"具象"，达到"虚象"，也就是"象外之象"，从而"超以象外"，在"虚"的艺术环境中遨游、盘旋，达到无功利性的审美享受。司空图又说要"近而不浮，远而不尽"，就是要"状难写之景如在眼前，含不尽之意见于言外"（欧阳修《六一诗话》）。形象逼真生动，近在眼前，而又包含无穷的意味，使人浮想联翩，回味无穷，这也是就意境的虚实关系来说的。

对于意境审美具有的超于象外的层次性特点，"境生象外"说认为诗歌的"境"不在"象"本身，而是对"象"的超越，"象"只是作为审美主体理解"境"的向导而存在的。在刘禹锡看来，诗歌创作"片言可以明百意，坐驰可以役万景"（《董氏武陵集记》），也就是用最简单的话语来表现最丰富的情感和志趣，而审美主体一般是"义得而言丧，故微而难服"的，这是皎然"但见性情，不见文字"的另一种话语表述。在王昌龄提出"境"之后，皎然通过论述"取境"提出"境"对诗歌创作的意义，权德舆从鉴赏角度提出"意与境会"的评判尺度。其后，刘禹锡明确提出了"境生象外"说，把"境"的探讨导入

"象"和对于"象"的超越。这些从创作和鉴赏等方面对"意""象""情""境"的论述，标志着诗歌意境学说作为诗学理论走向成熟，同时，这些学说也为司空图阐述"象外之象""味外之旨"的诗歌意境美学理论铺平了道路。在《与极浦书》中，司空图论述了"象外之象，景外之景"说，在《与李生论诗书》中又提到了"味外之旨""韵外之致"等诗歌意境理论方面的说法，这也就是通常所说的"四外"说。司空图的"四外"说和皎然所说的"采奇于象外"、权德舆所说的"得佳句于物表"、刘禹锡说的"境生于象外"，都有相通之处，表明了唐人对意境特性的共同看法。

　　总之，在唐之前的很长一段时间内，文论家要解决的首要问题是"文不逮意"，因此他们捻出"意象"一词来解决他们的困境。而唐代的诗论家，特别是王昌龄、皎然、司空图都自觉地把意境作为艺术美的本质来加以强调，并且对意境的美学内涵做出了详尽和深入的分析，这些都说明意境论已经形成了，同时也标志着中国传统诗学由以审象为中心，进入到了审境的层次。唐以后得皎然、司空图真传的大家是宋人严羽与清人王士禛，二人各立一说：曰"兴趣"，曰"神韵"。所谓兴趣，在于"其妙处透彻玲珑，不可凑泊，如空中之音，相中之色，水中之月，镜中之象，言有尽而意无穷"（《沧浪诗话·诗辨》）。所谓神韵，在于"其谓羚羊挂角，无迹可求，其谓镜花水月，空中之象。"（翁方纲：《神韵论上》）。尽管严羽和王士禛对"境"的追求有"壮美"与"优美"的分别，但在继承司空图"象外之象"的说法方面，"神韵说"与"兴趣说"并无二致。

　　（二）意境论的诞生与佛禅的关系

　　到唐代，以"境"论诗的情况突然多了起来。这和当时禅学的兴盛有十分密切的联系。禅家认为"心之所游履攀援者谓之境"，可见禅境并非实在的界限、疆域，而是人的主观感受所覆盖的领域，是心灵的存在状态。作为中国化的佛学，禅学的最大教义就是"即心即佛"，要求参禅者不假外求，在一种当下直觉的心理体验中"识自本心，见自本性"（释普济：《五灯会元》卷二十）。这个过程就是悟禅，它不是用身体去践行，而是用"心"去"游履攀援"。真正的禅境是弃绝一切色相、思维、肉体而来的一种绝对自由的心理状态，它如镜花水月一般，只可意会不可言传，所谓"心行处灭，言语道断"（《维摩诘经·入不二法门》）就是这个意思。所以佛禅家大都主张"不立文字"，而要"抚玄节于希音，畅微言于象外"，要超越有限之象的束缚，而于内在无限中呈现"真如"之境。禅家的象外之境呈现的是一片灵动幻化的心理空间，其妙处在"透彻玲珑，不可凑泊"，这比起"言外之意"显然更加契合艺术意境的构造。

　　唐代禅学极盛，唐代文人大多习佛好禅，如王维、刘禹锡、皎然、司空图等，他们不是皈依佛门、与禅师多有交往，就是本身即为禅门居士、寺院僧人，因而以禅论诗的情况在唐代非常普遍，如李嘉祐《题道虔上人竹房》："诗思禅心共竹闲，任他流水向人间。"戴叔伦《送道虔上人游方》："律以通外学，诗思入禅关。"刘商《酬问师》："虚空无处听，仿佛似琉璃。诗境何人到，禅心又过诗。"以境论诗的情况也很普遍，如高仲武评论张奕棋"苦节学文，数载间，稍入诗境"（《中兴间气集卷下》）；杜确评岑参诗"多入佳境"（《御定全唐诗录卷十四》）；权德舆评左武卫宵曹许君诗"皆意与境会"；刘禹锡更常言"境入篇章高韵发"（《夏日寄宣武令狐相公》）。吕温也说："研情比象，造境皆会。"（《联句诗序》）白居易也多次言及诗境的问题："祠中得诗境，此境幽难说。"（《秋池二首》）"诗境忽来还自得，醉乡潜去与谁期。"（《将至东都先寄令狐留守》）

对意境说的产生做出重大贡献的王昌龄和皎然，他们对诗境的阐发明显受到了禅学的启发。例如，王昌龄说意境的创造要"神之于心，处身于境，视境于心"，要"须凝心，目击其物，便以心击之，深穿其境"，这明显是受了禅家观心之教的影响。又如皎然，他本身就是一位诗僧，他将禅学原理引进诗学领域是十分自然的事情。皎然在《诗式·文章宗旨》中说："康乐公早岁能文，性颖神澈，及通内典，心地更精，故所作诗，发皆造极，得非空王之道助邪？夫文章天下之公器，安敢私焉。曩者尝与诸公论康乐为文，真于情性，尚于作用，不顾词彩，而风流自然。"皎然认为谢诗之所以达到"不顾词彩，而风流自然"的境界，是由于谢灵运精通佛家"内典"，受到了"空王"之助益的结果，具体表现就是"真于情性，尚于作用"。"作用"一词本由佛典释义而来，本义是通过视听言动，特别是"心思"的运作将佛性显露出来。皎然将之移用到诗学领域，指的是构思立意与字句的锤炼，并突出了心在艺术构思过程中的统摄作用，即要"真于情性"。皎然不仅在《诗式》中运用一些佛学的概念来解释诗的创作和欣赏，更是以禅境喻诗境，以诗心比禅心，揭示了诗歌的某些本质特征。皎然《答俞校书冬夜》说："月彩散瑶碧，示君禅中境。真思在杳冥，浮念寄行影。"这里的"真思"既可以说是诗人的真性情，也可以说是空虚寂静的佛性，它恍然存在于"月彩散瑶碧"般的景象之中，然而又超于象外，堕入"杳冥"，似有还无，若断若续，真所谓"可望而不可置于眉睫之前也"。这种境界既是禅中境，也通于诗歌的意境。皎然《诗式·辨体有一十九字》又说："静，非如松风不动，林狖未鸣，乃谓意中之静。远，非如渺渺望水，杳杳看山，乃谓意中之远。"境由心造，诗人能于近山近水之处，体会"意中之远"；能于松动猿鸣之际，"专听一境，则众音不闻"，而得"意中之静"。在这里，"静""远"的诗歌意境也是一种禅的境界，没有空寂的禅心，也就没有"意中之静""意中之远"的意境。禅家的"心"教也被皎然引入诗歌作用论之中。《文镜秘府论》引有皎然的一段话说："夫诗工创心，以情为地，以兴为经，然后清音韵其风律，丽句增其文采。"声律、丽辞、偶对这些形式技巧也属于作用的范畴，但它们的运用应当符合诗家之心，要以配合情感的自由抒发为原则。又如取境，皎然《诗议》说："夫境象不一，虚实难明。有可睹而不可取，景也；可闻而不可见，风也；虽系乎我形，而妙用无体，心也；义贯众象而无定质，色也。凡此等，可以偶虚，亦可以偶实。"这里的境象，是诗人主观情思与外在景象化合而来的艺术形象，它之所以虚实难明，是由于诗人在造境的时候发挥了心体的统摄作用，"处身于境，视境于心"，因为心体妙用无限，故而所造之心境、心象也就"可以偶虚，亦可以偶实"。

三、意境与古人的精神世界

文学即为人学，艺术是为人生的艺术。为什么古代中国人偏爱有意境的文艺作品，就是因为意境是与他们对自然宇宙的理解以及他们的人生理想是直接相关的。对于古代文人来说，意境不是拿来把玩而又可以随手扔下的客观对应物，而是他们置身于其中的活泼的生活世界，是他们人生情趣的表征。

古代中国人身处专制政体之下，从整体上说是不自由的。他们常常感受到来自君权系统的巨大压力，不仅不能自由地实现自己的意志，就连生命权与话语权都不能得到有效的保障，因此焦虑就成为古代士人心理的一种常态。首先是表达的焦虑，在"君道刚严，臣道柔顺"的政治格局中，士人有所怨愤，往往不能"切指事情"，而要怨而不露，因此他们发展出了一套"意在言外"的话语模式。更重要的是人生的焦虑。仕途的挫折和人生的失意迫使士人重新反思自己的人生定位，当他们从权力空间中暂时抽身出来的时候，向内发现了人的心灵，向外发现了自然。通向艺术的审美之路能将他们从狭隘的功利主义追求中解脱出来，从而发现一个诗意的栖居之所。对古人来说，意境是他们缓解精神焦虑的家园，在其中他们能够自由地思考，巧妙地表达，没有名利的牵绊，只有真正诗意的人生。

意境是对现实的无言地批判与否定。意境所呈现的物我混融、安宁和谐的世界图景，本身是古人心灵忘却与退避的产物，是对那个由权谋所支配、纠缠于名利的世俗社会的一种象征性否定。并且"诗可以怨"，古人对现实的不满与怨愤无法在权力空间里得到充分的表达，却能够在艺术至境中以含蓄、委婉的形式表现出来。意境的创造离不开"兴寄"（或"比兴"）手法的运用。"兴寄"就是通过鲜明可感的艺术形象来寄托诗人的情感评价。作为一种源于《诗经》《楚辞》的抒情传统，它强调所抒之情并非是一己之私情，而是饱含民生社稷之忧的天下之公愤，并且这种抒发又不是"切指事情"，而是寄托在形象描绘之中。所以说，文艺是古代士人的一种极为高明的表达策略，艺术至境的创造为士人提供了批判现实的安全领域。司马光在《续诗话》中描述了他读杜甫《春望》时候的感受。

> 古人为诗贵于意在言外，使人思而得之，故言之者无罪，闻之者足以戒也。近世诗人唯杜子美最得诗人之体，如"国破山河在，城春草木深。感时花溅泪，恨别鸟惊心。""山河在"明无余物矣；"草木深"明无人矣。花鸟平时可娱之物，见之而泣，闻之而悲，则时可知矣。他皆类此不可偏举。

司马光读了《春望》，"则时可知矣"。在司马光看来，杜甫的高明之处是没有将这种衰乱的政治状态通过激烈直露的语言形式表现出来，而是寄托在草木花鸟之中，"使人思而得之"。他认为这种有意境的作品，能够在不触及君王声威的情况下，传达诗人对于现实政治的一种否定性评价，所谓"言之者无罪，闻之者足以戒"是也。并且随着文学的接受，这种对现实的否定性评价也逐渐弥散到社会中去，形成一股更为深广的社会共识。

对意境的追求更体现了古人对于人生价值的重新定位。积极入世、建功立业是古代士人的主要人生追求，但这种功利主义的追求注定了士人在权力空间中只能"以心为形役"，整日在名利缰索中挣扎。并且伴随着仕途的挫折与失败，古人普遍感到孤独、恐惧、压抑与苦闷，他们迫切需要寻求个体心灵的解脱与超越，而艺术至境正为他们提供了一个忘却与逍遥的精神家园。驻足于其中，原先在世事中经历挫折与疲累的心灵得到了安顿，实现了精神的自由解放。不仅如此，艺术至境还能够给人以无限的人生启示。人生有比功利追求更有意义的东西，那就是道。道是人生的终极价值所在，体道的人生是真正诗意的人生，他们在道之中感受到了宇宙大生命的安宁和谐。而道就蕴含在艺术至境之中，欧阳修曾经描述他读到唐诗"野塘春水漫，花坞夕阳迟"的感受："风酣日熙，万物佚荡，天人之意，相与融怡。"（《温庭筠严维诗》）而近人蔡小石描述了他听曲时的三重感受，宗白华概括为"直观感性的渲染""活跃生命的传达"与"最高灵境的启示"[1]。宇宙天地，大化流行，万事万物和谐共存，宇宙大生命对人生的启示作用就是艺术至境给欧阳修和蔡小石的感受。不仅如此，这种审美的观照还将回到现实，进一步落实到人生上。此时再来观照现实人生，已是看山不是山，见水不是水了，经过审美观照的转化，再来看世事的纷纭将会多一份超然，多一份洞达，是了然于心的拈花微笑。

---

① 宗白华：《宗白华全集》，2册，334页，合肥，安徽教育出版社，1994。

现代人还需要意境吗？无可否认，在当今社会，现代艺术掩盖了古典艺术的光辉，机械的批量复制驱散了艺术的灵韵，消费主义的价值观取代了对"象外之象"的领悟。在这种情况下，对意境的追求仿佛成了不合时宜的举动。但是意境并没有过时。现代人生并不完美，人与人之间的利害计较及物我之间的隔阂对待，都严重地限制了人们自由发展所能够达到的高度和广度。这种人生困境的形成与人的功利主义价值观以及主客二分式的思维模式有着直接的关联，而中国传统的意境美学为解决这样的人生困境，提供了很好的思路和启示。宗白华说："艺术的境界，既使心灵和宇宙净化，又使心灵和宇宙深化，使人在超脱的胸襟里体味到宇宙的深境。"[①] 意境能够净化与深化人的心灵。作为审美的把握世界的方式，它对破除功利主义的价值观以及主客二分的思维模式也有相当的借鉴意义，特别是中国古代意境美学展示的"天人合一""万物一体"的世界图景，为现代人克服心灵的异化，重新回归自然，指明了精神上的出路。

【思考题】

1. 皎然创作《诗式》的目的是要确立诗歌创作的"法式"，这个法式是什么？为此要处理好哪些关系？

2. 结合中唐以来诗歌创作的实际，谈谈司空图"味外之旨"的现实针对性。

3. 什么是意境？意境说是怎样产生与发展的？

4. 结合具体作品，分析其意境美。

---

① 宗白华：《宗白华全集》，2 册，340 页，合肥，安徽教育出版社，1994。

第八章 北宋古文理论

第一节 经典文本阅读

【原典阅读】

一、答张扶书（王禹偁）

秀才张生足下：仆之登第也，与子之兄为同恩生①。故仆兄事子之兄，父事子之父，子之于仆亦弟也②。子又携文致书，问道于我，虽他人宜有答也，况子之于我哉！

然仆顷尝为长洲令③，因病起抄书，得目疾，不喜视书，书不读数年矣！虽强之少顷必息其目，不数日不能竟一卷④。用是见仆道益荒，而文益衰也。又四年之中，再为谪吏⑤，顿挫摧辱，殆无生意⑥。以私家衣食之累，未即引去⑦，黾勉于簿书间⑧，以度朝夕，尚有意讲道而评文乎！为子力读十数章，茫然难得其句，昧然难见其义，可谓好大而不同俗矣。

夫文，传道而明心也。古圣人不得已而为之也⑨。且人能一乎心，至乎道，修身则无咎，事君则有立。及其无位也，惧乎心之所有，不得明乎外，道之所畜⑩，不得传乎后，于是乎有言焉；又惧乎言之易泯也，于是乎有文焉。信哉，不得已而为之也！既不得已而为之，又欲乎句之难道邪？又欲乎义之难晓邪？必不然矣！

请以六经明之：《诗》三百篇，皆俪其句⑪，谐其音，可以播管弦，荐宗庙。子之所熟也。《书》者上古之书，二帝三王之世之文也⑫，言古文者，无出于此。则曰："惠迪吉，从逆凶。"⑬又曰："德日新，万邦惟怀；志自满，九族乃离。"⑭在《礼》《儒行》者，夫子之文也。则曰"衣冠中，动作慎，大让如慢，小让如伪"云云者⑮。在《乐》则曰："鼓无当于五声，五声不得不和；水无当于五色，五色不得不彰。"⑯在《春秋》，则全以属辞比事为教⑰，不可备引焉。在《易》则曰："乾道成男，坤道成女，日月运行，一寒一暑。"⑱夫岂句之难道邪？夫岂义之难晓邪？

今为文而舍六经，又何法焉？若第取其《书》之所谓"吊由灵"⑲，《易》

之所谓"朋盍簪"者⑳，模其语而谓之古，亦文之弊也。近世为古文之主者，韩吏部而已。吾观吏部之文，未始句之难道也，未始义之难晓也。其间称樊宗师之文，"必出于己，不袭蹈前人一言一句"㉑；又称薛逢为文，"以不同俗为主"㉒。然樊、薛之文不行于世；吏部之文与六籍共尽。此盖吏部诲人不倦，进二子以劝学者。故吏部曰："吾不师今，不师古，不师难，不师易，不师多，不师少，惟师是尔。"㉓

　　今子年少志专，雅识古道，又其文不背经旨，甚可嘉也。如能远师六经，近师吏部，使句之易道，义之易晓；又辅之以学，助之以气，吾将见子以文显于时也。某顿首。

（选自《小畜集》，《四部丛刊》影宋本）

　　① 仆之登第也，与子之兄为同恩生：意为我考取进士，与你的哥哥为同榜进士。同恩生：同一科举进士者的称呼。

　　② 故仆兄事子之兄，父事子之父，子之于仆亦弟也：意为我把你的兄长当自己的兄长一样侍奉，把你的父亲当自己的父亲一样侍奉，你对于我来说也是弟弟。事：侍奉。

　　③ 然仆顷尝为长洲令：意思是，但是我以前曾经做过长洲县令。顷：以前。长洲：县名，唐代设置，明清属江苏苏州府治。

　　④ 虽强之少顷必息其目，不数日不能竟一卷：虽然勉强读书片刻，一定让眼睛休息，没有几天的时间不能读完一卷书。

　　⑤ 又四年之中，再为谪吏：四年之中，两次被贬谪。王禹偁于淳化二年，被贬为商州（今陕西商县）团练副使。淳化四年移官解州（今属山西），同年秋被召回京，不久又外放，随即召回，任礼部员外郎，再知制诰。太宗至道元年，又被贬知滁州（今安徽滁州市）。

　　⑥ 顿挫摧辱，殆无生意：仕途的挫折与侮慢，让自己几乎没有活下去的意愿。

　　⑦ 未即引去：没有立刻引退。

　　⑧ 黾勉于簿书间：努力从事官署文书的写作。黾勉：勉力、努力。簿书：官署文书。

　　⑨ 古圣人不得已而为之也：不得已而为文之说，源自孟子。《孟子·滕文公下》云："予岂好辩哉？予不得已也。"宋人继承"不得已"之说，强调写作是发自内心的需要，重在反对无病呻吟、雕章琢句。

　　⑩ 畜：通"蓄"，积蓄。

　　⑪ 俪：成对、成双。

　　⑫ 二帝：指帝尧、帝舜。三王：指夏、商、周三代的开国君主禹、汤、文王。

　　⑬ 惠迪吉，从逆凶：此句出自《尚书·大禹谟》。唐人孔颖达疏曰："言人顺道则吉，从逆则凶，吉凶之报，惟若影之随形，响之应声，言其无不报也。"意思是说顺从道则吉，违背道则凶。

　　⑭ 德日新，万邦惟怀；志自满，九族乃离：此句出自《尚书·商书·仲虺之诰》。意思是，德行提升不懈怠，万邦就会前来归附；骄傲自满，就会众叛亲离。

　　⑮ 衣冠中，动作慎，大让如慢，小让如伪：出自《礼记·儒行》篇。意思是，儒者衣冠合乎礼节，行为谨慎，临大利而辞让有如傲慢，临小利而辞让有如虚伪。

⑯ 鼓无当于五声，五声不得不和；水无当于五色，五色不得不彰：出自《礼记·学记》，文中所指《乐》有误。鼓声并不属于五声之一，但没有鼓声，五声就不和谐；水并不属于五色之一，但没有水，五色就不鲜明。五声：宫、商、角、徵、羽。五色：青、赤、黄、白、黑。彰：鲜明。

⑰ 属辞比事：本指连缀文辞，排列史事，后用以泛称撰文记事。

⑱ 乾道成男，坤道成女，日月运行，一寒一暑：语出《周易·系辞上》，原文为："日月运行，一寒一暑，乾道成男，坤道成女。"

⑲ 若第取其《书》之所谓"吊由灵"：意思是，如果只管取《尚书》中所谓的"吊由灵"。第，但、只管。"吊由灵"语出《尚书·盘庚下》，原文为"吊由灵各"，意思是好的事情由巫师占卜、遵循天意而行。

⑳ "朋盍簪"：《周易·豫卦》九四爻辞，原文为"勿疑朋盍簪"。此语意思难明。王弼注："盍，合也。簪，疾也。"

㉑ 必出于己，不袭蹈前人一言一句：出自韩愈《南阳樊绍述墓志铭》。意思是，樊宗师作文都是语出于己，没有因袭剽窃前人一言一句。樊宗师：字绍述，河中（今山西永济）人。

㉒ "以不同俗为主"：出自韩愈《国子助教河东薛君墓志铭》。意思是，薛公达作文以不同于世俗之文为主。薛逢：名公达，逢乃公达之误。

㉓ 吾不师今，不师古，不师难，不师易，不师多，不师少，惟师是尔：出自韩愈《答刘正夫书》，原文为："或问：为文宜何师？必谨对曰：宜师古圣贤人。曰：古圣贤人的为书具存，辞皆不同，宜何师？必谨对曰：师其意，不师其辞。又问曰：文宜易宜难？必谨对曰：无难易，惟其是尔。"

二、答吴充秀才书（欧阳修）

修顿首白先辈吴君足下①。前辱示书及文三篇，发而读之，浩乎若千万言之多，及少定而视焉，才数百言尔。非夫辞丰意雄，溒然有不可御之势，何以至此！然犹自患伥伥莫有开之使前者②，此好学之谦言也。

修材不足用于时，仕不足荣于世，其毁誉不足轻重，气力不足动人。世之欲假誉以为重，借力而后进者，奚取于修焉③？先辈学精文雄，其施于时，又非待修誉而为重、力而后进者也。然而惠然见临④，若有所责⑤，得非急于谋道⑥，不择其人而问焉者欤？

夫学者未始不为道，而至者鲜焉。非道之于人远也，学者有所溺焉尔。盖文之为言，难工而可喜⑦，易悦而自足⑧。世之学者往往溺之，一有工焉，则曰："吾学足矣。"甚者至弃百事不关于心，曰："吾文士也，职于文而已。"此其所以至之鲜也。

昔孔子老而归鲁，六经之作，数年之顷尔⑨。然读《易》者如无《春秋》，读《书》者如无《诗》，何其用功少而至于至也⑩！圣人之文虽不可及，然大抵道胜者文不难而自至也。故孟子皇皇不暇著书，荀卿盖亦晚而有作⑪。若子云、仲淹，方勉焉以模言语⑫，此道未足而强言者也。后之惑者，徒见前世之文传，以为学者文而已⑬，故愈力愈勤而愈不至。此足下所谓终日不出于轩序⑭，不能纵横高下皆如意者，道未足也。若道之充焉，虽行乎天地，入于渊泉，无不之也⑮。

先辈之文浩乎霈然，可谓善矣。而又志于为道，犹自以为未广，若不止焉，孟、荀可至而不难也。修学道而不至者，然幸不甘于所悦而溺于所止，因吾子之能不自止⑯，又以励修之少进焉。幸甚幸甚。修白。

（选自《欧阳文忠公文集》卷四十七，《四部丛刊》影元本）

① 先辈：唐、宋时代应科举的士人互相敬称为先辈。欧阳修早在天圣八年即高中进士，这里称对方为先辈，只是一般性的敬称。

② 然犹自患怅怅莫有开之使前者：然而还是自己担心没有人开导，使写作水平继续前进。怅怅：迷惘不知所措的样子。

③ 世之欲假誉以为重，借力而后进者，奚取于修焉：世上想凭借别人的声誉来加重自己的分量，借别人的权力来推荐自己的人，哪里能从我这里得到什么呢？欧阳修时任馆阁校勘，认为自己官职和名望都不足以推荐别人。

④ 惠然见临：对别人看望自己的敬辞。

⑤ 若有所责：一本作"若有所求"。

⑥ 得非急于谋道：一本无"得"字。

⑦ 难工而可喜：难以做到精而令人喜欢。

⑧ 易悦而自足：容易取悦于时而自满。

⑨ 昔孔子老而归鲁，六经之作，数年之顷尔：《史记·孔子世家》记载，孔子周游列国后回到鲁国，只用了大约五年的时间来删定六经。

⑩ 然读《易》者如无《春秋》，读《书》者如无《诗》，何其用功少而至于至也：此句本于（唐）李翱《答朱载言书》："故其读《春秋》也，如未尝有《诗》也；其读《诗》也，如未尝有《易》也；其读《易》也，如未尝有《书》也。"指上述经典文辞各异，互不相师。

⑪ 荀卿盖亦晚而有作：《史记·孟子荀卿列传》载荀子晚年"推儒墨道德之行事兴坏，序列著数万言而死"。

⑫ 若子云、仲淹，方勉焉以模言语：至于扬雄、王通，正是勉强模仿前人著作来写书。子云，西汉大儒扬雄的字，他仿《易》和《论语》著了《太玄》和《法言》。仲淹，隋代大儒王通的字，他模仿《论语》写了《中说》。

⑬ 以为学者文而已：以为学习即是写文章而已。

⑭ 轩序：屋子。轩：窗。序：堂屋的东西墙。

⑮ 无不之也：无不到也。之：到。

⑯ 因吾子之能不自止：凭借您的才能而不自己停止。因：凭借。吾子：对吴充的爱称。

三、答谢民师书（苏轼）

轼启。近奉违①，亟辱问讯②，具审起居佳胜，感慰深矣③。轼受性刚简④，学迁材下，坐废累年⑤，不敢复齿缙绅⑥。自还海北⑦，见平生亲旧，惘然如隔世人，况与左右无一日之雅⑧，而敢求交乎？数赐见临⑨，倾盖如故⑩，幸甚过望，不可言也。所示书教及诗赋杂文⑪，观之熟矣。大略如行云流水，初无定质⑫，但常行于所当行，常止于所不可不止，文理自然，姿态横生。

孔子曰："言之不文，行而不远。"⑬又曰："辞达而已矣。"⑭夫言止于达意，即疑若不文，是大不然。求物之妙，如系风捕影，能使是物了然于心者，盖千万人而不一遇也。而况能使了然于口与手者乎？是之谓辞达。辞至于能达，则文不可胜用矣⑮。

扬雄好为艰深之辞，以文浅易之说，若正言之，则人人知之矣⑯。此正所谓雕虫篆刻者⑰，其《太玄》《法言》皆是类也。而独悔于赋，何哉？终身雕篆，而独变其音节，便谓之经，可乎？屈原作《离骚经》，盖风雅之再变者⑱，虽与日月争光可也。可以其似赋而谓之雕虫乎？使贾谊见孔子，升堂有余矣⑲，而乃以赋鄙之，至与司马相如同科！雄之陋，如此比者甚众⑳。可与知者道㉑，难与俗人言也。因论文偶及之耳。欧阳文忠公言文章如精金美玉，市有定价，非人所能以口舌定贵贱也。纷纷多言，岂能有益于左右，愧悚不已㉒。

所须惠力法雨堂字㉓，轼本不善作大字，强作终不佳，又舟中局迫难写，未能如教。然轼方过临江，当往游焉㉔。或僧有所欲记录，当作数句留院中，慰左右念亲之意㉕。今日已至峡山寺，少留即去。愈远。惟万万以时自爱。不宣。

（选自《经进东坡文集事略》卷四十六，《四部丛刊》影宋本）

① 近奉违：近来我不曾写信问候。奉违，没有写信问候。

② 亟辱问讯：承蒙您多次问候我。亟：屡次、一再。辱：谦辞，一般指让对方受屈辱，这里相当于"承蒙"之义。

③ 具审起居佳胜，感慰深矣：具体地了解到您生活一切都好，感到十分宽慰。审：知道、了解。

④ 轼受性刚简：我生性刚直简易。受性：生性。

⑤ 坐废累年：因事获罪废弃不用多年。宋哲宗绍圣元年，朝廷罢黜"元祐党人"，苏轼被贬惠州，后迁琼州，到元符三年才被赦。

⑥ 不敢复齿缙绅：不敢再自居于士大夫之列。齿：并列。缙绅：士大夫。古之士大夫，插笏于绅，故以缙绅代指士大夫。缙：同"搢"，插。绅：束腰的大带。

⑦ 海北：大海之北。苏轼被贬之地琼州，乃是海南。

⑧ 况与左右无一日之雅：况且跟您一向没有交往。雅：雅谊、交情。左右：对人不直称其名，只称其左右，表示尊敬。

⑨ 数赐见临：屡次蒙您光临。

⑩ 倾盖如故：交情如同老朋友一般。倾盖：古时两人在途中相遇，停车交谈，彼此情投意合，车盖相倚，竟至倾斜，形容一见如故。

⑪ 书：文书。教：文告。

⑫ 定质：固定的形体。

⑬ 言之不文，行而不远：出自《左传·襄公二十年》："仲尼曰：'志有之：言以足志，文以足言。不言，谁知其志？言而无文，行而不远。'"意为言语不美，流传不远。

⑭ 辞达而已矣：出自《论语·卫灵公》，言辞能够达意就可以了。

⑮ 辞至于能达，则文不可胜用矣：言辞能够达意，那么文章就使用不尽了。

⑯ 扬雄好为艰深之辞，以文浅易之说，若正言之，则人人知之矣：扬雄喜欢作艰深的言辞，来掩盖浅显的道理，如果按正常的言辞来说，则人人皆知了。

⑰ 雕虫篆刻：出自扬雄《法言·吾子》："或问：'吾子少而好赋？'曰：'然。童子雕虫篆刻。'俄而曰：'壮夫不为也。'"虫：指虫书。刻：指刻符。虫与刻，均为字体之一种。此处以"雕虫篆刻"喻小道、末技。

⑱ 屈原作《离骚经》，盖风雅之再变者：屈原作《离骚》，是《诗经》风雅两种诗歌类型的第二次变化。风雅，指《诗经》中的国风和大雅、小雅。风雅的第一次变化为变风、变雅。古人将《邶风》至《豳风》一百三十五篇视为变风；而将《六月》至《何草不黄》五十八篇视为变小雅，《民劳》至《召旻》十三篇为变大雅，总称变雅。古人对变风、变雅最典型的解释，可参见《毛诗序》："至于王道衰，礼义废，政教失，国异政，家殊俗，而变风、变雅作矣。"

⑲ 升堂：古人房屋，前面叫堂，堂后以墙隔开，后部中央叫室，室的两侧叫房。进门先升堂，升堂而后入室。因而升堂和入室分别用来喻指高深和至高的境界。《论语·先进》云："由也，升堂矣，未入于室也。"

⑳ 雄之陋，如此比者甚众：扬雄的浅陋之处，像这样的非常多。

㉑ 知者：即智者。

㉒ 纷纷多言，岂能有益于左右，愧悚不已：说了如此多话，难道能对您有所帮助？我惭愧恐惧不已。

㉓ 所须惠力法雨堂字：从此句看，谢民师应是向苏轼索求题字。惠力：又作慧力，即惠力寺，在今江西清江县。法雨堂：当为寺中殿堂名。

㉔ 然轼方过临江，当往游焉：但是我将要经过临江，应当会去游玩。方：将要。

㉕ 或僧有所欲记录，当作数句留院中，慰左右念亲之意：如果僧人想要我写点东西，当写几句留在寺院中，告慰您追念先人的心意。

【作者简介】

王禹偁（954—1001），字元之，世称王黄州，济州巨野（今山东巨野）人。其家世代为农民。王禹偁九岁能文，当时名士毕士安对其十分器重。宋太宗太平兴国八年，王禹偁中进士，授成武县主簿，次年改任长洲知县。端拱元年，宋太宗闻其名，召试，擢升为右拾遗、直史馆。次年，太宗亲试贡士，王禹偁赋诗立就，太宗大为赞赏，拜左司谏、知制诰。

王禹偁为官清廉，其秉性刚直，不畏权势，直言敢谏，因而招人忌恨，仕途也并不平坦。淳化二年，卢州尼姑道安诬告名士徐铉，王禹偁时任大理评事，极力为徐铉雪诬，又上疏要求严惩道安诬告之罪，触怒太宗，被贬商州团练副使，一年多以后移官解州。淳化四年，被召回京，任左正言，不久其要求外放，出知单州。王禹偁至单州十五日，又被皇帝召回京，拜为礼部员外郎，再知制诰，太宗至道元年，以讪谤朝廷之罪，贬为工部郎中并出知滁州，次年改知扬州。

真宗即位，王禹偁被召回京，复知制诰，后因撰《太宗实录》，直书其事，招宰相忌恨，被贬出京，知黄州。真宗咸平四年，徙知蕲州，至蕲州不到一个月就去世，终年四十八。

王禹偁一生几起几落，多因其刚直不阿之个性使然，但其不以为悔，一生以直躬行道为己任。其曾经说："吾若生元和时，从事于李绛、崔群间，斯无愧矣。"王禹偁文章闻名天下，为文与其为人一脉相承。因其遇事敢言，喜臧否人物，故为文著书，颇多规谏、讽刺，对当时政治、文坛弊病批评一针见血。王禹偁喜欢奖掖后进，宋初名士孙何、丁谓都出自其门下。其一生著述颇丰，有《小畜集》二十卷、《承明集》十卷、《集议》十卷、诗三卷。

欧阳修（1007—1072），字永叔，晚年号六一居士，庐陵（今江西吉安县）人。欧阳修四岁丧父，家里贫穷，母亲以荻画地，教他写字。宋仁宗天圣八年中进士，次年任西京留守推官，结识梅尧臣、尹洙，互相切磋诗文，提倡古文运动。景祐元年，入朝任馆阁校勘。景祐三年，范仲淹因上书批评时政被贬，欧阳修为其辩护，被贬夷陵。

康定元年，欧阳修被召回京，复任馆阁校勘，后为集贤校理。庆历三年，欧阳修知谏院。当时杜衍、富弼、韩琦、范仲淹皆在位，范仲淹等人极力推行新政，欧阳修也积极参与，提出了改革吏治、军事等多项主张。仁宗爱其才，免试擢其为知制诰，后为龙图阁直学士、河北都转运使。庆历五年，范、韩、富等相继被贬，欧阳修上书为四人喊冤，招人忌恨。不久，就因受其孤甥张氏的牵连，被贬滁州。两年后徙为扬州、颍州太守。至和元年，奉诏入京，迁翰林学士，与宋祁同修《新唐书》，不久，出使契丹。

嘉祐二年，欧阳修知贡举。当时士人喜欢作险怪奇涩之文，号为"太学体"。欧阳修为了扭转这种风气，将险怪奇涩文章的作者纷纷罢黜，录取了苏轼、曾巩、苏辙等名不见经传之人。在他的努力下，宋代文风由此转变。

嘉祐五年，欧阳修任枢密副使，次年，迁为参知政事。欧阳修虽然位高权重，但由于其不改刚直不阿之秉性，对事直言无忌，因而致使许多人对其怀恨在心。神宗即位初年，由于蒋之奇等人诬谤，欧阳修多次提出辞职，皇帝均不准。后来在其力请下，神宗皇帝终于拜欧阳修为观文殿学士、刑部尚书、知亳州。次年，迁兵部尚书、知青州，后改宣徽南院使、判太原府。欧阳修坚决推辞不就，改知蔡州。神宗熙宁二年，王安石实行新法。此时欧阳修正在青州任上，对新法的一些弊端提出批评，上书请求停止散青苗钱，深为王安石所不满。在这种情况下，欧阳修退隐之心愈加迫切，多次上表请辞均遭拒绝。神宗刚即位，迫切希望欧阳修这样的三朝老臣辅助，颇有重用之意，但欧阳修心意已决，神宗最后只好同意。熙宁四年，欧阳修以太子少师致仕，次年去世，追封太子太师，谥号文忠。

欧阳修在文学上的成就巨大，尤其对宋代古文运动的发展贡献颇大。其在少年时代受韩愈影响颇深，开始学习古文。青年时代则在洛阳与尹洙等人一起从事古文写作，并倡导古文运动。中年以后，由于其长期身居高位，并曾知贡举，在他的努力下，古文运动如火如荼地展开，成为当时文坛的主流。欧阳修是宋代中期文坛盟主，在他的周围聚集了一大批优秀人才。唐宋八大家之曾巩、王安石、苏轼三父子均出其门下。欧阳修一生著述颇丰，著有《欧阳文忠公文集》，并奉诏编写《唐书》，自撰《五代史记》。苏轼评价其文曰："论大道似韩愈，论事似陆贽，记事似司马迁，诗赋似李白。"

苏轼（1037—1101），字子瞻，号东坡居士，眉州眉山（即今四川眉山）人。苏轼父亲是"唐宋八大家"中的苏洵。苏洵27岁始发愤读书，但用功甚勤，苏轼与其弟苏辙幼时即随父亲一起博览群书。宋仁宗嘉祐二年，苏轼高中进士第二名，深受主考官欧阳修赏识。嘉祐六年，授大理评事、签书凤翔府判官。后逢父丧，扶丧归里。神宗熙宁二年，苏轼还朝，仍授本职。当时王安石任宰相，推行变法，反对变法者大都被贬出朝。苏轼也对新法中出现的弊病，屡次直言批评，多次惹怒王安石。在这种情况下，苏轼只好自请外放，任杭州通判。后来，相继知密州、徐州与湖州。在地方任上，苏轼政绩显赫，深得民心。

神宗元丰二年，御史李定等人弹劾苏轼作诗讪谤朝廷，苏轼被逮捕入狱，差点被处死。这就是历史上著名的"乌台诗案"。幸好宋太祖有不杀士大夫之祖训，神宗也爱怜苏轼之才，因而将其贬为黄州团练副使。元丰七年，苏轼离开黄州远赴汝州上任。由于路途遥远，加之饥寒交迫，苏轼便上书请求不赴汝州，改往常州。苏轼刚到常州，神宗皇帝驾崩，哲宗即位。

新皇帝即位，旧党势力重新起用，司马光任当朝宰相。苏轼屡遭王安石等新党打击，自然被视为旧党，加之其与司马光私交不错，因而很快被召回京。哲宗即位初年，苏轼以礼部郎中被召还朝，不久迁起居舍人。哲宗元祐元年，升为中书舍人，不久升为翰林学士、知制诰。不过，虽然受到重用，苏轼对当政者打击新党及尽废新法的做法也很不满，为当朝不容，因而于元祐四年自请外放，拜龙图阁学士、知杭州。元祐六年，苏轼被召还朝，任翰林承旨，不久就因谗言自请外放，以龙图阁学士出知颍州。次年，徙知扬州。元祐八年，新党再次执政，苏轼被目为旧党，再次被贬宁远军节度副使、惠州安置。徽宗皇帝即位，苏轼先后调任廉州安置、舒州团练副使、永州安置。徽宗大赦后，苏轼复任朝奉郎，回京途中，卒于常州，终年六十六岁。

苏轼是中国古代最杰出的文学家之一，也是北宋著名的书画家。他一生著述丰富，有《东坡集》四十卷、《后集》二十卷、《奏议》十五卷、《内制》十卷、《外制》三卷、《和陶诗》四卷。苏轼继欧阳修之后为当时文坛盟主，一时文人如黄庭坚、晁补之、秦观、张耒、陈师道等都出其门下，对宋代及后世文学影响巨大。

【文本解读】

一、《答张扶书》解读

《答张扶书》是王禹偁的代表作之一。在这篇文章中，作者指出文章应具备"传道而明心"的功能，乃"古圣人不得已而为之"。这一观点并非凭空而发，而是直接针对张扶的文章，更是针对宋初文学现状而言的。"力读十数章，茫然难得其句，昧然难见其义"，可见张扶文章之难懂。其写了十多篇文章，居然无法将其意思清晰明白地表达出来，也表明张扶追求的并不是通畅易懂的文风，而是沉溺于形式上的奇崛、铺陈与华丽。这也是宋初"时文"的特点。

文与道之关系，一直是中国古代文论探讨的重要话题。早在南北朝时期，刘勰在《文心雕龙·原道》中说"道沿圣以垂文，圣因文而明道"，其综合前人观点鲜明地提出"文以明道"论。唐代古文运动将"文以明道"作为核心理论。柳宗元在《答韦中立论师道书》中明确主张"文者以明道"；韩愈门人李汉在《昌黎先生序》中说："文者，贯道之器也。"王禹偁在这篇文章中再一次探讨文与道的关系，并提出了"传道明心"说。这一观点的核心在于：不得已而为之。在王禹偁看来，传道明心最直接的方式是"修身、齐家、治国、平天下"，也就是报效国家、建功立业。所谓"修身则无咎，事君则有立"，正是如此。然而，现实往仕不能称心如意，一旦无法出仕为官，抱负自然无法施展，心中的理想也无法表达。为了表达理想，让道在后世代代相传，只好退而求其次，通过语言将道说出来。但语言不能流传久远，为了防止道随着语言而泯灭，只好写成文字。这就是文章的由来。如果能出仕为官，可以直接将心中的抱负施展出来，不需要依靠语言，更不需要文字。因而，文章的产生是不得已而为之。

不过，王禹偁毕竟是一个优秀的文学家，他提出"传道明心"说并不是要否定文学，而是要否定那种只顾形式、不顾内容的文风。他强调"夫文，传道明心也"，正是要提倡平易、通畅的文风。正是因为文章乃圣人不得已而为之，其目的是传道明心，并非炫耀才华，所以要求简单明了，让人一目了然。为了进一步说明这一观点，王禹偁列举了"六经"中的例子。《诗经》《尚书》《礼》《乐》《易经》《春秋》中的经典语句，无不通畅、平易，并没有故弄玄虚，让人看不懂。因而，王禹偁鲜明地提出，写文章要向"六经"学习。

当然，"六经"中也有一些奇奥难懂的语句，如"吊由灵""朋合簪"之类。王禹偁主张向"六经"学习，并不是要完全模仿"六经"。这里，王禹偁提出了另一个问题，即如何学习古文。王禹偁提倡古文，强调要以"六经"为师，这就很容易导致对古文经典的盲目模仿。只在形式上模仿古文，就号称是古文，这也是古文运动中极为常见的现象。这一点，稍晚于王禹偁的释智圆在《送庶几序》中说得很清楚："夫所谓古文者，宗古道而立言，言必明乎古道也。古道者何，圣师仲尼所行之道也……非止涩其文字，难其句读，然后为古文也。"他强调古文的核心在于古道，只有将古道明白表达出来的文章才能称为古文。因而古文是对思想内容的指称，而非针对形式而言。那种一味模仿经典，文字、句读艰涩难懂的文章并不能称为古文。王禹偁在这篇文章中也明确指出："模其语而谓之古，亦文之弊也。"可见，在宋初文坛，除了一味追求骈偶、靡丽的"时文"外，还有盲目模仿古文而导致的艰涩文风。而这两者虽然表现形式不一，实质却相同：都只注重形式，而忽视文章的内容。因而，王禹偁提倡古文，对这二者都要反对，尤其在古文运动内部，打着古文旗号，却只是对古文形式的简单模仿，这种文风对古文运动的伤害更大。因而王禹偁、释智圆以及后来的欧阳修，对这种文风都极力反对。

最后，王禹偁为学习古文者指明了一条切实可行的道路："远师六经，近师吏部。"王禹偁之所以提出以韩愈为师，正在其对古文的态度。韩愈在《答刘正夫书》中说"师其意不师其辞"，强调学习古文的精义而非仅仅学习其文辞。宋初古文运动的先驱者对这一学习方法十分认同。而"远师六经，近师吏部"，也准确地概括了宋代古文运动的学习方法。

二、《答吴充秀才书》

欧阳修文论作品很多，《答吴充秀才书》是其中的重要作品。欧阳修在这篇文章中主要提出了以下几个观点。

（一）"道胜者文不难而自至"

道与文的关系一直是宋代文人探讨的重要问题。欧阳修之前，已有不少学者对这一问题发表了论述。柳开在《上王学士第二书》中明确指出："文章为道之筌也，筌可妄作乎？筌之不良，获斯失矣。女恶容之厚于德，不恶德之厚于容也。文恶辞之华于理，不恶理之华于辞也。"筌是捕鱼的工具，所谓"文章为道之筌"，实际上是说文章是传道的工具。正如作者所说，捕鱼工具的精良与否，将直接决定捕鱼的收获情况。同样的道理，既然文章是传道的工具，那么文章的好坏也将直接决定传达道的效果。从这个意义上说，虽然柳开将文章视为道的工具，但对文的地位也有一定重视。同时，"文恶辞之华于理，不恶理之华于辞"，表明柳开对文章思想内容的重视，却对文章的文辞等表现形式比较轻视。这也是柳开的古文创作偏于险怪奇涩，艺术成就不高的原因。可见，在柳开那里，存在着重道轻文的思想。

与柳开几乎同时的王禹偁也提出"夫文，传道而明心也"，并认为文章乃"古圣人不得已而为之"，虽然没有明确说出文章是传道的工具，但"传道明心"说也表明王禹偁具有重道轻文的倾向。只不过，王禹偁提出"传道明心"说，是为了反对那种只顾形式不顾内容的文风，提倡平实、简易的文风，他对文章的形式并不轻视。加之王禹偁在文学创作中一直贯彻这种平实、简易的文风，其创作成就很高，在实践中达到了文道并重。

继起的石介，与胡瑗、孙复并称宋初"三先生"。石介身为道学家，其重道轻文的思想较柳开、王禹偁等人更为浓厚。他在《上蔡副枢书》中说："故两仪，文之体也；三纲，文之象也；五常，文之质也；九畴，文之数也；道德，文之本也；礼乐，文之饰也；孝悌，文之美也；功业，文之容也；教化，文之明也；刑政，文之纲也；号令，文之声也。"这里，已经不仅仅是"文以明道"的问题了，而且道与文实际上已经同一了，文实际上就是两仪、三纲、五常、九畴等儒家伦理，文学的审美特征完全消失，甚至可以说，这里的文并不是文学，而只是宣扬儒家伦理的文字。

欧阳修在《答吴充秀才书》中也探讨了文道关系，他提出"道胜者文不难而自至"这一观点，突破了文章是道的工具这一局限。表面看来，"道胜者文不难而自至"也有重道轻文的倾向。但在欧阳修那里，道不再是抽象的儒家伦理道德，而是充塞天地的真理，包含人的道德修养等方方面面的事情。所谓"若道之充焉，虽行乎天地，入于渊泉，无不之也"，说的正是得道之后的状况。欧阳修强调文人要走出书窗，接触广阔生活也正是这个道理。而且，在欧阳修那里，文与道并不存在谁是谁的工具的问题，二者是相辅相成的。"道胜者文不难而自至"，个人道德修养到了崇高的境界，生活阅历丰富，写起文章来自然内容充实，无须雕琢就是一篇好文章。这也就是欧阳修《与乐秀才第一书》中所说的"其充于中者足，而后发乎外者大以光"。在这里，写文章是一个由内而外的过程。正如《毛诗序》所言："诗者，志之所之也，在心为志，发言为诗，情动于中而形于言。"言为心声，一个内心充实的人，表现出来的语言与文章自然也充实，所以说"道胜者文不难而自至"。而且，"志于为道"的目的还是为了作文。道是文之根本，道充实则文光辉，而充实道又是为了作文，二者是密不可分的整体。

"道胜者文不难而自至"并不意味着道德家就一定能成为文学家。欧阳修在《送徐无党南归序》中说："其所以为圣贤者，修之于身，施之于事，见之于言，是三者所以能不朽而存也。"他将"修之于身""施之于事""见之于言"并列为三不朽。所谓"修之于身"，也就是这里所说的"道胜者"。欧阳修说："修于身矣，而不施于事，不见于言，亦可也。"他还举了颜回作为例子。颜回为孔门弟子中最贤者，自然是"道胜者"，但却终日默然不发一言，更别提作文。因而欧阳修所谓"道胜者文不难而自至"，并不是要否定文，而是反对那些只沉溺于文而忽视道的学者，他要点醒那些"徒见前世之文传，以为学者文而已，故愈力愈勤而愈不至"的"惑者"。

（二）"文之为言，难工而可喜，易悦而自足"

"文之为言，难工而可喜，易悦而自足"，欧阳修说出了作文中普遍存在的现象。文章要想达到精工很难，必须付出艰苦的努力，拥有持之以恒的毅力。然而，文章虽然难以达到登峰造极的境界，但很容易让写作者有成就感而满足。对于写作的人来说，很容易沉溺于小小的成就之中故步自封，认为自己已经成就不凡而不再努力。针对这一弊端，欧阳修提出，文人应该不断学习，对自己抱有清醒的认识，不可故步自封，要"不甘于所悦而溺于所止"，这样才能最终到达文学创作的巅峰。

（三）文人要关心生活

欧阳修在这篇文章中还批评了一种现象，即文人"至弃百事不关于心"。前面已经说过，欧阳修的道并非一个抽象的概念，它要靠人在生活中不断实践、不断充实自己的道德修养。所以关心生活对文人是很重要的。所谓"吾文士也，职于文而已"，以文人这一身份为借口，不关注现实生活，这也是从古至今文人的一大通病。欧阳修对这一观点进行了批评，他认为正是因为"弃百事不关于心"，才导致文人的文学创作始终无法达到巅峰状态。可见，早在欧阳修那里，他就意识到了深入生活对文学创作的重要性。

三、《答谢民师书》解读

苏轼文论思想极为丰富，《答谢民师书》一文主要提出以下几个观点。

（一）"文理自然"

苏轼论文讲求自然而然，而这一观点直接来自苏洵"不能自已而作"。苏轼在《江行唱和集叙》中说："夫昔之为文者，非能为之为工，乃不能不为之工也。山川之有云雾，草木之有华实，充满勃郁，而见于外，夫虽欲无有，其可得耶？自闻家君之论文，以为古之圣人有所不能自已而作者。故轼与弟辙为文至多，而未尝敢有作文之意。"这里说得很清楚，苏洵认为写作乃是不能自已而作，是从自己内心自然流淌出来的，并非有意创作。苏轼完全接受这一观点，认为自己与苏辙的创作都是有感而发，自然而工，并非故意为之。他在《自评文》中这样评价自己的创作："吾文如万斛泉源，不择地而出，在平地滔滔汩汩，虽一日千里无难。及其与山石曲折，随物赋形，而不可知也。所可知者，常行于所当行，常止于所不可不止，如是而已矣。其他虽吾亦不能知也。"

在《答谢民师书》中，苏轼提出同样的观点。所谓"大略如行云流水，初无定质，但常行于所当行，常止于所不可不止，文理自然，姿态横生"，因为文章是内心有感而发，自然而然完成，所以如行云流水一样流畅。《自评文》与《答谢民师书》两文中都出现同样的句子——"常行于所当行，常止于所不可不止"。苏轼十分喜欢借用自然景物来表达自己的文论观点，不论是文如行云流水，还是文如万斛泉源，讲的都是那种自然而然的创作状态。而苏轼的这种观点及以水喻文的言说方式，都与苏洵密切相关。苏洵《仲兄字文甫说》云："今夫风水之相遭乎大泽之陂也……无意乎相求，不期而相遭，而文生焉。是其为文也，非水之文也，非风之文也，二物者非能为文，而不能不为文也。物之相使而文出于其间也，故此天下之至文也。"在苏洵看来，风行水上乃天下之至文，因为风与水相遇，自然而然姿态横生，根本不是外力人为而成。因而苏洵主张"不能不为文"，反对人为造作。而苏轼则主张"不能不为之工"，显然二者一脉相承。而苏轼的行云流水，与苏洵的风行水上，也是渊源至深。

（二）"辞达"说

"辞达"最早由孔子提出。《论语·卫灵公》记载，"子曰：'辞达而已矣。'"在孔子那里，"辞达而已"是说文辞能表达意思就够了，不需要太多的文采。显然，孔子对文采不太重视。然而《左传》又记载了孔子的另一段话："言之不文，行而不远。"这句话恰恰相反，强调了文采的重要性。两段话其实并不矛盾，它们是孔子在不同场合的不同表达。"辞达而已"虽说有轻视文采之嫌，但联系"言之不文，行而不远"，可知孔子并不一概反对文采，而是反对过度的文采修饰。

《答谢民师书》引用孔子的"辞达"说，意思已经完全改变。孔子"辞达"说，讲的是文与质的关系，而苏轼则别出心裁，将其引申到言与意的关系上。"辞达而已矣"，在《论语·卫灵公》和《答谢民师书》中都可以直接翻译成：文辞能够表达意思就够了。表面看来，二者并无两样，都有轻视文采之意。然而，苏轼并不这样理解。他说："夫言止于达意，即疑若不文，是大不然。"一般人将孔子这句话理解成"疑若不文"，苏轼却不如此。在他看来，"求物之妙，如系风捕影，能使是物了然于心者，盖千万人而不一遇也。而况能使了然于口与手者乎？"这里说得很清楚，万物的细微奥秘之处，连心都很难准确把握，何况是用语言和文字描述出来。这一点颇与庄子思想相合。《庄子·天道》借轮扁之口说书是古人糟粕，指出言不能尽意。苏轼虽然没有庄子那么悲观，但也认为言准确地表意是一件非常困难的事情。因而他以为，所谓"辞达"指文辞能准确地将万物的千姿百态与内心的细微之处表现出来。在苏轼那里，"辞达"已经变成了文学创作的最高境界。

（三）反对艰深之辞

宋代古文运动经过初期诸人的不断努力，在欧阳修的时代终于流行开来。由于欧阳修不仅是当时文坛盟主，而且长期身居高位，曾知贡举，在他的大力倡导下，古文终于取代"时文"，宋代文风由此一变。《宋史·文苑传》说："国初，杨亿、刘筠犹袭唐人声律之体，柳开、穆修志欲变古而力弗逮。庐陵欧阳修出，以古文倡，临川王安石、眉山苏轼、南丰曾巩起而和之，宋文日趋于古矣。"欧阳修《记旧本韩文后》也说："其后天下学者亦渐趋于古，而韩文遂行于世，至于今盖三十余年矣。学者非韩不学也，可谓盛矣！"可见，由于欧阳修等人的大力倡导，古文逐渐成为宋代文坛主流，韩愈文章也逐渐成为宋代文人宗法的对象。正是由于古文运动在宋代的深入发展，宋代古文大家辈出，"唐宋八大家"有六位出自宋代，可见古文对宋代文学影响之大。

然而，古文运动在深入发展的同时，也出现了一些弊端。前面关于王禹偁、欧阳修的论述中已经说过，古文运动的初期就有好深务奇的现象出现。这是因为宋初的古文家为了反对辞采华美的"时文"，片面强调"文以明道"，将文章当成传道的工具，忽视甚至否定文学的审美特征，导致险怪奇涩文风的产生；另一方面，初学者并没有把握古文的真正内涵，以为词语等表现形式上仿古就能称为古文，因而盲目在词语等方面模仿古代典籍，导致文章奇涩难懂。宋代文人大多学问精深、博览群书，他们很容易走上在文中炫耀学问的道路，而古文运动的这种好深务奇的文风恰好给他们提供了炫耀的土壤。因而到了苏轼所处的年代，好深务奇之风已经在古文运动内部蔚然大观。苏轼在《谢欧阳内翰书》中对这一现象描述道："自昔五代之余，文教衰落，风俗靡靡，日以涂地。圣上慨然太息，思有以澄其源，疏其流，明诏天下，晓谕厥旨。于是招来雄俊魁伟、敦厚朴直之士，罢去浮巧轻媚、丛错采绣之文，将以追两汉之余，而渐复三代之故。士大夫不深明天子之心，用意过当，求深者或至于迂，务奇者怪僻而不可读，余风未殄，新弊复作。大者镂之金石，以传久远；小者转相模写，号称古文。纷纷肆行，莫之或禁。"在苏轼看来，"时文"浮巧轻媚，固然不可取，但那些打着"古文"的旗号，实际上却是迂阔、怪僻之文，也是文学之大害。

苏轼为义主张自然，因而反对好深务奇的文风。在《答谢民师书》中，他对扬雄提出了批评。在苏轼看来，"扬雄好为艰深之辞，以文浅易之说"，是好深务奇文风的先驱。他认为，扬雄之所以喜欢用艰深之辞，是为了故意将浅显的道理高深化。如果扬雄老老实实用浅显的语言表达出来，那人人都知道他所说的道理。因而，他将扬雄的《法言》《太玄》等仿经之作视为"雕虫篆刻"的赋。他说："终身雕篆，而独变其音节，便谓之经，可乎？"这就是说，扬雄的《法言》《太玄》只不过是变了音节的赋，根本不能称之为经。这里，苏轼实际上指出了古文运动中存在的一大弊端，即盲目拟古。由于未能正确理解古文的真谛，盲目拟古之风一直伴随宋代古文运动。盲目拟古之人，与扬雄同出一辙，只在语词艰深上下功夫，以为文辞似古就可以了，本来浅显通俗的道理偏偏要用艰深怪诞之词表达，反而阻碍古文运动的发展。前面提到的王禹偁、释智圆、欧阳修都对这一文风予以激烈批评，但到苏轼所处的时代，这一弊端仍然继续发展。正是看到这点，苏轼对辞采华美的"西昆体"反而并不敌视，而对艰深怪诞的所谓"古文"表示了强烈不满。他在《奏议集》中说："近世士大夫文章华靡者莫如杨亿，使杨亿尚在，则忠清鲠亮之士也，岂得以华靡少之？通经学古者莫如孙复、石介，使孙复、石介尚在，则迂阔矫诞之士也，又可施之于政事之间乎？"孙复、石介乃通经学古者，杨亿乃文章华靡者，这都是世所公认的，然而苏轼反而对杨亿之人品赞叹有加，却对孙复、石介颇为不满。同样，从文学创作的角度来说，苏轼宁愿选择杨亿华靡之文，也不愿选择孙复、石介等人怪诞之文，可见苏轼对古文运动中出现的好深务奇文风的极度不满。

第二节　相关问题概说

一、北宋初期的文学

王禹偁提倡古文，是与北宋初年的文学现状密切相关的。北宋建国初期，文学仍沿袭五代余风。宋太祖本是北周武将，通过"陈桥兵变"夺取北周政权，进而统一全国，因而北宋初年文官、武将都是五代旧臣。对于文学而言，也是如此。北宋初年，文人大多由五代入宋，其中不少本是五代词臣，他们在入宋之后仍然沿袭五代文风。因而宋初文学实际上是五代文学的延续。

宋初主导文坛的是"时文"。"时文"是宋初文人对当时流行的文学样式的称呼，它是模仿五代"今体"而形成的文学样式。"今体"指与古文相对的"四六"骈文。五代的"今体"，主要学习晚唐诗人李商隐，其特点是采用骈文，讲求对偶，追求浮靡的文风，往往题材狭窄，内容空洞无物。宋初文人很多都是从五代十国入宋的，如李昉、陶谷、徐铉等。他们本是五代的词臣，习惯了写作骈体文，也习惯了五代浮华的文风。由于文学风格已经定型，他们进入宋朝以后，仍然延续一贯的写作特色，因而宋初骈文盛行，与五代文风一脉相承。

　　五代文风承袭晚唐而来，主要有以下弊端：其一，内容贫乏，格调不高。除了少数作品关注社会现实外，五代文学多关注个人体验，很多都是酬唱、逢迎之作，甚至有不少艳情作品。其二，没有充实的内容支撑。五代文学作品往往将注意力放在外在形式的雕琢上，力图以形式的华靡来掩盖内容的苍白，因而形成一味追求形式、华靡浮艳的五代文风。宋初文学也继承了这一传统。《宋史·欧阳修传》云："宋兴且百年，而文章体裁，犹仍五季余习。锼刻骈偶，淟涊弗振，士因陋守旧，论卑气弱。"面对这一现状，宋初有识之士纷纷起来反对"时文"。范仲淹在《唐异诗序》中对五代文风评价说："五代以还，斯文大剥，悲哀为主，风流不归。"他对宋初文风沿袭五代深表不满，认为宋初文坛"学步不至，效颦则多……仰不主乎规谏，俯不主乎劝诫。"柳开也对宋初文坛沿袭五代文风深为不满，他在《上王学士第三书》中批评宋初文章"华而不实"，以"刻削为工，声律为能"。正因如此，宋初不少文人大声疾呼，提倡古文，反对五代文风，如柳开、王禹偁、穆修、石介等。他们的努力虽然对宋初文风的转变没有起到非常大的影响，但作为宋代古文运动的先驱，他们直接引导了后来的欧阳修等人，对宋代古文运动的发展功不可没。

二、北宋初期的古文理论

　　早在北宋初年，就有不少人起来反对晚唐五代文风。其中的代表人物是柳开和王禹偁。

　　柳开（947—1000），原名肩愈，字绍先（一作绍元），后改名开，字仲涂，大名（今属河北）人。从其名字就可以看出他的文学主张。《宋史·柳开传》解释说："五代文格浅弱，慕韩愈、柳宗元为文，因名肩愈，字绍先。既而改名字，以为能开圣道之涂也。"可见其强烈反对五代文风，希望继承韩愈、柳宗元传统，提倡古文。柳开的古文理论主要有以下几点：其一，明确提出"古文"定义。柳开对古文有一个清晰的认识，他认为，古之世与今之世相同，古人与今人相同，因而今人应该学习古文。那么，什么是古文呢？柳开在《应责》中给出了明确的定义："古文者，非在辞涩言苦，使人难读诵之，在于古其理，高其意，随言短长，应变作制，同古人之行事，是谓古文也。"柳开明确提出，形式上的拟古并不是古文，真正的古文应该是从内容及道理上学古，也就是"古其理，高其意"，最终达到"同古人之行事"。宋初古文家大都反对"辞涩言苦，使人难读诵之"这种从形式上拟古的文风。王禹偁《答张扶书》说"模其语而谓之古，亦文之弊也"，释智圆《送庶几序》说"非止涩其文字，难其句读，然后为古文也"，他们都明确指出了这一点。可见，宋初的古文家对何谓"古文"有一个清晰的认识。正是这种清晰的认识，为宋代的古文运动指明了方向。

其二，提出"文章为道之筌"。柳开初名"肩愈"，表明其对韩愈十分推崇，其提倡古文也是受韩愈影响的。但后来，韩愈在他心中的地位有所降低，其改名"开"，字"仲涂"，表明柳开已经抛开韩愈，以孔子为师法对象。而从韩愈在他心中地位的变化，可以看到他对文的认识的变化。柳开在《答梁拾遗改名书》中明确说，开始名"肩愈"，是因为当时"其所以志之于文也"，说明柳开起初学习韩愈古文，对文还是很看重的。但正如其在《东郊野夫传》中所说，"已而所著文章与韩渐异，取'六经'以为式"，后来他与韩愈逐渐分道扬镳，开始以"六经"为师。而柳开"所著文章与韩渐异"的原因正在于两人对文与道的关系的认识产生了矛盾。韩愈讲"文统"与"道统"，但他对二者都比较重视，而柳开将文与道合二为一，他在《应责》中说"吾之道，孔子、孟轲、扬雄、韩愈之道。吾之文，孔子、孟轲、扬雄、韩愈之文也。"正因他将道与文合二为一，所以他作古文的要求是最终实现今人"同古人之行事"。文与道一，文自然就丧失了独立性。柳开在《上王学士第二书》中明确指出"文章为道之筌"，将文章看成传道的工具，并说"文恶辞之华于理，不恶理之华于辞"，对文辞的作用十分轻视。这种重道轻文的倾向，在后代愈演愈烈，最终成为宋代理学的基本观点。正因柳开重道轻文，忽视了文辞的作用，导致所作文章艰涩难懂，成就不高，对宋代文学的影响也不大。

王禹偁与柳开同时代，他对宋代文学的影响远比柳开大。相比柳开，王禹偁在文与道的关系上更为通达。他提出"传道明心"说，要求文章"句之易道，义之易晓"，从而提倡通畅、平实的文风。但他并不轻视文，也不否定文采。其在《送丁谓序》中也强调"意不常而语不俗"，对文采还是很看重的。王禹偁是宋初最重要的文学家，其诗文都有较高成就，因而他对文的认识还是比较深刻的，这种通达的思想也为后来的欧阳修等人继承。不仅如此，王禹偁对古文运动的另一大贡献，在于他对诗文革新的关注。宋初的古文家由于本身文学创作成就不高，往往只关注文而不及诗。王禹偁本身是"白体"诗人，前期学习白居易，后期转而学习杜甫。其《前赋春居杂兴诗二首，间半岁不复省视，因长男嘉祐读杜工部集，见语意颇有相类者，咨予且意予窃之也，予喜而作诗聊以自贺》道出这一过程："本与乐天为后进，敢期子美为前身。"而其在宋初"白体""晚唐体"诗歌流行的语境下提倡杜甫诗歌，其目的正在于以杜甫沉郁顿挫之诗风来革新宋初诗坛。他在《赠朱严》中说"韩柳文章李杜诗"，文章以韩愈、柳宗元为宗，诗歌以李白、杜甫为宗，这一观点后来成为宋代文人的共识。这种诗学杜甫、文学韩愈的思想，开了宋代诗文革新运动的先河。

三、"西昆派"与杨亿的文论主张

"西昆派"是宋初最盛行的文学流派。它的诞生与当时的历史文化语境密切相关。北宋经过太祖、太宗和真宗三代的发展，经济上有了很大的提高，国家逐渐形成繁荣昌盛的局面。几十年的太平生活，加之宋朝实行"重文轻武"的政策，文人士大夫的地位大大提高，过着优游不迫、富足舒适的生活。在这种生活状态下，文人士大夫之间逐渐形成酬唱之风。《西昆酬唱集》就是这种酬唱风气的结晶。此外，五代文风虽经柳开、王禹偁等人大加抨击，但依然余风不减，"西昆派"师法李商隐，追求华靡文风，正是这一文风的影响。而"白体"与"晚唐体"诗歌成就不高，宋初诗坛只有王禹偁一人取得较高成就的局面，也给了"西昆体"风靡一时的机会。虽然宋真宗曾下诏禁止《西昆酬唱集》，但"西昆体"仍然在宋初盛行了几十年。

"西昆体"以《西昆酬唱集》而得名。宋真宗景德二年，翰林学士杨亿等奉命编纂《历代君臣事迹》，大中祥符六年完成，真宗题书名为《册府元龟》。参加编书的共 18 人，其中有不少诗人，如钱惟演、刘筠等。他们彼此朝夕相处，自然免不了诗歌酬唱。大中祥符元年，杨亿将这些酬唱之作编成集子，名为《西昆酬唱集》，其中收录 17 位作者近 250 首近体诗，杨亿、刘筠、钱惟演三人就有 202 首。《西昆酬唱集》面世之后影响极大，天下学子纷纷效仿，号为"西昆体"。欧阳修《六一诗话》说："盖自杨、刘唱和，《西昆集》行，后进学者争效之，风雅一变，谓之昆体。由是唐贤诸诗集几废而不行。"可见"西昆体"在当时的影响之大。

"西昆体"依然延续五代文风，艺术上宗法晚唐诗人李商隐，追求对仗精工、辞采华美、典丽深密。由于"西昆体"诗人大都才华出众，具有深厚的文学修养，因而他们的作品表现出华美、典丽的艺术特征。但他们宗法李商隐，只注重表面，并没有真正把握李商隐诗中蕴含的深厚感情，因而只得其皮毛，根本没有学到李商隐诗歌的精髓。而且，杨亿、刘筠、钱惟演等人身处馆阁，视野狭窄，无法接触到外面的广阔天地，导致酬唱之诗题材狭窄，缺乏生活气息，虽然在当时风靡一时，艺术成就却不高。

"西昆体"诗人以"雕章丽句"自诩，他们对宋初文风的影响也主要在这方面。刘攽《中山诗话》记载："天僖中，杨大年、钱文僖（惟演）、晏元献（殊）、刘子仪（筠）以文章立朝，为诗皆宗李义山，后进多窃义山语句。尝内宴，优人有为义山者，衣服败裂，告人曰：吾为诸馆职挦扯至此。"杨亿等人才华过人，尚能做到学习李商隐而达到辞采华美，而其他才力不足之人，只好将李商隐等人的诗句生拉硬拽地搬进自己的诗文中，一味追求词句的华美，既不顾诗文整体的美感，也不顾诗文的内容，因而遭人诟病。比杨亿稍晚的石介对"西昆体"进行了猛烈攻击，他在《上蔡副枢书》中说："今夫文者，以风云为之体，花木为之象，辞华为之质，韵句为之数，声律为之本，雕镂为之饰，组绣为之美，浮浅为之容，华丹为之明，对偶为之纲，郑卫为之声。浮薄相扇，风流忘返；遗两仪、三纲、五常、九畴而为之文也，弃礼乐、孝悌、功业、教化、刑政、号令而为之文也。"不仅如此，他在《怪说中》对杨亿指名道姓公开批评："今杨亿穷妍极态，缀风月，弄花草，淫巧侈丽，浮华纂组；刓锼圣人之经，破碎圣人之言，离析圣人之意，蠹伤圣人之道。"石介之批评虽然难免偏颇，但也在一定程度上揭示了"西昆体"内容空洞无物，片面追求形式华美的弊端。欧阳修也对"西昆体"文风深为不满，其在《苏氏文集序》中对当时"学者务以言语声偶摘裂，号为时文，以相夸尚"的风气予以批评。正是基于"西昆体"对宋初文风的不良影响，尹洙、苏舜钦、梅尧臣、欧阳修等人大力提倡古文，并最终改变了宋初文风。

"西昆派"以杨亿为首，从他的文论主张可以看出"西昆派"的美学追求。杨亿（964—1020），字大年，建州浦城（今属福建浦城县）人。杨亿从小聪颖，年仅11岁即以诗赋闻名，成年后更是以诗文名动天下。杨亿为人耿介，有气节，不畏权贵，遇事敢言。虽然"西昆派"在当时和后代遭人诟病，但杨亿之文才和人品却一直被后世称道。杨亿钟爱唐代诗人李商隐，诗歌多师法李商隐。他不喜欢杜甫之诗与韩愈、柳宗元的散文。金代王若虚《文辨》记载："旧说杨大年不爱老杜诗，谓之'村夫子语'，而近见傅献简《嘉话》云：'晏相常言，大年尤不喜韩、柳文，恐人之学，常横身以蔽之。'"师法韩文、杜诗是古文家的美学追求，杨亿不喜欢韩文、杜诗，也就是不喜欢古文。这与其文学创作宗旨及美学追求相关。杨亿在《温州聂从事云堂集序》中宣称诗文应该"恬愉优柔，无有怨谤，吟咏情性，宣导王泽"。这就是说诗歌应该是颂诗，而不能有所讽刺。因此，他的美学追求是"雕章丽句，脍炙人口"（《西昆酬唱集序》）。

四、欧阳修的古文理论

欧阳修是宋代古文运动最重要的文论家，他对宋代文学影响巨大。欧阳修一生著作丰富，提出了很多有价值的文论主张。除了"道胜者文不难而自至"，兼重文与道，并将道与生活紧密联系起来等观点外，欧阳修还有以下文论主张值得注意。

其一，批评"西昆派"，提倡韩愈古文。在欧阳修之前，石介等道学家就对"西昆派"发动了猛烈的抨击。但石介等人写作的古文怪诞难懂，成就不高，影响也有限。欧阳修从理论主张与创作实绩两个方面反对"西昆派"，提倡韩愈古文。《记旧本韩文后》云：

> 是时天下学者，杨、刘之作，号为"时文"，能者取科第，擅名声，以夸荣当世，未尝有道韩文者。予亦方举进士，以礼部诗赋为事。年十有七，试于州，为有司所黜。因取所藏韩氏之文复阅之，则喟然叹曰："学者

当至于是而止尔!"因怪时人之不道，而顾己亦未暇学，徒时时独念于予心，以谓方从进士干禄以养亲，苟得禄矣，当尽力于斯文，以偿其素志。

后七年，举进士及第，官于洛阳。而尹师鲁之徒皆在，遂相与作为古文，因出所藏《昌黎集》而补缀之。求人家所有旧本而校定之。其后天下学者亦渐趋于古，而韩文遂行于世，至于今盖三十余年矣。学者非韩不学也，可谓盛矣!

这两段文字时间跨度三十年，正好见出北宋文风从"西昆派"向古文的转变。欧阳修年轻的时候，"西昆派"风靡一时，能否中科举、取得名声，都要看能不能写出漂亮的"西昆体"文章。连欧阳修这样的大文豪，年轻的时候考取功名都要学写"西昆体"，可见其影响之大。但欧阳修毕竟非一般文人，他年少就受韩愈古文影响，考中进士之后即放弃"西昆体"，大力写作古文，并在洛阳与尹洙等人一起提倡古文写作。正是在欧阳修等人的不懈努力下，韩愈古文逐步取代"西昆派"，风靡天下。

欧阳修身体力行，花了三十年的时间写作和倡导古文，最终一洗北宋文风。他不仅在创作实践中写作古文，而且在理论主张上也提倡古文。"西昆派"领袖杨亿不喜欢杜诗、韩文，是因为二者不符合他的颂诗标准，不具备雍容富贵的气象。欧阳修不仅标举韩愈古文，而且指出韩愈古文之所以埋没两百年之后又重新盛行于世，并不仅仅因为其"言深厚而雄博"，更重要的原因是其中充满了"道"。这个"道"，与孔孟之道一脉相承，是万世不移的大道理。

其二，提出"诗穷而后工"说。除了"道胜文至"说，欧阳修最著名的文论主张是"诗穷而后工"说。早在汉代，司马迁在《报任少卿书》中说："古者富贵而名磨灭，不可胜记，唯倜傥非常之人称焉。盖西伯拘而演《周易》；仲尼厄而作《春秋》；屈原放逐，乃赋《离骚》；左丘失明，厥有《国语》；孙子膑脚，《兵法》修列；不韦迁蜀，世传《吕览》；韩非囚秦，《说难》《孤愤》；《诗》三百篇，大氐贤圣发愤之所为作也。此人皆意有所郁结，不得通其道，故述往事，思来者。及如左丘明无目，孙子断足，终不可用，退而论书策以舒其愤，思垂空文以自见。"这就是司马迁著名的"发愤著书"说。在司马迁看来，《周易》《春秋》《离骚》等千古名著的产生，是因为作者在生活中遭遇到了不幸，心中郁结，只好通过文字来宣泄。这一说法道出了文学创作中普遍存在的现象，对后世影响深远。唐代就有多位作家对这一观点表示赞同。杜甫在《天末怀李白》中说："文章憎命达，魑魅喜人过。"韩愈在《荆潭唱和集序》中说："欢愉之辞难工，而穷苦之言易好。"到了欧阳修，则进一步对这个现象进行了深入分析。他在《梅圣俞诗集序》中说："予闻世谓诗人少达而多穷，夫岂然哉? 盖世所传诗者，多出于古穷人之辞也。凡士之蕴其所有而不得施于世者，多喜自放于山巅水涯之外，见虫鱼草木风云鸟兽之状类，往往探其奇怪。内有忧思感愤之郁积，其兴于怨刺，以道羁臣、寡妇之所叹，而写人情之难言，盖愈穷则愈工。然则非诗之能穷人，殆穷者而后工也。"

在古代，士人大都有建功立业、经世致用之雄心，他们渴望将一生所学用之于朝廷，但一帆风顺，最终得偿所愿的人毕竟是少数，很多人都无法在仕途上青云直上。为了排遣心中的烦忧，这些不得志之人往往寄情于山水之间。"忧思感愤"郁积于心中，在山水风景的触发下，自然而然地形诸笔端，发而为诗文。由于既能"写人情之难言"，又能把握到自然景物的微妙之处，情景融为一体，写出来的诗文自然精工。所以欧阳修说"非诗之能穷人，殆穷者而后工"，并非诗歌能让人穷困，而是诗人穷困之后致力于写作，导致诗歌水平精益求精。

"诗穷而后工"说在欧阳修多篇文章中出现。他在《薛简肃公文集序》中说："君子之学，或施之事业，或见于文章，而常患于难兼也。盖遭时之士，功烈显于朝廷，名誉光于竹帛，故其常视文章为末事，而又有不暇与不能者焉。至于失志之人，穷居隐约，苦心危虑而极于精思，与其有所感激发愤唯无所施于世者，皆一寓于文辞。故曰穷者之言易工也。如唐之刘、柳无称于事业，而姚、宋不见于文章。彼四人者犹不能于两得，况其下者乎！"在欧阳修看来，那些位高权重者已经在事业上取得成功，心中的抱负已经实现，因而不需要再靠文字来宣扬，自然"视文章为末事"，不肯用力为文。当然，也有一些人是因为无暇为文或者没有能力写文章。而那些不得志之人，不能将一身所学用在事业上，只好将全部精力放在写文章上。心中有所感触，加之外在景物触发，很容易在诗文中形成情景交融的境界，所作诗文自然流传千古。欧阳修对"诗穷而后工"的解释，完全符合创作规律，即使放到当今，仍然有其价值。

其三，反对"太学体"。宋初古文运动的先驱者为了反对"时文"，大力提倡古文。但也出现了盲目模仿古文，以为语词相似即为古文的错误倾向，导致了险怪奇涩文风的出现。这在柳开那里已经初现端倪，到了石介，这一倾向已经蔚然成风。石介对"西昆体"深恶痛绝，大力提倡古文，但其文体怪诞，完全没有王禹偁等人提倡的平实文风，但因其仕国子监直讲几年，太学生从之者甚多，反而使这种佶屈聱牙、怪诞的文风流行开来，号称"太学体"。这种风气对古文运动的伤害更大，严重阻碍了古文运动的进一步发展，因而遭到欧阳修的大力摒除。《宋史·欧阳修传》记载："知嘉祐二年贡举，时士子尚为险怪奇涩之文，号'太学体'，修痛排抑之，凡如是者辄黜。"由于欧阳修的文坛盟主地位，加之其长期身居高位，并知贡举，经过他几年的努力，"太学体"逐渐销声匿迹。

古文在欧阳修的时代成为宋代文坛主流，这并非偶然。经过宋初学者的努力，古文的普及已经具备一定的条件，为欧阳修推广古文打下了基础。欧阳修之所以能一变宋代文风，在于其长期身居高位，并曾知贡举，把握着科举士人的命运，其文学主张对天下文人影响很大。更重要的是他主盟文坛几十年，文论主张与古文写作成就同样突出。此外，他身边还有一大批人同时响应其文论主张，如尹洙、梅尧臣、苏舜钦等在当时都名动天下，欧阳修与他们一起提倡古文运动与诗文革新运动，声势自然不小。不仅如此，欧阳修有识人之明，提拔了一大批后辈文人，如曾巩、王安石、苏洵、苏轼、苏辙等都受过欧阳修提拔，欧阳修对他们的影响也不小。

五、"三苏"的文论主张

欧阳修之后，文坛盟主是苏轼。他和父亲苏洵、弟弟苏辙并称"三苏"，他们对宋代文学影响十分深远，尤其苏轼，散文、诗、词、书法等无一不精，堪称古代文学之巅峰，其诗文主张对黄庭坚及后来的"江西诗派"影响巨大。

（一）苏洵的文论主张

苏洵（1009—1066），字明允，号老泉，眉山（今属四川）人。嘉祐年间，其文得欧阳修举荐，一时公卿士大夫争相传诵，文名因而大盛。嘉祐五年，任秘书省校书郎，与人合纂《太常因革礼》，书成不久，即去世，追赠光禄寺丞，有《嘉祐集》传世。《宋史·苏洵传》说他"年二十七始发愤为学，岁余举进士，又举茂才异等，皆不中。悉焚常所为文，闭户益读书，遂通《六经》、百家之说，下笔顷刻数千言"。苏洵博览群书，所学甚杂，其为文好发议论，尤其喜欢谈兵，因而他的散文以议论文成就最高。苏洵的文论主张除了前面提到的"文主自然"外，主要有以下几点。

其一，"不能自已而作"。苏轼《江行唱和集叙》云："自闻家君之论文，以为古之圣人有所不能自已而作者。故轼与弟辙为文至多，而未尝敢有作文之意。"从苏轼这段话可以看出：苏洵认为文章并非作者绞尽脑汁做出来的，而是心中的千万言无法控制地从笔尖冒出来，自然形成一篇的。表面看来，这种说法很神秘，但这却是苏洵读书十年的经验之谈。他在《上欧阳内翰第一书》中说：

　　由是尽烧其囊时所为文数百篇，取《论语》《孟子》、韩子及其他圣人贤人之文，而兀然端坐，终日以读之者，七八年矣。方其始也，入其中而惶然，博观于其外，而骇然以惊。及其久也，读之益精，而其胸中豁然以明，若人之言，固当然者。然犹未敢自出其言也。时既久，胸中之言日益多，不能自制，试出而书之，已而再三读之，浑浑乎觉其来之易矣。

从这篇文章看，苏洵能成为"唐宋八大家"之一并非偶然，是经过长期的刻苦努力得来的。他提高自己创作水平的方法很简单——读书。并且他读书也没有什么特别的方法，只是"终日以读之"。刚开始的时候，他与那些圣贤之文隔阂很深，不能明白其中的精义。等到时间长了，书越读越精，自然豁然开朗，并且很自然地认为话就应该这么说，文章就应该这么写。七八年的苦读之后，胸中充满千万言，不吐不快，于是形成文字，这时候才发现写起文章来挥洒自如。这里苏洵告诉人们：要想"下笔如有神"，必须"读书破万卷"。而且，要选择好书来读，并持之以恒、数年如一日地刻苦读书，方能有所成就。"不能自已而作"说的是创作中经过长期积累之后喷薄而出的状态。正因有了长期的积累，才能自然而然地一挥而就，达到苏轼《自评文》所说"吾文如万斛泉源，不择地而出"的境界。

其二，"诗之教，不使人之情至于不胜也"。苏洵读书很杂，其思想颇类似纵横家，因而常常发出一些与正统儒家思想格格不入的言论。例如，孔子在《论语》中给《诗经》下了一个著名的断语——"乐而不淫，哀而不伤"，苏洵对这一论点进行了重新解读。他认为，圣人说"乐而不淫"并不是要禁止人的好色之心，因为人的欲望是无法禁止的。他在《诗论》中说："今吾告人曰：必无好色，必无怨而君父兄。彼将遂从吾言而忘其中心所自有之情耶？将不能也。"好色与怨恨，都是人的本能，都是无法通过外力禁止的，越禁止只会导致更糟糕的情况发生。因而他认为，圣人说"乐而不淫，哀而不伤"，表明圣人承认人可以好色，也可以怨恨父兄，但是要适度，好色不能淫，怨恨父兄可以明确说出来，却不能背叛。苏洵认为礼法并不能解决这一点，必须通过诗歌，他说，"吾观《国风》婉娈柔媚而卒守以正，好色而不至于淫者也；《小雅》悲伤诟谇，而君臣之情卒不忍去，怨而不至于叛者也。故天下观之曰：圣人固许我以好色，而不尤我之怨吾君父兄也。许我以好色，不淫可也；不尤我之怨吾君父兄，则彼虽以虐遇我，我明讥而明怨之，使天下明知之，则吾之怨亦得当焉，不叛可也。"这就是诗教的作用——"故诗之教，不使人之情至于不胜也"。诗歌不像礼法那样呆板与严肃，它能通过审美的方式宣泄人的情感。好的文学作品能引导人们去肯定正当的情感，在潜移默化中教导人们遵守适度的原则，从而维护社会的正常运转。传统儒家之所以高度重视诗教，原因正在于此。苏洵这里所说，表面看来在当时惊世骇俗，但也遵循了儒家的诗教传统。只不过，他的观点不合礼法，却合乎人情，也很有见地。

（二）苏轼的文论主张

苏轼的文论，除了前面提及的"文理自然""辞达"说、反对艰深之辞等外，还有不少重要观点。

其一，重道，也重文的艺术性。苏轼承继欧阳修而主盟文坛，对古文运动倡导的道依然很看重。其在《与李方叔书》中说："足下之文，过人处不少，如《李氏墓表》及《子骏行状》之类，笔势翩翩，有可以追古作者之道。"他在《答陈师仲书》中也称赞陈师仲"诗文皆奇丽，所寄不齐，而皆归合于大道"。他与欧阳修一样，将道与生活紧密相连，要求文章切合现实，不要空发议论。这样，文与道结合，就可以"华实相副，期于适用"（《与元老侄孙四首》）。正因如此，他提出了文章应该"有为而作"，必须切中时弊，对现实有所匡正。其《凫绎先生诗集叙》说："先生之诗文，皆有为而作，精悍确苦，言必中当世之过，凿凿乎如五谷必可以疗饥，断断乎如药石必可以伐病。"文章如五谷一样可以充饥，如药石一样可以治病，可见文学具有强烈的干预现实的功能。

但苏轼与前辈古文家最大的不同之处，在于其将文学的审美因素放在极其重要的位置。首先，他肯定文学具有娱乐功能和审美价值，不可轻易抛弃。其在《答刘沔都曹书》中说："然幼子过文益奇，在海外孤寂无聊，过时出一篇见娱，则为数日喜，寝食有味。以此知文章如金玉珠贝，未易鄙弃也。"苏轼以诗文名动天下，又因诗文惹上"乌台诗案"，差点丧命，因而对文章有噤若寒蝉的感觉。然而，他被贬儋州时，看到幼子苏过以作文自娱，经常会为一篇文章快乐好几天，因而从中悟到文学的价值：如同金玉珠贝一样，文学自然有其不可磨灭的娱乐功能和审美价值。其次，他对文学的创作过程及写作技巧也十分重视。苏轼将庄子"物化"、禅宗"空静"等理论来形容作家的创作过程。其《书晁补之所藏与可画三首》云："与可画竹时，见竹不见人。岂独不见人，嗒然遗其身。其身与竹化，无穷出清新。庄周世无有，谁知此疑神。"这首诗描述的是文与可画竹的状态，苏轼借用了"庄周梦蝶"的"物化"来描述这种微妙的创作境界。所谓"其身与竹化"，也就是《庄子·齐物论》中所说的"物化"。庄子所说的"物化"本指得道的境界，而苏轼巧妙地将其引申到书画、文学创作中来，指创作主体与客体高度融合的境界。苏轼将这一哲学命题发展到创作论，是对庄子美学思想的进一步发挥。不仅如此，苏轼还借用禅宗思想来表达作家的创作状态。他在《送参廖师》中说："欲令诗语妙，无厌空且静。静故了群空，空故纳万境。阅世走人间，观身卧云岭。咸酸杂众好，中有至味永。诗法不相妨，此语当更请。"其中，"空静"一词就是佛家用语，指的是空寂、虚静的境界。苏轼再次将其引申至创作层面，指诗人创作前的虚静状态。只有保持这种虚静的状态，才能对宇宙万物的细微之处把握清楚，并将天地万物纳入自己的脑海中，从而下笔如有神，创作出优秀的诗歌。不仅创作时的心境很重要，具体的写作技艺也很重要。他在《书李伯时山庄图后》中说："有道有艺，有道而不艺，则物虽形于心不形于手。"文学艺术的作用在于将心中所想传达出来。如果没有一定的技艺，心中想得再好，也不能通过文字表达出来。

其二，"美在咸酸之外"。"美在咸酸之外"一语源于唐代文论家司空图。其在《与李生论诗书》中说："文之难，而诗之难尤难古今之喻多矣而愚以为辨于味，而后可以言诗也。江岭之南，凡足资于适口者，若醯，非不酸也，止于酸而已；若鹾，非不咸也，止于咸而已。华之人所以充饥而遽辍者，知其咸酸之外，醇美者有所乏耳。"这里并没有明确出现"美在咸酸之外"一语，但后文"近而不浮，远而不尽，然后可以言韵外之致耳"等语，司空图的意思正在于此。司空图论诗讲究"韵外之致""象外之象""景外之景"（《与极浦书》），追求"近而不浮，远而不尽"的意境。苏轼对这一点十分赞同，并将这一观点引申到书法中。他在《书黄子思诗集后》中说："予尝论书，以谓钟王之迹，萧散简远，妙在笔划之外。"书法如此，诗文更是如此。苏轼论文主张自然，强调文如泉涌，因而他追求的正是这种"美在咸酸之外"的意境。他在《书黄子思诗集后》一文中对历代诗人作出精妙评价："苏李之天成，曹刘之自得，陶谢之超然""李太白、杜子美，以英玮绝世之姿，凌跨百代""韦应物、柳宗元，发纤秾于简古，寄至味于澹泊。"所谓"天成""自得""超然"以及"发纤秾于简古，寄至味于澹泊"，说的都是这种"美在咸酸之外"的艺术境界，这种境界实际上是文学创作情景交融之后产生的韵味无穷的意境。因而苏轼说："美在咸酸之外，可以一唱而三叹也。"这种悠远的意境，自然让人回味无穷。

苏轼一生仕途坎坷，多次遭受贬谪，但由于其文学、书画等成就非凡，名动天下，因而身边聚集了一大批文人，其中最有名的是并称"苏门四学士"的黄庭坚、秦观、晁补之和张耒。他的文学主张对当时和后代的影响都很大。

（三）苏辙的"养气"说

苏辙最有价值的文论主张是"养气"说。"养气"之说最早源于孟子。《孟子·公孙丑上》记载孟子的一段话："我知言，我善养吾浩然之气也。"但孟子并没有明确解释如何养浩然之气。苏辙继承了孟子"养气"说，并进一步指出如何"养气"。他在《上枢密韩太尉书》中说：

> 辙生好为文，思之至深。以为文者气之所形，然文不可以学而能，气可以养而致。孟子曰："我善养吾浩然之气。"今观其文章，宽厚宏博，充乎天地之间，称其气之小大。太史公行天下，周览四海名山大川，与燕、赵间豪俊交游，故其文疏荡，颇有奇气。此二子者，岂尝执笔学为如此之文哉？其气充乎其中而溢乎其貌，动乎其言而见乎其文，而不自知也。

苏辙认为文章乃是由气构成的，气并非可以靠学习得来，因而文章也是无法辈学习得来的。然而，气却可以通过养来达到。他举了孟子与司马迁两个例子。孟子与司马迁都是养气的典型，正因他们"气充乎其中而溢乎其貌，动乎其言而见乎其文"，所以文章高妙。要想达到孟子、司马迁两人的文学成就，就要如他们一样养气。如何养气？孟子没有说明，但苏辙从司马迁身上看出了门道——周游天下。苏辙以自己的经历为例，年轻的时候，他待在四川老家，虽然读遍诸子百家，游遍家乡河山，但依然视野狭窄，"不足以激发其志气"，因此，他离开家乡漫游天下，"求天下奇闻壮观，以知天地之广大"。他记述自己的经历说：

> 过秦、汉之故都，恣观终南、嵩、华之高，北顾黄河之奔流，慨然想见古之豪杰。至京师，仰观天子宫阙之壮，与仓廪、府库、城池、苑囿之富且大也，而后知天下之巨丽。见翰林欧阳公，听其议论之宏辨，观其容貌之秀伟，与其门人贤士大夫游，而后知天下之文章聚乎此也。

与苏洵"读万卷书"的主张不同，苏辙强调"行万里路"。只有周游天下，才能看到"奇闻壮观"，开阔自己的眼界，也只有这样，才能与更多的高明之士交流，增广自己的见闻。苏辙"行万里路"、增广见闻的过程，也就是养气的过程。实际上，苏辙"行万里路"的过程与苏洵闭门读书的历程有异曲同工之处，都是一种经验、知识等的长期积累。只有积累到了一定程度，才会文思泉涌，写出好文章。当然，"读万卷书"与"行万里路"对文学创作同样重要，不可偏废。

六、黄庭坚与"江西诗派"

黄庭坚（1045—1105），字鲁直，自号山谷道人，晚年号涪翁，洪州分宁（今江西修水）人。宋英宗治平四年进士，曾任校书郎、秘书丞等官。黄庭坚与秦观、晁补之和张耒并称"苏门四学士"，仕途上也随着苏轼一起几经沉浮。哲宗立，旧党当政，黄庭坚仕途比较顺利，先被召为校书郎，后又升为起居舍人。绍圣之后，新党掌权，黄庭坚屡遭贬斥，先后被贬涪州别驾、黔州安置等，最后于崇宁四年死于宜州。黄庭坚是北宋著名文学家，诗与苏轼齐名，并称"苏黄"。黄庭坚是"江西诗派"的开山祖师，对北宋后期及南宋文学的影响巨大。他的文论思想主要有以下几点。

其一，重视儒家诗学传统。黄庭坚受儒家传统影响很深，对文学的认识也带有很多儒家传统诗学的印记。在文与道关系上，他颇有重道轻文的倾向。他在《次韵杨明叔序》中说："文章者道之器也，言者行之枝叶也。"文章是道的工具，这种观点已经与北宋理学家的思想完全一致。他认为文章是"末学"

（《答秦少章》）、"文章最为儒者末事"（《答洪驹父书》），儒家传统道德才是文章的根本。他在《与洪驹父》中明确说："然孝友忠信是此物根本，极当加意，养以敦厚纯粹，便根深蒂固，然后枝叶茂尔。"在他看来，儒家的仁义道德才是作文的根本，文章则是枝叶，只有文中的道德深厚，才能既达到根深蒂固，又枝繁叶茂，做出好文章。不过，仁义道德并非空口白话，需要作者本身具备这样的道德，才能发为文章。宋人潘淳《潘子真诗话》云，"山谷尝谓余言：老杜虽在流落颠沛，未尝一日不在本朝，故善陈时事，句律精深，超古作者，忠义之气，感发而然。"黄庭坚认为，杜甫诗歌之所以能取得如此大的成就，是因为作者怀着一颗精忠爱国之心。

　　黄庭坚对文学反映现实的功能也十分重视。他在《戏呈孔毅父》中说："文章功用不经世，何异丝窠缀灵珠。"文学如果没有反映现实的功能，那便是空有其表。儒家诗学既有颂诗传统，也有怨刺传统。黄庭坚看到文学干预现实的功能，自然也肯定儒家诗学的怨刺传统。其《胡宗元诗集序》云："其兴托高远则附于《国风》，其忿世嫉邪则附于《楚辞》。"这里既肯定胡宗元诗歌承继了《国风》的"兴寄"传统，又肯定其继承《楚辞》的"愤世"传统。可见其对《国风》《楚辞》的"怨刺"传统也十分重视。然而，他又继承儒家温柔敦厚的诗教传统，反对在文章中直接怒骂。他在《书王知载朐山杂咏后》中说："诗者，人之情性也，非强谏争于廷，怨忿诟于道，怒邻骂坐之为也……其发为讪谤侵陵，引颈以承戈，披襟而受矢，以快一朝之忿者，人皆以为诗之祸，是失诗之旨，非诗之过也。"这里说得很清楚，黄庭坚反对那种直接在诗歌中怒骂的风气。这一说法也是有感于苏轼遭遇而来的，黄庭坚在《答洪驹父书》中也说："东坡文章妙天下，其短处在好骂。"苏轼以议论为诗，往往直抒胸臆，喜欢在诗中讥讽时政，因而惹下滔天大祸，几乎因"乌台诗案"被处死。这一遭遇不仅让苏轼噤若寒蝉，也让身边的黄庭坚从中领悟到儒家传统诗教提倡温柔敦厚的意义所在。儒家有怨刺传统，但强调"主文而谲谏"（《毛诗序》），不能在文学作品中直接怒骂君主与朝廷，只能隐晦曲折地表达出来，让君主与朝廷接受。由于君主与朝廷掌握生杀大权，如果直接怒骂，只能是"引颈以承戈，披襟而受矢"，引来杀身大祸。而且，从美学的角度来说，直接怒骂的方式很容易导致只顾骂得痛快，而完全忽视文章的审美价值，毫无美感，不能成为好的作品。苏轼虽然是中国古代文学的巅峰，但他的很多诗过于喜欢大发议论，反而没多大价值。这种以议论为诗的文风，也一直为后世诟病。

　　其二，文章要有"法度"。苏轼论文主自然，讲究意到笔随，要求文章如行云流水，但这种境界一般人很难做到。黄庭坚则不同，他论文讲究"法度"，强调谋篇布局。对初学诗文者来说，黄庭坚的"法度"很容易指引他们如何学习写作，因而黄庭坚的文论在后代影响深远。

要想做到文章有"法度"，首先需要多读书。黄庭坚在《扬子建通神论序》中说："文章之工难矣。而有左氏、庄周、董仲舒、司马迁、相如、刘向、扬雄、韩愈、柳宗元及今世欧阳修、曾巩、苏轼、秦观之作，篇籍具在，法度灿然，可讲而学也。"前面讲过苏洵主张多读书，但苏洵所学之书乃"《论语》《孟子》、韩子及其他圣人贤人之文"，并没有详细列出还有哪些书该读。黄庭坚也讲读书，他在这篇文章中一一列出要读的书目，如老师教学生一般仔细。对于初学者来说，只需按图索骥，将这些书目一一读完，仔细揣摩，必然对文章之"法度"有所认识。学文如此，学诗也如此。黄庭坚在《与徐师川书》中说："诗正欲如此作。其未至者，探经术未深，读老杜、李白、韩退之诗不熟耳。"只要熟读古人佳作，揣摩其谋篇布局，自然慢慢懂得"法度"。黄庭坚论诗宗杜甫，因而强调要熟读杜甫诗歌，尤其是杜甫到夔州后的诗。其《与王观复书》云："但熟读杜子美到夔州后古律诗，便得句法简易，而大巧出焉。平淡而山高水深，似欲不可企及，文章成就，更无斧凿痕，乃为佳作耳。"黄庭坚能被"江西诗派"奉为开山祖师，很重要的原因在于他时刻不忘教导后辈如何写作诗文，并且教得十分仔细。

熟读佳作之后，在写作的时候还要注意"句法""句眼"等具体的谋篇布局的技巧。"江西诗派"诗人王直方《直方诗话》引黄庭坚语说："作诗如作杂剧，初时布置，临了须打一诨了，方是出场。"黄庭坚弟子范温《潜溪诗眼》云："山谷言文章必谨布置，每见后学，多告以《原道》命意曲折。"范温揣摩黄庭坚的"法度"，并列举杜甫《赠韦见素》诗详细分析其谋篇布局，最后说："此诗前贤录为压卷，盖布置最得正体，如官府甲第厅堂房屋，各有定处，不可乱也。"从王直方、范温二人学习黄庭坚"法度"说的经历来看，黄庭坚之"法度"，讲的是谋篇布局谨严，如杂剧讲究按规定的时间进场、按规定的时间插科打诨，又如官府衙门的布局，房屋的朝向、厅堂等具体结构的布置，它们都有严格的规定，不能乱套。具体到作品内部而言，则要讲究"句法""句眼"。黄庭坚《题韦偃马》云："一洗万古凡马空，句法如此今谁工？""一洗万古凡马空"出自杜甫《丹青引》，黄庭坚认为此句可以作为"句法"精工的榜样。他在《黄氏二室墓志》中也说："庭坚之诗，卒从谢公得句法。"可见，黄庭坚所谓"句法"，讲的是遣词造句的过程。其"法度"不仅要讲作品的整体布局，还要注重对具体词句的锤炼。

其三，"点铁成金"与"夺胎换骨"。黄庭坚论文主张多读书，在创作中学习前人文章之"法度"。不仅如此，他还在具体创作手法上提倡"点铁成金"与"夺胎换骨"，将前人的文章化入自己的作品中。"点铁成金"出自黄庭坚《答洪驹父书》："自作语最难，老杜作诗，退之作文，无一字无来处，盖后人读书少，故谓韩、杜自作此语耳。古之能为文章者，真能陶冶万物，虽取古人之陈言入于翰墨，如灵丹一粒，点铁成金也。""夺胎换骨"则为他人撰述。宋僧惠洪《冷斋夜话》记载，"山谷言：诗意无穷而人之才有限，以有限之才追无穷之意，虽渊明、少陵不得工也。然不易其意而造其语，谓之换骨法；窥入其意而形容之，谓之夺胎法。"无论是"点铁成金"还是"夺胎换骨"，讲的都是如何化用前人的作品。创新并不是一件容易事，尤其处处创新，更是难上加难。不管是文学艺术，还是发明创造，都要在前人的基础上创新，凭空冒出新的想法是很少见的。因而，如何在前人的基础上创新，就是一个极其重要的问题。黄庭坚看到了创新的困难，他认为即使是杜甫、韩愈这样的大文豪，作品中都充满了前人的东西。他主张将前人的语词化入自己的作品中，这就是"点铁成金"。而"夺胎换骨"则偏重于吸收前人作品中好的意境。黄庭坚以为，不仅自己创造语言很困难，而且想要创造新的意境也不是一件容易事。因而，完全借用前人好的意境而去掉前人的语言，用自己的语言来表达，就能达到脱胎换骨的效果。

黄庭坚的"点铁成金"与"夺胎换骨"被"江西诗派"奉为圭臬，但在后代常遭人诟病。金人王若虚《滹南诗话》云："鲁直论诗有'夺胎换骨''点铁成金'之喻，世以为名言，以予观之，特剽窃之黠者耳。"这一说法虽然偏激，但也在一定程度上揭示出黄庭坚"点铁成金"与"夺胎换骨"的缺陷。"点铁成金"与"夺胎换骨"确实是学习前人的一种有效方式，但其最终目的应该是融会贯通，从而创造出属于自己的语言和意境，形成自己的独特风格。如果不能做到这点，只注意在语词等表面形式上吸收前人的作品，就变成了纯粹的文字游戏与学问炫耀，没有多大意义。黄庭坚本身的创作既有"点铁成金""夺胎换骨"之后的优秀作品，也有不少一味以学问为诗的作品。而"江西诗派"在学习这一做法的时候，更是暴露出剽窃的弊病。

虽然黄庭坚并没有开山立派的想法，但由于他喜欢教导后辈写作，并提出了很多切实可行的学习方法，因而很快在周围聚集了一大批后进文人。到了南宋，师法黄庭坚的文人公开打出"江西诗派"的旗号，由此形成了宋代文学史上影响最大的一个文学流派。

【思考题】

1. 宋初古文运动兴起的原因是什么？
2. 柳开与王禹偁是宋初古文运动的代表人物，他们的文道观有何分别？
3. 欧阳修的主要文论观点有哪些？
4. 古文运动为什么会在欧阳修的时代取得成功？
5. 苏轼的主要文论观点有哪些？
6. 黄庭坚主要提出了哪些文论观点？

第九章 《沧浪诗话》与南宋文论

第一节 经典文本阅读

【原典阅读】

一、岁寒堂诗话（节选）（张戒）

建安、陶、阮以前①，诗专以言志；潘、陆以后，诗专以咏物；兼而有之者，李、杜也。言志乃诗人之本意，咏物特诗人之余事。古诗苏李曹刘陶阮本不期于咏物②，而咏物之工，卓然天成，不可复及。其情真，其味长，其气胜，视《三百篇》几于无愧，凡以得诗人之本意也。潘、陆以后，专意咏物，雕镌刻镂之工日以增，而诗人之本旨扫地尽矣。谢康乐"池塘生春草"，颜延之"明月照积雪"③，谢玄晖"澄江静如练"④，江文通"日暮碧云合"⑤，王籍"鸟鸣山更幽"⑥，谢贞"风定花犹落"⑦，柳恽"亭皋木叶下"⑧，何逊"夜雨滴空阶"⑨，就其一篇之中，稍免雕镌，粗足意味，便称佳句，然比之陶、阮以前苏、李、古诗、曹、刘之作，九牛一毛也。大抵句中若无意味，譬之山无烟云，春无草树，岂复可观。阮嗣宗诗，专以意胜；陶渊明诗，专以味胜；曹子建诗，专以韵胜；杜子美诗，专以气胜。然意可学也，味亦可学也，若夫韵有高下，气有强弱，则不可强矣。此韩退之之文，曹子建、杜子美之诗，后世所以莫能及也。世徒见子美诗多粗俗，不知粗俗语在诗句中最难，非粗俗，乃高古之极也。自曹、刘死至今一千年，惟子美一人能之。中间鲍照虽有此作，然仅称俊快，未至高古。元、白、张籍、王建乐府，专以道得人心中事为工，然其词浅近，其气卑弱。至于卢仝，遂有"不唧溜钝汉""七碗吃不得"之句⑩，乃信口乱道，不足言诗也。近世苏、黄亦喜用俗语，然时用之亦颇安排勉强，不能如子美胸襟流出也。子美之诗，颜鲁公之书，雄姿杰出，千古独步，可仰而不可及耳。

国朝诸人诗为一等⑪，唐人诗为一等，六朝诗为一等，陶、阮、建安七子、两汉为一等，《风》《骚》为一等，学者须以次参究，盈科而后进可也⑫。黄鲁直自言学杜子美，子瞻自言学陶渊明，二人好恶，已自不同。鲁直学子美，但得其格律耳；子瞻则又专称渊明，且曰"曹、刘、鲍、谢、李、杜诸子皆不及也"，夫鲍、谢不及则有之，若子建、李、杜之诗，亦何愧于渊明？即渊明之诗，妙在有味耳，而子建诗，微婉之情、洒落之韵、抑扬顿挫之气，固不可以优劣论也。古今诗人推陈王及古诗第一⑬，此乃不易之论。至于李、杜，尤不可轻议。欧阳公喜太白诗，乃称其"清风明月不用一钱买，玉山自倒非人推"之句⑭。此等句虽奇逸，然在太白诗中，特其浅浅者。鲁直云"太白诗与汉魏乐府争衡"，此语乃真知太白者。王介甫云："白诗多说妇人，识见污下。"⑮介甫之论过矣。孔子删诗三百五篇，说妇人者过半，岂可亦谓之识见污下耶？元微之尝谓自诗人以来，未有如子美者，而复以太白为不及⑯。故退之云："不知群儿愚，那用故谤伤。"⑰退之于李、杜但极口推尊，而未尝优劣，此乃公论也。子美诗奄有古今⑱，学者能识国风骚人之旨，然后知子美用意处，识汉魏诗，然后知子美遣词处。至于"掩颜、谢之孤高，杂徐、庾之流丽"⑲，在子美不足道耳。欧阳公诗学退之，又学李太白；王介甫诗，山谷以为学三谢⑳；苏子瞻学刘梦得㉑，学白乐天、太白，晚而学渊明；鲁直自言学子美。人才高下，固有分限，然亦在所习，不可不谨，其始也学之，其终也岂能过之。屋下架屋，愈见其小，后有作者出，必欲与李、杜争衡，当复从汉魏诗中出尔。

诗以用事为博，始于颜光禄而极于杜子美㉒。以押韵为工，始于韩退之而极于苏、黄。然诗者，志之所之也。情动于中而形于言，岂专意于咏物哉？子建"明月照高楼，流光正徘徊"，本以言妇人清夜独居愁思之切，非以咏月也，而后人咏月之句，虽极其工巧，终莫能及。渊明"狗吠深巷中，鸡鸣桑树颠"㉓，本以言郊居闲适之趣，非以咏田园，而后人咏田园之句，虽极其工巧，终莫能及。故曰"言之不足，故长言之。长言之不足，故咏叹之。咏叹之不足，故不知手之舞之，足之蹈之。"㉔后人所谓"含不尽之意"者此也㉕，用事押韵，何足道哉！苏、黄用事押韵之工，至矣尽矣，然究其实，乃诗人中一害，使后生只知用事押韵之为诗，而不知咏物之为工，言志之为本也，风雅自此扫地矣。

……

《国风》《离骚》固不论，自汉魏以来，诗妙于子建，成于李、杜，而坏于苏、黄。余之此论，固未易为俗人言也。子瞻以议论作诗，鲁直又专以补缀奇字，学者未得其所长，而先得其所短，诗人之意扫地矣。段师教康昆仑琵琶，且遣不近乐器十余年，忘其故态㉖，学诗亦然。苏、黄习气净尽，始可以论唐人诗。唐人声律习气净尽，始可以论六朝诗。镂刻之习气净尽，始可以论曹、刘、李、杜诗。《诗序》云："情动于中而形于言；言之不足，故嗟叹之。"子建、李、杜皆情意有余，汹涌而后发者也。刘勰云："因情造文，不为文造情。"㉗若他人之诗，皆为文造情耳。沈约云："相如工为形似之言，二班长于情理之说。"刘勰云："情在词外曰隐，状溢目前曰秀。"㉘梅圣俞云："含不尽之意见于言外，状难写之景如在目前。"三人之论，其实一也。

（选自郭绍虞：《沧浪诗话校释》，北京，人民文学出版社，1961）

① 陶、阮：指东晋大诗人陶渊明。阮：指诗人阮籍。

② 苏李：汉代诗人苏武与李陵以五言诗齐名，并称"苏李"。曹刘：指建安诗人曹植与刘桢。陶阮：指东晋诗人陶渊明与三国魏诗人阮籍。

③ 颜延之：南朝宋诗人，与谢灵运齐名，世称"颜谢"。"明月照积雪"，实际上是谢灵运《岁暮》中的诗句，这里当是作者的笔误。

④ 谢玄晖：即谢朓，南朝齐诗人，字玄晖，与谢灵运齐名，世称"小谢"。"澄江静如练"，是谢朓《晚登三山还望京邑》中的名句。

⑤ 江文通：即江淹，南朝梁诗人，字文通。"日暮碧云合"，是江淹《杂体·休上人怨别》中的诗句。

⑥ 王籍：字文海，南朝梁诗人。"鸟鸣山更幽"，王籍《入若耶溪》中的诗句。

⑦ 谢贞：字元正，南朝陈诗人。"风定花犹落"，谢贞《春日闲居》中的诗句。

⑧ 柳恽：字文畅，南朝梁诗人。"亭皋木叶下"，柳恽《捣衣诗》中的诗句。

⑨ 何逊：字仲言，南朝梁诗人。"夜雨滴空阶"，何逊《临行与故游夜别》中的诗句。

⑩ "不唧溜钝汉"：卢仝《扬州送伯龄过江》中诗句。"七碗吃不得"：卢仝《走笔谢孟谏议寄新茶》中诗句。

⑪ 国朝诸人：指宋朝诗人。

⑫ 盈科而后进：指水注满坑注之后继续前进。这里指对宋诗、唐诗、建安与汉代诗以及《诗经》《离骚》依次参详。盈科：水注满坑注。

⑬ 陈王：即曹植，曾被封为陈王。

⑭ 清风明月不用一钱买，玉山自倒非人推：出自李白《襄阳歌》。

⑮ 白诗多说妇人，识见污下：《苕溪渔隐丛话前集》卷六引《钟山语录》云："荆公次第四家诗以李白最下，俗人多疑之。公曰：'白诗近俗，人易悦故也。白识见污下，十首九说妇人与酒，然其才豪俊，亦可取也。'"王介甫：即王安石，字介甫。

⑯ 元微之尝谓自诗人以来，未有如子美者，而复以太白为不及：元稹在《唐故工部员外郎杜君墓志铭》中云："则诗人以来，未有如子美者……则李尚不能历其藩翰，况堂奥乎？"其认为李白不及杜甫。元微之：即元稹，字微之。

⑰ 不知群儿愚，那用故谤伤：出自韩愈《调张籍》。

⑱ 奄：覆盖、包括。

⑲ 掩颜、谢之孤高，杂徐、庾之流丽：出自元稹《唐故工部员外郎杜君墓志铭》。颜谢，指颜延之与谢灵运。徐、庾：南朝陈诗人徐陵与北周诗人庾信的合称。

⑳ 三谢：指谢灵运、谢惠连与谢朓。

㉑ 刘梦得：即唐朝诗人刘禹锡，字梦得。

㉒ 颜光禄：即颜延之，曾为金紫光禄大夫。

㉓ "狗吠深巷中，鸡鸣桑树颠"，陶渊明《归田园居》中的诗句。

㉔ 言之不足，故长言之。长言之不足，故咏叹之。咏叹之不足，故不知手之舞之，足之蹈之：出自《礼记·乐记》。

㉕ 含不尽之意：出自欧阳修《六一诗话》："圣谕尝语余曰：'……必能状难写之景如在目前，含不尽之意见于言外，然后为至也。'"

㉖ 段师教康昆仑琵琶，且遣不近乐器十余年，忘其故态：参见唐段安节《乐府杂记》。唐德宗令段善本教康昆仑琵琶，段善本奏曰："且遣昆仑不近乐器十余年，使忘其本领，然后可教。"后来康昆仑果然尽得段善本之绝艺。

㉗ 因情造文，不为文造情：出自刘勰《文心雕龙·情采》。

㉘ 情在词外曰隐，状溢目前曰秀：此句应为依刘勰《文心雕龙·隐秀》文意而成，并非佚文。

二、沧浪诗话·诗辨 （严羽）

夫学诗者以识为主：入门须正，立志须高；以汉魏晋盛唐为师，不作开元天宝以下人物。若自退屈①，即有下劣诗魔入其肺腑之间；由立志之不高也。行有未至，可加工力②；路头一差，愈骛愈远③；由入门之不正也。故曰，学其上，仅得其中；学其中，斯为下矣。又曰，见过于师，仅堪传授；见与师齐，减师半德也④。工夫须从上做下，不可从下做上。先须熟读《楚辞》，朝夕讽咏以为之本；及读《古诗十九首》，乐府四篇⑤，李陵苏武汉魏五言皆须熟读，即以李杜二集枕藉观之，如今人之治经，然后博取盛唐名家，酝酿胸中，久之自然悟入。虽学之不至，亦不失正路。此乃是从顶颗上做来⑥，谓之向上一路⑦，谓之直截根源⑧，谓之顿门⑨，谓之单刀直入也。

诗之法有五：曰体制，曰格力，曰气象，曰兴趣，曰音节⑩。

诗之品有九：曰高，曰古，曰深，曰远，曰长，曰雄浑，曰飘逸，曰悲壮，曰凄婉。其用工有三：曰起结⑪，曰句法，曰字眼。其大概有二：曰优游不迫，曰沉着痛快。诗之极致有一，曰入神。诗而入神，至矣，尽矣，蔑以加矣⑫！惟李杜得之。他人得之盖寡也。

禅家者流，乘有小大⑬，宗有南北⑭，道有邪正。学者须从最上乘，具正法眼⑮，悟第一义⑯，若小乘禅，声闻辟支果⑰，皆非正也。论诗如论禅：汉魏晋与盛唐之诗，则第一义也。大历以还之诗⑱，则小乘禅也，已落第二义矣。晚唐之诗，则声闻辟支果也。学汉魏晋与盛唐诗者，临济下也⑲。学大历以还之诗者，曹洞下也⑳。大抵禅道惟在妙悟，诗道亦在妙悟，且孟襄阳学力下韩退之远甚㉑，而其诗独出退之上者，一味妙悟故也。惟悟乃为当行，乃为本色。然悟有浅深，有分限，有透彻之悟，有但得一知半解之悟。汉魏尚矣，不假悟也㉒。谢灵运至盛唐诸公，透彻之悟也；他虽有悟者，皆非第一义也。吾评之非僭也，辩之非妄也。天下有可废之人，无可废之言。诗道如是也。若以为不然，则是见诗之不广，参诗之不熟耳。试取汉魏之诗而熟参之，次取晋宋之诗而熟参之，次取南北朝之诗而熟参之，次取沈宋王杨卢骆陈拾遗之诗而熟参之㉓，次取开元天宝诸家之诗而熟参之，次独取李、杜二公之诗而熟参之，又取大历十才子之诗而熟参之㉔，又取元和之诗而熟参之㉕，又取晚唐诸家之诗而熟参之，又取本朝苏黄以下诸公之诗而熟参之，其真是非亦有不能隐者。倘犹于此而无见焉㉖，则是野狐外道㉗，蒙蔽其真识，不可救药，终不悟也。

夫诗有别材，非关书也；诗有别趣，非关理也。然非多读书，多穷理，则不能极其至，所谓不涉理路，不落言筌者㉘，上也。诗者，吟咏情性也。盛唐诸人惟在兴趣，羚羊挂角㉙，无迹可求。故其妙处透彻玲珑，不可凑泊㉚，如空中之音，相中之色，水中之月，镜中之象，言有尽而意无穷。近代诸公乃作奇特解会，遂以文字为诗，以才学为诗。以议论为诗。夫岂不工，终非古人之诗也。盖于一唱三叹之音，有所歉焉。且其作多务使事，不问兴致；用字必有来历，押韵必有出处，读之反覆终篇，不知着到何在。其末流甚者，叫噪怒张，殊乖忠厚之风，殆以骂詈为诗㉛。诗而至此，可谓一厄也。然则近代之诗无取乎？曰：有之，吾取其合于古人者而已。国初之诗尚沿袭唐人：王黄州学白乐天，杨文公刘中山学李商隐㉜，盛文肃学韦苏州㉝，欧阳公学韩退之古诗，梅圣俞学唐人平澹处。至东坡山谷始自出己意以为诗，唐人之风变矣。山谷用工尤为深刻，其后法席盛行㉞，海内称为江西宗派。近世赵紫芝翁灵舒辈㉟，独喜贾岛姚合之诗，稍稍复就清苦之风；江湖诗人多效其体㊱，一时自谓之唐宗；不知止入声闻辟支之果，岂盛唐诸公大乘正法眼者哉㊲！嗟乎！正法眼之无传久矣！唐诗之说未唱，唐诗之道或有时而明也。今既唱其体曰唐诗矣，则学者谓唐诗诚止于是耳，得非诗道之重不幸邪！故予不自量度，辄定诗之宗旨，且借禅以为喻，推原汉魏以来，而截然谓当以盛唐为法，虽获罪于世之君子，不辞也。

（选自郭绍虞：《沧浪诗话校释》，北京，人民文学出版社，1961）

① 若自退屈：意思是，如果自己退缩、屈服。退屈：退缩、屈服。

② 行有未至，可加工力：意思是行路没有到达目的地，可以再多加工夫和精力。工力：工夫和精力。

③ 路头一差，愈骛愈远：行路的方向错了，则越努力离目的地越远。骛：急跑。

④ 见过于师，仅堪传授；见与师齐，减师半德也：此句出自《五灯会元》卷三引怀海禅师语。意思是，（弟子）见识超过老师，仅仅可以传授；见识与老师一样，则减掉老师一半的功德。

⑤ 乐府四篇：《文选》乐府一类有《乐府四首古辞》，包括《饮马长城窟行》《君子行》《伤歌行》《长歌行》。

⑥ 顶颡：头部。

⑦ 向上一路：佛家用语，指不可思议的彻悟境界。

⑧ 直截根源：佛家用语，意思是直接把握根源。

⑨ 顿门：佛家用语，指顿悟法门。

⑩ "诗之法有五"句：此句解释可参考陶明濬《诗说杂记》卷七："此盖以诗章与人身体相为比拟，一有所阙，则倚魁不全。体制如人之体干，必须佼壮；格力如人之筋骨，必须劲健；如人之仪容，必须庄重；兴趣如人之精神，必须活泼；音节如人之言语，必须清朗。五者既备，然后可以为人。亦惟备五者之长，而后可以为诗。"

⑪ 起结：即开头、结尾。

⑫ 蔑：无、没有。

⑬ 乘有小大：佛经有大乘与小乘两种。

⑭ 宗有南北：禅宗从五祖以后分为南北二宗，南宗乃六祖慧能所创，北宗则是五祖大弟子神秀所创。

⑮ 正法眼：佛家用语，指释迦牟尼的佛法。《五灯会元》卷一云："世尊在灵山会上拈花示众，是时众皆默然，惟伽叶尊者破颜微笑。世尊曰，吾有正法眼藏付嘱摩诃伽叶。"

⑯ 第一义：佛家用语，指至高至深的义理。

⑰ 声闻辟支果：佛家有三乘：菩萨乘，辟支乘，声闻乘。菩萨乘普度众生，故为大乘；辟支、声闻二乘仅求自度，故为小乘。

⑱ 大历以还：指的是中唐。大历：唐代宗年号。

⑲ 临济：临济宗。慧能以后，南宗分为南岳怀让、青原行思两系。前者后来分为沩仰、临济两派；后者分为曹洞、云门、法眼三派，世称五家。临济之下又有黄龙、杨岐两派，合称五家七宗。

⑳ 曹洞：曹洞宗。临济宗与曹洞宗并无高下之分，作者可能是从二宗传播的影响而言。临济之下又有两派，影响比曹洞要大。

㉑ 孟襄阳：即孟浩然，襄州襄阳人，世称"孟襄阳"。韩退之：即韩愈，字退之。

㉒ 汉魏尚矣，不假悟也：此句意思可参考许学夷《诗源辨体》，卷十七："汉魏天成，本不假悟。"

㉓ 沈宋：唐初诗人沈佺期、宋之问。王、杨、卢、骆：指初唐四杰，王勃、杨炯、卢照邻与骆宾王。陈拾遗：指陈子昂，曾任右拾遗，故名。

㉔ 大历十才子：指的是唐大历年间的十位诗人。《新唐书·卢纶传》云："纶与吉中孚、韩翃、钱起、司空曙、苗发、崔峒、耿沣、夏侯审、李端，皆能诗，齐名，号大历十才子。"

㉕ 元和：唐宪宗年号。

㉖ 倘犹于此而无见焉：意思是，倘若这样还不能有所见地。倘，倘若、假如。

㉗ 野狐外道：佛家语，指外道异端。

㉘ 不落言筌：指语言运用不留痕迹。

㉙ 羚羊挂角：传说羚羊晚上睡觉，角挂在树上，脚不着地，从而使别的野兽无法伤害它。这里比喻诗文卓绝，无迹可求。

㉚ 凑泊：凝合、聚结。

㉛ 殆以骂詈为诗：意思是，几乎以叫骂为诗。殆：近于、几乎。詈：骂。

㉜ 杨文公：杨亿，谥号"文"。刘中山：刘筠，中山人。

㉝ 盛文肃：宋初诗人盛度，谥号"文肃"。韦苏州：唐代诗人韦应物，曾为苏州刺史。

㉞ 法席：佛家用语，指讲解佛法的坐席，也泛指讲解佛法的场所。

㉟ 赵紫芝：赵师秀，字紫芝，号灵秀。翁灵舒：翁卷，字续古，号灵舒。二人均是"永嘉四灵"之一。

㊱ 江湖诗人：指南宋末年的一批布衣诗人，以戴复古为代表，当时钱塘书商陈起与这些江湖诗人友善，将他们的诗歌以《江湖集》《江湖前集》《江湖后集》等名义刊行，故世称江湖诗人。

㊲ 不知止入声闻辟支之果，岂盛唐诸公大乘正法眼者哉：意思是，不知只是入了声闻、辟支这样的小乘，难道是盛唐诸公那样的大乘境界吗？显然，在作者看来，江西诗派、永嘉四灵、江湖诗人都只是小道，盛唐诗歌才是正宗。

【作者简介】

张戒，《宋史》无传，《宋史·赵鼎传》曾出现其名。据《三朝北盟汇编》所记，张戒，字定复，具体生卒年不详。李心传《建炎以来系年要录》对张戒生平有一些记载，可以据此对张戒生平做一个简单梳理。

张戒，河东绛州正平（今山西新绛县）人，北宋徽宗宣和末年（1125）进士及第。南宋高宗绍兴五年（1135），在赵鼎的推荐下，张戒深得高宗赏识，任左承奉郎，第二年擢升为秘书郎。绍兴七年改外任，提举福建路茶事。第二年回朝，任尚书兵部员外郎守监察御史，对当时的议和发表了很多意见。不久，张戒受到诬陷，高宗开始逐渐疏远他，除为司农少卿。后来，主战派赵鼎罢相，张戒上书为其辩护，惹怒朝廷，被贬知泉州。绍兴十二年，张戒受到弹劾，罢左承事郎。绍兴二十七年，官左宣教郎，主管台州崇道观。张戒的晚年经历，史书未曾记载。

张戒在政治上的主张与赵鼎、岳飞等人是一致的，其极力主张对金开战，反对议和。因而，在主战派当政之时，张戒的仕途一帆风顺。然而，随着南宋朝廷逐渐走上议和之路，主战派被赶出朝廷，张戒也随之被贬，仕途屡遭打击。从其一生来看，张戒是一个爱国爱民、正直而立场坚定的政治家。

张戒没有诗歌作品流传下来，其文学成就不得而知。但据其《岁寒堂诗话》所载，可知其与江西诗派作家交往频繁，对江西诗派及宋代文学的认识十分深刻。张戒《岁寒堂诗话》在宋诗话中地位重要，极富埋论价值，对后代影响不小。

严羽，字仪卿，一字丹邱，自号沧浪逋客，邵武（今属福建）人。《宋史》无传，生卒年不详。据其诗推断，其活动于南宋理宗与度宗在位期间。严羽一生隐居不仕，但对时事极为关心，其诗歌对当时的国家大事多有涉及，充分表达了对面临元军入侵、国势处于风雨飘摇中的南宋朝廷的关注与忧虑。严羽有不少诗歌流传下来，在当时也颇有诗名，与严仁、严参齐名，号称"三严"，又与严肃、严参等八人齐名，号称"九严"。严羽虽然一直隐居不仕，但交游广泛，与当时文人尤其是江湖诗人关系密切，深得戴复古等名士赞赏。戴复古写诗赞赏严羽"飘零忧国杜陵老，感遇伤时陈子昂"，将其比之杜甫、陈子昂，可见评价之高。

严羽诗集名《沧浪先生吟卷》，共收入其古、近体诗 146 首。《四库全书总目》评价其诗云："志在天宝以前，而格实不能超大历之上。"严羽的诗歌成就并不高，但其诗论在宋代独树一帜，其所著《沧浪诗话》以完整的理论体系成为中国古代诗学体系中的重要作品。

【文本解读】

一、《岁寒堂诗话》选段解读

张戒受儒家传统影响很深，其《岁寒堂诗话》正是有感于孔子思想而得名。《论语·子罕》记载孔子名言："岁寒，然后知松柏之后凋也。"虽然天寒地冻，松柏仍旧傲然挺立。张戒以"岁寒"为堂名，正表明自己的爱国决心与高洁人格。其诗话也以儒家传统诗学思想为旨归。《岁寒堂诗话》思想丰富，具有较高的理论价值，是宋代诗话中的佳作，历来为人称道。清代潘德舆《养一斋诗话》说："吾于宋人诗话，严羽以外，祗服张戒《岁寒堂诗话》为中的。"清人张宗泰在《跋岁寒堂诗话》中也说："戒名不甚著，诗亦不多见，而其持论，乃远出诸家评诗者之上。"大概而言，《岁寒堂诗话》有以下几点值得注意。

（一）"言志乃诗人之本意"

"诗言志"是中国古代源远流长的诗学命题，也是儒家诗学的核心观念之一。早在先秦，"诗言志"的说法就已经出现。《尚书·尧典》中说："诗言志，歌永言，声依永，律和声。"《庄子·天下篇》也说："《诗》以道志，《书》以道事，《礼》以道行，《乐》以道和，《易》以道阴阳，《春秋》以道名分。"《左传·襄公二十七年》也有"诗以言志"的说法。不过，先秦时期"诗言志"这一提法还没有固定的内涵。《左传》所说"诗以言志"，乃是针对赋诗与引诗而言的，是说赋诗者引用《诗经》的话来表达自己的思想、抱负。《庄子》所谓"《诗》以道志"，乃是说《诗经》道诗人的志向。《尚书》"诗言志"并非针对《诗经》，而是说诗歌表达诗人的志向。应该说，先秦时期的"诗言志"，还偏重于诗歌表达政治抱负，而少有涉及个人情感。到了汉代，"诗言志"这一命题基本固定下来。《毛诗序》说："诗者，志之所之也，在心为志，发言为诗，情动于中而形于言。"这是"诗言志"最经典的解释。在这里，"志"泛指诗人内心的活动，既包括政治志向，也包括个人情感。到了后代，随着对个人情感的重视，"诗言志"逐渐分化成两个对立的命题——"诗言志"与"诗缘情"。前者强调诗歌的教化功能，要求诗歌表达诗人的政治志向；后者则强调诗歌表达情感的功能，要求诗歌表达诗人的情感。这两大理论派别对中国古代诗学影响十分深远。

　　张戒在《岁寒堂诗话》中再次重申"诗言志"这一命题。他说："言志乃诗人之本意，咏物特诗人之余事。"这里的"诗言志"显然承袭《毛诗序》而来，所言之志既包括政治志向，也包含个人情感。因为张戒将"言志"与"咏物"相对。"咏物"是对外在事物的描绘，"言志"则是对诗人内心活动的表达。张戒强调"言志"并非一味反对"咏物"，他反对的是那种专门咏物之作。在他看来，潘、陆以后的咏物诗，将全部注意力都放在描绘外在事物上，讲究"雕镌刻镂之工"，完全沉浸于诗歌的形式上，毫无思想内容。张戒以为，这种咏物诗完全丧失了古诗的优秀传统，虽有佳句，但无意味，就好像山中没有云雾，春天没有草和树一样，没有欣赏的价值。他强调"言志乃诗人之本意"，要求诗人回归本意，重视诗歌的思想内容。

　　（二）论诗讲求"意""味""韵""气"

　　为了反对一味"雕镌刻镂"的咏物诗，张戒提出诗歌要达到"意""味""韵""气"四个方面。这四个方面都达到了，诗歌就能千古独步，臻于登峰造极之境界。所谓"意""味""韵""气"，张戒并未提出明确的定义，但从其所举诗人例子来看，依然可知大概。他说："阮嗣宗诗，专以意胜；陶渊明诗，专以味胜；曹子建诗，专以韵胜；杜子美诗，专以气胜。"阮籍诗以蕴藉深长、思想隐晦曲折著称，张戒称其"专以意胜"，显然这里的"意"主要指的是诗歌的思想内容。陶渊明是田园诗人，其诗以平淡静穆著称，然平淡中有无穷韵味，张戒称其"专以味胜"，则这里的"味"偏重诗歌的艺术感染力，要求诗歌余味无穷。曹植诗歌感情深厚，形式优美，张戒称其"专以韵胜"，则"韵"偏重指内容与形式结合的整体美。杜甫诗歌以沉郁顿挫著称，张戒称其"专以气胜"，则"气"偏重指诗歌呈现出来的气势。在张戒那里，"意""味""韵""气"是有高下之分的。所谓"意可学也，味亦可学也，若夫韵有高下，气有强弱，则不可强矣"，这表明"意""味"是外在的，可以学到；而"韵""气"则是诗人天生具备，不能勉强学到的。这也表明，作者认为最好的诗歌非天才不能作。

　　（三）学诗要谨慎选择师法对象

　　此外，张戒提出，学诗要选择师法对象，学习第一流的诗人，才能写出好诗。他将前代诗人分为几等，要求学者依次参详："国朝诸人诗为一等，唐人诗为一等，六朝诗为一等，陶、阮、建安七子、两汉为一等，《风》《骚》为一等，学者须以次参究，盈科而后进可也。"在张戒那里，各朝诗歌是有高下之分的：《风》《骚》是最上等；陶、阮、建安七子、两汉诗歌次之；六朝诗歌再次之；唐人诗歌比六朝又低一等；宋人诗歌最低等。其中的原因很简单：越是后来的诗歌雕琢气息越浓，少了自然之妙。当然，这也不能一概而论。张戒虽然认为唐人诗歌次于六朝，但唐代大诗人李白与杜甫另当别论，他们依然是第一流的诗人。因而要学习诗歌，就要选择第一流的诗人。如果学习不入流的诗人，境界只会越来越低，就像在屋子里架屋，空间越来越小。张戒说："人才高下，固有分限，然亦在所习，不可不谨，其始也学之，其终也岂能过之。"每个人的才力有高下之别，但这只是先天的方面，后天还需要进一步的锻炼，这就要靠个人的学习。他以为，对于学诗者而言，李白和杜甫这样第一流的诗人才是师法的对象，而要想超越李白和杜甫，则要学习汉魏诗人。这一点，也为后来的严羽所继承。

（四）对苏轼、黄庭坚的诗歌展开批评

张戒对前代诗人分等级，将宋代诗人列于最末，这源于其对苏轼、黄庭坚诗歌的不满。《岁寒堂诗话》秉承《毛诗序》"诗言志"的传统，宣称"言志乃诗人之本意，咏物特诗人之余事"。其对咏物诗的批评，实际上是对诗歌中"雕镌刻镂"、只重形式不重内容的风气的批评。他对苏、黄诗歌的批评，也主要集中于这一点。张戒认为，苏、黄达到了用事押韵的极致，然而，咏物尚且是"诗人之余事"，用事押韵就更不值一提。他甚至说："苏、黄用事押韵之工，至矣尽矣，然究其实，乃诗人中一害，使后生只知用事押韵之为诗，而不知咏物之为工，言志之为本也，风雅自此扫地矣。"他认为苏、黄将宋代诗风导向一种不健康的境地，使学诗者只知道用事押韵，一味地炫耀学问，而忘记了诗歌的根本。南宋初年，正是"江西诗派"盛行的时代，苏轼、黄庭坚的诗歌成为学者尊崇的对象。然而，苏、黄诗歌的短处在于："子瞻以议论作诗，鲁直又专以补缀奇字。"这也就是严羽《沧浪诗话》所说的"以议论为诗，以才学为诗"。苏、黄二人才力甚高，所作之诗尚有可观之处，但对于才力一般的学诗者来说，极易导致将注意力放在搜罗奇字妙语上，所作诗歌既不能抒发内心情感，又毫无美感。对"江西诗派"来说，这也是一大弊端。因此，张戒说："自汉魏以来，诗妙于子建，成于李、杜，而坏于苏、黄。"

二、《沧浪诗话》解读

严羽《沧浪诗话》理论体系严密。全书共分"诗辨""诗体""诗法""诗评"与"诗证"五章，最有理论价值的部分在"诗辨"一章。大概而言，《沧浪诗话·诗辨》主要提出如下几个观点。

（一）以盛唐为师

张戒在《岁寒堂诗话》中也指出，学诗要以第一流的诗人为师法对象。在他那里，诗歌按照时代不同来分高下，时代越久远，诗歌成就越高。张戒以为，诗歌越往后雕琢气息越浓，故成就也越低。严羽《沧浪诗话》也将历代诗歌分成几等，他同样要求学诗必须以最好的诗人为师。他说："先须熟读《楚辞》，朝夕讽咏，以为之本；及读《古诗十九首》，乐府四篇，李陵、苏武、汉、魏五言皆须熟读，即以李、杜二集枕藉观之，如今人之治经，然后博取盛唐名家，酝酿胸中，久之自然悟入。"这里，严羽认为前代诗歌年代越往后，成就越高，到了盛唐，诗歌达到高峰。张戒的学习方法是：先学习唐人诗歌，再往上学习魏晋，依次学习，最后达到《诗经》《离骚》的高度。严羽的学习方法正好相反：先学习《楚辞》，再学习汉朝古诗，接着是盛唐诗歌，其要达到的最高境界是盛唐诗歌。张戒虽然认为李白、杜甫是第一流的诗人，但还未将唐代诗歌摆在很高的位置。严羽则充分认识到盛唐诗歌的地位，认为其是学诗最好的师法对象。他与张戒一样，充分认识到选择学习对象的重要性。《沧浪诗话》云："入门须正，立志须高。"学诗者选择师法对象十分重要，它决定着以后的诗歌成就。选择一个好师傅，就是入了正门，否则就是"野狐外道"。严羽说："行有未至，可加工力；路头一差，愈骛愈远；由入门之不正也。"选择第一流的诗人做师傅，那就是选择了一条正确的路，只要努力，就会离终点越来越近。如果选择一个差的诗人做师傅，那就是走错了方向，越努力，离终点反而越远。正因入门太重要，所以严羽一再强调要以盛唐为师。

（二）"妙悟"说

《沧浪诗话》最著名的观点是"妙悟"说。"妙悟"一词是从禅宗那里借来的。严羽说："大抵禅道惟在妙悟，诗道亦在妙悟。"参禅与学诗，宋人一向喜欢将二者相提并论，以禅论诗，是宋人惯用的手法。严羽在《沧浪诗话》中也采用了这一方法，他不仅认为诗道与禅道在"妙悟"这一点上相通，而且认为"妙悟"乃诗之"当行""本色"，将"妙悟"提升到诗歌的根本。在严羽之前，"江西诗派"的中坚人物吕本中就已提出"悟入"说。吕本中在《童蒙诗训》中说："作文必要悟入处，悟入必自工夫中来，非侥幸可得也。如老苏之于文，鲁直之于诗，盖尽此理也。"他讲"悟入"，重在博览群书，久而久之，自然悟到作文、写诗的真谛。严羽讲"悟"，也要求熟参前代诗歌，他说："试取汉、魏之诗而熟参之，次取晋、宋之诗而熟参之，次取南北朝之诗而熟参之，次取沈、宋、王、杨、卢、骆、陈拾遗之诗而熟参之，次取开元、天宝诸家之诗而熟参之，次独取李、杜二公之诗而熟参之，又取大历十才子之诗而熟参之，又取元和之诗而熟参之，又尽取晚唐诸家之诗而熟参之，又取本朝苏、黄以下诸公之诗而熟参之，其真是非亦有不能隐者。"然而，严羽"妙悟"说与吕本中

"悟入"说并不相同。吕本中"悟入"讲究博览群书，将古书化入自己的作品中。而严羽"妙悟"虽也强调多读书，但其读书之目的并非增加知识，而是从第一流的诗歌中悟到作诗的真谛。如果按"江西诗派"的标准看，韩愈比孟浩然学问精深，其诗歌成就当然要比孟浩然诗高，但实际并不如此。严羽以为，孟浩然诗歌成就远远超过韩愈，其原因正在于孟浩然写诗靠"妙悟"，而韩愈写诗则靠学问。严羽之"妙悟"与禅宗"顿悟"还不一样。禅宗"顿悟"说的是刹那间的灵光闪现，而严羽"妙悟"说的是熟参历代诗歌之后整体认识的提升，讲的是长时间学习之后的豁然开朗。从这点上说，虽然严羽批评"江西诗派"以学问为诗，但对"江西诗派"多读书的观点还是比较认同的。

（三）"兴趣"说

严羽将盛唐诗歌放在最尊崇的地位，认为其达到了诗歌之巅峰，原因就在于盛唐诗歌揭示了诗歌艺术的真谛。而在熟参前人诗歌基础上的"妙悟"，则是把握盛唐诗歌"兴趣"的关键。所谓"兴趣"，严羽并没有明确定义，只说："盛唐诸人惟在兴趣，羚羊挂角，无迹可求。"既然如"羚羊挂角，无迹可求"，那么"兴趣"应该是诗歌作品中不可名状的一种东西。严羽又说："故其妙处，透彻玲珑，不可凑泊，如空中之音，相中之色，水中之月，镜中之象，言有尽而意无穷。"这里虽然说得比较神秘，但空中之音、相中之色、水中之月、镜中之象等，都具备若有若无、若隐若现的特征，则"兴趣"是一种深蕴于诗歌整体之中的若隐若现、空灵悠远的境界了。唐司空图《与极浦书》曾说，"戴容州云：'诗家之景，如蓝田日暖，良玉生烟，可望而不可置于眉睫之前也。'象外之象，景外之景，岂容易可谭哉？""蓝田日暖，良玉生烟"的境界，与"空中之音，相中之色，水中之月，镜中之象"一样，都是可望而不可即的状态。司空图认为诗歌的极致是"近而不浮，远而不尽"的"韵外之致""味外之旨"（《与李生论诗书》）。严羽的"兴趣"与司空图的"韵外之致""味外之旨"一脉相承。

（四）对"以议论为诗""以才学为诗"的批评

在严羽之前，张戒已经对苏轼、黄庭坚的诗歌展开批评。他在《岁寒堂诗话》中说："子瞻以议论作诗，鲁直又专以补缀奇字。"严羽对苏、黄及其后学"江西诗派"与"江湖诗人"都展开了激烈的批评。他说："近代诸公，乃作奇特解会，遂以文字为诗，以才学为诗。"宋代诗人学唐诗，却走上了"以文字为诗，以才学为诗"的道路，完全失却了盛唐诗歌的"兴趣"。严羽认为，"以议论为诗"固然在形式上达到了精工，但由于没有"兴趣"，始终不能达到"一唱三叹"的境界了。而且，宋诗讲究才学，"用字必有来历，押韵必有出处"，导致作者将注意力放在字词的雕琢上，不仅意思不明了，而且完全失去了整体的美感，更别提达到"空中之音，相中之色，水中之月，镜中之象"的境界了。"以议论为诗"的末流，甚至"以骂詈为诗"，更是对诗歌艺术的亵渎。在苏、黄的影响下，南宋出现"江西诗派"与"江湖诗人"，将"以议论为诗""以才学为诗"的传统进一步发挥，使诗歌的路子越来越狭窄，不仅对盛唐诗歌只能望其项背，更连苏、黄都远不及。因此，严羽以为，宋诗发展到"江西诗派""江湖诗人"，如禅宗中的声闻、辟支一样，离正法眼愈来愈远，诗歌之成就也就可想而知了。

第二节　相关问题概说

张戒身处南宋初期，正是"江西诗派"统治文坛的时候。"江西诗派"是宋代影响最大的诗歌流派，一直到南宋末年，还有不少诗人师法"江西诗派"。南宋文论在很大程度上与"江西诗派"密切相关。"江西诗派"的文论与反"江西诗派"的文论，共同构成南宋文论的主线。张戒的《岁寒堂诗话》与严羽的《沧浪诗话》，对"江西诗派"的弊端都有激烈的批评。而在南宋初期和中期，"江西诗派"的中坚人物吕本中、曾几、陈与义以及与"江西诗派"关系密切的陆游、杨万里，他们都意识到了"江西诗派"的弊端，并提出了一些有价值的文论主张。

一、"江西诗派"的诗文理论

"江西诗派"之名源于南宋吕本中所作《江西诗社宗派图》："至国朝文物大备，穆伯长、尹师鲁始为古文，成于欧阳氏，歌诗至于豫章始大出而力振之，后学者同作并和，尽发千古之秘，亡余蕴矣。录其名字，曰江西宗派，其源流皆出豫章也。"在这篇文章中，他列出 25 位诗人：陈师道、潘大临、谢逸、洪刍、洪炎、洪朋、饶节、僧祖可、徐俯、林敏修、汪革、李錞、韩驹、李彭、晁冲之、江端本、杨符、谢薖、夏倪、林敏功、潘大观、何觊、王直方、僧善权、高荷。吕本中认为这些诗人都师法江西黄庭坚，故称他们为"江西诗派"。其实，诗派中并非都是江西人。后来，吕本中、曾几、陈与义等人也被归入"江西诗派"。方回所著《瀛奎律髓》云："予平生持所见，以老杜为祖……宋以后山谷一也，后山二也，简斋为三，吕居仁为四，曾茶山为五，其他与茶山伯仲亦有之，此诗之正派也。"他不仅将"江西诗派"推为正宗，而且首倡"一祖三宗"说，即"江西诗派"以杜甫为祖，黄庭坚、陈师道、陈与义为宗。

大概而言，"江西诗派"的发展经历了三个阶段：一、北宋后期的创始期。这一时期黄庭坚、陈师道等人以自己的诗歌理论与诗歌创作，对宋代诗风产生很大的影响。虽然他们并未自称"江西诗派"，但他们的理论与实践已经为

"江西诗派"的形成奠定了基础。二、南宋初期的成熟期。这一时期的代表人物是陈与义、曾几与吕本中等人。这一时期不仅公开提出"江西诗派"这个名称，还整理出诗派的谱系图，并进一步完善了诗歌创作理论。由此，"江西诗派"正式以诗歌宗派的形式出现，影响巨大。三、南宋中后期的没落期。到了南宋中期，出现了尤袤、杨万里、范成大、陆游"中兴四大诗人"。这四大诗人大都受"江西诗派"影响，初期都是从"江西诗派"入门，如陆游师从曾几，其在《追怀曾文清公呈赵教授》中说"忆在茶山听说诗，亲从夜半得玄机"；杨万里在《荆溪集序》中说"予之诗，始学江西诸君子"等。但此时"江西诗派"的弊端已经暴露无遗，"中兴四大诗人"最后都突破"江西诗派"的樊篱而自成一派。到了南宋末期，虽然还有一些诗人师法"江西诗派"，但"江西诗派"已经彻底走向没落。

"江西诗派"以黄庭坚为宗，黄庭坚诗歌理论也成为"江西诗派"共同遵守的准则。大概而言，"江西诗派"比较注重诗人的个人学养，强调诗歌创作"无一字无来历"，要求在前代诗文的基础上"夺胎换骨""点铁成金"，同时，他们做诗讲究"活法"和"悟入"。就创作实绩而言，"江西诗派"除了黄庭坚、陈师道、陈与义等少数人在诗歌创作上取得杰出成就外，其余诗人成就都不大。而且，由于他们的理论主张过于注重形式与技法，并没有学到杜甫诗歌的精髓，反而对南宋诗风产生了不好的影响。金代元好问《论诗绝句》云："古雅难将子美亲，精纯全失义山真。论诗宁下涪翁拜，未作江西社里人。"不仅元好问对"江西诗派"颇有微词，在南宋更有张戒、严羽等人对"江西诗派"提出激烈批评。

由于"江西诗派"人数众多，理论特点鲜明，因而在南宋文坛影响很大。不仅"中兴四大诗人"直接从"江西诗派"入门学诗，到了南宋末期，更有不少"江湖诗人"师法"江西诗派"，可见其对南宋文学影响之深。不过，南宋初期"江西诗派"虽然阵容鼎盛，但除了陈与义，总体成就并不高，就文论而言，吕本中、曾几等人进一步发展了黄庭坚的诗文创作理论，提出了一些有价值的观点。

（一）吕本中的"活法"与"悟入"说

吕本中（1084—1145），字居仁，号紫微，世称东莱先生，寿州（今安徽寿县）人。他是北宋宰相吕公著的曾孙，以荫入仕，历任枢密院编修官、职方员外郎等职，南宋高宗绍兴六年，被召为起居舍人，赐进士出身，后擢为中书舍人。吕本中是抗战派，反对和议，因而忤逆秦桧而罢职，晚年退隐讲学。吕本中作《江西诗社宗派图》，鲜明地提出"江西诗派"之名，但并未将自己列入其中，但他实际上是"江西诗派"的中坚人物，其最著名的文论主张是"活法"与"悟入"说。

　　吕本中《夏均父集序》云："学诗当识活法。所谓活法者，规矩具备而能出于规矩之外，变化不测而亦不背于规矩也。是道也，盖有定法而无定法，无定法而有定法。知是者，则可以与语活法矣。谢元晖有言，'好诗转圆美如弹丸'，此真活法也。近世惟豫章黄公首变前作之弊，而后学者知所趋向。必精尽知左规右矩，庶几至于变化不测。"前文曾述，黄庭坚论诗文创作，讲究"法度"谨严，谋篇布局都要讲规矩，而要想达到这一点，要大量阅读前人作品，吸取前人好的语言和意境，通过"点铁成金""夺胎换骨"，化入自己的作品中。但是这种以学问为诗的方法很容易导致盲目模仿，甚至剽窃前人作品。"江西诗派"在两宋之交的时候已经出现这一弊端，严重影响了这一派别的诗文成就。吕本中为了扭转这一局面，将黄庭坚的诗文创作理论进一步向前推进，提出"活法"说。《夏均父集序》对"活法"的解释十分清楚。所谓"活法"，讲的是灵活变通的思想，要求诗文创作既要符合规矩，又不能一味被规矩、法度所束缚，这就是说，要根据诗文创作的实际情况，该讲规矩、法度的地方要符合规矩、法度，需要无拘无束的地方则要灵活变通，达到"有定法而无定法，无定法而有定法"的境界。这一说法实际上综合了苏轼、黄庭坚二人的文论主张。苏轼作文讲究行云流水，意到笔随，诗文变幻莫测。这种境界唯有天纵之才能达到，一般人限于学力、才力是无法做到随心所欲的。这种文论主张的优点是提倡自然天成，反对人工雕琢，但缺点也很明显，初学者无处着手，盲目模仿容易导致空发议论，艺术价值粗糙。黄庭坚的"法度"说让初学者很容易入手，但盲目追求法度又容易束缚创造性，没有个性。吕本中正是看到苏、黄二人文论的优劣，将两种观点优势互补，从而主张"活法"，希望达到既有法度，又能自由挥洒的境界。不过这种境界太高，"江西诗派"的诗人很难达到。

　　要想达到"活法"的境界并不容易，不仅需要大量阅读揣摩前人作品，还需要"悟入"。吕本中《童蒙诗训》说："作文必要悟入处，悟入必自工夫中来，非侥幸可得也。如老苏之于文，鲁直之于诗，盖尽此理。""悟入"这一说法源自禅宗，禅宗之悟分为渐悟和顿悟两种。顿悟是指刹那间的灵光闪现，而渐悟则指长期修炼的过程中逐渐领悟佛理。吕本中这里的"悟入"显然类似于禅宗之渐悟，讲究的是长期的工夫，必须踏踏实实，一点一滴积累，不能侥幸得来。所以他在《与曾吉甫论诗第一贴》中说："悟入之理，正在工夫勤惰间耳。"只有勤奋，方能"悟入"。其《童蒙诗训》也说："后生为学，必须严定课程，必须数年劳苦，虽道途疾病亦不可少渝也。若是未能深晓，且须广以文字，淹渍久久之间，自然成熟。"显然，在吕本中看来，"悟入"不是一件轻松的事情，必须长年坚持，即使出门在外与生病都不能有丝毫松懈。只要长期浸于前人文学作品中，逐渐"悟入"，自然便能通晓诗文之道，文学成就因此也不可限量。吕本中的"活法"与"悟入"说对后来的杨万里、严羽等人影响不小。

（二）曾几、陈与义的文论

南宋"江西诗派"的代表人物还有曾几、陈与义。曾几（1084—1166），字吉甫，自号茶山居士，赣州（今属江西）人，徙居河南洛阳，历任江西、浙西提刑、秘书少监等官。曾几论诗讲究禅悟。他在《读吕居仁旧诗有怀其人作诗寄之》一诗中说："学诗如参禅，慎勿参死句。纵横无不可，乃在欢喜处。"将学诗与参禅联系起来是宋人的习惯。曾几说的"慎勿参死句"正是针对"江西诗派"末流的弊端而发的。黄庭坚讲的"法度""点铁成金"与"夺胎换骨"，都要求多读书。但到了南宋，不少"江西诗派"的学者往往将以学问为诗发展到极致，在诗中抄袭前人语句。因而，曾几主张学诗不能太呆板，要活学活用。这一点与吕本中的"活法"观点一致，表明南宋"江西诗派"的主将对黄庭坚诗论的缺陷都有所认识，因而从各个方面进一步发展了黄庭坚的诗歌理论。"纵横无不可，乃在欢喜处"，这一句话说得比吕本中的"活法"更彻底，追求自由自在的诗歌境界。曾几的诗歌清新、平淡，其论诗也反对过于雕琢，追求平易的风格。陆游在《追怀曾文清公呈赵教授》中回忆曾几的主张说："律令合时方帖妥，工夫深处却平夷。"好的诗歌并非要流光溢彩，工夫下得越深，反而更平淡，这才是诗歌的最高境界。这种观点对陆游诗歌影响很大。

陈与义（1090—1138），字去非，号简斋，河南洛阳人，北宋徽宗政和三年登上舍甲科，授开德府教授，累迁太学博士、符宝郎，后被贬为陈留郡酒税监，南宋以后，历任礼部侍郎、翰林学士、参知政事等官。陈与义是南宋"江西诗派"成就最高的诗人。以靖康之变为分期，陈与义前期诗歌受黄庭坚、陈师道影响很深，注重锤炼与雕琢；后期诗风则归于简洁、雄浑。他从自身学诗的经历中看到黄庭坚等人诗文理论中的缺陷，对以学问为诗的观点并不认同。宋徐度《却扫编》引陈与义言论云："天下书虽不可不读，然慎不可以有意于用事。"黄庭坚论文强调读书，但喜欢以学问为诗，在诗中经常用事、用典。这一倾向被"江西诗派"的后学愈演愈烈，导致形成一味追求在诗中用事、用典的风气。陈与义也强调读书，但读书的目的并非为了在诗中炫耀学问。不仅如此，他对黄庭坚苦心追求的"法度""句法"等观点也不以为然。其《春日》诗云："朝来庭树有鸣禽，红绿扶春上远林。忽有好诗生眼底，安排句法已难寻。"自然景物本来就是一首好诗，根本不需要费尽心思去琢磨"句法"，等到绞尽脑汁去雕琢"句法"，自然景物触发的诗意早已荡然无存。因此，陈与义主张走出书斋，去接触广大的自然和社会。他在《同继祖民瞻游赋诗亭二首》中说："邂逅今朝一段奇，从来华屋不关诗。"其《寺居》也说："物象自堪供客眠，未须觅句户长扃。"好诗并不是在华屋中呆坐就可以想出的，也不是天天把自己关在屋子里就可以写出来的，诗人要走出书屋，去欣赏美丽的大自然，去感受广阔的社会，这样才能写出好诗。

可以说，吕本中、曾几、陈与义等人的文论不仅发展了黄庭坚的诗文理论，而且对"江西诗派"的弊端也进行了纠正，对后来的杨万里、陆游等中兴四大诗人都有积极的影响。

二、陆游、杨万里的诗文理论

南宋中期，文坛出现了"中兴四大诗人"。他们的创作实践和文论主张都大大突破了"江西诗派"的樊篱，使文学与当时的社会生活紧密地联系在一起，使文坛呈现出繁荣的局面，其中，陆游、杨万里的诗文理论尤其值得注意。

（一）陆游的诗文理论

陆游（1125—1210），字务观，号放翁，越州山阴（今浙江绍兴）人。绍兴二十八年（1158）任宁德县主簿，乾道六年（1170）任夔州通判，乾道八年，入四川宣抚使王炎幕府，后官至宝章阁待制。陆游是南宋著名的爱国诗人，政治上始终坚持抗金，因而在仕途上不断受到当权派的排斥，晚年退居家乡。他一生著作丰富，存诗九千多首，是我国古代存诗最多的诗人。

陆游最著名的诗文理论是"工夫在诗外"说。他在《示子遹》一诗中说："汝果欲学诗，工夫在诗外。"这一理论主张是陆游一生写诗经验的总结。他早年师从"江西诗派"的中坚人物曾几学诗，因而比较注重辞采、句律等形式的雕琢。中年时期，陆游投身军旅生涯，接触到了更广阔的世界，也让他对诗歌写作有了新的认识。他在《九月一日夜读诗稿有感走笔作歌》中对这一过程记载十分详细：

> 我昔学诗未有得，残余未免从人乞。力屠气馁心自知，妄取虚名有惭色。四十从戎驻南郑，酣宴军中夜连日。打球筑场一千步，阅马列厩三万匹。华灯纵博声满楼，宝钗艳舞光照席。琵琶弦急冰雹乱，羯鼓手匀风雨疾。诗家三昧忽见前，屈贾在眼元历历。天机云锦用在我，翦裁妙处非刀尺。世间才杰固不乏，秋毫未合天地隔。放翁老死何足论，《广陵》散绝还堪惜。

陆游将自己年轻时候学诗的经历形容为"从人乞"。"江西诗派"讲究多读书，将前人作品转化为自己的诗文，少有自己的创见，自然如同乞儿一般，须向别人伸手要东西。中年以后，陆游从军，完全离开以前的书斋生涯，投身于紧张的生活中，没有时间雕章琢句，反而诗如泉涌。这时他才意识到诗歌创作的源泉并不在书本，而是广阔的生活。当诗人全身心投入广阔的生活，自然会拥有大量的创作素材和灵感。这些是在书斋中埋头读书，苦苦思索不能比拟的。陆游主张诗人要走出书斋，投身广阔的生活。他说"村村皆画本，处处有诗才"（《舟中作》），又说"诗思出门何处无"（《病中绝句》）。生活为画家和诗人准备了取之不尽的创作素材，只要艺术家走出家门，随处都可得到素材和灵感。由此，陆游得出了文学创作的真谛："纸上得来终觉浅，绝知此事要躬行。"（《冬夜读书示子聿》）

陆游晚年写诗追求平淡自然的风格，因而对"江西诗派"的缺陷进行了反思。他对"江西诗派"追求雕琢的主张深为不满，认为"大巧谢雕琢"（《夜坐示桑甥十韵》），最美的诗绝不是雕琢而成的，而应该是"文章本天成，妙手偶得之"（《文章》）。因而他主张"诗凭写兴忘工拙"（《初晴》），诗歌应该自然写意，不事雕琢。陆游的这些文论主张对纠正"江西诗派"的诗风有不小作用。

（二）杨万里的诗文理论

杨万里（1127—1206），字廷秀，号诚斋，吉州吉水（今江西吉水县）人，绍兴二十四年（1154）中进士，历任吏部郎中、秘书监、江东转运副使等官。杨万里的诗文理论也与其诗歌创作经历密切相关。他从"江西诗派"入门学诗，后来又师法晚唐，最后终于意识到"江西诗派"与晚唐诗的不足，因而不再师法任何人，自成一派，创出"诚斋体"。他在《荆溪集序》中回忆自己的创作经历说：

> 余之诗，始学江西诸君子，既又学后山五字律，既又学半山老人七字绝句，晚乃学绝句于唐人。学之愈力，作之愈寡。戊戌三朝时节，赐告，少公事，是日即作诗，忽若有悟。于是辞谢唐人及王、陈、江西诸君子皆不敢学，而后欣如也。试令儿辈操笔，予口占数首，则浏浏焉无复前日之轧轧矣。自此，每过午，吏散庭空，即携一便面，步后园，登古城，采撷杞菊，攀翻花竹，万象毕来，献予诗材。盖麾之不去，前者未雠，而后者已迫，焕然未觉作诗之难也。

这段话说得很清楚。杨万里学"江西诗派"、王安石及晚唐，但发觉学得越刻苦，反而越作不出诗来，直到有一天偶然即兴写了一首诗，才有所领悟。因而他不再学习任何人，只是任凭胸中所想脱口而出，感觉反而比苦学前人要好很多。从这里，他领悟到诗歌写作的真谛：诗歌创作学习前人固然重要，但绝不能亦步亦趋，在前人的窠臼中走不出来。要想成为一名优秀的作家，必须跳出前人的窠臼，创作自己的诗歌。他在《跋徐恭仲省干近诗》中说："传派传宗我替羞，作家各自一风流。黄陈篱下休安脚，陶谢行前更出头。"优秀的作家都有自己的特点和自己的风格，绝不会跟在前人的后面一味模仿。

不师法前人，那应该师法什么呢？杨万里在跳出前人的窠臼之后，首先要解决这一问题，才能成为真正的大诗人。在前面所引《荆溪集序》中，杨万里已经明确说出了答案，即师法自然、面向生活。其"步后园，登古城，采撷杞菊，攀翻花竹"，正是离开书斋，投身于美丽的大自然的过程。他在采菊、攀竹的过程中，不仅身心得到放松，而且"万象毕来，献予诗材"，大自然为他提供了源源不断的素材。有了这些取之不尽的素材，他才能脱口成诗，丝毫不觉得写诗有多困难。这一点，是以前困在书斋，死守前人作品所不能得来的。因而他不仅主张跳出前人窠臼、推陈出新，而且要求作家投身于广阔的自然与生活之中。其《下横山滩头望金华山》诗云："闭门觅句非诗法，只是征行自有诗。""闭门觅句"正是"江西诗派"的典型特征。杨万里则以为"闭门觅句"不可能写出好诗，反而在路途中处处可见诗材，他强调师法自然与生活，这一点与陆游的理论主张一致。

三、宋代诗话理论

诗话在宋代十分发达，数量众多，大约有 139 部。宋代诗话的繁荣，应该说是宋代文人好议论、尚学问之风气的产物，也是宋代诗歌发展的产物。诗话的诞生及流行，是宋代文论的一大特色，最早的诗话是欧阳修的《六一诗话》。《六一诗话》，原名《诗话》，因欧阳修晚年自号"六一居士"，后人又称其为《六一诗话》《六一居士诗话》《欧公诗话》《欧阳永叔诗话》等。欧阳修的《诗话》开创了一种新的诗歌理论，在他的影响下，宋代出现了大批以"诗话"为名的著作。"诗话"原本并非专门记载诗歌理论，而是类似笔记，专门记载诗坛趣事。欧阳修自序《六一诗话》说："居士退居汝阴，而集以资闲谈也。"这里说得很清楚，欧阳修作《六一诗话》只是因为退休了，为了娱乐而将文坛趣事收集起来，以作闲谈之资，这一特点也为后来多数诗话继承。但欧阳修在记载文坛趣事时，难免对当时诗人发表评论，不乏真知灼见，理论色彩也很强，如其对苏舜钦、梅尧臣两大诗人的评价，更是精辟，成为千古不易之定论。这一点也为不少诗话继承，一些诗话更是进一步理论化，成为专门的诗歌理论著作，如张戒的《岁寒堂诗话》、严羽的《沧浪诗话》等。

诗话在南宋得到了长足的发展，现在流传下来的诗话，大部分出自南宋。南宋诗话不仅在数量上远远超过北宋，而且在理论深度上也有很大的发展。就理论深度而言，张戒的《岁寒堂诗话》、姜夔的《白石道人诗话》以及严羽的《沧浪诗话》是其中的佳作，尤其严羽的《沧浪诗话》更是以体系完整成为中国古代最重要的诗话著作之一。诗话在南宋的发达，与南宋政局不稳有关，文人很难像北宋文人那样在政治上大有作为，只好退而关注个人生活与文学创作，有更多的时间投身于文学创作与理论探讨。而且，南宋文坛盛行江西诗派，对诗歌的句法等理论方面更关注，也导致诗话著作偏重探讨诗歌理论。

宋代诗话具有较高的理论价值。其中，严羽的《沧浪诗话》代表了宋代诗话的最高水平，对后代影响深远。此外，《岁寒堂诗话》《石林诗话》及《白石道人诗说》都是宋代诗话中的佳作。

（一）《石林诗话》

《石林诗话》是北宋末期较有理论价值的诗话作品。其作者叶梦得（1077—1148），字少蕴，自号石林居士，苏州吴县（今江苏苏州）人，北宋哲宗绍圣四年（1097）进士，任丹徒尉，徽宗时官至翰林学士，南宋建立后，历任户部尚书、尚书左丞、江东安抚制置大使等官。《石林诗话》分为上、中、下三卷，全书由片段的评论构成，并没有系统的理论主张。其中有两点值得注意。

其一，推崇自然天成的艺术境界。《石林诗话》上卷评王安石律诗说："意与言会，言随意遣，浑然天成，殆不见有牵率排比处。"这里说的是言与意紧密结合成一个浑然天成的整体。中卷评谢灵运诗歌云："'池塘生春草，园柳变鸣禽。'世多不解此语为工，盖欲以奇求之耳。此语之工，正在无所用意，猝然与景相遇，借以成章，不假绳墨，故非常情所能到。诗家妙处，当须以此为根本，而思苦言难者，往往不悟。"在作者看来，诗歌的根本在于情景交融、自然天成。谢灵运的名句"池塘生春草，园柳变鸣禽"之所以高妙，并非用的是奇语，也没有任何雕琢，而是意与景猝然相遇，两者融合自然而然形成这首千古名篇。叶梦得在《石林诗话》下卷又说："诗语固忌用巧太过，然缘情体物，自有天然工妙，虽巧不见刻削之痕。"这里再次提出诗歌要达到天然工妙的境界，反对过分雕琢。叶梦得身处两宋之交，正是"江西诗派"主盟诗坛的时期，其多次强调自然天成的诗歌境界，无疑对"江西诗派"以学问为诗，刻意雕琢的诗风是一种矫正。

其二，对严羽《沧浪诗话》的影响。《石林诗话》论诗主张自然天成，反对过分雕琢，开了南宋诗话矫正"江西诗派"弊端的先河。此后，陆续有批评"江西诗派"的诗话产生，至南宋末年严羽的《沧浪诗话》对"江西诗派"的批评达到顶峰。此外，《石林诗话》善于以禅喻诗，其上卷评论杜甫诗歌说，"禅宗论云间有三种语：其一为随波逐浪句，谓随物应机，不主故常；其二为截断众流句，谓超出言外，非情识所到；其三为函盖乾坤句，谓泯然皆契，无间可伺。其浅深以是为序。余尝戏谓学子言，老杜诗亦有此三种语，但先后不同。'波漂菰米沉云黑，露冷莲房坠粉红'为函盖乾坤句；以'落花游丝白日尽，鸣鸠乳燕青春深'为随波逐流句；以'百年地僻柴门迥，五月江深草阁寒'为截断众流句。"这里借禅宗的"论云间三种语"指由浅入深的三种诗歌境界。而这种以禅境喻诗境的方法，也为后来的《沧浪诗话》继承。

（二）《白石道人诗说》

《白石道人诗说》是南宋后期较富理论价值的诗话。其作者姜夔（1155—1221），字尧章，号白石道人，饶州鄱阳（今江西鄱阳）人。姜夔一生没有做官。他精通音律，自度 17 曲传世，是南宋婉约派词人的代表。《白石道人诗说》是宋代诗话中很特别的一部诗话，没有针对前代诗人的创作发表评论，也没有举具体的诗歌作品为例，全书都是由篇幅短小的诗歌理论片段组成。姜夔以词名世，其词清空婉约、意境高远，其《白石道人诗说》也主要追求含蓄蕴藉、空灵自然、高妙悠远的艺术境界。《白石道人诗说》云，"诗有四种高妙：一曰理高妙，二曰意高妙，三曰想高妙，四曰自然高妙。碍而实通，曰理高妙；出自意外，曰意高妙；写出幽微，如清潭见底，曰想高妙；非奇非怪，剥落文采，知其妙而不知所以妙，曰自然高妙。"前面三种高妙分别指诗歌的某一因素："理高妙"说的是诗歌传达的道理；"意高妙"则讲的是诗歌出人意表，不同凡响；"想高妙"则说的是诗歌写景状物十分细腻、栩栩如生、如在眼前。最高的境界无疑"自然高妙"，这是诗歌整体形成的一种意境，看起来朴实无华，说的都是平常的道理和景物，没有任何的雕琢，却能自然天成，诗歌有一种妙不可言的味道。正因如此，姜夔推崇苏轼"言有尽而意无穷"的美学主张，强调"句中有余味，篇中有余意"。

姜夔的《白石道人诗说》受"江西诗派"的影响，讲求"活法"，对具体的谋篇布局等创作技巧十分看重。其说："学有余而约以用之，善用事者也；意有余而约以用之，善措辞者也。乍叙事而闲以理活，得活法者也。"整部《诗说》涉及很多具体的写作技巧，十分实用，因而为后世所推崇，这也与姜夔学诗的经历有关。他在《诗集自序》中说："近过梁谿见尤延之先生，问余诗自谁氏。余对以异时泛阅众作，已而病其驳如也。三熏三沐，师黄太史氏，居数年，一语噤不敢吐，始大悟学即病，顾不若无所学之得，虽黄诗亦偃然高阁矣。"这一学诗经历与杨万里很像。姜夔刚开始广泛学习前辈诗人，后来专心学习黄庭坚，最后终于悟到对前人亦步亦趋根本不能学到诗的真谛，因而不再学习前人，而是自出胸臆为诗。因而他的《诗说》虽然受到了"江西诗派"的影响，但其追求含蓄蕴藉、自然高妙的意境，已经是对"江西诗派"弊端的一种反拨。

【思考题】

1. 南宋"江西诗派"的文论观点主要有哪些？

2. 《岁寒堂诗话》提出了哪些文论主张？

3. 《沧浪诗话》主要从哪几个方面来反对"江西诗派"的？

4. 陆游、杨万里的诗学观念与"江西诗派"有哪些不同？

第十章　明代诗歌辨体批评与文学风尚

第一节　经典文本阅读

【原典阅读】

一、怀麓堂诗话（节选）（李东阳）

1.《诗》在六经中，别是一教，盖六艺①中之乐也。乐始于诗，终于律。人声和则乐声和，又取其声之和者，以陶写情性，感发志意，动荡血脉，流通精神，有至于手舞足蹈而不自觉者。后世诗与乐判而为二，虽有格律，而无音韵，是不过为排偶之文而已。使徒以文而已也，则古之教，何必以诗律为哉！

2. 诗贵意，意贵远不贵近，贵淡不贵浓。浓而近者易识，淡而远者难知。如杜子美"钩帘宿鹭起，丸药流莺啭"②，"不通姓字粗豪甚，指点银瓶索酒尝"③，"衔泥点涴琴书内，更接飞虫打著人"④；李太白"桃花流水杳然去，别有天地非人间"⑤；王摩诘"返景入深林，复照青苔上"⑥，皆淡而愈浓，近而愈远，可与知者道，难与俗人言。

3. 古律诗各有音节，然皆限于字数，求之不难。惟乐府长短句，初无定数，最难调叠。然亦有自然之声。古所谓声依永者，谓有长短之节，非徒永也。故随其长短，皆可以播之律吕，而其太长太短之无节者，则不足以为乐。今泥古诗之成声，平仄短长，字字句句摹仿而不敢失，非惟格调有限，亦无以发人之情性。若往复讽咏，久而自有所得。得于心而发之乎声，则虽千变万化，如珠之走盘，自不越乎法度之外矣。如李太白《远别离》，杜子美《桃竹杖》，皆极其操纵，曷尝按古人声调？而和顺委曲乃如此。固初学所未到，然学而未至乎是，亦未可与言诗也。

4. 诗必有具眼，亦必有具耳。⑦眼主格，耳主声。闻琴断知为第几弦，此具耳也；月下隔窗辨五色线，此具眼也。费侍郎廷言⑧尝问作诗，予曰："试取所未见诗，即能识其时代格调，十不失一，乃为有得。"

5. 诗有三义，赋止居一，而比兴居其二。所谓比与兴者，皆托物寓情而为之者也。盖正言直述，则易于穷尽，而难于感发。惟有所寓托，形容摹写，反复讽咏，以俟人之自得。言有尽而意无穷，则神爽飞动，手舞足蹈而不自觉。此诗之所以贵情思，而轻事实也。

（选自《李东阳集》，长沙，岳麓书社，1984）

①六艺：指古代教育学生的六种科目。一曰五礼，二曰六乐，三曰五射，四曰五驭，六曰九数。礼是礼仪制度，乐为诗歌、音乐与舞蹈，射为射箭，驭指驾车，书指文字书写、数即演算法。

②"钩帘"二句：见杜甫五古《水阁朝霁奉简严云安》。宋叶少蕴《石林诗话》：蔡天启云："荆公每称老杜'钩帘宿鹭起，丸药流莺啭'之句，以为用意高妙，五字之模楷。"

③"不通"二句：见杜甫七绝《少年行》。清仇兆鳌《杜诗详注》卷一〇：此摹少年意气，色色逼真。下马坐床，指瓶索酒，有旁若无人之状。其写生之妙，尤在不通"不通姓字"一句。

④"衔泥"二句：见杜甫绝句《漫兴九首》其三。"点浣"，杜诗诸本均为"点污"。《杜诗详注》卷九曰：此章借燕子以寓其感慨，承首章莺语。莺去燕来，春已半矣。污琴书，扑衣袂，即禽鸟亦若欺人者。

⑤"桃花"二句：见李白七绝《山中问答》。明陆时雍《唐诗镜》卷一〇：此是谪仙语。

⑥"返景"二句：见王维五绝《鹿柴》。《唐诗镜》卷一〇：古而幽。

⑦"诗必有具眼"二句：具眼，突出的识别事物的眼力。具耳，高超的鉴别音律的耳力。

⑧费侍郎廷言：即费闉（1436—1493）。字廷言，号补庵、丹徒（今属江苏）人。成化五年礼部试第一，官至礼部右侍郎。

二、诗集自序（节选）（李梦阳）

李子曰：曹县盖有王叔武①云，其言曰："夫诗者，天地自然之音也。今途咢②而巷讴，劳呻而康吟，一唱而群和者，其真也，斯之谓风也。孔子曰：'礼失而求之野'。今真诗乃在民间。而文人学子，顾往往为韵言谓之诗。夫孟子谓《诗》亡然后《春秋》作者③，雅也。而风者亦遂弃而不采，不列之乐官。悲夫！"李子曰："嗟！异哉！有是乎？予尝聆民间音矣，其曲胡，其思淫，其声哀，其调靡靡，是金、元之乐也，奚其真？"王子曰："真者，音之发而情之原也。古者国异风，即其俗成声。今之俗既历胡，乃其曲乌得而不胡也？故真者，音之发而情之原也，非雅俗之辨也。且子之聆之也，亦其谱而声者也，不有率然而谣，勃然而讹④者乎！莫知所从来，而长短疾徐无弗谐焉，斯谁使之也？"李子闻之，矍然⑤而兴曰："大哉！汉以来不复闻此矣！"

王子曰："诗有六义，比兴要焉。夫文人学子，比兴寡而直率多，何也？出于情寡而工于词多也。夫途巷蠢蠢之夫，固无文也。乃其讴也，咢也，呻也，吟也，行咕⑥而坐歌，食咄⑦而癯嗟，此唱而彼和，无不有比焉兴焉，无非其情焉，斯足以观义矣。故曰：诗者，天地自然之音也。"李子曰："虽然，子之论者，风耳。夫《雅》《颂》不出文人学子手乎？"王子曰："是音也，不见于世久矣，虽有作者，微矣！"

李子于是怃然失，已洒然醒也。于是废唐近体诸篇，而为李、杜歌行。王子曰："斯驰骋之技也。"李子于是为六朝诗。王子曰："斯绮丽之余也。"于是诗为晋、魏。曰："比辞而属义，斯谓有意。"于是为赋、骚。曰："异其意而袭其言，斯谓有蹊。"于是为琴操⑧、古歌诗。曰："似矣，然糟粕也。"于是为四言，入《风》出《雅》。曰："近之矣，然无所用之矣，子其休矣。"李子闻之，阒然无以难也。自录其诗，藏箧笥中，今二十年矣，乃有刻而布者。李子闻之惧且惭。曰："予之诗，非真也。王子所谓文人学子韵言耳，出之情寡而工之词多者也。然又弘治、正德⑨间诗耳，故自题曰《弘德集》。每自欲改之以求其真，然今老矣！曾子曰：'时有所弗及'，学之谓哉。"

（选自《李空同全集》卷五十，明万历浙江思山堂堂本）

①王叔武：即王崇文（1468—1520），字叔武，号兼山，曹县人。弘治六年（1493）进士，官至左副御史巡抚保定，有《兼山遗稿》。

②咢：击鼓而歌。

③《诗》亡然后《春秋》作：语自《孟子·离娄下》。孟子曰："王者之迹熄《诗》亡，《诗》亡然后《春秋》作。"

④讹：动。此作发歌之意。

⑤矍（jué）然：急遽的样子。

⑥呫（chè）：小声轻吟。

⑦咄（duō）：发出感慨或惊讶的声音。

⑧琴操：汉蔡邕著《琴操》两卷。

⑨弘治：明孝宗年号，1488年至1505年。正德，明武宗年号，1506年至1521年。

三、答茅鹿门知县第二书 （唐顺之）

熟观鹿门①之文，及鹿门与人论文之书，门庭路径，与鄙意殊有契合；虽中间小小异同，异日当自融释，不待喋喋也。

至如鹿门所疑于我本是欲工文字之人，而不语人以求工文字者，此则有说。鹿门所见于吾者②，殆故吾也，而未尝见夫槁形灰心之吾乎？吾岂欺鹿门者哉！其不语人以求工文字者，非谓一切抹杀，以文字绝不足为也；盖谓学者先务，有源委本末之别耳。文莫犹人，躬行未得，此一段公案，姑不敢论，只就文章家论之。虽其绳墨布置，奇正转折，自有专门师法；至于中一段精神命脉骨髓，则非洗涤心源、独立物表、具今古只眼者，不足以与此。今有两人，其一人心地超然，所谓具千古只眼人也，即使未尝操纸笔呻吟，学为文章，但直据胸臆，信手写出，如写家书，虽或疏卤，然绝无烟火酸馅习气，便是宇宙间一样绝好文字；其一人犹然尘中人也，虽其专专学为文章，其于所谓绳墨布置，则尽是矣，然翻来覆去，不过是这几句婆子舌头语，索其所谓真精神与千古不可磨灭之见，绝无有也，则文虽工而不免为下格。此文章本色也。即如以诗为喻，陶彭泽未尝较声律，雕句文，但信手写出，便是宇宙间第一等好诗。何则？其本色高也。自有诗以来，其较声律、雕句文、用心最苦而立说最严者，无如沈约③，苦却一生精力，使人读其诗，秖见其困缚龌龊，满卷累牍，竟不曾道出一两句好话。何则？其本色卑也。本色卑，文不能工也，而况非其本色者哉！

且夫两汉而下，文之不如古者，岂其所谓绳墨转折之精之不尽如哉？秦汉以前，儒家者有儒家本色，至如老庄家有老庄本色，纵横家有纵横本色，名家、墨家、阴阳家皆本色。虽其为术也驳，而莫不皆有一段千古不可磨灭之见。是以老家必不肯剿儒家之说，纵横必不肯借墨家之谈，各自其本色而鸣之为言。其所言者，其本色也。是以精光注焉，而其言遂不泯于世。唐宋而下，文人莫不语性命，谈治道，满纸炫然，一切自托于儒家。然非其涵养畜聚之素，非真有一段千古不可磨灭之见，而影响剿说，盖头窃尾，如贫人借富人之衣，庄农作大贾之饰，极力装做，丑态尽露。是以精光枵④焉，而其言遂不久湮废。然则秦汉而上，虽其老、墨、名、法、杂家之说而犹传，今诸子之书是也；唐宋而下，虽其一切语性命、谈治道之说而亦不传，欧阳永叔⑤所见唐四库书目百不存一焉者是也。后之文人，欲以立言为不朽计者，可以知所用心矣。

然则吾之不语人以求工文字者，乃其语人以求工文字者也，鹿门其可以信我矣。虽然吾槁⑥形而灰心焉久矣，而又敢与知文乎！今复纵言至此，吾过矣，吾过矣！此后鹿门更见我之文，其谓我之求工于文者耶，非求工于文者耶？鹿门当自知我矣，一笑。

鹿门东归后，正欲待使节西上时得一面晤，倾倒十年衷曲；乃乘夜过此，不已急乎？仆三年积下二十余篇文字债，许诺在前，不可负约。欲待秋冬间病体稍苏，一切涂抹，更不敢计较工拙，只是了债。此后便得烧却毛颖⑦，碎却端溪⑧，兀然作一不识字人矣。而鹿门之文方将日进，而与古人为徒未艾也。异日吾倘得而观之，老耄⑨尚能识其用意处否耶？并附一笑。

（选自《荆川先生文集》卷七，《四部丛刊》本）

①鹿门：即茅坤，字顺甫，号鹿门，归安（今浙江吴兴）人。嘉靖十七（1538）年进士，官至大名兵备副使，后落职归乡五十年。为唐宋派重要成员。

②"鹿门所见于吾者"三句：语自《庄子·齐物论》。意为鹿门看到的我，恐怕是过去的我，而没有看到身如枯木、心如死灰的我吧？

③沈约：字休文（441—513年），吴兴武康（今浙江吴兴）人，南朝史学家、文学家。

④枵（xiāo）：大而中空。

⑤欧阳永叔：欧阳修，字永叔。

⑥稿，通"槁"。

⑦毛颖：毛笔。韩愈有《毛颖传》。

⑧端溪：指端溪产的砚台。端溪，溪名，位于今广东省高要县东南。当地生产的砚石为砚中上品，名端溪砚或"端砚"。

⑨老耄（mào）：老年人。耄：八九十岁的老人。

四、艺苑卮言（节选）（王世贞）

世人《选》体，往往谈西京建安，便薄陶谢，此似晓不晓者。毋论彼时诸公，即齐梁纤调，李杜变风，亦自可采，贞元而后，方足覆瓿①。大抵诗以专诣②为境，以饶美为材，师匠宜高，捃拾③宜博。

西京建安，似非琢磨可到，要在专习凝领之久，神与境会，忽然而来，浑然而就，无岐级可寻，无色声可指。三谢④固自琢磨而得，然琢磨之极，妙亦自然。

才生思，思生调，调生格。思即才之用，调即思之境，格即调之界。

诗有常体，工自体中。文无定规，巧运规外。乐《选》律绝，句字夐⑤殊，声韵各协。下迨填词小技，尤为谨严。《过秦论》也，叙事若传。《夷平传》也，指辨若论。至于序、记、志、述、章、令、书、移，眉目小别，大致固同。然《四诗》⑥拟之则佳，《书》、《易》放之则丑。故法合者，必穷力而自运；法离者，必凝神而并归。合而离，离而合，有悟存焉。

曹公莽莽，古直悲凉。子桓小藻，自是乐府本色。子建天才流丽，虽誉冠千古，而实逊父兄。何以故？材太高，辞太华。

（选自丁福保辑：《历代诗话续编》中册，北京，中华书局，1983）

①覆：盖。瓿（bù）：小瓮。《汉书·扬雄传》："刘歆亦尝观之（指《太玄经》与《法言》），谓雄曰：'空自苦！今学者有禄利，然尚不能明《易》，又如《玄》何？吾恐后人用覆酱瓿也。'"

②专诣：独到的、超人的境界。

③捃拾：拾取。

④三谢：指南朝宋谢灵运、谢朓、谢惠连。

⑤夐（xiōng）：表示差别程度大。

⑥《四诗》：《诗经》各体之总称，指国风、小雅、大雅与颂。

【作者简介】

李东阳（1447—1516）字宾之，号西涯，湖南茶陵人。天顺八年（1464），年十八，成进士，选庶吉士，授编修。历仕英宗、宪宗、孝宗、武宗四朝，累迁侍讲学士，充东宫讲官，官至吏部尚书、华盖殿大学士。参与编修《大明会典》、《历代通鉴纂要》、《明孝宗实录》等。《明史·李东阳传》曰："自明兴以来，宰臣以文章领袖缙绅者，杨士奇后，东阳而已。"又曰："弘治时，宰相李东阳主文柄，天下翕然宗之。"卒谥文正。有《怀麓堂集》一百卷。

李梦阳（1473—1530），字天赐，又字献吉，号空同子。庆阳（今属甘肃）人。弘治六年（1493）举陕西乡试第一，次年举进士，授户部主事，后迁郎中。梦阳直言敢谏，弘治十八年（1505）曾应诏上书，陈述社会政治病害，并揭露权贵罔利贼民罪行，由此被系入狱，幸孝宗视为直臣，未加重罪。孝宗崩，武宗立，刘瑾等八虎用事，尚书韩文与其僚属属梦阳起草弹文，被刘瑾悉知，事败。刘瑾矫旨谪梦阳山西布政司经历，勒其致仕。既而刘瑾复摭他事下梦阳狱，欲杀梦阳，幸得康海为其游说于瑾，乃免死。后刘瑾被诛，梦阳起故官，迁江西提学副使。梦阳性格刚直，与江西地方官关系紧张，免官家居。宁王朱宸濠反诛，御史周宣弹劾梦阳为宁王党逆，梦阳被逮。大学士杨廷和、尚书林俊力救之，终因梦阳曾为宁王撰《阳春书院记》，削籍。不久，病卒。

《明史》本传曰："梦阳才思雄鸷，卓然以复古自命。弘治时，宰相李东阳主文柄，天下翕然宗之，梦阳独讥其萎弱。倡言文必秦、汉，诗必盛唐，非是者弗道。与何景明、徐祯卿、边贡、朱应登、顾璘、陈沂、郑善夫、康海、王九思等号十才子，又与景明、祯卿、贡、海、九思、王廷相号七才子，皆卑视一世，而梦阳尤甚。"天下推李、何、王、李为四大家，无不争效其体。"华州王维桢以为七言律自杜甫以后，善用顿挫倒插之法，惟梦阳一人。而后有讥梦阳诗文者，则谓其模拟剽窃，得史迁、少陵之似，而失其真云。"著有《空同集》。

唐顺之（1507—1560），字应德，武进（今江苏常州）人顺之生有异禀。稍长，洽贯群籍。年三十二，举嘉靖八年（1529）会试第一，改庶吉士，调兵部主事。诏选朝官为翰林，乃改顺之为编修。校历朝实录，事将竣，复以疾告，张璁持其疏不下。有言顺之欲疏远张璁者，张璁发怒，拟旨以吏部主事罢归，永不复叙。至十八年（1539）又选宫僚，乃起用故官兼春坊右司谏。与罗洪先、赵时春请朝太子，世宗大怒，复削籍归。卜筑阳羡山中，读书十余年。

《明史》本传记载："顺之于学无所不窥。自天文、乐律、地理、兵法、弧矢、勾股、壬奇、禽乙，莫不究极原委。尽取古今载籍，剖裂补缀，区分部居，为《左》《右》《文》《武》《儒》《稗》六《编》传于世，学者不能测其奥也。"顺之"为古文，洸洋纡折，有大家风"，为唐宋文派的重要成员。约四十岁时，顺之思想学问开始转向土学。王升《唐顺之传》云："先生之学，以主静为基本，以锻炼为工夫，以无欲为极致。"

然顺之并不满足于空谈性理，静修节欲，仍不弃经世之志。倭寇蹈躏长江南北，顺之几番督战。三十九年（1560）春，积劳成疾，卒于通州，年五十四。崇祯中，追谥襄文。著有《荆川集》等。

王世贞（1526—1590），字子美，太仓人，自号凤洲，又号弇州山人。右都御史王忬之子。年十九，举嘉靖二十六年（1547）进士，授刑部主事。

世贞好为诗与古文，官京师，入王宗沐、李先芳、吴维岳等诗社，又与李攀龙、宗臣、梁有誉、徐中行、吴国伦辈相倡和，绍述何景明、李梦阳，名日益盛。屡迁员外郎、郎中。其父王忬以泺河失事，严嵩网罗罪名，论死系狱。隆庆元年（1567）八月，兄弟伏阙申讼父冤，言为严嵩所害，大学士徐阶左右之，复王忬官。世贞最初不欲做官，正逢诏求直言，疏陈法祖宗、正殿名、庆恩义、宽禁例、修典章、推德意、昭爵赏、练兵实八事，以应诏。不久，吏部用言官荐，令以副使涖大名。迁浙江右参政，山西按察使。母忧归，服除，补湖广，旋改广西右布政使，入为太仆卿。万历二年九月以右副都御史抚治郧阳，多次奏屯田、戍守、兵食事宜，咸切大计。副都御史及大理卿、应天尹与侍郎，品皆正三。万历二十一年（1593）卒于家。

李攀龙在后七子中有很高的声望，但诗学观点较为偏颇，他去世后，王世贞主盟文坛达二十年之久。《明史·文苑传》王世贞本传曰："声华意气，笼盖海内。一时士大夫及山人、词客、衲子、羽流，莫不奔走门下，片言褒赏，声价骤起。其持论，文必西汉，诗必盛唐，大历以后书勿读，而藻饰太甚。晚年，攻者渐起。"可见他在当时文坛影响之大。著有文集《弇州山人四部稿》，文学批评专著《艺苑卮言》。

【文本解读】

一、《怀麓堂诗话》（节选）解读

明代成化、弘治年间，作为茶陵诗派的代表及文坛盟主的李东阳，引领了诗歌创作回归文学传统的风潮。《怀麓堂集》中有《诗话》1卷，称《怀麓堂诗话》。鲍廷博《知不足斋丛书》、丁福保《历代诗话续编》均收有此书，题作《麓堂诗话》。

李东阳非常重视诗歌体制辨析，但反对模拟，主性情，树立平淡而意远的诗风，在诗学观念上与严羽接近。

李东阳诗歌体制辨析，首先界定诗与文之别。他强调文源《六经》，而"《诗》在六经中别是一教"，表明诗与文之不同。他认为诗歌的教化作用是通过诗歌的音乐性实现的。他说："乐始于诗，终于律。"六教兴盛的时代，诗歌始终与音乐融合一体，"以陶写情性，感发志意，动荡血脉，流通精神"。又言："观《乐记》论乐声出，便识得诗法"。考《礼记·乐记》曰："故乐者，天地之命，中和之纪，人情之所不能免也。""乐也者，圣人之所乐也，而可以善民心，其感人深，其移风易俗，故先王著其教焉。""故乐行而伦清，耳目聪明，血气和平，移风易俗，天下皆宁。"李东阳重申了儒家一直以来强调的音乐感发人精神的作用。而近体诗出现之后，诗与乐分离，虽有格律，而无音韵，不过为排偶之文，也就是说诗乐一体所产生的感染力大大下降了。

因而李东阳体制辨析最重视诗歌的音乐性。由此他对诗人提出了"具眼"与"具耳"的要求，"诗必有具眼，亦必有具耳"。具眼，本佛教用语，指突出的识别事物的眼力，宋代已普遍用于诗文书画批评。具耳，具有鉴别音韵的耳力，前人使用较少。宋周密《齐东野语》曰："今乃以区区之文，以求识赏于当世不具耳目之人，难矣哉！"李东阳承前人观点曰："闻琴断，知为第几弦，此具耳也；月下隔窗辨五色线，此具眼也。"认为诗文鉴赏亦要"能识其时代格调"，具体而言，"眼主格，耳主声"，格指体制和风格，调指诗的声调形成的音乐性。在"具眼"与"具耳"之间，他更强调"具耳"。

诗歌的音乐性在不同诗体中呈现的风貌是不同的。他说："古诗与律不同体，必各用其体乃为合格。然律犹可间出古意，古不可涉律。"认为近体诗中古体诗的写作不可杂用近体诗讲究音律平仄的写法。清人沈德潜亦言："古诗中不宜杂律诗体，恐凝滞也，作律诗正须得古风格。"王寿昌《小清华园诗谈》曰："以古体作律诗，则有唐初气味；以律诗入古体，便落六朝陋习矣。"

李东阳论诗重性情，但主张诗歌创作应"言有尽而意无穷"。此与诗之比兴手法的运用相关。其曰："诗有三义，赋止居一，而比兴居其二。所谓比与兴者，皆托物寓情而为之者也。盖正言直述，则易于穷尽，而难于感发。惟有所寓托，形容摹写，反复讽咏，以俟人之自得，言有尽而意无穷，则神爽飞动，手舞足蹈而不自觉，此诗之所以贵情思而轻事实也。"

有所寓托则意远。他说："诗贵意，意贵远不贵近，贵淡不贵浓。浓而近者易识，淡而远者难知。"浓是指诗意细密，近则明白易懂；淡指疏朗，远则含蓄蕴藉。

东阳论诗重体制辨析，亦重性情。他强调的音乐是"发人之情性"的"有自然之声"，"若往复讽咏，久而自有所得，得于心而发之乎声，则虽千变尤化，如珠之走盘，自不越乎法度之外矣"。他在《麓堂诗话》又言："唐人不言诗法，诗法多出于宋，而宋人于诗无所得。所谓法者，不过一字一句、对偶雕琢之工，而天真兴致，则未可与道。"法则的含义极为宽泛，有一字一句之法，有声律对偶之法，有文体规范及文体流变规律，还有诗文之别所体现的根本大法。李东阳明法度，更重视对诗歌整体的体制辨析。

对于李东阳诗学，正如许学夷评《怀麓堂诗话》所言："首正古、律之体，次贬宋人诗法，而独宗严氏，可谓卓识。"总之，李东阳的诗学虽未有多少创见，但他以阁臣的影响，重倡儒家传统诗教"浑雅正大"的，为规范古文辞的写作所作贡献不可低估。

二、《诗集自序》（节选）解读

《诗集自序》是李梦阳 53 岁时所作。他结合自己的创作经历与自我评价，提出"真诗乃在民间"的观点。

李梦阳提倡抒发真情实感的"真诗"。《诗集自序》首引王叔武言曰：

> 夫诗者，天地自然之音也。今途饿謡而巷讴，劳呻而康吟，一唱而群和者，其真也，斯之谓风也。孔子曰："礼失而求之野。"今真诗乃在民间。而文人学子，顾往往为韵言谓之诗。

何谓真诗？真诗就是能表达平民老百姓生活疾苦、喜怒哀怨的诗歌，《诗经》的风诗就是此类诗歌。李梦阳自觉正处于一个"礼失"的时代，所以真正具有兴、观、群、怨之功用的"真诗"，只有往民间去寻找。在话语空间上，相对于台阁，民间更为自由，无所顾忌。文人学子不敢抒发真情，不能为"自然之音"，因而他们的创作只是押韵之言，而非真诗。这是针对李东阳较为平弱的创作而言。不敢抒发真情，自当"萎弱"。体格的问题，反映的是诗歌内容、诗人情感等问题。

对于民歌"其曲胡，其思淫，其声哀，其调靡靡"，是否为真诗的疑问，李梦阳借王叔武之口回答：

> 真者，音之发而情之原也。古者国异风，即其俗成声。今之俗即历胡，乃其曲乌得不胡也？故真者，音之发而情之原也，非雅俗之辨也。

判断真诗的标准不在雅俗，而在于是否抒发真情，情之真的重要性超过了雅俗之辨。而风人之诗是诗歌的最高典范。

何谓"情"？李梦阳从诗歌发生论的角度来释"情"。如在《梅月先生诗序》中说："情者，动乎遇者也。……故遇者物也。动者情也。情动则会，心会则契，神契则音，所谓随寓而发者也。……故天下无不根之萌，君子无不根之情，忧乐潜之中而后感触应之外，故遇者因乎情，诗者形乎遇。"情，是主体人与客观外物遇合而发生的感动。人的主观心态可以通过对外物的感受表现出来，诗就产生于诗人对外物所发生的感动。李梦阳《鸣春集序》亦云："夫天地不能逆寒暑以成岁，万物不能逃消息以就情，故圣以时动，物以情征。窍遇则声，情遇则吟。吟以和宣，宣以乱畅，畅而永之而诗生焉。故诗者，吟之章而情之自鸣者也。"物之有声是万物的共同特征，诗是人对内心情感的自然吟咏歌唱。李梦阳在前人"物感"说的基础上对心物关系作了进一步阐释，较深刻地揭示了诗歌的生成原因。战国至两汉，渐趋成熟的儒家诗教是极重心物感应的，上述两段话很显然亦是对荀子《乐论》与《诗大序》的进一步阐发。

再次，李梦阳还强调继承《诗经》的比兴传统，《诗集自序》曰：

> 诗有六义，比兴要焉。夫文人学子，比兴寡而直率多，何也？出于情寡而工于词多也。夫途巷蠢蠢之夫，固无文也。乃其讴也，号也，呻也，吟也，行呫而坐歌，食咄而寤嗟，此唱而彼和，无不有比焉兴焉，无非其情焉，斯足以观义矣。故曰诗者天地自然之音也。

比兴手法的运用产生于抒情的需要，近世文人学子大多背离了真诗的传统，比兴寡而直率多，其根本原因就在寡于情。

李梦阳反对以理入诗，反对学宋诗，这与他对比兴手法的重视亦有很大关系。《缶音序》中亦有相关论述，其云："诗至唐，古调亡，然自有唐调可歌咏，高者犹足被管弦。宋人主理而不主调，于是唐调亦亡。黄、陈师法杜甫，号大家，今其词艰难，不香色流动，如入朝庙，坐土木骸，即冠服与人等，谓之人可乎？夫诗，比兴杂错，假物以神变者也。难言不测之妙，感触突发，流动情思。故其气柔厚，其声悠扬，其言切而不迫，故歌之心畅，而闻之者动也。宋人主理作理语，于是薄风云月露，一切铲去不为，又作诗话教人，人不复知诗矣。诗无尝无理，若专作理语，何不作文而诗为耶。"所谓"主理而不主调"就是在诗歌中说理，以理语代替抒情，文辞艰涩而无声调之美，这样的诗如同徒有冠服的土偶木梗，毫无生气。真正的诗歌"比兴杂错，假物以神变"，"感触突发，流动情思"，而又含蓄蕴藉，声调和谐悠扬。这里再次强调了比兴艺术手法的重要性。他还批评了所谓"性气诗"，即理学家们借风云月露、鸢飞鱼跃等形象来宣扬理学思想的一种诗体，此类诗曾屡兴不止，明代中期的"陈庄体"在当时就颇有市场。而"性气诗"与以理入诗的宋诗均违背了诗歌的基本特征。为纠时弊，李梦阳主张学唐调而不学宋诗。

李梦阳在《诗集自序》评价自己的诗歌的创作曰："予之诗，非真也。王子所谓文人学子韵言耳，出之情寡而工之词多者也。"不过，从创作实际而言，李梦阳"每欲自以求其真诗"，他有相当数量的诗歌是反映民生疾苦、代民立言的。

对中唐以来的形式主义文风，李梦阳也进行了严厉的批评。其《与徐氏论文书》曰："夫诗，宣志而导和者也。故贵宛不贵险，贵质不贵靡，贵情不贵繁，贵融洽不贵工巧。故曰闻其乐而知其德。故音也者，愚智之大防，庄诐、简侈、浮孚之界分矣。至元、白、韩、孟、皮、陆之徒为诗，始连联斗押，累累数千言不相下，此何异于入市攫金、登场角戏也？……三代而下，汉魏最近古，向使繁巧险靡之习诚贵于情质宛洽，而庄诐、简佟、浮孚意义殊无大高下，汉魏诸子不先为之耶？"他重视儒家诗教宣志导和的作用，称赞汉魏诗的"情质宛洽"反对中唐以后诗歌创作中由于单纯讲究技法而形成的"繁巧险靡之习"。

一方面，李梦阳批判了庙堂文学萎弱无生气的现象，力图挽救古文辞创作的衰颓之势；另一方面，他又清醒地意识到古文辞的创作已经难以达到新的高峰，而新的思想、新的艺术形式正在民间酝酿形成。而对新兴市民文学的认同，正源自于李梦阳对传统儒家诗学的深刻理解，其思想的敏锐性来自于对儒家诗教中风雅颂三体之别的深刻体认。与后世李贽、袁宏道从反传统的角度出发来推崇市民文学相比，可谓殊途同归。

三、《答茅鹿门知县第二书》解读

唐顺之与茅坤曾数通书信，讨论散文创作与评价问题。唐顺之这封《答茅鹿门知县第二书》是唐宋派文论的代表之作。其核心思想是对"本色"的推崇。

唐顺之说自己"本是欲工文字之人，而不语人以求工文字者"，意思是，本来他很重视文章写作要做到文字精工，但是他总是不和别人谈求工文字这个问题，因为在他看来，文章写作具有"本色"更为重要。

在中国文学批评史上，"本色"是重要的批评术语，多指语言的素朴或体裁的规范要求。唐顺之所论"本色"与前人截然不同，主要就创作主体与文本写作的关系而言。

在唐顺之看来，本色的含义就是真，文章写作体现作者的真精神、真见识。真精神是"千古不可磨灭之见"。如《答蔡可泉》曰："自古文人，虽其立脚浅浅，然各自有一段精光不可磨灭，开口道得几句千古说不出的话，是以能与世长久。"如果文中绝无所谓真精神与千古不可磨灭之见，则文虽工而不免为下格。

本色有高卑之分。本色高即有真精神；本色高，即格调高。本色卑指格调卑下，非其本色者，即毫无精神。代表人物是沈约，"自有诗以来，其较声律、雕句文、用心最苦而立说最严者，无如沈约，苦却一生精力，使人读其诗，只见其困缚龌龊，满卷累牍，竟不曾道出　两句好话。何则？其本色卑也。本色卑，文不能工也，而况非其本色者哉！"

本色是独特的精神，是"独立物表、具古今只眼"。"秦汉以前，儒家者有儒家本色，至如老庄家有老庄本色，纵横家有纵横本色，名家、墨家、阴阳家皆有本色。虽其为术也驳，而莫不皆有一段千古不可磨灭之见。是以老家必不肯勦儒家之说，纵横家必不肯借墨家之谈，各自其本色而鸣之为言。"

从创作的角度而言，此种"本色"，"直抒胸臆，信手写出"，如写家书，虽或疏卤，然绝无烟火酸馅习气，便是宇宙间一样绝好文字；又如写诗，陶渊明"未尝较声律，雕句文，但信手写出，便是宇宙间第一等好诗。"原因就在其本色高，格调高。他在《与莫子良之主事》书中说："好文字与好诗，亦正在胸中流出。"《与洪方洲书》云："盖文章稍不自胸中流出，虽若不用别人一字一句，只是别人的是也。若皆自胸中流出，则炉锤在我，金铁尽熔，虽用他人字句，亦是自己字句。……近来觉得诗文一事，只是直写胸臆，如谚语所谓开口见喉咙者，使后人读之，如真见其面目，瑜瑕俱不容掩，所谓本色，此为上乘文字。"

唐顺之主张诗文写作要直抒胸臆，表现人的真精神与高品格，而这种"千古不可磨灭之见"又是通过"洗涤心源"，心性修炼获得的。唐顺之的"本色"论，体现了一定的心学色彩。至嘉靖二十四年，他对心性的体验渐趋深刻，其《与两湖书》有曰："天机尽是圆活，性地尽是洒落。"所谓天机、性地与本色精神不能说没有关联。

毫无疑问，唐顺之的批评对象是七子派末流的拟古之风，他的"本色"论与徐渭的本色论、李贽的童心说与公安派"性灵"说非常接近，对后世的影响亦由此可见。

四、《艺苑卮言》（节选）解读

在后七子中，王世贞在对复古文学思想的成熟与完善方面贡献最大。与笔记体诗话不同的是，《艺苑卮言》中，诗评已成为主要的部分。全书内容编次为：卷一辑录历代诗文论语，并论各体诗文的体制规范；卷二至卷五，论历代诗人所擅之体与创作风格之流变；卷六、卷七主要记录明代诗人轶事；卷八叙数历代文人之遭际。体制辨别所占比例远远超过了记事。后来胡应麟《诗薮》、许学夷《诗源辩体》等更为系统的诗歌体制辨析著作都是在借鉴《艺苑卮言》的基础上写成的。

辨析体制，品评高下是重要目的，品评诗之高下是为了学诗。"师匠宜高，掇拾宜博"是王世贞提出的学诗之方。与李梦阳、李攀龙一样，王世贞主张文章写作学秦汉，古体诗学汉魏、近体诗学盛唐。其曰："西京之文实，东京之文弱，犹未离实也。六朝之文浮，离实矣。唐之文庸，犹未离浮也。宋之文陋，离浮矣，愈下矣，元无文。"又言："盛唐之于诗也，其气完，其声铿以平，其色丽以雅，其力沉而雄，其言融而无迹。故曰：盛唐其则也。"对于学诗，仍要求取法乎上：

> 世人《选》体，往往谈西京建安，便薄陶谢，此似晓不晓者。毋论彼时诸公，即齐梁纤调，李杜变风，亦自可采，贞元而后，方足覆瓿。大抵诗以专诣为境，以饶美为材，师匠宜高，掇拾宜博。

王世贞试图将师法宜高与取材广博结合起来，然其所谓博采亦不过陶谢五言、六朝纤调、李杜变风，在他看来，唐贞元以后诗只配覆瓿。"师匠宜高"仍然是主要的。

晚年的王世贞眼界则更开阔，取法更广，其云："自杨、刘而有西昆体，永叔、圣愈思以淡以裁之；鲁直出而有江西派，眉山睥睨其间，最号为雄豪，而不能无利钝。南渡而后，务观、万里辈亦遂彬彬矣。……余所以抑宋者，为惜格也。然而代不能废人，人不能废篇，篇不能废句，盖不止前数公而已……虽然，以彼为我则可，以我为彼则不可。予正非求为伸宋者也，将为善用宋者也。"他对宋诗的评价较前七子更为客观。但从这段话来看，他的理论根据是"代不废人"，可见他对宋诗的批评坚持始终。

其次，辨析体制在于明法度。王世贞论文强调法度又讲浑然无迹。《艺苑卮言》有言：

> 《诗》云有物有则，又曰无声无臭。昔人有步趋华相国者，以为行迹外学之，去之弥远。又入学书。日临兰亭一贴，有规之者云：此从门而入必不成书道。然则情景妙合，风格自上，不为古役，不堕蹊径者，最也。随质成分，随分成诣，门户既立，声实可观者，次也。或名为闰继，实则盗魁；外堪皮相，中乃肤立，以此言家，久必败矣。①

任何事物的存在都必须遵从一定的法则，此即"有物有则"；而法则又是事物自然体现出来的，本身应该浑然无迹，此即"无声无臭"。因此，他既重视对法度的掌握，又强调融而无迹。他将诗歌创作的境界分为三等：最高的境界是"情景妙合，风格自上，不为古役"；其次为随性情所发，如并非高格，但"声实可观"者，而"名为闰继，实则盗魁；外堪皮相，中乃肤立"的模拟之作为最下。

继李何"舍筏登岸"之论争，王世贞还提出了"合离"论：

> 诗有常体，工自体中。文无定规，巧运规外。乐《迻》律绝，句字叠殊，声韵各协。下迨填词小技，犹为谨严。《过秦论》也，叙事若传。《夷平传》也，指辨若论。至于序、记、志、述、章、令、书、移，眉目小别，大致固同。然《四诗》拟之则佳，《书》《易》放之则丑。故法合者，

---

① 《艺苑卮言》卷五，《历代诗话续编》本，北京，中华书局，1983。

必穷力而自运；法离者，必凝神而归。合而离，离而合，有悟存焉。

这里讨论的还是遵循诗学传统与创造变化之关系的问题。所谓"合"指对古代作品的学习；所谓"离"指要有变化创造。无论是合而离，还是离而合，都需要悟入。他描绘了合而离所达到的艺术境界：

西京、建安似非琢磨可到，要在专习凝领之久，神与境会，忽然而来，浑然而就，无歧级可寻，无色声可指。

在对古代诗学长期的学习钻研之后，诗人主体之精神与客观之景物相契合，诗情突然而来，诗意自然浑成，诗句无迹可求。

王世贞还提出了"法不累气，才不累法"的观点，要求"意在笔先，笔随意到。"《五岳山房文稿序》亦云：

尚法则为法用，裁而伤乎气。达意则为意用，纵而舍其津筏。……吾来自意而往之法，意至而法偕互，法就而意融乎其间矣。夫意无方而法有体也，意来甚难而去之若易，法往甚易而窥之若难，此所谓相为用也。

主张意法相偕，意法相用，融而无迹。由此可见，在理论上王世贞将"有物有则"与"无声无臭"、浑融无迹辩证地统一起来。

体制辨析固然重要，王世贞还特别强调"才情"在创作中发挥的作用，明确了才情与格调的关系：

才生思，思生调，调生格。思即才之用，调即思之境，格即调之界。

由个人的才情产生一定的构思，声调亦随构思而生；在一定声调的基础上，就可以确定诗的体格风貌了；构思是才情的体现，声调传达的韵味显示的是才思所达到的境界；格是调之格，不能脱离调而单独存在，而每一种调都有其或高或卑的格。总之，在创作过程中才思决定格调，而非格调决定才思。其《汤迪功诗草序》亦云："格尊而无情实则不称"。《陈子吉诗选序》又云："夫诗道弘正，而至隆、万之际盛且极矣。然其高者气格声响相高，而不本诣情实。骤而咏之，若中宫商，阅之若备经纬已；徐而求之，而无有也。"王世贞深刻地批判了复古运动中模拟格调而徒得形貌和声响的创作现象，并将此类作品称为"用于格"，即作诗时心中先有古格而被古格框定；他主张"能用格"，即以我的情感为出发点去创造格，这才是真诗，因而他说："盖有真我而后有真诗。"

这是对李梦阳"真诗乃在民间"与徐祯卿"因情立格"说的进一步阐发。他在《章给事诗集序》中论曰："后之人好剽写余似，以苟猎一时之好，思蹐而格杂，无取于性情之真，得其言而不得其人，与得其集而不得其时者，相比比也。"王世贞提出了抒写时代精神的创作要求，希望在个人的诗集中寻找到时代的踪迹。

王世贞的诗学表明复古思想更臻成熟。但其在创作上力求众体皆备，学古之作数量很多，又不思取舍，故其文集良莠芜杂。不过王世贞才高、识广，其部分作品亦不乏创造性，如《乐府变》等诗无论思想内容还是艺术形式上都给人耳目一新的感觉。

第二节　相关问题概述

一、明代诗文创作与理论批评相互演进的过程

明初诗文批评是基于元末文学所呈现的状况发展而来的。受政治动荡和文化统治相对松动的影响，元末诗文呈现纤弱绮靡与狂放奇崛的特征，这显然是明帝国建立之后的统治者所不容许的。

宋濂是明初最著名的政治家与文学家，被誉为"开国文人之首"，出于政治的需要，他极力提倡发挥文学明道致用的功能，要求恢复《六经》正统地位。同时，他对诗歌的本质特征及创作要求亦有非常精到的认识。他在《刘兵部诗集序》强调辨析体制、学习法度与缘情感物的统一，重视后天学习体验对超逸之才的补充，主张师古与师心的结合，在今天看来，可以视作明代诗学论争的序幕。

高启是明初创作成就最高的诗人，他将诗歌创作的要领概括为三点："曰格、曰意、曰趣而已。"格，指体格，诗歌创作要遵从一定的体制规范；意，指抒情达意；趣为讲究审美趣味，而最终要达到的是变化不一、随心所欲的境界。高启主张辨体师古，博采众长，时至心融，表现出汇通的诗学思想。而明初的诗歌创作亦呈现雅化的趋向。

明初诗学批评中求变创新成为重要呼声，亦出现一味模拟古代诗歌文章体制的现象。对此王绅在《刘大有诗集序》批评道："夫诗者，主乎理而发乎情性者也。天下之理无穷，而人之情性不一，为能不失于理而得乎情性之正，斯足以言诗矣。"贝琼也是反对诗律体制之拘，强调自然成文，其《陇上白云诗稿序》批评了"作者祈强合于古人，虽一辞一句，壮丽奇绝，既不本于自然，而性情之正亦莫得而见之"的风气。但这一时期的诗学理论受理学与传统儒家思想的影响还很大，与晚明公安派独抒性灵的启蒙思想体系有根本的区别。

　　从永乐到成化年间（1403—1487）明王朝经济得到一定的恢复和发展，政治较为稳固。在文坛上，阁臣杨士奇、杨荣、杨溥倡导台阁体，追求雍容典雅，词气安闲的风格。其中杨士奇诗歌创作体现出求雅的特点，对后来文学复古运动"以雅格俗"产生了一定的影响。以李东阳为代表的茶陵派在创作风格上与杨士奇比较接近，同属于和平雅正而缺乏豪情锐气的一类。在诗学理论上李东阳的影响则不可低估。

　　明初诗话流传下来的不多，且大多以记事为主，尤好谈宋诗人逸事。明代诗话的转型应归功于李东阳，其《怀麓堂诗话》已超越随笔性诗话单一的记事性质而融入诗法的因素，诗话的理论价值得到提升。李东阳诗学独宗严羽，重在论体格声调，认为"诗必有具眼，亦必有具耳。眼主格，耳主声"。所谓格即体制风貌，声即声调。对体制辨析的重视是《怀麓堂诗话》的一个显著特点，李东阳言："予辈留心体制"，还特别强调了古近体诗的区别，强调雅正的美学标准；注重诗歌的声调格律，认为诗与文的差异主要就表现于诗歌具有强烈的音乐性，诗与乐是不可分的，分开了就不是诗了，而是"排偶之文"（《怀麓堂诗话》）。由此可见李东阳对诗歌的本质特征有较为深刻的把握。后来李梦阳等复古派虽然批评李东阳创作上的萎弱，但在对体制声调的探索方面实际上是朝着李东阳的方向前进的。

　　弘治、正德年间（1488—1521），以李梦阳、何景明为首的前七子发起了文学复古运动。他们以传统的儒家诗学审美理想为武器，以渊奥的文辞和高古的格调，扭转了在文坛占统治地位的台阁体文风，有力地批判了理学家们宣扬理学思想的性气诗以及模仿宋诗的俗体。其目的在于抨击宋代文化，反对作为官方统治思想的程朱理学，要求文学从理学中解放出来，恢复它抒情言志的功能。这次文学复古运动以"复古"为号召，实际上是一场文学的解放运动。李何等人非凡的才情及在诗歌创作上取得的成就，为后来大多数的文人所赞赏。但是由于复古末流把学古仅仅理解为对汉魏盛唐的语言风格的模拟，而不思变化，因而文坛又形成一股食古不化、不合时宜的拟古之风。

　　在嘉靖、隆庆时期（1522—1571），出现了以唐顺之、王慎中、茅坤为首的唐宋派。王慎中（1509—1559），字道思，号南江，遵岩居士，晋江人，嘉靖五年进士，官至河南参政，有《王遵岩文集》；茅坤（1512—1601）。字顺甫，号鹿门，归安人，嘉靖十七年进士，曾任大名兵备副使，有《白华楼藏稿》《茅鹿门文集》；归有光（1506—1571），字熙甫，号震川，昆山人，嘉靖四十四年进士，曾任南京太仆寺丞，有《震川先生集》。

　　唐宋派对前七子文学复古运动的某些弊病进行了批评，主张由师法秦汉转而学习与时代相近的唐宋古文，提倡学习"唐宋八大家"散文的神理与法度及其平易自然的语言风格。受到心学的影响，唐顺之提出"本色论"，主张文章应该"直抒胸臆"，有"真精神与千古不可磨灭之见"，但他又由崇尚本色走向了将文学与其艺术性对立起来的极端，他还表现出对宋代理学家邵雍《击壤集》与唐代僧人寒山俗体诗的偏爱，其理论上的消极影响非常显著。

因此，为反拨唐宋派的文学主张，以李攀龙、王世贞为首的"后七子"又以文学复古为理论旗帜，反对宋学对文学的侵蚀。针对诗坛上学六朝而出现的追求辞藻靡丽的诗风，亦重新提倡汉魏盛唐的诗学传统。在古文辞的创作上，后七子及其后学因袭的成分大于新变，但理论批评则更为成熟。在以严羽《沧浪诗话》为代表的古典美学影响下，他们对诗歌创作的本质特征、体制规范、审美理想及其发展脉络进行了较全面的理论总结与系统梳理。

谢榛（1495—1575），字茂秦，自号四溟山人，山东临清人，以布衣终身。著有《四溟集》，诗学理论主要见于《四溟诗话》。谢榛论诗，深受严羽的影响。他比较重视对体制的辨析及法度的掌握。《四溟诗话》有大量篇幅论述诗歌的体制风貌及平仄抑扬、对偶虚实等句法特点。同时，他又强调创作过程中"超悟"的作用。如曰："诗固有定体，人各有悟性。夫有一字之悟，一篇之悟，或由小以扩乎大，因着以入乎微，虽小大不同，至于浑化则一也。"在审美趣味上谢榛与严羽亦有相同之处，如曰："诗有可解、不可解、不必解，若水月镜花，勿泥其迹可也"，明显化用严氏诗论。

谢榛诗学理论的贡献主要体现在他对诗歌创作过程中情景相融关系的阐释：

> 作诗本乎情、景，孤不自成，两不相背。凡登高致思，则神交古人，穷乎遐迩，系乎忧乐。此相因偶然，着形于绝迹，振响于无声也。夫情景有异同，模写有难易，诗有二要，莫切于斯者。观则同于外，感则异于内，当自用其力，使内外如异，出入此心而无间也。景乃诗之媒，情乃诗之胚，合而为诗，以数言而统万形，元气浑成，其法无崖矣。

"景乃诗之媒，情乃诗之胚"，恰当地说明了情与景在诗歌创作中的作用，而诗歌艺术成就的高低主要体现于情与景二者能否内外如一，契合无间，形于无迹，从而创造出自然浑成的艺术境界。总之谢榛诗学上承严羽，下启王夫之等人，是中国古代诗歌美学发展中的重要一环。

李攀龙（1514—1570），字于鳞，号仓溟，历城（今山东济南）人。嘉靖二十三年进士，官河南按察使。有《沧溟集》。李攀龙的文学创作与批评均有严重的泥古倾向。李梦阳、何景明推崇盛唐之诗，主要在其近体，于古诗则更尚汉魏。李攀龙编选《古今诗删》，共三十四卷，始于古逸，次以汉、魏、南北朝，次以唐。唐以后，不录宋、元诗，继以明代，多录其同时诸人之作。可以说是其文学观点在编选方面的实践。其《唐诗选序》云：“唐无五言古诗，陈子昂以其古诗为古诗，弗取也。七言古诗唯杜子美不失初唐气格，而纵横有之；太白纵横，往往强弩之末，间杂长语，英雄欺人耳。”这段话在表述上颇为偏激，但将唐代古体诗与汉魏古体诗区别开来，也表明他对诗体流变有一定的认识。

李攀龙认为文章之法尽备于先秦、西汉：“以为记述之文，厄于东京，班氏姑其狡狡者耳。不以规矩不能成方圆，拟议成变，日新富有。今夫《尚书》《庄》《左氏》《檀弓》《考功》、司马，其成言班如也，法则森如也。吾撷其华而裁其衷，琢字成辞，属辞成篇，以求当于古之作者而已。”他虽有“拟议成变”之说，但与前七子相比更强调“琢字”“属辞”，所以他的诗文创作模拟的痕迹较重，王世贞评其乐府诗曰“无一字一句不精美，然不堪与古乐府并看，看则似临摹贴耳”，明显有批评之意。

在今天看来，明代复古派作家对中国诗文理论的贡献并不在他们所树立的创作目标，而在于为了达到这个目标不断对文学传统进行辨析总结的过程。这期间，前期复古派以讨论个人与传统的关系为重点，后期复古派注重对文学风气变化的研究，并对变化的脉络、转变的关键作了越来越深细的剖析。文学史的意识越来越强，对文学史尤其是诗歌史的构建愈趋完整。

嘉靖后期的启蒙思想家同时都是文学理论革新家。徐渭从彻底反传统、反权威的立场对复古末流泥古之风提出了严厉的批判。之后又有李贽倡导“童心说”，成为晚明文学理论的先导。受其影响，万历年间（1573—1619），以袁宏道为首的“公安派”极力倡导“性灵说”，强调诗歌要“独抒性灵”，顺应时变，反对复古模拟与厚古薄今。公安派对纠正复古末流模拟诗风功不可没，但是对传统诗学的偏激认识又导致了诗坛上率易俚俗的创作风气。为纠公安派之偏，以钟惺、谭元春为代表的“竟陵派”，以“求古人真诗之所在”为己任，以厚灵救俚俗，所提倡的幽僻孤峭诗风，与明末世人衰颓郁闷之心态颇为契合，因而产生了较大的影响。然而由此造成的审美取向的褊狭性，亦引起很大流弊。

晚明小品文亦是文学革新运动背景下的产物，它的兴盛，体现了散文创作由载道向性灵的转向，是古代散文的又一次解放。李贽的小品文思想尖锐、徐渭、袁宏道则情真意切，袁中道《答蔡观察元履》曰：“不知率尔无意之作，更是神情所寄，往往可传者。……此等慧人从灵液中流露片言只字，皆具三昧，但恨不多，岂可复加淘汰，使之不复存于世哉！”认为袁宏道等人的“小札戏墨，皆极其妙”。然李贽被害后，大多数小品文以表现日常生活情趣与流连光景为主，其思想性大大减弱。

明末随着民族矛盾与民族危机的加深与尖锐化，知识分子更为关注社会现实，复古思潮又呈回升之势。陈子龙、艾南英为其代表。艾南英（1583—1647），他极力推崇欧、苏、曾、王等宋代散文家，肯定了平易条达的表现手法，最终确立了取径唐宋以溯源秦汉的古文创作道路，并系统总结了古文创作的规范准则，成为清代桐城派提倡"义法"的先声。陈子龙（1608—1647）重视经世致用之学，其文学观以儒家正统文学思想为基础，认为诗之本，"盖忧时托志者之所作也"。又言"作诗不足以导扬盛美、讥刺当时，托物联类而见其志，则虽工而余不好"，强调诗歌托物言志的功用，主张诗歌创作发挥反映时代精神、批判社会现实的作用。

从上可见，明代诗文理论批评的演进过程中，创作与理论批评是互为因果的。在纷繁复杂的理论论争当中，明人在文学本体论、价值论、发展论、审美论等方面为后世提供了深刻的创作与批评经验。

二、明代辨体批评之"体制为先"观念的内涵与意义

魏晋以后"体制为先"的批评观念逐渐产生广泛的影响。明代前期诗学较为重视体制辨析，然"体制为先"的思想并不突显。明中期复古派强调"体制为先"，目的在于反对以理学思维入主诗歌创作之流弊，这主要表现为反对宋代诗学注重字法、句法的现象，将体气视为论诗之本，而将句法字法置于次要的地位，从而体现出明代诗学对自然浑成之美的追求；而对诗体正变的研究实现了诗歌批评内容的进一步拓展；辨体不辩意，将道德批评排除在诗论之外，使得艺术批评成为明代诗学最重要的成就。"体制为先"观念实际涉及诗歌本体特征的问题。

重视体格声调，并不意味着不讲性情。但从学古入手，不能变化，势必形成摹拟之风，因而明代诗歌理论批评史上反复出现以"性情为先"反对"体制为先"的现象。另一方面，从性情入手，直抒胸臆，却不讲基本的体制规范，违背诗歌的基本特征，取消生活情感与艺术情感的区别，不顾日常语言与文学语言的差异，又势必导致创作的失败。"体制为先"与"性情为先"之悖论，最突出的表现于明代后期。万历年间，"体制为先"成为文学革新运动提倡"独抒性灵"的对立面。明末，为纠公安派等诗歌创作的俚俗之气，"体制为先"的观念再次受到重视，诗象更重视辨析诗歌体制声调之雅俗。

1. 先体制后工拙

"体制为先"是中国古代文论的传统观念。中国人很早就有强烈的文体意识，对"文体"辨别贯穿各个朝代。文体的辨析，起于汉代经学注疏，《汉书·艺文志》亦有所体现。魏晋南北朝时期，各类文章的创作日益繁盛，文体淆乱的现象较为严重，辨体的重要性也就突显出来。这一时期的体制辨析侧重于文类的构建以及每一类型整体风貌的概括。《文心雕龙》集中体现了"体制

为先"这一指导思想。刘勰认为文章体制的辨别在创作中起着重要的作用。文章的写作应"务先大体"（《总术》），"履端于始，则设情以位体"（《熔裁》），对文章的鉴赏，亦当先"观位体"（《知音》）。始学写作，就须取法乎上，即所谓"童子雕琢，必先雅制"（《体性》）。他对"论文叙笔"部分纲领性的概括"原始以表末，释名以章义，选文以定篇，敷理以举统"成为后代文人辨体批评的主要范型，对后世的诗文辨体有着极为深刻的影响。

唐代诗歌辨体存在于大量的"诗格"中，注重对诗歌风格的辨析及对篇章结构与句式的归纳，唐代诗歌体制辨体在对偶声律等方面有进一步的深入，偏重于实用。中唐以后诗学由强调体制、声韵的辨析，逐渐走向对"意格"的推崇。

宋代诗论随着文体的发展，体制之辨亦更为深细，如诗文之辨、诗词之辨等。北宋诗论往往侧重于字法、句法与章法等的研究。强调以法明体。影响最大的就是以黄庭坚为代表江西诗派，注重研讨诗歌的体式与作法。南宋诗学风气有所转变，出现较多反对死扣句法、字法的诗论。南宋初张戒（？—1158 前后）《岁寒堂诗话》论曰："论诗文当以文体为先，警策为后。"他认识到在诗歌创作中警策佳句是次要的，更重要的是文章的整体风貌。张戒又论曰："东坡评文勋篆云：'世人篆字，隶体不除，如浙人语，终老带吴音。安国用笔，意在隶前，汲冢鲁壁，周鼓泰山。'东坡此语，不特篆字法，亦古诗法也。世人作篆字，不除隶体，作古诗不免律句，要须意在律前，乃可名古诗耳。"此论即是对古诗、律诗不同作法的辨析，已将体制辨析与诗法讨论结合起来。

南宋理学家朱熹（1130—1200）也谈到体制规范的重要性。其《跋病翁先生诗》曰："此病翁先生少时所作闻筝诗也。规模意态全是学《文选》乐府诸篇，不杂近世俗体。故其气韵高古，而音节华畅，一时辈流少能及之。逮其晚岁，笔力老健，出入众作，自成一家，则已稍变此体矣。然余尝以为天下万事皆有一定之法，学之者须循序而渐进，如学诗则且当以此等为法。庶几不失古人本分，体制向后若能成就变化，固未易量，然变亦大是难事，果然变而不失其正，则纵横妙用何所不可，不幸一失其正，却似反不若守古本旧法以终其身之为稳也。"朱熹强调诗歌创作当变而不失其正。清代陆其龙《读朱随笔》有按语曰："此是朱子晚年之语，以此言之，则王李之学汉魏，未可全非。但不当背理耳。为经义者，又岂可舍成弘、嘉隆之规矩，而思立异以为高哉！"朱熹《答巩仲至》又曰："来谕所云'漱六艺之芳润，以求真澹'，此诚极至之论。然恐亦须先识得古今体制，雅俗乡背，仍更洗涤得尽肠胃间夙生荤血脂膏，然后此语方有所措。如其未然，窃恐秽浊为主，芳润入不得也。近世诗人，正缘不曾透得此关，而规矩于近局，故其所就，皆不满人意，无足深论。"言辨别古今体制，主要是去俗求雅。此论与严羽诗说已相当接近。

严羽（约 1192—1197）为南宋诗学集大成者，对诗歌辨体具有自觉的意识，《沧浪诗话》曰："作诗正须辨尽诸家体制，然后不为旁门所惑。今人作诗，差入门户者，正以体制莫辨也。世之技艺，犹各有家数，市缣帛者必分地道然后知优劣，况文章乎？""辨家数如辨苍白，方可言诗。"又注曰："荆公评文章，先体制而后文之工拙。"严羽极力反对宋诗以文字为诗、以议论为诗的倾向，提倡"羚羊挂角，无迹可求"的审美境界。如曰："汉魏古诗，气象混沌，难以句摘"；"建安之作，全在气象，不可寻枝叶"；"唐人与本朝人诗，未论工拙，直是气象不同"。所评均体现出反对一味只论工拙的诗学观念。

元代出现很多将体制辨析与诗法结合起来的诗法诗格著作。如杨载《诗法家数》中"诗学正源"、"作诗准绳"、"律诗要法"、"古诗要法"几部分都涉及各体诗的文体功能、组织形式与文体风格等体制规范的内容。托名于傅与砺著之《诗法正论》，首言诗权舆于《击壤》《康衢》，演迤于《卿云》《南风》，制作于《国风》《雅》《颂》；次言《国风》《雅》《颂》、歌、行、引、吟、谣、曲之体；又次言苏李五言及魏晋以来之诗。又言"唐人以诗为诗，主达情性，于《三百篇》为近；宋人以文为诗，主立议论，于《三百篇》为远"，甚为恰当。这些均论诗歌创作之源流正变。《诗法正宗》（题名为揭曼硕撰或虞集撰）办论诗有五事：一曰诗本，二曰诗资，三曰诗体，四曰诗味，五曰诗妙。又谓"养性以立诗本，读书以厚诗资，识诗体于源委正变之余，求诗味于盐梅姜桂之表，运诗妙于神通游戏之境"。以上三家都能在一定程度上结合体制辨析论诗法，并开始注意体制的源流正变，可谓抓住了论诗的基本问题。

明清两代是古典诗文理论的总结时期，辨体观是其中最为重要的理论问题。其原因正如徐师曾所云："盖自秦汉而下，文愈盛；文愈盛，故类愈增，类愈增，故体愈众；体愈众，故辨当严。"辨体的理论意识愈来愈强，出现大量的辨体著作。有冠以辨体之名的，如《文章辨体》《文体明辨》《诗源辨体》等，有未冠辨体之名的，如《怀麓堂诗话》《艺苑卮言》《诗薮》《唐音癸签》等都以辨体为主要内容。这一时期亦多有"体制为先"的言论。或突出体制规范，重于溯源流、识正变。如：李东阳《怀麓堂诗话》云："予辈留心体制。"陈洪谟曰："文莫先于辨体，体正而后意以经之，气以贯之，辞以饰之。体者，文之翼也，辞者，文之华也。"李梦阳曰："追古者未有不先其体者也。"吴讷曰："文辞以体制为先。"胡应麟《诗薮》曰："文章自有体裁，凡为某体，务须寻其本色，庶几当行。"

明代诗学继承南宋以后以体明法的传统，往往将诗法与体制辨析结合起来。不过明人对严羽等人推崇诗歌自然浑成之美有更深刻的阐发。王世贞亦谈诗法，但他认为法之最高境界是无法，"风雅三百、古诗十九首，人谓无句法，非也；极自有法，无阶级可寻耳"。又曰："篇法之妙，有不见句法者；句法之妙，有不见字法者。此是法极无迹，人能之至，境与天会，未易求也。"（同上）胡应麟论曰："盛唐句法浑涵如两汉之诗，不可以一字求。至老杜而后，句中有奇字为眼，才有此句法，便不浑涵。昔人谓石之有眼为研之一病，余亦谓句中有眼为诗之一病。"他认为齐梁诗无论以艳字为眼还是以奇字为眼都是不足取的。因此由"体格声调"到"兴象风神"成为他论诗的基本路径。在王世贞、胡应麟看来，论体格与章法、句法、字法同等重要。晚明许学夷，是一位有较自觉的理论批评意识的诗论家，他明确提出，论体气高于论字句的"举本统末"的批评原则：

> 诗有本末。体气，本也；字句，末也。本可以兼末，末不可以兼本。……大本既立，旁及支末，则凡六朝唐人所称佳句，多有可取，而于后人所谓诗眼者，亦间有可述。今之学者专心于字法、诗眼，于古人所称佳句已不能识，又安知有体气耶？

所谓"本"，即"体气"，指体制与气格，是一个时代或一位诗人创作体现的整体风貌。"末"则是"字句"等语言构成因素。论"本"意识的确立，与"审其源流，识其正变"的批评方法一致，也与他倡学汉魏盛唐高格古调，反对单纯摹拟唐人字句有关。只有辨清诗歌的体格气象，才能把握住诗歌的本体精神；只讲句法字法而不讲气格、体制，是本末轻重倒置的做法。他还反对将作文之法运用于诗论，最反感用讲解科举时文的术语来论诗。与举本统末的思维方式一致，在批评视角方面，许学夷提出了总体把握的主张：

> 古今人论诗，论字不如论句，论句不如论篇，论篇不如论人，论人不如论代。晚唐、宋、元诸人论诗，多论字、论句，至论篇、论人者寡矣，况论代乎？予之论诗，多论代、论人，至论篇、论句者寡矣，况论字乎？（各卷中虽多引篇摘句，实论一代之体，或一人之体也）

只有总体考察每一代诗歌创作形式风格的特点，及重要诗人诗歌创作的独特风貌，才能把握诗歌发展与流变的历史。用历史的眼光看诗体的演变在北宋极为少见，从南宋开始亦多有此类论述。如张戒《岁寒堂诗话》诗"五等说"曰："国朝诸人诗为一等，唐人诗为一等，六朝诗为一等，陶阮、建安七子、两汉为一等，《风》《骚》为一等，学者须以次参究，盈科而后进，可也。"朱熹《答巩仲至》有诗"三等"说，罗大经《鹤林玉露》誉此论为"本末兼该"。严羽《沧浪诗话·诗评》曰："大历以前，分明是一副言语；晚唐，分明是一副言语；本朝诸公，分明别是一副言语。如此见，方许具一只眼。"张戒、朱熹等人已经很注重辨别上下古今体制的变化，而不是仅仅局限于本朝诗风；并且开始倡导作诗须取法高格，以盛唐为中心，向上追溯到汉魏古诗，向下将盛唐与中晚唐区分开来。四言以《三百篇》为宗，五言古诗以汉魏为尚，律诗以盛唐为尊，在他们看来，已为不易之论。严羽的四唐说大致亦由此发展而来。

诗体流变的历史至元明以后逐渐丰满而清晰起来。诗歌选本在其中承担重要角色。方回《瀛奎律髓》选唐宋诗，其中注语多为溯源流、辨体制。杨士弘《唐音》即为"别体制自始终，审音律之正变"之作。明初高棅《唐诗品汇》亦旨在"辨尽诸家，剖析毫芒"。明代中期以后胡应麟的《诗薮》、许学夷的《诗源辩体》等著作亦是这个方面成就的代表。

2. 辨体不辨意

明代诗学与理学关系非常复杂。明中期文学复古运动的内容之一即为反对理学背景下产生的宋诗及其诗歌批评方法。宋代高扬理性精神，推崇知与识，在文学创作与批评中，理性精神办不能缺位。但是理性因素在文学创作过程中应当处于隐性的地位，认识价值不能取代情感价值，词理意兴各因素应当有机结合在诗歌创作中。宋诗受理学的影响往往理性因素突显出来。

所谓理学思维，其含义可从多层面理解。首先，诗歌创作是以逻辑推理的方式去描绘事物或表现情感。正如严羽所说："诗有词理意兴。南朝人尚词而病于理；本朝人尚理而病于意兴；唐人尚意兴而理在其中；汉魏之诗，词理意兴，无迹可求。"明代杨慎所引："唐人诗主情，去《三百篇》近；宋人诗主理，去《三百篇》却远矣。"宋诗因为不讲情兴，故而有违《诗经》重比兴的诗学传统。谢榛《四溟诗话》亦曰："诗有辞前意，辞后意，唐人兼之，婉而有味，浑而无迹。宋人必先命意，涉于理路，殊无思致。"又曰："宋人谓作诗贵先立意。李白斗酒百篇，岂先立许多意思而后措辞哉？盖意随笔生，不假布置。诗有不立意造句，以兴为主，漫然成篇，此诗人之入化也。"（同上）强调诗歌要有兴味含蓄蕴藉，耐人寻味。

其次，在批评方法上，理学思维表现为以逻辑分析的方式去论诗，如欧阳修批评张继《枫桥夜泊》之"夜半钟"为"理有不通"，以是否合理为论诗的标准，引起后人激烈的论争。

再次，以理为世界观的重要标准，必然重视法度。如许学夷认为"搜剔字义，贯穿章旨"的论诗之法，重在论得失与论字义，均属于"辩意"，都近于理学。

最后，宋诗主理的突出现象就是性气诗的流行，以韵文形式传理学之精神，明代亦有不少人效法。影响较大的是明中期陈献章、庄昶等人创作。而以李梦阳、何景明为代表的弘正诸子倡导文学复古运动在很大程度上是欲重树诗歌创作重比兴的传统审美理想。

反对宋诗"主理"倾向是明代复古派诗学重要论题之一。真正在批评方法上明确反对理学思想的是许学夷。《诗源辩体·凡例》第一条曰："此编以《辩体》为名，非辩意也，辩意则近理学矣。"可见"辩体"是与"辩意"相对而言的（辩，通"辨"）。许学夷又云：

> 风人之诗，诗家与圣门，其说稍异。圣门论得失，诗家论体制。至论性情声气，则诗家与圣门同也。若搜剔字义，贯穿章旨，不惟与诗家大异，亦与圣门不合矣。

他认为诗家与理学家相同处在于：他们都讨论性情声气；不同处在于：理学家旨在阐述政教人伦之得失，而诗家则重在讨论艺术形式。他评价朱熹论《风诗》曰"然朱子有正与不正者，盖重意而略辞也。"性情有正与不正之分，朱熹很显然是在论得失。许学夷又论朱熹评《楚辞》曰：

> 宋玉《招魂》，语语警绝。唐勒《大招》，虽仿其体制，而文采不及。《文选》取《招魂》而遗《大招》，是也。朱子谓："《大招》于天道诎伸动静，若粗识其端倪，于国体时政，又颇知所先后。"遂以为胜《招魂》。此儒者之见，非词家定论也。

认为朱熹往往从理学家的立场而非以词家的眼光来解读《诗经》与《楚辞》，在此表现了鲜明的诗歌批评家的自觉意识。

由此我们可以看到，明代唐宋诗之争，不单单是诗歌发展史观的问题，更重要的是对诗歌本质认识的问题。从历史的维度来看文学本质，对文学本质特征的认识本身亦是历史性的，然诗歌创作中若理性因素完全占主导地位，诗歌本体也就被消解了。

3. 先守正　后出奇

对"体制为先"的内涵，还有一个从文学创新角度理解的问题。"体制为先"往往是针对变化创造而言。如李梦阳所言："夫追古者未有不先其体者也。然守而未化，故蹊径存焉。"学古者以学习古代体制格调为先，但不能守而不化。王廷相强调博学的重要性，主张从拟议到变化的创作路径：

> 工师之巧，不离规矩；画手迈伦，必先拟摹。《风》《骚》乐府，各具体裁；苏、李、曹、刘，辞分界域。欲擅文圃之撰，须参极古之遗，调其步武，约其尺度，以为我则，所不能已也。久焉纯熟，自尔悟入，神情昭于肺腑，灵境彻于视听，开阖起伏，出入变化，古师妙拟，悉归我阃。

他对诗歌创作从学习传统到悟入再到出入变化这一过程的描述是符合创作实际的。

边贡（1476—1532），字廷实，有《华泉集》。边贡诗论亦强调守正出奇，其《题史元之所藏沈休翁高铁溪诗卷》一文曰："兵法有奇有正，诗法亦然，而知者寡矣。休翁铁溪，固诗家之登坛者也。由今观之，盖高得其奇，而沉得其正。世之论诗者多厌正而喜奇，喜奇则难矣正，固不易造也。奇非正，则多失；正非奇，则茸然不振；其病均耳。守之以正，而时出其奇，非老将孰能当之！"正为常体，之后再追求变化出奇。

拟议成其变化，守正出奇，在理论上实践上都是言之成理的。但现实是，古典诗歌发展历时五百年，至唐末，各种形式都已成熟、各种风格都已具备，其间诗人各从其尚，各骋其才，各尽其变，创新的空间已经很小，在形式上有重大突破的可能性很小，尽管这并非意味着古典诗歌形式就不适合表现当代人的情感。七子派提倡学古诗之正体，客观上导致了摹拟之风的盛行，尽管他们并非死守正体。

4. "体制"与"性情"之争

明中后期，由于七子派重视辨体格声调带来的负面效应，"体制为先"又成为文学革新运动提倡"独抒性灵"的对立面。在朱熹、严羽那里重体制规范与诗歌言志吟咏性情并非对立而言。明初高启论曰："诗之要三，曰格、曰意、曰趣而已。格以辨其体，意以达其情，趣以臻其妙也。体不辨则入于邪陋，而师古之义乖；情不达则堕于浮虚，而感人之实浅；妙不臻则流于凡近，而超俗之风微。三者既得，而后典雅、冲淡、豪俊、秾缛、幽婉、奇险之辞，变化不一，随所宜而赋焉。"在高启的诗学体系中体格情意妙趣是三位一体的，似无先后之分。

李梦阳《潜虬山人记》曰："格古，调逸，气舒，句浑，音圆，思冲，情以发之。"《林公诗序》又曰："夫诗者，人之鉴者也。夫人动之志，必着之言，言斯永，永斯声，声斯律，律和而应，声永而节，言弗暌志，发之以章，而后诗生焉。……谛情、探调、研思，察气，以是观心，无庾人矣。"他细致地阐述了情感变成诗歌这一物化过程中，与言、声、律等物质媒介相契合的生成特征。显然李梦阳既重视向古人学习体制规范，又是分析情感发生论的高手。

前七子中的徐祯卿（1479—1511）更强调情为诗之本源："情者，心之精也。情无定位，触感而兴，既动于中，必形于声。……盖因情以发气，因气以成声，因声耳绘词，因词而定韵，此诗之源。"他还提出"因情立格"的主张，认为情感是诗歌的核心，格调取决于性情，突出了"情"在创作中的主导地位。不过他亦指出："诗贵先合度，而后工拙。纵横格轨，各具风雅。繁钦《定情》，本之郑、卫；'生年不满百'，出自《唐风》；王粲《丛军》，得之二《雅》；张衡《同声》，亦合《关雎》。诸诗固自有工丑，然而并驱者讬之轨度也。"情感、格调在他的理论中实际上是并重的。

　　然七子派同时代人对李、何、徐等人的诗学主张已持反对意见。陆深（1477—1544），字子渊，松江人，弘治十八年（1505）进士，与李梦阳、何景明、徐祯卿有交游。他开始将模拟之风归咎于"体制为先"的观念，论曰："作诗一事，古人论之详矣。要先认门庭，乃运机轴，须发之性情，写乎胸次，然后体裁格律辩焉。方今诗人辈出，极一代之盛。大抵古宗《选》，律宗杜，可谓门庭正，机轴工矣。惜乎过于摹拟，颇伤骨气。"他指出专工体制的弊病："诗之作，工体制者乏宽裕之风，务气格者少温润之气。"他还反复强调"诗出于情，而体制气格在所后矣。此诗之本也"，认为《三百篇》"多出于委巷与女妇之口，其人初未尝学，其辞旨顾足为后世经。何则？出于情故也"。他指出李、何近体创作在体制、格调方面并无突破："诗贵性情，要从胸次中流出。近时李献吉、何仲默最工，姑自其近体论之，似落入格套，虽谓之拟作可也。"

　　张含（1479—1565），字愈光。云南保山人。正德举人。"杨门七学子"之一，曾师事李梦阳，有《禺山诗选》。他曾经与何景明论诗，何认为："行空之马，必服衔控。高才之诗，必准古则。"张含则认为，诗贵于神，不贵于古体之同，其曰："夫学诗，惟其神，不于其形。《诗》《骚》曰经，何则于古。故诗必自成其家，而后可传也。苟徒体规矩，以画方圆，则貌象虽符同，而性情咸隐矣。"这样性情与体制辨析理论上的对立逐渐建构起来。

　　在晚明文学革新思潮中，树立诗文创作新风气最有代表性的作家群体是公安派。针对复古派反观传统，取法汉魏盛唐，公安派提出主"变"的文学发展观为其要求文学革新的理论基础。从所处的时代出发，公安派深刻揭示了文学发展变化的必然性，探讨了文学发展的基本规律。袁宏道强调诗法自然，独抒性灵之作，他在《答李元善》中论道："文章新奇，无定格式，只要发人所不能发，字法句法调法，一一从自己胸中流出，此真新奇也。"提倡字法句法调法与性灵的结合。公安派"独抒性灵，不拘格套"的理论主张，有力地扫荡了文坛的泥古风气。但是过分强调"不拘格套"，因而否定了含蓄蕴藉诗学传统；在文学发展观上，只讲变，不讲通，对传统一概否定，均表明公安派文学理论存在其片面性。而在创作上，公安派诗歌从整体看，偏于俚俗，过于直白；文章亦多流露出士大夫的闲情逸致，而缺少对时代、社会真正的关注。

　　袁中道对此进行了修正，他论道：

　　　　国朝有功于风雅者，莫如历下，其意以气格高华为主，力塞大历后之窦，于时宋元近代之习为之以洗。及其后也，学之者浸成格套，以浮响虚声相高，凡胸中所欲言者皆郁而不能言，而诗道病矣。先兄中郎矫之，其意以发性灵为主，始大畅其意所欲言，极其韵致，穷其变化，谢华启秀，耳目为之一新。及其后也，学之道稍入俚易，境无不收，情无不写，未免冲口而发，不复检括，而诗道又将病矣。

在《蔡不瑕诗序》中说："当熟读汉魏及三唐人诗，然后下笔，切莫率自矜臆，便谓不纤不陌可以名世也。""取汉魏三唐诸诗，细心研入，合而离，离而复合，不效七子诗，亦不效袁氏少年未定诗，而宛然复传盛唐诗之神，则善矣。"他主张既要向汉魏盛唐学习，又要避免"浮泛之病"；既要学其兄"发抒性灵"，又要"力塞后来俚易趋习"（同上）；还要注重法度。这些言论对公安派诗歌理论的片面性起到了救弊补偏的作用，但公安派亦随着异端思想的逝去而解体。

明清之际，钱谦益强调诗歌有性情才有诗，当先论性情，而后论"妍媸巧拙"。其《书瞿有仲诗卷》曰："余常谓论诗者，不当趣论其诗之妍媸巧拙，而先论其有诗无诗。所谓有诗者，惟其志意偪塞，才力愤盈，如常风之怒于土壤，如水之壅于息壤，傍魄结辖，不能自喻，然后发作而为诗。凡天地之内，恢诡谲怪，身世之间，交互纬缅，千容万状，皆用以资为诗，夫然后谓之有诗，夫然后可以叶其宫商，辨其声病，而指陈其高下得失。如其不然，其中枵然无所有，而极其捋撦之力，以自命为诗。剪彩不可以为花也，刻楮不可以为叶也。其或矫厉精气，寄托感愤，不疾而呻，不哀而悲，皆物象也，皆余气也，则终谓之无诗而已矣。"很显然钱谦益的诗论体系既与复古派针锋相对又有别于公安派。他从重塑传统儒家诗教的层面论情性，不同于袁宏道"独抒性灵"之源自心学。在复古派诗学体系中体格声调与性情是完整统一的，而在他看来形式风格是独立于性情之外的。然而七子派虽未将体格声调与性情对立起来，但在创作实践上，由于一般的诗歌创作者很难将二者统一起来，故其拟议以成其变化的诗学路径不能解决诗歌创作的根本问题。因而无论钱谦益对复古派的批评有多么偏激，他强调诗之本在于性情，都具有纠正时弊的重要意义。

论诗"以体制为先"是否意味着与"文以气格为主"的对立，是否意味着诗歌创作不讲性情、声气？"体制为先"强调体制的重要性，重视艺术形式的规范要求，但从整个理论体系看，注重体制，与讲性情、声气并不矛盾。如晚明许学夷论曰：

风人之诗，其性情、声气、体制、文采、音节，靡不兼善。
风人之诗既出乎性情之正，而复得于声气之和，故其言微婉而敦厚，优柔而不迫，为万古诗人之经……正风如《关雎》……，皆哀而不伤，怨而不怒。学者苟能心气和平，熟读涵泳，未有不恻然而感，惕然而动者。
于此而终无所得，则是真识迷谬，性灵梏亡，而于后世之诗，亦无从悟
入矣。

他认为，对体制规范、诗体源流的辨析，不可能排除对有无性情、气格高卑的
评判。风人之诗为历代诗体之源头，其性情之正、声气之和形成了体制上"微
婉而敦厚，优柔而不迫"的特点。而对历代诗歌体格高下的评定往往主要决定
于其"性情"与"气格"。论汉、魏诗异同，许学夷认为其异同根本所在即
"情兴"，同者，均为"情兴所至，以不意得之，故其体皆委婉，而语皆悠圆，
有天成之妙"；异者，"情兴未至，始着意为之，故其体多敷叙，而语多构结，
渐见作用之迹。"故而汉、魏诗在表现手法和语言风格上有不同的结果。

气格之论，是对诗歌体现的诗人主体精神高下的品评。

汉人五言为"气格自在"与"气之浑成"，令人不觉"气格"之存在，当
为"气"之最高境界。许学夷论魏以后诗始言气格，其曰："汉人五言本乎天
成，其气格自在，魏人渐见作用，语多构结，故气格似胜。知此，则太康、元
嘉可类推矣。"

对于西晋诗人座次有各种排法，钟嵘以讲究文采为标准，故以陆机、潘
岳、张协、左思为序，许学夷以气格品第四家，故以左思为首，次以陆机、张
协、潘岳，其曰："太冲浑成独冠；士衡雕刻伤拙，而气格犹胜；景阳华彩俊
逸，而气稍不及；安仁体制既亡，气格亦降，察其才力，实在士衡之下。"又
论谢朓五言虽多有佳句，然较之谢灵运，则"气格遂降"。他更推崇"声色"
与"气格"兼备的初唐诗，论初唐五七言律曰："有声有色者人易识之，有气
有格者人未易识也。"无"声色"未为不可，若无"气格"，则诗体顿衰，晚唐
诗即为其代表。

"体制为先"的诗歌辨体观念特别强调对诗歌体制规范、艺术风貌的辨析，
这主要体现为诗学之学诗方面，论诗歌创作，明人仍然最为重视情兴。晚明陈
子龙亦提出论诗要先辨体制风格之雅俗，然后考性情之正邪。其《宣城蔡大美
古诗序》云："夫今昔同情，而新故异制；异制若衣冠之代易，同情若嗜欲之
必气；代易者一变而难返，必奇者深造而可得。"他认为诗人的情感须纳入形
式的基本规范中。赵宧光天启三年刊刻的诗学著作《弹雅》将体制声调的雅化
作为诗学的首要问题。他论及诗歌情真与雅化之间的关系曰："情真、景真，
误杀天下后世。不典不雅，鄙俚叠出，何尝不真？于诗远矣！古人胸中无俗
物，可以真境中求雅，今人胸中无雅调，必须雅中求真境。如此求真，真如金
玉；如彼求真真如沙砾矣。大抵汉唐之真如此，宋人之真如彼；初盛之真如
此，晚唐之真如彼。二法悬殊，不可不辨。"真情、真景不一定都能入诗。这

就认识到诗歌语言与日常语言是不同的，诗歌表现情感并非直接等同于作者的情感本身。明代诗学论争表面上呈现为复古与反复古、性情与体制、格调与性灵、模拟与创新间的矛盾，本质上均可归之于求雅与随俗的矛盾。

由上所述，"体制为先"观念，虽然强调体制的重要性，重视艺术形式的规范要求，但其理论的对立面绝不是性情、声气。性情、声气正是影响诗体流变的最主要因素。明代复古派诗论在理论上并未将辨体、尊体与诗歌创作"发乎性情"对立起来，充分表明了他们对诗歌本体特征的正确把握；在诗歌审美上，他们将《国风》《楚辞》所代表的"既出乎性情之正，复得于声气之和"的雅正的诗学传统作为诗人万古不变之经；而在创作实践上，李、何等人亦多有发乎性情之作，不可一概以摹拟视之。明代诗歌辨体批评是以艺术批评或美学批评为主，而极少包含政教批评或道德伦理批评的因素。这种既侧重于形式分析而又将情感因素与形式流变紧密结合的批评形态，有其悠久的诗学传统。正如《文心雕龙·附会篇》所论："夫才童学文，宜正体制：必以情志为神明，事义为骨髓，辞采为肌肤，宫商为声气。"体制正是对情志、事义、辞采、宫商各种要素的具体规范与要求。"体制"与"性情"二者割裂，必定会导致创作实践的失败。正是基于一种自觉的"辨体不辨意"的批评意识，明代诗歌辨体批评在历史与理论的纵横双向上均获得了更为深入的发展。

【思考题】

1. 试分析明代诗学中"格调"论的内涵与意义。
2. 谈谈对李梦阳"真诗在民间"观点的看法。
3. 试述唐顺之"本色"论的独特内涵与意义。
4. 试述明代诗学中"体制为先"观念的内涵与意义。

第十一章　李贽与晚明文论

第一节　经典文本阅读

【原典阅读】

一、童心说 （李贽）

龙洞山农叙《西厢》①末语云："知者勿谓我尚有童心可也。"夫童心者，真心也。若以童心为不可，是以真心为不可也。夫童心者，绝假纯真，最初一念之本心也②。若失却童心，便失却真心；失却真心，便失却真人。人而非真，全不复有初矣。

童子者，人之初也；童心者，心之初也。夫心之初，曷可失也！然童心胡然而遽失③也？盖方其始也，有闻见从耳目而入，而以为主于其内而童心失。其长也，有道理从闻见而入，而以为主于其内而童心失。其久也，道理闻见日以益多，则所知所觉日以益广，于是焉又知美名之可好也，而务欲以扬之而童心失；知不美之名之可丑也，而务欲以掩之而童心失。夫道理闻见，皆自多读书识义理④而来也。古之圣人，曷尝⑤不读书哉！然纵不读书，童心固自在也，纵多读书，亦以护此童心而使之勿失焉耳，非若学者⑥反以多读书识义理而反障之也。夫学者既以多读书识义理障其童心矣，圣人又何用多著书立言以障学人为耶？童心既障，于是发而为言语，则言语不由衷；见而为政事，则政事无根柢；著而为文辞，则文辞不能达。非内含以章美也⑦，非笃实生辉光也，欲求一句有德之言，卒不可得。所以者何？以童心既障，而以从外入者闻见道理为之心也。

夫既以闻见道理为心矣，则所言者皆闻见道理之言，非童心自出之言也。言虽工，于我何与？岂非以假人言假言，而事假事文假文乎？盖其人既假，则无所不假矣。由是而以假言与假人言，则假人喜；以假事与假人道，则假人喜；以假文与假人谈，则假人喜。无所不假，则无所不喜。满场是假，矮人何辩也⑧？然则虽有天下之至文，其湮灭于假人而不尽见于后世者，又岂少哉！何也？天下之至文，未有不出于童心焉者也。苟童心常存，则道理不行，闻见不立，无时不文，无人不文，无一样创制体格文字而非文者⑨。诗何必古选⑩，文何必先秦，降而为六朝，变而为近体；又变而为传奇⑪，变而为院本⑫，为杂剧⑬，为《西厢曲》，为《水浒传》，为今之举子业⑭，皆古今至文，不可得而时势先后论也。故吾因是而有感于童心者之自文也，更说甚么六经，更说甚么《语》《孟》乎？

夫《六经》《语》《孟》，非其史官过为褒崇之词，则其臣子极为赞美之语。又不然，则其迂阔门徒，懵懂弟子，记忆师说，有头无尾，得后遗前，随其所见，笔之于书。后学不察，便谓出自圣人之口也，决定目之为经矣，孰知其大半非圣人之言乎？纵出自圣人，要亦有为而发，不过因病发药，随时处方，以救此一等懵懂弟子，迂阔门徒云耳。药医假病，方难定执⑮，是岂可遽以为万世之至论乎？然则《六经》《语》《孟》，乃道学之口实，假人之渊薮也⑯，断断乎其不可以语于童心之言明矣。呜呼！吾又安得真正大圣人童心未曾失者而与之一言文哉！

（选自《焚书》卷三，中华书局点校本）

① 龙洞山农：焦竑的别号。焦竑（1540—1620），明代学者。字弱侯，号漪园、澹园，江宁（今江苏南京市）人，官至翰林院修撰。藏书丰富，多著述，是李贽的挚友。所著有《澹园集》《焦氏类林》《老子翼》《庄子翼》等。他曾为《西厢记》作序，结尾云："知者勿谓我尚有童心可也。"

② 最初一念之本心也：人之初始时所固有的情感。初：是未接受外来影响之前的人最初的自然淳朴状态。本心：人的本性所固有的情感。

③ 胡然而遽失：为什么很快就失去。胡然：怎样。遽失：突然丧失。

④ 义理：旧时指经义。宋以后主要指程朱理学，并非一般的知识道理。

⑤ 曷尝：何尝。

⑥ 学者：指一般道学家。

⑦ 内含以章美：内心的真实表现为外部的美好。章：通"彰"，表明，显扬的意思。

⑧ 满场是假，矮人何辩也：这里用矮人观场的典故做比喻，说明假人一切皆假，看不清真相者就无从分辨了。比喻心无主见，随声附和。《朱子语类》卷二十七："正如矮人看戏一般，见前面人笑，他也笑，他虽眼不曾见，想必是好笑，便随他笑。"清代赵翼有诗句·"矮人看戏何曾见，都是随人说短长。"场：戏场。

⑨ "苟童心常存"句：只要童心长存，遮蔽童心的道理闻见都不能发生作用，只要是出自童心，任何时候、任何人都可写文章，没有一种形式、体裁、文字不可以用来写文章。

⑩ 诗何必古选：好的诗歌未必就出于古时的诗歌选本。这是针对前七子所提倡的口号"文必先秦，诗必盛唐"而言。古选：指《照明文选》选录的诗歌。

⑪ 传奇：指唐宋传奇，即唐宋之时的短篇小说。

⑫ 院本：供"行院"（戏剧艺人的居处，也指戏剧艺人）演出的杂剧剧本，这是金代对剧本的称呼，是元杂剧成熟之前的早期戏剧作品。

⑬ 杂剧：指元杂剧，它在艺术形式上直接上承金院本，并在诗词、讲唱文学的基础上形成自己的独特风格。

⑭ 举子业：又称举业，用于科举考试的文字，这里指八股文。

⑮ 药医假病，方难定执：医生所开的药依据病人的具体情况为转移，一付药方很难作为万应的灵方。文中用药方因病不同而不同的道理，说明一切经论的出现都有其针对性和权设性，因此不能对其过分执著。假：凭借。方，药方。定执：固定不变。

⑯ 乃道学之口实，假人之渊薮也：意思是儒家经典，是产生假人的源头。口实：假托的理由，借口。渊：深水，鱼住的地方。薮：水边的草地，兽住的地方。渊薮：比喻人或事物集中的地方。

二、雪涛阁集序（袁宏道）

文之不能不古而今也，时使之也①。妍媸之质，不逐目而逐时②。是故草木之无情也，而鞓红鹤翎，不能不改观于左紫溪绯③。唯识时之士，为能隄其陿而通其所必变④。夫古有古之时，今有今之时，袭古人语言之迹，而冒以为古，是处严冬而袭夏之葛者也⑤。

《骚》之不袭《雅》也，《雅》之体穷于怨，不《骚》不足以寄也⑥。后之人有拟而为之者，终不肖也，何也？彼直求《骚》于《骚》之中也⑦。至苏、李述别及《十九》等篇，《骚》之音节体制皆变矣，然不谓之真《骚》不可也。古之为诗者，有泛寄之情，无直书之事；而其为文也，有直书之事，无泛寄之情，故诗虚而文实。晋、唐以后，为诗者有赠别，有叙事；为文者有辨说，有论叙。架空而言，不必有其事与其人，是诗之体已不虚，而文之体已不能实矣。古人之法，顾安可概哉？

夫法因于敝而成于过者也⑧。矫六朝骈丽饤饾之习者⑨，以流丽胜，饤饾者固流丽之因也，然其过在轻纤。盛唐诸人，以阔大矫之，已阔矣，又因阔而生莽。是故绩盛唐者，以情实⑩矫之。已实矣，又因实而生俚。是故绩中唐者，以奇僻矫之。然奇则其境必狭，而僻则务为不根⑪以相胜，故诗之道，至晚唐而益小。有宋欧、苏辈出，大变晚习，于物无所不收，于法无所不有，于情无所不畅，于境无所不取，滔滔莽莽，有若江河。今之人徒见宋之不唐法，而不知宋因唐而有法者也。如淡非浓，而浓实因于淡。然其敝至以文为诗，流而为理学，流而为歌诀，流而为偈诵⑫，诗之弊又有不可胜言者矣。

近代文人⑬，始为复古之说以胜之。夫复古是已，然至以剿袭为复古，句比字凝，务为牵合，弃目前之景，摭⑭腐滥之辞，有才者诎⑮于法，而不敢自伸其才，无之者，拾一二浮泛之语，帮凑成诗。智者牵丁习⑯，而愚者乐其易，一唱亿和，优人驺子⑰，皆谈雅道。吁，诗至此，抑可羞哉！夫即诗而文之为弊，盖可知矣⑱。

余与进之游吴以来⑲，每会必以诗文相励，务矫今代蹈袭之风。进之才高识远，信腕信口，皆成律度，其言今人之所不能言，与其所不敢言者。或曰："进之文超逸爽朗，言切而旨远，其为一代才人无疑。诗穷新极变，物无遁情，然中或有一二语近乎近俚近俳⑳，何也？"余曰："此进之矫枉之作，以为不如是，不足矫浮泛之弊，而阔时人之目也。"然在古亦有之，有以平而传者，如"睫在眼前人不见"㉑之类是也；有以俚而传者，如"一百饶一下，打汝九十九"㉒之类是也；有以俳而传者，如"迫窘诘曲几穷哉"㉓之类是也。古今文人，为诗所困，故逸士辈出，为脱其粘而释其缚㉔。不然，古之才人，何所不足，何至取一二浅易之语，不能自舍，以取世嗤哉？执是以观，进之诗其为大家无疑矣。诗凡若干卷，文凡若干卷，编成，进之自题曰《雪涛阁集》，而石公袁子为之叙。

（选自钱伯城笔校：《袁宏道集笺校》，上海，上海古籍出版社，2008）

① "文之不能不古而今也"二句：意思是文章不得不从古代发展到现在，这是时代造成的，不以人的意志为转移。

② 妍媸之质，不逐目而逐时：事物美丑的实质，虽然不以人的眼光而转移，却随着时代的变化而变化。

③ 是故草木之无情也，而鞓（tīng）红鹤翎，不能不改观于左紫溪绯：鞓红、鹤翎、左紫、溪绯，都是牡丹的品种名。欧阳修《洛阳牡丹记》："鞓红者，单叶深红……其色类腰带鞓，谓之鞓红"；"鹤翎红者，多叶花，其末白而本肉红，如鸿鹄羽毛"；"左紫，千叶紫花也……生于豪民左氏家"；"潜溪绯者，千叶绯花，出于潜溪寺。"左紫、潜溪绯二花是牡丹的变种。这里以牡丹品种的变化为例，来说明"文之不能不古而今也，时使之也"的道理。

④ 唯识时之士，为能隄（dī）其隤（tuí）而通其所必变：事物的发展，积累的时间长了，一定会生出弊端，有识之士懂得穷则必变的道理，因此用继承来维系它的长久，防止它的崩溃。"隄"通堤，"隤"通溃。隄其隤：这里是防止事物崩溃的意思。

⑤ 是处严冬而袭夏之葛者也：这里讽刺作为当时人偏要模仿古代语言，这就好比严冬时节而穿夏天的单衣。葛：单衣。

⑥《骚》之不袭《雅》也，《雅》之体穷于怨，不《骚》不足以寄也：骚体之所以不因袭大雅、小雅的原因在于——雅体表达怨情的能力已经达到极限，因此不变为骚体，就不足以淋漓尽致地抒发哀怨之情。

⑦ 直求《骚》于《骚》之中：意思是说拟古的人不懂得变通的道理，只是局限在对骚体固定体式的机械模拟中来学习骚体。

⑧ 夫法因于敝而成于过者也：一种新的法则，是出于纠正旧法弊病的需要而产生的，因此说它"因于敝"。敝，旧、坏。而新法在矫枉之时难免过正，从而产生新的偏颇，于是它的生命也就结束了，因此说它"成于过"。成：生命的完结。过：过分，偏颇。

⑨ 饤（dìng）饾（dòu）：原意是指陈列上食物但不食用。韩愈有"或如临食案，肴核纷饤饾"，后来则用来比喻写文章堆砌辞藻而不顾内容的习气。

⑩ 情实：指诗中的描写质实而明确。

⑪ 不根：指所言无理论根据，就犹如树木没有根柢。

⑫ 偈诵：僧人表达佛理或者颂扬佛功德的诗歌。宋代文学家受佛教影响，不少人也写偈诵。

⑬ 近代文人：指李梦阳、何景明等前七子。

⑭ 摭（zhí）：选取，摘取。

⑮ 诎（qū）：通"屈"。弯曲：委曲。

⑯ 牵于习：拘牵于积习。

⑰ 优人驺（zōu）子：优人，俳优之人，这里指模仿者。驺子：富贵的人出行时随从的骑卒，这里指众多的亦步亦趋者。

⑱ 夫即诗而文之为弊，盖可知矣：从诗的情况来推想时文的弊病，也就可以知道了。

⑲ 游吴以来：袁宏道于万历二十三年任吴县县令，所谓"游吴"即指此。在吴县，他与江盈科有过往来，并互相商讨矫正拟古时弊的事情。江盈科《锦帆集序》："乙未之岁，余友中郎袁君来宰吴……不佞尝诣吴署谒君"，袁宏道给江盈科的信也说："虽说吴令烦苦，其实良朋相聚，亦是快事，他日虎丘一块石、太湖一勺水，传吾两人佳话，未可知也"；"世人蔽锢已久，当与兄并力唤醒。"江盈科，字进之，号绿萝山人，湖广桃源人。万历进士，官至四川提学副使。著有《雪涛阁集》《明十六种小传》。

⑳ 近平近俚近俳：平：平直。俚：鄙俗。俳：戏谑。

㉑ 睫在眼前人不见：杜牧《登池州九峰楼寄张祜》："睫在眼前长不见，道非身外更何求。"

㉒ 一百放一下，打汝九十九：卢仝《寄男抱孙》："他日吾归家，家人若弹纠。一百放一下，打汝九十九。"

㉓ 迫窄诘屈几穷哉：《柏梁诗》东方朔句："迫窄诘屈几穷哉。"

㉔ 脱其粘：谓使人从对旧法的固执之中解脱出来。

三、叙小修诗（袁宏道）

弟小修①诗，散逸者多矣，存者仅此耳。余惧其复逸也，故刻之。弟少也慧，十岁余即著《黄山》《雪》二赋，几五千余言，虽不大佳，然刻画饤饾②，傅以相如、太冲之法③，视今之文士矜重以垂不朽者，无以异也。然弟自厌薄之，弃去。顾独喜读老子、庄周、列御寇④诸家言，皆自作注疏，多言外趣，旁及西方之书⑤，教外之语⑥，备极研究。既长，胆量愈廓，识见愈朗，的然以豪杰自命，而欲与一世之豪杰为友。其视妻子之相聚，如鹿豕之与群而不相属也⑦；其视乡里小儿，如牛马之尾行而不可与一日居也⑧。泛舟西陵⑨，走马塞上，穷览燕、赵、齐、鲁、吴、越之地，足迹所至，几半天下，而诗文亦因之以日进。大都独抒性灵，不拘格套，非从自己胸臆流出，不肯下笔。有时情与境会，顷刻千言，如水东注，令人夺魄。其间有佳处，亦有疵处，佳处自不必言，即疵处亦多本色独造语。然予则极喜其疵处；而所谓佳者，尚不能不以粉饰蹈袭为恨，以为未能尽脱近代文人气习故也。

盖诗文至近代而卑极矣，文则必欲准于秦、汉，诗则必欲准于盛唐，剿袭模拟，影响步趋，见人有一语不相肖者，则共指以为野狐外道⑩。曾不知文准秦、汉矣，秦、汉人曷尝字字学《六经》欤？诗准盛唐矣，盛唐人曷尝字字学汉、魏欤？秦、汉而学《六经》，岂复有秦、汉之文？盛唐而学汉、魏，岂复有盛唐之诗？唯夫代有升降，而法不相沿，各极其变，各穷其趣，所以可贵，原不可以优劣论也。且夫天下之物，孤行则必不可无，必不可无，虽欲废焉而不能；雷同则可以不有，可以不有，则虽欲存焉而不能。故吾谓今之诗文不传矣。其万一传者，或今闾阎妇人孺子所唱《擘破玉》《打草竿》之类⑪，犹是无闻无识真人所作，故多真声，不效颦于汉、魏，不学步于盛唐，任性而发，尚能通于人之喜怒哀乐嗜好情欲，是可喜也。

盖弟既不得志于时，多感慨；又性喜豪华，不安贫窘；爱念光景，不受寂寞⑫。百金到手，顷刻都尽，故尝贫；而沈湎嬉戏，不知樽节⑬，故尝病；贫复不任贫，病复不任病，故多愁。愁极则吟，故尝以贫病无聊之苦，发之于诗，每每若哭若骂，不胜其哀生失路⑭之感。予读而悲之。大概情至之语，自能感人，是谓真诗，可传也。而或者犹以太露⑮病之，曾不知情随境变，字逐情生，但恐不达，何露之有？且《离骚》一经，忿怼之极，党人偷乐⑯，众女谣诼⑰，不撄中情，信谗齌怒⑱，皆明示唾骂，安在所谓怨而伤者乎？穷愁之时，痛哭流涕，颠倒反覆，不暇择音⑲，怨矣，宁有不伤者？且燥湿异地，刚柔异性⑳，若夫劲质而多怼，峭急而多露，是之谓楚风㉑，又何疑焉？

（选自钱伯城笺注：《袁宏道集笺校》，上海，上海古籍出版社，2008）

① 小修：袁宏道的弟弟，名中道（1570—1623），字小修，湖广公安（今属湖北）人，万历进士，官南京吏部郎中，有《珂雪斋集》。他与其兄宗道、宏道并称三袁，同以"公安派"著称。他也反对拟古，主张以自然为宗，但又想矫正袁宏道的俚俗，追求优雅。

② 刻画钉饾：刻画物象，堆砌辞藻。钉饾：也作"饾钉"，是指摆放在器皿中的蔬果，一般仅供陈设。韩愈云："或如临食案，肴核纷钉饾。"后引申为辞藻典故的堆积。

③ 傅以相如、太冲之法：用司马相如、左思为文铺陈的方法。傅：辅助。相如：即司马相如（约前 179～前 117），字长卿，四川蓬州（今南充蓬安）人，一说成都人，汉代文学家。太冲：即左思，太冲是左思的字，生卒年不详，临淄（今山东淄博）人，西晋文学家。

④ 列御寇：即列子。相传为战国郑人。著《列子》一书，原书早佚，今本当为魏晋时人伪作。

⑤ 西方之书：指佛教典籍。

⑥ 教外：即外教，佛教称佛教以外的其他宗教为外教。

⑦ "其视妻子之相聚"句：他看妻儿老小相聚一起，就像鹿与猪的共处，心中毫不关注。意思是说袁中道鄙弃凡俗生活。

⑧ "其视乡里小儿"句：他看乡里的一些浅薄文人，就像牛马的相随行走，简直不能和他们同处一天。

⑨ 西陵：西陵峡，长江三峡之一。

⑩ 野狐外道：禅宗称邪门歪道为"野狐禅"。《景德传灯录》载，有一修行人因错解禅语一个字，遂五百生堕野狐，后得百丈怀海禅师解说，始得大悟，脱野狐身。外道：佛教徒称与佛教对立的其他教派为外道。

⑪间阎：乡里，指民间。《擘破玉》《打草竿》：明代万历年间流行的民歌曲调，多写恋情。

⑫ 爱念光景，不受寂寞：爱惜时光景物，不甘忍受寂寞，指纵情游乐。

⑬ 沈湎嬉戏，不知樽节：沉溺在游乐之中，不懂得节制畅饮。嬉戏：指追求娱乐。樽节：指节制酒杯。

⑭ 哀生失路：悲叹人生，感慨没有路可走。

⑮ 太露：公安派文章主张显露。袁中道《叙曾太史集》中也说："而余之诗刻露。"袁中道讲求"刻露"，在当时是为了冲击复古抄袭之风而用，是一种需要。但三袁的追随者，以为诗越"刻露"越好，大加模仿，于是造成了公安派末流的一种诗文弊端。

⑯ 党人偷乐：小人结为朋党，苟安享乐。《离骚》："惟夫党人之偷乐兮。"

⑰ 众女谣诼：小人给屈原编造谣言毁谤他。《离骚》中有语："众女嫉余之娥眉，谣诼谓余以善淫。"

⑱ 不揆中情，信谗齌怒：楚怀王不体察屈原的中信之情，反而听信谗言迅速发怒。揆：度量。齌（jì）：炊火猛烈，引申为疾速。《离骚》："荃不察余之中情兮，反信谗而齌怒。"

⑲ 择音：音通"荫"，指选择用词。语出《左传·文公十七年》："鹿死不择音。"是说鹿死时顾不得找林荫处。

⑳ 燥湿异地，刚柔异性：指地区不同，民性不同。

㉑ 楚风：指自战国以来的楚地诗风。

【作者简介】

李贽（1527—1602），字宏甫，号卓吾，又号温陵居士，泉州晋江（今福建泉州）人，明末杰出的思想家、史学家、文学理论家。嘉靖三十一年，李贽参加福建乡试中举人，未参加会试，授河南共城（今辉县）儒学教谕，历任南京刑部员外郎，出任云南姚安知府。因厌恶官场的腐败，三年任期未满，李贽以病告归，不许，他便入大理鸡足山，阅佛经不出。御史刘维认为他是奇人，上疏令其隐退。54岁时，李势至湖广黄安（今红安县），寄居在友人耿定向、耿定理家中。因与耿定向不合，耿定理死后，即入麻城龙湖芝佛院，闭门读书，头痒，倦于梳栉，遂剃其发。他经常与友人周友山等知己在青灯古佛下讲学论道。万历三十年，沈一贯指使张问达弹劾李贽"惑乱人心""以秦始皇为千古一帝，以孔子之是非为不足据，狂诞悖戾，未易枚举"。明神宗便以"敢倡乱道，惑世诬民"为罪，逮捕李贽，焚毁他的著作。李贽入狱后，写下绝命诗"志士不忘在沟壑，勇士不忘丧其元。我今不死更何待？愿早一命归黄泉"。

在吩咐狱卒为自己剃发之后，他取剃刀自割喉咙，流血倒地。气息奄奄之际，狱卒问他"痛否"，李贽以指蘸血在地上写道："不痛。"狱卒又问："为何自杀呢？"李贽又写道："七十老翁何所求？"次日夜子时，李贽在皇城监狱里血尽气绝。

李贽受王阳明和泰州学派的影响较大。他认为宇宙以物质性的阴阳二气为基础，经过无数变化，生出万事万物来。这种认识具有朴素唯物主义因素。在社会伦理道德方面，他强调社会平等，反对有圣人凡人之分、智愚之别，反对封建教条和男尊女卑观念。他公开以"异端"自居，反对礼教，抨击道学，认为儒学经典六经、《论语》《孟子》等只是其弟子随笔记录，并非"万世之至论"，反对"咸以孔子之是非为是非"。他怒斥官吏的罪恶行径为"不操戈矛之强盗"、"吃人之老虎"。在文学方面，他重视小说、戏曲等俗文学，将《西厢记》和《水浒传》称为"古今至文"，并将它们与六经、《论语》《孟子》并提。他反对复古，主张创作必须抒发自己的真实情感、自己的见解。

李贽学识广博，思想见解独特，诗文短小精悍，笔锋犀利，一生著述颇丰，最重要的有《藏书》《续藏书》《焚书》《续焚书》《说书》《史纲评要》《初谭集》《九正易因》《解老》《净土决》及批点《水浒传》《西厢记》《拜月亭》《琵琶记》等。《明史》卷二百二十一《耿定向传》后附有其生平事迹。

袁宏道（1568—1610），字中郎，又字无学，号石公，湖广公安（今湖北）人。明万历十六年中举人。次年入京赴考，未中。返乡后曾经问学于李贽，引以为师，自此颇受李贽思想的影响，万历二十年中进士，二十三年选为吴知县，饶有政绩，不久辞官而去，游览江南名胜。一年后，袁宏道再度入京就选，任吏部验检封司主事、吏部员外郎、吏部郎中等职。二十八年，袁宏道辞官归隐家乡柳浪湖畔，潜心治学著文，并作庐山、桃源之游，三十四年，第三次出仕，三十七年主试陕西，次年获假南归，同年去世。

袁宏道在明代文坛上占有重要地位。他与兄宗道、弟中道时号"三袁"，被称为"公安派"，袁宏道实为领袖。他有一套系统的理论，成为公安派文学纲领：其一，反对盲目拟古，主张文随时变。其二，文随时变的目标是存真去伪，抒写性灵。"性灵"之说成为公安派文论的核心。其三，所谓"性灵"，能导致文章的"趣"和"韵"，而它们是由"无心"或"童子之心"得来的。概言之，他说的"性灵"，是排除了"理"（思想）的感情活动，是下意识的直觉，与李贽的"童心说"极为接近。其四，他认为民间的通俗文学正是"无闻无识"的"真声"，并对其加以推崇。总的看来，袁宏道的文艺思想颇为复杂，他的"性灵说"，比其兄宗道的"学问说"影响更大，在打破封建思想束缚，扫除前、后七子拟古文风，变粉饰为本色，变公式为率真方面，发挥的作用也更大。但他提倡的"性灵"，无视社会实践和思想理论对创作的决定意义，对自己的创作，特别是晚期文风，产生了消极影响。

袁宏道的散文极富特色，清新明畅，卓然成家。今存其尺牍280余封，篇幅长的一千多字，短的只有二三十余字。他的各类随笔200余篇，题材多样，富有意趣。传记文以《徐文长传》《醉叟传》两篇最优，刻绘人物，生动鲜明。游记文90余篇，于写景中注入主观情感，韵味深远、文笔优美，如《满井游记》所写京郊初春景色，纯用写实手法，刻画细腻，情致盎然。其他如《虎丘》《天目一》《晚游六桥待月记》《观第五泄记》等，真切动人，语言浅近，似无斧凿之迹，都是佳作。袁宏道作有各体诗歌1700余首，成就不及散文。

袁宏道著有《敝箧集》《锦帆集》《解脱集》《广陵集》《瓶花斋集》《潇碧堂集》《破砚斋集》《华嵩游草》等。袁宏道文集最早为明万历刊本，今人钱伯城整理有《袁宏道集笺校》。传见《明史》卷二百八十《文苑》四。

【文本解读】

一、《童心说》解读

《童心说》是李贽晚年的作品，是他倡导真人、真文学的代表作。明代中叶以后，随着资本主义生产方式的萌芽，社会上掀起了一股代表新兴市民个性解放的思潮，李贽是这一思潮的代表人物。他肯定了人的生活欲望和人性的自由发展，大力倡导恢复人的自然情感和真实人格，对遮蔽人们纯真心灵的假道学进行了尖锐的批判。《童心说》一文是李贽的进步思想在文学理论上的突出体现。在文中，李贽有感于假道学的虚伪说教，将批判的矛头直指文坛上的"假人言假言文假文"。文章以"童心说"为核心，在尊奉"童心"之时，抨击了假道学，论说了童心自文与应该尊重文体革新等问题。

（一）尊奉童心与贬斥伪饰

李贽认为："夫童心者，真心也。"童心也就是如儿童之心般的真心，他认为儿童之心天性未泯，还未受到"道理闻见"的污染，最自然、最真诚。人生之初，人人都有一颗"绝假纯真"的"童心"，但是一般的人随着年龄的增长，内心受到"闻见""道理"的蒙蔽，童心于是丧失，人也就很快变成了虚伪的"假人"。而人失掉了童心，他的灵魂便只能以闻见和道理为主宰，这样必然就丧失了本真，这样的假人于是就说假话，做假事，写虚假的文章。李贽告诉人们人格培养和维护的最佳途径便是"护此童心而勿失"。李贽用他的"童心说"攻击了当时的道学，也为评判天下至文树立了标准。

需要指出的是，李贽所提出的童心说具有很强的针对性。李贽用他的童心说抨击了当时的假道学"言假言""事假事""文假文"的行为，同时也把为历代统治者尊奉为经典的"六经"、《论语》《孟子》指斥为人们灵魂受污染的总污染源：

> 夫六经、《语》、《孟》，非其史官过为褒崇之词，则其臣子极为赞美之
> 语。又不然，则其迂阔门徒、懵懂弟子，记忆师说，有头无尾，得后遗
> 前，随其所见，笔之于书。后学不察，便谓出自圣人之口也，决定目之为
> 经矣，孰知其大半非圣人之言乎？纵出自圣人，要亦有为而发，不过因病
> 发药，随时处方，以救此一等懵懂弟子、迂阔门徒云耳。药医假病，方难
> 定执，是岂可遽以为万世之至论乎？然则六经、《语》、《孟》，乃道学之口
> 实，假人之渊薮也，断断乎其不可以语于童心之言明矣。

这样的言论在封建社会中可谓石破天惊！因此，李贽的《童心说》向长期
以来统治人们思想，束缚人们心灵的封建礼教和封建统治者的权力话语发起了
挑战。

（二）童心自文与文体革新

李贽从童心说出发，在创作上力主作家对真性情的自由抒发。如此，李贽
就规定了文学表现的根本对象——童心，这可以说是李贽关于文学的本体论。
这种特定的本体论，完全突破了"文以载道"的传统论说，在思想和内容上赋
予文学以新质。这样的文学本体论也决定了李贽的文学创作论和文体观。

从童心说出发，李贽在创作上主张作家对真性情的自然倾吐。这种自然情
感的抒发与"道理""闻见"无关，与一切来自内部的虚饰矫情无关。既然童
心是来自本心自自然然的东西，那么发自童心而成的作品，也就绝不会是无病
呻吟的伪饰之作，而是情感满溢胸中，不吐不快之后的书写。如此，天下之至
文的为文过程，都不是有意为之，而是"童心"的自然流露，是童心的自我表
现，也就是"有感于童心者之自文"。

李贽此论对于当时的文坛具有明确的针对性。明代前期的文坛，拟古之风
颇为盛行。不论是永乐、成化年间的茶陵派，嘉靖年间的唐宋派，还是正德至
万历之际的前后七子，为了挽救传统诗文日渐衰微的局面，都主张复古，在创
作上取法古人，以古人的作品为世之典范，在文学发展观上也多持一种退化论
的观点，表现出厚古薄今的倾向。而李贽则与此相反，他认为古今之"至文"
的评判标准乃是作品是否展现了童心与真情。这样就将衡量文学的标准从外在
时代的演化转变为内在的性情，从而在文学史观上提出了古今一视、适时而变
的观点："苟童心常存，则道理不行，闻见不立，无时不文，无人不文，无一
样创制体格文字而非文者。"即只要是出自童心的作品，任何时代、任何人、
任何形式的文都是至文，都值得推重。

从童心说出发，李贽从文体演变的角度，评论了当时可见的各种文体的地

位和价值：

> 诗何必古《选》，文何必先秦，降而为六朝，变而为近体，又变而为传奇，变而为院本，为杂剧，为《西厢曲》，为《水浒传》，为今之举子业。

他从文体的角度肯定了个体文学只要是发自童心的都是好作品，这样就打破了传统正统文人所持的诗文正统观。他一反当时文人贵古贱今、贵雅鄙俗的态度，认为文学的文体也是随着时代发展的，古今各种文体中都可以有至文，"不可得而时势先后论也"。由此出发，他对自唐宋以来在市民阶层中逐渐发展起来的小说、戏曲这样的新兴文体给予了高度评价，认为它们应该和诗文一样具有同等地位，都可以是至文。这都表现出李贽相当敏锐的近代意识与进步的文体观。

总之，在李贽看来，"童心"是守护一个人不丧失真情而成为假人的源泉，也是一切创作的源泉，而且是评价一切文学创作好坏的标准。在明代的复古论调盛行之时，李贽提出具有强烈变革意识的"童心说"，表现出了他作为一个反封建先驱者的超人胆识与见地。"童心说"还为稍后公安派的"性灵"说提供了理论根据，也影响了以钟惺、谭元春为首的竟陵派和袁枚"性灵说"的文学理论。

二、《雪涛阁集序》解读

这篇文章是袁宏道为当时文人江盈科的诗文集《雪涛阁集》所写的序。在这篇序文中，袁宏道主要表达了有关文学的革新与作文要独抒性灵的问题。

第一，文学要因时而变。在序文的开篇，他就强调"文之不能不古而今也，时使之也"。时代、社会的变化发展是文学发展变化的外部原因，但文学的发展革新又有相对的独立性，有其自身内部发展变化的规律与需求。文学自身要求的发展革新表现在这样的两个方面：

其一，文体的革新是书写者所寄情感的需要。当一种文体已经不足以很好地用来表达内心的情感需要时，就需要革新。就此袁宏道在《雪涛阁集序》中强调说：

> 《骚》之不袭《雅》也，《雅》之体穷于怨，不《骚》不足以寄也。后之人有拟而为之者，终不肖也，何也？彼直求《骚》于《骚》之中也。至苏、李述别及《十九》等篇，《骚》之音节体制皆变矣，然不谓之真《骚》不可也。

袁宏道用骚、雅不同体来说明，雅之体在表述"怨"时已经不能完全适合怨情的表达，故而文体自身呼唤骚体的出现。这样文体的变革便成为文学史的必然。但这种革新是有继承的革新，继承的是文学中表达出的至情，是一种对情感表达的精神。例如，骚体没有继承的是雅的文体，但却继承了雅体"怨"的精神；《古诗十九首》等篇与《离骚》在音节体制上完全不同，但却是《离骚》"怨"的精神的真正继承者。故而，文学的继承并不是沿袭古人的语言，也不是固守某一种文体，最主要是一种文学精神的继承。袁宏道对文体变革变与不变的认识——变的是文体，是形式，不变的是内在的文学精神——抓住了文学应该如何革新与继承的根本，凸显了他此番认识的合理性与价值所在。

其二，文学革新是文学克服自身发展弊病的过程。新旧文学的继承与扬弃是文学发展的具体过程，任何一个历史时期的新文学都是在克服旧文学的弊病的过程中产生发展的。袁宏道对此的表述为：

> 夫法因于敝而成于过者也。矫六朝骈丽钔饳之习者，以流丽胜，钔饳者，固流丽之因也，然其过在轻纤。盛唐诸人以阔大矫之，已阔矣，又因阔而生莽，是故绩盛唐者以情实矫之；已实矣，又因实而生俚，是故续中唐者以奇僻矫之；然奇则其境必狭，而僻则务为不根以相胜，故诗之道，至晚唐而益小。有宋欧、苏辈出，大变晚习，于物无所不收，于法无所不有，于情无所不畅，于境无所不取，滔滔莽莽，犹若江河。今之人，徒见宋之不唐法，而不知宋因唐而有法者也。如淡非浓，而浓实因于淡。然其弊至以文为诗，流而为理学，流而为歌诀，流而为偈诵，诗之弊，又有不可胜言者矣。

所谓"法因于敝"，指革新文学之法是为了纠正旧文学存在的弊端而形成的；而"成于过"，则指新文学兴起后，容易矫枉过正，又会暴露出新的矛盾，新文学中存在的片面性又需要更新的文学来矫正它。这样，新文学便会逐渐转化为旧文学。文学就是这样不断地革新自身，扬弃旧质产生新质。袁宏道深刻地揭示了文学发展中新旧转化的运动规律，认为历代诗风的变化正源于此。对于唐宋诗之争，他也并非简单地肯定唐诗或宋诗，而是客观地进行分析，彰显盛唐、中唐、晚唐之诗与宋诗为矫正此前之弊在情、理、法等方面所生变化的因果关系。由此可见，他对六朝至宋代文学发展史革新方面的总结充满了辩证的思想，有着独到的见识。

第二，文学应是"信腕信口"的书写。在这篇序文中，袁宏道借文体因时变革，批评了当时的人们在继承文学方面拘泥于古人字词、文法的做法，主张文学应该书写人的真性情，也就是文中他对江盈科文章的赞颂之语"信腕信口，皆成律度"，即文章发自真情随心而做，自然就符合文章的法制。在这样随心而来、天然而成的文章中，书写者便敢于言说别人所不能言与所不敢言之语。这种言说，其实是袁宏道关于性灵说的另一番注解。在这篇序文中，他虽然没有直接使用"性灵"这个词语，但却将自己的这种主张暗含在论说之中，强调文章的实质乃是对个体精神的书写，是对个体天性的书写，这种天性是不需要借助前代的字词文法来表达的。

也正是因为他持有"信腕信口、书写真情性灵"的主张，所以在创作中，公安三袁以及他们的同道，写作诗文时用语往往也就陷入了不加检括、粗俗肤浅的毛病。当时人们已经注意到了他们这方面的弊病，并加以批评。因此，在序文中袁宏道对江盈科的诗文用语有近俚俗、近滑稽的缺点做了辩解：

> 诗穷新极变，物无遁情，然中或有一二语，近平近俚近俳，何也？余曰：此进之矫枉之作，以为不如是不足矫浮泛之弊，而阔时人之目也。然在古亦有之，有以平而传者，如"睫在眼前人不见"之类是也；有以俚而传者，如"一百饶一下，打汝九十九"之类是也；有以俳而传者，如"迫窘诘曲几穷哉"之类是也。古今文人为诗所困，故逸士辈出，为脱其粘而释其缚。

按照袁宏道的辩解，江盈科诗文中近俗近俚的做法乃是为了矫正时人为文浮泛的毛病，不这样做不足以矫正。同时，这样的俗语、俚语也有可能像古人之作那样成为流传于世的名句名言，如此作为都是为了冲出为诗旧法所困的境地。这样的辩解虽有一定的道理，但却并不尽然。

三、《叙小修诗》解读

袁宏道在这篇为其弟袁小修诗集所做的序文中，表达了他对复古派末流在创作上拘泥古人格调、辞藻的不满，打出了"独抒性灵，不拘格套"的旗帜，引起了文坛剧烈的震动。这篇文章也因此成为袁宏道对诗文看法的代表之作。在这篇序文中，袁宏道针对摹拟复古风气，阐发了"独抒性灵"的主张。"独抒性灵"的内涵与核心是什么？它应以怎样的方式表现出来呢？在这篇序文中，袁宏道对此都作了较为明晰的解说。

公安派又称"性灵"派，由此可见"性灵"在公安派理论中的重要位置。"性灵"之论是袁宏道在《叙小修诗》中论其弟袁中道的诗歌创作时提出来的："大都独抒性灵，不拘格套，非从自己胸臆流出，不肯下笔。"以"性灵"论文学创作并不是袁宏道的首创，早在南北朝之时，庾信、刘勰、钟嵘、颜之推等人在其诗文理论中有所涉及。北周诗人庾信在《赵国公集序》中主张作文应该"含吐性情，抑扬词气"，较早地将"性灵"运用于文学批评中。北宋的颜之推则在其《颜氏家训·文章》篇中有语云："至于陶冶性灵，从容讽谏，入其滋味，亦乐事也。行有余力，则可习之。"这里的"性灵"都是指人与生俱来的天性、本性。刘勰在《文心雕龙·原道》中说：人之所以是"有心之器"，而不同于自然界的"无识之物"，在于人是"性灵所钟"，有不同于物的心灵。刘勰又在《文心雕龙·序志》中说"岁月飘忽，性灵不居"，这里的"性灵"也是指人的心灵。其后钟嵘在《诗品》中赞扬阮籍的《咏怀》之作，可以"陶性灵，发幽思"，此处之"性灵"则侧重于强调人的自然情感，与后来性灵说的主张比较接近。由此可知，"性灵"之意，是指人的有灵之性，但在不同时代其具体的内涵与理论地位也不相同。到了明代，受阳明心学的影响，"性灵"一词广泛使用，与之相关的词语还有"灵明""灵心""灵光"等。袁宏道使用"性灵"之说，意在强调为文讲求抒发自然真情，表现个性。"性"是指人的天性、本性，是与生俱来的秉性与气质；而"灵"则更侧重于指人的思想、情感，是内心世界自然流露的状态。书写此种性灵之文，就表现手法而言，可以不拘格套，采用通俗而不加修饰的写法。因此，"独抒性灵"实质上乃是对人主体精神的张扬。

以袁宏道为代表的公安派强调的"性灵"与李贽的"童心说"是一脉相承的，都强调"真"，即人的真情实感的自然抒发，为人为文都要尚真，要把文学艺术从伦理道德中解脱出来，使其充分表达出人们真实的思想欲望和生活情趣，只有这样的作品才是好作品。因此，袁宏道推崇对情性大胆而直白的表述方式。在本篇序文中他就强调：

> 愁极则吟，故尝以贫病无聊之苦，发之于诗，每每若哭若骂，不胜其哀生失路之感。予读而悲之。大概情至之语，自能感人，是谓真诗，可传也。而或者犹以太露病之，曾不知情随境变，字逐情生，但恐不达，何露之有？且《离骚》一经，忿怼之极，党人偷乐，众女谣诼，不揆中情，信谗齌怒，皆明示唾骂，安在所谓怨而伤者乎？穷愁之时，痛哭流涕，颠倒反覆，不暇择音，怨矣，宁有不伤者？日燥湿异地，刚柔异性，若夫劲质而多怼，峭急而多露，是之谓楚风，又何疑焉？

这一段关于袁小修诗歌创作的评论，实际上表达了袁宏道对"真诗"、真情的倡导。正因为诗文是对真性情的书写，所以这样的情至之语即使表达得直露一些也是情有可原的。于是对人们"太露"的指责，袁宏道以"情随境变，字逐情生，但恐不达，何露之有"来反驳，也就是说，胸中郁积的真实情感随境而发，尽可以怒、可以哭、可以骂，这样的真诗、真文自然也就能够打动人。《离骚》就是这样一部怨而有伤，怒而詈骂的作品，是有悖温柔敦厚，主文谲谏之旨的作品，袁宏道对《离骚》的表达方式给予了肯定。这就意味着他对儒家"哀而不伤，怨而不怒"的诗教传统进行了有意突破。由此可见，"真"是袁宏道所说的"独抒性灵"的核心思想。

袁宏道在强调文学创作要发自"性灵"之时，还特别重视文艺作品的"趣"。在这篇序文中，他说："唯夫代有升降，而法不相沿，各极其变，各穷其趣，所以可贵，原不可以优劣论也。"他在力主文学随着时代的发展自身也不断发展变化之论时，不仅看到了这种变化的可取之处而重今日之文，更看到了今日之文的"趣"，文学要表现的也就是要穷其趣。"趣"作为文论概念，在宋人那里就已经开始使用。宋人言"趣"是一个艺术审美概念。苏轼、严羽等人都用"趣"来品评作品，而袁宏道却用它来论说文学的创作，即文学作品能否展现具有真美特质的事物，尤其是人的自然真率的生命形态与精神境界。也就是说，有无"真趣"成为文学作品是否具有魅力的标志。就此而论，"趣"与"性灵"在本质上是相通的，从文学创作的角度来看，"趣"乃是"性灵"的表现方式之一。

"不拘格套，独抒性灵"之说，突出了文学是自然情感的表现，主张文学应该突破儒家礼义的束缚，但是，至其末流，又走向了另一个极端，认为凡是真实地表达了感情的便是好作品，而不管是什么样的感情，不对感情加以政治道德的规范，结果是对色情宫体之作亦加以肯定，如袁枚就说"艳诗宫体，自是诗家一格"（《再与沈大宗伯书》）。明代中叶以后，文学中色情等低俗内容大量出现，与性灵说这种文学思潮的流弊当有一定的关系。

第二节　相关问题概说

一、"童心说"的美学内涵及其意义

"童心说"是明代大思想家李贽为揭露言不由衷、口是心非的假道学而提出的重要学说。此说以人的自然本性趋向于"真"为理论基础，以理学与其传播造成童心的缺失为理论假设，呼唤童心的回归。在对《童心说》文本解读之后，再来看看这一命题中所蕴含的丰富美学内涵及其在当时及当下的意义。

先来看童心说的美学内涵。童心，就是"心之初""最初一念之本心"。也就是说，李贽所倡导的童心，是成年人所拥有的宛若儿童所有的真善之心。作为艺术家来说，童心说要求艺术家的心理结构要与儿童的心理结构具有一定的同构性。儿童因为刚刚步入这个世界，他们的心灵还没有被世俗的灰尘、礼教

学问所浸染，也没有背负沉重的过往。儿童的心灵世界是真诚的、纯净的，立足于当下的自然状态。因此，他们能够以一颗本心去面对现实的一切。他们话语中的世界，就是他们眼中的世界、心中的世界；他们话语中流露出的情感，就是他们心中的情感，没有虚假与矫饰。正因为李贽"童心说"构建起了成人之心，尤其是艺术之心与儿童心理的同构，使得"童心说"具有了如下的美学内涵。

第一，贵真反假。文学艺术要求真善美，但不同的作品对真善美各有侧重，因此中国古代的文论传统中，不同的学派对真善美也各有偏重。儒家讲求"善"；道家追求"真"。老庄崇尚自然淳朴、天真无邪；庄子笔下的东施之所以遭到嘲笑，不是因为她不美，而是缘于她的不真。李贽的童心说，融合了道家的思想，同时将佛禅所论的"本来心"之论融会其中，以童心说要求人们要做个真人，写就真文。李贽此说，不仅是对当时文坛上"假人言假言文假文"局面的批判，而且是对真正艺术家所应具有品质的一种概括。一个真正的艺术家，当他进行创作的时候，就是要呈现出一颗真心。有人问巴金写作的秘诀是什么，巴金说："把心交给读者。"① 郁达夫则说："世人要骂我以死作招牌，我肯承认的，世人若骂我意志薄弱，我也肯承认的，骂我无耻，骂我发牢骚，都不要紧，我只求世人不说我对自家的思想取虚伪的态度就对了。"② 诚然如此，古今中外不朽的至文，有几部是矫揉造作、无病呻吟之作？

第二，重情轻理。情感是进行文学创作的原动力，也是文学的生命。刘勰说："情者文之经"，可以说是总结了一条创作规律。创作要有感而发，李贽继承了这一传统。他在《杂说》中有这样一段著名的言论：

> 且夫世之真能文者，此其初皆非有意于为文也。其胸中有如许无状可怪之事，其喉间有如许欲吐而不敢吐之物，其口头又时时有许多欲语而莫可所以告语之处，蓄极积久，势不能遏。一旦见景生情，触目兴叹，夺他人之酒杯，浇自己之块垒。诉心中之不平，感数奇于千载。③

这段话非常精到地描述了个人进行创作的原动力所在——内心蓄积情感的迸发，也就是有感而发。这种喷薄而出的情感形诸文字时，描述的不是对学理的诉求，而是对客观对象的体验。李贽此语的贡献不在于对这一创作规律的重申，而是以"童心说"为出发点，实现了对有感而发的合理注解——保有童

---

① 巴金：《随想录》，30 页，北京，作家出版社，2005。
② 王自立、陈子善：《郁达夫研究资料》，（上），162 页，天津，天津人民出版社，1982。
③ 张建业主编：《李贽文集》，卷一，91 页，北京，社会科学文献出版社，2000。

心，便会像儿童那样富有感情地掌握对象，理解整个世界。

第三，尊今薄古。儿童如春天一样，是生机勃勃地向前发展着的，他们面对现实，重视当下，接受现实中的变化，以今为美。艺术家所拥有的与儿童同构的这颗童心，也应该像儿童那样，尊重当下。所以，李贽在《童心说》中写道：

> 天下之至文，未有不出于童心焉者也。苟童心常存，则道理不行，闻见不立，无时不文，无人不文，无一样创制体格文字而非文者。诗何必古《选》，文何必先秦，降而为六朝，变而为近体，又变而为传奇，变而为院本，为杂剧，为《西厢曲》，为《水浒传》，为今之举子业。大贤言圣人之道皆古今至文，不可得而时势先后论也。

李贽此论具有较强的现实针对性。明中叶的文坛先后出现了两个具有复古主义的文学流派——以李梦阳、何景明为首的"前七子"和以王世贞、李攀龙为首的"后七子"。他们的文学理论与实践是"文必秦汉，诗必盛唐"，尊古轻今。对此，李贽借童心说强调只要拥有童心，随手即可写出人所未写之文，写出自己的个性。李贽依据童心说对文坛过分讲究依附古文、古诗成法的现实给予批驳，倡导个性的抒发和个人精神的解放。

第四，崇"化工"贬"画工"。这是李贽在对《西厢记》和《琵琶记》进行比较时阐述的文学审美主张：

> 《拜月》、《西厢》，化工也；《琵琶》，画工也。夫所谓画工者，以其能夺天地之化工，而其孰知天地之无工乎！今夫天之所生，地之所长，百卉具在，人见而爱之矣。至觅其工，了不可得，岂其智固不能得之与？要知造化无工，虽有神圣，亦不能识知化工之所在，而其谁能得之？由此观之，画工虽巧，已落二义矣。文章之事，寸心千古，可悲也夫！①

"化工"指像自然造化所创造的一样，没有人工雕琢的痕迹，也就是庄子所谓的"天籁"之音。只有纯真无瑕之心，才能创造出这样的作品。"画工"是如好的画工师所创作的作品，尽管可以精巧异常，但却不能达到"造化无工"的境地。李贽以《拜月亭》《西厢记》为"化工"的代表，是因为李贽主张饮食男女即是人伦物理。《拜月》《西厢》都写出了人的人情本色，并不加以

---

① 张建业主编：《李贽文集》，卷一，90页，北京，社会科学文献出版社，2000。

人工的捏造和伪饰，人是"真"人，情为"真"情。而遵循一定教化模式来演绎的《琵琶记》一剧因加上了粉饰"全忠全孝"的礼教成分，作品描写虽工，但却不是出自对真性情的描绘，所以乃是"画工"之作。

在李贽的整个哲学体系中具有主观唯心色彩的"童心说"，当人们从文学审美层面来观照时，便会发现其美学内涵的丰富性与合理性。"童心说"的核心思想是肯定人的自然本性以及对这种自然本性的抒写，这是对艺术之真的追寻与崇尚。"真"不仅是文学创作的原则，而且是衡量作品优劣的标准。由此标准出发，便从美学意义上肯定了通俗文学的成就，肯定了如《水浒传》《西厢记》等小说、戏曲的文学价值，这是李贽面对新兴文体，文学观念上的一个进步。具有如此审美内涵的"童心说"不论是在当时，还是当今都具有重要的启示意义。

文章是用来书写性情，还是用来劝世载道？由于中国古代的文学家对文章的功利性表现出了浓厚的兴趣，所以文学的表现对象往往强调其对"道"的承载，而忽视其对性灵的书写。在文、道的关系上，从孟轲、荀况、扬雄，乃至刘勰，都有所论及，到了唐代柳冕等人亦有阐发，他们都强调文的教化载道作用。直至韩愈，他明确提出了"文以明道"的主张，即"道"是为文的目的，"文"是"手段""工具"。由其《原道》篇可知，他要"明"的"道"不是"所谓老与佛道也"，而是"尧以是传之舜，舜以是传之禹，禹以是传之汤，汤以是传之文、武、周公，文、武、周公传之孔子，孔子传之孟轲"的儒家之道。韩愈重道的一个重要原因是他不满六朝以来"饰羽尚画，文绣鞶帨"的文风，这是他对文章要有思想内容的一种主张。因此，韩愈虽然提出了"明道"之说，但他在重道之时，并不轻视文。韩愈此说，有力地打击了六朝以来的形式主义文风，但往往也成为统治者宣传其政治主张的思想依据。至宋，周敦颐在《通书·文辞》一文中总结韩愈的主张，提出"文所以载道也"。周敦颐之说，与唐代古文家之说，在含义上有很大的差别。唐古文家提倡"道"，除了具有宣传道统方面的意义外，还有对绮靡文风的批判功效，重道之时，并不轻文。但宋代理学家所强调的"道"，不仅有其特定含义——心性的义理之学，而且把"文"只看作简单的载道工具，只是语言文字本身。由周敦颐的重道轻文发展到程颢与程颐，则进一步提出了"为文害道"说。他们对孔子的"有德者必有言"，作了完全片面的解释。认为"有德者"必然会"有言"，因此只要有"德"，即理学家之"道"，就有了一切。他们甚至认为"文"会危害"道"，《二程语录》中有语："'玩物丧志'，为文亦玩物也。"这就从根本上否定了"文"的文学性，否定了文学亦有其属性特征的本质。当对文重功用、轻本体的观念走向极端时，就出现了以用代体的言说，如朱熹的著名文论命题："文皆是从道中流出，"（《朱子语类》卷一百三十九）视道为文之本体，取消了

"文"自身的本体特性。这种以"文以载道"为律条的创作观念在明代依然流行，且至清代都具有一定的影响力。

在以"文以载道"为创作的金科玉律之时，在资本主义萌芽的历史情境中，李贽"童心说"的出现，打破了载道的为文原则，明确地提出了文乃人真性情的抒写："且夫世之真能文者，此其初皆非有意于为文也。其胸中有如许无状可怪之事，其喉间有如许欲吐而不敢吐之物，其口头又时时有许多欲语而莫可所以告语之处，蓄极积久，势不能遏。一旦见景生情，触目兴叹，夺他人之酒杯，浇自己之块垒。诉心中之不平，感数奇于千载。"① 李贽的文学理论和主张对当时及后代产生了巨大的影响。在当时历史条件下，在"文以载道"为文条律的约束中，具有反道学、反传统诗教的积极意义。晚明李贽、袁宏道等人的理论，基本的思想特征是肯定人的生活欲望和人性的自由发展，倡导个性解放、个人主义，亦即"个人的发现"，把文学视为个性与情感的自由表现。就此可以看出李贽"童心说"在当时对人性解放、文学创作新原则的确立的重要意义。

李贽的"童心说"在今天对文学创作依然具有启示意义。创作者作为社会的一员，难免被社会化、理性化、世俗化。过度的世俗化、理性化会使一个艺术家失去独立思考和感受生活的能力，也就无法倾听来自其心灵深处的声音。如此创作的作品难免就要背负上许多非文学的成分："文以载道""文以载钱"抑或"文以载黄"，这都与文学是人类自然本真情感诗意书写的本性相违背。真正优秀的艺术家就是在社会化、理性化、世俗化的过程中保留着一颗赤子之心的人："诗人最可引为自豪的，便是他永远是个沙滩上拾贝的孩子，到老也带着好奇的眼睛去寻找美与海的故事。痴痴地寻找着，以至忘了世俗世界的戒律。"② 艺术家需要永葆一颗童心，这个世界上的其他人呢？当人们以一颗孩童般的童心去面对这个世界的时候，世界是什么样的呢？"带着童心到处漂泊，才知道什么地方都好看，什么地方都好玩，什么地方都新鲜，什么地方都看不够。儿童的眼睛就是好奇的眼睛。是否衰老？只要看看是否还保留着好奇的眼睛"。③ 可见，童心对艺术家乃至对整个人类社会都是何等的重要。"童心说"告诉人们当人在成年之后，该如何安顿心灵，使它保持着一份新鲜与好奇。由此可以说，"童心说"作为一种创作美学，不但属于过去，而且属于现在和未来，作为人的一种真挚鲜活的生存状态，不但艺术家应该拥有，而且社会中的每一个人都该好好珍视它。

---

① 张建业主编：《李贽文集》，卷一，91 页，北京，社会科学文献出版社，2000。

② 贾平凹：《美文十年作品精选》，102 页，武汉，长江文艺出版社，2005。

③ 同上书，114 页。

二、"童心说"对晚明文坛的影响

明代中期，文苑流派林立、纷争，出现了茶陵派、前七子、唐宋派、后七子等各家流派，但其文论大致不出复古范围。明中后期，随着商品经济的发展和市民阶层的壮大，强劲的个性解放启蒙思潮从旧有的社会文化机体中喷薄而出，给沉闷的文坛注入了新鲜的活力。这一思潮第一次抛开"文以载道"的创作律条，倡导人自然性情的书写，从而在文学思想上开辟了全新的境地，引起了文坛创作风气的更改。李贽便是这场声势浩大的文学启蒙思潮的旗手，他的"童心说"成为这一思潮的发端，受其影响最大的是他的学生、朋友公安三袁。此外，"焦竑，汤显祖、冯梦龙等又分别在诗文、戏曲、小说等方面扩展了李贽的思想，从而形成一个颇有气势，并对文坛产生了深刻影响的文艺新思潮"。①

首先来看李贽对公安三袁的影响，主要体现在文学主张与文学创作上，表现为如下几个方面。

第一，重"真"。李贽的"童心说"倡导呈现真心："夫童心者，真心也。若以童心为不可，是以真心为不可也。夫童心者，绝假纯真，最初一念之本心也。若失却童心，便失却真心；失却真心，便失却真人。人而非真，全不复有初矣。"这样，李贽就在以文艺为工具的"文以载道"论下，要求做真人，说真言，写真文。"真"是"童心说"的核心内容。正是在李贽思想的影响下，公安三袁提出了"性灵说"。此论在袁宏道的《叙小修诗》一文中得到了最为鲜明的体现。袁宏道赞美其弟袁中道的诗是："大都独抒性灵，不拘格套，非从自己胸臆流出，不肯下笔。有时情与境会，顷刻千言，如水东注，令人夺魄。"所以，其作品是："愁极则吟，故尝以贫病无聊之苦，发之于诗，每每若哭若骂，不胜其哀生失路之感。予读而悲之。大概情至之语，自能感人，是谓真诗，可传也。"② 因要书写真情，所以可不拘格套，要情从胸臆而出。正是由于对真的追求与重视，在此文中，袁宏道还特别称赞了民间俗曲的可喜。袁宏道强调的"独抒性灵""愁极则吟""若哭若骂"，无疑都是要表现真情实感，而特别提出《擘破玉》《打草竿》之类的民间文学是"无闻无识真人所作，故多真声"，不但表现出对俗文学的重视，也显示出反对"闻见道理"对文学创作的影响。袁中道也曾有过类似的言论。显然，这与李贽的"童心说"都是一脉相承的。

---

① 张少康、刘兰富：《中国文学批评史》，下册，201 页，北京，北京大学出版社，1995。

② （清）袁宏道：《袁宏道集笺校》，钱伯城笺校，卷四，187 页、188 页，上海，上海古籍出版社，1981。

　　第二，重今。三袁对李贽文论思想的继承，还表现在对明代复古文艺思潮的批判上。明中期以来，复古思潮在文坛上大行其道，他们主张文宗秦汉、诗法盛唐，"提倡古人格调，遵循古人法式"。首先是以李梦阳、何景明为代表的"前七子"的复古运动，他们原本是对明初以"台阁体"为代表的那种歌功颂德、萎靡不振之风的反抗，有一定的积极意义。但他们片面强调形式上摹拟古人，并认为一切文学越古越好，以致高唱"文必秦汉，诗必盛唐"，甚至公然声称文学创作要像"摹临古帖"一样去模拟古人的作品。继其后，以李攀龙、王世贞为代表的"后七子"，更加推进这一主张，致使文坛弥漫着复古、摹拟以至剽窃的风气，对文学的创作与发展造成了极坏的影响。对于这种复古文艺思潮，李贽给予了深刻的批判。李贽从"童心说"出发，提出只要是出自"童心"，即只要抒发的是真情实感，则"无时不文，无人不文，无一样创制体格文字而非文者"。李贽认为，时代是不断向前发展的，文艺也必然会随着时代的发展而变化，所以没有必要"文必秦汉，诗必盛唐"。在李贽看来，文学作品不管产生在什么时代，不管是何种体裁，只要表现的是人们的真情实感，都是好文章、好作品。正因如此，李贽对宋元以来生气勃勃的小说、戏剧作品，给予很高评价，特别是对于具有反封建压迫、反传统思想倾向的作品，如《水浒传》《西厢记》，更是推崇备至，乃至加以点批。李贽反复古文艺思潮的主张直接影响了公安三袁，如袁宏道《雪涛阁集序》中说："文之不能不古而今也，时使之也。……唯识时之士为能隐其陋而通其所必变。夫古有古之时，今有今之时，袭古人语言之迹，而冒以为古，是处严冬而袭夏之葛者也。"这就强调了袭古的不必要与这种做法的不科学性，是对复古派倒退文学思潮的深刻批判。这和李贽所言的"诗何必古《选》，文何必先秦"，只要表现了"童心"都是好文章，文学要随时代的发展而变化的思想是息息相通的。

　　与此同时，受李贽"童心说"影响的还有汤显祖（1550—1616）。他是明代著名的文学家、戏剧家，与李贽、公安三袁都是好朋友，常在一起坐而论道。汤显祖与公安三袁一样，在文学思想上也深受李贽的影响。汤显祖是"唯情论"的倡导者，在《牡丹亭记题词》中说道："天下女子有情宁有杜丽娘者乎！梦其人即病，病即弥留，至手画形容传于世而后死。死三年矣，复能溟莫中求得其所梦者而生。如丽娘者，乃可谓之有情人耳。情不知所起，一往而深，生者可以死，死可以生。生而不可以死，死而不可复生者，皆非情之至也。"就此可以看到汤显祖对"真情"的推崇，只要"情之至也""生者可以死，死可以生"，能够倾注这样真情的文学作品必是文学的上乘之作。汤显祖推崇"唯情论"，这与李贽在《童心说》中强调文学要表达"童心""真心"的文论观点有异曲同工之妙。

　　李贽无疑为万历中后期思想界的精神领袖。正是在李贽的影响下，公安三袁摆脱了当时统治文坛的复古思潮的束缚，把文学导向表情达意的正确方向，使文学创作走向一个无限广阔的空间。从李贽的"童心说"，到公安派的"性灵说"、汤显祖的"至情说"，乃至冯梦龙的"情教观"，都是与传统文学观念相背离的一股强大的文学启蒙思潮，为近代人文主义文学运动的发展创造了条件。

三、"性灵"说反思

公安派以"性灵说"为其核心思想，而"性灵说"的内核是"真"。持此论，三袁在其诗文著作中，充溢了个人性灵和毫无挂碍的真情怀。通读三袁的作品，可以看到不论是袁宗道疏于仕途，思归田里的牢骚；向往名利、追求财货的袒露，或者是袁宏道以才自高，颓然自放的狂傲；纵情山水，逍遥一游的洒脱，还是袁中道快意情欲，放马江湖的豪情以及晚年修心养性，追悔前事的真诚，人们都可以在其中触摸到一个"人"的真实情感和鲜活个性。诗文对于他们，从来就不是流传后世、炫耀旁人的功利正业，而是追求生命情怀，袒露自身怀抱的快意之为。事实上，不仅仅是诗文，在其他的很多趣味上，他们也投注了自己的真情，这种太过于追求真情性灵的表达，还导致他们的某些思想观点和所作所为的前后不一。其文学作品中所描摹的鄙俗与刻露的鄙俗描写，都曾受到众多名家的怀疑与质问。然而，正是这种世俗和袒露，让人们毫无障碍地触摸到，在那样的时代，这一部分士人的真实性情与感触。他们以单纯的心态，以任性适性的创作，显现着本真的自我，这也是产生于四百年前的公安派诸人及其作品长久为人所熟悉和喜欢的原因。

然而，倘若按照雅与俗的标准，将三袁的作品做一个归类的话，那么毫无疑问，三袁所作乃是"俗文学"。当高高在上的"雅文学"对于个人的现实生活与欢乐的相对漠视积累到一定程度，在特定时代的催化下，如中唐或晚明，社会中就爆发了对"美"的意义的反叛和对"俗"乃至"丑"的个人真实生活的关注。三袁的作品恰就是这种思潮的产物：对俗的重视与亲近。这样的文学是以意御法的，是可以尽情书写此岸物欲的理想、个体自我的体验、自我人生目标的追逐、自我的满足和自我享受。如此，主体意识得到了凸显，人的个性意识得到了张扬。借此，公安派迅速崛起于文坛，以其意气激扬的文学文论与性灵冲荡着诗文创作，具有创造性的"性灵"之说使他们将自己的审美标准趋近于平民百姓的标准，并将之身体力行到诗文创作中去。出自民间，信腕信口，较少清规戒律的市井民歌，在精神上与他们梦寐以求的"真"有着天然的一致性。他们尚俗，从对谐趣和俗趣的推赞，视民间谣谚为真人所做之真声到以土音俗语入诗文来描摹世俗人情物欲，都显示出他们重"真"入"俗"的一面。一方面，对民歌的肯定，不但充实丰富了"独抒性灵，不拘格套"的内涵；另一方面，民歌因为袁宏道的重视，也获得了与正统文坛正面接触的机会，并具备了冲击主流话语的可能性。

然而就是拥有这样历史功绩的"性灵"之说，却也并非没有弊端存在。公安派论文唯主"性灵"，在创作时一方面导致对主体性的过分信任，从而产生了忽视外在物象的倾向；另一方面，虚无缥缈的"性灵"很难给人一定的创作规范及方法指导。"性灵"的核心是以"真"为出发点，把能否真实地表现自我真实感情作为主要目的。所谓的"真"，指"无闻无识真人"的自然性情。既然是"无闻无识"，写诗作文的格调经验以及创作规律都被拒于"性灵"之外。由于公安派重视生命的快意，因此，如何理解性灵就成为联系其人生态度和文学主张的关键点。他们将性灵推广到了与世俗情欲相关的一切对象上，甚至容纳了所谓的"秽""鄙""贪""嗔"等内容。因此，不管公安派的诗文创作和理论建树曾为明代文坛做出了怎样的扫荡之功，这种影响到底还是缺乏后劲和厚度的。

崇尚自然本真的性灵论到末期则流入鄙俚呼号一路。据此，袁宏道不得不以人文性灵论来矫正自然性灵论，而对他自己的诗文创作，袁宏道也已然表示深深的悔恨。在这种自我悔恨的心绪中，袁宏道也确实进行了创作实践上的自我矫正。据其弟袁中道所称，经过对鄙俗流弊的自我反正，其创作"又进一格""更进一格矣"。袁宏道对俚俗之弊的自我反正，主要是在文辞字句上下工夫：求"老"，求"正"，求"秀媚"，求"粉泽"而"新""奇"并"神理"乃其固然所有。

正如其人文性灵论所主张的那样，袁宏道的自我矫正主要采取"学古"的方式。袁中道说："况学以年变，笔随岁老，故自《破砚》以后，无一字无来历，无一语不生动，无一篇不警策……""无一字无来历"，就是广泛地向古人学习，虽不比李梦阳等要求如临帖般的蹈袭，但已是文学理论放弃继承前冲之后的转身了。这是一种无奈，一种嘲讽，更是一番追问：怎样匡正由于个体意识的张扬和合理人欲的释放所引起的私欲放纵与人欲横流，使个体意识和合理人欲朝着有利于社会进步和人类完善的方向发展？这是当时每一个有良知的作家包括公安三袁都必须面临的问题，也是现代每一个为文之人都应该思考的问题。

四、文体变迁论略说

李贽在《童心说》中有语："诗何必古《选》，文何必先秦，降而为六朝，变而为近体，又变而为传奇，变而为院本，为杂剧，为《西厢曲》，为《水浒传》，为今之举子业。"这就指出了文章风格、体制演变的现实。袁宏道则在《雪涛阁集序》中进一步阐述了由"时"变引起"文"变以及文体自身内部发展进化的文学发展观。此论上承《易传·系辞》"通其变遂成天下之文"的思想，与刘勰《文心雕龙》"文变染乎世情，兴废系乎时序"的理论相和，下启王国维《人间词话》中"凡一代有一代之文学"的著名论断。梳理各家之说可以发现，袁宏道论文章演变与时代相关的观点，乃是文学变迁论的主流。其支脉至少有三种：文体盛衰，各有由然；文体的变迁受地理影响；文体变化"关乎运数"。下面将对各家文体变迁论逐一略加梳理，以期对文体的变迁得窥一斑。

第一，文变染乎世情。主流"文迁论"首先是由刘勰在其《文心雕龙·时序》篇中提出来的："文变染乎世情，兴废系乎时序。"就是说文章体制的变化会受到"世情"的熏染，文体的兴衰与"时序"相关。综观《时序》篇全文，可知刘勰所论的"世情""时序"大体包括四个方面的内容：一是政治教化；二是学术风气；三是君王的提倡；四是时代的影响。"世情""时序"主要会影响到文章的如下四个方面：文章情感、文字表述、文章风气与文体的演变。刘勰着眼于"文章与时代"，较为全面地阐发了"世情""时序"对文章变迁的影响。同时，刘勰也注意到了文章演变自有其发展的"传承性"："辞人九变，而大抵所归，祖述楚辞，灵均余影，于是乎在。"也就是说，尽管赋体是一种新兴文体，但它却有《楚辞》的遗传因素，是《楚辞》在新时代的一种变体。

袁宏道在《雪涛阁集序》中继承了刘勰关于文章发展变迁的理论，论证了"时"的变化，必然要引起"物"的变化，这是自然规律，为此就要有通变的观念，而不能一味地因袭传统。"时"的变化引起"文"的变化，成为文学发展中继承与创新的立论依据："只有革新才能真正继承，没有革新就没有真正的继承，这就是袁宏道论'变'的一个非常有价值的地方。"① 不仅如此，袁宏道也注意到了文学革新是文学克服自身发展弊病的过程。但是，要注意不论是刘勰还是袁宏道所强调的由"时变"引起"文变"所变的，主要是文章的风格与体制，而不是文学观念的变更。

主流的因时而变的文迁论影响深远、王国维在此基础上提出了"凡一代有一代之文学"的著名论断；新文学运动则吸收这种文学发展观作为重要的思想资源；周作人在辨认五四新文学的源流时说："假如从现代胡适之先生的主张里减去他所受的西洋的影响，科学、哲学、文学以及思想各方面的，那便是公安派的思想和主张了。"② 胡适尽管对公安派的诗文创作并不满意，但对他们

---

① 张少康：《中国文学理论批评发展史》，下册，210页，北京，北京大学出版社，1995。

② 周作人：《中国新文学的源流》，22页，石家庄，河北教育出版社，2002。

所倡文学因时而变的文学主张却引为同道。胡适所谓"文学者，随时代而变迁者也"①，与袁宏道"世道既变，文亦因之"②的命题遥相呼应，都旨在强调文体的枯荣变化与各自时代文化诸因素的因果联系，指认文学发展的进化观。当然，文章有自己特殊的生存、发展条件，不完全取决于时代的盛衰。

第二，文章盛衰，各有由然。持这种观点的是清代桐城派始祖方苞。他在《赠方文辀序》中云："无人而不知学，虽农工商贾，其少也固尝与于塾师里之教矣。至秀民之能为士者，则聚之庠序学校，授以《诗》《书》六艺……"因此，"文章之盛衰，一视乎上之所以教，下之所以学，各有由然，而非以时代为升降也。"方苞关于文章变迁的看法简单地说就是：一个时代文章的盛衰，取决于那个时代的人们，看他们是否重视学习与文化修养，而与时代没有关系。这样，方苞就将文章变迁论由"文章与时代"转变为"文章与个人"，这种观点看到了人的才、学对文章变迁的影响，这是对人的主观能动性的重视。就此而论，这种文迁论是一种进步。方苞文迁论的局限性在于完全否认了文章与时代的关系，片面强调"各有由然"，也不符合文体变迁的实际情况。与此论相近的是文体"因学问而变化"的观点，这种观点是由清人王棻提出来的。他在《答王子裳书》中认为："诗文一道，固随风会转移，实因学问而变化。"诗文"本则在于学问而已。学问有浅深，则诗文有高下。"

第三，文章的变迁受地理影响。梁启超和刘师培持此观点。梁启超吸取孟德斯鸠的思想，积极宣传"环境决定论"。他把文学、艺术、学风、风俗、人才以及宗教等都与地理环境联系起来加以考察，撰有《中国地理大势论》《近代学风之地理的分布》等文章。他在《中国地理大势论》中认为，文学千余年间"南北峙立，其受地理环境之影响"很明显，"同一经学，而南北学风，自有不同，皆地理之影响使然也。"并认为先秦诸子学说各异，与其所处的地域环境有关："孔墨之在北，老庄之在南，商韩之在西，管邹之在东，或重实行，或毗理想，或主峻刻，或崇虚无，其现象与地理一一相应。"此文中，他还分析了我国书法、绘画、音乐、词章、宗教以及风俗等文化现象的南北差异及地理影响。他认为："书派之分，南北尤显，北以碑著，南以帖名。"北碑为方笔之祖，遒健雄浑、峻峭方整；南帖为圆笔之宗，秀逸摇曳、含蓄潇洒。"画学亦然，北派擅工笔，南派擅写意"。音乐上，北曲悲壮，南曲靡曼。词章上，"燕赵多慷慨悲歌之士，吴楚多放诞纤丽之文"。所有这些差异都与地理环境的

---

① 胡适：《胡适学术文集·新文学运动》，21 页，北京，中华书局，1993。
② （清）袁宏道：《袁宏道集笺校》，钱伯城笺校，卷十一，515 页，上海，上海古籍出版社，1981。

南北差异有关。① 刘师培则从我国南北两处地理环境与人文环境的不同来解读文学的差异。他在《南北学派不同论》一文中写道："大抵北方之地土厚水深，民生实际，多尚实际。南方之地，水势浩洋，民生其间，多尚虚无。民崇实际，故所著之文，不外记事、析理二端；民尚虚无，故所作之文，或为言志、抒情之体。"② 这种分析与概括可谓精到，由横向角度对文章发展变迁做出因"地理""水土"不同而相异的解释。该论的缺点是没有从纵向角度论说明地理的不同对文章变迁的影响。

第四，文章变化"关乎运数"。持有这种看法的人比较多。李慈铭在《越缦堂读书记八·文学·明文授读》中有语："古文为天地之元气，关乎运数。""运数"是命运、气数的意思，而"命运"与"气数"到底是怎样的东西，没有谁能够很准确地说明白。如此，"运数"说便将文章变迁现象描述得充满偶然性，给文章的变迁涂上了一层神秘的色彩，可以说，这是一种认识上的倒退。不能否认世事变迁有时会有偶然出现，文章的演变也不例外，但毕竟文章内蕴的变迁是有一定规律的，而且是可以被人们认识的。

中国古代文家所论的"文章变迁论"着眼于文章本身风格、体制的改变，新兴文体往往会随着文章体制、风格的改变而生。新兴文体又与文学价值观的革新有着密切的关系，综观中国文学理论史上出现的文体之争，无不与文体的革新与复古相关。同时，对文章变迁的重视与讨论，又往往预示着人们对自身价值的重视。李贽、袁宏道等人反对前、后七子的复古主张，也是从重视文章革新的角度切入的。他们主张文体应该革新，在反对拟古论的同时，高度重视来自民间的小说、戏曲等通俗文体。李贽对戏曲给予极大的肯定，他说《西厢记》等戏曲，不但不该受轻视，而且是"古今之至文"。像《西厢记》这样写爱情的戏曲，是作者"有大不得意于君臣朋友之间者，故借夫妇离合周缘以友其端"，抒发的是作者胸中对现实的不满。所以他认为这是"小中见大"③。小说也和戏剧一样，在我国文学史上也是晚出的文学样式。在中国历代封建统治者看来，小说不登大雅之堂。明代的通俗小说创作是很有成就的，著名小说《三国演义》《水浒传》《西游记》《金瓶梅》都产生在明代。但正统文人对这些小说是歧视的。李贽不但热情地肯定了小说的地位，而且还对小说进行评点，其论影响深远。李贽、袁宏道等人就是借助对新兴文体的重视，来彰显文学中的性灵与真挚的情感，呼吁解放人的个性与精神，使社会在理学尚属正统之时，向人性化进化，由此成就了中国文学史与理论史中关于古体与今体的发展

---

① 梁启超：《饮冰室文集·中国地理大势论》，84～87页，北京，中华书局，1989。
② 刘师培：《南北学派不同论》，载《国粹学报》，1905（6）。
③ 张建业主编：《李贽文集》，卷一，91页，北京，社会科学文献出版社，2000。

线索。这一点是人们在论述文章变迁时经常忽略的。

就此而论，文章变迁论至今依然富有启发性和借鉴意义，促使人们去思考：文章的改变除去受时代、学识、地域等外力的影响，还将受到什么力量的影响；这些合力又是怎样作用于文章而促使其变革的。同时，文章的变迁现实与古时人们的言论，也启示人们要慎重地看待文章的变迁，为新兴文体的发展提供一定的适宜环境。

【思考题】

　　1. 联系《童心说》全文，谈谈对"童心说"的理解。

　　2. "童心说"的美学内涵体现在哪几个方面？

　　3. 结合明时的文坛状况谈谈公安派"性灵"论的得与失。

第十二章　明清小说评点与戏曲理论

第一节　经典文本阅读

【原典阅读】

一、读第五才子书法（节选）（金圣叹）

大凡读书，先要晓得作书之人是何心胸。如《史记》须是太史公一肚皮宿怨发挥出来，所以他于《游侠》《货殖传》特地着精神，乃至其余诸记传中，凡遇挥金杀人之事，他便啧啧赏叹不置。一部《史记》，只是"缓急人所时有"①六个字，是他一生著书旨意。《水浒传》却不然。施耐庵本无一肚皮宿怨要发挥出来，只是饱暖无事，又值心闲，不免伸纸弄笔，寻个题目，写出自家许多锦心绣口，故其是非皆不谬于圣人。后来人不知，却于《水浒传》上加"忠义"字，遂并比于史公发愤著书一例，正是使不得。

《水浒传》有大段正经处②，只是把宋江深恶痛绝，使人见之，真有犬彘不食之恨。从来人却是不晓得。

《水浒传》独恶宋江，亦是歼厥渠魁③之意，其余便饶恕了。

或问：施耐庵寻题目写出自家锦心绣口，题目尽有，何苦定要写此一事？答曰：只是贪他三十六个人，便有三十六样出身，三十六样面孔，三十六样性格④，中间便结撰⑤得来。

题目是作书第一件事。只要题目好，便书也作得好。

或问：题目如《西游》《三国》，如何？答曰：这个都不好。《三国》人物事体说话太多了，笔下拖不动，挪不转，分明如官府传话奴才，只是把小人声口替得这句出来，其实何曾自敢添减一字。《西游》又太无脚地了，只是逐段捏捏撮撮，譬如大年夜放烟火，一阵一阵过，中间全没贯串，便使人读之，处处可住。⑥

《水浒传》方法，都从《史记》出来，却有许多胜似《史记》处。若《史记》妙处，《水浒》已是件件有。

凡人读一部书，须要把眼光放得长。如《水浒传》七十回，只用一目俱下，便知其二千余纸⑦，只是一篇文字。中间许多事体，便是文字起承转合之法。若是拖长看去，却都不见。

《水浒传》不是轻易下笔，只看宋江出名，直在第十七回，便知他胸中已算过百十来遍。若使轻易下笔，必要第一回就写宋江，文字便一直帐，无擒放。

某尝道《水浒》胜似《史记》，人都不肯信，殊不知某却不是乱说。其实《史记》是以文运事，《水浒》是因文生事。以文运事，是先有事生成如此如此，却要算计出一篇文字来，虽是史公高才，也毕竟是吃苦事。因文生事即不然，只是顺着笔性去，削高补低都由我。

作《水浒传》者，真是识力过人。某看他一部书，要写一百单八个强盗，却为头推出一个孝子来做门面⑧，一也；三十六员天罡，七十二座地煞⑨，却倒是三座地煞先做强盗⑩，显见逆天而行，二也；盗魁是宋江了，却偏不许他便出头，另又幻一晁盖盖住在上，三也；天罡地煞，都置第二，不使出现，四也；临了收到"天下太平"四字作结⑪，五也。

三个"石碣"字，是一部《水浒传》大段落⑫。

《水浒传》不说鬼神怪异之事，是他气力过人处。《西游记》每到弄不来时，便是南海观音救了。

《水浒传》并无"之乎者也"等字，一样人，便还他一样说话，真是绝奇本事。

《水浒传》一个人出来，分明便是一篇列传。至于中间事迹，又逐段逐段自成文字，亦有两三卷成一篇者，亦有五六句成一篇者。

别一部书，看过一遍即休。独有《水浒传》，只是看不厌，无非为他把一百八个人性格，都写出来。

《水浒传》写一百八个人性格，真是一百八样。若别一部书，任他写一千个人，也只是一样；便只写得两个人，也只是一样。

《水浒传》章有章法，句有句法，字有字法。人家子弟稍识字，便当教令反复细看，看得《水浒传》出时，他书便如破竹。

江州城劫法场一篇，奇绝了；后面却又有大名府劫法场一篇，一发奇绝。潘金莲偷汉一篇，奇绝了；后面却又有潘巧云偷汉一篇，一发奇绝。景阳冈打虎一篇，奇绝了；后面却又有沂水县杀虎一篇，一发奇绝。真正其才如海。

劫法场，偷汉，打虎，都是极难题目，直是没有下笔处，他偏不怕，定要写出两篇。

《宣和遗事》⑬具载三十六人姓名，可见三十六人是实有。只是七十回中许多事迹，须知都是作书人凭空造谎出来。如今却因读此七十回，反把三十六个人物都认得了，任凭提起一个，都似旧时熟识，文字有气力如此。

……

看来作文，全要胸中先有缘故。若有缘故时，便随手所触，都成妙笔；若无缘故时，直是无动手处，便作得来，也是嚼蜡。

……

吾最恨人家子弟，凡遇读书，都不理会文字，只记得若干事迹，便算读过一部书了。虽《国策》《史记》都作事迹搬过去，何况《水浒传》。

《水浒传》有许多文法，非他书所曾有，略点几则于后：

有倒插法。谓将后边要紧字，蓦地先插放前边。如五台山下铁匠间壁父子客店，又大相国寺岳庙间壁菜园，又武大娘子要同王干娘去看虎，又李逵去买枣糕，收得汤隆等是也。

有夹叙法。谓急切里两个人一齐说话，须不是一个说完了，又一个说，必要一笔夹写出来。如瓦官寺崔道成说"师兄息怒，听小僧说"，鲁智深说"你说你说"等是也。

有草蛇灰线法。如景阳冈勤叙许多"哨棒"字，紫石街连写若干"帘子"字等是也。骤看之，有如无物，及至细寻，其中便有一条线索，拽之通体俱动。

有大落墨法。如吴用说三阮，杨志北京斗武，王婆说风情，武松打虎，还道村捉宋江，二打祝家庄等是也。

有绵针泥刺法。如花荣要宋江开枷，宋江不肯；又晁盖番番要下山，宋江番番劝住，至最后一次便不劝是也。笔墨外，便有利刃直戳进来。

有背面铺粉法⑭。如要衬宋江奸诈，不觉写作李逵真率；要衬石秀尖利，不觉写作杨雄糊涂是也。

有弄引法。谓有一段大文字，不好突然便起，且先作一段小文字在前引之。如索超前，先写周谨：十分光前，先说五事等是也。《庄子》云："始于青萍之末，盛于土囊之口。"⑮《礼》云："鲁人有事于泰山，必先有事于配林。"⑯

有獭尾法。谓一段大文字后，不好寂然便住，更作余波演漾之。如梁中书东郭演武归去后，如县时文彬升堂；武松打虎下冈来，遇着两个猎户；血溅鸳鸯楼后，写城壕边月色等是也。

有正犯法。如武松打虎后，又写李逵杀虎，又写二解争虎；潘金莲偷汉后，又写潘巧云偷汉；江州城劫法场后，又写大名府劫法场；何涛捕盗后，又写黄安捕盗；林冲起解后，又写卢俊义起解；朱仝、雷横放晁盖后，又写朱仝、雷横放宋江等。正是要故意把题目犯了，却有本事出落得无一点一画相借，以为快乐是也。真是浑身都是方法。

有略犯法。如林冲买刀与杨志卖刀，唐牛儿与郓哥，郑屠肉铺与蒋门神快活林，瓦官寺试禅杖与蜈蚣岭试戒刀等是也。

有极不省法。如要写宋江犯罪，却先写招文袋金子，却又先写阎婆惜和张三有事，却又先写宋江讨阎婆惜，却又先写宋江舍棺材等。凡有若干文字，都非正文是也。

有极省法。如武松迎入阳谷县，恰遇武大也搬来，正好撞着；又如宋江琵琶亭吃鱼汤后，连日破腹等是也。

有欲合故纵法。如白龙庙前，李俊、二张、二童、二穆等救船已到，却写李逵重要杀入城去；还道村玄女庙中，赵能、赵得都已出去，却有树根绊跌，士兵叫喊等，令人到临了又加倍吃吓是也。

有横云断山法。如两打祝家庄后，忽插出解珍、解宝争虎越狱事；又正打大名城时，忽插出截江鬼、油里鳅谋财害命事等是也。只为文字太长了，便恐累坠，故从半腰间暂时闪出，以间隔之。

有鸾胶续弦法。如燕青往梁山泊报信，路遇杨雄、石秀，彼此须互不相识。且由梁山泊到大名府，彼此既同取小径，又岂有止一小径之理？看他便顺手借如意子打鹊求卦，先斗出巧来，然后用一拳打倒石秀，逗出姓名来等是也。都是刻苦算得出来。

旧时《水浒传》，子弟读了，便晓得许多闲事。此本虽是点阅得粗略，子弟读了，便晓得许多文法；不惟晓得《水浒传》中有许多文法，他便将《国策》《史记》等书，中间但有若干文法，也都看得出来。旧时子弟读《国策》《史记》等书，都只看了闲事，煞是好笑。

《水浒传》到底只是小说，子弟极要看，及至看了时，却凭空使他胸中添了若干文法。

人家子弟只是胸中有了这些文法，他便《国策》《史记》等书都肯不释手看，《水浒传》有功于子弟不少。

旧时《水浒传》，贩夫皂隶都看；此本虽不曾增减一字[17]，却是与小人没分之书，必要真正有锦绣心肠者，方解说道好。

（选自陆林辑校整理：《金圣叹全集》第三册，南京，凤凰出版社，2008）

① 缓急人所时有。《史记·游侠列传》："且缓急，人之所时有也。"意思是说人们处世，随时可能发生灾难。这里所谓"缓急"属于偏义复词，意义偏向于"急"，指紧急的事或灾难。

② 正经处：指关键的地方。

③ 歼厥渠魁：歼灭其大头目。语出《尚书·胤征》。

④ "答曰"四句：《水浒传》中所描写的梁山英雄，是在真实史料的基础上演绎而成的，不过真实史料中只有三十六人，《宋史·侯蒙传》："宋江以三十六人横行齐魏。"

⑤ 结撰：结构，这里指作家的构思和经营。

⑥ 这体现着金圣叹对他所选择要评点的文本的深爱，同时也反映了他对小说种类认识

的不够全面。这与其对小说的认识有关，也与评点这种形式有关。评点的评论方式有利于评论与文本的紧密结合，但也由于其与文本的紧密结合而造成评语的单一指向——就事论事。所以由金圣叹建构起来的小说书写体系是一个尚待完善的体系，此后的毛氏父子对此体系不断完善。

⑦ 二千余纸：这是当时贯华堂刻本《第五才子书施耐庵水浒传》的总页数。

⑧ "某看他"三句：指《水浒传》开端写王进的故事。

⑨ 三十六员天罡，七十二座地煞：《宣和遗事》书中称宋江等三十六人为"天罡院三十六员猛将"，《水浒》作者又据元杂剧所谓"三十六大伙，七十二小伙"之说，加上了七十二人，一共凑成一百零八位豪杰，并分别称之为"天罡星""地煞星"。

⑩ 三座地煞先做强盗：三座地煞是指地魁星朱武、地周星陈达、地隐星杨春。《水浒传》一开篇就写他们在少华山落草。

⑪ "天下太平"四字作结：金圣叹在他所评的《水浒传》结尾中，以"天下太平"四字结束全书。

⑫ "三个'石碣'字"二句：是说"石碣"是一部《水浒传》的贯穿线，结缀全书的始、中、止，完成全书行文的起、承、转、合。金圣叹为了使他腰斩之后的《水浒传》结构完整，把首回楔子"误走妖魔"中被洪信所掀倒的石牌改为"石碣"，以此作为故事的发端。而石碣村一回，则成了故事的发展，到最后天降石碣，就是《水浒传》的结局了。

⑬《宣和遗事》：本书记录了北宋宣和年间的逸事，是宋元年间文人汇集旧籍而写成的，其中已列有宋江三十六人的姓名和绰号。

⑭ 背面铺粉法：中国画的一种技法，也称作"飞"，即在画幅（纸或绢）的背面敷上一层铅粉来衬托正面的墨迹。这种技法取其衬托之意。

⑮ "始于青萍之末"二句：语出宋玉《风赋》，是对大风发展过程的描写。青萍，绿色的浮萍。土囊：大洞穴。金圣叹说此二句出自《庄子》当属误记。

⑯ "鲁人有事于泰山"二句：语出《礼记·礼器》。这两句意思是说举行祭祀泰山大典之前，先要祭祀配林。事：指祭祀。配林：古齐国的地名。

⑰ 此本虽不曾增减一字：这是金圣叹对自己所评版本的一种说法，他一直在说自己所评的本子是《水浒传》的古本，就是七十回本，他只是进行了评点，并没有对原作进行删改。事实并非如此，金圣叹所评的七十回本应该是他在以前百回本，或百二十回本基础上的截取，时称"腰斩"。

二、闲情偶寄（节选）（李渔）

立主脑

古人作文一篇，定有一篇之主脑。主脑非他，即作者立言之本意也。传奇亦然。一本戏中，有无数人名，究竟俱属陪宾①，原其初心，止为一人而设。即此一人之身，自始至终，离合悲欢，中具无限情由，无穷关目②，究竟俱属衍文③，原其初心，又止为一事而设。此一人一事，即作传奇之主脑也。然必此一人一事果然奇特，实在可传而后传之，则不愧传奇之目④，而其人其事与作者姓名皆千古矣。如一部《琵琶》⑤，止为蔡伯喈一人，而蔡伯喈一人又止为"重婚牛府"一事，其余枝节皆从此一事而生。二亲之遭凶，五娘之尽孝，拐儿之骗财匿书⑥，张大公之疏财仗义⑦，皆由于此。是"重婚牛府"四字，即作《琵琶记》之主脑也。一部《西厢》⑧，止为张君瑞一人，而张君瑞一人又止为"白马解围"⑨一事，其余枝节皆从此一事而生。夫人之许婚，张生之望配，红娘之勇于作合，莺莺之敢于失身，与郑恒之力争原配而不得⑩，皆由于此。是"白马解围"四字，即作《西厢记》之主脑也。余剧皆然，不能悉指。后人作传奇，但知为一人而作，不知为一事而作，尽此一人所行之事，逐节铺陈，有如散金碎玉，以作零出⑪则可，谓之全本，则为断线之珠，无梁之屋。作者茫然无绪，观者寂然无声，无怪乎有识梨园⑫，望之而却走也。此语未经提破，故犯者孔多⑬，而今而后，吾知鲜矣。

（选自杜书瀛评注：《闲情偶寄》，北京，中华书局，2007）

① 陪宾：陪衬的意思。

② 关目：指戏剧发展的关键情节。

③ 衍文：这里指敷演、生发的文字。

④ 不愧传奇之目：不愧于"传奇"这个称谓。目：名目、称谓。

⑤《琵琶》：《琵琶记》，元人高明所作著名杂剧。剧作书生蔡伯喈进京赶考中状元，被牛丞相强招为女婿。蔡伯喈的妻子赵五娘在家侍奉公婆，后家乡遭遇灾荒，公婆先后饿死。五娘一路弹唱琵琶曲行乞，上京寻夫，她的精诚感动了牛丞相和牛氏，终于允许她与蔡伯喈在牛府重行婚礼。

⑥ 拐儿之骗财匿书：《琵琶记》中，写蔡伯喈在京入赘相府之后，曾托人给家人带去书信与金珠。但所托的人是个骗子，他私吞了金珠藏了书信，致使蔡伯喈与其家人音信断绝。

⑦ 张大公之疏财仗义：《琵琶记》中，在蔡伯喈父母死后，因家中贫困，不能下葬，乡人张大公因同情五娘施与棺木。

⑧《西厢》：指元人王实甫所写的《西厢记》。

⑨ 白马解围：《西厢记》第二本第一折中的情节，写反贼头目孙飞虎兵围普救寺，欲抢崔莺莺为妻。崔母为救莺莺性命，宣布"但有退得贼兵的，将小姐与他为妻"。张君瑞这时挺身而出，写信招来好友白马将军杜确，杜确杀退贼众，解了普救寺之围。

⑩ 郑恒之力争原配而不得：《西厢记》中的情节描写到，郑恒是崔母的侄子，与崔莺莺原有婚约。张君瑞离开普救寺进京赶考之后，郑恒为了争娶崔莺莺，以谣言中伤张君瑞，说他在京城已经另有婚配。后谣言被揭穿，他未能得逞。

⑪ 出：又作"齣"，划分戏剧情节的单位，近似于现代戏剧中的"幕"。

⑫ 有识梨园：指懂戏曲的行家里手。梨园：唐玄宗时教习歌舞的地方，后称戏院、戏班为梨园，称演员为梨园子弟。

⑬ 孔多：很多。

审虚实

传奇所用之事，或古或今，有虚有实，随人拈取。古者，书籍所载，古人现成之事也；今者，耳目传闻，当时仅见之事也；实者，就事敷陈，不假造作，有根有据之谓也；虚者，空中楼阁，随意构成，无影无形之谓也。人谓古事实多，近事多虚。予曰：不然。传奇无实，大半皆寓言耳。欲劝人为孝，则举一孝子出名，但有一行可纪，则不必尽有其事，凡属孝亲所应有者，悉取而加之，亦犹纣之不善，不如是之甚也，一居下流，天下之恶皆归焉①。其余表忠表节，与种种劝人为善之剧，率同于此。若谓古事皆实，则《西厢》《琵琶》推为曲中之祖，莺莺果嫁君瑞乎②？蔡邕之饿莩其亲③，五娘之干蛊其夫④，见于何书？果有实据乎？孟子云："尽信书，不如无书。"盖指《武成》而言也⑤。经史且然，矧杂剧乎⑥？凡阅传奇而必考其事从何来、人居何地者，皆说梦之痴人，可以不答者也。然作者秉笔，又不宜尽作是观。若纪目前之事，无所考究，则非特事迹可以幻生⑦，并其人之姓名亦可以凭空捏造，是谓虚则虚到底也。若用往事为题，以一古人出名，则满场脚色皆用古人，捏一姓名不得；其人所行之事，又必本于载籍，班班可考，创一事实不得。非用古人姓字为难，使与满场脚色同时共事之为难也；非查古人事实为难，使与本等情由贯串合一之为难也。予既谓传奇无实，大半寓言，何以又云姓名事实必须有本？要知古人填古事易，今人填古事难。古人填古事，犹之今人填今事，非其不虑人考，无可考也；传至今，则其人其事，观者烂熟于胸中，欺之不得，罔⑧之不能，所以必求可据，是谓实则实到底也。若用一二古人作主，因无陪客，幻设姓名以代之，则虚不似虚，实不成实，词家之丑态也，切忌犯之。

（选自杜书瀛评注：《闲情偶寄》，北京，中华书局，2007）

①"亦犹纣之不善"四句：《论语·子张》："子贡曰：'纣之不善，不若是之甚也。是以君子恶居下流，天下之恶皆归焉。'"纣，指商纣王。下流，地势卑下之处。人在道德上卑下，即如居于卑下之地，各种污水会流到他那儿去，从而使他的名声更坏。

②莺莺果嫁君瑞：在《西厢记》一剧是大团圆的结局，在张君瑞取得功名后回来娶崔莺莺为妻，令才子佳人终成眷属。

③蔡邕之饿莩其亲：蔡邕让其父母饿死之事。蔡邕，字伯喈，《琵琶记》中的男主角，历史上确有其人。蔡邕（133—192），陈留圉（今河南杞县）人也，东汉文学家、书法家，汉献帝时曾拜左中郎将，故后人也称他"蔡中郎"。饿莩，饿死的人。莩：同"殍"，饿死后无人收尸的人。

④五娘之干蛊其夫：《琵琶记》中的女主角赵五娘替丈夫侍奉公婆。干蛊，《易·蛊》："干父之蛊……干母之蛊。"原意为儿子能继承父母的事业，这里指赵五娘能承担丈夫的职责，替丈夫奉养父母。

⑤"孟子云"数句：《孟子·尽心下》："孟子曰：'尽信《书》，不如无《书》。吾于《武

成》，取二三册而已。仁人无敌于天下，以致仁伐至不仁，而何其血之漂杵也！'"按，《尚书·武成篇》记载了周武王讨伐商纣王，形容纣王之军死伤惨重，有"血流漂杵"的话。孟子认为是夸饰之辞，不可尽信。

⑥ 矧（shěn）杂剧乎：况且杂剧呢，意思是杂剧一定也有不实之处。矧：另外，况且，何况。

⑦ 幻生：凭想象来虚构。

⑧ 罔：欺骗。

贵显浅

曲文之词采，与诗文之词采非但不同，且要判然相反。何也？诗文之词采，贵典雅而贱粗俗，宜蕴藉而忌分明。词曲不然，话则本之街谈巷议，事则取其直说明言。凡读传奇而有令人费解，或初阅不见其佳，深思而后得其意之所在者，便非绝妙好词，不问而知为今曲，非元曲也。元人非不读书，而所制之曲，绝无一毫书本气，以其有书而不用，非当用而无书也，后人之曲则满纸皆书矣。元人非不深心，而所填之词，皆觉过于浅近，以其深而出之以浅，非借浅以文其不深也，后人之词则心口皆深矣。无论其他，即汤若士《还魂》一剧①，世以配飨②元人，宜也。问其精华所在，则以《惊梦》《寻梦》二折对。予谓二折虽佳，犹是今曲，非元曲也。《惊梦》首句云："袅晴丝，吹来闲庭院，摇漾春如线。"以游丝一缕，逗起情丝，发端一语，即费如许深心，可谓惨淡经营矣。然听歌《牡丹亭》者，百人之中有一二人解出此意否？若谓制曲初心并不在此，不过因所见以起兴，则瞥见游丝，不妨直说，何须曲而又曲，由晴丝而说及春，由春与晴丝而悟其如线也？若云作此原有深心，则恐索解人不易得矣。索解人既不易得，又何必奏之歌筵，俾③雅人俗子同闻而共见乎？其余"停半晌，整花钿，没揣菱花，偷人半面"及"良辰美景奈何天，赏心乐事谁家院"，"遍青山，啼红了杜鹃"等语，字字俱费经营，字字皆欠明爽。此等妙语，止可作文字观，不得作传奇观。至如末幅④"似虫儿般蠢动，把风情煽"与"恨不得肉儿般团成片也，逗的个日下胭脂雨上鲜"，《寻梦》曲云："明放着白日青天，猛教人抓不到梦魂前"，"是这答儿压黄金钏匾⑤……此等曲，则去元人不远矣。而予最赏心者，不专在《惊梦》《寻梦》二折，谓其心花笔蕊，散见于前后各折之中。《诊祟》曲云："看你春归何处归，春睡何曾睡，气丝儿，怎度得长天日。""梦去知他实实谁，病来只送得个虚虚的你，做行云，先渴倒在巫阳会⑥。""又不是困人天气，中酒心期⑦，魆魆的⑧常如醉。""承尊觑，何时何日，来看这女颜回？"《忆女》曲云："地老天昏，没处把老娘安顿。""你怎撇得下万里无儿白发亲。""赏春香还是你旧罗裙。"《玩真》曲云："如愁欲语，只少口气儿呵。""叫得你喷嚏似天花唾，动凌波，盈盈欲下，不见影儿那⑨。"此等曲，则纯乎元人，置之《百种》⑩前后，几不能辨。以其意深词浅，全无一毫书本气也。

若论填词家宜用之书，则无论经传子史以及诗赋古文，无一不当熟读，即道家佛氏、九流百工之书，下至孩童所习《千字文》《百家姓》，无一不在所用之中。至于形之笔端，落于纸上，则宜洗濯殆尽。亦偶有用着成语之处，点出旧事之时，妙在信手拈来，无心巧合，竟似古人寻我，并非我觅古人。此等造诣，非可言传，只宜多购元曲，寝食其中，自能为其所化。而元曲之最佳者，不单在《西厢》《琵琶》二剧，而在《元人百种》之中。《百种》亦不能尽佳，十有一二可列高、王⑪之上，其不致家弦户诵，出与二剧争雄者，以其是杂剧而非全本⑫，多北曲而少南音⑬，又止可被诸管弦，不便奏之场上⑭。今时所重，皆在彼而不在此，即欲不为纨扇之捐⑮，其可得乎？

（选自杜书瀛评注：《闲情偶寄》，北京，中华书局，2007）

① 汤若士《还魂》一剧：指汤显祖的《牡丹亭》。汤显祖，字若士。《牡丹亭》全称为《牡丹亭还魂记》。

② 配飨：古代在祭祀特定的祖先、神灵时，以同等规格附带祭祀的祖先、神灵或庙等，称为"配飨"或"配享"。这里所谓"配飨元人"，意思是可以与元人相媲美。

③ 俾：副词，使、让的意思。

④ 末幅：指该折的末尾。

⑤ 是这答儿压黄金钏匾：这答儿，这地方。匾：通"扁"。

⑥ 做行云，先渴倒在巫阳会：宋玉《高唐赋·序》中说，楚王梦中与巫山神女相会，神女自称居住在巫山之阳，"旦为朝云，暮为行雨"。这里用这个典故，意在说杜丽娘与柳梦梅在梦中幽会。

⑦ 中酒心期：醉酒后的心绪。中酒：醉酒。心期：指心绪。

⑧ 魆魆的：精神恍惚的样子。

⑨ 那：通"挪"，移动的意思。

⑩《百种》：指《元人百种曲》，明人臧懋循辑。

⑪ 高、王：指高明和王实甫。

⑫ 是杂剧而非全本：这里李渔认为，"杂剧"之曲皆为截取故事片段，故不同于情节完整的长篇戏剧。其实元杂剧的唱词绝大多数以四组套曲组成，篇幅上虽然比《西厢记》和南戏、传奇短小，但也是完整的全本戏曲。

⑬ 多北曲而少南音：北曲、南音，指北方戏曲与南戏。由于地域文化的影响，二者在声调与风格上都有所不同。如北曲分"上、去、入"三声，南戏分"平、上、去、入"四声。北曲高亢，伴奏以弦乐为主；南曲轻柔婉转，伴奏以管乐为主。两相比较，南曲更适合于言情的戏曲。

⑭ 止可被诸管弦，不便奏之场上：不能配上乐器，只能清唱，不能在舞台上演出。

⑮ 纨扇之捐：比喻因时过境迁而被抛弃。捐，捐弃。汉人班婕妤《怨歌行》："新裂齐

纨素，皎洁如霜雪。裁为合欢扇，团团似明月。出入怀君袖，摇动微风发。常恐秋节至，凉飚夺炎热。弃捐箧笥中，恩情中道绝。"

【作者简介】

金圣叹（1608—1661），吴县人（今江苏苏州人），清初文学家、文学批评家，本姓张，名采，后改姓金，名喟，字圣叹，后更名人瑞。有关金圣叹变更姓名一事，有无名氏《辛丑纪闻》记载："金圣叹，名喟，又名人瑞，庠名张，原名采，字若采，为文倜傥不群，少补博士弟子员，后以岁试之文怪诞不经黜革。来年科试顶金人瑞名，就童子试，而文宗即拔第一，补庠生。"由此记载可知，金圣叹的改名乃是为了能够参加科举考试。这可以反映出他既不愿遵守科举考试的为文约束，又不忍放弃通过科举寻求仕进的矛盾心理。

明亡后，他绝意仕进，以读书著述评点为乐。顺治十八年，清世祖亡，哀诏至吴，大臣设幕哭临，当时有诸生百余人哭于文庙，上揭帖请求驱逐酷吏县令任维初，金圣叹也参与其事。巡抚朱治国包庇下属，朱治国将哭庙文的起草人金圣叹作为首犯拘捕，冠以"摇动人心倡乱，殊于国法"之罪，被判死罪在南京三山街执刑。

金圣叹以评点为其毕生所为事业，称《庄子》《离骚》《史记》杜诗《水浒传》《西厢记》为"六才子书"，拟逐一批注，但仅完成后二种。他在《答王道树》一文中称："诚得天假弟二十年无病无恼，开眉吃饭，再将胸前数十本残书一一批注明白，即是无量幸甚。"其著作据族人金昌叙录，有"唱经堂外书"，包括《第五才子书》《第六才子书》《唐才子书》《必读才子书》《杜诗解》《左传释》《古传解（二十首）》《释小雅（七首）》《孟子解》《欧阳永叔词（十二首）》；"唱经堂内书"，包括《法华百问》《西城风俗记》《法华三昧》《宝镜三昧》《圣自觉三昧》《周易义例全钞》《三十四卦全钞》《南华经钞》《通宗易论》《语录类纂》《圣人千案》；"唱经堂杂篇"，包括《随手通》《唱经堂诗文全集》。这些作品多属未完之稿，或只存片段，或全佚。部分作品收入今传之《唱经堂才子书汇稿》中。金圣叹又能诗，有抄本《沉吟楼诗选》传世。今有江苏古籍出版社 1985 年 9 月版《金圣叹全集》。

金圣叹的主要成就在于文学批评，他的评点很注重思想内容的阐发，往往借题发挥，议论政事，在评点中其社会观和人生观均灼然可见。金圣叹在评点的同时，也对原作加以修改，除词句外，还作了全局性的删削。他判定《忠义水浒全传》后 50 回乃是罗贯中"横添狗尾"，所以尽行将其腰斩，又伪造施耐庵序于前，并加写了一个卢俊义惊梦的结尾，又去掉书名上的"忠义"二字。由于金圣叹截取了《水浒传》的精华，克服了原作拖沓的毛病，因而受到读者的欢迎，逐渐淘汰了其他各种版本。同时，由于他的删改，《水浒传》等书的主题思想、情节结构以及人物形象亦从此面貌一新。

李渔（1611—1680），原名仙侣，字谪凡，号天徒，中年改名李渔，字笠鸿，号笠翁，明末清初著名戏曲家，浙江兰溪人。李渔青年时期，家境优裕，但屡试不第。清兵下江南后，他无意于功名，移家杭州，以写书、卖书和演戏维持生计。康熙五年和康熙六年，他先后获得乔、王二姬，李渔在对其进行细心调教后组建了以二姬为台柱的家庭戏班，常年巡回于各地为达官贵人作娱情之乐，收入颇丰，这也是李渔一生中生活得最得意的一个阶段，同时也是李渔文学创作中最丰产的一个时期，《闲情偶寄》一书就是在这一时期内完成并付梓的。康熙十一年、十二年，随着乔、王二姬的先后离世，支撑李渔富足生活的家庭戏班也土崩瓦解了，李渔的生活从此陷入了捉襟见肘的困顿之中，经常靠举贷度日。康熙十九年，古稀之年的李渔在贫病交加中去世。

李渔的思想以明亡为界分为两个阶段：早期受儒家文化的影响，有着较为强烈的功名意识与道德关怀；明亡后，李渔开始了卖艺生涯，享乐主义与顺世哲学成为他的主导思想。但终其一生，他一直保留着狂狷之气，因此，即使是在后期的落拓放荡之中，他仍有对抗名教的一面。

李渔自己创作剧本，自己导演，有时甚至粉墨登场自己表演，从而积累了丰富的戏曲创作、演出经验。他重视戏曲文学，曾说："填词非末技，乃与史传诗文同流而异派者也。"他的戏曲理论主要见于《闲情偶寄》一书，以结构、词采、音律、宾白、科诨、格局六方面来论戏曲文学，从选剧、变调、授曲、教白、脱套五方面论戏曲表演，对我国古代戏曲理论有较大的丰富和发展。《闲情偶寄》除戏曲理论外，还有饮食、营造、园艺等方面的内容。李渔在给礼部尚书龚芝麓的信中说："庙堂智虑，百无一能；泉石经纶，则绰有余裕。……托之空言，稍舒蓄积。"可见此书足能反映他的文艺修养和生活情趣。

李渔一生勤于写作，除《闲情偶寄》外，他写有传奇剧十八种，流行的有传奇集《笠翁十种曲》，包括以下十种传奇：《奈何天》《比目鱼》《蜃中楼》《美人香》《风筝误》《慎鸾交》《凰求凤》《巧团圆》《意中缘》《玉搔头》，其中，演出最多的是《风筝误》一剧，此外，还有小说集《无声戏》《十二楼》、长篇小说《合锦回文传》《肉蒲团》、诗文集《笠翁一家言全集》，并编辑过《名词选胜》《尺牍选》等。李渔在金陵时，别业称芥子园，设有芥子书。李渔女婿沈心友，请王概等编《芥子园画谱》，流传甚广。《国朝蓍献类征》初编卷四百二十六有李渔的传。

【文本解读】

一、《读第五才子书法》解读

金圣叹没有专门的小说理论著作，他对小说的认识与主要观点主要体现在由其所做评的《水浒传》中。其小说理论由《水浒传》正文前的三篇序言、《读第五才子书法》以及他对作品的具体评点与批改组成。金圣叹的小说评点兼取容与堂与袁无涯刊本《水浒传》评点之长，对《水浒传》的评点既有大处着眼，又有细处推敲，因此成为明代小说评点的集大成者。金圣叹对小说创作有很深的理解。他关于小说本质的认识、人物性格的塑造、小说的叙事方法等问题的论述，在选文中均有所论说，下面将结合选文分别述之。

第一，关于小说本质的认识。小说这种文体在中国的发展晚于诗文创作，它脱胎于史传，与史有着千丝万缕的联系，因此在小说经过演变逐渐与史分道扬镳之后，人们依然用观史的眼光来看待小说。有明一代，小说与史已经有了质的区别。史重事重实，而小说重情重虚。为了写作者为文的内心缘故、内心的情感和认识，小说也必定要写人写事，但人与事都可虚设，只要能够令作品传达出作者对世界、对社会生活的认识与感悟。金圣叹在《读第五才子书法》（以下简称《读法》）中，通过将《水浒传》与《史记》进行比较，阐述了小说使用虚构方法所构建起来的文的本质。

> 某尝道《水浒》胜似《史记》，人都不肯信，殊不知某却不是乱说。其实《史记》是以文运事，《水浒》是因文生事。以文运事，是先有事生成如此如此，却要算计出一篇文字来，虽是史公高才，也毕竟是吃苦事。因文生事即不然，只是顺着笔性去，削高补低都由我。

"因文生事"是金圣叹在评点《水浒传》时，以《史记》为参照系在对比中提出来的。《史记》是先有"事"，然后算计出如何行文，《水浒传》是没有实有之"事"，而是因文生出事端。就金氏之所论，即使是写作史书，也并非易事，因为要就着已有之事"算计"出文。"算计"此处乃是"考虑，合计"之意。小说要"生事"，史书要"算计""调遣"已有之事的原因，都是为了"文"，"文"是史与小说的最终指向。"因文生事"的提出，在客观上，标明小说这种文体具有虚构性的特点。也就是说，小说所描写的事，不是历史中定有之事，而是小说情节发展的需要，是虚构之事。金氏之前的小说批评家，在讨论虚构问题时，着眼于关注小说所记之事，是否为正史所记载，而金圣叹对待虚构问题，其着眼点则是虚构对于文的书写作用。就此而论，金圣叹是借对小说文本的评点，注意到了小说之"文"的本质，摆脱了"史事"的束缚。"因文生事"内蕴的虚构性是对小说文学审美性的注目，影响了中国古代小说观念的转变。"因文生事"提出的意义，不在于他借此强调了小说的虚构性，而在于金圣叹借此强调了文章"文"的重要性，即小说乃是"文"而非"史"的本质特性。

第二，关于塑造人物性格的论说。金圣叹在容与堂刊本《水浒传》评点有关人物"同而不同有辨"论的基础上，开创了人物性格论。人物性格的塑造是小说艺术的魅力所在，也是读者为小说这种艺术动容的重要原因所在。《读法》从自己的审美感受出发，鲜明地指出人物各具性格特点，乃是《水浒传》令人看不厌的原因所在。他说：

> 别一部书，看过一遍即休，独有《水浒传》，只是看不厌，无非为他把一百八个人性格，都写出来。
>
> 《水浒传》写一百八个人性格，真是一百八样。若别一部书，任他写一千个人，也只是一样；便只写得两个人，也只是一样。

金圣叹非常重视人物性格的塑造，不仅强调了在小说中塑造性格鲜明人物的必要，同时论说了作家塑造出人物性格的原因与方法。在《序三》中他说："施耐庵以一心所运，而一百八人各自入妙者，无他，十年格物而一朝物格，斯以一笔而写百千万人，固不以为难也。格物亦有法，汝应知之。"所谓"一心所运"，突出强调了"心"在创作中的重要地位，也就是重视作者主体性的发挥。但金圣叹并没有单纯从"心"这一面来规定"外物"的属性，而是强调要尊重"外物"，对其进行长期观察。正因为有了对客观外物的长期观察，加之作者的主观能动性，才能够将人物的个性塑造出来。在塑造具体的人物时，作家还要讲究一定的方法，那就是设身处地地体验所描写的人物，让自己扮演起所写的人物。金圣叹在第五十六回"吴用使时迁偷甲，汤隆赚徐宁上山"这一回的回前评中有语云：

> 盖耐庵当时之才，吾直无以知其际也。其忽然写一豪杰，即居然豪杰也；其忽然写一奸雄，即又居然奸雄也；甚至忽然写一淫妇，即居然淫妇。今此篇写一偷儿，即又居然偷儿也。……若夫耐庵之非淫妇、偷儿，断断然也。今观其写淫妇居然淫妇，写偷儿居然偷儿，则又何也？噫噫。吾知之矣！非淫妇定不知淫妇，非偷儿定不知偷儿也。谓耐庵非淫妇非偷儿者，此自是未临文之耐庵耳。夫当其未也，则岂惟耐庵非淫妇，即彼淫妇亦实非淫妇；岂惟耐庵非偷儿，即彼偷儿亦实非偷儿。……惟耐庵于三

寸之笔，一幅之纸之间，实亲动心而为淫妇，亲动心而为偷儿。

正是由于作者临文之时能够"亲动心"，化身为自己所描绘的人物，因此可以写什么样的人就有什么样的性格。金圣叹关于人物性格的有关认识是深刻的。

第三，关于叙事方法的总结。金圣叹对为文之法非常重视，在评点《水浒传》时，他反复申说："字有字法，句有句法，章有章法，部有部法。"他要点批出这些文法，好让读此评点本的读者"胸中添了若干文法"。为此，他在《读法》中对《水浒传》的为文叙事方法进行了较为全面地总结。他说："《水浒传》有许多文法，非他书所曾有。"因此，在《读法》中即使是"略点几则"，也已经开列出十五种"文法"：倒插法、夹叙法、草蛇灰线法、大落墨法、绵针泥刺法、背面铺粉法、弄引法、獭尾法、正犯法、略犯法、极不省法、极省法、欲合故纵法、横云断山法、鸾胶续弦法。在这些文法中，除"绵针泥刺法""背面铺粉法"属于人物塑造理论，其他十三种，大体上都是关于小说结构、情节同异等内容的叙事方法。这些论说以及书中具体评点中所提及的"脱卸法""伏笔法"等可以说是中国古代小说描写文法的荟萃，也是中国古代小说叙事学必不可少的一部分。

对于文法的重视至少可以推至宋代，因科举考试的经义与诗赋两科都要考策论，促使了古文评点的兴起、兴盛。宋代评点诸书，在零散的点评形式中凝聚着对"法"的一贯追求与重视，如《古文关键》开篇"总论"便列有"看文字法""看韩文法""看柳文法""看欧文法""看苏文法""看诸家文法""论作文法"等；《文章轨范》将所选之文分为"放胆文"与"小心文"，对文点评的起点均为"场屋"为文之虑，主张士子暗记"法度"于胸，故而，特别重视对文法的勾点，如卷一评点韩愈《上张仆射书》云："连下五个'如此'字，句法长短错综凡四变，此章法也。""又连下三个'如此'字，长短错综，此章法也。"到了明代，八股文作为科举考试的一种文体渐被定型，它对文法有着严格的要求，这又促进了时文评点的兴盛。同期的古文评点，大都带有了明显的八股印记。毛坤的《唐宋八大家文钞》影响很大，《四库全书总目提要》对此书评道："今观是集大抵亦为举业而设。"对仕途的追逐，对八股文法的研习，使得当时文人大都具有"时文手眼"，重视为文之法的谨严，对法的重视在小说评点领域内亦然。自袁无涯刻本《水浒全传》而肇其端，至金圣叹批点《贯华堂第五才子书水浒传》而臻其极。

金圣叹的小说评点在当时产生了巨大的影响，"一时学者爱读圣叹书，几乎家置一编。"金圣叹的小说评点，标志着中国古典小说理论已走向成熟，他对小说的看法以及他开创的评点体例，都对后世的小说评点产生了极大的影响。毛氏父子对《三国志演义》的评点、张竹坡对《金瓶梅》的评点和脂砚斋对《红楼梦》的评点，都可以看到金圣叹的影响。他在《水浒传》评点中所倡导的"文法"论，开辟了小说评点的新思路。

二、《闲情偶寄》选段解读

（一）《立主脑》篇解读

李渔戏曲理论的一个重要内容是对结构的论述。本书所选"立主脑"一篇，就是他对戏剧结构论述诸篇中的一篇，出自《闲情偶寄》卷一《词曲部·结构第一》。李渔说："主脑非他，即作者立言之本意也。""本意"并不是抽象的主题之意，而是指具体的"一人一事"，也就是全剧结构的枢纽、关节点。这样的结构枢纽，一方面联络起全剧的人与事，是全剧内容与矛盾冲突的一个节点；另一方面，它又是全剧意蕴的聚焦点，凝聚着作者独特的感受、激情与故事发展方向的走向。在主脑的连缀下，主要人物的行动合理化，情节发展集中地趋向高潮。因此戏剧必有其"主脑"，也只有有主脑的剧本表演起来才能集中、紧凑与严密。

依此来看剧本，《琵琶记》中蔡伯喈重婚牛府之所以是全剧的主脑，就在于作者高明借助此事赋予了《琵琶记》以忠孝节义的意义，并借此将全剧的诸多人物、事件纽结在一起，使全剧情节展开的合理性在这里得到诠释。同样的，张君瑞白马解围之所以是《西厢记》的主脑，是因为王实甫借此，令张君瑞与崔莺莺的爱情以及最终的结合有了客观合理性：危急之时老夫人当着众人许婚。李渔把"立主脑"作为戏曲创作总体构思的最重要的一环，认为戏剧若没有主脑，就只是"零出"而已，并不能成为完整的"全本"。而戏曲的艺术魅力是由"全本"所决定的，因而戏曲创作一定要先立主脑。

（二）《审虚实》篇解读

李渔在这篇中论述了戏曲创作中虚构与真实的关系，即艺术真实的问题。对戏曲真实性与虚构性的认识，历来就有"真真假假、虚虚实实"的主张。一方面，李渔结合前人的论述，在戏曲创作有关戏曲题材的处理方法方面提出了"传奇无实，大半皆寓言耳"的理论命题，且批驳机械地用历史、生活事实来要求戏曲的人："凡阅传奇而必考其事从何来，人居何地者，皆说梦之痴人。"这样就将艺术真实与生活真实、历史真实区别开来。对于传奇的本质，李渔认为，不论是写今事还是写古事，"寓言"的原则都是适用的。持此论，李渔论说了《西厢记》《琵琶记》等名曲所写并非均为史实，并非"古事多实"的观点甚至还引用孟子"尽信书，不如无书"之说，言说传奇虚构性的存在与其合理性。

另一方面，李渔又请作家注意，在创作时，对于"观者烂熟于胸中，欺之不得，罔之不能"的"其人其事"不要轻易改动或捏造，要"必求可据""实则实到底"，这其实是在强调虚构的限度问题。也就是说，虚构并非随意的臆造，而是在生活的基础上进行的集中和概括。若要择取观者烂熟的历史真实进行艺术加工，将其演绎为曲，那么就要有所依据地进行描述，因为这些故事已经深入人心了。李渔所总结的有关戏曲虚实的理论，即使是今天依然具有一定的借鉴意义。但他所谓的"实则实到底"之说，未免过于绝对，贬低了作家自由地处理题材的主观能动性。

（三）《贵显浅》篇解读

李渔在此论说了他对戏曲语言的看法：要浅显化、通俗化、大众化。李渔从戏曲艺术自身的特点出发，着眼于戏曲的舞台性，从戏曲表演效果和观众的消费需要出发，指出戏曲与诗文的不同："诗文之词采，贵典雅而贱粗俗，宜蕴藉而忌分明；词曲不然，话则本之街谈巷议，事则取其直说明言。"因为戏曲要表演"与大众听"，不能有费解之处，而且表演艺术是流动的艺术，它的欣赏过程是一次性完成的，因此要一听就能明白，一听就能理解。以此之论，李渔分析了著名戏剧《牡丹亭》中的辞句，指出其并非不佳，而是虽然惨淡经营，但却难以索解，因此这样的文句、妙语"止可作文字观，不得作传奇观"。戏曲语言应该写得浅显易懂，这一思想，李渔在《闲情偶寄·词曲部·词采第二·忌填塞》一节中，又从戏曲观众学的角度作了进一步的说明。他说："传奇不比文章，文章做与读书人看，故不怪其深；戏文做与读书人与不读书人同看，又与不读书之妇人小儿同看，故贵浅不贵深。"

戏曲语言的通俗化问题，是明代"本色派"戏曲家反复强调并努力在创作实践中加以解决的问题，徐渭、王骥德、凌濛初、冯梦龙等人都做过重要的论述。李渔的系统论说，带有总结的意义。

第二节　相关问题概说

一、中国古代小说评点概观

在介绍小说评点之前，先来解释一下评点的意涵。评点是中国古代文学批评的一种特殊形式。它与诗话、词话等批评形式一样，是人们对文学作品的品评、鉴赏以及一些理论见解的阐发。评点这种形式借鉴了诗文训诂①、史传中用"赞曰"等来表评论等形式，形成了独具特色的批评形式。在宋代，评点成为一种自觉的批评方式，已经成为一种刻印在书籍中的普遍现象。清代叶德辉

---

① 吴承学：《中国古代文体形态研究》，218 页，广州，中山大学出版社，2002。原文"文学评点形式是在多种学术因素的作用之下形成的。这主要有古代的经学、训诂句读之学、诗文选本注本、诗话等形式的综合影响"。

在《书林清话》中曾说："刻本书之有圈点，始于宋中叶以后。"评点就其评点对象而言，可以分为诗文评点、戏曲评点、小说评点等类别。对于评点，现代学者谭帆做过较为中肯的界定：

> 评点是中国古代文学批评的一种重要形式，与"话""品"等一起共同构成古代文学批评的形式体系。这种批评形式有其独特性，其中最为重要的是批评文字与所评作品融为一体，故只有与作品连为一体的批评才称为评点，其形式包括序跋、读法、眉批、旁批、夹批、总批和圈点。①

评点是一种文学批评体式，其大量评语镶嵌于作品之中。"评点"是一个专有名词，而"评"与"点"是并列关系。"评"是评判之意，通过对作品文本所写之辞、之事、之人、之情等的评析，推求作者之志；"点"指评本中出现的一些符号。如此，则不论是"评"，还是"点"都要依托所点批之文本展开，镶嵌于文本中的评点对其所依托的文本具有一定的依附性。

中国的小说批评形式，在晚清之前没有专题论文，其批评主要是随笔、序跋、评点等方式。小说评点是中国小说理论的主要载体。其形式灵活多样，大体而言，其体例一般是：序言，在作品的原文之前，介绍评点的原因；读法，在序言之后，它是评价全书的总纲，一般字数较多，篇幅较长；总评，在每一回的回前或回末，因此又称为"回评"，是对一回的总体鉴赏与评价，文字多少不定；每一回又有眉批、旁批和夹批。眉批就是在每一页书的天头处写下批注；旁批，就是在一页书的栏侧做批注，又叫侧批；夹批，是指行文中的批注，可以是单行夹批，也可以是双行夹批。眉批、旁批与夹批是对小说中的具体描写进行的分析和评论，虽然大多是只言片语，但论说非常细致。评点者使用这样灵活的评点形式，既可以对作品进行整体的审美观照，又可以进行细部的艺术分析，还可写下阅读时的自我感受，甚至可以借助作品中的文字发挥一番，表达自我对社会、人生的看法。下文将简单回顾中国小说评点中的佳作名著，以期将小说评点之概貌展现给读者。

南宋刘辰翁的《世说新语》评点，是中国小说评点的开山之作。《世说新语》一书往往通过只言片语，简单的事件来勾勒出生动的人物形象。刘辰翁对此多有评说，他的评点侧重于对《世说新语》中人物的语言和行动，特别是人物语言的关注。他注意到人物的语言对人物塑造的作用，在评语中常批点出其特色所在，如"家翁语""妇人语""市井笑语"，同时，他还意识到了小说与

---

① 谭帆：《中国小说评点》，6 页，上海，华东师范大学出版社，2001。

史笔的不同。刘辰翁在《世说新语·容止》篇中，在《魏武将见匈奴使》的故事中有语："匈奴使答曰：'魏王雅望非常，然床头捉刀人，此乃英雄也。'魏武闻之，追杀此使。"在此语之后，刘辰翁评到："谓追杀此使，乃小说常情。"也就是说，"追杀"的情节是不会在史传中见到的，但在小说中却是就情理以及人物性格出发渲染而出的常有情节。刘辰翁的评点多属于随感式的即兴批注，语言简洁而且充满了主观色彩。

刘辰翁之后，小说评点沉寂了三百多年，到了明代又开始复苏、勃兴，延续了两个世纪的黄金时期。明清时期小说评点已经极为普遍，形成了小说评点派。万历年间较早的白话小说评点本为余象斗刊刻的《新刻按鉴全像批评三国志传》，此后余象斗又刊行《忠义水浒志传评林》。余氏的评点虽然多是对回目中字词的注释，只对人物作简单的评说，但却开明朝小说评点的一代风气。就在余氏之书发行之时，大思想家李卓吾开始了对《水浒传》的评点。评者署名为李卓吾评点的《水浒传》，不论是容与堂刻本，还是袁无涯刻本，在社会上都产生了较大的影响。袁宏道《东西汉通俗演义序》中有语云：

> 里中有好读书者，缄默十年，忽一日拍案狂叫曰："异哉！卓吾老子吾师乎？"客惊问其故。曰："人言《水浒传》奇，果奇。予每拣十三经，或二十一史，一展卷，即忽忽欲睡去，未有若《水浒》之明白晓畅，语语家常，使我捧玩不能释手者也。若无卓吾老揭出一段精神，则作者与读者，千古俱成梦境。"

如此，可见署名李卓吾评点的《水浒传》在读者心目中的崇高地位。同一时期，评点作品还有托名为杨慎、徐渭等人之名的评点，如万历四十七年刊刻的《杨升庵批评隋唐两朝志传》、万历四十八年的《徐文长先生评唐传演义》等。

崇祯十四年，由苏州贯华堂刊刻的金圣叹评点《水浒传》问世。此本的问世，标志着中国古代小说评点达到了其顶峰之时，金评本在当时产生了巨大的影响。金评本的主要贡献在于：以探求小说书写者为文之心的评点行为，丰富了小说评点形式，将对小说为文之法的论述推至顶峰。金氏在勾求作者之心之时，借助小说文字大书自家为评心肠。同时，在金氏笔下始有"读法"出现，且他将回末评改为回前评，回前评中的文字不再是只言片语，而是洋洋洒洒，语可成文。清初的小说评点处处可见金圣叹评本的影响。效仿金圣叹，而又能有所建树，体现出时代精神与评者个人才情的评点本是毛氏父子评批的《三国志演义》和张竹坡评点的《金瓶梅》。

至清，曹雪芹的《红楼梦》横空而出，对《红楼梦》的评点，影响最大的评点家是脂砚斋。脂评本现在已经发现有十多种：甲戌本、庚辰本、己卯本等。从脂评的内容来看，脂砚斋当为曹雪芹的熟识①，此人身份虽然目前尚不能确定，但他了解曹雪芹的家世生平，熟知小说的生活素材，了解《红楼梦》的创作经过。脂砚斋对《红楼梦》的生活基础、人物原型、细节描写等都进行了点评，揭示了《红楼梦》创作的一些艺术成就，提出了非常有价值的艺术见解。对《红楼梦》的评点除脂砚斋外，还有王希廉、张新之、陈其泰和哈斯宝等人，这些评点都各有见地，也都曾产生过一定的影响，是研究《红楼梦》的重要资料。

清代小说评点较好者还有冯镇峦、但明伦等人对《聊斋》的评点以及《西游记》的证道评点系列，即汪憺漪《西游证道书》、悟元子（刘一明）《西游原旨》、悟一子（陈士斌）《西游真诠》、张书坤《新说西游记》、张含章《通易西游正旨》、含晶子《西游记评注》。此系评点不注重文本的文学性，而是通过解读文本，强调对"理"的探求，如悟元子在其《西游原旨·读法》中所论：

> 《西游》神仙之书也，与才子之书不同。才子之书论世道，似真而实假；神仙之书谈天道，似假而实真。才子之书尚其文，词华而理浅；神仙之书尚其意，言淡而理深。知此者，方可读《西游》。②

选择中国古代小说评点中的著名评本，略略点过，以此穿缀小说评点的大致发展脉络。相对于保存下来的几百种评点本来说，这样的点数，太过疏略。但这样的清点也是为了凸显中国古代小说评点的如下特征：其一，水涨船高。由于小说评点除了卷首的序言、读法等是单独成篇的文字，其余的点评文字都镶嵌在文中，这就造成了评点对文本的莫大依附性。这样，小说评点的理论建树就依托在对所评之文的字、词、句、段、章回的分析中，因此所评著作本身的创作水平、艺术质量直接影响到评点的理论水平。小说评点中的上乘评本，大都集中在文学价值较高的小说文本中，如对《水浒传》《三国演义》《西游记》《金瓶梅》《红楼梦》等书的评点。其二，在继承中革新。就小说评点本的内容来看，较好的评点本呈现出一种继承与致力创新的现象。署名为李卓吾的

---

① 清代裕瑞在《枣窗闲笔》中说，他曾见过一种《石头记》抄本"卷额本有其叔脂砚斋之批语，引其当年事甚确"，并说："闻其所谓宝玉者，尚系其叔辈其人，非自己写照也。所谓元春、迎春、探春、惜春者，隐寓'原应叹息'四字，皆诸姑辈也。"依此之论，脂砚斋与曹雪芹或为叔侄关系。

② （清）刘一明：《西游原旨·读法》，二十四卷，一百回，常德护国庵，清嘉庆二十四年。

小说评点影响了金圣叹小说评点样态的呈现，而金圣叹则泽被其后的评点者，好的评点者就是在金圣叹的评点体例中衍生出自己的新意。而那些艺术、理论价值甚微的评本则更多的是对作品中字词的注释，或是对作品做简单的评论，这些评本就其所评文本而言无法与"四大奇书"①、《红楼梦》媲美，其评点亦远不及这些文本的评点。其三，多主观鉴赏之语。就此而言，这可以说是小说评点的先天痼疾。评点，原本就是阅读者随文而至的情思、知性的书写，因此多是因文而生的主观感受之语。小说评点是中国古代小说理论的主要载体，但相比于汗牛充栋的全部评点文字来说，主要的理论构建与论说也都集中在这些具有代表性的评本之中。

二、金圣叹评点《水浒传》的动机

金圣叹的《水浒传》评点，影响巨大，由明入清，几乎笼罩了小说评点界二百年之久。但其评点也颇具争议性，焦点之一便是他评点的动机问题。很多看法集中在 20 世纪五六十年代。归纳起来，其观点大多是从意识形态角度入手，对金圣叹的评点动机进行褒贬。有人认为：金圣叹评点《水浒传》是出于其反动的地主阶级立场，为了污蔑、歪曲和反对农民起义。② 有人认为：金圣叹是"封建文化的贰臣""封建政权的叛逆""借评点《水浒传》宣传革命。"③其实，支撑这两种观点的依据都可以在金圣叹的评点中找到证据。这看似矛盾的现象真实地反映了金圣叹所处时代的纷繁以及他本人思想的复杂。下面将依据金圣叹的评点内容，辩证地分析金圣叹评《水浒传》的动机。这样既可以给金圣叹的矛盾思想一个合理的解释，也可以更好地理解小说评点，理解金圣叹。

金圣叹评点《水浒传》的动机，在他评点中表明的有四种：其一，在《序二》所言的"弭盗""诛心"。也就是通过评点来警告世人，使其断绝造反为盗之心。其二，序言与《读法》中反复提到的研习《水浒传》的为文之法，分剖《水浒传》作者的为文用心，以使子弟学会为文之道，故而，在其评点中才有了对为文之法的推崇。其三，他与作品的感情共鸣，这种赞叹梁山英雄的豪侠

---

① 李渔曾在清两衡堂刊本《李笠翁批阅三国志》卷首中称："尝闻吴郡冯子犹赏称宇内四大奇书，曰《三国》《水浒》《西游》及《金瓶梅》四种。"可见，至晚到冯梦龙已经有了四大奇书的提法，李渔承其说，并以"第一奇书"冠《三国志演义》而出版。大概至明末清初，"四大奇书"的提法已得到固定且流行开来。清朝初年，书商们照例把《三国志演义》《水浒传》《西游记》《金瓶梅》的刊印本标为"奇书"。最后，"四大奇书"便成为一个惯用语。从那时起，它一直沿用至今，成了一个颇为通行的名称。

② 召吉：《金圣叹同情人民起义吗？》，载《文汇报》，1963-01-15。

③ 张绪荣：《金圣叹是封建反动文人吗？》，载《新建设》，1964（4）。

之为的情感贯穿于整部评点之中。其四，以评点为事业的"立言不朽"思想。金圣叹能够热情洋溢地评点《水浒传》，当是各种动机合力作用的结果。但总体而言，驱使他冒天下之大不韪，去评点、刊刻《水浒传》的主要动机还是后两种。第三种动机比较好理解，下文不再详述。第一种动机与第三种动机，恰恰构成了矛盾的一对儿。第四种动机则少有人言说。下面将就矛盾的一对动机与第四种动机稍加论说。

首先，如何理解金圣叹评点动机中的矛盾性。对于金圣叹来说，他喜欢在身处社会黑暗之时，能够有人像梁山英雄那样奋起反抗，抒一腔激情展浑身的才情。所以他热情地赞美这些"强盗"的行径为"写英雄得意，使人如登春台"、"令人神往"。但不管自己怎么喜欢这些人的作为，这些人都是占山为王的强盗、杀人放火的歹人，这是与社会统治思想，与自己头脑中的正统观念相抵牾的。他既不满于社会的黑暗及官吏的贪污与无能，但又不能跳出"为子不见亲过，为臣不见君过"的忠君思想。于是他为自己所喜爱的、倾心相评之书，找到一个堂而皇之可以评批的理由——诛心。能够评点《水浒传》并且给予其好评，这说明金圣叹思想中存在着"异端"成分，但他只是在封建思想体系内的"异端"。

其次，如何理解金圣叹评点动机中以评点为事业的"立言不朽"思想。这一动机贯穿于金圣叹评点的始终。金圣叹于崇祯十四年，终于完成呕心沥血之作——《水浒传》的评点。那么，金圣叹进行《水浒传》评点的时间是晚明，晚明历史最突出的特点是朝纲废弛，使得士大夫和读书人按照儒家理想进行经世立德建功的夙愿遭受沉重的打击。现实时世改变了晚明士人的审美心理。士人在对身体，对情感欲望有了一种认同之后，开始向平凡生活回归。他们用现实生活中的日常快乐，用自己言行的放荡不羁，用对名利的嬉笑怒骂来展现自己的玩世不恭，展现对社会的退避。在这样的士人中，金圣叹是最为典型的一个。他尽量按照自己所喜欢的生活方式塑造着自己的形象：像一个乐善好施者和类似评弹艺人那样言谈诙谐、行止夸张的潦倒书生，然后是星象家、诗人、孝子、预言大师、文艺批评工作者、酒鬼、作家、佛教徒、慈父以及满脑子弄钱妙法的炮制畅销书的访问明星。然而，快乐与不在意只是表层的，更深层的是无法挥去响在耳边的"君子鄙没世而名不称"的古训，无法稀释胸中涌动的"立德""立功""立言"的愿望，渴求能有一展才情的社会土壤。他看不起秀才，自己还是要当秀才，正如他骂完秀才以后又说"即圣叹亦不能免俗"。正是这样的心理促使他用笔去疏解胸中的苦闷，去培植可以一展才略的氛围，去借对书中好汉运命"才"无用处的心悲倾诉自己的郁闷，这是金评本的深意所在，精气神所在，也是他借评书实现立言不朽理想的复现，如他在第二十八回"施恩重霸孟州道 武松醉打蒋门神"回前评中有语云："君相能为其事，而不能使其所为之事必寿于世。能使君相所为之事必寿于世，乃至百世千世以及万世，而犹歌咏不衰，起敬起爱者，是则绝世奇文之力，而君相之事，反若附骥尾而显矣。"此语强调了"立言"的功效。在一定程度上"立言"是兼容"立德"与"立功"的，所以金圣叹才要积十数年心血去评点《水浒传》，以求名称于世，名存于后世。依据金圣叹评点《水浒传》中的内容，可以这样大胆地揣测：金圣叹评点《水浒传》就是借此书肆逞己志，抒解久遭压抑的情绪，进一步则是以评书为事业，获得社会实现感，获取一份在现实中无法实现的快乐。这可以说是金圣叹评点的深层动机，也是支撑他一路走来坚持评点的最大动力。

三、对金圣叹小说评点的研究

金圣叹因"哭庙案"① 身死，因评点六大才子书受到人们的注目。最初，关注的热点主要是其人及其生平遭际，随后关注的热点则是其文、其评点理论。学界对金圣叹评点的关注，最初是只看重其所论为文之术，将其同"八股文法"联系在一起。1920 年，胡适在《水浒传考证》中言道："金圣叹用了当时'选家'评文的眼光来逐句批评《水浒》，遂把一部《水浒》凌迟碎砍，成了一部'十七世纪眉批夹注的白话文范'！……这种机械的文评正是八股选家的流毒，读了不但没有益处，并且养成一种八股式的文学观念，是很有害的。"② 1932 年，隋树森在《国闻周报》第 9 卷第 24 期上发表《金圣叹及其文学评论》一文。这篇文章对金圣叹重视俗文学，论淫书、论诗文的弊端、论创作以及对《水浒传》《三国演义》和《西游记》的品评等问题都进行了论述，主张应该重新认识金圣叹其人其说，并给予了较高的评价，在当时产生了一定的学术影响。该文的出现，引出了鲁迅《谈金圣叹》一文。该文指出金圣叹的评点："实不过拾了袁宏道辈的唾余；而且经他一批，原作的诚实之处，往往化为笑谈，布局行文，也都被硬拖到八股的作法上。"③ 胡适和鲁迅二人都将金圣叹的评点与"八股文法"联系在一起，对其评点的评析是否定多于肯定。

胡适对金圣叹做"八股"式评点的断语时，尚未从反帝反封建的新文化运动热烈氛围中冷静下来，对金圣叹评点中与八股文制作强调文法一面的否定和敏感，使他未能平心静气地仔细探究圣叹借鉴八股文法，尤其是对八股文法起

---

① 吴县（苏州）"哭庙"风潮，旧称"哭庙案"。顺治十八年二月，顺治皇帝驾崩，哀诏至苏州后，巡抚设幕哭临。苏州一百多秀才趁此而发动了揭发知县为官种种罪行的"哭庙"抗争活动。金圣叹因此事而身死。关于"哭庙案"，详见清代无名氏《哭庙纪略》、无名氏《辛丑纪闻》以及顾公燮《丹午笔记·哭庙异闻》等文献。
② 胡适：《中国章回小说考证》，4 页，合肥，安徽教育出版社，1999。
③ 鲁迅：《鲁迅全集》，4 卷，527 页，北京，人民文学出版社，1981。

承转合借鉴背后文本细读的良苦用心：对文学性的重视，对为文用心的诉求。这也是胡适注重历史进化观念和作家生平考证批评，而产生的对金圣叹文本内在点评方式的隔膜。鲁迅关于金圣叹的文章，是从金圣叹的政治立场而言及其评点。鲁迅对金圣叹的政治立场是很鄙视的。金圣叹不仅忠君，且不反清，他因为顺治的死写了《辛丑春感》的悼念诗；他又为康熙的登基写了"纪瑞"诗。这些在鲁迅看来都是没骨气的事，当然为鲁迅所不齿，因此对他的文学思想，也不加辨析地直斥为拾人"唾余"。所谓"袁宏道辈的唾余"乃是说金圣叹对小说的认识，实不出袁宏道等人关于小说的言说。李贽与袁宏道都在金圣叹之前言说过对小说这种文体的赞赏，如袁宏道曾从艺术感染力角度强调小说的价值，他的《花阵绮言·题词》说："是编也，或神随目注，意马先驰；或情引眉梢，心猿不锁；或怀春来诱，词恋恋于褰裳；或冗隙相窥，愁萦萦于多露。丽词绮言，种种魂销。暇日抽一卷，佐一觞，胜三坟五典，秦碑汉篆，何啻万万。"① 就此而言可以说是"拾了袁宏道辈的唾余"，但金圣叹在与众家所论相似的基础上，将对小说等才子书的认识引向细化与体系化，这是金圣叹的贡献，也是其独特之处所在。

20 世纪 80 年代以后，"金圣叹热"开始兴起，中外学者们在被胡适、鲁迅看做八股流毒的这些评点文字的基础上，确立了金圣叹在中国文学评点史、批评史上的大师地位。对其评点的研究主要集中在以下几方面展开：其一，评述金圣叹对作品的具体认识，如金圣叹的宋江论、武松论、李逵论，乃至分析金圣叹的人物性格论、典型论、情节论、文法论等。这一视角的论文较多，在各家文学批评史中亦常见此中论述。其二，追溯金圣叹小说评点中基本概念、范畴的理论源头，阐释文本，如陈洪所著《中国古代小说艺术论发微》等书。其三，借用叙事学理论，揭示金圣叹小说评点理论的内涵及其现代性，如林岗所著《明清之际小说评点之研究》一书便借叙事学角度来发掘金圣叹等小说评点的叙事学意义。其四，着眼于小说理论的发展演变，分析金圣叹小说评点理论在小说发展史的位置，探讨其理论的传承及影响，如白岚玲所著的《才子文心》一书，着力论述了金圣叹小说评点的理论渊源，尤其是其对当时艺术理论的借鉴。这四方面并非泾渭分明，如此划分也只是就其大体而言。透过已有论著可知，对于金圣叹的研究，主要着力于对金圣叹评点的内容，即金圣叹的小说评点是什么的研究，通过对评点内容的阐释，来肯定或否定其评点。当对金圣叹的小说评点研究已经比较成熟之际，人们便要追问：对金圣叹的小说评点还可以从怎样的角度进行关照，从而将研究推向深入？

---

① 丁锡根：《中国历代小说序跋集》，（下），1819 页，北京，人民文学出版社，1996。

由以上的研究现状可以知道，研究的关注点主要是金圣叹于评点中书写了怎样的内容，这些内容的理论渊源及其在文学批评史上的位置。但这样的研究忽视了就小说评点本身而言，其各个看似零碎，乃至凌乱的评点用语之间是否存在着某种联系，经常被一位乃至数位评点家使用的评点用语包含着评点主体怎样的人文关怀与品鉴姿态等问题却难以得到回答。因而在文化诗学的语境下，对中国小说评点进行关键词研究，不失为一种直接针对小说评点本身的研究视角，应该是能将金圣叹的小说评点研究乃至中国评点研究推向深入的一条途径。

采用关键词研究的视角，对金圣叹小说评点所要做的不再只是收集例子、查阅特殊用法、爬梳历史渊源，而是竭尽所能去分析小说评点中一些共同、共通词汇的使用、体认、发掘这些词汇背后所含的文化与历史的内涵，同时关照这些词汇内部的关联，描述由这种内部联系所勾勒出的，小说评点各零散评语背后所隐藏的评点者的形象。这些词汇在词语的使用过程中或保留了原有的历史含义，但更重要的是小说的评点语境，被评点家赋予了更为丰富的内涵，对它们的深入发掘与呈现，就是对其背后曾有的鲜活的评点主体与历史语境的另一种还原。它们本身与相关词汇的联系，对了解一个评点家、一个时期的小说评点，乃至中国小说评点的整体具有意味深长的指示性。

这种研究方法对于金圣叹的小说评点是可行的。原因在于金圣叹的小说评点用语虽具较大的随意性，但综观小说评点评语，人们会发现在其评语中存在着一些词语被反复使用的现象。这样在小说评点评语的整体中就有一些词汇已成为小说评点的基本词，这些基本词在评点中有着重要的作用，可以透过它们寻求到评点者隐含于其中的委曲用心，如"文心"在金圣叹对《水浒传》的评点中凡 25 次现出，在《西厢记》评点中也 4 次现身，于零散的评语与随意的评点行为中呈现出相对稳定的内涵，成为金圣叹小说评点的重要词汇。这个词汇在金圣叹的使用中，既保留了刘勰提出之时的原初含意——作者的为文用心，又依托所评文本，赋予了自家，即评者（特殊读者）对为文的认识。"文心"就其表层而言，指"文字之心"，即构成文章的文字整体所显现出来的形象性、色彩性等。但金圣叹所要着力评说的"文心"，是评者透过"文字之心"揣摩到的作者为文之心，是评者由作者之文所得的为文之用心。这样的"为文之用心"便是金圣叹与作者对为文的共同识见，但更多的还是金圣叹借评点言说的为文之情、为文之才、为文运思、为文门术等方面的见解。这样就可以通过对"文心"一词的细致研究看到金圣叹评点侧重所评文本的文学性、情感性的一面。

四、李渔之前的戏曲理论

中国古代戏曲在我国文学艺术园地中占有重要的地位。它与诗、词、文、赋等文学体裁不同的是：戏曲既作为阅读的文本存在，包括剧本的情节、结构、关目、宫调、曲牌、文辞、声韵等方面，又有着复杂的艺术形式，包括唱、念、做、打以及舞台布景、音乐伴奏等，是一门综合性的艺术。这门综合艺术经过漫长的发展过程，在元代达到繁荣与兴盛。与此同时，戏曲理论形成一个新的理论部门，也是在元代。当时，曲论还属开创阶段，理论性不强，没有产生严格意义上的戏曲理论著作。此期出现的钟嗣成的《录鬼簿》与夏庭芝的《青楼集》，实则为戏曲活动的史料性著作。

明代的曲论，主要讨论的是音律与情辞的关系问题。关于此，著名的曲论著作有朱权的《太和正音谱》、何良俊的《曲论》、王世贞的《曲藻》、徐渭的《南词序录》等。明前期对戏曲的研究多重史料整理与曲谱曲律，此时已有何良俊倡导"本色"之论。他强调填词应如"寻常说话"，但更重视声律。到明万历后期，有吕天成的《曲品》、王骥德的《曲律》、祁彪佳的《远山堂曲品》《远山堂剧品》、凌濛初的《谭曲杂劄》、张琦的《衡曲麈谭》等作问世。其中理论成就最大的是王骥德，他是徐渭的弟子，今浙江绍兴人，曾作杂剧 5 种。他的《曲律》是明代规模最大、系统性最强的戏曲论著。《曲律》在中国古典曲论著作中占有重要地位，全书共 4 卷，分 40 节，内容涉及戏曲源流、音乐、声韵、曲词特点、作法，并对元、明不少戏曲作家、作品加以品评，其中颇多精湛见解。其基本思想是提倡"关风化"，既"守音律"，又"尚意趣"，既"用本色"又"用文调"。

《曲律》中记录了有关音律与情辞的一场有名的论争："吴江（沈璟）尝谓：'宁律协而词不工，读之不成句，而讴之始协，是曲中之巧。'曾为临川（汤显祖）改易《还魂》字句不协者，吕吏部玉绳以致临川，临川不怿，复书吏部曰：'彼恶知曲意哉！余意所至正不妨拗折天下人嗓子。'其志趣不同如此。"在这场有关戏曲是应重音律还是应重戏曲创作意趣的争论中，王骥德虽是吴江派的中坚，但意见却比较公允。他既充分肯定了沈璟规范曲律，又指出吴江派因守法而致的"毫锋殊拙"的缺陷；他既肯定了汤显祖"尚趣"，曲词"直是横行，组织之工，几与天孙争巧"的精致，又批评其"屈曲聱牙，多令歌者咋舌"的弊端。他认为"曲以模写物情，体贴入理，所取委曲宛转，以代说辞，一涉藻缋，便蔽本来"，因此"文词之病，每苦太文"，而"本色之弊，易流俚腐"。大致而言，吴江守法，临川尚趣；吴江务声律格调，临川重风神情思；吴江偏重于演出的演唱，临川着眼于演出的趣味效果。他们各有所长，王骥德要求两擅其极，很全面。

此外，王骥德在戏曲结构、宾白、科诨等方面，也有精辟的见解，如主张"审轻重""传中紧要处，须重著精神，极力发挥使透"，尾声要"以结束一篇之曲，须是愈著精神，末句更得一极俊语收之，方妙"，宾白要"明白简质"

"美听"，俳谐要"以俗为雅"等。

此前的戏曲论著大多着重于对作家、作品的简略评述，记录作品目录、作家、演员逸事以及关于戏曲体制、流派、制曲方法等，而王骥德第一次对南北曲的创作进行了分门别类的、比较详尽的探讨。王骥德关于戏曲的论说，相对于他之前的戏曲论著，是一次理论的提升。但其所论仍然是以戏曲创作的语言韵律、风格与修辞为主，在对戏曲这门综合艺术的理论体系构建上还欠完整。李渔的戏曲理论，在继承前人的基础上，从戏曲的词曲创作与演习等方面，充分重视戏曲艺术的综合性特点，形成了较为完整的理论体系。

五、李渔的戏曲特征论

李渔戏曲理论的一个最值得注意的特点是他关于戏曲创作和编导的论述始终充分地考虑到了戏曲作为一种综合的表演艺术的特殊性。"填词之设，专为登场"① 是李渔戏曲理论中具有关键意义的一句话。这句话表明，在李渔看来，戏剧有别于其他艺术的本质特征是它的舞台性。剧作家所写的剧本，并不是为了供人案头阅读的，而是为了舞台演出，是要令识字与不识字的妇孺都可以听懂的。因此，戏剧艺术的完成，不仅需要编剧，选择好的剧本，需要导演和演员的表演，甚至还需要观众的观赏接受。剧作家、导演、演员，都是戏剧艺术活动的积极参与者，他们是戏剧活动不可或缺的重要组成部分，他们与其他舞台工作者共同创造出模拟生活场景的艺术幻境。观众作为戏剧艺术的接受者，在整个戏剧艺术活动中占据着中心地位，因为有了他们的参与，才使得戏剧艺术最终得以完成。因此，不仅导演、演员在排练的时候始终要充分地考虑到观众，而且编剧在创作时首先就要心中有观众，考虑到场上演出的实际情况，充分重视观众的艺术欣赏习惯与口味以及他们的接受能力。总之，李渔完全摆脱了长期以来只把戏曲看作是案头文学的限制，真正地彰显了它所独有的艺术特点。而它的戏剧情节、结构、曲词、宾白和科诨的观点，也都是围绕着戏曲的独立品格展开的。

演出主要靠演员，但必须以剧本为本。李渔的《闲情偶寄·演习部》即以"选剧"为首，优先来讨论选择剧本的问题。这就突出了舞台演出，划分了戏剧剧本与其他文学样式的界限，把剧本界定为有待二度创作的文学品种。李渔选择剧本有两个标准：别古今与剂冷热。"别古今"主要是从教率歌童的角度着眼，提出要选择那些经过长期磨炼、"精而益求其精"、腔板纯正的古本作为歌童学习的教材。"剂冷热"，"冷"即冷僻，高雅；"热"即热闹，通俗。"剂冷热"即从演出角度着眼，提出要选择那些雅俗共赏的剧目上演。在言说"冷

① （清）李渔：《闲情偶寄》，杜书瀛评注，100 页，北京，中华书局，2007。

热"问题之时，李渔提出了一个即使是当下依然具有启示意义的观点："予谓传奇无冷热，只怕不合人情。如其离合悲欢，皆为人情所必至，能使人哭，能使人笑，能使人怒发冲冠，能使人惊魂欲绝，即使鼓板不动，场上寂然，而观者叫绝之声，反能震天动地。"这就要求选择剧目不能只图热闹，还要注重其是否合于人情，演出之时能否令人心为之而动。

选好剧本之后，便是导演根据演出的需要对所选剧本进行适当的改编与剪裁，如排演旧剧就要"变古调为新调"，如面对不同的观众就要选择配备不同的剧本。李渔体察到观众有忙、闲两种。中国人喜欢看有头有尾的故事，但一整部戏曲往往太长，需要演上数日乃至十几日才能演完。若遇着闲人，一部戏曲可以数日看下去；若是忙人，必然有头无尾，留下深深的遗憾。考虑到不同的观众群体，李渔认为应该预备两套演出方案：对闲人，演出全本；对忙人则将可省的情节省去，演出简本。

在选剧、编剧之后，接着就是导演和排戏了。李渔的表演理论，主要是从导演的角度来说的。他论述了导演的过程：一是取材，就是挑选演员与分配角色。戏曲演出，剧本是基础，演员是关键，因此必须"因材而论"，根据演员的体态、音色、特长，分配合适的角色。二是授曲，即教唱，这是导演工作的重要内容。李渔认为，要指导演员唱好曲，先要解明曲意，这也是导演说戏的重要组成部分。李渔说："唱曲宜有曲情，曲情者，曲中之情节也。解明情节，知其意所在，则唱出口时，俨然此种神情。"三是教白，即说白训练。李渔认为说白比唱曲还难。在《演习部·教白第四》中他说道：

> 教习歌舞之家，演习声容之辈，咸谓唱曲难，说白易。宾白熟稔即是，曲文稔熟而后唱，唱必数十遍而始熟，是唱曲与说白之工，难易判如霄壤。时论皆然，予独怪其非是。唱曲难而易，说白易而难，知其难者始易，视为易者必难。盖词曲中之高低抑扬，缓急顿挫，皆有一定不移之格，谱载分明，师传严切，习之既惯，自然不出范围。至宾白中之高低抑扬，缓急顿挫，则无腔板可按、谱籍可查，止靠曲师口授。

在当时，对念白缺乏重视的情况下，李渔表达了他重视念白的立场。四是习态，即身段指导。李渔论述了日常生活之态与场上演出之态的区别：场上演出之态不同于日常生活的自然习惯之态，而是一种艺术表现活动，是对无意识的自然之态的有意模仿。李渔认为应该将自然和人为之态联系起来，持论深刻。

李渔的杂著《闲情偶寄》重视戏曲艺术的独特艺术特点，并为此开创演习戏曲的理论，探讨了舞台导演的理论与技巧，就此层面而言，《闲情偶寄》是中国乃至世界戏曲史上的第一部导演学著作。

【思考题】

1. 谈谈对小说评点的认识。

2. 如何看待金圣叹评点《水浒传》的动机？

3. 冯其庸认为："现在如果有哪一位大批评家，能选取近代或当代的小说精品加以评点，那么，这部评点新著，也必将受到读者的热烈欢迎。"联系文中对评点的介绍，试分析这一看法。

4. 李渔关于"演习"提出了哪些主张？

第十三章　王夫之的诗论

第一节　经典文本阅读

【原典阅读】

诗以道性情，道性之情也①。性中尽有天德、王道、事功、节义、礼乐、文章②，却分派与《易》《书》《礼》《春秋》去，彼不能代诗而言性之情，诗亦不能代彼也③。决破此疆界，自杜甫始④。桎梏人情，以掩性之光辉⑤；风雅罪魁，非杜其谁耶⑥？（《明诗评选》）

诗有叙事叙语者，较史尤不易⑦。史才固以櫽栝生色⑧，而从实著笔自易；诗则即事生情，即语绘状⑨，一用史法，则相感不在永言和声之中⑩，诗道废矣。此"上山采蘼芜"⑪一诗所以妙夺天工也。杜子美放之，作《石壕吏》，亦将酷肖⑫，而每于刻画处犹以逼写见真⑬，终觉于史有余，于诗不足。论者乃以"诗史"誉杜⑭，见驼则恨马背之不肿⑮，是则名为可怜闵⑯者。（《古诗评选》）

（选自王夫之：《船山全书》，长沙，岳麓书社，1996）

"诗可以兴，可以观，可以群，可以怨。"尽矣⑰。辨汉、魏、唐、宋之雅俗得失以此，读《三百篇》者必此也。"可以"云者，随所"以"而皆"可"也。于所兴而可观，其兴也深⑱；于所观而可兴，其观也审⑲。以其群者而怨，怨愈不忘⑳；以其怨者而群，群乃益挚㉑。出于四情之外，以生起四情；游于四情之中，情无所窒㉒。作者用一致之思，读者各以其情而自得㉓。故《关雎》，兴也；康王晏朝，而即为冰鉴㉔。"讦谟定命，远猷辰告"㉕，观也；谢安欣赏，而增其遐心㉖。人情之游也无涯，而各以其情遇，斯所贵于有诗。是故延年不如康乐㉗，而宋、唐之所由升降也㉘。谢叠山、虞道园之说诗㉙，井画而根掘之㉚，恶足知此！（《姜斋诗话》）

兴在有意无意之间，比亦不容雕刻㉛。关情者景，自与情相为珀芥也㉜。情景虽有在心在物之分，而景生情，情生景，哀乐之触，荣悴之迎，互藏其宅㉝。天情物理，可哀而可乐，用之无穷，流而不滞；穷且滞者不知尔㉞。"吴楚东南坼，乾坤日夜浮。"乍读之若雄豪，然而适与"亲朋无一字，老病有孤舟"㉟相为融浃。当知"倬彼云汉"㊱，颂作人者增其辉光㊲，忧旱甚者益其炎赫㊳，无适而无不适也㊴。唐末人不能及此，为玉合底盖之说㊵，孟郊、温庭筠分为二至。天与物其能为尔阋分乎㊶？（《姜斋诗话》）

情景名为二，而实不可离。神于诗者，妙合无垠。巧者则有情中景，景中情。景中情者，如"长安一片月"，自然是孤栖忆远之情；"影静千官里"㊷，自然是喜达行在之情㊸。情中景尤难曲写，如"诗成珠玉在挥毫"㊹，写出才人翰墨淋漓㊺、自心欣赏之景。凡此类，知者遇之；非然，亦鹘突看过，作等闲语耳。（《姜斋诗话》）

"昔我往矣，杨柳依依；今我来思，雨雪霏霏。"以乐景写哀，以哀景写乐，一倍增其哀乐。知此，则"影静千官里，心苏七校前"，与"唯有终南山色在，晴明依旧满长安"，情之深浅宏隘见矣。况孟郊之乍笑而心迷，乍啼而魂丧者乎？（《姜斋诗话》）

"僧敲月下门"，只是妄想揣摩，如说他人梦，纵令形容酷似，何尝毫发关心？知然者，以其沉吟"推""敲"二字，就他作想也。若即景会心㊻，则或推或敲，必居其一，因景因情，自然灵妙，何劳拟议哉㊼？"长河落日圆"，初无定景；"隔水问樵夫"，初非想得：则禅家所谓现量也㊽。（《姜斋诗话》）

立门庭者必饾饤㊾，非饾饤不可以立门庭。盖心灵人所自有，而不相贷㊿，无从开方便法门[51]，任陋人支借也[52]。人讥西昆体为獭祭鱼[53]，苏子瞻、黄鲁直亦獭耳。彼所祭者肥油江豚，此所祭者吹沙跳浪之鲻鲨也[54]：除却书本子，则更无诗。如刘彦昺诗："山围晓气蟠龙虎，台枕直风忆凤凰。"[55]贝廷琚诗："我别语儿溪上宅，月当二十四回新。如何万国尚戎马，只恐四邻无故人。"用事不用事，总以曲写心灵，动人兴观群怨，却使陋人无从支借。唯其不可支借，故无有推建门庭者；而独起四百年之衰[56]。（《姜斋诗话》）

"海暗三山雨"接"此乡多宝玉"不得[57]，迤逦说到"花明五岭春"[58]，然后彼句可来，又岂尝无法哉？非皎然、高棅之法耳。若果足为法，乌容破之[59]？非法之法，则破之不尽，终不得法[60]。诗之有皎然、虞伯生[61]，经义之有茅鹿门、汤宾尹、袁了凡[62]，皆画地成牢以陷人者：有死法也。死法之立，总缘识量狭小。如演杂剧，在方丈台上，故有花样步位，稍移一步则错乱。若驰骋康庄，取途千里[63]，而用此步法，虽至愚者不为也[64]。（《姜斋诗话》）

近体中二联，一情一景，一法也。"云霞出海曙，梅柳渡江春。淑气催黄鸟，晴光转绿萍"，"云飞北阙轻阴散，雨歇南山积翠来。御柳已争梅信发，林花不待晓风开[65]"，皆景也，何者为情？若四句俱情，而无景语者，尤不可胜数。其得谓之非法乎[66]？夫景以情合，情以景生，初不相离，唯意所适。截分两橛，则情不足兴，而景非其景[67]。且如"九月寒砧催木叶[68]"，二句之中，情景作对；"片石孤云窥色相^{⑥⑨}"四句，情景双收，更从何处分析？陋人标陋格，乃谓"吴楚东南坼"四句，上景下情，为律诗宪典，不顾杜陵九原大笑^{⑦⑩}。愚不可瘳，亦孰与疗之^{⑦①}？（《姜斋诗话》）

无论诗歌与长行文字，俱以意为主。意犹帅也。无帅之兵，谓之乌合。李杜所以称大家者，无意之诗十不得一二也。烟云泉石，花鸟苔林，金铺锦帐^{⑦②}，寓意则灵^{⑦③}。若齐梁绮语，宋人挦合成句之出处^{⑦④}，役心向彼掇索^{⑦⑤}，而不恤己情之所自发^{⑦⑥}，此之谓小家数^{⑦⑦}，总在圈缋中求活计也^{⑦⑧}。（《姜斋诗话》）

（选自王夫之著，戴鸿森笺注：《姜斋诗话笺注》，北京，人民文学出版社，1981）

① 诗以道性情，道性之情也：诗歌用以表现性情，而且表达的是含性之情。

② 天德、王道、事功、节义、礼乐、文章：这些分别代表不同的表现内容。天德：天的德性。王道：儒家提出的一种以仁义治天下的政治主张，与霸道相对。事功：功绩、功业、功劳。节义：节操与义行。礼乐：礼节和音乐，古代帝王常用兴礼乐为手段以求达到尊卑有序远近和合的统治目的。文章：礼乐制度。

③ 彼不能代诗而言性之情，诗亦不能代彼也：那些都不能代替诗歌表达性情，诗歌也不能替代它们表现其他的内容。

④ 决破此疆界，自杜甫始：截断破坏这一疆界是从杜甫开始。

⑤ 梏桎人情，以掩性之光辉：压制人的情感，遮蔽人性的光芒。梏桎：即桎梏。谓束缚，压制。掩：遮蔽，掩盖。

⑥ 风雅罪魁，非杜其谁耶：损害诗文之事的罪魁祸首正是杜甫。

⑦ 诗有叙事叙语者，较史尤不易：诗歌中叙述事情，记录对话，与史书写作相比，更加显得不容易。

⑧ 史才固以檃栝生色：写史的要以檃括事实来使其增添光彩。檃栝：就原有的文章、著作加以剪裁、改写。

⑨ 即语绘状：立即用语言来描绘情状。

⑩ 相感不在永言和声之中：外物与人之间的相互感应就不能表现在诗歌的吟咏、和谐声律之中。

⑪ 上山采蘼芜：出自两汉乐府："上山采蘼芜，下山逢故夫。长跪问故夫，新人复何如？新人虽言好，未若故人姝。颜色类相似，手爪不相如。新人从门入，故人从合去。新人工织缣，故人工织素。织缣日一匹，织素五丈余。将缣来比素，新人不如故。"这首弃妇诗，是通过人物对话的形式，表现思想内容的叙事短诗。

⑫ 杜子美放之，作《石壕吏》，亦将酷肖：杜甫仿效而作的诗歌《石壕吏》，与之非常相似。放：通"仿"，模仿。

⑬ 每于刻画处犹以逼写见真：每在刻画之处也是十分逼真、细致，进行了精细地描摹、塑造。

⑭ 诗史："诗史"之说，最早见于唐代孟棨的《本事诗》："杜（甫）逢（安）禄山之

难，流离陇、蜀，毕陈于诗，推见至隐，殆无遗事，故当时号为诗史。"杜甫创作的诗歌能反映某一时期重大社会事件，具有历史意义，所以被称为"诗史"。

⑮ 见驼则恨马背之不肿：看见骆驼就恨马背不够肿大一样。

⑯ 怜闵：亦作怜悯，哀怜，同情。

⑰ 尽：最高准则，达到极限。

⑱ 于所兴而可观，其兴也深：感发意志的兴句，可以考察风俗的盛衰、政治得失，这样的兴句就显得更为深刻。

⑲ 于所观而可兴，其观也审：通过观察风俗的盛衰、政治得失而创作的句子，必然有感发意志的作用，这样的"观"就更为详细、明晰。

⑳ 以其群者而怨，怨愈不忘：在相互交流切磋中表达对于社会政治的怨刺之情，这样的怨愤则更难以忘记。

㉑ 以其怨者而群，群乃益挚：以诗歌抒发怨刺之情的人相互交流、彼此团结，情感则更加诚挚。

㉒ 游于四情之中，情无所窒：遨游于兴、观、群、怨四情之中，则诗歌的情感表达不会受到堵塞和抑制。

㉓ 作者用一致之思，读者各以其情而自得：作者在诗歌中抒发倾向相同的感情，但读者却因为各自的处境、经历的差异而得到不同的心得体会。

㉔《关雎》，兴也；康王晏朝，而即为冰鉴：《关雎》是用"兴"的，讽刺周康王好色晚朝，也就引以为鉴。晏朝：晚朝。

㉕ 讦谟定命，远猷辰告：出自《诗经·大雅·抑》，其意思是制订宏伟的规划，把远大的谋略宣告于众。

㉖ 谢安欣赏，而增其遐心：谢安欣赏这句诗，更增加其高雅的情致。这一典故出自《世说新语·文学》："讦谟定命，远猷辰告。'谓此句偏有雅人深致。"

㉗ 延年（384—456）：颜延文，字延年，刘宋琅玡临沂（今山东临沂）人，其诗与谢灵运齐名，号称"颜谢"。康乐：谢灵运（385—433），东晋和南朝宋时代的诗人，因他是谢玄之孙，晋时袭封康乐公，故又称谢康乐。

㉘ 宋、唐之所由升降也：宋诗不如唐诗，有着高下之分。升降：评议高低优劣。

㉙ 谢叠山：名枋得，字君直，号叠山，宋末诗人。虞道园：名集，字伯生，号道园，元代诗人。

㉚ 井画而根掘之：比喻随意牵强附会的曲解。

㉛ 兴在有意无意之间，比亦不容雕刻：兴产生在有意和无意之间，比也不需刻意雕琢。

㉜ 珀芥：摩擦琥珀，可以吸引芥子，比喻彼此之间相互关联。

㉝ 互藏其宅：景中情，情中景，情景交融。

㉞ 穷且滞：贫乏迟钝。

㉟ 亲朋无一字，老病有孤舟：出自杜甫《登岳阳楼》："昔闻洞庭水，今上岳阳楼。吴楚东南坼，乾坤日夜浮。亲朋无一字，老病有孤舟。戎马关山北，凭轩涕泗流。"

㊱ 倬彼云汉：出自《诗经·大雅》，其一《云汉》："倬彼云汉，昭回于天。王曰于乎，何辜今之人？天降丧乱，饥馑荐臻。靡神不举，靡爱斯牲。圭璧既卒，宁莫我听？"周宣王

求神祈雨的诗歌。其二《诗经·大雅·棫朴》："倬彼云汉，为章于天。周王寿考，遐不作人。追琢其章，金玉其相。勉勉我王，纲纪四方。"歌颂周文王能任用贤人，征伐诸侯，治理四方的功德。倬：大。云汉：银河，天河。

㊲ 作人：因称任用和造就人才为作人。

㊳ 炎赫：炽热。

㊴ 无适而无不适也：没有绝对的适合与不适合，彼此之间可以相互转化。

㊵ 玉合底盖之说：计有功《唐诗纪事》卷四十六："（刘昭禹）尝与人论诗曰：……觅句若掘得玉合子，底必有盖，但精心求之，必获其宝。"这里是强调诗歌中对仗的重要性：如果能够写出其中半联，则必定存在极其合适的另外半联，诗人要想方设法找寻，其他的都无关紧要了。

㊶ 阄分：通过拈阄来划分。

㊷ 影静千官里：出自杜甫《喜达行在所》之三："死去凭谁报，归来始自怜。犹瞻太白雪，喜遇武功天。影静千官里，心苏七校前。今朝汉社稷，新数中兴年。"

㊸ 行在：即行在所。

㊹ 诗成珠玉在挥毫：出自杜甫诗《奉和贾至舍人早朝大明宫》："五夜漏声催晓箭，九重春色醉仙桃。旌旗日暖龙蛇动，宫殿风微燕雀高。朝罢香烟携满袖，诗成珠玉在挥毫。欲知世掌丝纶美，池上于今有凤毛。"

㊺ 翰墨淋漓：形容文章写作酣畅自如。

㊻ 即景会心：就眼前的景物有所感发、领悟。

㊼ 何劳拟议哉：何须烦劳揣度议论。

㊽ 现量：古印度因明学和佛教用语，量为度量决定之意，现量，指感觉器官对事物的直接反映，犹直觉。

㊾ 立门庭者必饾饤：建立门派之人必然导致堆砌辞藻、模仿拼凑。门庭：派别。饾饤：比喻因袭、杂凑文辞的人。

㊿ 不相贷：不能相互交换、替代。

(51) 无从开方便法门：找不到便利的门径或头绪。法门：途径、方法。

(52) 陋人支借：浅陋之人借用。

(53) 人讥西昆体为獭祭鱼：后人嘲笑西昆体为獭祭鱼：形容堆砌辞藻。西昆体，北宋初年追求辞藻华美、对仗工整的诗体，因《西昆酬唱集》而得名，以杨亿、刘筠、钱惟演等人为代表。獭祭鱼：獭常捕鱼陈列水边，如同陈列供品祭祀，比喻罗列故实，堆砌成文。原为时人非议李商隐语，此种作风，至西昆体诗人更加严重。

(54) 彼所祭者肥油江豚，此所祭者吹沙跳浪之鲿鲨：西昆体堆砌的是如"肥油江豚"似的华美精巧的文辞典故，苏、黄等人所堆砌的则是如"吹沙跳浪之鲿鲨"似的尖涩生僻的辞藻典故。江豚：通称"江猪"，哺乳动物，生活在江河中，形状很像鱼，没有背鳍，头圆眼小，全身黑色，吃小鱼和其他小动物。鲿：黄鲿鱼，古代小鱼名。

(55) 山围晓气蟠龙虎，台枕直风忆凤凰：出自《早春呈吴待制》："上林春早陌尘香，紫禁觚稜射日光。新绿御河摇柳黛，小红宫树试桃妆。山连晓气蟠龙虎，台枕直风忆凤凰。心折故园幽与独，寻僧看竹过邻墙。"刘炳：字彦昺。

(56) 故无有推建门庭者，而独起四百年之衰：所以说没有推崇建立门庭宗派之人，能够独自振兴诗歌创作四百年来衰败的现象。

(57)“海暗三山雨”接“此乡多宝玉”：出自唐代岑参《送张子尉南海》：“不择南州尉，高堂有老亲。楼台重蜃气，邑里杂鲛人。海暗三山雨，花明五岭春。此乡多宝玉，慎莫厌清贫。”不得：不能，不可。

(58) 迤逦：渐次，逐渐。

(59) 若果足为法，乌容破之：如果完全都是规范，怎能容忍被破坏呢？

(60) 非法之法，则破之不尽，终不得法：缺乏规范的法则，那么无法破坏穷尽，最终不会受到限制。

(61) 虞伯生：虞集（1272—1348），元代文学家，字伯生，江西临川崇仁人。

(62) 茅鹿门：茅坤（1512—1601），明代散文家，字顺甫，号鹿门，归安（今浙江吴兴）人。汤宾尹：（生卒年不详），字嘉宾，号睡庵，别号霍林，安徽宣州人，明代文人。袁了凡：本名袁黄，字坤仪，江苏省吴江县人，明万历进士。

(63) 取途千里：选取的道路有千里之远。

(64) 虽至愚者不为也：即使是最愚蠢之人也不会这样做。

(65) 云飞北阙轻阴散，雨歇南山积翠来。御柳已争梅信发，林花不待晓风开：出自李憕《奉和圣制从蓬莱向兴庆阁道中留春雨中春望之作应制》：“别馆春还淑气催，三宫路转凤凰台。云飞北阙轻阴散，雨歇南山积翠来。御柳已争梅信发，林花不待晓风开。已知圣泽深无限，更喜年芳入睿才。”

(66) 其得谓之非法乎：难道说不是作诗之法吗？

(67) 截分两橛，则情不足兴，而景非其景：如果情和景被截然分为两段，则情无法感兴，景也不再是含情之景。

(68) 九月寒砧催木叶：出自沈佺期《独不见》又做《古意》：“卢家少妇郁金堂，海燕双栖玳瑁梁。九月寒砧催木叶，十年征戍忆辽阳。白狼河北音书断，丹凤城南秋夜长。谁谓含愁独不见，更教明月照流黄。”

(69) 片石孤云窥色相：出自李颀《题璿公山池》：“远公遁迹庐山岑，开士幽居只树林。片石孤峰窥色相，清池皓月照禅心。指挥如意天花落，坐卧闲房春草深。此外俗尘都不染，惟余玄度得相寻。”

(70) 陋人标陋格，乃谓“吴楚东南坼”四句，上景下情，为律诗宪典，不顾杜陵九原：大笑、浅陋之人标举粗陋的诗格，认为杜甫的“吴楚东南坼，乾坤日夜浮。亲朋无一字，老病有孤舟”四句，上两句是景，下两句是情，是律诗的法式、典范，丝毫没有考虑到杜甫会在九泉之下觉得可笑。九原，九泉，黄泉。

(71) 愚不可瘳，亦孰与疗之：愚蠢至极已经无可救药，谁又能治疗他们呢？瘳：病愈。

(72) 金铺：金饰铺首，华美的铺榻。锦帐：锦制的帷帐，亦泛指华美的帷帐。

(73) 寓意则灵：寄托寓意则是好的诗歌。

(74) 宋人挦合成句之出处：宋朝人把前人的字句加以组合，做成诗歌。挦：聚集。

(75) 役心向彼掇索：用心去在它们中间搜集、索求。役心：使心，用心。

(76) 不恤己情之所自发：不顾自己感情是从哪里发出的。

⑰ 小家数：犹言小家子气。
⑱ 圈缋：窠臼，框框。

【作者简介】

王夫之（1619—1692），字而农，别号姜（薑）斋，中岁称一瓠道人，更名壶，又称夕堂先生、双髻外史等，晚年居于湘西蒸左之石船山，故又称为船山先生。

王夫之出身于知识分子家庭，从小受传统文化熏陶。青年时代，他一方面留意科举仕途；另一方面十分关注时局的变化。1642年，24岁的王夫之在武昌考中举人，1638年，与友人组织"行社""匡社"，立志要匡扶社稷。1643年，张献忠攻陷衡阳，曾邀他参加农民军政权，王夫之誓死不从。1646年，他上书明朝湖北巡抚章旷，建议联合农民军共同抵抗清军，但失望而归。1648年，他与好友管嗣裘等在衡山举兵抗清，失败告终，投奔桂王，结识瞿式耜、金堡、蒙正发、方以智等。因南明小朝廷内部权利争夺，王夫之险遭不测，遂逃归湖南，隐伏群山峻岭之间。1652年，李定国率军收复衡阳，派人招请王夫之，他"进退萦回"，终还未去，后因清兵搜捕，过了3年流亡生活。此后，王夫之归隐石船山麓，坚持学术研究，创作了大量学术著作，自题堂联："六经责我开生面，七尺从天乞活埋"，自题墓石："抱刘越石之孤愤，而命无从致；希张横渠之正学，而力不能企；幸全归于兹邱，固衔恤以永世。"这些都表明了王夫之的政治抱负和学术追求。1692年，王夫之逝于湘西草堂。

王夫之著述100余种，400余卷，涉及经学、小学、子学、史学、文学、政法、伦理等各门学术。经类著作主要包括《周易内传》《周易外传》《周易大象解》《尚书引义》《尚书稗疏》《诗广传》《礼记章句》《春秋家说》《春秋世论》《读四书大全说》《四书训义》《说文广义》等。史学著作主要包括《读通鉴论》《宋论》《永历实录》《箨史》《莲峰志》等。子类著作，主要包括《张子正蒙注》《老子衍》《庄子解》《庄子通》等，其中还对佛教提出了自己的见解，如《相宗络索》。集部的著作包括《姜斋文集》《姜斋诗集》《姜斋词集》《姜斋诗话》《楚辞通释》等。在这些著作中，涉及文学批评的著作有《姜斋诗话》（包括《诗绎》）《夕堂永日绪论》《南窗漫记》《古诗评选》《唐诗评选》《明诗评选》《诗广传》等。

王夫之殁后，其子王敔在衡阳湘西草堂校刻其遗书约十余种，至今犹有保存。乾隆三十八年，《四库全书》收录王夫之四种考据性的"稗疏"类著作。同治四年（1865），曾国藩、曾国荃兄弟在南京刻印《船山遗书》，总计57种。1933年，上海太平洋书店整理出版《船山遗书》，增至70种。1996年，湖南岳麓书社出版的《船山全书》，是一个比较齐全的版本。

【文本解读】

一、诗道性情

"诗以道性情，道性之情"是王夫之对于诗歌与情感关系的重要表述方式之一。诗是言情的，诗歌应该表现个人的情感，具有个体性，抒情是诗歌的本质特征。但并不是任何情感都应该进入诗歌的范围，而要有所取舍，这也是王夫之所强调的"性之情"的表现。

王夫之认为："情之所至，诗无不至；诗之所至，情以之至"（《古诗评选》）。诗歌创作和情感同时存在，情感是诗歌的动因，诗歌使情感的表现达到极致。情感丰富多彩，变化多样，因此诗歌与其他一切实用的文体之间不可替代，有各自的表现领域。《易》《书》《礼》《春秋》有着自己对应的天德、王道、事功、节义、礼乐、文章，而诗歌则是言性之情的体裁。也就是说，如果"言天不必《易》，言王不必《书》，权衡王道不必《春秋》，旁通不必《尔雅》，断狱不必律，敷陈不必笺奏，传经不必注疏，弹劾不必章案，问罪不必符檄，称述不必记序，但一诗而已，笺奏既已有彼数者，则又何用于诗"（《古诗评选》）。王夫之特别肯定了诗歌中情感的重要性与不可替代性。诗歌不同于其他文体的特征，所以不能混淆了各种文体之间的差异性。诗歌作为"陶冶性情，别有风旨"的作用，与"典册、简牍、训诂之学（《诗译》）"应该区分。

在与其他文体的区分中，王夫之特别强调了诗歌和史书的区别。"上山采蘼芜"一诗中共描绘了三个人物，即夫、新人、故人。故人和夫之间的简短对话，包含了叙事的成分，但是却不以叙事取胜，而是让读者置身于场景中，感受到人物的情感，这正是诗歌能够"妙夺天工"之处。历史讲究实录、剪裁、修改；而诗歌则是即事生情，即语绘状，需要直寻，凭借人当下性的体验进行创作。如果把历史的写作方式用在诗歌中，就会背离诗歌的适于吟咏的特点。杜甫的《石壕吏》正是把诗与史相杂糅，给人的感觉是"于史有余，于诗不足""诗有叙事叙语者，较史尤不易。史才固以檃栝生色，而从实著笔自易；诗则即事生情，即语绘状，一用史法，则相感不在永言和声之中，诗道废矣。"（《古诗评选》）诗歌是用来吟咏，是感事生情，描写情状，而不像历史一样进行实录，两者之间的这种差异就像嘴巴和眼睛的区别是人所共睹，且由来已久，无法调和："诗之不可以史为，若口与目之不相为代也，久矣。"（《诗译》）如果把这两者相混淆，既无法体现诗歌的抒情特色，也达不到史书该有的叙事效果。

王夫之极力强调诗歌本身应该具有的情感特性，这也是后世文学逐渐成熟丰富的必然结果，毕竟各种文体之间的差异日益明显，功用也得到了明确区分。同时也应该看到，王夫之对情也是进行了限制的，不是所有的情感都可以成为诗歌表现的内容："诗言志，非言意也；诗达情，非达欲也。（《诗广传》）情不同于意、欲，意有公私之别，欲有大小之分，只有大欲、公意，也就是说共同的意愿和关系国家民族大义的欲望才是诗歌中应该表达的。诗歌对于情感有所选择，应该节制，反对"淫情"，提倡"贞情"。这正是先秦儒家所提倡的"乐而不淫，哀而不伤"的具体表现，这一标准也成为王夫之衡量诗歌的重要尺度。王夫之在诗歌评选中频繁的使用"中和"意味的词汇，如"远而不乖，近情而不猥，炼之峻洁而不促"（《古诗评选》）"艳而不靡，轻而不佻，近情而不俗"（《古诗评选》）等。此外，王夫之还追求一些空灵之美的作品，道家的思想在其中也有所表现。

王夫之除了关注诗歌创作中的情，还发挥了"兴观群怨"的思想，不再局限于文学功能论的角度。他用"四情"来联系"兴观群怨"，把情贯穿其中，既是诗人创作的根本，也是诗人与读者交流的基础。一方面诗人抒发自己的情感；另一方面读者以自己的人生阅历来感悟诗人所表达的情感。诗人通过"兴观群怨"表现情感，读者也用"兴观群怨"来体验情感，所以说情是兴观群怨中的根本内容，不可或缺。兴、观、群、怨之间相互联系，相互作用，是一个有机整体。通过"四情"可以达到人伦物理的通达，"'可以'者，可以此而又可以彼也"（《四书笺解》），四者之间彼此融通。王夫之对于"兴观群怨"阐释的创新之处在于他不仅关注了诗人的创作，而且关注了读者的接受。读者以自己独特的视角、个人的情感体验去碰撞诗人作品中表现的情感，对于诗歌的接受不再是纯粹的反映，或者一味地全盘吸收，而是有了自己的理解和判断，从而强调读者阅读中的主观能动性。如果读者能够充分发挥自我的主观能动性，必然可以在文学作品中获得不一样的体验和感受。

二、诗歌中的情景问题

情景一直以来就是中国古代诗学中的重要范畴，王夫之对于情景的分析则更为丰富、详细，具有总结性质。王夫之认为"情景名为二，而实不可离"。情景的统一，强调的是内在的契合，而不是外在的拼凑，所谓"神于诗者，妙合无垠"。情景的结合的方式有很多种。

第一，景生情，情生景。景生情，情生景，在心之情和在物之景，诗人的情感触发与自然万物的变化相交融，情景之间的界限逐渐消失，两者相互吸引、融合，正如诗歌"吴楚东南坼，乾坤日夜浮"中景物渲染所产生的是与"亲朋无一字，老病有孤舟"中相一致的情感。《诗经》中的"倬彼云汉"一诗符合景生其情，而情溢其景的特点："写景至处，但令与心目不相睽离，则无穷之情正从此而生。"（《古诗评选》）情景的相互交融是一个动态的过程，并不是一开始就直接产生，需要诗人的情感与景物之间不相对立，只有做到心到、眼到，才可能景生情，情生景。

第二，景中情，情中景。诗篇中描写的景物，看似单纯的写景，其实蕴含着丰富的情感，诗人用景来抒发感情。"长安一片月"，就有孤栖忆远之情；"影静千官里"，正是喜达行在之情；而"'天际识归舟，云间辨江树'，俨然一含情凝眺之人，呼之欲出。"（《古诗评选》）即使是通篇的写景之作，情也是蕴含其中："全不入情，字字皆情""八句景语，自然含情"。诗人在诗歌中描写一系列的景物，不可能是完全对客观对象的描绘，而是带着诗人主观情感的选择，毕竟不同景物对应着诗人不同的情感，在这些景物描写中诗人有意识地融入了自己的情感倾向。

王夫之认为"情中景尤难曲写""于景得景易，于事得景难，于情得景尤难"。既要让景物契合自己的感情，又要恰到好处地表达，存在一定的难度。王夫之评述曹学佺《皖口阻风》："风声不定在何边，起视长堤树影偏。客恨不如风里树，枝枝吹落向南天。"认为这首诗歌不愧是"于情中写景"之作，在诗人忧郁和急切的心情中所对应的景物正是与之相符合的风里南飞的树，都是吹向诗人所要到达的地方，正是情中含景。王夫之还提出了可以通过"取情为景""化情为景"等方式实现情中景。

景生情表现的是情景融合的动态生成，而情中景、景中情则强调的是情景交织的状态，都说明情景彼此不能分离，而要相互统一。

此外，还有"景中有人，人中有景"（《古诗评选》）其实要表现的也是景中有情，情中有景。人才是情感真正抒发的个体，没有了人的主体性，景和情则会脱离，也就无所谓融合了。

总之，王夫之认为情景统一，虽然统一有着不同的形式，最终的效果都是为了更好地展现诗歌的魅力。"情景相入，涯际不分""景中生情，情中含景，故曰景者情之景，情者景之情也"，（《唐诗评选》）这些描绘了情景之间的和谐状态，如果这种协调被打破，则会导致"分疆情景，则真感无存。情懈感亡，无言诗矣"（《古诗评选》）的后果。

王夫之还运用"现量"说来更为有效地阐释如何达到情景交融之境。现量本是古印度因明学和佛教用语，王夫之率先把这一词语引入诗歌美学中，用以说明审美观照的重要性："'现量'，现者，有现在义，有现成义，有显现真实义。现在，不缘过去作影。现成，一触即觉，不假思量计较。显现真实，乃彼之体性本自如此，显现无疑，不参虚妄。"（《相宗络索》）现量包括三层意思：一是"现在"义。强调的是当下获得的知识或者体验，直接感知不受任何影响，是不同于过去所积淀的影像，即"不缘过去作影"。二是"现成"义。现在形成，瞬间感受，没有经过理性选择，而且排斥思考、假设、推理、比较等因素，即"一触即觉，不假思量计较"。三是"显现真实"义。最终呈现的是真实的、客观的、对象本来的面目，没有掺杂任何荒诞无稽的内容，即"不参虚妄"。

"现量"的三层含义表明王夫之推崇审美观照的当下性，并以之作为诗歌评论的重要尺度之一。"乃有当时现量情景"（《明诗评选》），现量的情景表明景是当时当事之景，情是当时触发之情，所有的一切都是当下发生，不是由过去积淀而成，是"即兴"的状态。"身之所历，目之所见，是铁门限"，诗人亲身经历，亲眼所见，才是诗歌创作真正不可或缺的条件。

王夫之在肯定现量的同时反对比量和非量。他在评论王籍《入若耶溪》时说："'逾''更'二字，斧凿露尽，未免拙工之巧；拟之于禅，非、比二量语，所摄非现量也。"（《古诗评选》）现量应该是现在、现成、显现真实，而"蝉噪林逾静，鸟鸣山更幽"则通过两者之间的比较来达到目的，存在明显雕琢的痕迹，有悖于现量的本意，陷入了非、比二量之中。

"即景含情""触目生心""会景而生心""即物达情""触物必感"等都是王夫之对于现量说的不同阐发。肯定直觉当下的触发，在王夫之诗学中具有重要意义，情景交融的诗歌境界的形成也在很大程度上依赖于现量的运用。

三、"以意为主"及诗法诗派问题

王夫之认为，诗人应该赋予作品充实的思想内容，不能像齐梁时期的作品过分追求辞藻的华美、绮丽，也不能像宋诗那样刻意锤炼字句，应该从个人的情感出发进行创作，"以意为主"。"意"是针对那种不顾及个人情感的创作而言的，好的作品不能离开作者独特的情、意。同时王夫之又否定"以意为主"的思想。但这个"意"不同于前面的"意"，指代诗歌中过多的说理和议论。这种"意"会影响诗歌带给人的直接的审美感受和审美体验："诗之深远广大与夫舍旧趋新也，俱不在意。唐人以意为古诗，宋人以意为律诗绝句，而诗遂亡。如以意，则直须赞《易》、陈《书》，无待诗也。"（《明诗评选》）

王夫之还反对诗歌创作中的"死法"，提倡"活法"。他追求诗歌的个人情感的表现，崇尚自然，批评过于雕琢、严于技巧的诗歌。但应该看到，王夫之并不是毫无标准的反对所有诗法，因为在诗歌创作一开始的时候，还是必须有法可依的。"无法无脉，不复成文字"，法是进行创作的基本要求，不了解做诗的方法，就无从下笔，难以为诗。诗法具有传承性："古诗及歌行换韵者，必须韵意不双转。自《三百篇》以至庾鲍七言，皆不待钩锁，自然蝉连不绝。此法可通于时文，使股法相承，股中换气。"不同诗人具有不同的人生经历和审美习惯，在掌握了基本的技法之后，就不能再用诗法来约束诗人，那样只会泯灭诗人的创作个性，与其性情相违背。情景交融更是不能用所谓的"一情一景"之法来把情景加以割裂，而且这种诗法也不是放之四海而皆准的法则，不必任何时候都依此创作，只要最终能够达到"景以情合，情以景生"的境界即可。诗人应该从自己的创作个性出发，而不是处处以法量之，否则无法真正实现诗人创作的主动性。

王夫之也反对用字，因为用字同样是强调刻意雕琢，不是自然而然的状态："诗莫贱于用字，自汉、魏至宋、元以及成、弘，虽恶劣之尤，亦不屑此。王、李出而后用字之事兴。用字不可谓魔，只是亡赖，偏方下邑劣措大赖岁考捷径耳。"（《明诗评选》）尤其是明代一些诗人以用字为宗，王夫之更是不屑一顾，认为其是"童僵"（古代最下一级奴隶的名称），不登大雅之堂。

王夫之在反对诗法对于诗人的束缚时，同样也反对门派、门庭对于诗人的限制。因为流派有着共同的特征，或者有着相似的审美追求和创作范式，不利于诗人独特情感的抒发。这也是针对晚明时期的文坛上的现象所发出的抗议之声。门庭的兴起有悖于风雅，是性情的桎梏。在门庭的限制之中，大家彼此相似，相互模仿，没有了性情，没有了兴会，也没有了思致，泯灭了诗人的自我感受。这样的诗文不仅束缚自己，更是束缚了别人："诗文立门庭使人学己，人一学即似者，自诩为'大家'，为'才子'，亦艺苑教师而已。……才立一门庭，则但有其局格，更无性情，更无兴会，更无思致；自缚缚人，谁为之解者？"王夫之赞赏那些即使在门派盛行的时期，依然有自我特色的作家，如庾信、李白、杜甫、欧阳修、刘伯温、高启（字季迪）等，都能独树一帜，各抒情怀，不受羁缚。

王夫之反对诗法、宗派，也是为了强调诗歌创作中个人情感的独特性和重要性，这是因为："达人之情，必先自达其情，与之为相知，而无别情之可疑，则甘有与甘，苦有与苦。我不甘人之苦而苦人之甘，人亦不得而苦之矣。"（《诗广传》）诗歌创作需要知音，需要读者欣赏，诗歌要想感动别人，引发他人的情感共鸣，就必须充分表达自己的情感，这是大家、小家之间的有效区别尺度。

第二节　相关问题概说

一、中国古代文论中的情景论

中国古代文论中，情景一直是诗论家们关注的范畴，各个大家对于情景的不断论述，使得这一理论极其丰富多彩。情景说的最初源头可以追溯到《诗经》中的诗歌创作。《诗经》作为中国诗歌创作史上的一个高峰，其中的许多诗歌作品都是情景交融之作，显示了其独特的艺术魅力，这也为以后的情景理论的发展提供了可能性。在创作的基础上，关于情景关系的理论也逐渐得以发展、成熟。

《礼记·乐记》中提出："凡音之起，由人心生也。人心之动，物使之然也。感于物而动。""乐者，音之所由生也，其本在人心之感于物也。是故其哀心感者，其声噍以杀；其乐心感者，其声啴以缓；其喜心感者，其声发以散；其怒心感者，其声粗以厉；其敬心感者，其声直以廉；其爱心感者，其声和以柔。六者非性也，感于物而后动。"

乐由音生成，最终根源于人心被物感发。人心的触动离不开物的作用，人心的表达与外物相契合，借助感发之物来实现人心之差异。哀与噍以杀，乐与啴以缓，喜与发以散，怒与粗以厉，敬与直以廉，爱与和以柔，彼此之间相互对应，不同的物引发不同的人心之感。作为中国古代最早的"物感说"的提出，表明了当时人们已经意识到外物，既包括自然之物，也包括社会之物，能够触动人心，让人产生不同的情感，这都是在长期的艺术实践的基础上总结出来的。虽然这一时期并没有直接提出情景问题，但对物感说的关注，正是情景说出现的滥觞。

魏晋时期，陆机、钟嵘和刘勰从更为广阔的角度论述心与物、情与物之间的关系。陆机的《文赋》说："遵四时以叹逝，瞻万物而思纷。悲落叶于劲秋，喜柔条于芳春。"四季节气的变化、万物生长的荣枯都能直接引发个人情绪的波动，思绪随物而转。物无时无刻不在引导着人心的运动，或喜或悲；人对物的选择性感受，也带来了个体之间的情感差异。

钟嵘的《诗品序》："若乃春风春鸟，秋月秋蝉，夏云暑雨，冬月祁寒，斯四候之感诸诗者也。"表现的思想与《文赋》相互呼应，说明了外在之物存在与人心相契合的可能性，人也具有感受万物的禀赋，两者之间的结合就显得十分恰当，也有利于更好地表达情感。

刘勰的《文心雕龙·诠赋》也认为："睹物兴情""情以物兴""物以情观"。人在面对外在之物时，会"兴情"；物被有情之人观照，情物之间的关系变得十分密切。《物色》中直接指出："春秋代序，阴阳惨舒；物色之动，心亦摇焉。"这里与陆机、钟嵘的观点十分相似，都认为时间的变化、万物的代谢可以引发人心的触动，以此来表明心物之间的联系。刘勰还在此基础上进一步把物、情、辞结合起来："岁有其物，物有其容；情以物迁，辞以情发。"既肯定了外物对于情的作用，又认为创作应该是由情而起。"为情而造文"，而不是"为文而造情""既随物以宛转，亦与心而徘徊"，则直接突出了物、情交融、心、物融合的境界，两者总是处在一种双向互动的运动之中，两者的结合也是逐渐形成的，不是一蹴而就的。

唐代之前的理论家大都是从心物、物情之间的关系来看待情感与外物之间的关系的。随着文学的不断发展和山水诗画的日益丰富，情景关系日益成为理论家直接论述的对象。王昌龄把诗的境界分为三种：物境、情境和意境。物境，指自然景物，追求形似；情境，指人生的体验和感受，蕴含着感情；意境，指思想与事理的统一。这里有意识地区分了不同境界之间的差别。王昌龄还在《诗格》中说："诗一向言意，则不清及无味；一向言景，亦无味。事须景与意相兼始好。"① 诗歌应该情与景相互结合得恰到好处，如果只是有情而缺少景，那么就让人感觉表达得不够清晰，索然乏味，如果纯粹写景，也会枯燥无味，只有把情和景有机结合、相互兼容才是最好的，情景交融才是具有审美性的文学作品。这样情和景之间的关系逐渐在情物、心物关系中得到了凸显。

　　论述情景问题的文论家很多，明代谢榛进行了集中的分析，谢榛的《四溟诗话》明确提出："作诗本乎情景，孤不自成，两不相背。凡登高致思，则神交古人，穷乎遐迩，击乎忧乐，此相因偶然，著形于绝迹，振响于无声也。夫情景有异同，模写有难易，诗有二要，莫切于斯者。观则同于外，感则异于内，当自用其力，使内外如一，出入此心而无间也。景乃诗之媒，情乃诗之胚：合而为诗，以数言而统万形，元气浑成，其浩无涯矣。同而不流于俗，异而不失其正，岂徒丽藻炫人而已。然才亦有异同：同者得其貌，异者得其骨。人但能同其同，而莫能异其异。吾见异其同者，代不数人尔。"这里首先论述了情景的关系，两者不能分割，应该相互交融，不能彼此背离。情景也是诗歌中的"二要"，景为媒，情是胚，诗人外观的景与内在的情只有达到"内外如一"的境界，才能是真正意义上的诗歌。其次，每个人面对外在的景物都会有着不一样的情感，诗人各自境遇、背景、经历的差异也会导致作品的千差万别，但是在这些差别之中的相同点就是诗歌必须情景交融。

　　王夫之在总结前人的基础上更加全面地论述了情景之间的关系，提出了"情中景""景中情""妙合无垠"，把情景之间的可能形态、相互关系论述得极为详细、具体，他也成为情景关系论的集大成者。这里不再赘述王夫之的情景理论。其后的王国维在《文学小言》中总结道，"文学中有二原质焉：曰景，曰情。前者以描写自然及人生之事实为主，后者则吾人对此种事实之精神的态度也。故前者客观的，后者主观的也；前者知识的，后者感情的也。"② 认为情景是文学中的二原质，从主观、客观的视角进行区分，已经很明显地受到了西方思想的影响。

　　情景理论之所以能够得到如此众多的关注，是有着深层原因的。情景交融表现的就是人与自然之间的关系。人类社会与外在世界之间有着千丝万缕的联

---

① 张伯伟：《全唐五代诗格汇考》，158 页，南京，江苏古籍出版社，2002。

② 王国维：《王国维文选》，姜东赋、刘顺利选注，104 页，天津，百花文艺出版社，2006。

系，情景的关系正揭示了这一关联。人和自然彼此既对立又统一，中国追求的是二者的统一性，不同于西方强调人对于自然界的认识作用。中国古代无论是儒家还是道家都推崇"天人合一"的思想，主张两者之间是相互关联的，在深层次上是可以相通的。《易·系辞下》："仰则观象于天，俯则观法于地，观鸟兽之文，与地之宜，近取诸身，远取诸物，于是始作八卦，以通神明之德，以类万物之情。"① 这里可以看出古人通过对于外物的关注来获得抽象的、形而上的哲学思想、事物规律。庄子认为："天地与我并生，而万物与我为一"，天地、万物、我并生、同一，彼此之间必然相合。孔子的"智者乐水，仁者乐山"从另一个角度来整合自然的特点和人的精神追求，并发展为后来的"比德"观。在天人合一中，古人强调"合"，通过"合"可以有效地包容情理、情景等各个方面。这一圆融、整合的思维方式决定，只有情景之间的和谐、交融，才能真正实现"中和"之美。在"天人合一""中和之美"的文化思想的影响下，人和自然很容易建立审美关系，在精神和心理上存在认同感，情景交融的追求正是这样应运而生的。

西方也有对于情景关系的论述，可以对照分析，以便更好地了解中国古代情景说的特点。

"移情说"是西方现代美学中影响最大的流派之一，也是心理学美学流派中最有代表性的一种理论。移情指"把情感渗进里面去"。朱光潜在《西方美学史》中给移情的定义是：它就是人在观察外界事物时，设身处在事物的境地，把原来没有生命的东西看成有生命的东西，仿佛它也有感觉、思想、情感、意志和活动，同时，人自己也受到对事物的这种错觉的影响，多少和事物发生同情和共鸣。西方移情说的先驱是德国美学家弗利德里希·费肖尔、劳伯特·费肖尔父子，德国美学家立普斯对"移情说"作了全面、系统的阐述，所以，人们把立普斯作为移情说的主要代表和创立者。

移情说的主要内容包括：第一，审美对象不仅仅是对象的存在，审美体验也不是单纯的对象体验，而是主体的自我享受和对象化的自我体验。人在审美观照时，对象唤起了主体的情感活动，又赋予了对象以生命活力和能量。审美主体不再是日常"实用的自我"，而成为"观照的自我"。第二，主体与对象的关系是同一的，主客体在相互交融中都失去了原来各自的本性，客体具有主观性，主体意识具有客观性。第三，移情产生的心理基础是"同情感"。也就是说，审美移情的产生不是来自于外在客观对象，而是来自内在审美主体自身的"同情感"。由于"同情感"，客体对象才有可能成为主体

① 黄寿祺、张善文：《周易译注》，533 页，上海，上海古籍出版社，2004。

的审美对象，主体的生命活力才能"灌注"或"外射"到对象中去。总之，"移情"否定了美的纯粹客观性，揭示了审美活动中的普遍的心理活动规律，有着积极的意义。

在中国古代的诗文理论中，与移情相类似的例子很多，尤其是情景说更是直接与移情说相关，但是两者存在异同之处。相同之处是：中西两者都肯定主客体之间的相关性，主体和对象之间不是对立的关系，而是相互交融在一起，不能分离。不同之处在于：西方的移情说与西方强调以人为本的思想离不开，所以偏重于人的感情"移注"到外物之上，使物成为人化的物。中国的移情说建立在"天人合一"的基础上，不仅重视"人化的物"，也提倡"物化的我"，也就是物对于人的作用，对主体的感化作用。所以说，中国古代的移情不但是移情于物，物我交融，而且也移情于人，即审美对象作用于审美主体，从而改变人的情性。中西移情说的差异也表明了中西哲学基础的不同，但是其中的相通之处，人们可以看出中西文化中的某些相似之处。

除了移情说，阿恩海姆提出的格式塔心理学中的"异质同构"说也有助于人们理解情景理论。阿恩海姆认为，"我们必须认识到，那推动我们自己情感活动的力，与那些作用于整个宇宙的普遍的力，实际上是同一种力"。也就是说，自然界，包括人的心理，都是通过普遍"力"来贯通一切存在物，因此，外在事物与人类的情感状态即使存在着区别，但是内在的"力"为其结构上的同一提供了可能性，所以，无论外在形式如何变化，与主体的感情之间总是存在一种相通的时候，这就是"异质同构"："上升和下降、统治与服从、软弱与坚强、和谐与混乱、前进与退让等基调，实际上乃是一切存在物的基本存在形式。不论在我们心灵中，还是在人与人之间的关系中；不论在人类社会中，还是在自然现象中；都存在着这样一些基调。"① 说明"力"存在的普遍性，"就是那些不具意识的事物——一块陡峭的岩石、一棵垂柳、落日的余晖、墙上的裂缝、飘零的落叶、一汪清泉、甚至一条抽象的线条，一片孤立的色彩或是在银幕上起舞的抽象形状——都和人体一样，都具有表现性"。② 不但人的身体动作，而且无生命的自然物的状态都具有表现性，两者之间是同构关系，不是主体的感情移入对象，而是对象自身的表现性。

"异质同构"的观点表现了情景、情物之间的紧密关系，但是其过分强调了客体的自身属性、生理的原因，而忽视了社会历史文化方面的原因。毕竟自然物与人类情感的对应并不是凭空产生的，而是在人类长期的生活、实践中积

---

① ［美］鲁道夫·阿恩海姆：《艺术与视知觉》，滕守尧、朱疆源译，620 页，成都，四川人民出版社，1998。

② 同上书，619 页。

淀下来的。格式塔心理学中表现的结构对应存在机械性的问题，而中国古人的情景的对应是浑然一体，并不是僵硬、牵强的表现，还可以"以乐景写哀、哀景写乐"。情景交融形式的多样性、自在性，也使得这一理论能够得到了重视。

二、诗歌体裁的流变以及诗法问题

随着文学创作的不断丰富，新的文学体裁也逐步出现，中国古代诗歌体裁也经历了发展变化的过程。

最早的诗歌体裁是四言诗。《诗经》是我国第一部诗歌总集，共收入自西周初期至春秋中叶约五百年间的诗歌305篇，其中以四言诗为主的形式成了诗歌的经典形式，也被后世认为是中国诗歌的源头。战国时期，楚国的屈原在南方特有的文化背景的基础上，创制了楚辞这一诗体，其特点是：句子长短不一，富有变化，常用语气助词"兮""些"等，而且结构一般比较宏大，篇幅较长，《离骚》是其代表作，所以楚辞也被称为骚体诗。后世还常把《诗经》中的"风"和楚辞中的"骚"并称为"风骚"。两汉时期出现的文学样式有乐府。乐府最初指汉朝的音乐机关，主要任务是采集诗歌，到魏晋六朝时将乐府所采集的民歌民谣称为"乐府"，这样乐府就成为诗歌体裁的名称，其代表作为《孔雀东南飞》和《木兰辞》。这一时期，五言诗也开始出现，使得诗歌的容量更为扩大，也改变了诗歌的节奏变化。到了魏晋时期，文人五言诗则逐步盛行，《古诗十九首》是文人五言诗的代表，标志着五言诗由产生发展到最终的成熟。它的题材内容和艺术风格对后世的抒情诗有着直接的影响，被称之为"五言之冠冕"。到了唐代，古体诗、近体诗成为当时诗歌创作的主要形式。近体诗指在沈约、谢朓等人倡导的诗歌声韵格律理论基础上，句法、用韵、声调等方面实现了格律化。近体诗根据字数、句数、平仄、用韵等标准区分为绝句和律诗。绝句每首四句，五言的简称五绝，七言的简称七绝；律诗每首八句，五言的简称五律，七言的简称七律，超过八句的称为排律（或长律）。唐代是我国古代诗歌发展的最高峰，各种近体诗歌的创作得到了空前的兴盛。晚唐时期则有了词的产生，宋代极其发达。词又称为诗余、长短句、曲子、曲子词等，有着固定的词牌、字数、格式、声韵。通常从词的风格上区分为豪放派和婉约派，前者代表是辛弃疾和苏轼；后者代表是姜夔、柳永。在词之后中国文学史上又出现了曲，也被称为词余，元曲，包括散曲和杂剧，散曲是金、元两代兴起，由"词"蜕化出来的一种歌曲，体式与词比较接近，较为自由，能够在字数定格外加衬字，多使用口语。

至此，中国古代诗歌的主要体裁已经都出现了，不同时期不同的体裁占据着文坛的主导地位，一代有一代之文学。每位诗人、文论家对于体裁有着不一样的喜好、推崇。王夫之认为各种体裁中的高峰阶段有所不同：四言诗是《诗经》；乐府则是汉、魏；五言古诗是产生于东汉末的古诗十九首；律诗则是梁、隋。在唐诗中，盛唐不及初唐，中、晚唐不及盛唐，宋诗则更是基本上置而不论，到了明代，其优秀的诗歌都是由古诗中得到的思想源泉。所以在众多诗歌体裁中，王夫之真正赞赏、符合他所提倡的诗歌理想的还是古体诗："文不弱，质不沉，韬束不迫，骈宕不奔，真古诗也。"（《明诗评选》）"近体之制，肇于唐初，迨其后刻画以立区宇，遂与古诗分朋而处。"（《古诗评选》）"远不以句，深不以字，转折不以段落，收合不以钩锁，才是古诗。"（《明诗评选》）肯定古诗的高明之处，含蓄蕴藉的风格值得借鉴。王夫之认为后来的好诗人的作品也是从古诗中吸取营养："才说到折处便休，无限无穷，天流神动，全从《十九首》来。以古诗为近体者，唯太白间能之，尚有未纯处。至用修而水乳妙合，即谓之千古第一诗人可也。"（《明诗评选》）虽然到了明代有许多诗人模仿古诗，但王夫之认为这些诗歌并没有得到古诗的精髓："今入胡乱作古诗，只是冲喉出气。"（《明诗评选》）王夫之直接把古诗与近体相比较，认为古诗高于近体："孝穆（徐陵字孝穆）于诗，疏宕以成其韵度，纳之古诗中则如落日余光，置之近体中则如春晴始旦矣。近体之视古诗，高下难易，于此可想。"（《唐诗评选》）这些都表明王夫之在对于诗歌欣赏评价的时候，有着自己恒定坚持的标准，也带着自己强烈的个人意识，虽然认为古体诗的内容和艺术都是造诣极其高明，但是随着时代的发展诗歌中所保留的传统的积淀越来越少，直至消失。王夫之关于诗歌体裁的流变的态度，也是和他的诗学观念相一致的。

诗歌体裁的逐渐丰富以及音韵理论的成熟直接导致了诗法理论的盛行。中国古代的诗法理论有着其自身的形成、发展、衰败的过程，对于诗法理论的研究有助于人们更好地理解中国古代的诗学理论。

虽然诗法问题在诗歌产生以后就开始出现，但是在诗歌产生之初，诗歌创作更多的是自发自为，还不存在人为规定的格式、技巧，不受任何限制，而且那一时期的诗歌，重视的是诗歌的功用性，并没有出现真正意义的诗法理论的著作。南北朝时期，随着"声律论"的出现，诗法论才开始真正被予以关注。沈约等人提倡"四声八病说"，创造了"永明体"，对于诗歌的音韵、格律提出了具体要求，既为格律诗规范化提供了标准，对"近体诗"的形成产生了重大影响，也为诗法说的出现奠定了基础。

盛唐以后，出现了许多讨论声韵、病犯以及诗歌格式的著作，严格意义上的诗法理论已经逐渐崭露头角。王昌龄的《诗格》就代表了初唐到中唐时期对于诗法的要求。著作论述了声律、对偶等问题，作为格律诗开始时期最为关注的诗法要求，还涉及构思取境等思想。皎然的《诗式》则是较为系统的诗学著作，所谓诗式，即作诗之法式。该书分析了论诗的宗旨，品评了具体的作品，概括了诗体风格，还具体把诗法分为体势、作用、声对、事类四种，对后世影响较大。

除了诗论家有意识地重视诗法问题，诗人自身也提倡诗法对于诗文创作的重要性，其中最为明显的是杜甫，他在诗歌中说"晚节渐于诗律细""遣词必中律""为人性僻耽佳句，语不惊人死不休"，诗人已经不再是追随文论家提倡诗法，而是从诗文创作经验中直接提炼经验，以诗法自律。

宋代则开始注重学古，自然对于诗法的要求更为具体、明确。黄庭坚提倡"夺胎换骨""点铁成金"的诗学主张。黄庭坚说："自作语最难，老杜作诗，退之作文，无一字无来处，盖后人读书少，故谓韩、杜自作此语耳。古之能为文章者，真能陶冶万物，虽取古人之陈言入于翰墨，如灵丹一粒，点铁成金也。"[1] 认为写诗作文完全自创是很困难的，杜甫、韩愈的诗文之所以能够如此精妙，并不是因为诗文的独创性，而是因为他们能够做到把前人的内容转化为自己的思想，经此过程则诗文更加出色，这就是点铁成金。

宋惠洪的《冷斋夜话》记载："山谷言：诗意无穷而人之才有限；以有限之才追无穷之意，虽渊明、少陵不得工也。然不易其意而造其语，谓之换骨法；窥人其意而形容之，谓之夺胎法。"学习前人不露痕迹，用新的词汇来表达前人已有之思想内容，创造出新的意境，这就是夺胎换骨。此外，陈师道在《后山诗话》中说"诗之要"在立格、命意、用字三者，关注了诗文创作中的用字、追求字眼的诗法，讲究用字、炼字的创作方法。

吕本中把江西诗派的"有意于文者之法"和苏轼的"无意于文者之法"相统一，提出了"活法"说："学诗当识活法。所谓活法者，规矩备具，而能出于规矩之外；变化不测，而亦不悖于规矩也。是道也，盖有定法而无定法，无定法而有定法。知是者，则可以与语活法矣。谢元晖有言，'好诗转圆美如弹丸'，此真活法也。"[2] 活法相对于前面的诗法而言，更具有合理性，把原有的规律性和现在的创造性交织在一起，使得诗人在创作之时，有着极大的创作空间，也有法可循，既有个体的自由，又避免了天马行空。

南宋严羽从"妙悟""以禅喻诗"的角度来论述诗歌创作，同时还认为"诗之法有五：曰体制，曰格力，曰气象，曰兴趣，曰音节"（《沧浪诗话·诗辨》），彼此之间相互关联，必须从这五个方面入手，为学诗和论诗提供了一个更为全面的诗法尺度。

以上的诗法都侧重从诗内功夫入手，还有的提出诗外功夫。陆游《示子遹》云："汝果欲学诗，功夫在诗外。"表明诗文创作不能仅仅局限在内部的诗

---

① 郭绍虞主编：《中国历代文论选》，二册，316 页，上海，上海古籍出版社，1980。

② 同上书，367 页。

法上，还应该从诗外，从生活中、社会实践中、经历磨难中寻求更多的创作源泉。

明代诗法理论则处在"悟"与"法"之间，明代的诗学很多都有复古倾向，他们既要反对宋代以来的诗法之学，追求汉魏、盛唐时期自由、自然的创作风格，又不能背离古法、不得不学习法度。两者之间的矛盾一直进行斗争着，但总体而言，还是重视法度。

清代是诗学的总结阶段，对于诗法问题有了更为清晰的认识，一方面是因为诗歌创作在当时已经不再具有正统地位，小说、戏剧的兴起对于传统文学样式造成了冲击；另一方面，文论家对于诗学的关注则更为全面、辩证、合理。王夫之对于诗法的态度正反映了那一时期部分文论家的观点，有着一定的代表性。

【思考题】

1. 试述王夫之情景说的内涵。
2. 如何理解王夫之的"现量说"？
3. 王夫之是如何看待诗法和诗派的？
4. 王夫之为什么反对前人关于杜甫诗歌的"诗史"说？

第十四章　叶燮《原诗》

第一节　经典文本阅读

【原典阅读】

原诗（节选）

诗始于《三百篇》，而规模体具于汉。自是而魏，而六朝、三唐，历宋、元、明，以至昭代①，上下三千余年间，诗之质文体裁格律声调辞句，递升降不同。而要之，诗有源必有流，有本必达末；又有因流而溯源，循末以返本。其学无穷，其理日出。乃知诗之为道，未有一日不相续相禅而或息者也。但就一时而论，有盛必有衰；综千古而论，则盛而必至于衰，又必自衰而复盛。非在前者之必居于盛，后者之必居于衰也。乃近代论诗者，则曰：《三百篇》尚矣；五言必建安、黄初②；其余诸体，必唐之初、盛而后可。非是者，必斥焉。如明李梦阳不读唐以后书③；李攀龙谓"唐无古诗"，又谓"陈子昂以其古诗为古诗，弗取也"④。自若辈之论出，天下从而和之，推为诗家正宗，家弦而户习⑤。习之既久，乃有起而掊之，矫而反之者，诚是也；然又往往溺于偏畸之私说。其说胜，则出乎陈腐而入乎颇僻；不胜，则两敝。而诗道遂沦而不可救。由称诗之人，才短力弱，识又曚焉而不知所衷。既不能知诗之源流本末正变盛衰，互为循环；并不能辨古今作者之心思才力深浅高下长短，孰为沿为革，孰为创为因，孰为流弊而衰，孰为救衰而盛，一一剖析而缕分之，兼综而条贯之。徒自诩矜张，为郛廓隔膜之谈，以欺人而自欺也。于是百喙争鸣，互自标榜，胶固一偏，剿猎成说。后生小子，耳食者多⑥，是非淆而性情汩。不能不三叹于风雅之日衰也！（《内篇·上》第一条）

从来豪杰之士，未尝不随风会而出⑦，而其力则尝能转风会。人见其随乎风会也，则曰：其所作者，真古人也！见能转风会者以其不袭古人也，则曰：今人不及古人也！无论居古人千年之后；即如左思去魏未远，其才岂不能为建安诗耶？观其纵横踯踏、睥睨千古，绝无丝毫曹、刘余习⑧。鲍照之才，迥出侪偶⑨，而杜甫称其"俊逸"⑩；夫"俊逸"则非建安本色矣。千载后无不击节此两人之诗者⑪，正以其不袭建安也。奈何去古益远，翻以此绳人耶？

且夫《风》、《雅》之有正有变⑫，其正变系乎时，谓政治、风俗之由得而失、由隆而污。此以时言诗；时有变而诗因之。时变而失正，诗变而仍不失其正，故有盛无衰，诗之源也。吾言后代之诗，有正有变，其正变系乎诗，谓体格、声调、命意、措辞、新故升降之不同。此以诗言时；诗递变而时随之。故有汉、魏、六朝、唐、宋、元、明之互为盛衰，惟变以救正之衰，故递衰递盛，诗之流也。从其源而论，如百川之发源，各异其所从出，虽万派而皆朝宗于海，无弗同也。从其流而论，如河流之经行天下，而忽播为九河⑬；河分九而俱朝宗于海，则亦无弗同也。（《内篇·上》第三条）

或曰："今之称诗者，高言法矣⑭。作诗者果有法乎哉？且无法乎哉？"

余曰：法者，虚名也，非所论于有也；又法者，定位也，非所论于无也。子无以余言为惝恍河汉⑮，当细为子晰之。

自开辟以来，天地之大，古今之变，万汇之赜⑯，日星河岳，赋物象形，兵刑礼乐，饮食男女，于以发为文章，形为诗赋，其道万千。余得以三语蔽之：曰理、曰事、曰情，不出乎此而已。然则，诗文一道，岂有定法哉！先揆乎其理；揆之于理而不谬，则理得。次征诸事；征之于事而不悖，则事得。终絜诸情；絜之于情而可通，则情得。三者得而不可易，则自然之法立。故法者，当乎理，确乎事，酌乎情，为三者之平准⑰，而无所自为法也。故谓之曰"虚名"。又法者，国家之所谓律也。自古之五刑宅就以至于今⑱，法亦密矣。然岂无所凭而为法哉！不过揆度于事、理、情三者之轻重大小上下，以为五服五章、刑赏生杀之等威、差别⑲，于是事理情当于法之中。人见法而适惬其事理情之用，故又谓之曰"定位"。

乃称诗者，不能言法所以然之故，而哓哓曰："法！"⑳吾不知其离一切以为法乎？将有所缘以为法乎？离一切以为法，则法不能凭虚而立。有所缘以为法，则法仍托他物以见矣。吾不知统提法者之于何属也？彼曰："凡事凡物皆有法，何独于诗而不然！"是也。然法有死法，有活法㉑。若以死法论，今誉一人之美，当问之曰："若固眉在眼上乎？鼻口居中乎？若固手操作而足循履乎？"夫妍媸万态，而此数者必不渝，此死法也。彼美之绝世独立，不在是也。又朝庙享燕以及士庶宴会，揖让升降，叙坐献酬，无不然者，此亦死法也。而格鬼神、通爱敬㉒，不在是也。然则，彼美之绝世独立，果有法乎？不过即耳目口鼻之常，而神明之㉓。而神明之法，果可言乎！彼享宴之格鬼神、合爱敬，果有法乎？不过即揖让献酬而感通之。而感通之法，又可言乎！死法，则执涂之人能言之㉔。若曰活法，法既活而不可执矣，又焉得泥于法！而所谓诗之法，得毋平平仄仄之拈乎㉕？村塾中曾读《千家诗》者，亦不屑言之。若更有进，必将曰：律诗必首句如何起，三四如何承，五六如何接，末句如何结；

古诗要照应，要起伏。析之为句法，总之为章法。此三家村词伯相传久矣㉖，不可谓称诗者独得之秘也。若舍此两端，而谓作诗另有法，法在神明之中，巧力之外，是谓变化生心。变化生心之法，又何若乎？则死法为"定位"，活法为"虚名"。"虚名"不可以为有，"定位"不可以为无。不可为无者，初学能言之；不可为有者，作者之匠心变化，不可言也。（《内篇·下》第三条）

曰理、曰事、曰情，此三言者足以穷尽万有之变态。凡形形色色，音声状貌，举不能越乎此。此举在物者而为言，而无一物之或能去此者也。曰才、曰胆、曰识、曰力，此四言者所以穷尽此心之神明。凡形形色色，音声状貌，无不待于此而为之发宣昭著。此举在我者而为言，而无一不如此心以出之者也。以在我之四，衡在物之三，合而为作者之文章。大之经纬天地，细而一动一植，咏叹讴吟，俱不能离是而为言者矣。

在物者前已论悉之。在我者虽有天分之不齐，要无不可以人力充之。其优于天者，四者具足，而才独外见，则群称其才；而不知其才之不能无所凭而独见也。其歉乎天者，才见不足，人皆曰才之歉也，不可勉强也；不知有识以居乎才之先，识为体而才为用，若不足于才，当先研精推求乎其识。人唯中藏无识，则理事情错陈于前，而浑然茫然，是非可否，妍媸黑白，悉眩惑而不能辨，安望其敷而出之为才乎！文章之能事，实始乎此。今夫诗，彼无识者，既不能知古来作者之意，并不自知其何所兴感、触发而为诗。或亦闻古今诗家之诗，所谓体裁、格力、声调、兴会等语，不过影响于耳，含糊于心，附会于口；而眼光从无着处，腕力从无措处。即历代之诗陈于前，何所抉择？何所适从？人言是，则是之；人言非，则非之。夫非必谓人言之不可凭也；而彼先不能得我心之是非而是非之，又安能知人言之是非而是非之也！……

惟有识，则是非明；是非明，则取舍定。不但不随世人脚跟，并亦不随古人脚跟。非薄古人为不足学也；盖天地有自然之文章，随我之所触而发宣之，必有以克肖其自然者，为至文以立极。我之命意发言，自当求其至极者。昔人有言："不恨我不见古人，恨古人不见我。"又云："不恨臣无二王法，但恨二王无臣法。"㉗斯言特论书法耳，而其人自命如此。等而上之，可以推矣。譬之学射者，尽其目力臂力，审而后发；苟能百发百中，即不必学古人，而古有后羿、养由基其人者㉘，自然来合我矣。我能是，古人先我而能是，未知我合古人欤？古人合我欤？高适有云："乃知古时人，亦有如我者。"㉙岂不然哉！故我之著作与古人同，所谓其揆之一㉚；即有与古人异，乃补古人之所未足，亦可言古人补我之所未足。而后我与古人交为知己也。唯如是，我之命意发言，一一皆从识见中流布。识明则胆张，任其发宣而无所于怯，横说竖说，左宜而右有，直造化在手，无有一之不肖乎物也。

……

昔贤有言："成事在胆"、"文章千古事"③，苟无胆，何以能千古乎？吾故曰：无胆则笔墨畏缩。胆既诎矣，才何由而得伸乎？惟胆能生才，但知才受于天，而抑知必待扩充于胆邪！吾见世有称人之才，而归美之曰："能敛才就法。"②斯言也，非能知才之所由然者也。夫才者，诸法之蕴隆发现处也。若有所敛而为就，则未敛未就以前之才，尚未有法也。其所为才，皆不从理、事、情而得，为拂道悖德之言，与才之义相背而驰者，尚得谓之才乎？夫于人之所不能知，而惟我有才能知之，于人之所不能言，而惟我有才能言之，纵其心思之氤氲磅礴，上下纵横，凡六合以内外，皆不得而囿之；以是措而为文辞，而至理存焉，万事准焉，深情托焉，是之谓有才。若欲其敛以就法，彼固掉臂游行于法中久矣③。不知其所就者，又何物也？必将曰："所就者，乃一定不迁之规矩。"此千万庸众人皆可共趋之而由之，又何待于才之敛耶？故文章家止有以才御法而驱使之，决无就法而为法之所役，而犹欲诩其才者也。吾故曰：无才则心思不出。亦可曰：无心思则才不出。而所谓规矩者，即心思之肆应各当之所为也。盖言心思，则主乎内以言才；言法，则主乎外以言才。主乎内，心思无处不可通，吐而为辞，无物不可通也。夫孰得而范围其心，又孰得而范围其言乎！主乎外，则囿于物而反有所不得于我心，心思不灵，而才销铄矣。

吾尝观古之才人，合诗与文而论之，如左丘明、司马迁、贾谊、李白、杜甫、韩愈、苏轼之徒，天地万物皆递开辟于其笔端，无有不可举，无有不能胜，前不必有所承，后不必有所继，而各有其愉快。如是之才，必有其力以载之。唯力大而才能坚，故至坚而不可摧也。历千百代而不朽者以此。昔人有云："掷地须作金石声。"③六朝人非能知此义者，而言金石，喻其坚也。此可以见文家之力。力之分量，即一句一言，如植之则不可仆，横之则不可断，行则不可遏，住则不可迁。《易》曰："独立不惧。"⑤此言其人；而其人之文当亦如是也。……吾故曰：立言者，无力则不能自成一家。夫家者，吾固有之家也。人各自有家，在己力而成之耳；岂有依傍想象他人之家以为我之家乎！是犹不能自求家珍，穿窬邻人之物以为己有⑥，即使尽窃其连城之璧⑦，终是邻人之宝，不可为我家珍。而识者窥见其里，适供其哑然一笑而已。故本其所自有者而益充而广大之以成家，非其力之所自致乎！

……

大约才、识、胆、力，四者交相为济。苟一有所歉，则不可登作者之坛。四者无缓急，而要在先之以识；使无识，则三者俱无所托。无识而有胆，则为妄、为卤莽、为无知，其言背理、叛道，蔑如也⑧。无识而有才，虽议论纵横，思致挥霍⑨，而是非淆乱，黑白颠倒，才反为累矣。无识而有力，则坚僻⑩、妄诞之辞，足以误人而惑世，为害甚烈。若在骚坛，均为风雅之罪人⑪。唯有识，则能知所从、知所奋、知所决，而后才与胆力，皆确然有以自信；举世非之，举世誉之，而不为其所摇[42]。安有随人之是非以为是非者哉！其胸中之愉快自足，宁独在诗文一道已也！然人安能尽生而具绝人之姿，何得易言有识！其道宜如《大学》之始于"格物"[43]。诵读古人诗书，一一以理事情格之，则前后、中边、左右、向背，形形色色、殊类万态，无不可得；不使有毫发之罅，而物得以乘我焉。如以文为战，而进无坚城，退无横阵矣。若舍其在我者，而徒日劳于章句诵读，不过剿袭、依傍、摹拟、窥伺之术，以自跻于作者之林，则吾不得而知之矣！（《内篇·下》第四条）

（选自《原诗》，北京，人民文学出版社，1979）

① 昭代：指政治清明的时代，常用以称颂本朝。

② 黄初（220—226）：三国魏文帝年号。

③ 李梦阳不读唐以后书：《四库全书总目·空同集提要》："（李梦阳）倡言复古，使天下毋读唐以后书。持论甚高，足以竦当代之耳目。故学者翕然从之，文体一变。厥后摹拟剽贼，日就窠臼。论者追原本始，归狱梦阳，其受诃厉亦最深。"

④ "李攀龙"等三句：李攀龙《选唐诗序》："唐无五言古诗，而有其古诗。陈子昂以其古诗为古诗，弗取也。"

⑤ 家弦而户习：弦即弦歌诵读，指诗礼教化。《礼记·文王世子》："春诵，夏弦。"汉郑玄注："诵谓歌乐也，弦谓以丝播诗。"家弦而户习，指很多人都接受了李梦阳、李攀龙等人的复古理论。

⑥ 耳食：谓不加省察，徒信传闻。《史记·六国年表序》："学者牵于所闻，见秦在帝位日浅，不察其终始，因举而笑之，不敢道，此与以耳食无异。"唐司马贞索引："言俗学浅识，举而笑秦，此犹耳食不能知味也。"

⑦ 风会：风气、风尚。

⑧ 曹、刘：即建安诗人曹植、刘桢。

⑨ 侪偶：同辈、同类的人。

⑩ 杜甫称其"俊逸"：杜甫《春日忆李白》云："清新庾开府，俊逸鲍参军。"

⑪ 击节：用手或拍板以调节乐曲，此处形容十分赞赏。

⑫ 《风》、《雅》之有正有变：《诗经》中《周南》《召南》为正风，《邶风》之后为变风，《鹿鸣》至《菁菁者莪》为正小雅，《文王》至《凫鹥》为正大雅；大雅《民劳》、小雅《六月》之后，皆谓之变雅。清马瑞辰《毛诗传笺通释·风雅正变说》："变化下之名为刺上之什，变乎风之正体，是谓变风。""盖雅以述其政之美者为正，以刺其恶者为变也。"

⑬ 九河：禹时黄河的九条支流，近人多认为是古代黄河下游许多支流的总称。《书·禹贡》："九河既道。"唐陆德明释文引《尔雅·释水》："九河：徒骇一，太史二，马颊三，覆釜四，胡苏五，简六，洁七，钩盘八，鬲津九。"

⑭ 今之称诗者，高言法矣：据《清史列传·叶燮传》记载，叶燮论文与汪琬不合，往复诋諆。汪琬论文即"高言法"，如其《答陈霭公书》云："如以文言之，则大家之有法，犹弈师之有谱，曲工之有节，匠氏之有绳度，不可不讲求而自得者也。后之作者，惟其知字而不知句，知句而不知篇，于是有开而无阖，有呼而无应，有前后而无操纵顿挫，不散则

乱。譬如驱乌合之市人而思制胜于天下，其不立败者几希！"对此，叶燮曾著《汪文摘谬》加以批驳。

⑮ 河汉：《庄子·逍遥游》："肩吾问于连叔曰：'吾闻言于接舆，大而无当，往而不返，吾惊怖其言，犹河汉而无极也。'"唐成玄英疏："犹如上天河汉，迢递清高，寻其源流，略无穷极也。"后因以"河汉"比喻言论夸诞迂阔、不切实际，转指不相信或忽视（某人的话）。

⑯ 赜：幽深奥妙。《易·系辞上》："圣人有以见天下之赜，而拟诸其形容，象其物宜，是故谓之象。"唐孔颖达疏："赜，谓幽深难见。"

⑰ 平准：平抑物价的措施。《史记·平准书》："大农之诸官，尽笼天下之货物，贵即卖之，贱则买之。如此，富商大贾无所牟大利，则反本，而万物不得腾踊，故抑天下物，名曰平准。"在本文中大致指平衡。

⑱ 五刑：《尚书·尧典》："五刑有服，五服三就，五流有宅。"伪汉孔安国传："五刑：墨、劓、剕、宫、大辟。服，从也。""既从五刑，谓服罪也。行刑当就三处，大罪于原野，大夫于朝，士于市。""谓不忍加刑，则流放之，若四凶者。五刑之流，各有所居。"

⑲ 五服五章：《书·皋陶谟》："天命有德，五服五章哉。"伪汉孔安国传："五服，天子、诸侯、卿、大夫、士之服也。尊卑彩章各异，所以命有德。"

⑳ 哓哓：形容争辩、吵嚷的样子。

㉑ 活法：宋人诗论中提出的学诗所必须掌握的能灵活变通的法则。吕本中《夏均父集序》："学诗当识活法。所谓活法者，规矩备具，而能出于规矩之外；变化不测，而亦不背于规矩也。是道也，盖有定法而无定法，无定法而有定法。知是者，则可以与语活法矣。"

㉒ 格：感通。

㉓ 神明之：即神而明之。《易·系辞上》："化而裁之，存乎变；推而行之，存乎通；神而明之，存乎其人。"晋韩康伯注："体神而明之，不假于象，故存乎其人。"唐孔颖达疏："言人能神此易道而显明之者，存在于其人。"后以"神而明之"谓表明玄妙的事理。

㉔ 涂之人：指普通人。

㉕ 拈：一般写作"黏"，指骈文或近体诗上联对句与下联出句之间平仄相应。

㉖ 三家村：偏僻的小乡村。

㉗ "昔人"等六句：《南史·张融传》："融善草书，常自美其能。帝曰：'卿书殊有骨力，但恨无二王法。'答曰：'非恨臣无二王法，亦恨二王无臣法。'……常叹云：'不恨我不见古人，所恨古人又不见我。'"二王：指王羲之与子献之。

㉘ 后羿、养由基：后羿，上古夷族的首领。相传夏太康沉湎于游乐，羿推翻其统治，自立为君，号有穷氏。恃其善射，不修民事，后为其臣寒浞所杀。古代神话中又有羿射九日及其妻嫦娥奔月等传说。养由基，春秋时楚大夫，善射。蹲甲而射，可以射彻七札；又去柳叶百步而射，百发百中。《淮南子·说山》作养由其，《后汉书·班固传》作游基。

㉙ "高适"等三句：高适《苦雪》四首其四云："执云久闲旷，本自保知寡。穷巷独无成，春条祇盈把。安能羡鹏举，且欲歌牛下。乃知古时人，亦有如我者。"

㉚ 揆：度量、揣度，此处指道理、准则。

㉛ "昔贤"等三句：宋强至《韩忠献公遗事》："公（韩琦）平日谓：'成大事在胆'。未

尝以胆许人，往往自许也。"唐杜甫《偶题》："文章千古事，得失寸心知。"

㉜"吾见"等三句：清王士禛即有此论，其《渔洋诗话》卷中云："郿阳王幼华，才最高。初为诗趋古澹，后变而之雄放。自潜江令人为给事中，乃敛才就法。七言古五言今体多可传，游太华、罗浮诗尤为警策。五言如'月明飞夜鹊，江静抱嘉鱼。风烟盘赤壁，波浪下黄牛。'此句亦古人所少。"

㉝掉臂游行：形容自在行游貌。

㉞"昔人"等两句：《世说新语》："孙兴公作《天台赋》成，以示范荣期云：'卿试掷地，当作金石声。'"

㉟《易》曰"等两句：《易·大过卦·象》："泽灭木，《大过》。君子以独立不惧，遁世无闷。"

㊱穿窬：挖墙洞和爬墙头，指偷窃行为。《论语·阳货》："色厉而内荏，譬诸小人，其犹穿窬之盗也欤！"魏何晏集解："穿，穿壁；窬，窬墙。"

㊲连城之璧：据《史记·廉颇蔺相如列传》记载，战国时，赵惠文王得和氏璧，秦昭王寄书赵王，愿以十五城易璧。后遂以"连城之璧"指和氏璧或珍贵之物。

㊳蔑如：没有什么了不起。《汉书·东方朔传赞》："而扬雄亦以为朔言不纯师，行不纯德，其流风遗书蔑如也。"唐颜师古注："言辞义浅薄，不足称也。"

㊴挥霍：迅疾。《文选·陆机〈文赋〉》："体有万殊，物无一量，纷纭挥霍，形难为状。"唐李善注："挥霍，疾貌。"

㊵坚僻：固执怪僻。

㊶风雅之罪人：庾信尝以所作被目为淫放轻险，而被指为"词赋之罪人"。《周书·庾信传》："子山之文发源于宋末，盛行于梁季。其体以淫放为本，其词以轻险为宗。故能夸目侈于红紫，荡心逾于郑卫。昔杨子云有言：'诗人之赋丽以则，词人之赋丽以淫。'若以庾氏方之斯，又词赋之罪人也。"后遂以指作品不合诗教者，又称"风雅之罪人"。宋孙光宪《北梦琐言》："高蟾诗思虽清，务为奇险，意疏理寡，实风雅之罪人。"

㊷"举世"等三句：《庄子·逍遥游》："且举世而誉之而不加劝，举世而非之而不加沮，定乎内外之分，辩乎荣辱之竟，斯已矣。"

㊸格物：《礼记·大学》："致知在格物，物格而后知至。"宋朱熹集注："格，至也。物，犹事也。穷至事物之理，欲其极处无不到也。"

【作者简介】

叶燮（1627—1703），字星期，号已畦，嘉兴（今属浙江）人，生于世宦人家，父亲叶绍袁为明天启五年进士，曾任国子监助教等职，后因不愿谄事权贵，还乡隐居。叶绍袁与妻沈宜修皆工吟咏，所育五子三女也都擅长诗文，尤其是叶燮的三姐小鸾，是当时颇负盛名的闺阁诗人。一门之中，更相唱和，以此自娱。叶燮才华早著，四岁即能诵《楚辞》，南明福王弘光元年以第一名补嘉善弟子员，康熙五年乡试中举，九年登进士第，十四年任宝应知县。当时正值三藩之乱，又逢岁谷不登，加之宝应滨临运河，随时有溃决的危险，叶燮极力经营筹划，民赖以安。不久之后，因触忤上官落职，叶燮遂绝意仕宦，平生好游名山大川，去世前一年，还曾裹三月粮纵游会稽，晚年定居吴县之横山，署所居为"独立苍茫处"，世称"横山先生"。论文与汪琬不合，琬卒，慨然以失一净友为叹。曾于横山二弃草堂掞教席论诗文，张玉书、薛雪、沈德潜皆出其门。诗文宗杜甫、韩愈，王士禛称赞其作品熔铸古昔，自成一家。沈德潜也深表赞同："先生论诗，一曰生，一曰新，一曰深。凡一切庸熟、陈旧、浮浅语须扫而空之。今观其集中诸作，意必钩玄，语必独造，宁不谐俗，不肯随俗。……王新城司寇致书谓其'独立起衰'，应非漫许。"（《清诗别裁集》）罢官后，叶燮开始酝酿《原诗》的创作，十年始成。《原诗》从纠正明七子和公安派这两种对立倾向出发，纵论诗歌创作的各个方面，反对模拟复古，主张革新，强调诗人应具备识、才、胆、力，直抒胸臆，独持己见，是一部别开生面、自成体系的诗论作品。叶燮另著有《己畦诗集》十卷、《诗集残余》一卷、《己畦文集》二十二卷、《汪文摘谬》一卷等。其生平事迹见《清史列传》卷七〇《文苑传一》、《清史稿》卷四八四《文苑一》、沈德潜《叶先生燮传》等。

【文本解读】

在全文的第一段，作者开宗明义，申明其作《原诗》的目的，辨古今作者之心思才力。《原诗·内篇·上》的议论，即围绕前一个问题展开。

在叶燮看来，诗歌处在永不停息的发展变化中，绝非在前者必居于盛，在后者必居于衰。除了这里所说的盛衰循环，他还从以下角度进行了阐发。

"天道十年而一变"。天道如此，万事万物如此，诗也不得不然。《风》《雅》即有正有变，孔子删《诗》，也不能存正而删变。其后，《诗》变而为苏、李诗，为《古诗十九首》，为建安诗等，虽然继承了前作，但绝非无异于前作。因此，继承实际上是创新。

事物皆踵事增华。叶燮以饮食、音乐、居室为例，指出："上古之世，饭土簋，啜土铏，当饮食未具时，进以一脔，必为惊喜；逮后世羞·焦脍之法兴，罗珍搜错，无所不至，而犹以土簋土铏之庖进，可乎？……大凡物之踵事增华，以渐而进，以至于极。"因而于诗之一道，作者切磋琢磨，屡治而益精，不能不说后来者居上。

行千里路者，始于第一步而终至于无穷。诗歌发展也如此，上古、三代之诗为第一步、第二步，汉、魏之诗为第三步、第四步。后之作诗者知此数步为始发之必经，但不当以此为归宿，弃前路而不行。

体不变而用万变。叶燮认为儒家"温柔敦厚"的诗教是体，终古不变；而发为文辞，措之于用，则不能不变。因而，汉、魏之辞，有汉、魏的"温柔敦厚"；唐、宋、元之辞，又有唐、宋、元的"温柔敦厚"，就好像是："一草一木，无不得天地之阳春以发生。草木以亿万计，其发生之情状，亦以亿万计，而未尝有相同一定之形，无不盎然皆具阳春之意。岂得曰若者得天地之阳春，而若者为不得者哉！"

对于时之正、变与诗之正、变，叶燮作了区别。他指出：时之变指政治、风俗由得而失、由盛而衰，变而失正；诗之变指体调、声辞有所不同，不仅变不失正，有盛无衰，而且唯有变才能救正之衰。

立足于崇变，叶燮特别推崇才大力雄、转移风会的诗人，给予了韩愈、苏轼极高的评价：

> 韩愈为唐诗之一大变；其力大，其思雄，崛起特为鼻祖。宋之苏、梅、欧、苏、王、黄，皆愈为之发其端，可谓极盛。而俗儒且谓愈诗大变汉、魏，大变盛唐，格格而不许。何异居蛀蚓之穴，习闻其长鸣，听洪钟之响而怪之，窃窃然议之也！且愈岂不能拥其鼻、肖其吻，而效俗儒为建安、开、宝之诗乎哉！开、宝之诗，一时非不盛；递至大历、贞元、元和之间，沿其影响字句者且百年，此百余年之诗，其传者已少殊尤出类之作，不传者更可知矣。必待有人焉起而拨正之，则不得不改弦而更张之。愈尝自谓"陈言之务去"，想其时陈言之为祸，必有出于目不忍见、耳不堪闻者。使天下人之心思智慧，日腐烂埋没于陈言中，排之者比于救焚拯溺，可不力乎！而俗儒且栩栩俎豆愈所斥之陈言，以为秘异而相授受，可不哀耶！……至于宋人之心手日益以启，纵横钩致，发挥无余蕴。非故好为穿凿也；譬之石中有宝，不穿之凿之，则宝不出。且未穿未凿以前，人人皆作模棱皮相之语，何如穿之凿之之实有得也。如苏轼之诗，其境界皆开辟古今之所未有，天地万物，嬉笑怒骂，无不鼓舞于笔端，而适如其意之所欲出。此韩愈后之一大变也，而盛极矣。（《原诗》）

叶燮在论述诗歌处在永不停息的发展变化中时，所用的原理大都比较肤廓，如盛衰循环，天道十年一变之说即十分机械，踵事增华之说也是言家之口实、艺苑之常谈，正如作者自己在论述踵事增华时所讽刺的，"再见焉，讽咏者已不击节；数见，则益不鲜；陈陈踵见，齿牙余唾，有掩鼻而过耳"。尽管如此，较之明代前、后七子的一味复古与公安、竟陵的一味趋新之说，叶燮的主张仍不失通达平正。更重要的是，在论及诗歌史上面目各异的具体诗人时，作者每有确当之见。而其主张的说服力，在很大程度上即来自读者对诗史大家面目各异的认同。

虽然不失平正通达，但是叶燮并没有对诗歌的发展规律做出更深刻的阐发。他所主张的变，仅限于作为"用"的文辞，而作为"体"的儒家所理解的道，则亘古不变。因而他虽力主变，却攘斥异端，排抵俚俗，最终只能称宋之后诗之能事已毕，不过是花开而谢，谢而复开而已，"譬诸地之生木然：《三百篇》，则其根；苏、李诗，则其萌芽由蘖；建安诗，则生长至于拱把；六朝诗，则有枝叶；唐诗，则枝叶垂荫；宋诗，则能开花，而木之能事方毕。自宋以后之诗，不过花开而谢，花谢而复开。"大抵叶燮之说为文化总结期集成持平之论，虽可免偏僻乖戾之病，却终不能为诗之发展指出一途。

提倡复古者往往"高言法"，对古人亦步亦趋，最终流为模拟剽窃。在《原诗·内篇·下》中，叶燮即针对此法，一破一立，阐发了自己的主张。

所谓一破即"虚名一定位"之说，其义有二。一个含义是法为表而理、事、情为里，离理、事、情而法无所自为法，故法为"虚名"；言法而理、事、情自在其中，故法又为"定位"。所谓理、事、情，理即事物发生的道理，事即发生的事实，情即发生的情状："譬之一木一草，其能发生者，理也。其既发生，则事也。既发生之后，夭矫滋植，情状万千，咸有自得之趣，则情也。"天下事物固不能出此三者之范围，然于诗言理、言事，难免有陈腐固陋的嫌疑。作者亦深恐读者误会其意，故在后文设为问难，以"诗之至处，妙在含蓄无垠，思致微渺，其寄托在可言不可言之间，其指归在可解不可解之会，言在此而意在彼，泯端倪而离形象，绝议论而穷思维，引人于冥漠恍惚之境，所以为至也。若一切以理概之，理者，一定之衡，则能实而不能虚，为执而不为化，非板则腐。……以言乎事：天下固有有其理，而不可见诸事者；若夫诗，则理尚不可执，又焉能一一征之实事者乎！"对理、事之说提出质疑。然后答疑解惑，以杜甫诗作中的一些名句如"高城秋自落"（《晚秋陪严郑公摩诃池泛舟》）等为例证，强调了"名言所绝之理之为至理……无是事之为凡事之所出……实写理事情，可以言言，可以解解，即为俗儒之作。惟不可名言之理，不可施见之事，不可径达之情，则幽渺以为理，想象以为事，惝恍以为情，方为理至事至情至之语"。① 从叶燮对杜甫诗句的具体分析来看，他所说的理、事、情，实际上已由"在物"者转化成了创作者的审美感受。"虚名一定位"说的另一个含义是法有活法、死法，死法不可无，故为"定位"；活法不可有，故为"虚名"。作者所说的死法是诗歌最表层的形制规范，如律诗的平仄相黏、起承接结等。离乎此则无以为诗，故不可无。活法则是作者一己的神明变化，而作者的性情、胸怀、才调、见解各不相同，无一定之律，故不可有。最表层

---

① 　（清）叶燮：《原诗》，30～32 页，北京：人民文学出版社，1979。

的形制规范仅能使创作达到底线要求，而出神入化则不在于是，诚如作者所说："譬之国家有法，所以儆愚夫愚妇之不肖而使之不犯；未闻与道德仁义之人讲论习肄，而时以五刑五罚之法恐惧之而迫协之者也。"①

叶燮通过"虚名—定位"说架空了法，取而代之的是《原诗》所屡言的变化生心、心思、神而明之等。套用作者自己的说法，这些其实也都是表，是"虚名"，而其里、其"定位"则是识、才、胆、力，此即作者破法后之所立。四者之中，才独外现，即发宣昭著万有之理、事、情的创作才华："纵其心思之氤氲磅礴，上下纵横，凡六合以内外，皆不得而囿之；以是措而为文辞，而至理存焉，万事准焉，深情托焉，是之谓有才。"从这个意义上讲，才乃是"诸法之蕴隆发现处"，创作者只有以才御法而驱使之，而绝无为法所役的道理。才虽外现，却不能不依凭于识。识即辨识理、事、情的能力，否则理、事、情"错陈于前，而浑然茫然，是非可否，妍媸黑白，悉眩惑而不能辨，安望其敷而出之为才乎！"无识之人，即使终日勤学，也不过是增加记诵而已。且记诵益多，反益为累，等到"伸纸落笔时，胸如乱丝，头绪既纷，无从割择，中且馁而胆愈怯，欲言而不能言。或能言而不敢言，矜持于铢两尺矱之中，既恐不合于古人，又恐贻讥于今人。如三日新妇，动恐失礼。又如跛者登临，举恐失足。文章一道，本摅写挥洒乐事，反若有物焉以桎梏之，无处非碍矣。"②胆是挥洒才的胆略，其得来亦有赖于识："识明则胆张，任其发宣而无所于怯，横说竖说，左宜而右有，直造化在手，无有一之不肖乎物也。"胆张，方能使才自由挥洒，不受拘束。力则是才之荷载，故才之大小，可量之以力："力足以盖一乡，则为一乡之才；力足以盖一国，则为一国之才；力足以盖天下，则为天下之才。更进乎此，其力足以十世，足以百世，足以终古，则其立言不朽之业，亦垂十世，垂百世，垂终古，悉如其力以报之。试合古今之才，一一较其所就，视其力之大小远近，如分寸株两之悉称焉。"四者的关系，大抵以识为体而才为用，胆以扩张之而力以荷载之。如果"无才，则心思不出；无胆，则笔墨畏缩；无识，则不能取舍；无力，则不能自成一家"，"四者无缓急，而要在先之以识；使无识，则三者俱无所托。"而识之得来，则在于诵读古人作品，揣摩、体悟其理、事、情而自得之。

---

① （清）叶燮：《原诗》，21 页，北京：人民文学出版社，1979。

② 同上书，25 页、26 页。

第二节　相关问题概说

一、叶燮主张的来龙去脉

叶燮论诗，批评的对象主要是明七子、公安派、竟陵派。自前七子倡言复古始，后七子继之，公安派等起而矫之，各流派内部的反思、调适与流派之间的批评、反批评便没有停止过。至钱谦益出，遂对有明一代诗文创作与理论主张的得失成败做了全面的总结。

钱氏于诗文，有"灵心""学问""世运"之说："夫诗文之道，萌折于灵心，蛰启于世运，而苗长于学问。三者相值，如灯之有炷、有油、有火而焰发焉。"① 主张以灵心为本，出入于六经、《史记》《汉书》唐宋以来诸大家以为学养，感激摩荡于世运而发为文章，反对无病呻吟，雕缋辞句：

> 古之为诗者，必有深情蓄积于内，奇遇薄射于外，轮囷结轖，朦胧萌折，如所谓惊澜奔湍，郁闭而不得流；长鲸苍虬，偃蹇而不得伸；浑全璞玉，泥沙掩匿而不得用；明星皓月，云阴蔽蒙而不得出。于是乎不能不发之为诗，而其诗亦不得不工。其不然者，不乐而笑，不哀而哭，文饰雕缋，词虽工而行之不远，美先尽也。②

因此，对于七子一派由提倡复古而流为固持宗尚甚至亦步亦趋，钱谦益斥之为"傀""剿""奴"：

> 近代之伪为古文者，其病有三：曰傀，曰剿，曰奴。窭人子赁居廊庑，主人翁之广厦华屋，皆若其所有，问其所托处，求一茅盖头曾不可得，故曰傀也。椎埋之党，铢两之奸，夜动而昼伏，忘衣食之源而昧生理，韩子谓"降而不能"者类是，故曰剿也。佣其耳目，囚其心志，呻呼唫呓，一不自主，仰他人之鼻息，而承其余气，纵其有成，亦千古之隶人而已矣，故曰奴也。③

尤其是对七子首领的理论与创作，都进行了严厉地批评（其《题徐季白诗

---

① （清）钱谦益：《钱牧斋全集》，6 册，1594 页，上海，上海古籍出版社，2003。
② 同上书，2 册，923 页。
③ 同上书，930 页。

卷后》云："余之评诗，与当世牴牾者，莫甚于二李及弇州。"①）。

对于公安派以独抒性灵力矫复古之蔽，钱谦益给予了高度评价：

> 万历中年，王、李之学盛行，黄茅白苇，弥望皆是。文长、义仍，崭然有异，沉痼滋蔓，未克芟薙。中郎以通明之资，学禅于李龙湖，读书论诗，横说竖说，心眼明而胆力放，于是昌言击排，大放厥辞。……中郎之论出，王、李之云雾一扫。天下之文人才士始知疏瀹心灵，搜剔慧性，以荡涤模拟涂泽之病，其功伟矣。②

而对于公安派的某些异端倾向及其末流的轻率莽荡，钱谦益同样给予了严厉地批评："机锋侧出，矫枉过正。于是狂瞽交扇，鄙俚公行，雅故灭裂，风华扫地。"③ 至于竟陵派的偏好幽深孤峭，他甚至以"诗妖"称之，视为亡国之兆。

钱谦益的观点具有相当的代表性，了解他对七子等派的批评、对返经本祖的强调、以灵心为本的主张，便可以了解叶燮的观点是在怎样的时代氛围中产生的。当然，除了钱谦益之外，明清之际的许多文人、学者也对有明一代的文学创作与理论主张做了反思，有些观点与钱氏的不尽相同，如吴伟业即认为，七子的复古固然错误，但尽废七子而救之以公安的趋新，就更加错误，如同："相如之词赋，子云之笔札，以覆酒瓿，而淳于髡、郭舍人诙谐啁笑之辞，欲驾而出乎其上，有是理哉！"④ 叶燮对七子、公安派的评判，便与吴伟业的更为接近。

除了时代氛围，家学渊源也对《原诗》有一定的影响。

叶燮的父亲叶绍袁，为人清正刚直，淡泊自守。他中进士时，正值阉党横行。当时魏忠贤的亲信曾诱以高官厚禄，遭到了叶绍袁的严词拒绝。叶燮幼时，其父曾指着厅堂匾额上的"清白"二字，教以固穷安命。对此，叶燮感激涕泣，铭记终身。从《原诗》对利用诗歌猎取名利的批评中，可以看到作者本人的清正自持：

> 诗之亡也，亡于好名。没世无称，君子羞之，好名宜亟亟矣。窃怪夫好名者，非好垂后之名，而好目前之名。目前之名，必先工邀誉之字，得

---

① （清）钱谦益：《钱牧斋全集》，6 册，1562 页，上海，上海古籍出版社，2003。
② （清）钱谦益：《列朝诗集小传》，567 页，上海，上海古籍出版社，1959。
③ 同上。
④ （清）吴伟业：《吴梅村全集》，1090 页，上海，上海古籍出版社，1990。

居高而呼者倡誉之，而后从风者群和之，以为得风气。于是风雅笔墨，不求之古人，专求之今人，以为迎合。其为诗也，连卷累帙，不过等之揖让周旋、羔雁筐篚之具而已矣！及闻其论，则亦盛言《三百篇》、言汉、言唐、言宋，而进退是非之，居然当代之诗人；而诗亡矣。①

诗之亡也，又亡于好利。夫诗之盛也，敦实学以崇虚名；其衰也，媒虚名以网厚实。于是以风雅坛坫为居奇，以交游朋盍为牙市，是非淆而品格滥，诗道杂而多端，而友朋切劘之义，因之而衰矣。昔人言"诗穷而后工"，然则，诗岂救穷者乎！斯二者，好名实兼乎利。好利，遂至不惜其名。夫"三不朽"，诗亦"立言"之一，奈何以之为垄断名利之区！不但有愧古人，其亦反而问之自有之性情可矣！②

叶绍袁自幼便喜爱佛家学说，明亡后遂削发出家。他精通佛典，著有《金刚经注》《楞严集解》等。受父亲的影响，叶燮自幼亦研习佛家学说，与佛教中人相往还。《原诗·外篇·上》第四条云：

《虞书》称"诗言志"。志也者，训诂为"心之所之"，在释氏，所谓"种子"也。志之发端，虽有高卑、大小、远近之不同；然有是志，而以我所云才、识、胆、力四语充之，则其仰观俯察、遇物触景之会，勃然而兴，旁见侧出，才气心思，溢于笔墨之外。志高则其言洁，志大则其辞弘，志远则其旨永。如是者，其诗必传，正不必斤斤争工拙于一字一句之间。

"种子"即佛家唯识学说，以草木种子能产生相应的结果，比喻阿赖耶识中储藏有产生世界各种现象的精神因素。在这里，叶燮把儒家"诗言志"说与佛家理论相牵合，而实之以识、才、胆、力，对创作主体审美感受的特点进行了论述。从后面叶燮对杜甫诗句的具体分析来看，所谓杜句瑕疵，有很大一部分不过是所表现的内容由于创作者的想象、夸张而与现实不符罢了。叶燮以"诗言志"说与唯识学说对杜句瑕疵之论进行批驳，强调了审美感受的主观性。与此相通，在《原诗·内篇·下》第五条中，作者亦曾以杜诗为例，对审美感受的特点作了分析，把文学创作"含蓄无垠，思致微渺，其寄托在可言不可言之间，其指归在可解不可解之会"的特点，以佛学术语"言语道断"进行了表述。

---

① （清）叶燮：《原诗》，53 页，北京，人民文学出版社，1979。
② 同上书，53 页、54 页。

另外，叶绍袁还通星家堪舆之学，叶燮也著有《江南星野辨》。在他看来，"天地之浩邈，日月星辰之辽远，疑其事之绝难凭者。然天官家以一定之数测之，而无毫末之或爽。四时之荣枯，百物之生谢，疑其事之难豫知者。然观物者以自然之理推之，遂如操券之必信。"（《考证说》）所谓"一定之数""自然之理"，实即事物运动变化的内在规律。叶燮论诗，认为在物者有三，其一为理。这种对事物运动内在规律的强调，与他精通星象之学不无关系。

在叶燮的学生中，沈德潜曾与其师一起为王士禛所推重，尽管早年屡试不第，晚年却以诗为乾隆所赏，成为继王士禛之后的诗坛领袖。

沈德潜论诗，在很多方面对叶燮的观点有所继承，如叶燮强调对源流正变的辨识，沈德潜也认为："作文作诗，必置身高处，放开眼界，源流升降之故，瞭然于中，自无随波逐浪之弊。"① 叶燮指出，法既是虚名，又是定位；沈德潜也曾说："法有不变者，有至变者。"② 叶燮把创作主体要素归结为识、才、胆、力，沈德潜则归结为才、情、养、气。但观其大旨，则在继承中不能不有所变化。

沈德潜曾总括其论诗之旨为："予惟诗之为道，古今作者不一，然揽其大端，始则审宗旨，继则标风格，终则辨神韵，如是焉而已。"③ 他对神韵的解释，是"流于才思之余，虚与委蛇，而莫寻其迹者也。"与王士禛对神韵的理解相近，指难以言表的韵味意境，与叶燮对"不可名言之理，不可施见之事，不可径达之情"④ 的强调亦相通。沈德潜所说的风格，实际上与明七子所说的格调相近，指诗的体制规格、声律韵调。尽管也反对模拟："诗不学古，谓之野体。然泥古而不能通变，犹学书者但讲临摹，分寸不失，而己之神理不存也。"⑤ 但他对唐诗格调的推重，仍然有明显的拟古倾向。沈德潜所说的宗旨，即为儒家诗教"去淫滥以归雅正"⑥"凡无当于美刺者屏焉"⑦，"惟祈合乎温柔敦厚之旨"⑧。因此，对有明一代诸诗家尤其是七子、公安派的得失，沈德潜的评价便与其师的评价有很大的差异：

---

① （清）沈德潜：《说诗晬语》，188 页、189 页，北京，人民文学出版社，1979。
② 吴宏一、叶庆炳：《清代文学批评资料汇编》，406 页，台北，成文出版社，1981。
③ 同上书，402 页。
④ （清）叶燮：《原诗》，32 页，北京，人民文学出版社，1979。
⑤ 同注①，189 页。
⑥ （清）沈德潜等：《历代诗别裁集》，59 页，杭州，浙江古籍出版社，1998。
⑦ 同上书，301 页。
⑧ 同上书，365 页。

　　宋诗近腐，元诗近纤，明诗其复古也。而二百七十余年中，又有升降
盛衰之别。尝取有明一代诗论之：洪武之初，刘伯温之高格，并以高季
迪、袁景文诸人各逞才情，连镳并轸，然犹存元纪之余风，未极隆时之正
轨。……弘、正之间，献吉、仲默力追雅言，庭实、昌谷左右骖靳，古风
未坠。……于鳞、元美，益以茂秦，接踵囊哲。虽其间规格有余，未能变
化，识者咎其鲜自得之趣焉。然取其菁英，彬彬乎大雅之章也。自是而后
正声渐远，繁响竞作，公安袁氏、竟陵钟氏、谭氏，比之自郐无讥，盖诗
教衰而国祚亦为之移矣。此升降盛衰之大略也。①

　　尽管"规格有余，未能变化"，但由于合乎诗教，格调近古，七子还是得到了
非常高的评价。而公安、竟陵由于违反"正声"，便"自郐无讥"了。由此可
见，叶燮与沈德潜都非常强调遵守诗教。但前者的侧重点是在遵守诗教的前提
下力求新变；而后者的侧重点是在尽量不模拟的前提下复古格调。

二、文学发展中的"变"与"常"

　　叶燮从体用关系的角度，对文学发展中的"变"与"常"作了论述。他指
出，儒家诗教是体，终古不变，而发为文辞，措之于用，则不能不变。他的观
点与刘勰的颇有相通之处，甚至在论证时所用的比喻"譬之一草一木，无不得
天地之阳春以发生。草木以亿万计，其发生之情状，亦以亿万计，而未尝有相
同一定之形，无不益然皆其阳春之意。岂得曰若者得天地之阳春，而若者为不
得者哉！"② 也是从刘勰那里得来的。

　　《文心雕龙·通变》云："夫设文之体有常，变文之数无方。何以明其然
耶？凡诗赋书记，明理相因，此有常之体也；文辞气力，通变则久，此无方之
数也。名理有常，体必资于故实；通变无方，数必酌于新声。故能骋无穷之
路，饮不竭之源。……故论文之方，譬诸草木，根干丽土而同性，臭味晞阳而
异品矣。"③ 刘勰在这里对文学发展"变"与"常"的论述，主要是就文辞风
格的变化与体裁规范的不变而言。尽管如此，从他后边对刘宋以来文学发展
"从质及讹，弥近弥澹。……竞今疏古，风味气衰"的批评与"矫讹翻浅，还
宗经诰"的主张中④，依然可以看到他对于"常"的根本看法。

　　《文心雕龙》体大思精，结构严密，前三篇《原道》《征圣》《宗经》为全
书总纲。在刘勰看来，道在创生天地万物的同时自然产生了文："文之为德也

---

①　（清）沈德潜等：《历代诗别裁集》，301 页，杭州，浙江古籍出版社，1998。
②　（清）叶燮：《原诗》，7 页，北京，人民文学出版社，1979。
③　范文澜：《文心雕龙注》，519 页，北京，人民文学出版社，1958。
④　同上书，520 页。

大矣，与天地并生者何哉？夫玄黄色杂，方圆体分，……此盖道之文也。……傍及万品，动植皆文。"① 作为与天地并立的有灵之人，自亦有文："惟人参之，性灵所钟，是谓三才；为五行之秀，实天地之心。心生而言立，言立而文明，自然之道也。……无识之物，郁然有彩；有心之器，其无文欤！"② 故道因圣人垂文，圣人以文明道："爰自风姓，暨于孔氏，玄圣创典，素王述训，莫不原道心以敷章，研神理而设教，取象乎河洛，问数乎蓍龟，观天文以极变，察人文以成化；然后能经纬区宇，弥纶彝宪，发挥事业，彪炳辞义。故知道沿圣以垂文，圣因文而明道。"③ 因此，作为圣人著述的经，就成了"恒久之至道，不刊之鸿教"④。

原道、征圣、宗经相贯通，构成了刘勰的文学本原论。"恒久"与"不刊"的"道""教""经"，就是文学发展中的"常"。

尽管对"宋初讹而新"（《文心雕龙·通变》）进行了批评⑤，但对宋之前的文学由淳质渐趋绮艳，刘勰基本上给予了肯定。在《声律》《丽辞》《比兴》《夸饰》《事类》等篇中，他还对修辞之事进行了广泛讨论。与刘勰的"变""常"兼顾不同，个别倡言复古者发出了对楚骚以来的文学新变予以全部否定的极端言论，王勃的《上吏部裴侍郎启》即为一例："自微言既绝，斯文不振。屈宋导浇源于前，枚马张淫风于后。谈人主者，以宫室苑囿为雄；叙名流者，以沉酗骄奢为达。故魏文用之而中国衰，宋武贵之而江东乱。虽沈谢争骛，适先兆齐梁之危；徐庾并驰，不能止周陈之祸。"⑥ 苏绰改革文体，甚至以《大诰》为典范，至韩愈等人出，才真正在理论与创作两方面实现了以复为变，"变"不失"常"。

在汉代逐步建立起来的理想化的儒家意识形态中，士人的安身立命以仁义道德为体，以治国安民为用，政治才能是道德品性的外现。在这个思想体系中，文学才能被定位为政治才能中的一种，文学也被赋予了相应的规范：作为德性的外现，文学应表现道德内容；作为政治工具，文学当服务于政教。这种理想化的意识形态在汉末大乱中分崩离析，直到韩愈以儒学为核心，对道德、政治与文学的关系进行了重构，才又一次把三者抟和成一体。在道德与政治之间的关系上，韩愈力排佛、老，对儒家仁义之道进行了阐发，并上承《孟子》

---

① 范文澜：《文心雕龙注》，1页，北京，人民文学出版社，1958。
② 范文澜：《文心雕龙注》，1页、2页，北京，人民文学出版社，1958。
③ 同上书，2页、3页。
④ 同上书，21页。
⑤ 同上书，520页。
⑥ （清）蒋清翊：《王子安集注》，130页，上海，上海古籍出版社，1995。

卒章之说，提出了一个由尧舜至孔孟的传道统序，以曾经化成天下证明儒家仁义之道是唯一能够化成天下的力量。在政治与文学的关系上，韩愈主张文学应当服务于政教。在道德与文学的关系上，一方面，韩愈强调文学须本于道德。在他看来，仁义之于文学，正如根之于实源之于流；另一方面，他反复强调文学应当用来明道："君子居其位，则思死其官；未得位，则思修其辞以明其道。"① 在强调文以明道的同时，韩愈坚持"词必己出"："惟古于词必己出，降而不能乃剽贼。"② 并且，以道德为根柢，自然气盛言宜："行之乎仁义之途，游之乎《诗》、《书》之源，无迷其途，无绝其源，终吾身而已矣。气，水也；言，浮物也，水大而物之浮者大小毕浮，气之与言犹是也，气盛则言之短长与声之高下者皆宜。"③ 通过这些理论建构，韩愈的文学复古主张做到了文以明道与自铸伟辞的兼顾。

韩愈之后，提倡文学复古者代不乏人。至明前后七子出，理论上的焦点集中在了"法"上。在李梦阳看来，文之有法，如堂户之有规矩，堂户不同而规矩不殊："古之工，如倕，如班，堂非不殊，户非同也，至其为方也，圆也，弗能舍规矩。何也？规矩者，法也。……若以我之情述今之事，尺寸古法，罔袭其辞，犹班圆倕之圆，倕方班之方，而倕之木，非班之木也。此奚不可也？"④ 从其具体阐述来看，李梦阳所说的法大致是"前疏者后必密，半阔者半必细，一实者必一虚，叠景者意必二"⑤ 之类的修辞技巧。把语言形式方面的内容纳入到"常"的范围内，对文学的内部规律进行探索，当然是很有意义的。但七子所讨论的法，经常仅是细枝末节而并不具备规律性；更致命的是，他们的创作往往流为"窃古之意，盗古形，剪截古辞以为文"⑥。对此，钱谦益的批评可谓一击中的："《易》云：'拟议以成其变化'，不云拟议以成其臭腐也。易五字而为《翁离》，易数句而为《东门行》。《战城南》盗《思悲翁》之句而云：'乌子五，乌母六。'《陌上桑》窃《孔雀东南飞》之诗而云：'西邻焦仲卿，兰芝对道隅。'影响剽贼，文义违反，拟议乎？变化乎？"⑦ 叶燮对七子的批评，也是着眼于此。

魏晋以来，"若无新变，不能代雄"（萧子显《南齐书·文学传论》）的呼

①　马其昶：《韩昌黎文集校注》，112页、113页，上海，上海古籍出版社，1986。

②　同上书，542页。

③　同上书，170页、171页。

④　（明）李梦阳：《空同集》，卷六十二，文渊阁四库全书本。

⑤⑥　同上。

⑦　（清）钱谦益：《列朝诗集小传》，428页，上海，上海古籍出版社，1959。

声逐渐高涨①，其中萧统的表述便很有代表性：

> 式观元始，眇觌玄风；冬穴夏巢之时，茹毛饮血之世，世质民淳，斯文未作。逮乎伏羲氏之王天下也，始画八卦，造书契，以代结绳之政，由是文籍生焉。《易》曰："观乎天文，以察时变；观乎人文，以化成天下。"文之时义，远矣哉！若夫椎轮为大辂之始，大辂宁有椎轮之质？增冰为积水所成，积水曾微增冰之凛，何哉？盖踵其事而增华，变其本而加厉；物既有之，文亦宜然；随时变改，难可详悉。②

在对文学发生的平直论述中，突出了文学发展踵事增华的必然，全然不见刘勰对文之本原的形上追问中的那种对道的强调。

主张新变者往往有离经叛道的倾向。李商隐即颇不以圣人、经书为然，"闻长老言，学道必求古，为文必有师法，常悒悒不快。退自思曰：夫所谓道，岂古所谓周公、孔子者独能邪？盖愚与周、孔俱身之耳。以是有行道不系今古，直挥笔为文，不爱攘取经史，讳忌时世。百经万书，异品殊流，又岂能意分出其下哉！"③ 李贽更认为六经及《语》《孟》若非史官过为褒奖之词，便是臣子极力赞美之语，再不然，便是迂阔弟子、懵懂门徒，记忆师说，笔之于书，有头无尾，得后遗前，即使出自圣人，也不过是随时处方，因病而发，断非万世不刊之至论。受李贽等人思想的影响，公安派主张穷新极变。袁宏道《雪涛阁集序》云："文之不能不古而今也，时使之也。……古有古之时，今有今之时，袭古人语言之迹，而冒以为古，是处严冬而袭夏之葛者也。"④ 为矫七子蹈袭模拟之风，公安派的创作往往自由挥洒，信口而成，不避俚俗。由于缺少"常"的制衡，在叶燮等人看来，公安派的穷新极变不免矫枉过正，有悖风雅，"往往溺于偏畸之私说"⑤。

对于文学发展与社会发展的关系，刘勰提出了"文变染乎世情，兴废系乎时序"⑥ 观点，并从政治兴衰、社会风尚、君王倡导等方面简要描述了自唐至宋齐以来，社会发展对文学发展的影响。他的描述，颇有些文学的盛衰与社会的盛衰相表里的意味。

---

① （梁）萧子显：《南齐书》，908 页，北京，中华书局，1972。
② （梁）萧统：《文选》，3 页，上海，上海古籍出版社，1993。
③ 刘学锴、余恕诚：《李商隐文编年校注》，108 页，北京，中华书局，2002。
④ 钱伯城：《袁宏道集笺校》，709 页，上海，上海古籍出版社，1981。
⑤ （清）叶燮：《原诗》，3 页，北京，人民文学出版社，1979。
⑥ 范文澜：《文心雕龙注》，675 页，北京，人民文学出版社，1958。

　　与此相反，有种观点认为时世衰微反而能产生优秀的文学作品，其来源，是批评传统中认为穷困不遇反而能产生好作品的观点。至明、清之际，许多人激于易代，遂将一己的穷困不遇扩大，提出时世衰亡对于文学创作具有积极作用：

　　　　太史公言："《诗》三百篇，大抵圣贤发愤之作。"韩昌黎言："愁思之声要妙，穷苦之言易好。"欧阳公亦云："诗穷而后工。"故自古诗人之传者，率逐臣骚客，不遇于世之士。吾以为一身之遭逢，其小者也，盖亦视国家之运焉。诗家前称七子，后称杜陵，后世无其伦比。使七子不当建安之多难，杜陵不遭天宝以后之乱，盗贼群起，攘窃割据，宗社颠危，民生涂炭，即有慨于中，未必其能寄托深远，感动人心，使读者流连不已如此也。然则士虽才，必小不幸而身处厄穷，大不幸而际危乱之世，然后其诗乃工也。（归庄《吴余常诗稿序》）①

　　与上述两种有些机械的观点不同，叶燮将时世盛衰与文学盛衰作了区别。他论晚唐诗，便不因晚唐政治的衰败而格外贬低晚唐诗风的衰飒：

　　　　论者谓"晚唐之诗，其音衰飒"。然衰飒之论，晚唐不辞；若以衰飒为贬，晚唐不受也。夫天有四时，四时有春秋。春气滋生，秋气肃杀。滋生则敷荣，肃杀则衰飒。气之候不同，非气有优劣也。使气有优劣，春与秋亦有优劣乎？故衰飒以为气，秋气也；衰飒以为声，商声也。俱天地之出于自然者，不可以为贬也。又盛唐之诗，春花也：桃李之华，牡丹芍药之妍艳，其品华美贵重，略无寒瘦俭薄之态，固足美也。晚唐之诗，秋花也：江上之芙蓉，篱边之丛菊，极幽艳晚香之韵，可不为美乎？夫一字之褒贬以定其评，固当详其本末；奈何不察而以辞加人，又从而为之贬乎！则执盛与晚之见者，即其论以剖明之，当亦无烦辞说之纷纷也已。②

在他看来，时世之变指政治、风俗由得而失、由盛而衰，变而失正；文学之变指体调、声辞代有不同，不仅变不失正，有盛无衰，而且有变才能救正之衰：

　　　　且夫《风》《雅》之有正有变，其正变系乎时，谓政治、风俗之由得而失、由隆而污。此以时言诗；时有变而诗因之。时变而失正，诗变而仍

---

　　①　（清）归庄：《归庄集》，182页、183页，上海，上海古籍出版社，1982。
　　②　（清）叶燮：《原诗》，66页、67页，北京，人民文学出版社，1979。

不失其正，故有盛无衰，诗之源也。吾言后代之诗，有正有变，其正变系乎诗，谓体格、声调、命意、措辞、新故升降之不同。此以诗言时，诗递变而时随之。故有汉、魏、六朝、唐、宋、元、明之互为盛衰，惟变以救正之衰，故递衰递盛，诗之流也。①（《原诗》）

否定时世盛衰与文学盛衰之间的机械对应关系，是叶燮论诗的高明之处。但对文学发展与社会发展之间的内在关系的认识不足，也使他所极力主张的"变"，仅限于作为"用"的文辞，因此只能称宋后诗之能事已毕，不过是花开而谢，谢而复开而已，终不能为诗歌发展指出一途。

三、主客体要素理论

《原诗·外篇·上》第四条说："《虞书》称'诗言志'，……志之发端，虽有高卑、大小、远近之不同；然有是志，而以我所云才、识、胆、力四语充之，则其仰观俯察、遇物触景之会，勃然而兴，旁见侧出，才气心思，溢于笔墨之外。"② 从最初的"志"到叶燮的"才、识、胆、力"，对创作主体要素的探索，经历了一个漫长的发展过程。

在"言志""缘情"等命题之后，刘勰从作家个性与作品风格的关系的角度，集中讨论了创作主体要素的构成。在他看来，文学作品风格的纷繁变化取决于作者个性的复杂多样："贾生俊发，故文洁而体清；长卿傲诞，故理侈而辞溢；子云沉寂，故志隐而味深；子政简易，故趣昭而事博……触类以推，表里必符。"③ 而作者个性的复杂多样，又是由才、气、学、习四个要素及其组合的不同形成的。因此，作品风格与这四个要素有着直接的关系："夫情动而言形，理发而文见，盖沿隐以至显，因内而符外者也。然才有庸俊，气有刚柔，学有浅深，习有雅郑，并情性所铄，陶染所凝，是以笔区云谲，文苑波诡者矣。故辞理庸俊，莫能翻其才；风趣刚柔，宁或改其气；事义浅深，未闻乖其学；体式雅郑，鲜有反其习；各师成心，其异如面。"④

在这四者中，才与气是先天要素，所谓"情性所铄"；学与习是后天要素，所谓"陶染所凝"。学与习之中，学是自觉地去吸收，而习是不自觉地被熏染，故当"学慎始习"⑤；才与气之中，气更为内在："功以学成，才力居中，肇自

---

① （清）叶燮：《原诗》，7页，北京，人民文学出版社，1979。
② 同上书，47页。
③ 范文澜：《文心雕龙注》，506页，北京，人民文学出版社，1958。
④ 同上书，505页。
⑤ 同上书，506页。

血气。"①《文心雕龙》中有《才略》一篇，历论各代文人之才，其赞曰："才难然乎，性各异禀。一朝综文，千年凝锦。余采徘徊，遗风籍甚。无曰纷杂，皎然可品。"② 才更表现为作品外在的辞采，故曰"辞理庸俊，莫能翻其才"。叶燮认为在才、识、胆、力中，才独外现，与刘勰的看法相通。

刘勰论气，继承了曹丕的观点。其所谓气，大致是指包含了个性、气质等多种要素的作家的生理、心理禀赋，表现于外，则为作品的风格："魏文称'文以气为主，气之清浊有体，不可力强而致'。故其论孔融，则云'体气高妙'；论徐干，则云'时有齐气'；论刘桢，则云'有逸气'。……并重气之旨也。"③ 对于作者之气在作品中的表现，刘勰用风骨之说做了进一步的阐发："《诗》总六艺，风冠其首，斯乃化感之本源，志气之符契也。是以怊怅述情，必始乎风；沉吟铺辞，莫先于骨。……是以缀虑裁篇，务盈守气。刚健既实，辉光乃新。"④ 所谓"风趣刚柔，宁或改其气"，即指此而言。叶燮认为才独外现，以识为体，并没有把气纳入其关于创作主体要素的理论体系中。但在论及逸出其理论体系的纵横恣肆的天才作家时，他便会用与先天禀赋相关也更为感性更难以言指的气这个概念，来进行解释。

> 李白天才自然，出类拔萃，然千古与杜甫齐名，则犹有间。盖白之得此者，非以才得之，乃以气得之也。从来节义、勋业、文章，皆得于天、而足于己；然其间亦岂能无分剂？虽所得或未至十分，苟有气以鼓之，如弓之括力至引满，自可无坚不摧：此在彀率之外者也。如白《清平调》三首，亦平平宫艳体耳；然贵妃捧砚，力士脱靴，无论懦夫于此，战栗趑趄万状；秦舞阳壮士，不能不色变于秦皇殿上，则气未有不先绥者，宁暇见其才乎！观白挥洒万乘之前，无异长安市上醉眠时，此何如气也！大之即舜、禹之巍巍不与，立勋业可以鹰扬牧野；尽节义能为逄、比碎首。立言而为文章，韩愈所言"光焰万丈"，此正言文章之气也。气之所用不同，用于一事则一事立极，推之万事，无不可以立极。故白得与甫齐名者，非才为之，而气为之也。历观千古诗人，有大名者，舍白之外，孰能有是气者乎！⑤

最后要说的是，在对创作主体要素的论述中，先天与后天并重，是《文心雕龙》的一个特点。除了《体性》外，许多篇也都是这样，如《事类》："才为

---

① 范文澜：《文心雕龙注》，506 页，北京，人民文学出版社，1958。

② 同上书，702 页。

③ 范文澜：《文心雕龙注》，513 页、514 页，北京，人民文学出版社，1958。

④ 同上书，513 页。

⑤ （清）叶燮：《原诗》，64 页、65 页，北京，人民文学出版社，1979。

盟主，学为辅佐。主佐合德，文采必霸。才学褊狭，虽美少功。"① 与刘勰不同，叶燮虽然承认"在我者虽有天分之不齐，要无不可以人力充之。"(《原诗》)但他更清楚，在当时模拟成风的状况中，习固然是随风而靡："自'不读唐以后书'之论出，于是称诗者必曰唐诗；苟称其人之诗为宋诗，无异于唾骂。谓'唐无古诗'，并谓'唐中、晚且无诗也'。噫！亦可怪矣！今之人岂无有能知其非者，然建安、盛唐之说，锢习沁入于中心，而时发于口吻，弊流而不可挽，则其说之为害烈也。"② 学也极易流为摹仿、剽窃，因此，叶燮不取学、习而标举识。

批评家对识的重视，由来已久。《新唐书·刘知幾传》载，"礼部尚书郑惟忠尝问：'自古文士多，史才少，何耶？'对曰：'史有三长：才、学、识，世罕兼之，故史者少。夫有学无才，犹愚贾操金，不能殖货；有才无学，犹巧匠无楩柟斧斤，弗能成室。善恶必书，使骄君贼臣知惧，此为无可加者。'时以为笃论。"③ 虽然刘知几是就"文士多，史才少"而立论的，但他对善恶的强调，与叶燮对辨识能力的重视是相通的。

严羽论诗，亦首标一个"识"字："夫学诗者以识为主，入门须正，立志须高，以汉、魏、晋、盛唐为师，不作开元、天宝以下人物。若自退屈，即有下劣诗魔入其肺腑之间。"④ 对严羽的重视识，叶燮给予了肯定，但对他对识的理解，叶燮进行了严厉地批驳。

> 夫羽言学诗须识，是矣。既有识，则当以汉、魏、六朝、全唐及宋之诗，悉陈于前，彼必自能知所决择、知所依归，所谓信手拈来，无不是道。若云汉、魏、盛唐，则五尺童子、三村塾师之学诗者，亦熟于听闻、得于授受久矣。此如康庄之路，众所群趋，即瞽者亦能相随而行，何待有识而方知乎？吾以为若无识，则一一步趋汉、魏、盛唐，而无处不是诗魔；苟有识，即不步趋汉、魏、盛唐，而诗魔悉是智慧，仍不害于汉、魏、盛唐也。⑤

一方面，叶燮的驳斥相当有力。所谓有识，不是知道哪些是好诗，而是知道好诗的标准而自为取舍。叶燮自己立论，说"惟有识，则是非明；是非明，则取

① 范文澜：《文心雕龙注》，615 页，北京，人民文学出版社，1958。
② （清）叶燮：《原诗》，5 页，北京，人民文学出版社，1979。
③ （北宋）欧阳修、宋祁：《新唐书》，4522 页，北京，中华书局，1975。
④ 郭绍虞：《沧浪诗话校释》，1 页，北京，人民文学出版社，1961。
⑤ 同注①，55 页。

舍定。不但不随世人脚跟，并亦不随古人脚跟。非薄古人为不足学也；盖天地有自然之文章，随我之所触而发宣之，必有克肖其自然者，为至文以立极"，也是这个意思。另一方面，他的驳斥又多少有些冤枉严羽。严羽所说的，主要是就尚无识者初学诗歌而言，而他却是就"既有识"立论。一旦叶燮本人面对如何使无识之人有识的问题时，他的回答就模模糊糊，也未能予以很好的解答："其道宜如《大学》之始于'格物'。诵读古人诗书，一一以理事情格之，则前后、中边、左右、向背，形形色色、殊类万态，无不可得；不使有毫发之罅，而物得以乘我焉。如以文为战，而进无坚城，退无横阵矣。若舍其在我者，而徒日劳于章句诵读，不过剿袭、依傍、摹拟、窥伺之术，以自跻于作者之林，则吾不得而知之矣！"

李贽对识、才、胆关系的论说，对叶燮观点的形成有更为直接的影响："有二十分见识，便能成就十分才，盖有此见识，则虽只有五六分材料，便成十分矣。有二十分见识，便能使发得十分胆，盖识见既大，虽只有四五分胆，亦成十分去矣。是才与胆皆因识见而后充者也。空有其才而无其胆，则有所怯而不敢；空有其胆而无其才，则不过冥行妄作之人耳。"（《焚书·二十分识》）① 识、才、胆三者之间，识为核心，才、胆皆因识而后充；有才无胆则怯，有胆无才则妄。李贽对识的核心作用、才与胆关系的认识，都为叶燮所继承。除此之外，袁宗道把七子复古弊端的病根归结为无识，也与叶燮同调："然其病源则不在模拟，而在无识。若使胸中的有所见，苞塞于中，将墨不暇研，笔不暇挥，兔起鹘落，犹恐或逸，况有闲力暇晷，引用古人词句耶？"②

经过上述理论铺垫，叶燮的识、才、胆、力说已呼之欲出。无独有偶，同时人魏禧也提出，人做大事须有识、力、才，其中尤以识为紧要。这更加印证了叶燮的创作主体要素理论的出现，是长期积累后的水到渠成，绝非偶然。

叶燮曾说自己有志于从事古圣贤之经学，却无奈"才有其志而自顾年已老矣。……无已，则于诗文一道稍为究论而上下之。然又不敢以诗文为小技，即已厌弃雕虫饾饤之学，则此亦必折中于理道而后可。"③《原诗》正是他将诗学折中于经学的结果。据叶燮的弟子张玉书记载，当他问以"所以工诗之旨"时，叶燮回答说："放废十载，屏除俗虑，尽发箧衍所藏唐、宋、元、明人诗，探索其源流，考镜其正变。盖诗为心声，不胶一辙，揆其旨趣，约以三语蔽之：曰情，曰事，曰理。自《雅》《颂》诗人以来，莫之或易也。"④ 可见理、

---

① （明）李贽：《焚书·续焚书》，155 页，北京，中华书局，1975。

② （明）袁宗道：《白苏斋类集》，286 页，上海，上海古籍出版社，1989。

③ （清）叶燮：《己畦集》，卷十一，二弃草堂刊本，北京师范大学图书馆藏。

④ （清）张玉书：《张文贞集》，卷四，文渊阁四库全书本。

事、情的客体要素理论是叶燮潜心研味所得，被他视为自己诗学理论的精髓。理、事、情之说，突出体现了叶燮的诗学思想对经学思想的吸收。

以朱熹为代表的宋儒以《易》《庸》之学为框架，融会多种思想资源，建构出了一套新的天人性命之学——理学，对后世产生了深远的影响。在朱熹看来，天地万物的创生与存在，以理为形上之依据，以气为形下之材具："理也者，形而上之道也，生物之本也；气也者，形而下之器也，生物之具也。是以人物之生，必禀此理然后有性，必禀此气然后有形。"① 理、气不离："天下未有无理之气，亦未有无气之理。"② 但毕竟以理为本："气之所聚，理即在焉，然理终为主。"③ 叶燮所说的理、事、情，理指事物发生的道理，事指发生的事实，情指发生的情状："譬之一木一草，其能发生者，理也。其既发生，则事也。既发生之后，夭矫滋植，情状万千，咸有自得之趣，则情也。"④ 三者之中，以理为根本："仆尝有《原诗》一编，以为盈天地间，万有不齐之物、之数，总不出乎理、事、情三者。……理者与道为体，事与情总贯乎其中，惟明其理，乃能出之而成文。"⑤ 很明显，叶燮把客体分为理与事，是受到了理、气关系说的影响；至于作为客体的感性情状的情，则历来为诗家所重视。

叶燮的主客体要素理论，分而观之，大致皆已为前人所阐发，但他把前人之说加以整合，以识、才、胆、力与理、事、情的结合来剖析主客体并对各要素之间的关系做了很好地阐发，在系统性与深度上都超越了前人。

【思考题】

1. 谈谈对叶燮《原诗》"虚名—定位"说的理解。

2. 叶燮从其发展观出发，对一些文学史现象做出了迥异于常人的判断。试在《原诗》中找出这些内容，并谈谈自己的看法。

3. 不同于绝大多数的诗话著作，《原诗》具有较强的体系性。叶燮是如何建构其诗学体系的？试结合自己对中国传统文论的体系性的理解，对《原诗》的体系建构做出评价。

---

① （南宋）朱熹：《晦庵先生朱文公文集》，2755 页，上海，上海古籍出版社；合肥，安徽教育出版社，2002。

② （南宋）黎靖德：《朱子语类》，2 页，北京，中华书局，1986。

③ 同注①，2255 页。

④ （清）叶燮：《原诗》，21 页，北京，人民文学出版社，1979。

⑤ （清）叶燮：《己畦集》，卷十一，二弃草堂刊本，北京师范大学图书馆藏。

第十五章　桐城派文论

第一节　经典文本阅读

【原典阅读】

一、又书货殖传后（方苞）

《春秋》之制义法①，自太史公发之，而后之深于文者亦具焉。义即《易》之所谓"言有物"也②，法即《易》之所谓"言有序"也③。义以为经而法纬之，然后为成体之文。是篇两举天下地域之凡，而详略异焉。其前独举地物，是衣食之源，古帝王所因而利道之者也；后乃备举山川境壤之支凑，以及人民谣俗、性质、作业，则以汉兴，海内为一，而商贾无所不通，非此不足以征万货之情，审则宜类而施政教也。两举庶民经业之凡，而中别之。前所称农田树畜，乃本富也；后所称贩鬻僦贷，则末富也。上能富国者，太公之教诲，管仲之整齐是也；下能富家者，朱公、子赣、白圭是也④。计然则杂用富家之术以施于国⑤，故别言之，而不得侪于太公、管仲也。然自白圭以上，皆各有方略，故以"能试所长"许之。猗顿以下⑥，则商贾之事耳，故别言之，而不得侪于朱公、子赣、白圭也。是篇大义，与《平准》相表里⑦，而前后措注，又各有所当如此，是之谓"言有序"，所以"至赜而不可恶"也⑧。

夫纪事之文成体者，莫如《左氏》；又其后，则昌黎韩子⑨；然其义法，皆显然可寻。惟太史公《礼》《乐》《封禅》三书及《货殖》《儒林》传⑩，则于其言之乱杂而无章者寓焉。岂所谓"定、哀之际多微辞"者邪⑪！

（选自《方苞集》卷二，上海，上海古籍出版社，2008）

①《春秋》之制义法：《春秋》，编年体史书，传为孔子据鲁史修订而成。所记自鲁隐公元年至鲁哀公十四年，共二百四十二年间之事。叙事极简，暗寓褒贬。方苞以"义法"论文，渊源于上古以来人们对形式与内容关系的讨论，尤以《春秋》学为直接源头。《春秋》学者认为《春秋》以"微而显""志而晦""婉而成章""尽而不污""惩恶劝善"等"书例""书法""笔法"来表达"正名""大一统""尊王攘夷"等"春秋大义"。这一观点对经、史、文学皆影响深远。经过《左传》《史记》、唐宋古文家的不断实践，形成了以叙事文学为主

的一套创作范式。至明、清，遂有学者以"义法"论对之进行总结。在方苞之前，王慎中、艾南英已提到"义""法"或"义法"，同时代的万斯同、戴名世亦论及"义法""言有物"，而方苞则是"义法"论的最终完成者。

②《易》之所谓"言有物"：《易·家人卦·象》："风自火出，《家人》。君子以言有物，而行有恒。"谓人有德言论始能不空洞。

③《易》之所谓"言有序"：《易·艮卦·六五》："艮其辅，言有序，悔亡。"谓言有条理。

④ 白圭：战国魏文侯时人，善治生。

⑤ 计然：相传为春秋越葵丘濮上人，姓辛氏，字文子，范蠡之师，著有《万物录》。越王勾践用其计，遂成霸业。

⑥ 猗顿：春秋鲁人，经营畜牧及盐业，十年之间，资拟王侯。因发家于猗氏，故名猗顿。

⑦《平准》：《史记》有《平准书》，唐司马贞《索隐》："大司农属官有平准令丞者，以均天下郡国转贩，贵则卖之，贱则买之，贵贱相权输，归于京都，故命曰'平准'。"

⑧ "至赜而不可恶"：《易·系辞上》："言天下之至赜而不可恶也，言天下之至动而不可乱也。"赜，杂乱。唐孔颖达正义："谓天下至赜变动之理，论说之时明不可错乱也。"方苞用以指《史记·货殖列传》之叙事表面乱杂而实合乎"法"。

⑨ 昌黎韩子：韩愈世居颍川，然常以先世郡望自称昌黎人。

⑩ 太史公《礼》《乐》《封禅》三书及《货殖》《儒林》传：《史记·太史公自序》："维三代之礼，所损益各殊务，然要以近性情，通王道，故礼因人质为之节文，略协古今之变。作《礼书》第一。乐者，所以移风易俗也。自雅颂声兴，则已好郑卫之音，郑卫之音所从来久矣。人情之所感，远俗则怀。比《乐书》以述来古，作《乐书》第二。……受命而王，封禅之符罕用，用则万灵罔不禋祀。追本诸神名山大川礼，作《封禅书》第六。……自孔子卒，京师莫崇庠序，唯建元、元狩之间，文辞粲如也。作《儒林列传》第六十一。……布衣匹夫之人，不害于政，不妨百姓，取与以时而息财富，智者有采焉。作《货殖列传》第六十九。"唐司马贞索引《尚书》伪汉孔安国传云："殖，生也，生资货财利。"

⑪ "定、哀之际多微辞"：《春秋公羊传·定公元年》："定、哀多微辞。"微辞指隐晦的批评。汉何休注："定公有王无正月、不务公室、丧失国宝，哀公有黄池之会、获麟，故总言多。"方苞用以指"太史公《礼》《乐》《封禅》三书及《货殖》《儒林》传"的"义法"隐晦。

二、论文偶记（刘大櫆）

1. 作文本以明义理①，适世用。而明义理，适世用，必有待于文人之能事②；朱子谓"无子厚笔力发不出"③。（第四条）

2. 今粗示学者：古人行文至不可阻处，便是他气盛④。非独一篇为然，即一句有之；古人下一语，如山崩，如峡流，觉阑当不住，其妙只是个直的。（第八条）

3. 神气者，文之最精处也；音节者，文之稍粗处也；字句者，文之最粗处也；然论文而至于字句，则文之能事尽矣。盖音节者，神气之迹也；字句者，音节之矩也。神气不可见，于音节见之；音节无可准，以字句准之⑤。（第十三条）

4. 文贵奇，所谓"珍爱者必非常物"⑥。然有奇在字句者，有奇在意思者，有奇在笔者，有奇在丘壑者⑦，有奇在气者，有奇在神者。字句之奇，不足为奇；气奇则真奇矣；神奇则古来亦不多见。次第虽如此，然字句亦不可不奇，自是文家能事。扬子《太玄》《法言》⑧，昌黎甚好之，故昌黎文奇。

奇气最难识；大约忽起忽落，其来无端，其去无迹。

读古人文，于起灭转接之间，觉有不可测识，便是奇气。奇，正与平相对。气虽盛大，一片行去，不可谓奇。奇者，于一气行走之中，时时提起。

太史公《伯夷传》可谓神奇⑨。（第十六条）

5. 文贵变。《易》曰："虎变文炳，豹变文蔚。"⑩又曰："物相杂，故曰文。"⑪故文者，变之谓也⑫。一集之中篇篇变，一篇之中段段变，一段之中句句变，神变，气变，境变，音节变，字句变，惟昌黎能之。

文法有平有奇，须是兼备，乃尽文人之能事。上古文字初开，实字多，虚字少。典谟训诰⑬，何等简奥，然文法要是未备。至孔子之时，虚字详备，作者神态毕出。左氏情韵并美，文彩照耀。至先秦、战国，更加疏纵⑭。汉人敛之，稍归劲质，惟子长集其大成。唐人宗汉多峭硬。宋人宗秦，得其疏纵，而失其厚懋，气味亦少薄矣。文必虚字备而后神态出，何可节损？然枝蔓软弱，少古人厚重之气，自是后人文渐薄处。

史迁句法似赘拙，而实古厚可爱。（第二十二条）

6. 凡行文多寡短长，抑扬高下，无一定之律，而有一定之妙，可以意会，而不可以言传。学者求神气而得之于音节，求音节而得之于字句，则思过半矣⑮。其要只在读古人文字时，便设以此身代古人说话，一吞一吐，皆由彼而不由我。烂熟后，我之神气即古人之神气，古人之音节都在我喉吻间，合我喉吻者便是与古人神气音节相似处，久之自然铿锵发金石声。（第二十九条）

（选自《论文偶记》，北京，人民文学出版社，1959）

① 义理：旧时指讲求儒家经义的学问，宋以来称为理学或义理之学。

② 能事：所擅长之事。

③ 朱子谓"无子厚笔力发不出"：《二程遗书》卷二上："伯淳言：'《西铭》某得此意，只是须得佗子厚有如此笔力，佗人无缘做得。'"伯淳指程颢，朱子云云，当缘朱熹为《二程遗书》的编纂者而误。程颢（1032—1085），字伯淳，世称明道先生，宋洛阳人。嘉祐二年进士。其学泛涉诸家，出入老、释，返求之于六经。与弟颐并称"二程"，朱熹辑录其门人所记为《二程遗书》。《宋史》有传。张载（1020—1077），字子厚，宋凤翔郿县横渠镇人。嘉祐二年进士，熙宁初为崇文院校书。不久，退居南山下，教授诸生，学者称横渠先生。

因是关中人，故其学派被称为"关学"。著有《正蒙》《西铭》《易说》《经学理窟》及《语录》等，后人编为《张子全书》。《宋史》有传。

④ 气盛：唐韩愈《答李翊书》："气，水也；言，浮物也，水大而物之浮者大小毕浮。气之与言犹是也，气盛则言之短长与声之高下者皆宜。"韩愈说的气与道德修养密切相关，他强调养气须"行之乎仁义之途，游之乎《诗》、《书》之源"（《答李翊书》），与作者所说的气不完全相同。

⑤ "神气"等十六句：后来，姚鼐也曾表述过类似的观点，其《与陈硕甫书》云："诗古文各要从声音证人；不知声音，总为门外汉耳。"《与姚石甫书》云："文章之精妙，不出字句声色之间，舍此便无可窥寻矣。"

⑥ "珍爱者必非常物"：唐韩愈《答刘正夫书》："足下家中百物，皆赖而用也。然其所珍爱者，必非常物。夫君子之于文，岂异于是乎？"

⑦ 丘壑：山陵和溪谷，喻深远的意境。

⑧ 扬子《太玄》、《法言》：扬子指扬雄（前 53—18），字子云，西汉蜀郡成都人。少好学，长于辞赋，多仿司马相如。成帝时献《甘泉》《河东》《羽猎》《长杨》四赋，拜为郎。王莽时为大夫，校书天禄阁。雄博通群籍，多识古文奇字；仿《易经》《论语》作《太玄》《法言》，编字书《训纂篇》《方言》。明张溥《汉魏六朝百三家集》辑其文为《扬侍郎集》。《汉书》有传。

⑨ 太史公《伯夷传》：《史记》有《伯夷列传》。伯夷、叔齐，商孤竹君之子。父欲立叔齐，及父卒，叔齐让位给伯夷，伯夷不受，叔齐也不愿登位，先后都逃到周国。周武王伐纣，两人曾叩马谏阻。武王灭商后，他们耻食周粟，隐于首阳山，采薇而食之，最终饿死。

⑩ "《易》曰"等三句：《易·革卦·象》："'大人虎变'，其文炳也。""'君子豹变'，其文蔚也。"虎变、豹变：指虎、豹长大褪毛，然后疏朗焕散。

⑪ "物相杂，故曰文。"：语出《易·系辞下》。原意为刚爻与柔爻位置交错，犹如万物错综复杂的文采，所以称作"文"。此处指文章的纷杂变化。

⑫ "故文"等两句：叶燮论诗，也曾表述过类似的观点。他以造宅为喻，指出"使今日造一宅焉如是，明日易一地而更造一宅焉，而亦如是，将百十其宅，而无不皆如是，则亦可厌极矣。其道在于善变"（《原诗·内篇·下》第二条）。

⑬ 典谟训诰：《尚书》中的文章体裁。典：记载制度、法则的文章。谟：传授计谋、谋略的文章。训：公文之类。诰：一种讲诫勉励的文体。

⑭ 疏纵：纵横奔放。疏：疏荡。纵：恣纵。

⑮ 思过半矣：已领悟大半。《易·系辞下》："知者观其象辞，则思过半矣。"唐孔颖达疏："思虑有益，以过半矣。"

三、复鲁絜非书（姚鼐）

桐城姚鼐顿首①，絜非先生足下②。相知恨少，晚遇先生。接其人，知为君子矣。读其文，非君子不能也。往与程鱼门③、周书昌尝论古今才士惟为古文者最少④，苟为之，必杰士也，况为之专且善如先生乎！辱书引义谦而见推过当，非所敢任。鼐自幼迄衰，获侍贤人长者为师友，剟取见闻，加臆度为说，非真知文能为文也，奚辱命之哉？盖虚怀乐取者，君子之心；而诵所得以正于君子，亦鄙陋之志也。

鼐闻天地之道，阴阳刚柔而已⑤。文者，天地之精英，而阴阳刚柔之发也。惟圣人之言，统二气之会而弗偏⑥，然而《易》、《诗》、《书》、《论语》所载，亦间有可以刚柔分矣。值其时其人，告语之体各有宜也⑦。自诸子而降，其为文无弗有偏者。其得于阳与刚之美者，则其文如霆，如电，如长风之出谷，如崇山峻崖，如决大川，如奔骐骥；其光也，如杲日⑧，如火，如金镠铁⑨；其于人也，如冯高视远⑩，如君而朝万众，如鼓万勇士而战之。其得于阴与柔之美者，则其文如升初日，如清风，如云，如霞，如烟，如幽林曲涧，如沦⑪，如漾，如珠玉之辉，如鸿鹄之鸣而入寥廓；其于人也，漻乎其如叹⑫，邈乎其如有思，暖乎其如喜⑬，愀乎其如悲⑭。观其文，讽其音，则为文者之性情形状举以殊焉。且夫阴阳刚柔，其本二端，造物者糅而气有多寡进绌⑮，则品次亿万，以至于不可穷，万物生焉。故曰：一阴一阳之为道⑯。夫文之多变，亦若是也。糅而偏胜可也，偏胜之极，一有一绝无，与夫刚不足为刚，柔不足为柔者，皆不可以言文⑰。今夫野人孺子闻乐，以为声歌弦管之会尔；苟善乐者闻之，则五音十二律⑱，必有一当，接于耳而分矣。夫论文者，岂异于是乎？宋朝欧阳、曾公之文，其才皆偏于柔之美者也。欧公能取异己者之长而时济之；曾公能避所短而不犯⑲。观先生之文，殆近于二公焉。抑人之学文，其功力所能至者，陈理义必明当，布置取舍繁简廉肉不失法⑳，吐辞雅驯不芜而已。古今至此者，盖不数数得，然尚非文之至；文之至者，通乎神明，人力不及施也。先生以为然乎？

惠寄之文，刻本固当见与，抄本谨封还。然抄本不能胜刻者。诸体中书疏赠序为上，记事之文次之，论辨又次之。鼐亦窃识数语于其间，未必当也。《梅厓集》果有逾人处㉑，恨不识其人。郎君令甥㉒，皆美才未易量，听所好恣为之，勿拘其途可也。于所寄文，辄妄评说，勿罪勿罪。秋暑惟体中安否？千万自爱。七月朔日㉓。

（选自《抱惜轩全集》卷六，北京，中国书店，1991）

① 顿首：书简表奏用语，表示致敬。清俞正燮《癸巳存稿·明帖》："明洪武三年，礼部定仪：敌己，止奉书奉复；而文人往往称顿首，称再拜，盖由临古帖而剿袭之。"
② 絜非先生足下：絜非指鲁九皋（1732—1794），初名仕骥，字絜非，号山木，江西新城（今黎川）人，乾隆三十六年进士，尝从朱仕琇学为古文之法，复与姚鼐相善，得其指点，有《鲁山木先生文集》十二卷、《外集》二卷，《清史稿》有传。《韩非子·难三》："今足下虽强，未若知氏；韩魏虽弱，未至如其在晋阳之下也。"
③ 程鱼门：即程晋芳（1718—1784），初名廷璜，又名志钥，字鱼门，号蕺园，江南歙县（今属安徽）人。迁徙江都，乾隆十七年进士。少问经义于从叔程廷祚，后师事朱筠，

古文学于刘大櫆，亦善诗，与袁枚、翁方纲等人相唱和。有《勉行斋文集》十六卷、《蕺园诗集》四十四卷。《清史稿》有传。

④ 周书昌：即周永年（1730—1791），字书昌，自称林汲山人，山东历城（今济南）人，乾隆三十六年进士，与邵晋涵同被征参修《四库全书》，与邵晋涵、程晋芳、丁杰等人相善，博洽贯通，为当时学者所推许，与李文藻同纂《历城县志》，《清史稿》有传。

⑤ 天地之道，阴阳刚柔：《易·说卦》云："立天之道曰阴与阳，立地之道曰柔与刚，立人之道曰仁与义。兼三才而两之，故《易》六画而成卦。分阴分阳，迭用柔刚，故《易》六位而成章。"

⑥ 二气：指阴、阳二气。

⑦ 告语之体：指表述的方式。近人姚永朴《文学研究法》："告语门之文，就姚（鼐）、曾（国藩）二家所定合观之，有五类：其上告下者曰诏令，下告上者曰奏议，同辈相告者曰书牍，曰赠序，人告于鬼神者曰哀祭。前四类毗于说理说事者为多，而述情亦存乎其中；后一类毗于述情者为多，而理与事亦存乎其中。"

⑧ 杲：形容太阳的光明。《诗·卫风·伯兮》："其雨其雨，杲杲出日。"南朝梁刘勰《文心雕龙·物色》："杲杲为出日之容，瀌瀌拟雨雪之状。"

⑨ 镠：纯美的黄金，又称紫磨金。《史记·夏本纪》："贡璆、铁、银、镂"南朝宋裴骃集解引汉郑玄曰："黄金之美者谓之镠。"

⑩ 冯：同"凭"。

⑪ 沦：水生微波。《诗·魏风·伐檀》："河水清且沦猗。"毛传："沦，小风水成文，转如轮也。"

⑫ 漻：清澈貌。《庄子·天地》："夫道，渊乎其居也，漻乎其清也。"

⑬ 暱：同"暖"。

⑭ 愀：忧戚貌。

⑮ 进绌：此处指消长。

⑯ 一阴一阳之为道：《易·系辞上》："一阴一阳之谓道。"

⑰ "糅而"等六句：近人姚永朴《文学研究法》："篇中言'刚不足为刚、柔不足为柔者'，恐世之浅者借口，以犷悍为阳刚，以靡弱不振为阴柔也。其言'一有一绝无'、'不可言文'者，盖阳刚、阴柔之分，亦言其大概而已。必刚柔相错而后为文，故阳刚之文，亦具有阴柔之美，特不胜其阳刚之致而已；阴柔亦然。止可偏胜，而不可以绝无。《礼记·乐记》云：'刚气不怒，柔气不慑。'正以此。"

⑱ 五音十二律：五音，古代五声音阶中的五个音级，即宫、商、角、徵、羽。唐以后又名合、四、乙、尺、工。十二律，古乐的十二调。阳律六：黄钟、太簇、姑洗、蕤宾、夷则、亡射；阴律六：大吕、夹钟、中吕、林钟、南吕、应钟。共为十二律。

⑲ "欧公"等两句：近人姚永朴《文学研究法》："且惜抱先生即'欧公取异己者之长而时济之，曾公避所短而不犯'，并举以告絜非，可知有此两种办法。所谓取异己者之长以自济者，管氏'进之以学'一语已得其旨。而曾文正公《与张廉卿书》云：'足下为古文，笔力稍患其弱。昔姚氏论文，有阳刚、阴柔之分，二者画然不相谋；然柔和渊懿之中，必有坚劲之质、雄直之气运乎其中，乃有以自立。足下气体近柔，望熟读扬、韩各

文，而参以两汉古赋，以救其短，何如?' 亦取异己者之长以自济之意也。然而人各有能有不能，若必难进于阳刚，惟有用避所短而不犯之法，此亦非进之以学不可。是故惜抱先生评刘子政《战国策序》云：'此文固不若《过秦论》之雄骏，然冲溶浑厚，无意为文，而自能尽意，若《庄子》所谓木鸡者，此境亦贾生所无也。' 又《与陈硕士书》云：'所寄古文大抵正有余而奇不足，此不必勉为奇，但益求其醇厚，即自贵耳。古人不云善用其短乎?'"

⑳ 廉肉：指乐声的高亢激越与婉转圆润。《礼记·乐记》："使其曲直、繁瘠、廉肉、节奏足以感动人之善心而已矣。"唐孔颖达疏："廉谓廉棱，肉谓肥满。"

㉑《梅崖集》：清人朱仕琇的作品集。朱仕琇（1715—1780），字裴瞻（斐瞻），号梅崖，福建建宁人，乾隆十三年进士。时治古文者，多从方苞，独仕琇病其肤浅，故或谓其矫枉过正，邻于艰涩，有《梅崖文集》三十卷、《外集》八卷，《清史稿》有传。

㉒ 令甥：指鲁九皋的外甥陈用光。陈用光（1768—1835），字硕士，江西新城（今黎川）人，嘉庆六年进士，累官至礼部侍郎，初受学于舅氏鲁九皋，又重朱仕琇而习之，后游学于姚鼐、翁方纲门下，有《太乙舟文集》八卷、《诗集》十三卷，《清史稿》有传。

㉓ 朔：月相名，指旧历每月初一，月球运行到地球和太阳之间，和太阳同时出没，地球上看不到月光的月相。《后汉书·律历志下》："日月相推，日舒月速，当其同所，谓之合朔。"故旧历称每月初一为朔日。

【作者简介】

方苞（1668—1749），字凤九，号灵皋，晚号望溪，安徽桐城人，寄籍上元（今南京）。方苞自幼即博览六经百家之书，早年"所交，多楚、越遗民，重文藻，喜事功，视宋儒为腐烂。"[①] 弱冠游京师，折节改志，乃以"学行继程、朱之后，文章介韩、欧之间"[②] 为行身祈向。方苞于康熙三十八年，江南乡试第一名，四十五年，会试第四名，闻母病未与殿试而归，戴名世狱起，以序《南山集》下狱。时汪份病死，康熙叹息能为古文者甚少，李光地因言方苞能为之，得免，以白衣入值南书房。六十一年，充武英殿修书总裁。雍正时，累官翰林院侍讲学士、内阁学士兼礼部侍郎。乾隆元年，再入南书房，累擢礼部侍郎，为文颖馆、经史馆、《三礼》馆总裁。四年，落职，仍修《三礼》，后辞归。方苞以古文和治经为世所重，治经长于《三礼》和《春秋》，大体训诂简明，持论纯正，能兼取汉、宋之长，万斯同、全祖望等皆推被备至。所为古文，上规《史》《汉》，下仿韩、欧，谨严雅洁；论文标举"义法"，被尊为桐城派初祖，影响深远。方苞自未冠即以教书为业，至年八十余，犹讲学不倦，当时学者文人如王兆符、李习仁、雷铉、沈廷芳、刘大櫆等皆曾受业。方苞著

---

① （清）方苞：《方苞集》，174 页，上海，上海古籍出版社，2008。

② 同上书，906 页、907 页。

述甚富，有《周官析疑》三十六卷、《周官辨》一卷、《考工记析疑》四卷、《仪礼析疑》十七卷、《丧礼或问》一卷、《礼记析疑》四十八卷、《左传义法举要》一卷、《春秋通论》四卷、《春秋直解》十二卷、《春秋比事目录》四卷、《望溪文集》十八卷、《集外文》十卷、《补遗》二卷等，生平见《清史列传》卷一九《大臣画一传档正编一六》、《清史稿》卷二九〇、雷铉《方望溪先生苞行状》、沈廷芳《望溪先生传》等。

刘大櫆（1698—1779），字才甫，又字耕南，号海峰，安徽桐城人。雍正七年、十年，他两中乡试副榜。乾隆元年，以方苞荐，刘大櫆应"博学鸿词"试，为同乡宰相张廷玉所黜，廷玉后亦深悔，乃复荐举"经学"，未成，年逾六十，方得黟县教谕，平生以授徒为业，早年教授乡里，后曾入江苏、湖北、山西学幕，晚年被聘为歙县问政书院山长，又主讲安庆敬敷书院。康熙末年，方苞已有盛名。大櫆一日以布衣走京师，以其文上之。苞告人曰："如方某何足算耶，邑子刘生，乃国士尔！"① 后来姚鼐又出其门下，故桐城派文人尊之为三祖之一。大櫆古文，集众家之长，才雄气肆，波澜壮阔。姚鼐称之曰："文与诗并极其力，能包括古人之异体，镕以成其体。雄豪奥秘，麾斥出之，岂非其才之绝出今古者哉！"② 论文有"神气""音节""字句"之说，下启姚鼐的"神、理、气、味、格、律、声、色"说，对桐城派古文理论的发展作出了贡献。刘大櫆著有《海峰文集》十卷、《诗集》四卷，生平事迹见《清史列传》卷七一《文苑传二》、《清史稿》卷四八五《文苑二》、吴定《刘先生大櫆墓志铭》、姚鼐《刘海峰先生传》等。

姚鼐（1732—1815），字姬传，一字梦谷，又字稽川，室名惜抱轩，安微桐城人，乾隆二十八年进士，累迁至刑部郎中，三十八年充四库全书馆纂修官，翌年秋乞病告归。后主讲江南歙县紫阳书院、江宁钟山书院、扬州梅花书院、安庆敬敷书院等四十余年，以启迪后进为务。门下管同、梅曾亮、方东树、姚莹四人，称为高第弟子。卒于江宁讲席。鼐早年慕效其乡先贤方苞，受学于伯父姚范及同乡刘大櫆，而能光大师说。在京之时，程晋芳、周书昌为之语曰："昔有方侍郎，今有刘先生，天下文章，其出于桐城乎！"③ 世遂有"桐城派"之名，目方苞、刘大櫆、姚鼐为三祖。鼐清约寡欲，待人极和蔼，无贵贱皆与尽欢；世言学品兼备，推鼐无异词。工为古文，所为文高简深古，韵味深长，风格尤近欧阳修、曾巩。诗作清真雄放，往往于古雅中求盘折。论学主张集"义理""考证""文章"三者之长，不拘汉宋门户。论文发展了方苞的

---

① （清）姚鼐：《惜抱轩全集》，87 页，北京，中国书店，1991。

② 同上书，237 页。

③ （清）姚鼐：《惜抱轩全集》，87 页，北京，中国书店，1991。

"义法"说及刘大櫆的"神气、音节、字句"说，将"所以为文者"分为"神、理、气、味"与"格、律、声、色"八个方面，认为作文须由"格、律、声、色"的"文之粗"者而体会"神、理、气、味"的文之精者，最终"御其精者而遗其粗者"①。选《古文辞类纂》四十八卷，为学者范本，推崇司马迁、韩愈、欧阳修、归有光等人。姚鼐著有《惜抱轩诗文集》三十八卷、《法帖题跋》三卷、《左传》《公羊传》《穀梁传》补注各一卷、《国语补注》一卷、《九经说》十七卷、《惜抱轩笔记》八卷，此外尚有著作多种。生平事迹见《清史列传》卷七二《文苑传三》、《清史稿》卷四八五《文苑二》、毛岳生《姚先生墓志铭》、吴德旋《姚惜抱先生墓表》、姚莹《刑部郎中从祖惜抱先生行状》、郑福照《姚惜抱先生年谱》等。

【文本解读】

一、《又书货殖传后》解读

方苞论文标举"义法"，合而观之，以本文所说的"义即《易》之所谓'言有物'也，法即《易》之所谓'言有序'也。义以为经而法纬之，然后为成体之文"，对"义"与"法"的含义及相互关系的论述最为简明。分而论之，则以《杨千木文稿序》对"言有物"说得最为集中："古之圣贤，德修于身，功被于万物；故史臣记其事，学者传其言，而奉以为经，与天地同流。其下如左丘明、司马迁、班固，志欲通古今之变，存一王之法，故纪事之文传。荀卿、董傅，守孤学以待来者，故道古之文传。管夷吾、贾谊，达于世务，故论事之文传。凡此皆言有物者也。"② 可知无论记事、道古或论事之文，不违圣贤经传，方可称为"言有物"。至于"言有序"，更是方苞用力之处，所论极为丰富，归纳起来大致有三方面内容：一是要求各体文章必须符合其特定的文体规范，如《答乔介夫书》云："诸体之文，各有义法，表志尺幅甚狭，而详载本议，则臃肿而不中绳墨；若约略剪裁，俾情事不详，则后之人无所取鉴，而当日忘身家以排廷议之义，亦不可得见矣。"③ 认为奏议不宜入表志正文，又如《书韩退之平淮西碑后》云："碑记墓志之有铭，犹史有赞论，义法创自太史公，其指意辞事必取之本文之外。班史以下，有括终始事迹以为赞论者，则于本文为复矣。"④ 要求碑记墓志的铭文不得与正文重复。二是要求取材得当。如《书汉书霍光传后》云："古之良史，于千百事不书，而所书一二事，则必

---

① （清）姚鼐：《古文辞类纂》，10 页，杭州，浙江古籍出版社，1998。
② （清）方苞：《方苞集》，608 页，上海，上海古籍出版社，2008。
③ （清）方苞：《方苞集》，137 页，上海，上海古籍出版社，2008。
④ 同上书，111 页。

具其首尾，并所为旁见侧出者，而悉著之。故千百世后，其事之表里可按，而如见其人。后人反是，是以蒙杂暗昧，使治乱贤奸之迹，并昏微而不著也。"① 要求所选的材料能够表现人物、事件的实质。三是要求布局合理，如《左传义法举要》云："方叙秦笾伐晋，忽就笾辞'败'字突接三败及韩，以叙事常法之为急遽而无序，为衡决而不安，然左氏精于义法，非汉唐作者所能望，正在此。盖此篇大指在著惠公为人所弃，以见文公为天之所启，故叙惠公愎谏失德甚详，而战事甚略，正战且不宜详，若更叙前三战三败之地与人，则臃肿不中绳墨。"② 要求对次序、详略的安排合乎文章主题。包含在上述内容中的是方苞对许多具体艺术规律的体会，心血所凝，尤当注意。对于"义"与"法"的关系，他从不把法与义割裂，而是义、法并举，主张法以义起，因义定法，法随义变，即"义以为经而法纬之"。

二、《论文偶记》解读

与方苞的义与法并重有所不同，刘大櫆认为义理固然是行文的材料，不可或缺，但行文却"自另是一事""人不穷理读书，则出词鄙倍空疏。人无经济，则言虽累牍，不适于用。故义理、书卷、经济者，行文之实，若行文自另是一事。譬如大匠操斤，无土木材料，纵有成风尽垩手段，何处设施？然即土木材料，而不善设施者甚多，终不可为大匠。故文人者，大匠也；义理、书卷、经济者，匠人之材料也。"③ 故作文是文人的能事，或者说，能文者方可称为文人："当日唐、虞纪载，必待史臣。孔门贤杰甚众，而文学独称子游、子夏。可见自古文字相传，另有个能事在。"④

刘大櫆对能事的理解，集中体现在他的"神气、音节、字句"说中。他在论述气时，提到了曹丕与苏辙。曹丕说："气之清浊有体，不可力强而致。"侧重先天的才性禀赋。苏辙在《上枢密韩太尉书》中的论述，则本于孟子的"养气"说，侧重后天的道德修养，并特别阐发了交游、周览的重要。从《论文偶记》第八条的论述来看，刘大櫆所说的气，侧重于作品内在的气势以及读者对它的感受。值得注意的是，他并不一味强调气势雄壮，而是主张有鼓有息，如第七条："李翰云：'文章如千军万马；风恬雨霁，寂无人声。'此语最形容得气好。"⑤ 第十一条："昔人云：'文以气为主，气不可不贯；鼓气以势壮为美，

---

① （清）方苞：《方苞集》，62页、63页，上海，上海古籍出版社，2008。
② （清）方苞：《左传义法举要》，清光绪十九年刊本，不分卷，中国国家图书馆藏。
③ （清）刘大櫆：《论文偶记》，3页，北京，人民文学出版社，1959。
④ 同上书，4页。
⑤ （清）刘大櫆：《论文偶记》，4页，北京，人民文学出版社，1959。

而气不可以不息.' 此语甚好。"① 这两条本于李德裕的《文章论》："魏文《典论》称：'文以气为主……'斯言尽之矣。然气不可以不贯，不贯则虽有英辞丽藻，如编珠缀玉，不得为全璞之宝矣。鼓气以势壮为美，势不可以不息，不息则流宕而忘反。亦犹丝竹繁奏，必有希声窈眇，听之者悦闻；如川流迅激，必有洄洑逶迤，观之者不厌。从兄翰常言：'文章如千兵万马；风恬雨霁，寂无人声。'盖谓是矣。"《论文偶记》第十二条云："文章最要节奏；譬之管弦繁奏中，必有希声窈渺处。"② 也是从此而出。刘大櫆主张"文贵参差"③，由其论气可见一斑。

论文仅止于气，在刘大櫆看来，犹未能尽发其精蕴："行文之道，神为主，气辅之。曹子桓、苏子由论文，以气为主，是矣。然气随神传，神浑则气灏，神远则气逸，神伟则气高，神变则气奇，神深则气静，故神为气之主。"④ 气的审美风貌取决于神，故神与气虽同为"文之最精处"，而神犹为"气之精处"⑤。神与气表现在文本中，为音节，为字句；而字句虽是"文之最粗处"，但它的细微变化都会导致音节、神气的巨大差异："音节高者神气必高，音节下者神气必下，故音节为神气之迹。一句之中，或多一字，或少一字；一字之中，或用平声，或用仄声；同一平字仄字，或用阴平、阳平、上声、去声、入声，则音节迥异，故字句为音节之矩。积字成句，积句成章，积章成篇，合而读之，音节见矣；歌而咏之，神气出矣。"⑥ 刘大櫆把文之精粗贯通起来立论，既避免了高谈神气的玄虚，也比一味讲字句文法深刻。

刘大櫆之文，才雄气肆，波澜壮阔，得力于《史记》、韩文甚多，因此他持论也推重奇与变，在具体论述中尤能与其"神气、音节、字句"说及"文贵参差"说相呼应。但他并没有因个人喜好而忽视艺术风貌的多样性，对远、简、疏、瘦等也做了很好地论述，如对远，他便抓住了言有尽而意无穷的要点，做了非常平实的阐发。

> 文贵远，远必含蓄。或句上有句，或句下有句，或句中有句，或句外有句，说出者少，不说出者多，乃可谓之远。昔人论画曰："远山无皴，远水无波，远树无枝，远人无目。"此之谓也。远则味永。文至味永，则

---

① （清）刘大櫆：《论文偶记》，4 页，北京，人民文学出版社，1959。

② 同上书，5 页。

③ 同上书，10 页。

④ 同上书，3 页。

⑤ 同上书，4 页。

⑥ 同上书，6 页。

无以加。昔人谓子长文字，微情妙旨，寄之笔墨蹊径之外；又谓如郭忠恕画天外数峰，略有笔墨，而无笔墨之迹。……意尽而言止者，天下之至言也，然言止而意不尽者尤佳。意到处言不到，言尽处意不尽，自太史公后，惟韩、欧得其一二。（《论文偶记》第十九条）①

三、《复鲁絜非书》解读

阴阳、刚柔的思想起源甚早，在《易传》中两者已相互融合。到了汉代，以阴阳说性情遂为常谈，《白虎通义·情性》中的表述，代表了当时学者的普遍看法："性者阳之施，情者阴之化也。人禀阴阳气而生，故内怀五性六情。"② 沈约在《宋书·谢灵运传论》中说："民禀天地之灵，含五常之德。刚柔迭用，喜愠分情。夫志动于中，则歌咏外发。六义所因，四始攸系，升降讴谣，纷披风什。"③ 便是这种思想与"诗言志"之说相结合的产物。刘勰认为作品的风格是作者个性、学养的表露："夫情动而言形，理发而文见，盖沿隐以至显，因内而符外者也。然才有庸俊，气有刚柔，学有浅深，习有雅郑，并情性所铄，陶染所凝，是以笔区云谲，文苑波诡者矣。故辞理庸俊，莫能翻其才；风趣刚柔，宁或改其气；事义浅深，未闻乖其学；体式雅郑，鲜有反其习；各师成心，其异如面。"④ 进一步把刚柔说运用到了风格论中。后世对风格的辨析越来越细致，又往往把各种不同的风格归结为相反相成的两大类，如严羽《沧浪诗话·诗辨》云："诗之品有九：曰高，曰古，曰深，曰远，曰长，曰雄浑，曰飘逸，曰悲壮，曰凄婉。……其大概有二：曰优游不迫，曰沈着痛快。"⑤ 虽未用阴阳刚柔之名，而实与之相通。这一类的说法还有很多，至姚鼐出，遂以阴阳刚柔之说对文学作品的风格问题进行了集中论述。

在本文中，作者把风格分成了"得于阳与刚之美者"与"得于阴与柔之美者"两大类，并对这两类风格的特征做了生动精彩的描述，本身就是一段刚柔并济的美文。他指出，阳刚、阴柔虽有偏胜，却不可"一有一绝无"，正是两者的融合、消长，造就了风格的"品次亿万，以至于不可穷"。桐城派后期古文家对阴阳品目的细分，正是对姚氏之说的进一步阐发。

值得注意的是，姚鼐对阳刚与阴柔颇有轩轾。尽管他本人的文章近于阴柔，但持论却推重阳刚："然古君子称为文章之至，虽兼具二者之用，亦不能

① （清）刘大櫆：《论文偶记》，7页、8页，北京，人民文学出版社，1959。
② （清）陈立撰：《白虎通疏证》，381页，北京，中华书局，1994。
③ （南朝）沈约：《宋书》，1778页，北京，中华书局，1974。
④ 范文澜：《文心雕龙注》，505页，北京，人民文学出版社，1958。
⑤ 郭绍虞：《沧浪诗话校释》，7页、8页，北京，人民文学出版社，1961。

无所偏优于其间，其故何哉？天地之道，协合以为体，而时发奇出以为用者，理固然也。其在天地之用也，尚阳而下阴，伸刚而绌柔，故人得之亦然。文之雄伟而劲直者，必贵于温深而徐婉。温深徐婉之才，不易得也；然其尤难得者，必在乎天下之雄才也。"[1] 当然，一位作家兼批评家，其创作风格与理论思考不完全一致，并不鲜见。另外，姚鼐认为作品风格是作者个性、气质、才情的外现，因此，"观其文，讽其音，则为文者之性情形状举以殊焉"。个性、气质、才情是天之所就，人各有偏，但可以通过后天努力，扬长避短，甚至取人之长而为己所用，曾巩、欧阳修正是这方面的例证。

第二节 相关问题概说

一、"义法"说的由来

方苞在《又书货殖传后》的开篇说："《春秋》之制义法，自太史公发之，而后之深于文者亦具焉。"[2] 大体勾勒出了"义法"说的由来之迹。

尽管有些学者认为《春秋》并无深意，不过是"断烂朝报"（苏辙《春秋集解引》述王安石语）、"流水账簿"（梁启超《中国历史研究法》）罢了，但在绝大多数《春秋》学者眼中，《春秋》系由孔子笔削鲁史而成，其属辞比事寓有微言大义。例如，《春秋》于隐公元年不言即位，对此，《公羊传》的解释是为了成全隐公"为桓立也"的美意：

> 公何以不言即位？成公意也。何成乎公之意？公将平国而反之桓。曷为反之桓？桓幼而贵，隐长而卑。其为尊卑也微，国人莫知。隐长又贤，诸大夫扳隐而立之。隐于是焉而辞立，则未知桓之将必得立也；且如桓立，则恐诸大夫之不能相幼君也。故凡隐之立，为桓立也。隐长又贤，何以不宜立？立适以长不以贤，立子以贵不以长。桓何以贵？母贵也。母贵则子何以贵？子以母贵，母以子贵。[3]

《公羊传》的作者认为，桓公虽较隐公为贵，但其间差别甚微，国人不知。如果隐公辞立，则桓公未必能得立；即使得立，其时尚幼的桓公也未必能得到

---

① （清）姚鼐：《惜抱轩全集》，35页，北京，中国书店，1991。
② （清）方苞：《方苞集》，58页，上海古籍出版社，2008。
③ （汉）何休、（唐）徐彦：《春秋公羊传注疏》，11页，12页，上海，上海古籍出版社，1990。

诸大夫的辅佐。因此，隐公不辞拥立，打算平治鲁国后还政于桓公，正是"为桓立也"，故《春秋》不言隐公即位。《春秋》学者的观点，即孔子在对历史的叙述中，通过字、句、章法的变化，寄寓了他的褒贬评价，由此可见一斑。

作为一位《春秋》学者，方苞著有《春秋通论》四卷、《春秋直解》十二卷、《春秋比事目录》四卷。他所关注的问题，正是贯穿在《春秋》属辞比事中的微言大义：

> 《记》曰："属辞比事，《春秋》教也。"凡先儒之说，就其一节，非不持之有故，言之成理也，而比以异事而同形者，则不可通者，十八九矣。惟程子心知其意，故曰："《春秋》不可每事必求异义，但一字异，则义必异焉。"然经之异文，有裁自圣心而特立者，如鲁夫人入各异书之类是也。有沿旧史而不能革者，称人、称爵、称字、称名、或氏、或不氏之类是也。其间毫茫之辨，乍言之，若无可稽寻；及通前后而考其义类，则表里具见，固无可疑者。
>
> 抑尝考《诗》、《书》之文，作者非一，而篇自为首尾，虽有不通，无害乎其可通者。若《春秋》，则孔子所自作，而义贯于全经，譬诸人身，引其毛发，则心必觉焉。苟其说有一节之未安，则知全经之义俱未贯也。

方苞所要做的，正是"通前后而考其义类"，通过对《春秋》行文的"或笔或削，或详或略，或同或异"的分析①，把握其大义所在。方苞对古文行文次序、详略的安排须合乎主题的强调，与他的学术思路合观，可知他的"义法"说深受他治《春秋》学的影响。

《春秋》的寓大义于属辞比事，对经、史、文学皆影响深远。在文学方面，经过《左传》《史记》及唐宋古文家的不断实践，形成了以叙事文学，尤其是史传、碑志为主的一套创作范式。在这个过程中，出现了一个很有趣的现象，即古文家精心创作的碑志文字往往不能使碑主子孙满意，即便是韩愈、欧阳修、王安石这样的大家亦不能幸免，方苞本人也曾遇到过同样的麻烦。而从古文家的辩白中，可以看到他们对碑志创作原则的主张。从这样一个侧面，人们可以具体而细微地看到方苞的"义法"说对前人理论的传承。

对于碑志文字，碑主子孙往往觉得越详明越好，而古文家则讲求寄意于详略剪裁、字句章法之中，因此不免发生冲突。以欧阳修为例，他为尹师鲁作墓志，精心结撰，却遭到尹师鲁子孙的质疑，故作《论尹师鲁墓志》云：

① （清）方苞：《方苞集》，84 页，上海，上海古籍出版社，2008。

《志》言天下之人识与不识，皆知师鲁文学、议论、才能。则文学之长、议论之高、才能之美不言可知。又恐太略，故条析其事再述于后。……此三者皆君子之极美，然在师鲁，犹为末事。其大节乃笃于仁义，穷达祸福不愧古人。其事不可遍举，故举其要者一两事以取信。如上书论范公而自请同贬，临死而语不及私，则平生忠义可知也，其临穷达祸福不愧古人又可知也。既已具言其文、其学、其论议、其才能、其忠义，遂又言其为仇人挟情论告以贬死，又言其死后妻子困穷之状，欲使后世知有如此人以如此事废死，至于妻子如此困穷，所以深痛死者而切责当世君子致斯人之及此也。《春秋》之义，痛之益至则其辞益深，"子般卒"是也。诗人之意，责之愈切则其言愈缓，"君子偕老"是也。不必号天叫屈，然后为师鲁称冤也。故于其铭文但云："藏之深，固之密，石可朽，铭不灭。"意谓举世无可告语，但深藏牢埋此铭，使其不朽，则后世必有知师鲁者。其语愈缓，其意愈切，诗人之义也。而世之无识者乃云铭文不合不讲德，不辩师鲁以非罪。盖为前言其穷达祸福无愧古人，则必不犯法。况是仇人所告，故不必区区曲辩也。①

对于尹师鲁的一生，欧阳修认为文学、才能、议论犹为末事，穷达祸福不愧于古人方为大节。对于后者，欧阳修的作法是"举其要者一两事以取信"。而在语言表达上，则取《诗》《春秋》之义，语缓而意深。然而，对于作者的良苦用心，尹师鲁的子孙却完全不能接受，以致欧阳修要在文章的结尾激烈地说："死者有知，必受此文。所以慰吾亡友尔，岂恤小子辈哉！"后来，方苞所受的质疑与他为自己的辩护亦大致和欧阳修相似。

承命为征君作传，此吾文所托以增重也，敢不竭其愚心。所示群贤论述，皆未得体要。盖其大致，不越三端：或详讲学宗指及师友渊源，或条举平生义侠之迹，或盛称门墙广大，海内向仰者多，此三者皆征君之末迹也；三者详而征君之志事隐矣。

古之晰于文律者，所载之事，必与其人之规模相称。太史公传陆贾，其分奴婢装资，琐琐者皆载焉。若《萧曹世家》而条举其治绩，则文字虽增十倍，不可得而备矣。故尝见义于《留侯世家》曰："留侯所从容与上言天下事甚众，非天下所以存亡，故不著。"此明示后世缀文之士以虚实详略之权度也。……

---

① （北宋）欧阳修：《欧阳修全集》，533 页、534 页，北京，中国书店，1988。

……昔欧阳公作《尹师鲁墓志》，至以文自辨，而退之之志李元宾，至今有疑其太略者。夫元宾年不及三十，其德未成，业未著，而铭辞有曰："才高乎当世，而行出乎古人。"则外此尚安有可言者乎？

仆此传出，必有病其太略者。不知往者群贤所述，惟务证实，故事愈详，而义愈陋。今详者略，实者虚，而征君所蕴蓄，转似可得之意言之外。①

大约古文家对碑主事迹大小轻重的价值判断，对行文叙事虚实详略的结撰安排，对语言风格言简意深的刻意追求，颇不易得到碑主子孙的理解与接受。相似的境遇，体现出方苞古文的创作与理论是对唐、宋古文家创作实践与理论总结的继承。

时代的思想、文化、政治，也在方苞的文学思想中留下了烙印。

明末清初，以顾炎武、黄宗羲、王夫之为代表的一批思想家，身历亡国之变，痛定思痛，纷纷抨击明代学术的空疏无用，大力倡导经世致用之学。继顾、黄、王之后，则有颜元及其弟子李塨、王源等人，亦大崇实学。颜元十九岁即厌科举，起初笃信程朱理学，继而觉得不切实用，最终发展到对一切章句义理空疏之学进行批判。他的《上太仓陆桴亭先生书》，自述其为学宗旨甚详。

自汉、晋泛滥于章句，不知章句所以传圣贤之道而非圣贤之道也；竞尚乎清谈，不知清谈所以阐圣贤之学而非圣贤之学也。……赵氏运中，纷纷跻孔子庙庭者，皆修辑注解之士，犹然章句也；皆高坐讲论之人，犹然清谈也！……

某为此惧，著《存学》一编，申明尧、舜、周、孔三事、六府、六德、六行、六艺之道，大旨明道不在《诗》、《书》章句，学不在颖悟诵读，而期如孔门博文、约礼，身实学之，身实习之，终身不懈者。②

值得注意的是，作为与明遗民在政治上、与颜李学派在学统尊尚上的对立者，清政府对程朱理学的推崇，却有与他们一致的地方。王阳明心学的出现，曾使程朱理学的地位受到挑战，尤其王学左派，对程朱之学进行了猛烈抨击。到了清初，随着政权的日渐巩固，程朱理学越来越得到官方的重视。康熙规定科考义章不得违背程朱之说，起用了理学之士熊赐履、李光地等人，晚年又升朱子配享孔庙，续修《朱子全书》，御纂《性理大全》。但清政府对程朱理学的

---

① （清）方苞：《方苞集》，136 页、137 页，上海，上海古籍出版社，2008。
② （清）颜元：《颜元集》，47 页、48 页，北京，中华书局。1987。

推崇，并不侈谈性理，而是将理学用于治政之术、治学之道，特别强调其实用性。康熙即曾告诫臣子，真理学重在行事允合。

　　尽管方苞长期任修书之职，并没有实际参与国家大政，但他"时时以所见敷陈，某事当行，某事害于民当去，……苦口不一而足。"① 有时直陈于帝，如《请备荒政兼修地治劄子》《请矫除积习兴起人才劄子》，有时书告宰臣，如《与鄂张两相国论制驭西边书》《与鄂相国论荐贤书》。方苞治经，亦着眼于有补于世。尽管四库馆臣对他"力诋经文，亦为勇于自信"多有批评②，但也注意指出，其立意乃在于"见王莽、王安石之假借经文以行私，故鳃鳃然预杜其源"③。对于颜、李的大崇实学，方苞也给予了肯定："习斋之自异于朱子者，不过诸经义疏与设教之条目耳，性命伦常之大原，岂有二哉？此如张、夏论交，曾、言议礼，各持所见，而不害其并为孔子之徒也。"④ 认为颜元之学与朱熹之学小异而大同，皆为儒学之真传。

　　需要指出的是，清政府屡兴文字狱，仅康、雍、乾三朝，见于文字记载的就超过百起。康熙五十年发生的戴名世《南山集》案，即因其中有不利于清政府统治的"狂悖"言论，而将三百余人投入狱中。在为首的作者戴名世、序书者方苞、刻书者尤鄂等，只有方苞最终幸免于难并成为官方文学理论代言人。因此，方苞对学问有裨于世的追求，落实在文学理论中，便是把学习古文的目的定位于"求六经、《语》、《孟》之旨，而得其所归，躬蹈仁义，自勉于忠孝；则立德立功，以仰答我皇上爱育人才之至意。"⑤

　　除了上述几方面之外，前辈学人的点拨对方苞"义法"说的形成也起了很大的作用。鼎革之际，明末遗老遭亡国之变，有志之士纷纷探索史志，寻求朱明所以危亡之故，正所谓"国可灭，史不可灭！"⑥ 一时史著蜂出，作者如林。吴应箕、万斯同、黄宗羲、王夫之、顾炎武、屈大均、庄廷钺等均有著作，戴名世、钱谦益、吴炎等亦有志于此。其中，尤以万斯同与戴名世对方苞的影响最直接。

　　万斯同博极群书，专究经史，治经最深于礼，治史尤详于明，曾隐忍史局二十余年，奋力独成《明史稿》五百卷，以义例称善，为今《明史》之祖本。

① 朱铸禹：《全祖望集汇校集注》，306 页，上海，上海古籍出版社，2000。
② 四库全书研究所：《钦定四库全书总目（整理本）》，294 页，北京，中华书局，1997。
③ 同上。
④ （清）方苞：《方苞集》，140 页，上海，上海古籍出版社，2008。
⑤ 同上书，613 页。
⑥ （清）黄宗羲：《黄宗羲全集》，10 册，309 页，杭州，浙江古籍出版社，2005。

方苞二十岁时，沉醉于古文辞，结识万斯同于京师后，听其言而究心经义。康熙三十五年，方苞将南归桐城，万斯同勉之曰：

> 史之难为久矣，非事信而言文，其传不显。李翱、曾巩所讥魏、晋以后贤奸事迹并暗昧而不明，由无迁、固之文是也……盖实录者，直载其事与言而无可增饰者也。……凡《实录》之难详者，吾以他书证之；他书之诬且滥者，吾以所得于《实录》者裁之。……子诚欲以古文为事，则愿一意于斯，就吾所述，约以义法，而经纬其文，他日书成，记其后曰："此四明万氏所草创也。"①则吾死不恨矣。

万斯同于经史深造有得，拈出"事信言文"之史法，期方苞以司马迁、班固为宗师，以实录之编纂为征验，而落实在"约以义法，而经纬其文"的古文创作上。

戴名世自幼雅好《左传》《史记》，喜讲论史法，月旦文章，论文推崇归有光，以为其文能得《史记》之神，留心先朝文献，欲成一家之言，俨然以司马迁、班固自许。他与方苞曾长时期地相互切磋："灵皋自与余往复讨论，面相质正者且十年。每一篇成，辄举以示余。余为之点定评论，其稍有不惬于余心，灵皋即自毁其稿。而灵皋尤爱慕余文，时时循环讽诵。"②戴名世的论文主张，集中体现在他的《己卯行书小题序》中。

> 道也，法也，辞也，三者有一之不备焉而不可谓之文也。今夫道具载于四子之书，幽远闳深，无所不具，乃自汉、唐诸儒相继训诂笺疏，卒无当于大道之要，至宋而道始大明。……至于向背往来，起伏呼应，顿挫跌宕，非有意而为之，所云文成而法立者，此行文之法也，法之无定者也。道与法合矣，又贵其辞之修焉。辞有古今之分：古之辞，《左》、《国》、庄、屈、马、班以及唐、宋大家之为之者也；今之辞，则诸生学究怀利禄之心胸之为之者也。其为是非美恶，固已不待辨而知矣。③

戴氏所云虽是就时文立论，但他论道对宋学的推重，论法对开合照应、文成法立的强调，与方苞对义法的理解大体一致。他对"古之辞"的推崇，也与方苞对古文语言纯粹性的讲求相通："古文中不可入语录中语，魏、晋、六朝

① （清）方苞：《方苞集》，333页，上海，上海古籍出版社，2008。
② （清）戴名世：《戴名世集》，54页，北京，中华书局，1986。
③ （清）戴名世：《戴名世集》，109页，北京，中华书局，1986。

人藻丽俳语，汉赋中板重字法，诗歌中隽语，南北史佻巧语。"①

二、姚鼐对桐城派文论的深化

桐城文派的出现，有自然形成的一面，也有被有意识建构的一面。在其被建构的过程中，姚鼐起了关键作用。《刘海峰先生八十寿序》一文，突出地体现了他对桐城文派传承统序的规划。其开篇云："曩者，鼐在京师，歙程吏部、历城周编修语曰：'为文章者，有所法而后能，有所变而后大。维盛清治迈逾前古千百，独士能为古文者未广。昔有方侍郎，今有刘先生，天下文章，其出于桐城乎！'"② 程吏部即程晋芳，周编修即周永年，二人与姚鼐同为四库全书编修。文章一开始，便借当世名贤之口提出了桐城文派的说法。在后面的叙述中，姚鼐突出了从方苞、刘大櫆到自己的师承关系。因此，后人在论及桐城文派的形成时，纷纷强调姚鼐的贡献，如曾国藩的《欧阳生文集序》："乾隆之末，桐城姚姬传先生鼐，善为古文辞。慕效其乡先辈方望溪侍郎之所为，而受法于刘君大櫆，及其世父编修君范。三子既通儒硕望，姚先生治其术益精。历城周永年书昌，为之语曰：'天下之文章，其在桐城乎！'由是学者多归向桐城，号'桐城派'，犹前世所称'江西诗派'者也。"③ 尽管同样引用了周永年的称扬，却点明了其说主要是为姚鼐而发。桐城文派的出现，在很大程度上是出于姚鼐的刻意经营。对于这一点，吴敏树说得最为透彻："今之所称桐城文派者，始自乾隆间姚郎中姬传称私淑于其乡先辈望溪方先生之门人刘海峰，又以望溪接续明人归震川，而为《古文辞类纂》一书，直以归、方续八家，刘氏嗣之。其意盖以古今文章之传，系之己也。"④

除了对传承统序的建构之外，姚鼐还对桐城派文学理论的深化作出了贡献。方苞与刘大櫆的古文理论，比较集中于对"义法"与"神气、音节、字句"的讨论，虽有简明、切实的优点，但若论博大宏通，则有明显的不足。姚鼐也承认："望溪所得，在本朝诸贤为最深，而较之古人则浅。其阅太史公书，似精神不能包括其大处、远处、疏淡处及华丽非常处。止以'义法'论文，则得其一端而已。"⑤ 因此，姚鼐有意识地开拓了桐城文论所涉及的领域，增加了桐城派文论审视文学现象的高度与深度，所以《清史稿》本传说他"论文根极于道德，而探源于经训。至其浅深之际，有古人所未尝言，鼐乃抉其微，发

---

① （清）沈廷芳：《隐拙斋集》，卷四十一，乾隆二十二年刊本，北京师范大学图书馆藏。

② （清）姚鼐：《惜抱轩全集》，87 页，北京，中国书店，1991。

③ （清）曾国藩：《曾国藩全集·诗文》，245 页、246 页，长沙，岳麓书社，1986。

④ （清）王先谦：《续古文辞类纂》，345 页，杭州，浙江古籍出版社，1998。

⑤ （清）姚鼐：《惜抱先生尺牍》，卷五，咸丰五年刊本，北京师范大学图书馆藏。

其蕴"。①

对于人的文学创作，姚鼐常称之为"技"或"艺"。所谓"论文根极于道德"，是指姚鼐以天地之道为文学的本原："天地之道，阴阳刚柔而已。文者，天地之精英，而阴阳刚柔之发也。"② "文章之原，本乎天地。天地之道，阴阳刚柔而已。苟有得乎阴阳刚柔之精，皆可以为文章之美。"③ 因此，他把"道与艺合，天与人一"看做是文学创作的极境："言而成节，合乎天地自然之节，则言贵矣。其贵也，有全乎天者焉，有因人而造乎天者焉。……文者，艺也。道与艺合，天与人一，则为文之至。……小才嵬士，天机间发，片言一章之工亦有之。而哀然成集，连牍殊体，累见诡出，闳丽谲变，则非巨才而深于法者不能。何也？艺与道合，天与人一故也。"④ 姚鼐认为，虽然小才无学之人可能因天机偶发而片言极妙，但真正能做到"道与艺合，天与人一"的，"则非巨才而深于法者不能"。才是作者天资禀赋，法是在人的文学实践中所形成的文学规律。对于两者之间的关系，姚鼐认为："文章之事，能运其法者，才也；而极其才者，法也。古人文有一定之法，有无定之法。有定者，所以为严整也；无定者，所以为纵横变化也；二者相济而不相妨。故善用法者，非以窘吾才，乃所以达吾才也。"⑤ 所谓"有定""严整"，是指文学规律对创作者的制约、限定；而"无定""纵横变化"，则是指创作者对文学规律深入把握后的自由运用。因此，对于方苞所反复强调的文体规范，姚鼐认为：

> 论文之高卑，以才也，而不以其体。昔东汉人始作碑志之文，唐人始为赠送之序，其为体皆卑俗也；而韩退之为之，遂卓然为古文之盛。古之为诗者，长短以尽意，非有定也；而唐人为排偶，限以句之多寡。是其体使昔未有而创于今世，岂非甚可嗤笑者哉！而杜子美为之，乃通乎风雅为诗人冠者，其才高也。⑥

基于这种判断，姚鼐指出，八股文之卑非其体卑而是为之者才卑，真有才者必能以之名世："明时，定以经义取士，而为八股之体。今之学古之士，谓其体卑而不足为，吾则以谓此其才卑而见之谬也。……余生平不敢轻视经义之文，

① 赵尔巽等：《清史稿》，13396 页，北京，中华书局，1977。
② （清）姚鼐：《惜抱轩全集》，71 页，北京，中国书店，1991。
③ 同上书，35 页。
④ 同上书，36 页、37 页。
⑤ （清）姚鼐：《惜抱先生尺牍》，卷三，咸丰五年刊本，北京师范大学图书馆藏。
⑥ （清）姚鼐：《惜抱轩全集》，208 页，北京，中国书店，1991。

尝欲率天下为之。夫为之者多，而后真能以经义为古文之才出其间而名后世。"①

在强调才的同时，姚鼐也不轻视学。他指出："学文之法无他，多读多为，以待其一日之成就，非可以人力速之也。士苟非有天启，必不能尽其神妙；然苟人辍其力，则天亦何自而启之哉！"② 乾、嘉之时，汉学大盛，学者欲由文字、音韵、训诂之学进而推求义理："事于汉经师之故训，以博稽三古典章制度，由是推求理义，确有依据。"③ 作为对时代思潮的回应，姚鼐提出了"义理、考证、文章"之说，其《述庵文钞序》云："学问之事，有三端焉，曰：义理也，考证也，文章也。是三者，苟善用之，则皆足以相济；苟不善用之，则或至于相害。"④ 在三者之中，义理是主干："惜报自守孤芳，以义理、考据、词章三者不可一阙，义理为干，而后文有所附，考据有所归。"⑤ 考证则有助于文章的充实、征信。但若言义理、为考证太过，却反为文章之病："今夫博学强识而善言德行者，固文之贵也；寡闻而浅识者，固文之陋也。然而世有言义理之过者，其辞芜杂俚近，如语录而不文；为考证之过者，至繁碎缴绕而语不可了。当以为文之至美，而反以为病。"⑥ 尤其是对于以考证为文，姚鼐指出："今须救其弊，必限以尽不用书，固亦不可，但当以笔意识趣为主。"⑦ "以考证助文之境，正有佳处。"⑧ 表现出一个古文家的立场。由此反观前面提到的姚鼐对才的强调，可知其中包含着反对以考证之学贬抑古文创作的意味。因为考证之学与古文创作相比，对学问积累的要求远大于对灵心妙悟的期待，前者可以通过后天努力获得，而后者必须有天资的禀受。

刘大櫆曾把古文的艺术要素由精至粗归结为"神气""音节""字句"："神气者，文之最精处也；音节者，文之稍粗处也；字句者，文之最粗处也。"⑨ 姚鼐沿着他的思路，做了更为全面的概括："所以为文者八：曰神、理、气、味、格、律、声、色。神、理、气、味者，文之精也；格、律、声、色者，文之粗也。然苟舍其粗，则精者亦胡以寓焉？学者之于古人，必始而遇其粗，中

---

① （清）姚鼐：《惜抱轩全集》，208 页，北京，中国书店，1991。

② （清）姚鼐：《惜抱先生尺牍》，卷五，咸丰五年刊本，北京师范大学图书馆藏。

③ （清）戴震：《戴震全集》，2615 页，北京，清华大学出版社，1997。

④ 同注①，46 页。

⑤ （清）王先谦：《续古文辞类纂》，276 页，杭州，浙江古籍出版社，1998。

⑥ 同注①，46 页。

⑦ （清）姚鼐：《惜抱先生尺牍》卷八，咸丰五年刊本，北京师范大学图书馆藏。

⑧ 同上书，卷六。

⑨ （清）刘大櫆：《论文偶记》，6 页，北京，人民文学出版社，1959。

而遇其精，终则御其精者而遗其粗者。"① 神是作品的风神、精神，是作品最本质、最突出的艺术特征。理是作品的神理、脉理，是把作品中的不同内容、不同技巧、不同因素整合为一体的艺术规律。气是气势、气质、生气。味是韵味、滋味，是令读者回味无尽的艺术特质。格是结构、格局、文体规范。律是字、句、章法。声是声韵节奏。色是辞藻文采。姚鼐认为神、理、气、味是内在的层次较高的艺术要素，格、律、声、色是外在的层次较低的艺术要素。但前者必须通过后者才能表现出来，因此，学习古文，首先是感受、模仿古人作品的格、律、声、色，进而体会、领悟其神、理、气、味，最终舍弃形貌，做到神似。

三、桐城派后期古文理论的发展变化

桐城派及其古文理论，尤其是经过了姚鼐的建构、深化之后，在清代文坛产生了深远的影响。但也有一些人，如以张惠言、恽敬为首的阳湖派文人，对桐城派的古文理论进行了批评。阳湖派是乾隆末与嘉庆时期产生的一个文学流派，与桐城派一样，也是因地而得名。阳湖，清雍正二年分武进置县，因县东有阳湖而得名。所谓阳湖派，实际包括了阳湖、武进两县的文人，以张惠言、恽敬、李兆洛、陆继辂、董士锡等人为代表。作为阳湖派的领袖，张惠言、恽敬都有先治其他转而师法桐城学为古文的经历，但他们并没有恪守师法，而是入室操戈，提出了一些与桐城派不同的理论主张。

无论是方苞的"义法"说，还是姚鼐的"义理、考证、文章"说，都有强烈的宗经倾向。他们建构的古文文统，取径亦较狭。与之针锋相对，恽敬在《大云山房文稿二集自序》（以下简称《自序》）中，提出了"文集之衰，当起之以百家"的主张②。关于六经与诸子的关系，班固在《汉书·艺文志》中已提出，诸子之术皆为六经的"支与流裔"。在《自序》中，恽敬即发挥班固之说，对诸子与六经的关系进行了说明。

> 敬尝通会其说，儒家体备于《礼》及《论语》、《孝经》，墨家变而离其宗，道家、阴阳家支骈于《易》，法家、名家疏源于《春秋》，纵横家、杂家、小说家适用于《诗》、《书》，孟坚所谓《诗》以正言，《书》以广听也。惟《诗》之流复别为诗赋家，而《乐》寓焉。农家、兵家、术数家、方技家，圣人术尝专语之，然其体亦六艺之所孕也。是故六艺要其中，百家明其际会；六艺举其大，百家尽其条流。其失者，孟坚已次第言之，而

---

① （清）姚鼐：《古文辞类纂》，10 页，杭州，浙江古籍出版社，1998。

② （清）恽敬：《大云山房文稿二集》，卷首，四部丛刊本。

其得者，穷高极深，析事剖理，各有所属。故曰修六艺之文，观九家之言，可以通万方之略。①

在恽敬看来，诸子之学是对六经的祖述与发挥，即所谓"六艺要其中，百家明其际会；六艺举其大，百家尽其条流"。故后世有成就的作者，莫不因其性情、学养，由诸子之学入而成其面目。

贾生自名家、纵横家入，故其言浩翰而断制；晁错自法家、兵家入，故其言峭实；董仲舒、刘子政自儒家、道家、阴阳家入，故其言和而多端；韩退之自儒家、法家、名家入，故其言峻而能达；曾子固、苏子由自儒家、杂家入，故其言温而定；柳子厚、欧阳永叔自儒家、杂家、词赋家入，故其言详雅有度；杜牧之、苏明允自兵家、纵横家入，故其言纵厉；苏子瞻自纵横家、道家、小说家入，故其言逍遥而震动。②

因此，后世"文集之衰"的原因即在于："后世百家微而文集行，文集弊而经义起，经义散而文集益漓。学者少壮至老，贫贱至贵，渐渍于圣贤之精微，阐明于儒先之疏证，而文集反日替者何哉？盖附会六艺，屏绝百家，耳目之用不发，事物之赜不统，故性情之德不能用也。"（《自序》）故对治之方为："百家之敝，当折之以六艺；文集之衰，当起之以百家。"（《自序》）诸子之学为六经流裔的说法本甚为穿凿，在宗经倾向占上风的语境中，恽敬发挥其说，反使之成为自己推重诸子之学的依据。

与其文统观一致，在语言方面，桐城派的取径亦甚狭，方苞的话就很有代表性："古文中不可入语录中语，魏、晋、六朝人藻丽俳语，汉赋中板重字法，诗歌中隽语，南北史佻巧语。"③ 与之不同，阳湖派诸人大都欣赏六朝文章且善作骈文，在古文用语上主张骈散奇一。针对姚鼐《古文辞类纂》对骈文的排斥，李兆洛编选了《骈体文钞》。在序文中，他以"天地之道"阐发了骈散奇偶当"相杂迭用"的观点。

天地之道，阴阳而已，奇偶也，方圆也，皆是也。阴阳相并俱生，故奇偶不能相离，方圆必相为用。道奇而物偶，气奇而形偶，神奇而识偶。

---

① （清）恽敬：《大云山房文稿二集》，卷首，四部丛刊本。
② 同上。
③ （清）沈廷芳：《隐拙斋集》，卷四十一，乾隆二十二年刊本，北京师范大学图书馆藏。

孔子曰：道有变动故曰爻，爻有等故曰物，物相杂故曰文。又曰：分阴分阳，迭用柔刚。故《易》六位而成章，相杂而迭用。文章之用，其尽于此乎？六经之文，班班具存，自秦迄隋，其体递变，而文无异名。自唐以来，始有古文之目，而目六朝之文为骈俪。而为其学者，亦自以为与古文殊路。……文之体至六代而变尽矣。沿其流极而沂之，以至乎其源，则其所出者一也。吾甚惜夫歧奇偶而二之者之毗于阴阳也。毗阳则躁剽，毗阴则沉腄，理所必至也，于相杂迭用之旨，均无当也。①

阳湖派的上述主张，引起了一些桐城派文人的积极回应，如姚鼐的弟子刘开，即主张兼采骈文之长，对从老、庄的浑古骈荡到《山海经》《洪范传》的怪艳陆离，都应该遍观博取。中兴桐城派的曾国藩，也主张汲骈入散。针对姚鼐《古文辞类纂》的取材偏窄，曾国藩还另编了一部《经史百家杂钞》，较多地增入了经史百家之文。阳湖派的批评，促进了桐城派古文理论的发展。

方苞的"义法"说，用"言有物"来定义"义"，原本比较宽泛，但在创作实践中，则大体局限于程朱理学，往往流于空疏。在考据学大盛的背景下，姚鼐提出"义理、考证、文章"说，主张兼取汉、宋学之长。但考据与义理并重，并不能真正解决文章无益于世用的问题。尤其是进入了内忧外患的历史时期之后，这个问题更加凸显了出来。因此，一些关注现实，具有忧患意识的文人越来越重视经世实学，并要求以此来充实文章的内容。这样一种历史潮流，也影响着桐城派文论的发展。曾在中国台湾抗击侵略者的姚鼐的嫡传弟子姚莹，即已提出读书作文当以义理、经济、文章、多闻为要端，但影响有限。至曾国藩出，最终把对"经济"的强调引入到桐城派文论中来。

曾国藩曾自述其学为古诗文，受姚鼐的影响很大。他作《圣哲画像记》，择取古今圣哲如文王、周公、孔子等 32 人，而将姚鼐列入其中，足见其对姚氏的推重非同一般。但作为出将入相的一代雄才，曾国藩在继承姚鼐古文理论的同时并没有为之所限，尤其是在对经世致用的强调方面，对它进行了补充。他把姚莹的"多闻"还原为"考据"，并依附孔门四科之说，将"经济"与"义理""考据""辞章"并列："义理者，在孔门为德行之科，今世目为宋学者也。考据者，在孔门为文学之科，今世目为汉学者也。辞章者，在孔门为言语之科，从古艺文及今世制义诗赋皆是也。经济者，在孔门为政事之科，前代典礼、政书，及当世掌故皆是也。"② 四者之间，仍以义理为本，义理是体，经济是用。曾国藩的这种理论建设，呼应了当时自强新政的政治潮流，增强了桐

---

① （清）李兆洛：《骈体文钞》，19 页、20 页，上海，上海书店出版社，1988。

② （清）曾国藩：《曾国藩全集·诗文》，442 页，长沙，岳麓书社，1986。

城派古文理论直面社会现实，关注国计民生的经世致用精神。

近现代之交，中国社会进入了更为动荡不安、剧烈转变的历史时期。严复与林纾由于受知于曾国藩的得意弟子吴汝纶，被视为桐城派的嫡传。但他们的持守，无法改变桐城派古文理论被新文化运动的历史洪流淹没的命运。

在西方学术思想的影响下，严复对文学功用的看法颇有新异之处，他认为包括桐城派古文在内的古文词在存亡危急之秋是无实无用之学，在物阜民康之时则有娱情遣日的无用之用。但在文学语言方面，严复始终紧守着桐城派对"雅洁"的讲求。在论述翻译的信、达、雅三原则时，他便指出："信、达而外，求其尔雅。此不仅期以行远已耳，实则精理微言，用汉以前字法、句法，则为达易；用近世利俗文字，则求达难。"① 对此，非常推重严复的翻译的梁启超，不能不引以为憾。他指出，严复的译文太务渊雅，刻意模仿先秦文体，非多观古书之人，很难读懂。学理邃赜的书，如果不以流畅直白的文笔翻译，便不能使学童受益。翻译的目的，是传播文明思想于国民，而不是藏诸名山传诸后世。针对梁启超的观点，严复在《与新民丛报论所译原富书》中说：

> 若徒为近俗之辞，以取便市井乡僻之不学，此于文界乃所谓陵迟非革命也。且不佞之所从事者，学理邃赜之书也，非以饷学僮，而望其受益也。吾译正以待多读中国古书之人，使其目未观中国之古书，而欲稗贩吾译者，此其过在读者，而译者不任受责也。……苟然为之，言庞意纤，使其文之行于时，若蜉蝣旦暮之已化，此报馆之文章，亦大雅之所讳也。故曰声之眇者，不可同于众人之耳，形之美者，不可混于世俗之目，辞之衍者，不可回于庸夫之听，非不欲其喻诸人人也，势不可耳。②

因此，对于陈独秀、胡适等人对白话文的提倡，严复会认为不必与之较论，听其自鸣自止即可。

林纾对于姚鼐建构桐城派的说法，有自己的见解：

> 文字有义法，有意境，推其所至，始得神、韵与味。神也，韵也，味也，古文之止境也。不知者多咎惜抱妄辟桐城一派。以愚所见，万非惜抱之意。古文无所谓派，犹之方言不能定何者为正音，亦唯求其近与是而已。近者，得圣人立言之旨；是者，言可为训，不轶于伦常以外。惜抱正

---

① 严复：《天演论》，11页，北京，华夏出版社，2002。

② 郑振铎：《晚清文选》，卷下，342页，北京，中国社会科学出版社，2002。

深得此意耳。①

他否认姚鼐有意识地开辟了桐城一派，而强调古文自有其止境，桐城诸人的文章臻于此境，故被世人尊为正宗。对所谓"文字有义法，有意境，推其所至，始得神韵与味；神也，韵也，味也，古文之止境也"，林纾在《春觉斋论文》"应知八则"中做了系统论述。他所说的"意境"，是作者在临文之先"心胸朗彻，名理充备"的道德修养，是"文之母"。而被他视为"行文之止境"的"神味"，则是作品言有尽而意无穷的艺术境界。以"意境"为首要，"神味"为极境，中间辅以"识度""气势""声调""筋脉""风趣""情韵"，林纾概括了古文创作的基本内容与要求②。

林纾否认姚鼐开宗立派，其实是从反面强调了桐城派的正宗地位，但他对古文理论的探讨，确有不拘于桐城派文论之处。他对从《论衡》《抱朴子》《文心雕龙》以来的历代文论，颇有汲取与发挥，对桐城派文人的一些主张，如姚鼐对阳刚风格的推重，也有自己的看法。但在社会形态急剧变化，新文化运动蓬勃兴起的背景下，林纾对古文理论的总结与发挥，总不免给人以抱残守缺之感，再也无法赋予它鲜活的生命力了。

【思考题】

1. 方苞的"义法"说来源于上古以来人们对形式与内容关系的讨论，除了本文提到的《春秋》学等之外，"义法"说还吸收、借鉴了哪些学术资源？

2. 有学者认为曾国藩夸大了姚鼐在桐城派发展中所起的作用，这种观点应如何看待，为什么？

3. 对于阳湖派与桐城派之间的关系，有人认为前者是后者的分支，有人则认为是论敌，对这个问题应如何理解？

---

① 沈云龙主编：《近代中国史料丛刊续编》，56辑，台北，文海出版社，1983。
② 林纾：《春觉斋论文》，73～88页，北京，人民文学出版社，1959。

修订版后记

　　这本《中国古代文论新编》是童庆炳先生主编的"新世纪高等学校教材"系列中的一种，初版于 2010 年 10 月，至今已经四年多了。此间陆续听到任课老师和同学们的一些反馈意见，都十分中肯，原准备找机会修订一下的，恰在此时出版社决定这套教材进行全面修订，于是就有了这一修订版呈现给老师同学和其他读者，希望继续得到大家的批评意见。

　　为了更全面、细致地做好修订工作，我特请两位在我这里访学的老师分别对教材进行了认真审读，他们是古代文论研究专家汪群红教授和青年教师陶汝崇先生。二位老师的工作极为仔细，找出了许多毛病，包括标点符号方面的问题。另外我还请他们各自承担了一部分写作任务，以弥补初版教材某些缺失。对他们二位的辛勤劳动理应表达我们的谢意！另外，对北京师范大学出版社的周劲含编辑的热情支持与细致筹划也应表示真诚的感谢！

李春青

2015 年 3 月 3 日于北京京师园